Die Reihe
„Studien zur Wahl- und Einstellungsforschung"
wird herausgegeben von

Prof. Dr. Hans Rattinger, Universität Mannheim
Prof. Dr. Oscar W. Gabriel, Universität Stuttgart
Prof. Dr. Rüdiger Schmitt-Beck, Universität Mannheim

Band 20

Silke I. Keil | Jan W. van Deth [Hrsg.]

Deutschlands Metamorphosen

Ergebnisse des European Social Survey 2002 bis 2008

Die vier deutschen Teilstudien des European Social Survey 2002-2008 wurden von der Deutschen Forschungsgemeinschaft DFG (Sachbeihilfe DE 630/8-1 bis 8-4) gefördert.

Die Deutsche Nationalbibliothek verzeichnet diese Publikation in der Deutschen Nationalbibliografie; detaillierte bibliografische Daten sind im Internet über http://dnb.d-nb.de abrufbar.

ISBN 978-3-8329-6951-6

1. Auflage 2012
© Nomos Verlagsgesellschaft, Baden-Baden 2012. Printed in Germany. Alle Rechte, auch die des Nachdrucks von Auszügen, der fotomechanischen Wiedergabe und der Übersetzung, vorbehalten. Gedruckt auf alterungsbeständigem Papier.

Inhalt

Vorwort der Herausgeber — 7

Jan W. van Deth/Silke I. Keil
Deutschlands Metamorphosen:
Einheit und Differenzen in Europäischer Perspektive — 9

Teil I: Kontinuität und Wandel

Heiner Meulemann
Wie weit hat die erzwungene Säkularisierung gewirkt?
Religiosität 2002-2008 in West und Ost von Deutschland und Europa — 43

Kai Arzheimer
Europa als Wertegemeinschaft?
Ost und West im Spiegel des ‚Schwartz Value Inventory' — 73

Oscar W. Gabriel
Zufriedenheit mit den individuellen und kollektiven Lebensbedingungen im
vereinigten Deutschland — 99

Sonja Zmerli
Soziales und politisches Vertrauen — 139

Silke I. Keil
Partizipation und Ungleichheit — 173

Herman Schmitt/Angelika Scheuer
Parteien und Wahlen — 209

Jens Tenscher/Lore Hayek
Allgemeine und politische Mediennutzung — 237

Teil II: Neue Herausforderungen

Nico Dragano
Medizinische Versorgung und Gesundheit im Ost-West-Vergleich   273

Daniel Fuß
Einstellungen zur Immigration   299

Edeltraud Roller
Wohlfahrtsstaatskulturen in Deutschland und in Europa   329

Jan W. van Deth
Demokratische Bürgertugenden   363

Stefan Weick
Persönliches und soziales Wohlbefinden   391

Anhang

Silke I. Keil/Jan W. van Deth
Der European Social Survey(ESS) 2002, 2004, 2006 und 2008   429

Autorinnen und Autoren   433

Vorwort der Herausgeber

Seit 2002 bietet der *European Social Survey* (ESS) eine einzigartige Quelle für empirische Analysen der politischen, sozialen, gesellschaftlichen und wirtschaftlichen Orientierungen von den Einwohnern fast aller europäischen Länder. Mittlerweile stehen vier Wellen des ESS zur Verfügung (2002, 2004, 2006 und 2008), welche Informationen für insgesamt 31 europäische Länder umfassen. Somit sind nicht nur ländervergleichende Betrachtungen, sondern auch Analysen über die Entwicklungen europäischer Gesellschaften möglich.

Auf der Basis der ersten Welle des ESS erschien Ende 2004 der Sammelband „Deutschland in Europa: Ergebnisse des European Social Survey 2002-2003". Der vorliegende Band nimmt zum einen die Thematik des ersten Bandes auf, verwendet zum anderen die vier Wellen des ESS, um neue Themen aufzugreifen und Änderungsprozesse in Europa zu betrachten. Dabei werden auch Fragen erörtert, die in besonderem Ausmaß die Herausforderungen verdeutlichen, mit welchen Deutschland in einem veränderten Europa konfrontiert ist. Somit beschäftigen sich alle Beiträge dieses Bandes mit einem doppelten Vergleich: neben den Gegenüberstellungen von West- und Ostdeutschland werden auch Ähnlichkeiten und Differenzen der beiden Landesteile im west- und osteuropäischen Vergleich analysiert. Damit wird erstmalig ein umfassender, längsschnittlicher Vergleich von Einstellungen und Verhaltensweisen nach zwanzig Jahren Deutscher Einheit in europäischer Perspektive präsentiert.

Damit die verschiedenen Beiträge zusammen ein Bild von den Entwicklungen in Deutschland und Europa bieten können, wurden die Autoren und Autorinnen gebeten, ihre Analysen vergleichbar durchzuführen und die Präsentation weitgehend einheitlich zu gestalten. Zur Besprechung dieser gemeinsamen Vorgehensweise fand am 12. und 13. November 2009 an der Universität Stuttgart ein Autorentreffen statt. Dieses Treffen war nicht zuletzt auf Grund der sehr guten Organisation im Vorfeld durch die studentische Hilfskraft, Frank Steinmeier, eine erfolgreiche und produktive Veranstaltung.

Die Autorinnen und Autoren dieses Bandes haben viel Mühe darauf verwandt, ihre themenspezifischen Daten, Analysen und Ergebnisse nach den vereinbarten strikten Vorgaben zu systematisieren und zu präsentieren. Als Herausgeber sind wir den Kolleginnen und Kollegen für ihre Bereitschaft, sich diesen Vorgaben zu unterziehen, zu großem Dank verpflichtet.

Abschließend möchten wir uns bei allen bedanken, die an der Publikation dieses Bandes beteiligt waren. Unseren Kollegen des deutschen ESS-Teams – Oscar W. Gabriel, Heiner Meulemann und Edeltraud Roller – verdanken wir sehr hilfreiche Kommentare und Anregungen bei der Konzeptualisierung des Bandes sowie bei der Auswahl und Einladung von Autorinnen und Autoren. Gedankt sei auch der studentischen Hilfskraft Uwe Bollow in Stuttgart, der an der Berechnung und Prüfung der Gewichtungen gearbeitet hat. Ausdrücklich gilt unser Dank den Mannheimer studentischen Hilfskräften Melanie End, Benjamin Engst, Jasmina Islamovic, Sarah Odrakiewicz und Anne-Kathrin Weber, die mit viel Geduld und Kompetenz die Kontrolle, Vereinheitlichung und Formatierung des Manuskriptes durchgeführt haben. Melanie End und Benjamin Engst übernahmen die abschließenden Korrekturarbeiten mit großer Sorgfalt und erstellten in der allerletzten Phase das komplette Manuskript.

Stuttgart und Mannheim
Im Oktober 2011   Silke I. Keil & Jan W. van Deth

Deutschlands Metamorphosen: Einheit und Differenzen in Europäischer Perspektive

Jan W. van Deth und Silke I. Keil[1]

Im Jahr 2010 feiern wir das zwanzigjährige Bestehen des vereinten Deutschlands. Das bedeutet gleichzeitig, dass die Deutschen fast vier Jahrzehnte in zwei verschiedenen deutschen Staaten gelebt haben und damit nur halb so lange wie in dem gemeinsamen. Das Jubiläum ist Anlass, um in der Öffentlichkeit, den Medien und der Forschung erneut über das Erreichen bzw. die Herstellung der deutschen Einheit zu diskutieren. Im Zentrum steht in der Regel die Frage, wie der Willy Brandt zugeschriebene Satz „Jetzt wächst zusammen, was zusammengehört"[2], heute zu bewerten ist. In dieser Frage besteht kein Konsens. Von vielen wird die Entwicklung als beispiellose Erfolgsstory dargestellt. Es wird auf die positive Entwicklung Ostdeutschlands verwiesen. Das Versprechen des damaligen Bundeskanzlers Kohl, die gleichen wirtschaftlichen Lebensverhältnisse in den neuen Bundesländern zu garantieren, das über den von ihm geprägten, mittlerweile geflügelten und früher oft verspotteten Begriff der ‚blühenden Landschaften' oft zitiert wurde, sei nunmehr eingelöst. Eine Umfrage des Jahres 2010 bestätigt dieses Bild nicht. So ist die mehrheitliche Einschätzung der Bürgerinnen und Bürger Deutschlands, dass zwanzig Jahre nach der Vereinigung, die Unterschiede zwischen Ost und West noch relativ groß sind und lediglich für eine verschwindende Minderheit sind Ost und West weitgehend zusammengewachsen (Statista 2010). Auch die zum zwanzigsten Jahrestag vom Beauftragten der Bundesregierung initiierte Umfrage belegt kein erfolgreiches Zusammenwachsen. Auf die Frage „Wie beurteilen Sie rückblickend das Leben in der DDR?" antworten 57 Prozent der Ostdeutschen, dass das Leben in der DDR absolut oder überwiegend positiv gewesen sei. Die soziale Marktwirtschaft wird dagegen von den Menschen der neuen Bundesländer mehrheitlich negativ beurteilt (Wolle 2010:30).

Wie ist es nun tatsächlich um die Unterschiede und Gemeinsamkeiten bestellt? Ein erster Blick auf einige statistische Kennzahlen kann die These der erfolgreichen Entwicklung stützen. So ist das durchschnittliche Haushaltseinkommen in Ost-

---

1 Teile dieses Kapitels basieren auf der Einführung des Bandes „Deutschland in Europa" (J.W. van Deth, „Deutschland in Europa: Eine Republik zweier Kulturen?").
2 Der berühmte Satz „Jetzt wächst zusammen, was zusammengehört" wurde in dieser Form im Herbst 1989 nicht von Willy Brandt gesagt, er wurde erst später so formuliert. Ausweislich des Tondokuments der WDR-Sendung – „Berichte von heute" – hatte Brandt am 10. November 1989 am Berliner Grenzübergang Invalidenstraße gesagt: „Dies ist eine schöne Bestätigung bisherigen Bemühens, aber auch eine Aufforderung an uns alle, nun noch ne Menge zusätzlich zu tun, damit das wieder zusammengefügt wird, was zusammengehört".

deutschland sehr schnell gestiegen und beträgt mittlerweile mehr als 75 Prozent des westlichen Einkommens. Die ärztliche Versorgung ist in beiden Teilen Deutschlands ähnlich. So kamen 2009 in den neuen Bundesländern 284 Einwohner auf einen berufstätigen Arzt; in den alten Bundesländern waren es 246 (tyh 2010:11). Die industrielle Leistungskraft (BIP) Ostdeutschlands hat Dreiviertel des Westens erreicht (tyh 2010: 7). Der Osten hat eine starke Landwirtschaft und nach der grundlegenden Modernisierung der Maschinen stehen die ostdeutschen Bauern heute oft besser da als ihre Kollegen im Westen. Auch die Verkehrsinfrastruktur konnte durch die finanziellen Hilfen und verkürzten Planungsprozesse erheblich verbessert werden: Autobahnen, Bundesstraßen, öffentliche Gebäude wurden erneuert oder neu gebaut. Weitere Indikatoren wie das Sozialbudget, die Investitionen oder die Wissenschaftsausgaben je Einwohner, zeigen ebenfalls eine starke Annäherung der beiden Teile Deutschlands (IDWK 2009:131). Beim Vergleich der Bundesländer fallen demnach zunächst die Ähnlichkeiten ins Auge: die umfangreichen Aufbauprogramme für die ehemalige DDR waren offensichtlich erfolgreich. Und mit der Bundestagswahl 2009 wurde eine neue Annäherung offenkundig: niemals zuvor hat die ost- und westdeutsche Bevölkerung so ähnlich gewählt wie 2009. Die strukturellen Differenzen der Parteiensysteme Ost- und Westdeutschlands haben sich angeglichen, und zwar nicht einseitig. Sowohl im west- als auch im ostdeutschen Parteiensystem fand ein Austauschprozess statt.

Mögliche Annäherungen der beiden Teile Deutschlands sind nicht ausschließlich von gezielten Anstrengungen oder Aufbauprogrammen abhängig. Langfristige soziale und wirtschaftliche Entwicklungen führen offensichtlich überall zu weitergehender gesellschaftlicher Differenzierung und Pluralisierung sowie zu Säkularisierung und Rationalisierung. Die Aufhebung nationaler Grenzen und Abgrenzungen in der Europäischen Union beschleunigt die äußerliche Angleichung von traditionell sehr unterschiedlichen Ländern, Städten und Regionen noch. Mit anderen Worten: Sowohl die deutsche Vereinigung als auch die langfristigen sozialen und wirtschaftlichen Entwicklungen in Europa führen dazu, dass die Unterschiede zwischen Ost- und Westdeutschland allmählich verschwinden oder bereits verschwunden sind und Deutschland insgesamt zu einem Land wie andere europäische Länder wird.

Aber diese Charakterisierung bildet nur eine Seite der Entwicklung ab, denn große Differenzen sind genauso nachzuweisen wie Ähnlichkeiten und Annäherungen. Zwanzig Jahre nach der Wende bleibt die Wirtschaftslage im Osten noch immer hinter der im Westen zurück. Der westliche Finanztransfer und die wirtschaftlichen Entwicklungen der neuen Bundesländer führten zwar zu einem rasanten Anstieg von Löhnen, Renten und sonstigen Auszahlungen, aber eine Angleichung oder eine weitere Integration der beiden Landesteile ist noch nicht erreicht. In Ostdeutschland haben deutlich weniger Menschen Arbeit. Zwar sank die Arbeitslosenquote in den letzten fünfzehn Jahren um gut drei Prozentpunkte auf 11,5. Jedoch liegt die Quote weit über dem Niveau des Westens (6,6 Prozent) (tyh 2010: 6). Ebenso deutliche Differenzen zeigen sich im Lohnniveau. So betrug 2009 der durchschnittliche Bruttolohn in den alten Bundesländern 28.479 Euro; in den neuen Bundesländern lag er bei 23.708 Euro (tyh 2010:8). Diese Kennzahl ist nur ein erster Hinweis auf ungleiche Strukturen. Wie gravierend die Unterschiede sind, belegen weitere Daten. So waren die Kosten je geleisteter Arbeitsstunde 2008 in Ostdeutschland um 28 Prozent niedriger als im Westen und während der westdeutsche Arbeitgeber durchschnittlich 29,95 Euro pro Stunde zahlte, bekamen die ostdeutschen Arbeitnehmerinnen und Arbeitnehmer 21,09 Euro (Boss 2010: 7). Erschwerend kommt hinzu, dass der Anteil der Geringverdiener in den neuen Bundesländern wesentlich höher ist als im Westen und damit liegt das verfügbare Haushaltseinkommen in Ostdeutschland ein Viertel unter jenem Westdeutschlands. Der Aufbau Ost hat mittlerweile ein Gesamtvolumen von 1,2 Billionen Euro erreicht (Boss 2010:7), jedoch haben die neuen Länder den Anschluss wirtschaftlich noch nicht geschafft und es bleibt abzuwarten, ob auf den Solidarpakt II, der 2019 ausläuft, verzichtet werden kann.

Ungleiche Lebensbedingungen und -chancen lassen sich nicht nur an wirtschaftlichen Kennzahlen ablesen. Eine Entwicklung, die jedoch auch nachhaltig die wirtschaftliche Lage beeinflusst, betrifft die Wanderungsbewegungen innerhalb Deutschlands. „Kommt die D-Mark nicht zu mir, gehen wir zu ihr..." hatten die Menschen in der ehemaligen DDR gerufen, was zur Folge hatte, dass die Wirtschafts-, Währungs- und Sozialunion schnell in Kraft trat. Dennoch sind viele Bürgerinnen und Bürger nach der Vereinigung in den Westen Deutschlands gegangen, täglich verließen bis zu 4000 Menschen die ehemalige DDR (Pragal 2010:3). Nach wie vor wandern viele Ostdeutsche nach Westdeutschland. So zogen 2008 136.500 Menschen aus den neuen Bundesländern in die alten (Statistisches Bundesamt 2009).Seit der Wiedervereinigung haben die neuen Länder 1,8 Millionen gut ausgebildete Fachkräfte überwiegend an Bayern und Baden-Württemberg verloren (Boss 2010: 7).

Die skizzierten positiven und negativen Entwicklungen in diesen Bereichen[3] machen bereits deutlich, dass die Bilanz nach zwanzig Jahren Deutscher Einheit ambivalent ausfallen muss. Es ist eine enorme Aufbauleistung erfolgt, denn es musste eine über 40 Jahre gewachsene sozialistische und zentralistische Planwirtschaft in eine soziale Marktwirtschaft umgewandelt werden. Diese Umwandlung war und ist nicht nur eine wirtschafts- und finanzpolitische, sondern auch eine geistige und kulturelle Herausforderung. Über Nacht mussten die damals Verantwortlichen handeln, ohne über ein erprobtes Konzept zu verfügen. Eine Vielzahl von Problemen musste schnell gelöst werden und wurde in einem Begeisterungsrausch der Nachwendezeit angepackt. Diese Begeisterung machte jedoch einer baldigen Ernüchterung Platz, denn die Erwartungen sowohl im Osten als auch im Westen wurden und konnten teilweise nicht eingelöst werden. Nach wie vor existieren Unterschiede zwischen Ost und West. Vierzig Jahre Trennung hat Prägungen hinterlassen, dennoch sind nach zwanzig Jahren der Einheit auch deutliche Spuren des Zusammenwachsens erkennbar. Insofern stellt die Entwicklung tatsächlich eine Erfolgsge-

---

3 Eine Bilanzierung der Unterschiede und Gemeinsamkeiten muss über die wirtschaftlichen und finanziellen Kennzahlen hinaus auch weitere Bereiche prüfen, was in den weiteren Ausführungen dieser Einführung kurz erfolgt. Eine tiefgreifende Erörterung der Differenzen und Ähnlichkeiten spezifischer Fragestellungen findet in den einzelnen Beiträgen dieses Buches statt.

schichte dar, allerdings eine Erfolgsgeschichte, die auch Unzulänglichkeiten, schwache Punkte und ihre Schattenseiten aufweist.

Die Wiedervereinigung hatte und hat auch Auswirkungen auf die Rolle Deutschlands und seinen Platz in Europa. Entsprechend war der doppelte Vergleich Deutschlands in Europa bzw. West- und Ostdeutschlands in West- und Osteuropa Thema des 2004 erschienenen Sammelbandes „Deutschland in Europa" (van Deth 2004). Grundlage der empirischen Analysen des Bandes bildete die erste Welle des *European Social Survey* (ESS). Der vorliegende Band vertieft und entwickelt diese Thematik weiter. Mittlerweile stehen insgesamt vier Erhebungswellen des ESS von 2002 bis 2008 zur Verfügung. Auf dieser Grundlage kann die Frage nach Kontinuität und Wandel sozialer und politischer Einstellungen sowie des Verhaltens in Deutschland und Europa berücksichtigt werden. Darüber hinaus ist evident, dass Deutschland in einem rasant veränderten Europa – nach der Osterweiterung der Europäischen Union (EU) in den Jahren 2004 und 2007 auf 27 Mitglieder – in besonderem Ausmaß mit neuen Herausforderungen konfrontiert wurde. Entsprechend dieser zwei unterschiedlichen Entwicklungen ist der vorliegende Band in zwei Teile gegliedert: (1) Kontinuität und Wandel sowie (2) Neue Herausforderungen. In den Beiträgen des ersten Teils liegt der Analyseschwerpunkt auf Themen, die in der längsschnittlichen Perspektive nach Kontinuität und Wandel von gesellschaftlichen Grundproblemen fragen. Die Beiträge des zweiten Teils befassen sich mit den politischen und gesellschaftlichen Orientierungen und Verhaltensweisen von Bürgern, die in einzelnen Jahren als eine besondere Herausforderung an Gesellschaft, Politik und Wirtschaft erkannt wurden. In dieser Hinsicht spielen Fragen nach der Gesundheit und Medizin, der Zuwanderung sowie die Bedeutsamkeit von Staatsbürgertugenden und weitere Themen eine wichtige Rolle.[4]

Die verschiedenen Beiträge zu diesem Band bieten demnach eine Beschreibung und Analyse der sozialen und politischen Einstellungen und Verhaltensformen der deutschen Bevölkerung von 2002 bis 2008. Für jeden Aspekt liegt der Schwerpunkt der Präsentation auf den möglichen Unterschieden und Ähnlichkeiten in West- und Ostdeutschland. Dass die Entwicklung und Situation in beiden Teilen Deutschlands unterschiedlich bewertet werden kann, wurde eingangs kurz skizziert und führt zu der Frage, ob zwanzig Jahre nach der Wiedervereinigung die Unterschiede allmählich verschwunden sind und sich eine mehr oder weniger homogene deutsche Kultur gebildet hat? Oder herrschen auch heute noch deutliche Unterschiede und Differenzen zwischen den ‚alten' und den ‚neuen' Bundesländern vor? Die kurz skizzierte Entwicklung hat gezeigt, dass sowohl Gefühle des Gemeinsinns als auch der Fremdheit auszumachen sind. In Anbetracht der tiefgreifenden Veränderungen innerhalb Europas stellt sich darüber hinaus die Frage: wie passen Deutschlands Metamorphosen zu den Entwicklungen in anderen europäischen Ländern?

---

4 Die Auswahl der Themen ist jedoch auf die im ESS abgefragten Wechselmodule beschränkt. In jeder Erhebung werden neben den Themen, die in jeder Welle abgefragt werden, zwei bis drei weitere Themenkomplexe behandelt, die auf Grund besonderer gesellschaftspolitischer Relevanz ausgewählt wurden.

Damit sowohl die Charakterisierung der Einstellungen und des Verhaltens der deutschen Bevölkerung als auch die möglichen Unterschiede und Ähnlichkeiten zwischen West- und Ostdeutschland herausgestellt werden können, sind die Darstellungen und Analysen in diesem Band nicht auf Deutschland beschränkt. Im Hinblick auf die historischen Entwicklungen in Deutschland und Europa stellt sich die Frage wie „außergewöhnlich" die Einstellungen der deutschen Bevölkerung im europäischen Vergleich heutzutage noch sind. Dabei sind Konzepte wie „Deutschland" und „Europa" wahrscheinlich immer noch zu heterogen und es ist sinnvoller, die Frage auf die Unterschiede und Ähnlichkeiten zwischen West- und Ostdeutschland bzw. West- und Osteuropa zu fokussieren. Sind die sozialen und politischen Orientierungen in Deutschland insgesamt als eine eigenständige Kultur in Europa zu betrachten und ist in Europa eine Annäherung der Orientierungen von Bürgern aus West- und Osteuropa (die „alten" und „neuen" Demokratien) zu verzeichnen? Oder unterscheiden sich die Einstellungen und das Verhalten in Westdeutschland sowie in den westeuropäischen Ländern immer noch von den Orientierungen in Ostdeutschland und in den osteuropäischen Ländern?

Die Beiträge in diesem Band beschäftigen sich alle mit diesem doppelten Vergleich: Deutschland in Europa bzw. West- und Ostdeutschland in West- und Osteuropa. Der Schwerpunkt liegt deswegen auch nicht auf einem Vergleich aller Länder des ESS, sondern auf Wandel und Kontinuität sozialer und politischer Orientierungen in Deutschland in europäischer Perspektive – also auf Deutschlands Metamorphosen in Europa.

Vereinigung und Integration

Deutschland ist kein Land wie andere Länder. Die Erblasten der deutschen Geschichte – Kaiserreich, Versailles, Weimar, aber insbesondere die ‚braune Vergangenheit' – machen es zu einem ‚schwierigen Vaterland', in dem man immer wieder mit den Folgen der Katastrophen des 20. Jahrhunderts konfrontiert wird. Die Vereinigung hat diese Situation kaum verändert. Im Gegenteil. Die Vereinigung stieß daher bei den europäischen Nachbarn zunächst auf große Vorbehalte, die offensichtlich von verschiedenen Spitzenpolitiker zurgleichen Zeit sehr ähnlich formuliert wurde: „Ich liebe Deutschland so sehr, dass ich am liebsten zwei davon habe".[5] Mit der Zusammenlegung zweier sehr unterschiedlicher Landesteile ist Deutschland zum mächtigsten Land in Europa aufgestiegen, und zwar in mehrerlei Hinsicht: Bevölkerungsumfang, wirtschaftliches Potential, politische Bedeutung usw. Jedoch seine internen Probleme sind kaum zu übersehen. Diese Probleme betreffen insbesondere die schwierige Integration der alten und neuen Bundesländer. Vierzig Jahre getrenn-

---

5   Diese Aussage wird sowohl dem italienischen Ministerpräsidenten Andreotti als auch dem französischen Präsidenten Mitterand zugeschrieben (siehe http://www.welt.de/die-welt/vermischtes/article9859216/Zeit-der-Wunder.html bzw. www.chronik-der-wende.de/lexi kon/biografien/biographie_jsp/key=mitterand_francois.html).

te Erfahrungen mit dem ‚real existierenden Sozialismus' bzw. mit der ‚wehrhaften Demokratie' haben in Ost- und Westdeutschland offensichtlich zu ganz verschiedenen sozialen und politischen Kulturen geführt.[6] Diese Differenzen verdrängen manchmal sogar die gemeinsamen älteren historischen Erblasten.

Die deutsche Vereinigung

Mit der deutschen Vereinigung 1990 wurde das Gebiet der ehemaligen Deutschen Demokratischen Republik und das der Bundesrepublik Deutschland zusammengelegt. Auf diese Weise entstand ein neuer Staat mit insgesamt etwa 80 Millionen Einwohnern: fast 64 Millionen aus dem Westen und 16 Millionen aus dem Osten. Obwohl die neuen Bundesländer weniger als ein Fünftel der gesamtdeutschen Bevölkerung stellen, umfasst das Gebiet der ehemaligen DDR etwa 30 Prozent der gesamtdeutschen Fläche von gut 357.000 qkm.

Die deutsche Vereinigung ist sowohl historisch-politisch als auch völkerrechtlich als eine Vereinigung der beiden deutschen Staaten zu betrachten. Obgleich Vereinigung semantisch gleichbedeutend mit Zusammenfassung ist, kann von einer solchen oder gar einer Synthese nicht gesprochen werden. Die Bürgerbewegung der ehemaligen DDR hat sich ausdrücklich für einen Beitritt ausgesprochen und einen Zusammenschluss abgelehnt. So beschließt die Volkskammer am 23. August 1990 den Beitritt und entsprechend formuliert der sogenannte *Einigungsvertrag* vom 31. August 1990 eindeutig den „Beitritt der Deutschen Demokratischen Republik zur Bundesrepublik Deutschland" (Art. 1) und verordnet das Inkrafttreten des westdeutschen Grundgesetzes für das gesamte Staatsgebiet (Art. 3) sowie die umfassende Einführung des Bundesrechts in den neuen Ländern (Art. 8). Grundsatz des *Einigungsvertrags* ist die Erstreckung des westdeutschen Rechts als Regel und die Fortgeltung des DDR-Rechts als Ausnahme (Wollmann 1996: 56). Dieses Prinzip lag auch dem *Vertrag über die Schaffung einer Währungs-, Wirtschafts- und Sozialunion* vom 18. Mai 1990 zu Grunde, der drei Monate vor der Vereinigung, am 1. Juli 1990 in Kraft trat. In diesem Dokument wurde die Einführung der westdeutschen Währung für das Gesamtgebiet festgelegt (Art. 1-2) und die Vertragspartner bekannten sich zur „Sozialen Marktwirtschaft als gemeinsame Wirtschaftsordnung" (Art. 1-3) und zur „freiheitlichen, demokratischen, föderativen, rechtsstaatlichen und sozialen Grundordnung" (Art. 2-1). Die planwirtschaftlichen Strukturen der DDR waren somit ausgelöscht und wurden von den marktwirtschaftlichen Regelungen der Bundesrepublik ersetzt.

---

6   Die Literatur über den Prozess der deutschen Vereinigung und seine Konsequenzen ist sehr umfangreich, siehe neuere Veröffentlichungen u.a.: Gabriel und Neller (2010); Faas (2010); Korte (2010); Steinbrecher (2009); Gabriel, Weßels und Falter (2009); Gabriel, Falter und Rattinger (2005); Kellermann (2008); Rattinger, Gabriel und Falter (2007); Falter, Gabriel und Weßels (2005); Niedermayer (2005); Gabriel (2005); Gabriel und Keil (2005); Gabriel und Völkl (2005); Gellner und Robertson (2003); Breit (2003); Falter, Gabriel und Rattinger (2000); van Deth, Rattinger und Roller (2000); Weidenfeld und Korte (1999).

Sowohl der *Vertrag* vom 18. Mai 1990 als auch der *Einigungsvertrag* vom 31. August 1990 bedeuten, dass die DDR-Regelungen und Institutionen durch westdeutsche Regelungen und Institutionen ersetzt werden. Die Auflösung der DDR kann man deswegen auch als Ausdehnung der Bundesrepublik in östlicher Richtung verstehen. Was die Modalitäten der Vereinigung angeht, versuchte der erste frei gewählte DDR-Ministerpräsident Lothar de Maizière auf der ersten Sitzung der Verhandlungen zwischen beiden Ländern am 6. Juli 1990 unter der Leitung des damaligen Bundesinnenministers Wolfgang Schäuble, einige Forderungen durchzusetzen. Er bekräftigte seinen Wunsch nach einem Beitritt, stellte jedoch gleichzeitig einige Forderungen wie die Festlegung des Regierungssitzes auf Berlin, die Ergänzung des Deutschlandliedes durch Teile der DDR-Hymne und die Regelung der Eigentumsfrage. Letztendlich war er wenig erfolgreich bei der Durchsetzung der DDR-Interessen. Der Prozess der Vereinigung war am 3. Oktober 1990 mit dem offiziellen Beitritt der DDR zur Bundesrepublik abgeschlossen und wurde durch die erste gesamtdeutsche Bundestagswahl vom 2. Dezember 1990 legitimiert.

Die Eingliederung der DDR in die Bundesrepublik beschleunigte die Transformation des sozialen und politischen Systems im Osten Deutschlands erheblich. Anders als in anderen postsozialistischen Gesellschaften waren die neuen Regelungen und Institutionen in den neuen Bundesländern vorgegeben und man konnte auf langwierige Verhandlungen und Konflikte über eine neue Verfassung verzichten. Außerdem wurden die gravierenden Probleme bei der Umstellung von plan- auf marktwirtschaftliche Strukturen und die Vermögens- und Einkommensverluste unter Teilen der ostdeutschen Bevölkerung durch massive westdeutsche Finanztransfers und einen raschen Aufbau der ostdeutschen Wirtschaft abgeschwächt.[7] Jedoch erfolgte der Aufbau im östlichen Landesteil nicht in allen Bereichen gleich zügig und erfolgreich. Während die Infrastruktur im Verkehrsbereich sehr schnell verbessert und dem westlichen Standard angeglichen werden konnte, gestalteten sich die Bemühungen in anderen Bereichen – wie einleitend ausgeführt – schwieriger. Grundsätzlich kann jedoch resümierend formuliert werden, dass dem *Institutionentransfer* ein *Finanztransfer* sowie ein *Elitentransfer* von West nach Ost gefolgt sind.

Mit diesen Anstrengungen waren grundsätzlich gute Ausgangsbedingungen für eine erfolgreiche Integration geschaffen. Jedoch ist die Frage nach der Bewertung dieser Transfers von seiten der Bevölkerung damit noch nicht beantwortet. Die mentalen Differenzen zwischen den Menschen in West und Ost fallen gravierend aus. Wie ist es zwanzig Jahre nach der Vereinigung um die immer wieder zitierte „Mauer in den Köpfen" bestellt?

Wie die Entwicklung nach 1990 gezeigt hat, konnte keine rasche Integration beider Teile Deutschlands erfolgen, denn bei den Einstellungen ist kein reibungsloser Transfer erfolgt und auch heute nicht zu beobachten. Ein knappes halbes Jahrhundert staatssozialistischer Prägung hat Spuren hinterlassen, die sich in vielerlei Hin-

---

7   Siehe für die „Finanzierung der Einheit" Andersen (1999) oder Münter und Sturm (2003). Einen knappen Überblick der wirtschaftlichen Entwicklung Ostdeutschlands nach der Vereinigung bieten Pohl (2002) oder Sturm (2001).

sicht offenbaren. Für die Entwicklung einer demokratischen Kultur ist offensichtlich viel Zeit erforderlich und die westdeutschen Regelungen und Institutionen sind selbstverständlich nicht kritiklos übernommen worden.[8] Die eindeutige bundesrepublikanische Dominanz hat in den neuen Bundesländern durchaus Anlass gegeben, die Transformation des sozialen, wirtschaftlichen und politischen Systems als fremdbestimmt zu empfinden (Gensicke 2002: 291). So kritisierten DDR-Intellektuelle wie Joachim Gauck oder der DDR-Schriftsteller Thomas Brussig damals, dass den Ostdeutschen das Grundgesetz übergestülpt worden sei und keine Volksabstimmung über die Vereinigung stattgefunden habe (Schmale 2010: 9). Noch heute beklagen sich ostdeutsche Bürgerinnen und Bürger, dass die bundesrepublikanische Verfassung nicht seine Gültigkeit verloren hat (wie eindeutig vorgesehen in Art. 146 im Falle einer „Vollendung der Einheit"). Das führe zu politischer Abstinenz und Verdrossenheit und mit dem Ausbleiben des wirtschaftlichen Aufschwungs in Ostdeutschland hat sich der Integrationsprozess noch erheblich erschwert. Das Gefühl der Überwältigung wurdeebenfalls bestärkt durch die massive Beschäftigung westdeutscher Regierungsbeamter in den neuen Ländern nach der Wende, die mit dem Aufbau der Administration betraut wurden. Der von Bonn eingesetzte Detlev Rohwedder, der zusammen mit Birgit Breuel für den wirtschaftlichen Systemwechsel verantwortlich war und die Treuhandanstalt leitete, wurde für seine Maxime „Privatisierung statt Sanierung" viel kritisiert.

Betrachtet man die Ereignisse seit 1990 insgesamt, so sind sehr diskontinuierliche Entwicklungen zu beobachten. Zunächst ist festzuhalten, dass das Verhältnis keinem generellen Negativtrend unterworfen ist. Die Anfangseuphorie wurde relativ schnell durch eine generelle Unzufriedenheit und Kritik abgelöst. Dem Abwärtstrend folgte wiederum eine Verbesserung der Bewertung vieler Bereiche. So wurde der Marktwirtschaft und dem demokratischen Parteien- und Rechtsstaat zunächst immer kritischer begegnet und an die Stelle der ursprünglichen Euphorie sind Enttäuschung sowie eine retrospektive Romantisierung der früheren Mangelwirtschaft des repressiven Regimes (,Ostalgie') getreten. Bezogen auf die Marktwirtschaft bleiben die kritischen Stimmen weitgehend bestehen und führten über die Zeit hinweg zu relativ konstanten Differenzen in den ost- und westdeutschen Einstellungen. Ähnliche Unterschiede zwischen West- und Ostdeutschen bestehen in deren Einstellungen zur Europäischen Union sowie hinsichtlich des Nationalstolzes (Abold/Steinbrecher 2007). Wobei die Identifikation mit dem vereinten Deutschland vor allem bei den Ostdeutschen ausgeprägter war, sich jedoch im Laufe der Zeit abschwächte und sich dem Niveau der Westdeutschen angeglichen hat. Auch beim Demokratieverständnis klaffte eine unverkennbare Lücke zwischen den Einstellungen der Bewohner beider Landesteile, die weiterhin Bestand hat, bei gleichzeitiger Akzeptanz der demokratischen Grundordnung (Abold/Steinbrecher 2007). Das heißt im Umkehrschluss, dass

---

8 Siehe für eine ausführliche Diskussion der politikwissenschaftlichen Ansätze, Begriffe und Theorien bei den Analysen des Prozesses der Vereinigung: Eisen, Kaase und Berg (1996). Allgemeiner zu Transitionen in Osteuropa: Dobry (2000); Wollmann, Wiesenthal und Bönker (1995) und Wiesenthal (1996).

in beiden Teilen Deutschlands die Demokratie eine unterschiedliche Bedeutung hat, die Diktatur als Staatsform aber keine Unterstützung findet.

Die unterschiedlichen Einstellungen von Ost- und Westdeutschen führten auch zur Formierung unterschiedlicher Parteiensysteme in beiden Landesteilen. Von einer allmählichen „Verblassung der Sozialisation in der DDR" und „einer Annäherung der Landesteile" ist auch lange nach der Vereinigung wenig bemerkbar (Meulemann 2002: 22; vgl. auch Fuchs u. a. 1997). Die westdeutschen Volksparteien sind im Osten wenig verankert. Eigentliche Volkspartei ist vielmehr Die Linke, was auch bei der Bundestagswahl 2009 beobachtet werden konnte. So lagen die Wahlergebnisse in Ostdeutschland von den im Westen etablierten Parteien meist unter dem Bundesdurchschnitt: CDU (4 Prozentpunkte unter dem Bundesergebnis), B'90/Grüne (4,1 Prozentpunkte unter dem Bundesergebnis), SPD (5,1 Prozentpunkte unter dem Bundesergebnis) und FDP (4 Prozentpunkte unter dem Bundesergebnis). Die Linke hat dagegen im Osten 13,7 Prozentpunkte mehr erhalten als im Bundesdurchschnitt und lag bei 28,5 Prozent. Dies bedeutet eine erhebliche Steigerung im Vergleich zur Wahl 1990, bei der die Zustimmung bei 11,7 Prozent lag.

Auch die Bundespräsidentenwahl im Juni 2010 hat gezeigt, dass Deutschland zwanzig Jahre nach der Vereinigung parteipolitisch gespalten ist. Die im ostdeutschen Parteiensystem fest verankerte Partei Die Linke ist mit einem eigenen Kandidaten angetreten, weil sie den von SPD und den Grünen nominierten Kandidaten Joachim Gauck, ehemaliger Bürgerrechtler und langjähriger Bundesbeauftragter für die Unterlagen der Staatssicherheit der ehemaligen DDR, ablehnte.

Die Analyse der Wahlergebnisse bei Bundestagswahlen seit der Vereinigung dokumentiert, dass die Menschen in West- und Ostdeutschland anders wählen. Zum einen ist die Wahlbeteiligung in den neuen Bundesländern durchgängig niedriger als in den alten Bundesländern und zum anderen dominieren im Westen die Volksparteien CDU und SPD und im Osten Die Linke. Die Gründe für das unterschiedliche Wahlverhalten sind mannigfaltig. Für die Wahl der Linken sind neben den Einstellungen zur ehemaligen DDR, auch die Parteiidentifikation mit der Linken sowie die Kompetenzzuschreibung in arbeitsmarktpolitischen Fragen relevant (Neller/Thaidigsmann 2002). Das Wahlverhalten ist in beiden Landesteilen konstant unterschiedlich. Kaspar und Falter (2009) machen insbesondere die geringere Zufriedenheit mit dem Funktionieren der Demokratie sowie das Fehlen von Parteibindungen im Osten Deutschlands dafür verantwortlich.

Im Gegensatz zu den parteipolitischen Einstellungen überwiegen beim Vertrauen in den Rechtsstaat die Gemeinsamkeiten. Nach der Wende war die Schaffung eines einheitlichen Rechtssystems eine wichtige Voraussetzung zur Herstellung der deutschen Einheit. Das Wahlgesetz, die Rentensysteme, das Familien- und Schwangerengesetz mussten angeglichen werden und die Sonderversorgungssysteme der ehemaligen DDR mussten überprüft werden. Eine besondere Herausforderung stellte der Umgang mit dem Unrecht der Sozialistischen Einheitspartei Deutschlands (SED) dar. 1992 und 1994 wurden zwei SED-Unrechtsbereinigungsgesetze zur Aufarbeitung der SED-Diktatur verabschiedet. Im Juni 2007 beschloss das Parlament die Einführung einer Opferpension um wirtschaftlich bedürftige Opfer finanziell zu unterstützen. Grundsätzlich ist die Implementierung des westdeutschen Rechts in den ostdeutschen Ländern gut gelungen, was unter anderem eine Ursache für die relativ positiven Einstellungen der Ostdeutschen in rechtsstaatliche Institutionen ist. Allerdings führt auch heute noch das ehemals staatlich sanktionierte Unrecht dazu, dass Menschen protestieren. So demonstrieren zwanzig Jahre nach der Deutschen Einheit ehemalige politische Häftlinge vor dem Bundestag gegen Sonderrenten für die Mitglieder der letzten DDR-Regierung. Ein Politiker, der fünfeinhalb Monate dem Kabinett de Mazière angehörte, erhält bislang 650 Euro monatlich; die Opferrente für politische Häftlinge liegt mit 250 Euro deutlich darunter.

Ein ähnlicher Konsens in den Einstellungen von West- und Ostdeutschen wie gegenüber den rechtstaatlichen Institutionen besteht auch was die grundlegendsten demokratischen Grundsätze angeht sowie eine allgemeine Akzeptanz, dass in einer Gesellschaft Recht und Gesetz zu achten sind. Das Gleiche gilt für das Grundprinzip der freien Meinungsäußerung. In Ost- und Westdeutschland halten die meisten Menschen die Meinungsfreiheit für unverzichtbar (Abold/Steinbrecher 2007).

Resümierend kann festgehalten werden, dass die etablierte demokratische Kultur der alten Bundesrepublik im vereinigten Deutschland einer Mischung aus kritischer Akzeptanz, Zufriedenheit und Verdrossenheit einerseits und den autoritären und antidemokratischen Hinterlassenschaften des SED-Regimes andererseits Platz gemacht hat. Die föderalistische Machtbalance der alten Bundesländer ist endgültig in eine neue, viel unüberschaubarere Situation aufgegangen, wobei nicht nur große und kleine oder arme und reiche Länder, sondern auch ost- und westdeutsche Bundesländer unterschiedliche Interessen vertreten. Der nicht den Erwartungen entsprechende Aufschwung im Osten, der zudem durch die Finanzkrise 2008/09 nachhaltig beeinträchtigt wurde, führt dazu, dass die Wirtschaft insgesamt schlechter dasteht als die Indikatoren für die alten Bundesländer suggerieren. Die Vereinigung hat also nicht einfach zu einer Vergrößerung oder Erweiterung der Bundesrepublik geführt. Die Amalgamierung der beiden grundverschiedenen sozialen, politischen und rechtlichen Systeme findet zwar in einem gemeinsamen (westlichen) institutionellen Rahmenwerk statt, wird aber maßgeblich von der nachhaltigen Wirkung endogener Faktoren der Transition beeinflusst (Eisen u. a. 1996: 43). Dementsprechend sollten Analysen des Integrationsprozesses sowohl die Unterschiede und Differenzen zwischen den alten und neuen Bundesländern als auch die gesamtdeutsche Situation ins Auge fassen. Die gesamtdeutsche Situation wird umso wichtiger, je älter die typischen ost- und westdeutschen Merkmale und Identitäten werden.

Die in Abbildung 1 dargestellten Entwicklungen belegen für die alten und neuen Bundesländer sowie für Gesamtdeutschland nochmals die bereits skizzierten Ausführungen der einzelnen Bereiche für den Zeitraum 1990-2009 eindrücklich. Es ist offensichtlich, dass der wirtschaftliche Aufschwung in Ostdeutschland in den ersten Jahren nach der Vereinigung stagniert und sich die Unterschiede zwischen beiden Teilen Deutschlands stabilisieren. Zwar wächst das Bruttoinlandsprodukt pro Kopf kontinuierlich, es bleibt allerdings im Osten weit hinter dem im Westen zurück. Ein kontinuierlich zu beobachtender Unterschied wird bei der Betrachtung der Arbeitslosenzahlen deutlich, denn die Arbeitslosigkeit im Osten liegt durchgängig um rund sieben Prozentpunkte höher als im Westen. Hoffnung auf eine langfristige Verbesserung dieser Situation bieten insbesondere die Zahlen für den Anteil der Studierenden unter der Bevölkerung. Wie in Abbildung 1 zu sehen ist, wird der ostdeutsche Rückstand allmählich geringer, obwohl auch 2006 die Studierendenquote im Westen noch immer um etwa fünf Prozentpunkte höher ist als im Osten.

Über die Ähnlichkeiten und Differenzen in den Einstellungen und Verhaltensweisen geben die nachfolgenden Darstellungen in Abbildung 1 ebenfalls Auskunft. Die Entwicklung des politischen Engagements – ausgedrückt über die Wahlbeteiligung – verläuft zwischen den alten und neuen Bundesländern durchgängig unterschiedlich. Im beobachteten Zeitraum ist die Beteiligung im Osten grundsätzlich niedriger als im Westen. Bei der Bundestagswahl 2009 lag die Differenz bei acht Prozentpunkten. Die Lebenszufriedenheit fällt im Osten ebenfalls durchgängig niedriger aus als im Westen. Diese Differenz ist hauptsächlich auf eine geringe Steigerung des Zufriedenheitsniveaus im Westen zurückzuführen. Im Osten dagegen stagniert das Niveau im beobachteten Zeitraum auf relativ niedrigem Niveau. Eine in beiden Teilen Deutschlands ähnliche Entwicklung ist dagegen im gewerkschaftlichen Organisationsgrad zu beobachten. So ist in ganz Deutschland der Anteil der Gewerkschaftsmitglieder an der Gesamtbevölkerung rückläufig.

Deutschland in Europa

Mit mehr als 82 Millionen Einwohnern und etwa 40 Millionen Erwerbstätigen bildet das vereinigte Deutschland das bevölkerungsstärkste Land in West- und Mitteleuropa. Im Jahr 2008 trug Deutschland außerdem zwanzig Prozent zum gesamten Bruttoinlandsprodukt der Europäischen Union bei und ist damit eine der exportstärksten Wirtschaftsnationen der Welt. Deutschland steht an zweiter Stelle – hinter den USA – wenn man die Anteile am globalen Warenhandel und globalen Dienstleistungshandel berücksichtigt und an dritter Stelle – hinter den USA und Frankreich – nimmt man die globalen Direktinvestitionen als Maßstab (IDWK 2009: 141). Deutschland bringt mehr als ein Viertel der Einnahmen der EU auf und auch nach der EU-Erweiterung 2007 ist Deutschland der größte Zahler unter den Mitgliedstaaten (Statistisches Bundesamt 2009). Außerdem stellt Deutschland die größte Zahl der Mitglieder des Europäischen Parlaments. Somit ist das vereinigte Deutschland eines der bedeutendsten und wichtigsten Länder nicht nur Europas, sondern auch der Welt. Das wird sich voraussichtlich nicht ändern.

Wie bereits mehrmals erwähnt, verbergen sich hinter den Zahlen für die gesamtdeutsche „zentrale Macht" Europas noch immer große Unterschiede zwischen den neuen und alten Bundesländern. Für das vereinigte Deutschland bedeutet dies, dass die umfangreichen Transferleistungen mit höheren Steuerlasten und Defiziten finanziert werden. Insbesondere der Arbeitsmarkt ist von sehr großen Unterschieden gekennzeichnet. Die unflexiblen Arbeitsmarktbedingungen in Deutschland verhinderten insbesondere in Ostdeutschland eine marktkonformere Anpassung von Löhnen und Preisen (Schirm 2003; Münter/Sturm 2003). Anders als z. B. in Dänemark

Abbildung 1: Entwicklungen in Deutschland seit 1990

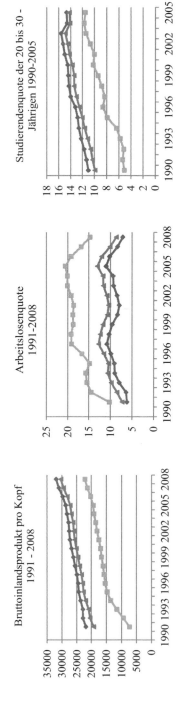

Definition: Bruttoinlandsprodukt entspricht Summe der Bruttowertschöpfung aller ansässigen Wirtschaftseinheiten, die mit der Produktion von Gütern und Dienstleistungen beschäftigt sind.
Quelle: Statistisches Landesamt Baden-Württemberg
Anmerkung: Die Berechnungen für die alten Länder schließen Berlin ein.

Definition: Anteil der registrierten Arbeitslosen an allen abhängigen zivilen Erwerbspersonen (in Prozent).
Quelle: Bundesagentur für Arbeit.
Anmerkung: Ostdeutschland einschließlich Gesamtberlin.

Definition: Studenten im Wintersemester an Universitäten pro 100 der 20 bis 30-Jährigen Wohnbevölkerung (am Jahresende).
Quelle: GESIS – ZUMA.
Anmerkung: Ab 2001 Westdeutschland mit Gesamtberlin.

Westdeutschland   Ostdeutschland   Gesamtdeutschland

Fortsetzung Abbildung 1: Entwicklungen in Deutschland seit 1990

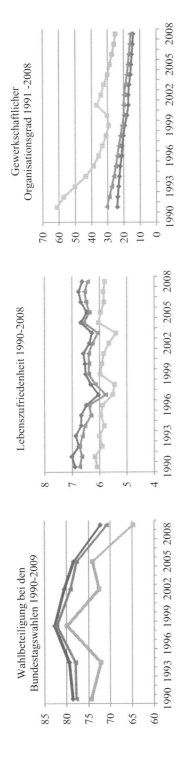

Wahlbeteiligung bei den Bundestagswahlen 1990-2009

Definition: Anteil der abgegebenen Stimmen bei Wahlen zum Bundestag an der Gesamtzahl der Wahlberechtigten (in Prozent).
Quelle: Statistisches Bundesamt.

Lebenszufriedenheit 1990-2008

Definition: Wertschätzung des eigenen Lebens in seiner Gesamtheit.
Quelle: Veenhoven, Ruut (2009): World Database of Happiness. Erasmus University Rotterdam.
Anmerkung: Zufriedenheitsskala von 0 - 10; 0 = "gar nicht zufrieden", 10 = "sehr zufrieden".

Gewerkschaftlicher Organisationsgrad 1991-2008

Definition: Anteil der Gewerkschaftsmitglieder an den Erwerbstätigen (in Prozent).
Quelle: DGB, Statistisches Bundesamt
Anmerkung: Eigene Berechnungen auf Grundlage der Daten

Westdeutschland   Ostdeutschland   Gesamtdeutschland

oder den Niederlanden gelang es dem vereinigten Deutschland nur sehr schwer, den Wohlfahrtsstaat zu reformieren, die Wettbewerbsfähigkeit zu stärken, die Arbeitslosigkeit zu reduzieren und die Defizite der öffentlichen Kassen in den Griff zu bekommen (Cox 2001). Mit der Vereinigung Deutschlands war ein demographischer „Koloss" in Europa entstanden, welcher sich lange Zeit als ein durch Stagnation und Reformstau „gelähmter Gulliver" entpuppte (Bruck 1999: 214f). In den Jahren vor der Finanzkrise 2008/09 hat sich die wirtschaftliche Lage allerdings auch in Deutschland verbessert. Mittlerweile hat Deutschland seine Reformfähigkeit in vielen Bereichen dokumentiert, so haben sich beispielsweise die Wohnbedingungen entscheidend verbessert. Ebenfalls eindrücklich belegt, wird diese Fähigkeit durch den starken Rückgang der Arbeitslosenzahlen zwischen 2003 und 2008 (siehe Abbildung 1).

In Tabelle 1 ist die Position von Deutschland in Europa in einigen Kennzahlen zusammengefasst. Diese Tabelle enthält nicht nur Informationen über Deutschland und die neuen und alten Bundesländer, sondern auch für ausgewählte westeuropäische Länder (linker Teil der Tabelle) und für einige mittel- oder osteuropäische Länder (rechter Teil der Tabelle).[9] Die ersten beiden Zeilen unterstreichen nochmals die geographische und demographische Spitzenposition, welche Deutschland in Europa einnimmt. Die Lebenserwartung für die im Jahr 2007 Geborenen ist zwar in der Schweiz und in Schweden höher als in Deutschland, aber in den alten Bundesländern ist die Lebenserwartung kaum niedriger als in den meisten europäischen Ländern. Bemerkenswert ist, dass die im Vergleich zu Westdeutschland etwas geringere Lebenserwartung in Ostdeutschland noch immer deutlich höher ist als die Lebenserwartungen in den ausgewählten osteuropäischen Ländern. Die demographischen Indikatoren zeigen außerdem, dass die deutsche Bevölkerung relativ viele Alte umfasst: in keinem anderen europäischen Land erreicht der Anteil der Einwohner, die älter als 65 Jahre sind, das deutsche Niveau von mehr als zwanzig Prozent.

Die anschauliche Charakterisierung von Deutschland als einem „gelähmten Gulliver" bestätigen die wirtschaftlichen Daten in Tabelle 1. Das Bruttoinlandsprodukt pro Kopf in Deutschland bleibt 2008 weit hinter der Produktion in Ländern wie der Schweiz, Irland, Norwegen, Österreich oder Schweden zurück. Im Vergleich mit den osteuropäischen Ländern liegt das BIP des vereinten Deutschlands jedoch höher. Im Gesamtvergleich zeigt sich, dass 2008 das wirtschaftliche Wachstum in beiden Teilen Deutschlands niedriger war als in vielen anderen Ländern. Die problematische wirtschaftliche Situation Deutschlands drückt sich auch in deren relativ hohen Arbeitslosenquote aus, welche nur in Spanien, Finnland, Griechenland und Portugal höher liegt. Was die Staatsquote von etwa 43 Prozent angeht, befindet sich Deutschland im europäischen Mittelfeld hinter den skandinavischen Ländern, Belgien und Österreich. Mit anderen Worten: die Aufbauleistung und die Transfers von West- nach Ostdeutschland haben den öffentlichen Sektor zwar außergewöhnlich belastet, aber Deutschlands Position in Europa nicht wesentlich geändert.

Tabelle 1 präsentiert auch einige Zahlen über die politische und soziale Beteiligung in Deutschland und Europa. Mit einer rückläufigen Wahlbeteiligung 2009 von

---

9 Siehe für die Auswahl der Länder Tabelle 2 und 3 dieses Einführungskapitels.

fast 71 Prozent befindet sich Deutschland im unteren Drittel der westeuropäischen Länder, was dem Niveau von Griechenland entspricht. Im Vergleich zu den osteuropäischen Ländern liegt die Wahlbeteiligung im vereinten Deutschland jedoch höher. Eine getrennte Betrachtung der ost- und westdeutschen Länder macht die Differenzen im Wahlverhalten deutlich. Die Wahlbeteiligung ist in Ostdeutschland um acht Prozentpunkte niedriger als in Westdeutschland, aber höher als in allen untersuchten osteuropäischen Ländern. Das politische Engagement in Form gewerkschaftlichen Organisationsgrads ist in Deutschland relativ moderat ausgeprägt. So fallen auch die durch Streiks und Aussperrungen verloren gegangenen Ausfalltage in Deutschland außergewöhnlich niedrig aus.

Schließlich sind Tabelle 1 einige Informationen über gesellschaftliche und soziale Merkmale zu entnehmen. Leider sind die objektiven Kennzahlen nur für Gesamtdeutschland verfügbar und es können keine Aussagen über Unterschiede oder Ähnlichkeiten zwischen den Landesteilen Deutschlands getroffen werden. Es ist fraglich, ob die Lebensqualität, die in Deutschland (ausgedrückt über den HDI) nur geringfügig hinter jener der nordwesteuropäischen Ländern zurückbleibt und deutlich besser ausfällt als in Süd- oder Osteuropa, auch bei einer gesonderten Betrachtung ein gleichbleibend positives Niveau in Ost- und Westdeutschland erreicht. Auch die soziale Ungleichheit dürfte in beiden Landesteilen ungleich verteilt sein. Aus der Einstellungsforschung ist bekannt, dass die ost- und westdeutschen Einstellungen in dieser Frage große Differenzen aufweisen (Noll/Christoph 2004). Objektive Zahlen für Gesamtdeutschland belegen, dass die Ungleichheit größer ausfällt als in einigen westeuropäischen Ländern. Betrachtet man dagegen die Sozialleistungen, dann gehört Deutschland zur Spitzengruppe in Europa. Sozialversicherungsleistungen und Gesundheitsversorgungsdienste stellen in den EU-Ländern zusammenaddiert den größten Anteil an öffentlichen Ausgaben dar und die Sozialleistungsquote ist nur in sechs der in Tabelle 1 aufgeführten Länder höher als in Deutschland. Die Werte in Tabelle 1 zeichnen nicht nur ein positives Bild bei den Sozialleistungen, auch die Korruption ist in Deutschland gering ausgeprägt. Obwohl Jahn (2006: 113) eine deutliche Zunahme der Korruption in Deutschland seit Mitte der 1990er Jahre konstatiert, ist das Niveau weiterhin relativ gering. Wie in früheren Befunden ist der niedrigste Korruptionsgrad in skandinavischen und der höchste in osteuropäischen Ländern zu beobachten. Die besondere Position von Deutschland zeigt sich schließlich sehr deutlich an der hohen Migrationsrate: nur Österreich, Irland und Estland sowie traditioneller Weise die Schweiz haben mehr Migranten aufgenommen als Deutschland. Die Migrationsentwicklung in Deutschland wurde seit den 1990er Jahren durch die Öffnung des ‚Eisernen Vorhangs' geprägt. Die Möglichkeiten der erleichterten Ausreise aus den ehemaligen sozialistischen Ländern zog einen stetig wachsenden Strom von Zuwanderern nach sich (Currle 2004: 17). Nicht zuletzt die Osterweiterung der Europäischen Union führt bis heute zu einer weiteren Zunahme von Migranten.

Tabelle 1: Deutschland in Europa (2008)

	A	B	CH	DK	E	FIN	F	GR	IRL	NL	NO	P	S	UK	D-W	D	D-O	CZ	EST	H	PL	SLO	SK	UA[12]
Grundgebiet (km² in 1000)[1]	84	31	41[1a]	43	506	338	633	132	70	42	385[1b]	92	441	243	249	357	108	79	45	93	313	20	49	603
Einwohner (Mill)[2]	8,3	10,6	7,5	5,4	45,2	5,3	63,9	11,2	4,4	16,4	4,7	10,6	9,1	61,1	65,6[2a]	82,2	16,5[2a]	10,4	1,3	10,0	38,1	2,0	5,4	46,2
Lebenserwartung[3]																								
Männer (Jhr)	75,6	77,0	79,4	76,1	77,7	75,9	77,2[3a]	77,0	77,4	78,1	78,3	75,9	79,0	77,3[3a]	77,4[3b]	77,4	76,1[3b]	73,7	67,2	69,3	70,9	74,6	70,5	62,1
Frauen (Jhr)	83,0	82,6	84,3	80,5	84,3	83,1	84,3[3a]	81,8	82,0	82,5	82,8	82,2	83,0	81,6[3a]	82,5[3b]	82,6	82,2[3b]	80,2	78,8	77,7	79,7	82,0	78,4	73,8
Altenanteil (%)[4]	17,1	17,1	16,4	15,6	16,6	16,5	16,3	18,6	10,9	14,7	14,6	17,4	17,5	16,1	19,5[4a]	20,1	21,3[4a]	14,6	17,2	16,2	13,5	16,1	12,0	13,5[4b]
BIP pro Kopf (in KKS)[5]	123,1	114,6	141,4	118,3	103,9	115,0	107,3	95,3	139,4	134,9	190,0	75,4	121,4	116,9	-	116,0	-	80,0	68,1	62,9	57,5	90,6	71,8	-
Wachstum (%BIP)[6]	2,0	1,1	1,8	-1,2	1,2	1,0	0,4	2,9	-2,3	2,0	2,1	-0,0	-0,2	0,7	1,3[6a]	1,3	1,2[6a]	2,5	-3,6	0,6	5,0	3,5	6,4	7,6
Arbeitslose (%)[7]	3,8	7,0	-	3,3	11,3	6,4	7,8	7,7	6,0	2,8	2,5	7,7	6,2	5,6	6,4[7a]	7,3	13,1[7a]	4,4	5,5	7,8	7,1	4,4	9,5	6,4
Staatsquote[8]	48,4	48,9	32,6	50,4	39,7	47,3	52,5	45,4	39,6	45,1	40,5	46,3	51,2	45,4	-	43,4	-	42,4[8a]	40,9[8a]	49,9[8a]	43,1[8a]	43,6[8a]	34,9[8a]	-
Wahlbeteiligung (%)[9]	78,8	91,1	48,3	86,6	76,0	65,0	60,4	74,1	67,0	80,4	77,4	64,3	82,0	61,4	72,3	70,8	64,8	64,5	61,9	64,4	53,9	63,1	54,7	62,0
Gewerkschaftsmitglieder (%)[10]	31,7	52,9	19,0	69,1	14,6	70,3	7,8	23,0	31,7	19,8	53,7	18,7	70,8	28,0	-	19,9	-	20,5	8,1[10a]	16,9	14,4	-	23,6	-
Arbeitskämpfe[11]	-	34,8	2,0	34,3	58,0	42,9	116	-	3,4	4,0	1,6	16	3,2	38,0	-	12,0	-	-	-	10,0	18,6	-	0	-
HDI[13]	0,97	0,95	0,96	0,95	0,95	0,95	0,96	0,94	0,96	0,96	0,97	0,90	0,96	0,94	-	0,94	-	0,90	0,88	0,87	0,88	0,92	0,88	0,79
Gini Index[14]	35,2	33,0	33,7	24,7	34,7	26,9	32,7	34,3	30,9	30,9	25,8	38,5	25,0	36,0	-	28,3	-	25,8	36,0	30,0	34,9	31,2	25,8	28,2
Sozialleistungsquote[15]	27,1	28,0	25,4	28,1	20,5	24,6	29,0	23,8	17,6	26,8	22,3	23,4	29,0	24,8	-	26,7	-	18,6	12,3	21,9	17,8	20,8	15,4	-
Korruptionsindex[16]	8,1	7,3	9,0	9,3	6,5	9,0	6,9	4,7	7,7	8,9	7,9	6,1	9,3	7,7	-	7,9	-	5,2	6,6	5,1	4,6	6,7	5,0	2,5
Migrationsrate[17]	14,0	8,5	22,3	7,8	10,7	3,3	10,6	8,8	14,8	10,6	8,0	7,2	12,3	9,7	-	12,9	-	4,4	15,0	3,3	2,2	8,4	2,3	11,5

1	Statistisches Landesamt Baden-Württemberg 2008.
1a	Bundesamt für Statistik Schweiz 2006.
1b	Statistics Norway 2008.
2	Eurostat 2008.
2a	Daten 2007 (Statistisches Jahrbuch 2008).
3	Lebenserwartung bei Geburt 2007 in Jahren (Eurostat 2007);
3a	Daten für 2006.
3b	Destatis 06/08.
4	Anteil der Einwohner älter als 65 Jahre (Eurostat 2008);
4a	Daten 2006 (Statistisches Jahrbuch 2008).
4b	Population Census 2001 (State Statistics Committee of Ukraine).
5	BIP in Kaufkraftstandarts; 100 = EU-Durchschnitt (Eurostat 2008).
6	Reale Veränderung des BIP gegenüber Vorjahr, preisbereinigt (Eurostat 2008).
6a	(Destatis 2008).
7	Anteile der Arbeitslosen an der Erwerbsbevölkerung (Eurostat 2008).
7a	(Agentur für Arbeit 2008).
8	Gesamtausgaben des Staates in Prozent des BIP (OECD, Economic Outlook 84 2008);
8a	(Bundesministerium der Finanzen 2008).
9	Wahlbeteiligung in Prozenten der Wahlberechtigten bei der letzten, nationalen Parlamentswahl (vor Ende 2008; International Institute for Democracy and Electoral Assistance).
10	Netto Organisationsgrad der Gewerkschaften, außer für Österreich, Schweiz, Spanien, Polen, Slowakei: 2006; Griechenland: 2005; Portugal: 2004 (OECD 2007);
10a	Daten von 2004 (ILO 2005).
11	Zahl der verlorenen Arbeitstage pro 1000 Arbeitnehmer im Jahr (Eurostat 2007); Frankreich, Portugal: 2006.
12	UNdata 2007: außer Wahlbeteiligung und Altenanteil.
13	Human Development Report 2009: Human Development Index 2007.
14	Gini Index 1992-2007, World Bank (2009d) "World Development Indicators".Ein Wert von 0 repräsentiert absolute Ungleichheit, ein Wert von 100 absolute Gleichheit.
15	In Prozent des BIP (Eurostats 2007).
16	Transparency International Corruption Perceptions Index2008; Skala von 0 (hohe Korruptionsrate) bis 10 (keine Korruption).
17	Internationale Migration in % der Gesamtbevölkerung (Human Development Report 2009: Daten 2005).

Dieser kurze Exkurs über die Position von Deutschland in Europa kann mit nichtquantitativen Ergebnissen ergänzt werden. Im Frühjahr 1999 beteiligten sich deutsche Kampfflugzeuge an den NATO-Kampagnen gegen die ehemalige Föderale Republik Jugoslawien und beendeten auf diese Weise die deutsche Zurückhaltung in der internationalen Sicherheitspolitik. Möglich wurde dieser Einsatz durch ein Urteil des Bundesverfassungsgerichts (BVerG) aus dem Jahr 1994. Das BVerG stellte fest, dass die Bundesrepublik durch ihren Beitritt zu den Vereinten Nationen (UN) und ihre NATO-Mitgliedschaft in der Lage sei, mit einem Mandat der Vereinten Nationen deutsche Soldaten weltweit zu entsenden. Für eine Entsendung ist eine einfache Bundestagsmehrheit notwendig. Seitdem beteiligen sich deutsche Soldaten an militärischen Eingriffen unter UN-Führung auf dem Balkan und in Afghanistan. Nicht zuletzt die Verbündeten forderten einen größeren Einsatz und solidarische Leistungen der Deutschen. So sandte Deutschland 1992 Sanitätssoldaten nach Kambodscha, 1993 unterstützte die Bundeswehr die UN-Truppen logistisch in Somalia und 1998 fand die erste deutsche Beteiligung an einem Krieg nach 1945 statt, als die Bundeswehr über Albanien in den Kosovo einmarschierte.

Mit der Vereinigung ist das deutsche Selbstbewusstsein gewachsen und seine internationalen Interessen sind nicht länger zweitrangig.[10] In manchen Fällen ist die neue Außen- und Sicherheitspolitik eine klare Weiterführung der Politik der alten Bundesrepublik mit ihrem eindeutigen Bekenntnis zur europäischen Integration und zur Zusammenarbeit im Rahmen multilateraler Organisationen wie UN, NATO oder EU. Dazu gehört auch eine eher zurückhaltende Einstellung in Fragen, welche klare militärische Aspekte umfassen. Der „gelähmte Gulliver" wird international sicherlich nicht als eine eher schwache „zentrale Macht" betrachtet. Im Gegenteil: Die wichtigste Aufgabe des vereinigten Deutschlands besteht darin, die neue Stärke auf vernünftige Weise anzuwenden:

> „Germany faces the double task of assuring its neighbours that it is not tempted to take advantage of its position and power to establish a hegemonic role in Europe and that it does accept its new international responsibilities." (Meiers 2003: 214)

Konzept und Gliederung des Bandes

Anforderungen und Vorgehensweise

Konzept und Gliederung des vorliegenden Bandes basieren auf den im vorherigen Abschnitt abgeleiteten Anforderungen für die Analyse der Entwicklungen in Deutschland. Alle nachfolgenden Untersuchungen über die Situation und Entwicklungen werden auf einer empirischen Grundlage erarbeitet. Dazu verwenden alle Autorinnen und Autoren die Daten der ersten vier Wellen des *European Social Survey* für ihre Beiträge. Auf diese Weise wird nicht nur der empirische Charakter

---

10 Beobachter sprachen schon kurz nach 1990 von Deutschland als „die Zentralmacht Europas" sowie von „Deutschlands Rückkehr auf die Weltbühne" (Schwarz 1994).

der Analysen unterstrichen, darüber hinaus liegt den verschiedenen Beiträgen eine einheitliche und gut zu vergleichende Datenbasis für die Analyse gesellschaftlicher und politischer Wandlungsprozesse von 2002 bis 2008 zu Grunde.

Eine zweite Anforderung betrifft die besondere Situation in Deutschland seit der Vereinigung. Für eine entsprechende Untersuchung ist sowohl ein Vergleich der alten und neuen Bundesländer als auch die Betrachtung der gesamtdeutschen Ergebnisse erforderlich. Dementsprechend werden wir in diesem Band – wie bereits in Tabelle 1 – vergleichende Informationen für Westdeutschland (D-W) und für Ostdeutschland (D-O) präsentieren.

Die Berücksichtigung der europäischen Perspektive bildet die dritte Anforderung an die hier aufgenommenen Beiträge. Die Entwicklungen in Deutschland sind nicht nur eine Folge der innerdeutschen Beschäftigung mit Integration, sie sind auch Teil der gesellschaftlichen Wandlungsprozesse, welche in einigen anderen Ländern wahrnehmbar sind:

> „Die Rückwirkungen der ostdeutschen Transition auf Westdeutschland und mögliche Veränderungen des politischen und administrativen Systems, der governance structures, in der Bundesrepublik insgesamt dürfen allerdings, das wurde bereits ausgeführt, nicht nur aus der Perspektive der Transitionsforschung analysiert werden, sondern müssen sich in die Untersuchung des derzeitigen sozio-politischen Wandels in Westeuropa einordnen." (Eisenu. a.1996: 44)

Auf Grund der Entscheidung eines getrennten Vergleichs der west- und ostdeutschen Länder muss die Einordnung Ostdeutschlands im gesamteuropäischen Kontext geklärt werden. Es ist fraglich, ob eine ‚westeuropäische Zuordnung' den Entwicklungen in Ostdeutschland gerecht wird. Viel wahrscheinlicher erscheint es, dass Ostdeutschland Ähnlichkeiten mit anderen postsozialistischen Gesellschaften aufweist. Eine Einordnung zu Osteuropa scheint für die neuen Bundesländer deswegen sinnvoller zu sein. Nur aus der sehr langfristigen Perspektive einer kontinuierlichen ‚Modernisierung' aller Gesellschaften könnte man eine ‚westeuropäische Einordnung' für Ostdeutschland akzeptieren.

Die Frage nach den Ähnlichkeiten und Differenzen zwischen West- und Ostdeutschland bzw. West- und Osteuropa lässt sich nur empirisch klären. Die Autorinnen und Autoren dieses Bandes werden deshalb die Ergebnisse für die alten und neuen Bundesländer konsequent mit Ergebnissen für west- bzw. osteuropäische Länder vergleichen. Einen Überblick der in den Analysen berücksichtigten Länder in jeder Welle ist Tabelle 2 zu entnehmen.

Der European Social Survey

Das generelle Ziel des ESS ist die Entwicklung, inhaltliche Konzeptualisierung und Durchführung repräsentativer Bevölkerungsbefragungen zum Einstellungs-, Verhaltens- und Wertewandel in europäischen Ländern. Dazu wird ein einheitlicher Fragebogen über verschiedene Aspekte des politischen und gesellschaftlichen Zusammenlebens verwendet, der durch einige länderspezifische Fragen ergänzt wird. Der Fra-

Tabelle 2: Übersicht über die in die Analyse einbezogenen teilnehmenden Länder

Land	Welle 1	Welle 2	Welle 3	Welle 4
Belgien	✓	✓	✓	✓
Dänemark	✓	✓	✓	✓
Deutschland	✓	✓	✓	✓
Estland	✗	✓	✓	✓
Finnland	✓	✓	✓	✓
Frankreich	✓	✓	✓	✓
Griechenland	✓	✓	✗	✓
Irland	✓	✓	✓	✗
Niederlande	✓	✓	✓	✓
Norwegen	✓	✓	✓	✓
Österreich	✓	✓	✓	✗
Polen	✓	✓	✓	✓
Portugal	✓	✓	✓	✓
Schweden	✓	✓	✓	✓
Schweiz	✓	✓	✓	✓
Slowakei	✗	✓	✓	✓
Slowenien	✓	✓	✓	✓
Spanien	✓	✓	✓	✓
Tschechien	✓	✓	✗	✓
Ukraine	✗	✓	✓	✓
Ungarn	✓	✓	✓	✓
Vereinigtes Königreich	✓	✓	✓	✓

gebogen des ESS besteht aus insgesamt sechs Modulen, von denen vier den festen Kern ausmachen. Um eine optimale Vergleichbarkeit der Erhebungsresultate zu erreichen, wurden alle Teilschritte des Projektes, von der Stichprobenziehung über die Übersetzung des englischen Ausgangsfragebogens in die Sprachen der Teilnehmerländer bis zur konkreten Durchführung der Erhebungen im Feld, soweit möglich, standardisiert und umfassend dokumentiert.[11]

Das Untersuchungsgebiet des ESS in Deutschland umfasst die gesamte Bundesrepublik. In jeder Welle wurde eine repräsentative Stichprobe aller Personen ab 15 Jahren (ohne Altersobergrenze) befragt, die in einem privaten Haushalt in Deutschland leben, ungeachtet ihrer Nationalität, Staatsbürgerschaft, Sprache oder Rechtsstellung. Die Stichproben für Westdeutschland (inkl. Westberlin) und Ostdeutschland (inkl. Ostberlin) sind disproportional zusammengestellt, damit auch für die neuen Bundesländer ausreichende Fallzahlen zur Verfügung stehen. Insgesamt sind im Datensatz der deutschen Teilstudie immer etwa doppelt so viele westdeutsche als ostdeutsche Interviews verfügbar. Die Ausschöpfungsquote liegt bei Berechnung auf

---

11 Siehe für allgemeine Informationen über den ESS: www.europeansocialsurvey.org und für die deutsche Teilstudie: www.europeansocialsurvey.de.

der Basis der insgesamt realisierten Interviews zwischen 59,0 Prozent (erste Welle) und 47,2 Prozent (vierte Welle).

Für die vergleichenden Analysen werden – wie bereits erwähnt – die Daten für die westeuropäischen Länder (ohne Westdeutschland) und für die osteuropäischen Länder (ohne Ostdeutschland) zusammen genommen. Dazu werden die Informationen für alle westeuropäischen Länder in jeder einzelnen Welle des ESS zu einem Indikator für Westeuropa (E-W) zusammengefügt und für alle osteuropäischen Länder in jeder einzelnen Welle zu einem weiteren Indikator für Osteuropa (E-O). Allerdings sind nicht alle Länder in jeder Welle des ESS vertreten, was eine einfache Gruppierung aller teilnehmenden ost- und westeuropäischen Länder in Osteuropa- und Westeuropaländer verhindert. Ein solches Verfahren würde bei einem Vergleich verschiedener Wellen zu Verzerrungen führen, schließlich unterscheidet sich die Zusammensetzung der teilnehmenden osteuropäischen Länder in jeder der vier Wellen. Das Gleiche gilt für die westeuropäischen Länder. Um dennoch einen Vergleich von Ländergruppen über verschiedene Wellen hinweg durchführen zu können, wurden *Kernländersets* für West- und Osteuropa definiert. Das heißt, neben den Indikatoren E-W und O-W, die Ländergruppen pro Welle für West- und Osteuropa zusammenfassen, wurden zwei weitere Sets an Ländergruppen definiert: Kernländerset Westeuropa (E-W*) und Kernländerset Osteuropa (E-O*). In diese Kernländersets wurden die Länder aufgenommen, die bei drei von vier ESS-Wellen teilgenommen haben.

In jedem Beitrag dieses Bandes werden die Ergebnisse zunächst in zentralen Tabellen zusammengefasst die – von links nach rechts – die Ergebnisse präsentieren für die (1) westeuropäischen Länder, die in drei von vier Wellen dabei waren (E-W*), (2) die westeuropäischen Länder pro Welle (E-W), (3) Westdeutschland, (4) Ostdeutschland, (5) die osteuropäischen Länder pro Welle (E-O) und (6) die osteuropäischen Länder, die in drei von vier Wellen dabei waren (E-O*). Die Einteilung der Länder in west- bzw. osteuropäische Systeme sowie die verwendeten Abkürzungen sind Tabelle 3 zu entnehmen.

Gliederung des Bandes

Die verschiedenen Beiträge zu diesem Band beschäftigen sich alle mit den Entwicklungen sozialer und politischer Einstellungen sowie dem Verhalten der deutschen Bevölkerung in europäischer Perspektive 2002 bis 2008. Der Schwerpunkt der Analysen liegt auf den möglichen Unterschieden und Ähnlichkeiten der Entwicklungen in den beiden Teilen Deutschlands. Daraus ergibt sich, wie bereits erwähnt, die inhaltliche Gliederung des Bandes in zwei Teile: (1) Kontinuität und Wandel sowie (2) Neue Herausforderungen. In den Beiträgen des ersten Teils liegt der Analyseschwerpunkt auf Themen, die in der längsschnittlichen Perspektive nach Kontinuität und Wandel von gesellschaftlichen und politischen Einstellungen fragen. Im zweiten Teil werden Querschnittsanalysen ausgewählte Themenstellungen beleuchten.

Tabelle 3: Ausgewählte Länder und deren Abkürzungen

Westeuropäische Länder		Deutschland		Osteuropäische Länder	
A	Österreich	D	Deutschland gesamt	CZ	Tschechien
B	Belgien			EST	Estland
CH	Schweiz	D-W	Westdeutschland	H	Ungarn
DK	Dänemark	D-O	Ostdeutschland	PL	Polen
E	Spanien			SLO	Slowenien
FIN	Finnland			SK	Slowakei
F	Frankreich			UA	Ukraine
GR	Griechenland				
IRL	Irland				
NL	Niederlande				
NO	Norwegen				
P	Portugal				
S	Schweden				
UK	Vereinigtes Königreich				
E-W	Gruppe westeuropäischer Länder pro Welle ohne Deutschland			E-O	Gruppe osteuropäischer Länder pro Welle ohne Deutschland
E-W*:	Gruppe westeuropäischer Länder, die in drei von vier Wellen teilgenommen haben, ohne Deutschland (*Kernländer*)			E-O*:	Gruppe osteuropäischer Länder, die in drei von vier Wellen teilgenommen haben, ohne Deutschland (*Kernländer*)

Heiner Meulemanns Analysen über Religiosität und Säkularisierung (Kapitel 2) bilden den Anfang des ersten Teils. Ausgehend von der Sozialisation in unterschiedlichen Regimen fragt Meulemann, ob die religions- und kirchenfeindliche Politik der staatssozialistischen Länder Osteuropas und Ostdeutschlands Prägungen hinterlassen hat, die bis heute spürbar sind. So waren ein Jahrzehnt nach dem Ende des Staatssozialismus Ostdeutsche, gemessen an der Kirchenzugehörigkeit, dem Gottesdienstbesuch, der Gebetshäufigkeit und der religiösen Selbsteinstufung, weniger religiös als Westdeutsche – und Osteuropäer weniger als Westeuropäer. Heiner Meulemann kann nachweisen, dass die erzwungene Säkularisierung auch zum zwanzigsten Jahrestag der Deutschen Einheit Konsequenzen für die Religiosität hat. So konnte der Staatssozialismus sein Ziel, die Religion zu unterdrücken, in den neuen Bundesländern langfristig verwirklichen, in den osteuropäischen Ländern jedoch nicht.

Kai Arzheimer fragt nach Ähnlichkeiten und Differenzen im Wertekanon von Ost- und Westdeutschen sowie West- und Osteuropäern (Kapitel 3). Auf der Basis des von Schwartz entwickelten Werteschemas prüft Arzheimer, ob die Orientierungen ostdeutscher und osteuropäischer Bürgerinnen und Bürger nachhaltig von den Erfahrungen und Werten der realsozialistischen Systeme beeinflusst sind. Die Analysen werden von der Annahme geleitet, dass im Osten vor allem Werte wie Sicherheit, Tradition und Konformität zu finden sind, während im Westen eher individualistische und dynamische Werte vorherrschen. Im Ergebnis zeigt sich, dass zwischen zwei Regionen unterschieden werden kann, mit Westeuropa und Westdeutschland sowie Ostdeutschland, in denen die Werte Universalismus und Benevolence am wichtigsten sind und Kraft und Ansporn am anderen Ende der Wertehierarchie stehen. In Osteuropa (aber nicht in Ostdeutschland) sind dagegen Sicherheit, Konformität und Tradition die vorherrschenden Werte der Gesellschaften. Jedoch deuten die Befunde ebenso an, dass es die aktuelle wirtschaftliche Lage eines Landes sein könnte, die die Bewertungen beeinflusst und weniger die historischen politischen Traditionen.

In dem nächsten Beitrag beschäftigt sich Oscar Gabriel mit der Bewertung der individuellen und kollektiven Lebensbedingungen im vereinigten Deutschland (Kapitel 4). Die Lebensbedingungen haben sich durch den Zusammenbruch des Sozialismus über Nacht verändert, insbesondere im Ostteil Deutschlands. Als Konsequenz wuchs die Unzufriedenheit der Ostdeutschen. Vor diesem Hintergrund wirft Gabriel die Frage auf, ob die Ostdeutschen auch in den ersten Jahrzehnten des 21. Jahrhunderts immer noch unzufriedener sind als die Westdeutschen oder ob sich eine Angleichung der Bewertung vollzogen hat. Im Ergebnis zeigt sich, dass die negative Bewertung der individuellen und kollektiven Lebensbedingungen seitens der ostdeutschen Bevölkerung weiterhin Bestand hat. Welche Ursachen für die Beurteilung maßgeblich sind, hängt von den jeweiligen Bereichen ab. Während die Zufriedenheit mit dem Privatleben für Ost- und Westdeutsche von den gleichen Faktoren – Haushaltseinkommen, interpersonales Vertrauen und soziale Kontakte –abhängig ist, variieren die Determinanten der kollektiven Lebenszufriedenheit wesentlich stärker: In Westdeutschland ist die Unterstützung von Pflicht- und Akzeptanzwerten relativ wichtig. In Ostdeutschland zeigen die Analysen dieser Determinanten dagegen, abgesehen vom positiven Einfluss des interpersonalen Vertrauens und einem wichtigem Persönlichkeitsfaktor, überwiegend schwache oder unplausible Zusammenhänge.

Mit ihren Analysen des sozialen und politischen Vertrauens hat Sonja Zmerli ein wichtiges Thema des Zusammenwachsens zweier Kulturen ausgewählt (Kapitel 5). Vertrauen sind Einstellungen, die für das gesellschaftliche Miteinander sowie für die Unterstützung politischer Systeme unabdingbar sind. Konkreter geht es dabei um soziales Vertrauen, das es Gesellschaften erst ermöglicht, in gegenseitige Kooperationen einzutreten und politisches Vertrauen, das als Voraussetzung für die Funktionsfähigkeit und Legitimation demokratischer politischer Systeme bewertet wird. Vor dem Hintergrund des sozialistischen Erbes, welches durch Unterdrückung, Bespitzelung und Verfolgung gekennzeichnet ist, untersucht Zmerli, ob die Erfahrungen ihre Wirkungsmacht weiterhin entfalten und in welche Richtung sich die Wirkungszusammenhänge ausgestalten. Insbesondere die Frage der Wechselwirkung von politischem und sozialem Vertrauen wird geprüft. Zmerlis Untersuchungen lässt sich entnehmen, dass auch zwanzig Jahre nach dem Mauerfall und dem Ende des Ost-Westkonflikts bedeutende Unterschiede fortbestehen, wenn nicht sogar sich verschärft haben. Diese Trennlinie verläuft aber weniger innerhalb Deutschlands, dessen beide Landesteile sich nahtlos in Westeuropa einfügen, als vielmehr zwischen West- und Osteuropa. Zmerlis Analysen belegen darüber hinaus die enge Wechselwirkung zwischen politischem und sozialem Vertrauen, welche Anlass zur positiven langfristigen Einschätzung der Entwicklung Osteuropas gibt – trotz des momentan in Osteuropa zu beobachteten Abwärtstrends politischen Vertrauens.

Silke Keil widmet sich in ihrem Beitrag nicht nur der Frage nach Umfang und Intensität politischer und sozialer Partizipation in Deutschland und Europa, sondern auch der Erklärung der weiterhin bestehenden Ungleichheit in diesen Bereichen (Kapitel 6). Die friedlichen Demonstrationen der ostdeutschen Bevölkerung für Freiheit und Demokratie haben ursächlich zum Fall der Mauer geführt. Wie ist es zwanzig Jahre später um das politische und soziale Engagement bestellt? Zunächst zeigen die Analysen, dass die politische Partizipation in Deutschland, egal ob in West oder Ost, im europäischen Vergleich am größten ausfällt. Sowohl die politische als auch die soziale Beteiligung ostdeutscher Bürgerinnen und Bürger gleicht mehr jener Westeuropas als der Osteuropas. Anschließend widmet sich Keils Untersuchung der bestehenden Ungleichheit im Partizipationsverhalten. Ressourcenschwache Individuen beteiligen sich weniger als ressourcenstarke Individuen, was zu einem ungleichen Schutz von Interessen führen kann. Zur Beantwortung der Frage, ob diese Ungleichheit von der Größe eines Wohnortes beeinflusst wird, liefern die Analysen keine konsistenten Ergebnisse. Der Einfluss der Stadtgröße variiert unsystematisch in den untersuchten Regionen.

Parteien und Wähler gehören zu den wichtigsten Akteuren in repräsentativen Demokratien. Herman Schmitt und Angelika Scheuer untersuchen daher die Beziehung von Bürgern und Parteien in konsolidierten und postsozialistischen Demokratien (Kapitel 7). Mittels den Indikatoren Volatilität, Fragmentierung, Parteibindung und Polarisierung werden zunächst die Parteiensysteme charakterisiert. Die deutlichsten Ost-West-Unterschiede sind bei der Volatilität und den Parteibindungen zu beobachten. Zur Erklärung der individuellen Unterschiede diskutieren und analysieren Schmitt und Scheuer in einem nächsten Schritt die drei Kategorien soziale Spannungslinien, Parteibindungen, und die Links-Rechts-Dimension. Im Ergebnis können sie zeigen, dass die Erklärungskraft der einzelnen Faktoren der Wahlentscheidung je nach sozio-politischem Kontext variiert. Deutlich wurde jedoch auch, dass die konventionellen Instrumente zur Erklärung der Wahlentscheidung im postsozialistischen Osten Europas erheblich weniger zur Erklärung beitragen als im konsolidierten Westen. Was die Verortung Deutschlands angeht, kommen die Autoren zu dem Schluss, dass sich die untersuchten Determinanten zwischen den neuen und alten Bundesländern kaum unterscheiden.

In dem letzten Beitrag zum ersten Teil des Bandes untersuchen Jens Tenscher und Lore Hayek die allgemeine und politische Mediennutzung (Kapitel 8). Die Massenmedien und die Neuen Medien haben in den vergangenen Jahren einen rasanten Entwicklungsschub erfahren, allerdings vollzog sich der Medienwandel in den etablierten Demokratien und den postsozialistischen Ländern vor vollkommen anderen Erfahrungen. Tenschers und Hayeks Analysen fragen demnach, welche Bevölkerungsgruppen in welchem Maße welche Medien nutzen und wie Deutschland auf der Karte der europäischen Mediennutzungslandschaft zu verorten ist. Hinsichtlich der allgemeinen Mediennutzung deuten die Befunde auf hohe Ähnlichkeiten und parallel verlaufende Metamorphosen innerhalb Deutschlands hin. Auch der ‚digital divide' hat sich in Deutschland zusehends geschlossen. Diese Entwicklung ist ebenfalls in den etablierten Demokratien Europas zu beobachten, weniger in den postsozialistischen Ländern Osteuropas. Die politische Mediennutzung von Ost- und Westdeutschen ist in ähnlicher Weise seit Jahren nahezu identisch und bewegt sich im europäischen Vergleich konstant auf überdurchschnittlichem Niveau. Anschließend prüfen Tenscher und Hayek das Ausmaß des Einflusses der informationsorientierten Mediennutzung auf das politische Effizienzgefühl und weisen nach, dass dieser gering ausfällt und eine wenig kalkulierbare Größe darstellt.

Der zweite Teil des Bandes umfasst einige Analysen über wichtige soziale und politische Themen in Deutschland und Europa. Nico Dragano eröffnet diesen Teil mit einer Untersuchung der Einstellungen zur medizinischen Versorgung und Gesundheit im Ost-West-Vergleich (Kapitel 9). Die weitreichenden Umwälzungen, wie sie die Gesellschaften in Osteuropa nach dem Zusammenbruch des sozialistischen Systems erlebt haben, sind nicht ohne Folgen für die Bevölkerungsgesundheit geblieben sind. Allerdings handelt es sich dabei nicht um ein uniformes Phänomen und mit dieser Heterogenität beschäftigt sich Draganos Beitrag. Die Auswertungen belegen eine Angleichung der Lebensverhältnisse, die zu ähnlichen gesundheitlichen Risiko- und Chancenprofilen in beiden Teilen Deutschlands geführt hat. Bei allen Ähnlichkeiten deuten Draganos Analysen auch auf weiterhin bestehende Unterschiede, die sich in einer höheren Therapietreue bei der Medikamenteneinnahme, eine als deutlich partnerschaftliche eingestufte Arzt-Patienten-Beziehung und einer Unterversorgung von Ärzten in ländlichen Gebieten in Ostdeutschland manifestiert. Die Betrachtung Deutschlands im europäischen Vergleich deutet auf eine Sonderstellung hin. So unterscheidet sich Deutschland bei den betrachteten Indikatoren von den westeuropäischen Ländern auf der einen und den osteuropäischen Ländern auf der anderen Seite. Ein weiteres wichtiges Ergebnis ist die in allen untersuchten Ländern in gleichem Umfang zu beobachtende soziale Ungleichheit bei der Verteilung der Gesundheitsmaße innerhalb der Länder. Vor allem eine schlechte Einkommenssituation ist durchgängig mit einem gehäuften Auftreten von chronischen Erkrankungen und einer schlechten Gesundheit assoziiert.

Kaum einem Thema wurde in den letzten Jahren in der Öffentlichkeit so viel Aufmerksamkeit zuteil wie der Immigration. Daniel Fuß analysiert die Einstellungen der Bevölkerung in Deutschland und Europa gegenüber Zuwanderung (Kapitel 10), deren Brisanz im Wesentlichen aus dem Spannungsfeld zwischen gesellschaftspolitischen Anforderungen und verbreiteten Vorbehalten innerhalb der Bevölkerung resultiert. Die Vorbehalte sind dabei das Ergebnis sehr unterschiedlicher Erfahrungen in West- und Osteuropa. Fuß untersucht, inwieweit sich diese regional unterschiedlichen Migrationserfahrungen in den Auffassungen der Menschen widerspiegeln und kann ein recht positives Fazit ziehen: In allen betrachteten Regionen ist die Einstellung zur Immigration eher neutral als negativ. Darüber hinaus stellen Personen mit einer grundsätzlich toleranten Haltung durchweg eine Mehrheit gegenüber Personen, die Zuwanderung komplett ablehnen. Mit Blick auf West- und Ostdeutschland belegen Fuß' Untersuchungen den bekannten Unterschied zugunsten eines liberaleren Zuwanderungsklimas in den alten Bundesländern. Ähnliches lässt sich für die europäische Ebene beobachten, wo die auf Regionen- und Länderebene bestehende Heterogenität keinerlei Hinweis auf eine allmähliche ‚Europäisierung' im Sinne einer Angleichung der immigrationsbezogenen Einstellungen liefert. Was die Erklärung der Einstellungsunterschiede anbelangt, so zeigen Fuß' Auswertungen, dass die wahrgenommenen Konsequenzen von Zuwanderung auf individueller Ebene – Angst vor materiellen Einbußen – eine Rolle spielen. Zudem wird ein Großteil der Einflüsse vermittelt über das subjektive Deprivationsempfinden, das Vorhandensein von Zuwanderern im Freundeskreis, das Ausmaß an Vertrauen zu anderen Menschen, die präferierten Werthaltungen und der Bildungsgrad einer Person. Dieses Muster ist für alle betrachteten Regionen weitgehend identisch, was Fuß als Indiz für die Allgemeingültigkeit der spezifizierten Wirkmechanismen wertet.

Edeltraud Roller untersucht die Unterschiede und Ähnlichkeiten der Wohlfahrtsstaatskulturen in Deutschland und in Europa (Kapitel 11). Seit dem Zusammenbruch der staatssozialistischen Systeme in Mittel- und Osteuropa und auch seit der Osterweiterung der Europäischen Union steht die Frage auf der Agenda der vergleichenden politischen Kulturforschung. Rollers Analysen zeigen, dass fast zwanzig Jahre nach der deutschen Vereinigung zwischen West- und Ostdeutschland zwar durchaus noch einige Unterschiede existieren, diese jedoch eher gradueller Natur sind. Lediglich bei den Einstellungen zur Staatsverantwortung gibt es deutliche West-Ost-Unterschiede. Auf der Ebene der europäischen Länder können Rollers Auswertungen ebenfalls nur graduelle Unterschiede zwischen West- und Osteuropa belegen. Es konnte kein einheitliches westeuropäisches und einheitliches osteuropäisches Muster identifiziert werden. Roller weist jedoch darauf hin, dass daraus nicht geschlussfolgert werden kann, dass die staatssozialistischen Systeme die Kultur in den osteuropäischen Ländern nicht geprägt haben. Es konnte lediglich gezeigt werden, dass in diesen Ländern keine einheitliche wohlfahrtsstaatliche Kultur geschaffen worden ist, die sich von der der westeuropäischen Länder unterscheidet und die auch fast zwanzig Jahre nach dem Systemwechsel noch andauert.

Demokratische Bürgertugenden bilden das Thema des Beitrages von Jan van Deth (Kapitel 12). In diesem Betrag werden die normativen Annahmen über die Merkmale einer ‚guten' Bürgerin oder eines ‚guten' Bürgers im demokratischen politischen System untersucht. Zunächst zeigen Analysen des ESS, dass demokratische Bürgertugenden in drei Varianten unterschieden werden können: Engagement in Vereinen und Verbänden (einschließlich politische Organisationen), Wahlbeteiligung und bürgerliche Normen wie Gesetzestreue, Autonomie und Solidarität. Anschließend wird untersucht, inwieweit die Akzeptanz demokratischer Bürgertugenden unter politisch aktiven Bürgerinnen und Bürger größer ist als unter Nicht-Aktiven. Die wichtigste Schlussfolgerung ist, dass demokratische Tugenden unter Aktivisten in Westeuropa eine größere Rolle spielen als in Osteuropa. Mit anderen Worten: Dort, wo normative Orientierungen für die Stabilität einer Demokratie am wenigsten erforderlich sind, ist ihre Akzeptanz am deutlichsten vorhanden.

Der letzte Beitrag des zweiten Teils umfasst die Analysen des persönlichen und sozialen Wohlbefindens von Stefan Weick (Kapitel 13). Er spürt spezifischen Konstellationen der einzelnen Komponenten des subjektiven Wohlbefindens nach, die mit einem vergleichsweise niedrigen materiellen Niveau sowie der kollektiven Erfahrung eines rapiden sozialen Wandels in den osteuropäischen Gesellschaften einhergehen und sich von denjenigen westeuropäischer demokratischer Länder unterscheiden. Deutschland nimmt im Ländervergleich eine mittlere Stellung mit klarem Abstand zu den Ländern an der Spitze ein. Westdeutsche stellen sich dabei etwas besser als Ostdeutsche, die aber immer noch vor den Bürgern in den postsozialistischen Ländern rangieren. Am stärksten sind die Wohlbefindensdifferenzen bei der Zufriedenheitskomponente ausgeprägt, sowohl zwischen West- und Ostdeutschland, als auch zwischen den west- und osteuropäischen Ländern. Weicks Analysen weisen darüber hinaus auf eine deutsche Besonderheit hin: In den alten und neuen Bundesländern sind die individuelle Belastbarkeit und das Selbstwertgefühl überdurchschnittlich ausgeprägt. Aus dem insgesamt niedrigen Wohlbefindensniveau in den postsozialistischen Ländern folgert Weick, dass keine schnelle und umfassende Adaption an die faktischen, eher ungünstigen materiellen Bedingungen stattgefunden hat.

Alle Kapitel vermitteln ein detailliertes Bild der Entwicklung der politischen Einstellungen und Verhaltensweisen der Deutschen und der Europäer. Sie geben Hinweise darauf, dass Deutschland eine Sonderrolle in Europa einnimmt. Die besondere Position Deutschlands in Europa ist Ausdruck der politischen Entwicklung, d. h. ein Ergebnis des Zusammenbruchs der ehemals sozialistischen Republiken. Zwar hat der Zusammenbruch die politische Landkarte in allen Ländern Europas tiefgreifend verändert, jedoch in keinem anderen Land waren die dadurch ausgelösten Veränderungen so gravierend wie in Deutschland. So verlief über vierzig Jahre der Eiserne Vorhang mitten durch das Land und nunmehr leben Menschen zusammen, die über vier Jahrzehnte gegensätzlich politisch sozialisiert waren.

Nach den Annahmen der Political Culture Forschung werden die Einstellungen und Verhaltensweisen der Bürgerinnen und Bürger über die institutionellen Bedingungen geprägt, unter denen sie lebten und sozialisiert wurden. Es ist daher wenig erstaunlich, dass die langfristigen Prägekräfte der Verhältnisse der Menschen nach zwanzig Jahren Deutscher Einheit nicht verschwunden sind. Während im Westen bereits früh eine pluralistische Gesellschaft entstanden war, hatte die ostdeutsche politische Führung eine homogene und egalitäre Gesellschaft schaffen wollen. Der kulturelle Wandel schien dennoch genauso schnell und erfolgreich vollzogen worden zu sein wie der Institutionentransfer. Zumindest bewerteten so einige Beobachter die Entwicklung und waren der Auffassung, dass bestehende Differenzen mit denen zwischen Bayern und Ostfriesen gleichzusetzen seien (Veen 1996; Jesse 1994). Allerdings offenbarten nach 1990 die empirischen Daten so fundamentale Unterschiede, dass Bürklin zu Recht die Frage stellte, ob die im Vereinigungsjahr ermittelten Befunde nicht eher das Resultat sozialer Erwünschtheitseffekte waren und weniger die tatsächliche Realität widerspiegelten (Bürklin 1995). Zwanzig Jahre später fragen die Autorinnen und Autoren dieses Bandes, ob sich seit 1990 eine kulturelle Konvergenz ergeben hat oder ob die vielfach beschworene „Mauer in den Köpfen" (Greiffenhagen/Greiffenhagen 1993) weiterhin fortbesteht. Die präsentierten Ergebnisse über die Struktur und Entwicklung des Verhältnisses der Bürger zur Politik zeigen in dieser Hinsicht Widersprüchlichkeiten. In vielen Bereichen unterscheiden sich die Einstellungen und Verhaltensweisen in Ost- und Westdeutschland wenig und in anderen sind die Unterschiede beträchtlich. Damit scheinen die Metamorphosen Deutschlands mehr oder weniger gut gelungen zu sein. Allerdings sind nicht alle Einstellungen und Verhaltensweisen gleich wichtig für das Funktionieren und die Qualität einer Demokratie. Insbesondere die Einstellungen zur Demokratie bzw. ihrer Alternativen betreffen den Kern der politischen Kultur einer Demokratie. Das sind die Einstellungen, die Ernst Fraenkel (1972) als den notwendigen nichtkontroversen Sektor des politischen Zusammenlebens bezeichnet hat. In diesem Zusammenhang sind noch immer erhebliche Differenzen zu beobachten. So sind die ostdeutschen Bürgerinnen und Bürger mit dem Funktionieren der Demokratie viel weniger zufriedener als die westdeutsche Bevölkerung, und dieser Befund gilt für 1991 gleichermaßen wie für 2007 (Gabriel/Neller 2010: 135). Gabriel und Neller verweisen darauf, dass diese Unterschiede nicht nur „… gradueller, sondern prinzipieller Natur (sind), denn in beiden Landesteilen herrscht eine gegensätzliche Stimmungslage" (2010: 135). Dieses Resultat wiegt umso schwerer, wenn sich die anhaltende Unzufriedenheit über das Funktionieren der Demokratie in eine mangelnde Akzeptanz der Demokratie als Ordnungsmodell verändert (Pollack 2006; Gabriel 2007). Vor dem Hintergrund der systemkritischen Haltung der Ostdeutschen bleibt die innere Einheit weiterhin ein politisches Ziel. Die Analysen dieses Bandes liefern Erkenntnisse über die Determinanten dieser Prozesse und helfen bei der Entwicklung und Herstellung der inneren Einheit von Deutschland in Europa.

Das Verhältnis der Bürgerinnen und Bürger Deutschlands und Europas zur Politik war in den letzten zwanzig Jahren – aber auch davor – vielen Wandlungen unterworfen. Die bislang skizzierten Entwicklungen werden sich weiter verändern – entsprechend Ovid, der die Metamorphose in seinem 15. Buch von dem Philosophen Pythagoras zum Weltgesetz erheben lässt: „Alles verändert sich …" (1986: 15, 165).

Literatur

Abold, Roland/Steinbrecher, Markus 2007: Wir wollen sein ein einzig Volk von Brüdern. In: Rattinger, Hans/Gabriel, Oscar W./Falter, Jürgen W. (Hrsg.): Der gesamtdeutsche Wähler. Baden-Baden: Nomos, 141-166.

Andersen, Uwe 1999: Finanzierung der Einheit. In: Weidenfeld, Werner/Korte, Karl-Rudolf (Hrsg.): Handbuch zur deutschen Einheit 1949-1989-1999. Bonn: Bundeszentrale für politische Bildung, 368-383.

Boss, Thilo 2010: Am Tropf des Westens. In: Das Parlament 36/37, 7.

Breit, Gotthard (Hrsg.) 2003: Politische Kultur in Deutschland. Abkehr von der Vergangenheit – Hinwendung zur Demokratie. Schwalbach/Ts.: Wochenschau-Verlag.

Bruck, Elke 1999: Deutschland von außen. In: Weidenfeld, Werner/Korte, Karl-Rudolf (Hrsg.): Handbuch zur deutschen Einheit 1949-1989-1999. Bonn: Bundeszentrale für politische Bildung, 202-216.

Bürklin, Wilhelm P. 1995: Die politische Kultur in Ost- und Westdeutschland: Eine Zwischenbilanz. In: Lehmbruch, Gerhard (Hrsg.): Einigung und Zerfall. Deutschland und Europa nach dem Ende des Ost-West-Konflikts. Opladen: Leske + Budrich, 11-24.

Cox, Robert H. 2001: The Social Construction of an Imperative: Why Welfare Reform Happened in Denmark and the Netherlands but Not in Germany. In: World Politics 53, 463-488.

Currle, Edda 2004: Migration in Europa: Daten und Hintergründe. Stuttgart: Lucius Verlag.

Dobry, Michel (Hrsg.) 2000: Democratic and Capitalist Transitions in Eastern Europe. Dordrecht: Kluwer.

Eisen, Andreas/Kaase, Max/Berg, Frank 1996: Transformation und Transition: Zur politikwissenschaftlichen Analyse des Prozesses der deutschen Vereinigung. In: Kaase, Max/Eisen, Andreas/Gabriel, Oscar W./Niedermayer, Oskar/Wollmann, Hellmut (Hrsg.): Politisches System. Berichte zum sozialen und politischen Wandel in Ostdeutschland, Band 3. Opladen: Leske + Budrich, 5-46.

Faas, Thorsten 2010: Arbeitslosigkeit und Wählerverhalten: Direkte und indirekte Wirkungen auf Wahlbeteiligung und Parteipräferenzen in Ost- und Westdeutschland. Baden-Baden: Nomos.

Falter, Jürgen W./Gabriel, Oscar W./Rattinger, Hans (Hrsg.) 2000: Wirklich ein Volk? Die politischen Orientierungen von Ost- und Westdeutschen im Vergleich. Opladen: Leske + Budrich.

Falter, Jürgen W./Gabriel, Oscar W./Weßels, Bernhard (Hrsg.) 2005: Wahlen und Wähler: Analysen aus Anlass der Bundestagswahl 2002. Wiesbaden: VS Verlag für Sozialwissenschaften.

Fraenkel, Ernst 1972: Um die Verfassung. In: Nuscheler, Franz/Steffani, Winfried (Hrsg.): Pluralismus. Konzeptionen und Kontroversen. München: Piper, 147-157.

Fuchs, Dieter/Roller, Edeltraud/Weßels, Bernhard 1997: Die Akzeptanz der Demokratie des vereinigten Deutschlands. In: Aus Politik und Zeitgeschichte B 51, 3-12.

Gabriel, Oscar W. 2005: Politische Einstellungen und politische Kultur. In: Gabriel, Oscar W./Holtmann, Everhard (Hrsg.): Politisches System der Bundesrepublik Deutschland. München: Oldenbourg Verlag, 457-522.

Gabriel, Oscar W. 2007: Bürger und Demokratie im vereinigten Deutschland. In: Politische Vierteljahresschrift 48/3, 459-522.

Gabriel, Oscar W./Falter, Jürgen W./Rattinger, Hans (Hrsg.) 2005: Wächst zusammen, was zusammengehört? Stabilität und Wandel politischer Einstellungen im wiedervereinigten Deutschland. Baden-Baden: Nomos.

Gabriel, Oscar W./Keil, Silke I. 2005: Wählerhalten. In: Gabriel, Oscar W./Holtmann, Everhard (Hrsg.): Politisches System der Bundesrepublik Deutschland. München: Oldenbourg Verlag, 575-622.

Gabriel, Oscar W./Neller, Katja 2010: Bürger und Politik in Deutschland. In: Gabriel, Oscar W./Plasser, Fritz (Hrsg.): Deutschland, Österreich und die Schweiz im neuen Europa. Baden-Baden: Nomos, 57-146.

Gabriel, Oscar W./Völkl, Kerstin 2005: Politische und soziale Partizipation. In: Gabriel, Oscar W./Holtmann, Everhard (Hrsg.): Politisches System der Bundesrepublik Deutschland. München: Oldenbourg Verlag, 523-574.

Gabriel, Oscar W./Weßels, Bernhard/Falter, Jürgen W. (Hrsg.) 2009: Wahlen und Wähler: Analysen aus Anlass der Bundestagswahl 2005. Wiesbaden: VS Verlag für Sozialwissenschaften.

Gellner, Winand/Robertson, John D. (Hrsg.) 2003: The Berlin Republic: German Unification and a Decade of Changes. London: Cass.

Gensicke, Thomas 2002: Neue Bundesländer. In: Greiffenhagen, Martin/Greiffenhagen, Sylvia (Hrsg.): Handwörterbuch zur politischen Kultur der Bundesrepublik Deutschland. Wiesbaden: Westdeutscher Verlag, 290-296.

Greiffenhagen, Martin/Greiffenhagen, Sylvia 1993: Ein schwieriges Vaterland: zur Politischen Kultur im vereinigten Deutschland. München/Leipzig: List.

Institut der deutschen Wirtschaft Köln (IDWK) 2009: Deutschland in Zahlen. Köln: Deutscher Instituts-Verlag.

Jahn, Detlef 2006: Einführung in die vergleichende Politikwissenschaft. Wiesbaden: VS Verlag für Sozialwissenschaften.

Jesse, Eckhard 1994: Zwei verschiedene politische Kulturen in Deutschland. In: Jäckel, Hartmut (Hrsg.): Die neue Bundesrepublik. Baden-Baden: Nomos, 97-125.

Kaspar, Hanna/Falter, Jürgen W. 2009: Angenähert oder ausdifferenziert? Das Wahlverhalten in Ost- und Westdeutschland bei der Bundestagswahl 2005. In: Gabriel, Oscar W./Weßels, Bernhard/Falter, Jürgen W. (Hrsg.): Wahlen und Wähler: Analysen aus Anlass der Bundestagswahl 2005. Wiesbaden: VS Verlag für Sozialwissenschaften, 202-227.

Kellermann, Charlotte 2008: Trend and Constellations: Klassische Bestimmungsfaktoren des Wahlverhaltens bei den Bundestagswahlen 1990-2005. Baden-Baden: Nomos.

Korte, Karl-Rudolf (Hrsg.) 2010: Die Bundestagswahl 2009: Analysen der Wahl-, Parteien-, Kommunikations- und Regierungsforschung. Wiesbaden: VS Verlag für Sozialwissenschaften.

Meiers, Franz-Josef 2003: A Chance of Course? German Foreign and Security Policy after Unification. In: Gellner, Winand/Robertson, John D. (Hrsg.): The Berlin Republic: German Unification and a Decade of Changes. London: Cass, 195-216.

Meulemann, Heiner 2002: Werte und Wertewandel im vereinten Deutschland. In: Aus Politik und Zeitgeschichte B 37-38, 13-22.

Münter, Michael/Sturm, Roland 2003: Economic Consequences of German Unification. In: Gellner, Winand/Robertson, John D. (Hrsg.): The Berlin Republic:German Unification and a Decade of Changes. London: Cass, 179-194.

Niedermayer, Oskar 2005: Bürger und Politik: Politische Orientierungen und Verhaltensweisen der Deutschen. Wiesbaden: VS Verlag für Sozialwissenschaften.

Neller, Katja/Thaidigsmann, S. Isabell 2002: Das Vertretenheitsgefühl der Ostdeutschen durch die PDS: DDR-Nostalgie und andere Erklärungsfaktoren im Vergleich. In: Politische Vierteljahresschrift 43/3, 420-444.

Noll, Heinz-Herbert/Christoph, Bernhard 2004: Akzeptanz und Legitimität sozialer Ungleichheit – Zum Wandel von Einstellungen in West- und Ostdeutschland. In: Schmitt-Beck, Rüdiger/Wasmer, Martina/Koch, Achim (Hrsg.): Sozialer und politischer Wandel in Deutschland: Analysen mit ALLBUS-Daten aus zwei Jahrzehnten. Wiesbaden: VS Verlag für Sozialwissenschaften, 97-126.

Ovid 1986: Metamorphosen. Wiesbaden: Drei Lilien Verlag.

Pohl, Rüdiger 2002: Ostdeutschland im 12. Jahr nach der Vereinigung. In: Aus Politik und Zeitgeschichte B 37-38, 30-38.

Pollack, Detlef 2006: Wie ist es um die innere Einheit Deutschlands bestellt? In: Aus Politik und Zeitgeschichte 30-31, 3-7.

Pragal, Peter 2010: Aus zwei mach eins. In: Das Parlament 36/37, 3.

Schirm, Stefan A. 2003: The Power of Institutions and Norms in Shaping National Answers to Globalisation: German Economic Policy after Unification. In: Gellner, Winand/Robertson, John

D. (Hrsg.): The Berlin Republic: German Unification and a Decade of Changes. London: Cass, 217-236.

Schmale, Holger 2010: Politische Abstinenz. In: Das Parlament36/37, 9.

Schwarz, Hans-Peter 1994: Die Zentralmacht Europas: Deutschlands Rückkehr auf die Weltbühne. Berlin: Siedler.

Statistisches Bundesamt 2009: Datenreport 2009. Bonn: Bundeszentrale für politische Bildung.

Statista 2010: Einschätzungen zur deutschen Einheit im Jahr 2010. Quelle: Sozialwissenschaftliches Forschungszentrum Brandenburg e.V.

Steinbrecher, Markus 2009: Politische Partizipation in Deutschland. Baden-Baden: Nomos.

Sturm, Roland 2001: Wirtschaftsförderung und Industriepolitik in Ostdeutschland – Eine Zwischenbilanz nach zehn Jahren. In: Löw, Konrad (Hrsg.): Zehn Jahre deutsche Einheit. Berlin: Duncker + Humblot, 147-163.

tyh 2010: Statistiken. In: Das Parlament 36/37, 1-14.

van Deth, Jan W./Rattinger, Hans/Roller, Edeltraud (Hrsg.) 2000: Die Republik auf dem Weg zur Normalität? Wahlverhalten und politische Einstellungen nach acht Jahren Einheit. Opladen: Leske + Budrich.

van Deth, Jan W. (Hrsg.) 2004: Deutschland in Europa. Ergebnisse des European Social Survey 2002-2003. Wiesbaden: VS Verlag für Sozialwissenschaften.

Veen, Hans-Joachim 1996: Stabilisierung auf dünnem Eis. Entwicklungstendenzen des Parteiensystems nach der zweiten Gesamtdeutschen Wahl. In: Oberreuter, Heinrich (Hrsg.): Parteiensystem am Wendepunkt? Wahlen in der Fernsehdemokratie. München/Landsberg am Lech: Olzog, 182-203.

Weidenfeld, Werner/Korte, Karl-Rudolf (Hrsg.) 1999: Handbuch zur deutschen Einheit 1949-1989-1999. Bonn: Bundeszentrale für politische Bildung.

Wiesenthal, Helmut 1996: Einheit als Privileg: Vergleichende Perspektiven auf die Transformation Ostdeutschlands. Frankfurt a.M.: Campus.

Wolle, Stefan 2010: Damals war's so viel besser! In: Die Zeit 39, 30-31.

Wollmann, Hellmut/Wiesenthal, Helmut/Bönker, Frank (Hrsg.) 1995: Transformation sozialistischer Gesellschaften: Am Ende des Anfangs. Opladen/Wiesbaden: Westdeutscher Verlag.

Wollmann, Hellmut 1996: Institutionsbildung in Ostdeutschland: Neubau, Umbau und ‚schöpferische Zerstörung'. In: Kaase, Max/Eisen, Andreas/Gabriel, Oscar W./Niedermayer, Oskar/Wollmann, Hellmut (Hrsg.): Politisches System. Berichte zum sozialen und politischen Wandel in Ostdeutschland, Band 3. Opladen: Leske + Budrich, 47-154.

Teil I: Kontinuität und Wandel

Wie weit hat die erzwungene Säkularisierung gewirkt? Religiosität 2002-2008 in West und Ost von Deutschland und Europa

Heiner Meulemann

Alle staatssozialistischen Länder haben eine religions- und kirchenfeindliche Politik betrieben. Noch ein Jahrzehnt nach dem Ende des Staatssozialismus sind daher Ostdeutsche, gemessen an der Kirchenzugehörigkeit, dem Gottesdienstbesuch, der Gebetshäufigkeit und der religiösen Selbsteinstufung, weniger religiös als Westdeutsche – und Osteuropäer weniger als Westeuropäer (Meulemann 2004a, 2006; Wolf 2007; Müller/Pollack 2009; Gilles 2009). Der Staatssozialismus hat im Osten Deutschlands wie Europas eine Säkularisierung erzwungen, die ihn überlebt hat (Meulemann 2004b; Franzmann u. a. 2006). Aber wie *lange* wird sie ihn überleben? Wie *tief* hat sie in die Religiosität eingegriffen? Beide Fragen – nach Dauer und Durchgriff – lassen sich in einer zusammenfassen: Wie *weit* hat die erzwungene Säkularisierung gewirkt? Diese Frage will der folgende Aufsatz beantworten.

Untersuchungsplan: Ost und West in Deutschland und Europa

Persistenz-, Sonderfall- und Durchgriffshypothese

Die Bevölkerung der alten Bundesrepublik hatte eine hohe Kirchenmitgliedschaft, praktizierte oft kirchliche Riten – Gottesdienstbesuch und Gebet – und verstand sich überwiegend als religiös. Die Bevölkerung der ehemaligen DDR konnte gar nicht formell Mitglied in Kirchen sein, praktizierte kaum kirchliche Riten und verstand sich als wenig religiös (Meulemann 2002: 76-91, 127). Das wieder vereinte Deutschland hat also zwei Bevölkerungen zusammengebracht, deren religiöses Denken und Handeln höchst unterschiedlich war. Wenn die Ostdeutschen sich in der DDR nur dem staatlichen Zwang angepasst und die Chancen der neuen, gemäß Artikel 4 und 140 GG religiös neutralen Sozialordnung für eine Rückkehr zur Religion genutzt haben, dann sollten die Unterschiede der Religiosität zwischen den Landesteilen heute verschwunden sein. Wenn hingegen die Ostdeutschen die erzwungene Säkularisierung selbst innerlich akzeptiert haben, dann sollten die Unterschiede weiterbestehen. Dafür spricht, dass sich in der DDR eine positiv motivierte Irreligiosität herausgebildet hat, die sich nach der Vereinigung nicht an die Bedingungen des vereinten Landes anpassen musste.

In der DDR bildete die geringe Religiosität keine Leerstelle, sondern war durch positive Überzeugungen getragen. Zwischen 1962 und 1969 bezeichneten sich in vier Befragungen 43-53 Prozent der ostdeutschen Schüler und Lehrlingen als „überzeugte Atheisten" (Friedrich 1999: 184). Noch 1995 sind die Ostdeutschen insgesamt – wie vermutlich die DDR-Bürger bis 1989 – zu 25 Prozent „überzeugte Atheisten", was im internationalen Vergleich bei weitem der höchste Wert ist (Froese/Pfaff 2005). Ihre Distanz zur Religion ging also über Kirchenferne, Indifferenz, Unsicherheit oder Agnostizismus hinaus und war positiv motiviert durch die Überzeugung der Gegenstandslosigkeit der Religion. Weiterhin ging die Frage nach dem Sinn des Lebens an den Ostdeutschen 1992, 2002 und 2007 – wie vermutlich den DDR-Bürgern bis 1989 – nicht vorbei, sondern wurde anders beantwortet. Während die Ostdeutschen existentialistische und naturalistische Weltbilder etwas stärker als Westdeutsche unterstützen, stimmen sie christlichen Weltbildern sehr viel weniger zu (Meulemann 2010: 21). Ihre Distanz zur Religion stützt sich also positiv auf säkulare Weltbilder.

Nach der Vereinigung konnte die erzwungene Säkularisierung leichter persistieren als andere Oktrois durch den Staatssozialismus, weil ihre Folgen mit der neuen Sozialordnung weniger in Widerspruch gerieten als die Folgen anderer Oktrois. Die politische Ordnung des Staatssozialismus, auf die die DDR ihre Bevölkerung wohl oft erfolgreich eingeschworen hat, ist durch ihren Zusammenbruch diskreditiert, der ihre Ineffizienz und Ungerechtigkeit offenlegte. Daher sollte es den Ostdeutschen nicht schwerfallen, sich von ihr auch innerlich zu lösen. Ebenso hat die „sozialistische Moral", die in der Bevölkerung der DDR einen Gemeinschaftssinn stiften sollte, sich als desorientierend in einer Sozialordnung erwiesen, in der unterschiedliche Interessen anerkannt und Konflikte zwischen ihnen gelöst werden müssen. Deshalb haben sich die Ostdeutschen in der Tat nur vier Jahre nach der Wiedervereinigung von der „sozialistischen Moral" gelöst (Meulemann 1998). Aber es gibt nach der Vereinigung keinen Anlass für die Ostdeutschen, sich von ihrer säkularen Weltsicht innerlich zu lösen. Sie hat sich weder wie die staatssozialistische Ordnung diskreditiert noch in der neuen Sozialordnung als dysfunktional erwiesen. Sie ist zudem – wie die geringen Unterschiede der existentialistischen und naturalistischen Weltbilder zu den Westdeutschen zeigen – mit der neuen Sozialordnung vereinbar. Die neue Sozialordnung favorisiert nicht – wie die Urteile des Verfassungsgerichts über Gebete von Muslimen und Kreuze in Schulen belegen – Religiosität vor Irreligiosität. Aber sie fördert die Kirchen durch Kirchensteuern und Diskriminierung von Sekten und religiösen Bewegungen. Das kann noch zusätzlich, gleichsam als Reaktionsbildung, die geringere christliche Religiosität der Ostdeutschen erklären (Froese/Pfaff 2005: 412).

Dass in der DDR Irreligiosität in Formen motiviert war, die nach der Vereinigung nicht in Frage gestellt wurden, spricht also für die *Persistenzhypothese*: Die Kluft der Religiosität zwischen West- und Ostdeutschland dauert auch weiterhin an.

Wie im Westen und Osten Deutschlands so könnte die Persistenzhypothese auch im Westen und Osten Europas gelten. Aber einige Überlegungen sprechen dafür, dass die erzwungene Säkularisierung in Deutschland stärker gewirkt hat. In einigen ehemals staatssozialistischen Ländern war – anders als in Deutschland – ein einzelnes religiöses Bekenntnis Grundlage nicht nur der Nationenbildung, sondern auch des Widerstands gegen die politische Diktatur. Das gilt besonders für den Katholizismus in Polen, wo 1980 Solidarnosc Messen der streikenden Arbeiter auf dem Danziger Werftgelände organisierte, also politischen *und* religiösen Widerstand ineinssetzte. Aber es gilt auch für Ungarn, wo Kardinal Mindszenty nach dem gescheiterten Aufstand 1956 in der amerikanische Botschaft Asyl erhielt und dort bis 1971 als Symbol des politischen *und* religiösen Protests verblieb. In Deutschland hingegen hat – anders als in den ehemals staatssozialistischen Ländern Osteuropas – die Einheit von Nation, Sprache und Kultur den Nonkonformisten auf jeder Seite die Option der Abwanderung gelassen. Bis zum Bau der Berliner Mauer 1961 und in schwächerem Maße auch noch danach konnte, wer durch die Politik der DDR enteignet oder unterdrückt wurde, in den Westen fliehen. Aber damit hat sich die Ost-West-Konfrontation verschärft. Die DDR verlor in den 1950er Jahren, in denen sie die Jugendweihe gegen den Widerstand der evangelischen Kirche durchsetzte, eine hoch ausgebildete, selbständig denkende und eigenverantwortliche Elite mit Leitungserfahrung an die alte Bundesrepublik und behielt ein systemkonformes „Staatsvolk der kleinen Leute" (Günter Gaus). Das bedeutet auch: Wer nonkonformistisch an Kirche und Religion festhielt, ging; wer konformistisch sich mit dem „wissenschaftlichen Atheismus" identifizierte, blieb. Die innerdeutsche wie die innereuropäische Differenz ist das Produkt politischer Repression; aber allein in Deutschland hat die politische Repression des Ostens eine Homogenisierung der Bevölkerung in Ost und West nach Qualifikation und Mentalität ausgelöst und kontinuierlich in Bewegung gehalten. In Europa wie in Deutschland hat die Repression gewirkt, in Deutschland aber *zusätzlich die Demographie*. Wenn das so ist, dann sollte die *Sonderfallhypothese* gelten: Die Ost-West-Kluft sollte in Deutschland größer sein als in Europa.

Wenn der Staatssozialismus Kirche und Religion unterdrücken wollte, so konnte er mit der Zugehörigkeit zu Kirchen und ihren Verbänden beginnen. Aber weil die Kirchenzugehörigkeit nur ein äußerliches Zeichen der Religiosität ist und auch Nichtzugehörige kirchliche Praktiken befolgen und sich mit der Religion identifizieren können, muss eine kirchenfeindliche Politik tiefergreifen. Dabei stößt sie allerdings auf Grenzen: Nur sichtbare Praktiken lassen sich unterdrücken; Riten lassen sich heimlich praktizieren; und Gedanken sind frei. Um also von der Zugehörigkeit auf die Praxis und das Selbstverständnis durchzugreifen, musste die Politik die Repression verstärken. Die Frage ist also, ob die Unterdrückung der Zugehörigkeit auch eine der Praxis und des Selbstverständnisses gefolgt ist. Hat die Repression von Kirche und Religion die kirchliche Praxis und das religiöse Selbstverständnis über das Maß hinaus eingeschränkt, das aufgrund des Rückgangs der Kirchenmitgliedschaft zu erwarten war? Wenn das gilt, dann sollte die *Durchgriffshypothese* gelten: Die Ost-West-Kluft sollte für Praktiken und das religiöse Selbstverständnis auch dann bestehen bleiben, wenn die Kirchenzugehörigkeit kontrolliert ist.

Kernländer und alle Länder Europas als Vergleichsmaßstab für innerdeutsche Unterschiede

Um die Persistenzhypothese zu untersuchen, sind Längsschnitterhebungen erforderlich; um die Sonderfallhypothese zu untersuchen, sind Querschnitte in mehreren Ländern West- und Osteuropas erforderlich; um die Durchgriffshypothese zu untersuchen, sind mehrere Maße der Religiosität erforderlich, die von der sozialen Zugehörigkeit bis zum persönlichen Selbstverständnis reichen. Diese drei Bedingungen erfüllt der *European Social Survey* (ESS). Er wurde 2002, 2004, 2006 und 2008 in west- und osteuropäischen Ländern erhoben. Da der ESS erst 12 Jahre nach dem Zusammenbruch des Staatssozialismus einsetzt, sollte er die Wirkungen der erzwungenen Säkularisierung eher unterschätzen.

Im ESS wurden zwar West- und Ostdeutschland zu allen Zeitpunkten erhoben, nicht aber immer die gleichen Länder in West- und Osteuropa. Deshalb wird im Folgenden der innerdeutsche Unterschied mit zwei Fassungen des innereuropäischen Unterschieds verglichen: Erstens werden *alle Länder*, zweitens nur die Länder betrachtet, die mindestens zu drei der vier Zeitpunkte erhoben wurden und als *Kernländer* bezeichnet werden. Die Rohstichprobe aller Länder umfasst 184 251, die der Kernländer 157 248 Befragte.

Da die Länder Ost- und Westeuropas im Folgenden nur noch zusammen betrachtet werden, soll die religiöse Vielfalt in beiden Teilen Europas zuvor kurz veranschaulicht werden. Dazu ordnet Tabelle 1 die insgesamt 31 Länder West- und Osteuropas nach Kirchenmitgliedschaft und dominanter Konfession.

In allen westeuropäischen Ländern – außer den beiden orthodoxen – ist der Bevölkerungsanteil der Personen ohne kirchliche Zugehörigkeit recht hoch. Zudem ist er in allen protestantischen und säkular-protestantischen höher als in den katholischen Ländern. Schließlich ist er auch in zwei historisch katholischen Ländern – Belgien und Frankreich – und den historisch protestantischen Niederlanden, die nur noch 17 Prozent Protestanten aufweisen, sehr hoch. Am wenigsten säkularisiert sind die katholischen Länder Südeuropas und Irland; am stärksten säkularisiert ist Schweden mit 69 Prozent ohne Kirchenzugehörigkeit. Die Kirchenzugehörigkeit in Westdeutschland liegt im mittleren Bereich Westeuropas.

In den osteuropäischen Ländern liegt der Bevölkerungsanteil der Personen ohne kirchliche Zugehörigkeit im Schnitt noch höher als in den westeuropäischen, aber seine Spannbreite ist größer als in Westeuropa. Auf der einen Seite ist er in Polen und Rumänien niedriger als selbst in den orthodoxen und katholischen Ländern Westeuropas. Auf der anderen Seite ist die Säkularisierung in drei osteuropäischen Ländern – Estland, Tschechien und Ostdeutschland – mit 75, 74 und 70 Prozent am weitesten in Europa fortgeschritten. In Osteuropa hat sich entweder die erzwungene Säkularisierung durchgesetzt oder die religiöse Tradition hat sich als politische Gegenbewegung geformt und standgehalten; in Westeuropa aber hat eine freiwillige Säkularisierung nicht immer, aber oft ähnlich gewirkt. Die Kirchenzugehörigkeit Ostdeutschlands liegt im extrem unteren Bereich Osteuropas und Europas überhaupt.

Tabelle 1: Kirchenmitgliedschaft und dominante Konfession der Länder West- und Osteuropas (2002-2008, Prozent der Bevölkerung der Länder)

	Westeuropa				Osteuropa		
katholisch	*PT*	13	83		*PL*	8	91
	IE	16	79		HR	20	74
	IT	21	78		*SK*	26	61
	ES	27	69		*SI*	42	48
	AT	28	64		*HU*	40	33
	LU	29	51				
Protestantisch	*FI*	35	63				
	DK	39	56				
Kath.-Prot.	*CH*	32	30	30			
	D-W	31	32	31			
Orthodox	*GR*	7	90		*RO*	7	80
	CY	1	54		*UA*	28	57
					BG	22	36
S-Kath.	*NL*	57	20	17	*CZ*	74	22
	BE	55	40		LV	50	18
	FR	51	22				
S-Prot.	*SE*	69	26		*D-O*	70	22
	IS	52	42				
	UK	52	27				
	NO	47	47				
S-Orthodox					*EE*	75	15
					RU	50	42

Kernländer: Kürzel kursiv. Die demographisch gewichtete Bevölkerung (n=180.150) wurde nach kirchlicher Zugehörigkeit und Konfession prozentuiert. Personen, die auf beide Fragen keine Antwort gegeben haben, wurden ausgeschlossen (n=2.027 ungewichtet). Personen die nur die kirchliche Zugehörigkeit, nicht aber die Konfession angegeben hatten (n=5.652 ungewichtet), wurden in die Basis einbezogen. Zuordnung der Länder zu Gruppen aufgrund des häufigsten Wertes, innerhalb jeder Gruppe Rangordnung nach diesem Wert. Angegeben zuerst Prozentsatz der Nicht-Kirchenzugehörigen, dann der häufigste Wert unter den Konfessionen; falls der zweithäufigste Wert der Konfessionen weniger als 10 Prozentpunkte unter dem häufigstem und der dritthäufigste weniger als 5 Prozentpunkte unter dem zweithäufigsten, ebenfalls angegeben. S=Säkular, häufigster Wert keine kirchliche Zugehörigkeit.

Die große Vielfalt der Religiosität in Osteuropa und die extreme Position Ostdeutschlands innerhalb Osteuropas sind ein erster Hinweis darauf, dass die erzwungene Säkularisierung in Ostdeutschland stärker gewirkt hat als in zumindest einigen Ländern Osteuropas.

Für die folgenden Analysen wird jedes Land, wo möglich, demographisch gewichtet. In die Berechnung von Durchschnittswerten für West- und Osteuropa geht jedes Land mit einer Gewichtung nach seinem Bevölkerungsanteil an der Gesamtbevölkerung aller bzw. der Kernländer West- und Osteuropas zum jeweiligen Zeitpunkt ein; alle bzw. die Kernländer West- wie Osteuropas wurden gleich gewichtet. Die Gesamtheit wie der „Kern" von West- und Osteuropa werden also – im Vergleich mit West- und Ostdeutschland – wie *ein* Land betrachtet, so dass sie trotz der nicht vollständig konstanten Auswahl als europäischer Vergleichsmaßstab für innerdeutsche Unterschiede genutzt werden können. Die beiden deutschen Landesteile wurden nach ihrem Bevölkerungsanteil gewichtet. Alle Berechnungen wurden mit dem jeweils gewichteten Gesamtdatensatz für alle bzw. die Kernländer durchgeführt.

Religiosität zwischen institutioneller Prägung und persönlicher Wahl

Religiosität kann man als die Einstellung zur religiösen Frage definieren – der Frage nach dem Woher und Wohin der Welt und des Lebens. Weil jeder Mensch weiß, dass er sterben wird, stößt er auf die Unterscheidung zwischen Immanenz und Transzendenz, Diesseits und Jenseits, und kann der religiösen Frage nicht entgehen – durchaus aber einem spezifischen Jenseitsglauben. Religiosität wird durch vier Zielvariablen erfasst, die auf einem Kontinuum von institutioneller Prägung und persönlicher Wahl angeordnet sind.

Da in Europa die christlichen Kirchen die religiöse Frage beantworten, bestimmt erstens die *Kirchenzugehörigkeit* die Religiosität. Sie verlangt von der Person nur eine Zuordnung zur Institution, aber keine Handlungen oder Überzeugungen. Die Kirchenzugehörigkeit ist ihrerseits Voraussetzung kirchlicher Praktiken, von denen zwei, *Gottesdienstbesuch* und *Gebet,* untersucht werden. Beide sind wie die Zugehörigkeit durch die Institution definiert, aber sie verlangen von der Person Handlungen und Überzeugungen. Allerdings ist der Gottesdienstbesuch eine öffentliche, das Gebet eine private kirchliche Praxis, so dass das Gebet mehr in der Entscheidungsfreiheit der Person steht und näher an den Pol der Person rückt als der Gottesdienstbesuch. Schließlich können Kirchenzugehörigkeit wie kirchliche Praxis nicht immer und nicht für jeden die religiöse Frage beantworten. Neben die kirchliche tritt daher die *diffuse Religiosität*, die sich nur auf die religiöse Frage, nicht aber die Antworten einer Kirche richtet. Sie steht vollkommen in der Entscheidungsfreiheit der Person. Sie wird durch die vierte Variable, die *religiöse Selbsteinstufung,* erfasst.

Die Kirchenzugehörigkeit ist in europäischen Ländern unterschiedlich geregelt. Eine in allen Ländern des ESS gleiche Frage konnte sich daher nur auf die *Selbstzuordnung* richten: „Unabhängig davon, ob Sie Mitglied oder Angehöriger einer Kirche oder Religionsgemeinschaft sind, fühlen Sie sich einer bestimmten Religion zugehörig?" Nein wurde als 0, Ja als 1 verkodet. Die Häufigkeit des *Gottesdienstbesuchs* wurde mit folgender Frage erhoben: „Abgesehen von besonderen Anlässen wie Hochzeiten und Beerdigungen, wie oft gehen Sie derzeit zu Gottesdiensten?"[1]

---

1 Man kann streiten, ob Beten außerhalb des Gottesdienstes eine kirchliche Praxis ist. Dagegen spricht, dass auch Personen ohne Kirchenmitgliedschaft zu einem individuell vorgestellten Gott beten können. Dafür spricht, dass auch Gebete im privaten Raum meist, aber nicht notwendig, durch kirchliche Dogmen begründet sind und kirchlich geprägten Formulierungen folgen. Für die Anordnung der vier Variablen auf einem Kontinuum zwischen Institution und Person ist der Streit aber unerheblich. Wie immer er ausgeht, das Gebet ist persönlicher als

Den Befragten wurden auf einer Karte sieben Antworten von „Täglich", „Häufiger als einmal in der Woche", „Einmal in der Woche" und „Mindestens einmal im Monat" bis zu „Nur an besonderen Feiertagen", „Seltener" und „Nie" angeboten. Die Häufigkeit des *Gebets* wurde wie folgt erfragt: „Abgesehen von Gottesdiensten, wie oft beten Sie – wenn überhaupt?" Vorgegeben war die gleiche Liste von Antworten wie beim Gottesdienst; „nie" wurde mit 1, „täglich" mit 7 verkodet. Die *religiöse Selbsteinstufung* wurde wie folgt erfragt: „Unabhängig davon, ob Sie sich einer bestimmten Religion zugehörig fühlen, für wie religiös würden Sie sich selber halten?" Vorgegeben wurde auf einer Liste eine elfstufige Skala von „0 überhaupt nicht religiös" bis „10 sehr religiös".

Die vier Variablen der Religiosität korrelieren in der europäischen Gesamtstichprobe stark, aber unterschiedlich stark miteinander. Die Kirchenzugehörigkeit korreliert mit den drei Variablen der kirchlichen Praxis und der diffusen Religiosität zwischen r=0,53 und r=0,58; diese drei Variablen korrelieren untereinander zwischen r=0,63 und r=0,68. Zwischen der kirchlichen Zugehörigkeit und der kirchlichen Praxis wie der diffusen Religiosität besteht eine Distanz; aber die kirchliche Praxis und die diffuse Religiosität sind eng miteinander verknüpft. Nicht jedes Kirchenmitglied praktiziert; aber wer praktiziert, hält sich meist auch für religiös.[2]

Brutto- und Netto-Unterschiede

Zur Prüfung der Persistenz- und der Sonderfallhypothese werden in Abschnitt 2 die Mittelwerte der vier Zielvariablen zwischen 2002 und 2008 betrachtet. Sie erfassen die *Brutto-Unterschiede* der Religiosität. Aber die Brutto-Unterschiede in den weiter gehenden Formen der Religiosität, den kirchlichen Praktiken und der diffusen Religiosität, können durch die kirchliche Zugehörigkeit bedingt sein. Zur Prüfung der Durchgriffshypothese müssen daher die *Netto-Unterschiede* der Religiosität betrachtet werden. Das geschieht mit Hilfe von Regressionsanalysen, indem die Kirchenzugehörigkeit zunächst allein und dann zusammen mit weiteren Einflüssen auf die Religiosität kontrolliert wird.

---

     der Gottesdienstbesuch, weil es eine individuelle und keine soziale Handlung ist, und es ist institutioneller als die Selbsteinstufung, weil es auf kirchliche Dogmen und Formeln Bezug nimmt.

2   Das gleiche Muster der Korrelationen findet sich auch in West- und Ostdeutschland und in West- und Osteuropa (sowohl insgesamt als auch in den Kernländern). Es findet sich weiterhin in den europäischen Ländern des Religionsmonitors (Müller/Pollack 2009: 424). Da die vier Dimensionen der Religiosität analytisch klar unterschieden und auf einem Kontinuum von institutioneller Prägung und persönlicher Wahl angeordnet sind, ist die hohe Interkorrelation der vier Dimensionen m.E. kein Grund, sie in einem Index zusammenzufassen. Religiosität ist offenbar zugleich ein klar differenziertes und homogenes Konzept.

Abbildung 1: Kirchenzugehörigkeit in West und Ost: Deutschland und Kernländer Europas (2002-2008, in Prozent)

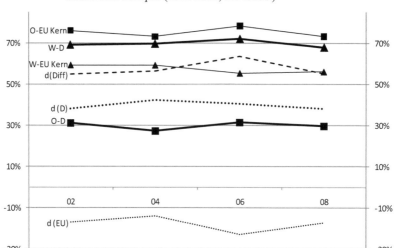

Durchgezogene starke Linien verbinden Prozentsätze für Deutschland, durchgezogene schwachen Linien Prozentsätze für Europa; Datenpunkte für West als Dreieck, für Ost als Viereck markiert. Gepunktete Linien ohne Markierung der Datenpunkte: Differenzen West abzüglich Ost; gepunktet starke Linie: D, gepunktete schwache Linie: EU, gestrichelte Linie: Differenz (D) abzüglich Differenz (EU).

Brutto-Unterschiede: Mittelwertvergleiche

Kirchenzugehörigkeit

Die Häufigkeit der Kirchenzugehörigkeit in West und Ost von Deutschland und Europas *Kernländern* 2002-2008 ist in Abbildung 1 dargestellt.

Die kirchliche Zugehörigkeit liegt in Deutschland zu allen Zeitpunkten bei rund 70 im Westen und bei rund 30 Prozent im Osten; die Differenz bleibt bei rund 40 Prozentpunkten. In Europa liegt die kirchliche Zugehörigkeit zu allen Zeitpunkten bei rund 56 im Westen und bei rund 75 Prozent im Osten; die Differenz bleibt bei rund minus 17 Prozentpunkten. Die innerdeutsche übertrifft also die innereuropäische Differenz um rund 57 Prozentpunkte. In Deutschland ist die kirchliche Zugehörigkeit im Westen höher, in Europa im Osten.

Das kann sich zunächst aus der Auswahl der Kernländer ergeben haben. Auf der einen Seite fehlen in Westeuropa Italien und Luxemburg, wo die kirchliche Zugehörigkeit mit 80 und 73 Prozent recht hoch ist; Länder mit niedrigeren Prozentwerten – die skandinavischen Länder Finnland (69 Prozent), Dänemark (61 Prozent), Norwegen (52 Prozent) und Schweden (31 Prozent) sowie Belgien (46 Prozent) und Niederlande (44 Prozent) – sind dagegen vertreten. Auf der anderen Seite sind in Osteuropa mit Polen (92 Prozent), Slowakei (76 Prozent) und der Ukraine (72 Prozent) drei Länder mit hohen kirchlichen Zugehörigkeiten ausgewählt worden, aber nur ein Land – Estland (25 Prozent) – mit einer niedrigen Zugehörigkeit. Wenn man also im Westen besonders kirchenfreundliche Länder wie Italien in die Auswahl auf- und im Osten Länder mit besonders widerstandskräftigen Kirchen aus der Auswahl herausnehmen würde, könnte der Vergleich zugunsten der westeuropäischen Länder ausfallen.

Um das zu prüfen, wurde die innerdeutsche Differenz mit der Differenz zwischen *allen europäischen Ländern* verglichen, so dass zu einigen Zeitpunkten zusätzlich auch einige der westeuropäischen Länder mit hoher kirchlicher Zugehörigkeit und einige der osteuropäischen Länder mit niedriger kirchlicher Zugehörigkeit in den Vergleich aufgenommen sind. Wie sich aber zeigt, wird der Rückstand West- hinter Osteuropa dadurch nicht aufgehoben, sondern nur auf rund 10 Prozentpunkte verringert, so dass auf eine gesonderte Abbildung verzichtet werden kann. Die Tendenz bleibt also auch in dieser Betrachtung bestehen. Selbst wenn in einer weiteren Analyse Italien zu den westeuropäischen Kernländern hinzu- und Polen aus den osteuropäischen Kernländern herausgenommen wird, bleibt die Kirchenzugehörigkeit in den Ländern Westeuropas etwas niedriger als in Osteuropa. Vermutlich könnte also keine Neuordnung der Auswahl erreichen, dass der Vorsprung Westeuropas vor Osteuropa so groß wird wie der Westdeutschlands vor Ostdeutschland. Die gegenläufigen Differenzen sind also nicht der Auswahl der europäischen Länder geschuldet, sondern sachlich bedeutsam: Die staatliche Unterdrückung der Kirchen hat in Deutschland eine stärkere und anhaltendere Wirkung auf die Kirchenzugehörigkeit gehabt als in Europa. Persistenz- und Sonderfallhypothese werden bestätigt. Deutschland bleibt ein Sonderfall in Europa.

Allein in Ostdeutschland hat die erzwungene Säkularsierung zum Ziel geführt; in Ostdeutschland aber hat sie ihr Ziel verfehlt. Wenn sie aber – woran kein Zweifel herrschen kann – hier wie dort in gleichem Maße virulent war, müssen die Gegenkräfte in Osteuropa stärker als in Ostdeutschland gewesen sein. Nationale politische Traditionen müssen – nicht nur in Polen und Ungarn, sonder in Osteuropa durch die Bank – Motive der Kirchenmitgliedschaft so gestärkt haben, dass sie die forcierten Anreize zum Austritt ausstechen konnten. Mehr noch: Dass die Kirchenmitgliedschaft die Chance bot, auch politischen Protest auszudrücken, könnte ein zusätzliches Motiv für sie geworden sein. In Ostdeutschland mag die Distanz zur Kirche positiv motiviert gewesen sein, in Osteuropa die Zuflucht zu ihr.

Über die Prüfung der Hypothesen hinaus, gibt Abbildung 1 auch Auskunft über Trends. Sie sind, auch wenn die Unterschiede zwischen West und Ost in Deutschland und Europa im Wesentlichen konstant bleiben, zwischen 2002 und 2008 in Deutschland und Europa leicht unterschiedlich. In West- wie Ostdeutschland geht die Kirchenzugehörigkeit bei leichten Fluktuationen um 1 Prozentpunkt zurück. In West- wie Osteuropa geht sie jedoch um 3, und in allen Ländern West- und Osteuropas um 6 bzw. 9 Prozentpunkte zurück. In Europa insgesamt schrumpft also das Gefühl, sich „einer bestimmten Religion zugehörig zu fühlen". Die Säkula-

Abbildung 2: Gottesdienstbesuch in West und Ost: Deutschland und Kernländer Europas (2002-2008, Mittelwerte einer Skala von 1-7)

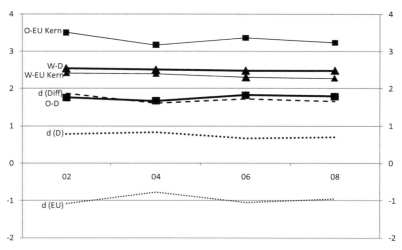

Legende: siehe Abbildung 1.

risierung setzt sich auch im ersten Jahrzehnt des 21. Jahrhunderts fort; sie wird schon auf der elementaren Ebene der Religiosität, dem Zugehörigkeitsgefühl, sichtbar, bevor sie sich in kirchlichen Praktiken oder diffuser Religiosität äußern kann.

Gottesdienstbesuch, Gebetshäufigkeit und religiöse Selbsteinstufung

Die Häufigkeit des Gottesdienstbesuchs liegt – wie in Abbildung 2 ausgewiesen – in Deutschland zu allen Zeitpunkten bei rund 2,5 im Westen und bei rund 1,8 im Osten; die Differenz schwankt zwischen 0,7 und 0,8 Skalenpunkten. In den *Kernländern* Europas geht die Häufigkeit des Gottesdienstbesuchs zwischen 2002 und 2008 im Westen kontinuierlich von 2,4 auf 2,3, und im Osten mit Schwankungen von 3,5 auf 3,2 zurück; die Differenz schwankt zwischen -1,1 und -0,8 Skalenpunkten. Die innerdeutsche übertrifft die innereuropäische Differenz um 1,6 bis 1,9 Skalenpunkte. In *allen* Ländern Europas geht – wegen der tendenziellen Ähnlichkeit mit den Kernländern nicht mehr in einer Abbildung ausgewiesen – die Häufigkeit des Gottesdienstbesuchs zwischen 2002 und 2008 im Westen mit Schwankungen von 2,6 auf 2,5, und im Osten mit Schwankungen von 3,5 auf 2,8 zurück; die Differenz schwankt zwischen -0,9 und -0,3 Skalenpunkten. Die innerdeutsche übertrifft die innereuropäische Differenz um 1,7 bis 0,7 Skalenpunkte. In Deutschland ist also die Häufigkeit des Gottesdienstbesuchs im Westen höher, in Europa im Osten. Persistenz- und Sonderfallhypothese werden bestätigt. Wiederum hat die erzwungene

Abbildung 3: Gebetshäufigkeit in West und Ost: Deutschland und Kernländer Europas (2002-2008, Mittelwerte einer Skala von 1-7)

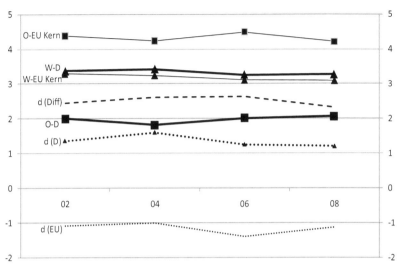

Legende: siehe Abbildung 1.

Säkularisierung Ostdeutschland, nicht aber Osteuropa erreicht; wiederum wurde sie in Osteuropa durch Gegenkräfte religiöser Traditionen ausgestochen, die auch politischen Protest ventiliert haben.

Die Trends des Gottesdienstbesuchs zwischen 2002 und 2008 sind in Deutschland und Europa leicht unterschiedlich. In Westdeutschland bleibt er bei 2,5, in Ostdeutschland steigt er von 1,8 auf 2,0. In den Kernländern West- wie Osteuropas geht er jedoch um 0,1 bzw. 0,3 Skalenpunkte zurück, und in allen Ländern um 0,2 bzw. 0,8 Skalenpunkte. In Europa insgesamt und besonders in Osteuropa setzt sich also, gemessen am Gottesdienstbesuch, die Säkularisierung auch im ersten Jahrzehnt des 21. Jahrhunderts fort.

Die Gebetshäufigkeit geht – wie in Abbildung 3 ausgewiesen – in Deutschland zwischen 2002 und 2008 im Westen von 3,4 auf 3,3 zurück und bleibt im Osten bei 2,0 konstant; die Differenz geht mit Schwankungen von 1,4 auf 1,2 Skalenpunkte zurück. In den *Kernländern* Europas geht im Westen die Gebetshäufigkeit kontinuierlich von 3,3 auf 3,1, im Osten mit Schwankungen von 4,4 auf 4,2 zurück; die Differenz schwankt zwischen -1,0 und -1,4 Skalenpunkten. Die innerdeutsche übertrifft also die innereuropäische Differenz um 2,4 bis 2,6 Skalenpunkte. In *allen Ländern* Europas geht – nicht mehr gesondert ausgewiesen – im Westen die Gebetshäufigkeit kontinuierlich von 3,5 auf 3,1, im Osten kontinuierlich von 4,4 auf 3,7 zurück; die Differenz schwankt zwischen -0,5 und -0,9 Skalenpunkten. Die innerdeutsche übertrifft also die innereuropäische Differenz um 1,8 bis 2,4 Skalenpunkte. In Deutschland ist also die Gebetshäufigkeit im Westen höher, in Europa im Osten. Wiederum übertrifft die innerdeutsche die innereuropäische Differenz. Persistenz- und Sonder-

Abbildung 4: Religiöse Selbsteinstufung in West und Ost: Deutschland und Kerneuropa (2002-2008, Mittelwerte einer Skala von 0-10)

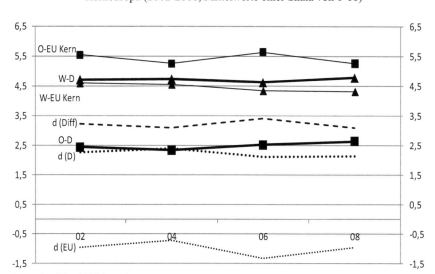

Legende: siehe Abbildung 1.

fallhypothese werden bestätigt. Wiederum wurde die erzwungene Säkularisierung in Osteuropa durch Gegenkräfte ausgestochen.

Die Trends der Gebetshäufigkeit zwischen 2002 und 2008 sind in Deutschland und Europa leicht unterschiedlich. In Westdeutschland geht sie um 0,1 Skalenpunkte zurück, während sie in Ostdeutschland um 0,1 Skalenpunkte steigt. In den Kernländern West- wie Osteuropas geht sie jedoch um 0,2 Skalenpunkte zurück, und in allen Ländern um 0,4 bzw. 0,7 Skalenpunkte. In Europa insgesamt und besonders in Osteuropa setzt sich also, gemessen an der Gebetshäufigkeit, die Säkularisierung auch im ersten Jahrzehnt des 21. Jahrhunderts fort.

Die religiöse Selbsteinstufung liegt – wie in Abbildung 4 ausgewiesen – in Deutschland zu allen Zeitpunkten bei rund 4,7 im Westen und bei rund 2,5 im Osten; die Differenz schwankt zwischen 2,1 und 2,3 Skalenpunkten. In den *Kernländern* Europas geht zwischen 2002 und 2008 die religiöse Selbsteinstufung im Westen kontinuierlich von 4,6 auf 4,3 und im Osten mit Schwankungen von 5,5 auf 5,3 zurück; die Differenz schwankt zwischen -0,7 und -1,3 Skalenpunkten. Die innerdeutsche übertrifft also die innereuropäische Differenz um 3,1 bis 3,4 Skalenpunkte. In *allen Ländern* Europas geht, wie nicht mehr gesondert ausgewiesen, zwischen 2002 und 2008 die religiöse Selbsteinstufung im Westen kontinuierlich von 4,8 auf 4,3 und im Osten kontinuierlich von 5,5 auf 5,0 zurück; die Differenz schwankt zwischen -0,4 und -0,7 Skalenpunkten. Die innerdeutsche übertrifft also die innereuropäische Differenz um 2,7 bis 2,9 Skalenpunkte. In Deutschland ist also die religiöse Selbsteinstufung im Westen höher, in Europa im Osten. Wiederum übertrifft die innerdeutsche die innereuropäische Differenz. Persistenz- und Sonderfallhypothese werden bestätigt. Wiederum wurde die erzwungene Säkularisierung in Osteuropa durch Gegenkräfte ausgestochen.

Die Trends der religiösen Selbsteinstufung zwischen 2002 und 2008 sind in Deutschland und Europa leicht unterschiedlich. In Westdeutschland bleibt sie bei rund 4,7, in Ostdeutschland steigt sie mit Schwankungen von 2,4, auf 2,6. In den Kernländern West- wie Osteuropas geht sie jedoch kontinuierlich um 0,3 bzw. mit Schwankungen um 0,2 Skalenpunkte zurück, und in allen Ländern um 0,6 bzw. 0,5 Skalenpunkte. In Europa setzt sich also, gemessen an der religiösen Selbsteinstufung, die Säkularisierung auch im ersten Jahrzehnt des 21. Jahrhunderts fort.

Die Brutto-Unterschiede der Mittelwerte aller vier Variablen der Religiosität sprechen also für die Persistenz des Sonderfalls Deutschland. Bleiben Netto-Unterschiede der religiösen Praxis und der diffusen Religiosität bestehen, wenn die Kirchenzugehörigkeit kontrolliert ist?

Netto-Unterschiede: Regressionen

Variablen und Prüfmodelle

Weil die grundlegende Hypothese der Persistenz sich auf die Zeit bezieht, muss in den Regressionsanalysen auch die Zeit als Prädiktor eingesetzt werden. Statt gesonderter Regressionen für jeden Zeitpunkt wird also nur eine Regression in der Gesamtstichprobe berechnet. Dazu werden die in den Abbildungen dargestellten Stichproben – Ost und West in Deutschland und in Europa zu vier Zeitpunkten – als Prädiktoren eingesetzt. Sie werden durch neu zu bildende Variablen dargestellt, die als *Stichprobenvariablen* bezeichnet werden.

Weil weiterhin die Durchgriffshypothese eine Persistenz von Unterschieden der Religiosität auch bei Kontrolle anderer Einflüsse behauptet, muss die Regressionsanalyse zwei Schritte umfassen. Im ersten Schritt wird nur die statistische Signifikanz der *Brutto*-Unterschiede zwischen Ländergruppen und Zeitpunkten geprüft. Um zu prüfen, ob sich die Brutto-Unterschiede daraus ergeben haben, dass wichtige individuelle Einflüsse auf die Religiosität in den Stichproben unterschiedlich verteilt sind, werden im zweiten Schritt auch individuelle Einflüsse auf die Religiosität als Prädiktoren eingesetzt, die als *Personenvariablen* bezeichnet werden. Im zweiten Schritt wird also die statistische Signifikanz der *Netto*-Unterschiede zwischen Ländergruppen und Zeitpunkten geprüft.

Stichprobenvariablen und Hypothesen

Die vier Ländergruppen werden durch drei Indikatorvariablen erfasst. Die erste Indikatorvariable, D-Ost, erfasst den Vorsprung von Ost- vor Westdeutschland und hat in Ostdeutschland den Wert 1 und sonst den Wert 0. Die zweite Indikatorvariable,

EU-West, erfasst den Vorsprung von Westeuropa vor Westdeutschland und hat in Westeuropa den Wert 1 und sonst den Wert 0. Die dritte Indikatorvariable, EU-Ost, erfasst den Vorsprung von Osteuropa vor Westdeutschland und hat in Osteuropa den Wert 1 und sonst den Wert 0. Mit diesen drei Indikatorvariablen werden die Ost-West-Unterschiede in Deutschland durch D-Ost erfasst; die Ost-West-Unterschiede in Europa durch die Differenz (EU-Ost – EU-West); und die Differenz beider Differenzen durch (D-Ost – (EU-Ost – EU-West)). Die vier Zeitpunkte werden durch drei Indikatorvariablen für 2004, 2006 und 2008 gemessen, die die Differenz dieser Zeitpunkte zu 2002 erfassen und jede im entsprechenden Jahr den Wert 1 und sonst den Wert 0 haben.

Bei dieser Variablenbildung kann die Persistenzhypothese in zwei Formen statistisch gesichert werden. In der *weichen* Form ist sie gesichert, wenn der Effekt D-Ost signifikant negativ ist. Aber D-Ost erfasst nur den durchschnittlichen Unterschied und berücksichtigt nicht die Entwicklung. In der *harten* Form wird die Persistenzhypothese erst gesichert, wenn Interaktionseffekte zwischen den D-Ost und den Zeitvariablen – also D-Ost*2004, D-Ost*2006 und D-Ost*2008 – die Entwicklung der Differenzen erfassen. Sollten die Interaktionseffekte signifikant sein und mit der Zeit kleiner werden, so wäre ein Schwinden der Unterschiede, also ein Nachlassen der Persistenz belegt. Sollten die Interaktionseffekte nicht signifikant sein oder sogar mit der Zeit signifikant größer werden, dann wäre eine Konstanz oder Verstärkung der Unterschiede, also in jedem Fall eine Persistenz belegt. Die Sonderfallhypothese ist bestätigt, wenn der Effekt D-Ost größer ist als (EU-Ost – EU-West). Schließlich würde ein kontinuierlicher Anstieg der drei Indikatorvariablen der Zeit für eine Säkularisierung in Europa sprechen.

Personenvariablen und Hypothesen

Wenn Religiosität die Einstellung zur religiösen Frage ist, dann sollte sie mit der Bedeutung der religiösen Frage im Leben eines Menschen wachsen. Was immer dem Tod im alltäglichen Leben stärkere Präsenz und damit der religiösen Frage mehr Gewicht verleiht, sollte die Religiosität steigern. Welche Merkmale von Personen verleihen der religiösen Frage mehr Gewicht?

Zunächst bindet die *Kirchenzugehörigkeit* den Menschen an eine bestimmte Religion oder Konfession und steigert damit das Gewicht der religiösen Frage. Die Tatsache überhaupt, dass eine Religion eine Lehre über das Jenseits vertritt und Forderungen an das Handeln der Menschen im Diesseits stellt, betont unabhängig vom Inhalt der Lehren und Forderungen die Gegenüberstellung von Immanenz und Transzendenz und erhöht das Gewicht der religiösen Frage im Leben ihrer Anhänger. Daraus folgt die *Zugehörigkeitshypothese*: Wer „sich einer bestimmten Religion zugehörig fühlt", also christlichen Konfessionen wie nichtchristlichen Religionen, sollte religiöser sein als Konfessions- und Religionslose.

Jenseits der Kirchenzugehörigkeit sollte das Gewicht der religiösen Frage vom *Lebensstadium* eines Menschen abhängen. Jeder weiß, dass der Tod zum Leben gehört; aber es kommt ihm im Lauf des Lebens mit unterschiedlicher Aufdringlichkeit zu Bewusstsein. Wenn das Wissen des eigenen Todes überhaupt die religiöse Frage aufwirft, dann gewinnt die religiöse Frage mit dem Näherrücken des Todes an Gewicht (Norris/Inglehart 2004: 70, nicht jedoch 123; Sullins 2006: 867; Pollack 2008: 73, 81; Pollack/Pickel 2007: 620; Ebertz 2009; Huber/Krech 2009: 67; Müller/Pollack 2009: 425; Stolz 2009: 364). Daraus folgt die *Altershypothese*: Religiosität sollte im Alter höher sein als in der Jugend und der Lebensmitte. Das Alter wurde in Jahren erfragt und in drei Gruppen zusammengefasst: 15-30, 31-60, 61+. Für die beiden letzten Gruppen wurden die Indikatorvariablen Lebensmitte und Alter gebildet.

Der Tod gewinnt weiterhin nicht nur mit dem Verrinnen des eigenen Lebens, sondern auch mit der Zeugung eines neuen Lebens an Bedeutung. Kinder werden ihre Eltern begraben; sie nehmen symbolisch den Tod der Eltern vorweg und überschreiten den Lebenshorizont der Eltern. Weil sie voraussichtlich länger leben werden, erinnern sie an den zu erwartenden eigenen Tod und steigern die Präsenz des Todes im täglichen Leben. Was direkt für die Elternschaft gilt, sollte indirekt auch für die Partnerschaftsformen gelten, die als bewusste Voraussetzung der Elternschaft geschlossen werden. Daraus folgt die *Elternschafts- und Ehehypothese*: Eltern sollten religiöser sein als Kinderlose; Verheiratete religiöser als Ledige, in Lebensgemeinschaft Lebende[3], Verwitwete und Geschiedene (Wolf 2007). Die Elternschaft wird durch eine dichotome Variable dargestellt, die für Eltern den Wert 1 und sonst den Wert 0 annimmt. Die Verheiratung wird durch eine dichotome Variable dargestellt, die für Verheiratete den Wert 1 und sonst den Wert 0 annimmt.

Lebensstadien können schließlich den Tod nicht nur in den Vordergrund, sondern auch in den Hintergrund des Lebens rücken. Je mehr ein Mensch sich den Problemen dieses Lebens hingibt, desto mehr gerät der Tod an seine Peripherie und die religiöse Frage verliert an Gewicht. Die Intensität des diesseitigen Lebens kann jeder Einzelne vor allem im Beruf eigenständig festlegen. Daraus folgt die *Berufstätigkeitshypothese*: Mit zunehmender Intensität der Berufstätigkeit nimmt die Religiosität ab (Sullins 2006: 867; Stolz 2009: 364). Die Intensität der Berufstätigkeit wurde durch die Zahl der Arbeitsstunden erfasst, die nach der Verteilung in fünf Gruppen zusammengefasst wurde; Nichtberufstätigkeit war die sechste unterste Kategorie.

In jedem Lebensstadium kann das Gewicht der religiösen Frage durch Lebensereignisse gesteigert werden, die die Alltagsroutine mit Leiden durchbrechen. Leiden sind Vorboten des Todes. Daraus folgt die *Leiderfahrunghypothese*: Die Erfahrung schwerer oder chronischer Leiden sollte die Religiosität steigern. Auf die Frage, ob sie durch längere Krankheiten physischer wie seelischer Art, Behinderungen und Gebrechen beeinträchtigt sind, konnten die Befragten „Ja, stark", „Ja, bis zu einem gewissen Grad" und „Nein" antworten. Es wurden zwei Indikatorvariablen Belastung: Etwas und Belastung: Stark gebildet. Allerdings steigern Belastungen nicht nur die Präsenz des Todes, sondern schränken Handlungsmöglichkeiten ein. Deshalb

---

3   Es kann natürlich sein, dass auch die Lebensgemeinschaft als bewusste Voraussetzung für die Elternschaft geschlossen wird und die Ehe ohne die Absicht der Elternschaft eingegangen wird. Aber beides ist nicht vorwiegend der Fall.

sollten sie den erwarteten positiven Einfluss nur auf die Gebetshäufigkeit und die diffuse Religiosität ausüben, auf den Gottesdienstbesuch aber einen negativen Einfluss haben.

Jenseits von Lebensstadium und Lebensereignissen sollte das Gewicht der religiösen Frage von *Werten* eines Menschen abhängen. Wenn die religiöse Frage sich auf das Woher und Wohin des persönlichen Lebens richtet, dann sollte sie umso mehr Gewicht haben, umso mehr jemand die Neigung hat, über sich selbst hinaus zu blicken. Umgekehrt sollte sie umso weniger Gewicht haben, umso mehr jemand die Neigung hat, sich auf das Leben hier und jetzt, also das „säkulare" und eigene Leben, zu konzentrieren. Daraus folgt die *Werthypothese*: Die Unterstützung des Werts Selbsttranszendenz sollte die Religiosität steigern, die Unterstützung des Werts Selbsterhöhung sollte sie senken (Schwartz/Huisman 1995; Saroglou/Munoz-Garcia 2008: 93).[4]

Die Unterstützung von Werten wurde durch die Skala von Schwartz (2002) erfasst, deren Vorgaben Personenbeschreibungen zwischen den Polen der „Selbsttranszendenz" und „Selbsterhöhung" enthalten. Die Befragten werden gebeten, auf fünf Stufen einzuschätzen, wie ähnlich oder unähnlich sie diesen Beschreibungen sind.

„Selbsttranszendenz" wird durch je zwei Personenbeschreibungen zum „Universalismus", der Identifikation mit anderen Menschen, und zum „Wohlwollen", zur Unterstützung anderer Menschen, erfragt. Beide Dimensionen erfassen also die Überschreitung des Einzelnen zum anderen Menschen oder den Altruismus. Die Antworten auf alle vier Personenbeschreibungen wurden zu einem Wert Selbsttranszendenz gemittelt. Selbsttranszendenz richtet sich aber nicht nur auf den Anderen, sondern auch auf das Jenseits. Das wurde durch eine Personenbeschreibung zum Wert der Religiosität erfasst: „Religion ist wichtig für ihn. Er bemüht sich zu tun, was seine Religion verlangt".[5]

---

4   Nach der Anordnung der Werte im Circumplex sollten Hedonismus, Leistung und Macht den Pol der Selbsterhöhung, Universalismus und Wohlwollen den Pol der Selbsttranszendenz repräsentieren. Empirisch zeigt sich jedoch, dass Leistung und Macht nur schwach negativ mit Religiosität korrelieren, während Universalismus – entgegen der Zuordnung – negativ und nur Wohlwollen positiv mit Selbsttranszendenz korreliert (Schwartz /Huisman 1995: 98f.). Mit weiteren Argumenten begründen Schwartz und Huisman (1995: Figure 2), dass Tradition und Konformität die höchsten positiven, Hedonismus und Stimulation die höchsten negativen Korrelationen mit Religiosität aufweisen, was sich empirisch auch zeigt (edb.: 98f., sowie Saroglou/Munoz-Garcia 2008: 93). Die a priori Begründung der Korrelationen wird also durch zusätzliche Überlegungen modifiziert. In dieser Situation haben wir auf der Seite der Selbsterhöhung einen Index aus Hedonismus und Stimulation gebildet, und auf der Seite der Selbsttranszendenz Universalismus und Wohlwollen als einzelne Dimensionen belassen und von den beiden Vorgaben für Tradition nur die übernommen, deren Formulierung Religion anspricht; die zweite Vorgabe für Tradition (Bescheidenheit) hat offensichtlich keinen Bezug zu Tradition.

5   Der *Wert* der Religion liegt sachlich nahe bei den religiösen Verhaltensweisen und der religiösen Selbsteinstufung, die als abhängige Variable fungieren. Wir haben diesen Wert dennoch als Prädiktor aufgenommen, um alle relevanten Dimensionen der Schwartz' schen Werte-Skala zu nutzen.

"Selbsterhöhung" wird ebenfalls durch je zwei Personenbeschreibungen zu "Stimulation", dem Wunsch der Lebenssteigerung, und "Hedonismus", dem Wunsch des Lebensgenusses, erfasst. Beide Dimensionen erfassen also den Bezug auf das eigene Leben. Die Antworten auf alle vier Personenbeschreibungen wurden zu einem Wert Selbsterhöhung gemittelt.[6]

Selbsterhöhung kann nicht nur direkt als Werteinstellung, sondern auch indirekt durch die Bildung erfasst werden. Erstens haben die meisten Bereiche des modernen Bildungswesens die methodische Ergründung des diesseitigen Lebens zum Gegenstand; sie vermitteln – vom Urknall und Parallelwelten bis zur Evolution – zur kirchlichen Religion alternative Erklärungen von Welt und Leben. Zweitens richtet sich Bildung überhaupt auf die Leistungssteigerung des Einzelnen in speziellen Kenntnissen und Kompetenzen, also auf die Vervollkommnung der Person. Aus beiden Überlegungen folgt die *Bildungshypothese*: Mit steigender Allgemeinbildung sollte die Religiosität abnehmen (Sullins 2006: 867; anders: Pollack/Pickel 2007: 620; Huber/Krech 2009: 67; Flere/Klanjsek 2009: 592-597; Stolz 2009: 364). Bildung wurde auf den sieben Stufen des ESCED-Schemas erhoben.

Viele Untersuchungen haben den Einfluss von Geschlecht und Gemeindegröße auf Religiosität erwiesen, ohne seine Richtung und seinen Mechanismus klären zu können. Diese beiden Variablen werden daher auch hier als *Kontrollvariablen* ohne Voraussage eingesetzt. Oft (Norris/Inglehart 2004: 123; Sullins 2006; Woodhead 2007; Pollack/Pickel 2007: 620; Huber/Krech 2009: 67; Müller/Pollack 2009: 425), aber nicht immer (Stolz 2009) sind Frauen religiöser als Männer. Das Geschlecht wird durch eine Indikatorvariable mit dem Wert 1 für Männer und 0 für Frauen erfasst. Die geringere Religiosität in großen Ortsgemeinden (Pollack/Pickel 2007: 620; Müller/Pollack 2009: 425) ergibt sich aus der lockereren sozialen Kontrolle. Sie ist – genau genommen – durch den Kontext und nicht durch die Person bedingt. Dass das städtische Leben der religiösen Frage Gewicht nimmt, kann also nur mittelbar – als Eigenschaft der Stadt und nicht des Städters – die geringere Religiosität in Städten begründen. Die Gemeindegröße wurde auf fünf Stufen mit höheren Werten für größere Gemeinden erhoben.

Um die Vergleichbarkeit der Roh-Regressionskoeffizienten zu erhöhen, wurden alle Variablen auf den Wertebereich zwischen 0 und 1 normiert, wie er für die Indikatorvariablen ohnehin gilt. Eine Variable mit fünf Ausprägungen wie die Gemeindegröße erhält z. B. die Werte 0, 0,25, 0,50, 0,75 und 1. Alle Roh-Regressionskoeffizienten lassen sich daher als Veränderung im Bereich zwischen 0 und 1 lesen. Da die Variablen sich nicht nur in der Skalierung, sondern auch in der Verteilung unterscheiden, wurden für das umfassendste Modell 3 (s. u.) auch die standardisierten Koeffizienten berechnet.

---

6   Um Antworttendenzen auszuschließen, wurden alle Antworten zum Wertinventar als Abweichungen vom individuellen Mittel berechnet, wie von Schwartz empfohlen. Weiterhin wurden die Mittelwerte so gebildet, dass bei fehlenden Werten die Basis auf die gültigen Werte beschränkt, der Ausfall von Befragten also möglichst gering gehalten wurde.

Prüfmodelle

Für Kirchenbesuch, Gebetshäufigkeit und religiöse Selbsteinstufung werden drei Regressionsmodelle gerechnet. Modell 1 enthält nur die Stichprobenvariablen als Prädiktoren; es testet die Unterschiede zwischen West und Ost in Deutschland und Europa, die in den Abbildungen 2-4 bereits dargestellt wurden, statistisch, aber es führt keine Personenvariablen als Prädiktoren ein. Das geschieht in Modell 2, das die Kirchenzugehörigkeit, und in Modell 3, das zusätzlich Lebensstadium, Werte und Kontrollvariablen einführt.

Da in extrem großen Stichproben die Stichprobenkennwerteverteilungen extrem eng werden, führen schon geringe Veränderungen dazu, dass die Kennwerte Signifikanzgrenzen überspringen. Deshalb konzentriert sich die folgende Darstellung auf die Größe der Regressionskoeffizienten.

Ergebnisse

Gottesdienstbesuch

Die Regression des Gottesdienstbesuchs auf Lebensstadium, Werteinstellungen und Kontrollvariablen in den Kern- und in allen Ländern Europas ist in Tabelle 2 dargestellt. Hier wie in den folgenden Tabellen wird zuerst ausführlich die Regression in den *Kernländern* beschrieben und dann kurz auf die Veränderungen eingegangen, die sich bei Betrachtung *aller Länder* ergeben.

In den *Kernländern* zeigt *Modell 1* die aus Abbildung 2 bekannten Einflüsse der Ländergruppen und der Zeitpunkte. Wie der Effekt D-Ost zeigt, ist der Gottesdienstbesuch in Ostdeutschland etwa halb so hoch wie in Westdeutschland. Wie eine weitere nicht ausgewiesene Regression zeigt, sind die Interaktionseffekte von D-Ost mit den drei Zeitpunkten nicht signifikant: Die Unterschiede zwischen Ost- und Westdeutschland verändern sich nicht zwischen 2002 und 2008. Die Persistenzhypothese wird also auch statistisch in der weichen wie in der harten Form gesichert. Die Differenz EU-Ost abzüglich EU-West beträgt 0,16: Der Gottesdienstbesuch ist in Osteuropa um rund ein Sechstel seines Wertebereichs höher als in Westeuropa. Während noch heute der Staatssozialismus in Deutschland sich in einem verminderten Gottesdienstbesuch auswirkt, ist in Europa der Gottesdienstbesuch im Osten höher als im Westen. Die Sonderfallhypothese wird also auch statistisch bestätigt. Schließlich zeigen die Zeitpunkt-Effekte, dass der Gottesdienstbesuch im Durchschnitt aller untersuchten europäischen Länder monoton leicht zurückgeht. Europa insgesamt säkularisiert sich.

In *Modell 2* verliert der innerdeutsche Rückstand des Ostens die Signifikanz und ist nur noch minimal negativ. Der Gottesdienstbesuch ist in Ostdeutschland also nur deshalb geringer, weil die Kirchenzugehörigkeit geringer ist. Wäre die Kirchenzu-

Tabelle 2: Regression des Gottesdienstbesuchs auf Stichproben- und Personenvariablen in Kern- und allen Ländern Europas

	H	Europa: Kernländer				Europa: Alle Länder			
Modelle		1	2	3	3S	1	2	3	3S
Konstante (D-West)		0,27	0,07	0,07		0,29	0,08	0,05	
Stichprobenvariablen									
D-Ost	–	-0,13***	-0,01*	-0,02***	-0,01	-0,12***	-0,01**	-0,02***	-0,01
EU-West	?	-0,03***	0,01***	0,00	0,00	-0,01***	0,02***	0,01	0,02
EU-Ost	?	0,13***	0,12***	0,10***	0,18	0,08***	0,08***	0,07***	0,12
Zeit: 2004	?	-0,02***	-0,01***	-0,02***	-0,04	-0,01***	-0,01***	0,00	0,00
Zeit: 2006	?	-0,02***	-0,01***	-0,02***	-0,05	-0,06***	-0,04***	-0,04***	-0,07
Zeit: 2008	?	-0,03***	-0,02***	-0,03***	-0,04	-0,06***	-0,04***	-0,04***	-0,08
Personenvariablen									
Kirchenzug.	+		0,28***	0,25***	0,45		0,28***	0,24***	0,45
Alter: 31-60	+			-0,02***	-0,03			-0,01***	-0,03
Alter: 61+	+			0,01***	0,02			0,01*	0,02
Elternschaft	+			0,01***	0,02			0,01***	0,02
Verheiratet	+			0,02***	0,03			0,01***	0,03
Arbeitsst.	–			-0,03***	-0,03			-0,02***	-0,02
Belast.: etwas	–			-0,01***	-0,01			-0,01***	-0,01
Belast.: stark	–			-0,06***	0,05			0,06***	0,06
Selbsttransz.	+			-0,02**	-0,01			-0,02**	-0,01
Rel. als Wert	+			0,25***	0,14			0,25***	0,14
Selbsterh.	–			-0,08***	-0,04			-0,04***	-0,02
Bildung	–			-0,02***	-0,02			-0,03***	-0,03
Gem.-größe	?			-0,01***	-0,01			-0,02***	-0,02
Mann	?			-0,03***	-0,06			-0,04***	-0,07
% gültig		99,4	98,5	81,3		99,1	98,1	81,0	
R^2%		7,2	33,1	37,0		3,2	29,6	33,5	

Hypothese, S: standardisierte Koeffizienten. * p <0,05, ** p <0,01, *** p < 0,001. N gewichtet, so dass Ost- und Westdeutschland proportional zu ihrer Bevölkerungsgröße und Ost- und Westeuropa mit dem gleichen Gewicht eingehen. Innerhalb der Kern- und aller Länder Europas wurde jedes Land so gewichtet, dass es proportional zur Bevölkerungsgröße zum jeweiligen Zeitpunkt vertreten ist; demographische Gewichtung, wo möglich. Prozentzahlen gültig bezogen auf gewichtete n= 157.251 (Kern), n= 184.251 (alle).

gehörigkeit in beiden Landesteilen gleich, so wäre es auch der Gottesdienstbesuch. Die erzwungene Säkularisierung der Ostdeutschen hat die Menschen zwar aus den Kirchen getrieben; aber sie hat die kirchliche Praxis kaum zurückdrängen können. Wer der kirchenfeindlichen Politik gefolgt ist, ist aus der Kirche ausgetreten; wer aber in der Kirche geblieben ist, hat auf die kirchenfeindliche Politik kaum mit Zurückhaltung der kirchlichen Praxis reagiert. Die Durchgriffshypothese wird also nicht bestätigt, so dass die Sonderfallhypothese nicht mehr geprüft werden muss.

Innerhalb Europas schwindet zwar der Vorsprung des Ostens, aber bleibt mit rund einem Zehntel des Wertebereichs (0,12 - 0,01) stark. Ein guter Teil des osteuropäischen Vorsprungs der kirchlichen Praxis spiegelt also einen Vorsprung der kirchlichen Zugehörigkeit wider; aber auch unter denen, die sich einer Kirche zugehörig fühlen, ist die kirchliche Praxis im Osten stärker als im Westen. Schließlich schwächt sich der Rückgang etwas ab, bleibt aber signifikant.

Die kirchliche Zugehörigkeit steigert den Gottesdienstbesuch um mehr als ein Viertel seines Wertebereichs. Sie bestimmt ihn deutlich stärker als die Stichproben. Das lässt sich auch an den erklärten Varianzen ablesen: Durch die Einführung des Prädiktors Kirchenzugehörigkeit vervierfacht sich die erklärte Varianz des Gottesdienstbesuchs von 7,2 Prozent auf 33,1 Prozent. Die Kirchenzugehörigkeit allein erklärt 29,7 Prozent der Varianz des Gottesdienstbesuchs. Fügt man die Kirchenzugehörigkeit zu den Stichprobenvariablen hinzu, gewinnt man dramatisch an Erklärungskraft; fügt man die Stichprobenvariablen zur Kirchenzugehörigkeit hinzu, gewinnt man nur wenig an Erklärungskraft.

In *Modell* 3 verändert sich der Einfluss der Stichprobenvariablen nur wenig; die Durchgriffshypothese wird so wenig bestätigt wie in Modell 2. Aber der Einfluss der Kirchenzugehörigkeit geht etwas zurück. Denn die Kirchenzugehörigkeit korreliert mit den Determinanten der Religiosität, so dass der Einfluss der ersten bei Kontrolle der zweiten abgeschwächt wird.

Vergleicht man die Stärke der Einflüsse der Personenvariablen an den standardisierten Regressionskoeffizienten, so hat die Kirchenzugehörigkeit mit 0,45 einen starken Einfluss. Den nächststarken Einfluss übt der Wert der Religion mit 0,14 aus. Schließlich sind Geschlecht und Belastungen noch bedeutsam: Männer gehen seltener in die Kirche als Frauen, und starke Belastungen erschweren den Kirchgang. Jedoch hat jede der vier Lebensstadiums-Variablen so gut wie keinen Einfluss; und dasselbe gilt für die Werte Selbsttranszendenz und Selbsterhöhung, die Bildung und die Gemeindegröße. Mit einem Satz: Die Kirchenzugehörigkeit ist die Pforte zum Gottesdienstbesuch; an ihr vorbei führen nur wenige Einflüsse. Was man als persönliche Bedingung der Religiosität ansehen kann, bestimmt kaum die kirchliche Praxis, wenn die institutionelle Bedingung der Kirchenzugehörigkeit kontrolliert ist. Dieser Eindruck wird auch durch den Vergleich der erklärten Varianzen bestätigt. Die insgesamt 14 Prädiktoren zu Lebenszyklus, Werten und Kontrollen, um die Modell 2 in Modell 3 erweitert wird, steigern die erklärte Varianz nur um 3,9 Prozentpunkte.

Überblickt man die Modelle des Gottesdienstbesuchs, so werden Persistenz- und Sonderfallhypothese zwar in Modell 1 bestätigt. Weder Modell 2 noch Modell 3 bestätigen hingegen die Durchgriffshypothese: Bei Kontrolle der Kirchenzugehörigkeit verschwindet der Brutto-Rückstand Ostdeutschlands; er ergibt sich aus der geringeren Kirchenzugehörigkeit der Ostdeutschen.

Betrachtet man statt der Kernländer *alle Länder* Europas, so findet sich dieselbe Struktur der Ergebnisse. Hier sind in einer nicht dargestellten Regression die Interaktionseffekte zwischen D-Ost und der Zeit sogar geringfügig, aber signifikant positiv, so dass die Persistenzhypothese wiederum in der weichen wie harten Form bestätigt wird. Außerdem wird die Tendenz der Säkularisierung stärker.

Tabelle 3: Regression der Gebetshäufigkeit auf Stichproben- und Personenvariablen in Kern- und allen Ländern Europas

Modelle	H	Europa: Kernländer				Europa: Alle Länder			
		1	2	3	3S	1	2	3	3S
Konstante (D-West)		0,40	0,09	0,05		0,43	0,11	0,02	
Stichprobenvariablen									
D-Ost	–	-0,23***	-0,05***	-0,07***	-0,02	-0,23***	-0,05***	-0,07***	-0,02
EU-West	?	-0,03***	0,03***	0,02***	0,02	-0,01*	0,04***	0,02***	0,03
EU-Ost	?	0,17***	0,14***	0,11***	0,13	0,10***	0,11***	0,07***	0,08
Zeit: 2004	?	-0,01***	-0,01***	-0,02***	-0,02	-0,01***	-0,01***	-0,01*	-0,01
Zeit: 2006	?	-0,02***	-0,01***	-0,03***	-0,03	-0,08***	-0,04***	-0,05***	-0,06
Zeit: 2008	?	-0,03***	-0,02***	-0,04***	-0,04	-0,08***	-0,05***	-0,06***	-0,06
Personenvariablen									
Kirchenzug.	+		0,46***	0,38***	0,44		0,44***	0,38***	0,44
Alter: 31-60	?			0,01*	0,01			0,01***	0,01
Alter: 60+	+			0,07***	0,07			0,07***	0,08
Elternschaft	+			0,02***	0,02			0,01***	0,01
Verheiratet	+			-0,01**	-0,01			-0,01***	-0,02
Arbeitsst.	–			-0,02***	-0,02			-0,01*	-0,01
Bel.: etwas	+			0,03***	0,03			0,02***	0,02
Bel.: stark	+			0,04***	0,03			0,05***	0,03
Selbsttransz.	+			0,07***	0,02			0,08***	0,02
Rel. als Wert	+			0,37***	0,13			0,37***	0,13
Selbsterh.	–			-0,15***	-0,04			-0,09***	-0,03
Bildung	–			-0,04***	-,03			-0,05***	-0,03
Gem.-größe	?			0,01**	,01			-0,00	-0,00
Mann	?			-0,12***	-0,15			-0,13***	-0,15
% gültig		98,0	97,2	80,5		97,7	96,5	79,1	
R^2 %		4,5	31,5	38,1		2,3	29,4	36,4	

Erläuterung: siehe Tabelle 2.

Gebetshäufigkeit

Die Regression der Gebetshäufigkeit auf Lebensstadium, Werteinstellungen und Kontrollvariablen in den Kern- und in allen Ländern Europas ist in Tabelle 3 dargestellt. In den *Kernländern* zeigt *Modell 1* die aus Abbildung 3 bekannten Einflüsse der Ländergruppen und der Zeitpunkte. Wie der Effekt D-Ost zeigt, ist die Gebetshäufigkeit in Ostdeutschland um fast ein Viertel der Skalenbreite niedriger als in Westdeutschland. Zudem sind in einer weiteren nicht ausgewiesenen Regression die Interaktionseffekte von D-Ost mit den drei Zeitpunkten nicht signifikant. Die Persistenzhypothese wird also auch statistisch in der weichen wie in der harten Form gesichert.

Die Differenz EU-Ost abzüglich EU-West beträgt 0,20: Die Gebetshäufigkeit ist in Osteuropa um ein Fünftel der Skalenbreite höher als in Westeuropa. Während der Staatssozialismus in Deutschland noch heute das private religiöse Verhalten zurückgedrängt hat, zeigt sich eine solche Folge nicht mehr in Europa. Die Sonderfallhypothese wird also auch statistisch bestätigt. Schließlich zeigen die Zeitpunkt-Effekte, dass die Gebetshäufigkeit im Durchschnitt der europäischen Länder leicht, aber kontinuierlich zurückgeht. Auch an der Gebetshäufigkeit gemessen, unterliegt Europa einer langsamen und beharrlichen Säkularisierung.

In *Modell 2* schmilzt der innerdeutsche Rückstand des Ostens auf rund ein Viertel zusammen, bleibt aber signifikant. Die Gebetshäufigkeit ist in Ostdeutschland also zum Teil deshalb geringer, weil die Kirchenzugehörigkeit geringer ist. Wäre die Kirchenzugehörigkeit in beiden Landesteilen gleich, so wäre die Gebetshäufigkeit zwar immer noch in Ostdeutschland niedriger – aber die Differenz geringer. Die erzwungene Säkularisierung der Ostdeutschen hat die Menschen aus den Kirchen getrieben und die religiöse Praxis zurückgedrängt. Die Durchgriffshypothese wird bestätigt, so dass die Sonderfallhypothese geprüft werden muss. Da der innerdeutsche Rückstand des Ostens (-0,05) wie der innereuropäische Vorsprung des Ostens mit mehr als drei Viertel Skalenpunkten (0,14 - 0,03) mit entgegengesetzten Vorzeichen bestehen bleiben, gilt auch die Sonderfallhypothese nach wie vor. Schließlich schwächt sich der Rückgang etwas ab; aber er bleibt signifikant.

Die kirchliche Zugehörigkeit steigert die Gebetshäufigkeit um nahezu die Hälfte der Skalenbreite. Sie hat zudem – wie sich an den erklärten Varianzen ablesen lässt – mehr Einfluss als die Stichproben. Durch die Einführung des Prädiktors Kirchenzugehörigkeit versiebenfacht sich die erklärte Varianz von 4,5 Prozent auf 31,5 Prozent. Fügt man die Kirchenzugehörigkeit zu den Stichprobenvariablen hinzu, gewinnt man dramatisch an Erklärungskraft; fügt man die Stichprobenvariablen zur Kirchenzugehörigkeit hinzu, gewinnt man nur wenig an Erklärungskraft.

In *Modell 3* verringert sich der Einfluss der Stichprobenvariablen nur wenig. Der innerdeutsche Rückstand des Ostens bleibt nach wie vor bestehen. Die Persistenzhypothese bleibt also bestätigt. Der Einfluss der Kirchenzugehörigkeit geht wiederum aufgrund seiner Korrelationen mit den Determinanten der Religiosität etwas zurück.

Vergleicht man die Stärke der Einflüsse der Personenvariablen an den standardisierten Regressionskoeffizienten, so hat nur die Kirchenzugehörigkeit mit 0,44 einen starken Einfluss. Etwas weniger stark ist der Einfluss des Geschlechts mit -0,15 – Männer beten seltener als Frauen – und des Werts der Religion mit 0,13. Von den übrigen Variablen hat nur das hohe Alter einen nennenswerten, wie erwartet positiven Einfluss. Insgesamt ist die Gebetshäufigkeit zwar stark durch die Kirchenzugehörigkeit bestimmt; aber die persönlichen Bedingungen bringen zusammen eine weitere Erklärungskraft auf. Sie steigern die erklärte Varianz um 6,6 Prozentpunkte.

Überblickt man die Modelle der Gebetshäufigkeit, so bestätigt die Regressionsanalyse die Persistenz-, Sonderfall- und Durchgriffshypothese. Die erzwungene Säkularisierung Ostdeutschlands hat weiter gewirkt: länger als bis 2002 und tiefer als bis in die Kirchenzugehörigkeit. Sie hat das private kirchliche Verhalten nicht nur durch den Rückgang der Kirchenzugehörigkeit, sondern auch unmittelbar zurückge-

drängt. Der Brutto-Rückstand Ostdeutschlands in der Gebetshäufigkeit ist nicht scheinbar; er bleibt auch bei Kontrolle der Kirchenzugehörigkeit bestehen.
Betrachtet man *alle Länder* Europas, so findet sich dieselbe Struktur der Ergebnisse. Wiederum wird die Persistenzhypothese in der schwachen wie starken Form bestätigt. Wiederum wird die Tendenz der Säkularisierung stärker.

Religiöse Selbsteinstufung

Die Regression der religiösen Selbsteinstufung auf Lebensstadium, Werteinstellungen und Kontrollvariablen ist in Tabelle 4 dargestellt. In den *Kernländern* zeigt *Modell 1* die aus Abbildung 4 bekannten Einflüsse der Ländergruppen und der Zeitpunkte. Wie der Effekt D-Ost zeigt, ist die religiöse Selbsteinstufung in Ostdeutschland fast ein Viertel der Skalenbreite niedriger als in Westdeutschland. Zudem sind in einer weiteren nicht ausgewiesenen Regression die Interaktionseffekte von D-Ost mit den Zeitpunkten nicht signifikant oder sogar signifikant positiv. Die Persistenzhypothese wird also auch statistisch in der weichen wie in der harten Form gesichert.

Die Differenz EU-Ost abzüglich EU-West beträgt 0,10: Die religiöse Selbsteinstufung ist in Osteuropa um ein Zehntel der Skalenbreite höher als in Westeuropa. Die Sonderfallhypothese wird also auch statistisch bestätigt. Schließlich zeigen die Zeitpunkt-Effekte, dass die religiöse Selbsteinstufung im Durchschnitt der europäischen Länder leicht, aber kontinuierlich zurückgeht. Auch an der religiösen Selbsteinstufung gemessen, unterliegt Europa einer langsamen Säkularisierung.

In *Modell 2* schmilzt der innerdeutsche Rückstand des Ostens auf weniger als die Hälfte zusammen, bleibt aber signifikant. Die religiöse Selbsteinstufung ist in Ostdeutschland also zum Teil deshalb niedriger, weil die Kirchenzugehörigkeit geringer ist. Die erzwungene Säkularisierung der Ostdeutschen hat die Menschen aus den Kirchen getrieben und die diffuse Religiosität zurückgedrängt. Die Durchgriffshypothese wird bestätigt, so dass die Sonderfallhypothese geprüft werden muss. Da der innerdeutsche Rückstand des Ostens (-0,08) wie der innereuropäische Vorsprung des Ostens (0,05-0,02) mit entgegengesetzten Vorzeichen bestehen bleiben, wird auch die Sonderfallhypothese bestätigt. Schließlich schwächt sich der Rückgang etwas ab; aber er bleibt signifikant.

Die kirchliche Zugehörigkeit steigert die Gebetshäufigkeit um ein Drittel der Skalenbreite. Sie hat zudem – wie sich an den erklärten Varianzen ablesen lässt – mehr Einfluss als die Stichproben. Durch die Einführung des Prädiktors Kirchenzugehörigkeit wird die erklärte Varianz von 2,8 Prozent auf 33,5 Prozent mehr als verzehnfacht. Die Kirchenzugehörigkeit allein erklärt wiederum 32,5 Prozent der Varianz.Fügt man die Kirchenzugehörigkeit zu den Stichprobenvariablen hinzu, gewinnt man dramatisch an Erklärungskraft; fügt man die Stichprobenvariablen zur Kirchenzugehörigkeit hinzu, gewinnt man nur wenig an Erklärungskraft.

In *Modell* 3 wird der Einfluss der Stichprobenvariablen nur wenig verändert. Der

Tabelle 4: Regression der religiösen Selbsteinstufung auf Stichproben- und Personenvariablen in Kern- und allen Ländern Europas

Modelle	H	Europa: Kernländer				Europa: Alle Länder			
		1	2	3	3S	1	2	3	3S
Konstante (D-West)		0,49	0,24	0,15		0,50	0,25	0,17	
Stichprobenvariablen									
D-Ost	–	-0,22***	-0,08***	-0,10***	-0,04	-0,22***	-0,08***	-0,10***	-0,04
EU-West	?	-0,03***	0,02**	0,01	0,01	-0,01***	0,02***	0,01***	0,02
EU-Ost	?	0,07***	0,05***	0,03***	0,04	0,05***	0,05***	0,02***	0,03
Zeit: 2004	?	-0,01***	-0,01***	-0,02***	-0,02	-0,01	-0,01***	-0,00	-0,01
Zeit: 2006	?	-0,02***	-0,01***	-0,02***	-0,03	-0,05***	-0,03***	-0,02***	-0,04
Zeit: 2008	?	-0,03***	-0,02***	-0,03***	-0,04	-0,05***	-0,03***	-0,03***	-0,04
Personenvariablen									
Kirchenzug.	+		0,35***	0,30***	0,49		0,35***	0,30***	0,49
Alter: 31-60	?			0,00	0,00			0,00	0,00
Alter: 61+	+			0,03***	0,04			0,03***	0,04
Elternschaft	+			0,01**	0,01			0,00	0,00
Verheiratet	+			0,00**	0,01			0,01	0,01
Arbeitsst.	–			-0,02***	-0,02			-0,02***	-0,02
Bel.: etwas	+			0,01***	0,01			0,01***	0,01
Bel.: stark	+			0,01***	0,01			0,01***	0,01
Selbsttr.	+			0,01	0,00			-0,02**	-0,01
R. als Wert	+			0,35***	0,18			0,35***	0,18
Selbsterh.	–			-0,05***	-0,02			-0,03***	-0,01
Bildung	–			-0,03***	-0,03			-0,03***	-0,02
Gem.-größe	?			-0,01**	-0,01			-0,01**	-0,01
Mann	?			-0,06***	-0,09			-0,06***	-0,10
% gültig		99,1	98,3	81,2		99,1	98,2	38,8	
R^2 %		2,8	34,5	39,7		1,8	33,9	38,8	

Erläuterung: siehe Tabelle 2.

innerdeutsche Rückstand des Ostens bleibt bestehen, und die Persistenzhypothese bleibt bestätigt. Der Einfluss der Kirchenzugehörigkeit geht wieder aufgrund der Korrelationen mit den Determinanten der diffusen Religiosität etwas zurück.

Vergleicht man die Stärke der Einflüsse der Personenvariablen an den standardisierten Regressionskoeffizienten, so hat nur die Kirchenzugehörigkeit mit 0,49 einen starken Einfluss. Den nächst starken Einfluss übt der Wert der Religion mit 0,18 aus. Schließlich ist das Geschlecht mit -0,10 noch bedeutsam: Männer stufen ihre Religiosität niedriger ein als Frauen. Insgesamt ist die religiöse Selbsteinstufung zwar stark durch die Kirchenzugehörigkeit bestimmt; aber Lebensstadium, Werte und Kontrollvariablen zusammen steuern weitere Erklärungskraft bei. Sie steigern die erklärte Varianz um 5,2 Prozentpunkte.

Überblickt man die Modelle der religiösen Selbsteinstufung, so bestätigt die Regressionsanalyse die Persistenz-, Sonderfall- und Durchgriffshypothese. Die erzwungene Säkularisierung Ostdeutschlands hat die diffuse Religiosität nicht nur durch den Rückgang der Kirchenzugehörigkeit, sondern auch unmittelbar zurückgedrängt. Der Brutto-Rückstand Ostdeutschlands in der Gebetshäufigkeit ist nicht scheinbar; er bleibt auch bei Kontrolle der Kirchenzugehörigkeit bestehen.

Betrachtet man *alle Länder* Europas, so findet sich dieselbe Struktur der Ergebnisse. Die Persistenzhypothese wird wiederum in der schwachen wie starken Form bestätigt. Die Tendenz der Säkularisierung wird wiederum stärker.

Schluss

Wie weit hat die erzwungene Säkularisierung gewirkt? Anders gefragt: Wie *lange* hält die Wirkung an? Und wie *tief* hat sie durchgegriffen? Auf beide Fragen hat der vorliegende Aufsatz eine Antwort gegeben, indem er Religiosität zwischen Ost- und Westdeutschland und Ost- und Westeuropa von 2002 bis 2008 vergleicht. Der innerdeutsche Ost-West-Vergleich wurde dabei sowohl am Vergleich der Kernländer – also aller Länder, die zu mindestens drei der vier Zeitpunkte des ESS erhoben wurden – wie am Vergleich aller verfügbaren Länder aus Ost- und Westeuropa gemessen. Die Ergebnisse waren nach beiden Maßstäben gleich, so dass sie nicht durch die Auswahl der west- und osteuropäischen Länder bedingt sein können.

Religiosität zwischen institutioneller Prägung und persönlicher Wahl

Religiosität wurde in vier Formen untersucht, Kirchenzugehörigkeit, Gottesdienstbesuch, Gebetshäufigkeit und religiöse Selbsteinstufung, die sich auf einem Kontinuum zwischen institutioneller Prägung und persönlicher Wahl anordnen lassen.

Die Frage nach der Dauer wird durch Mittelwertvergleiche für alle vier Formen unisono beantwortet. Wie in der *Persistenzhypothese* erwartet, überdauert der westdeutsche Vorsprung an Religiosität bis heute; die säkulare Weltsicht der Ostdeutschen war zwar oktroyiert, aber schließlich zu einem guten Teil positiv motiviert, und die neue Sozialordnung gibt ihnen keinen Anlass, sich davon – anders als vom Oktroi der politischen Ordnung oder der Moral des Staatssozialismus – zu distanzieren. Wie in der *Sonderfallhypothese* erwartet, ist der Vorsprung Westdeutschlands vor Ostdeutschland größer als der „Vorsprung" Westeuropas vor Osteuropa, der ein Rückstand ist. Die erzwungene Säkularisierung war in Ostdeutschland langfristig stärker als in Osteuropa.

Die Frage nach dem Durchgriff muss, weil die Unterschiede des Gottesdienstbesuchs, der Gebetshäufigkeit und der religiösen Selbsteinstufung durch Unterschiede der Kirchenzugehörigkeit bedingt sein können, durch Regressionsanalysen beantwortet werden. Sie ergeben, dass sich bei Kontrolle der Kirchenzugehörigkeit der Gottesdienstbesuch nicht mehr zwischen West- und Ostdeutschland unterscheidet, wohl aber noch die Gebetshäufigkeit und die religiöse Selbsteinstufung. Dasselbe gilt, wenn nicht nur die Kirchenzugehörigkeit, sondern auch Lebensstadium und Werte kontrolliert sind. Die *Durchgriffshypothese* wird also für die öffentliche kirchliche Praxis nicht, wohl aber für die private kirchliche Praxis und die diffuse Religiosität bestätigt. Die erzwungene Säkularisierung wirkt „weit" nicht nur im Sinne der zeitlichen Dauer, sondern auch der sachlichen Tiefe.

Der Durchgriff wird zudem umso stärker, je weiter die drei in der Regressionsanalyse untersuchten Formen sich vom Pol der Institution fort auf den Pol der Person zubewegen. Wie in den Tabellen 2-4 für die europäischen *Kernländer* ablesbar, verbleibt nach Kontrolle der Kirchenzugehörigkeit – also in Modell 2 – vom Brutto-Unterschied zwischen Ost- und Westdeutschland beim Gottesdienstbesuch fast nichts (-0,16 und -0,01), bei der Gebetshäufigkeit 22 Prozent (-0,05 von -0,23) und bei der religiösen Selbsteinstufung sogar 37 Prozent (-0,08 von 0,22); der verbleibende Effekt verstärkt sich sogar noch auf 15, 30 bzw. 45 Prozent, wenn – in Modell 3 – zusammen mit der Kirchenzugehörigkeit Lebensstadium und Werte kontrolliert werden. Der standardisierte Effekt Ostdeutschland beträgt bei Kontrolle aller Personenvariablen -0,01 auf den Gottesdienstbesuch, -0,02 auf die Gebetshäufigkeit und -0,04 auf die religiöse Selbsteinstufung. Für *alle europäischen Länder* findet sich das gleiche Muster.

Dass der Durchgriff mit der Entfernung vom Pol der Institution wächst, ist bemerkenswert, weil man das Gegenteil erwarten kann. Wenn die Politik Druck ausgeübt hat, um Verhalten und Einstellungen zu beeinflussen, dann sollte der Erfolg umso größer sein, je sichtbarer ein Verhalten und je erkennbarer eine Einstellung ist, je näher es also beim Pol der Institution verbleibt. Die Effekte sollten also für den Gottesdienstbesuch am höchsten und für die diffuse Religiosität am schwächsten sein – nicht umgekehrt.

Der starke Einfluss der Kirchenzugehörigkeit auf die kirchliche Praxis und die diffuse Religiosität resultiert vermutlich auch aus der Frageformulierung, die sich nicht auf die registrierte, sondern die gefühlte Zugehörigkeit richtet. Sie rückt dadurch vom institutionellen näher an den personalen Pol der Religiosität – also an die kirchliche Praxis und die diffuse Religiosität, so dass ihr Einfluss auf sie stärker wird.

Die vier betrachteten Formen insgesamt liegen im Spektrum der Religiosität näher am Pol der institutionellen Prägung als am Pol der persönlichen Wahl. Eine Form der Religiosität, die stärker institutionell geprägt ist als die Kirchenzugehörigkeit, lässt sich kaum denken, aber eine Form der Religiosität, die stärker persönlich motiviert ist als die religiöse Selbsteinstufung durchaus. Wenn man das Spektrum der üblicherweise erfragten Formen der Religiosität an diesem Ende verlässt, finden sich viele Formen, bei denen die Kluft zwischen Ost und West noch größer – aber auch kleiner werden kann. Ein Beispiel sind religiöse Weltbilder, wo Religionen und Kirchen mit Philosophie, Wissenschaft und persönlichen Konstruktionen konkurrieren. Wie eingangs dargelegt, sind die Unterschiede zwischen West- und Ostdeutschland hier nur bei christlichen Weltbildern groß, bei existentialistischen und naturalistischen aber gering.

Erzwungene Säkularisierung vor 1989 – freiwillige Säkularisierung nach 1989

Warum hat die erzwungen Säkularisierung in Ostdeutschland langfristige Folgen, in Osteuropa nicht? Warum hat sie in Ostdeutschland, nicht aber in Osteuropa ihr Ziel erreicht? Welche Gegenkräfte konnten in Ostdeutschland nicht, wohl aber in Osteuropa mobilisiert werden? Kurzum: Warum ist Deutschland ein Sonderfall?

Vermutlich hat in Ostdeutschland die Erniedrigung und Teilung der Nation die Wirkung der oktroyierten Sozialordnung verstärkt, während die Länder Osteuropas zwar ebenfalls eine unerwünschte Staatsform übernehmen mussten, aber gegen sie eine unversehrte Nationalität mobilisieren konnten. In Osteuropa waren Nation und nationaltypische Konfession ein Kraftreservoir für politischen und religiös-ideologischen Wiederstand. In Ostdeutschland hat die Koexistenz mit einem Staat gleicher Nation und konträrer Sozialordnung der kirchennahen Bevölkerung lange die Flucht erlaubt, so dass die Religion mehr als dort, wo die kirchennahe Bevölkerung im Lande bleiben musste, an Rückhalt verlor. Der Staat geriet in eine Situation der Stärke und die Kirche in eine Situation der Schwäche, so dass der Staat die Kirche mehr als in Osteuropa unterdrücken konnte und die Kirchen – „Kirche im Sozialismus" (Schröder 1995) – sich mehr anpassen mussten. In Osteuropa stützt sich die Nation oft auf die Religion – nicht nur in Polen und Ungarn auf den Katholizismus, sondern auch in Russland und der Ukraine auf die Orthodoxie. Religion war in großen Teilen öffentlich und gemeinschaftsstiftend. Sie wurde nicht nur aus privaten Bedürfnissen praktiziert, sondern war auch Artikulationsforum des Widerstands. Aber auch in Osteuropa konnte sich die Religion –wie ein Rückblick auf Tabelle 1 zeigt – nicht immer gegen die oktroyierte Sozialordnung behaupten.

Während die erzwungene Säkularisierung die Religiosität in Osteuropa bis 1989 offenbar nicht unterdrücken konnte, hat Westeuropa sich freiwillig säkularisiert (Jagodzinski/Dobbelaere 1995). Aber nach dem Ende der erzwungenen Säkularisierung schließt sich Osteuropa der freiwilligen an. Die Kirchenzugehörigkeit geht – wie Abbildung 1 zeigt – in den hier untersuchten Ländergruppen West- wie Osteuropas zurück. Und obwohl der Einfluss der abnehmenden Kirchenzugehörigkeit kontrolliert ist, nehmen kirchliche Praktiken und diffuse Religiosität in der gesamteuropäischen Analyse zwischen 2002 und 2008 kontinuierlich ab – wie man an den Zeiteffekten der Tabellen 2-4 ablesen kann. Die Effekte sind nicht groß, aber durchgängig und anwachsend. Das gilt weiterhin auch, wenn – in hier nicht dargestellten Analysen – West- und Osteuropa getrennt betrachtet werden. Erzwungen oder freiwillig – die Säkularisierung ist in Europa ein anhaltender Prozess, von einem Wiederaufleben der Religiosität kann die Rede nicht sein. Um aber über die Chancen der Religiosität in der Zukunft zu spekulieren, muss man ihre Hintergründe kennen.

Erklärungen der Religiosität

Wie die Tabellen 2-4 zeigen, hängt die Religiosität am stärksten von der Kirchenzugehörigkeit ab. Die übrigen Personenvariablen erklären wenig, so dass auch für die gemeinsame Begründung der Hypothesen – das Gewicht der religiösen Frage – wenig spricht. Die Wertpolarität Selbsttranszendenz und Selbsterhöhung wirkt nur schwach. Selbst der spezifische Wert der Religion – das „Bemühen zu tun, was die Religion verlangt" in der Formulierung der Schwartz-Skala – hat in jeder der drei Regressionsanalysen weniger als ein Drittel der Einflusskraft der Kirchenzugehörigkeit, obwohl die sachliche Nähe der unabhängigen Variablen hier einen ähnlich starken Einfluss wie bei der Kirchenzugehörigkeit hätte erwarten lassen. Die allgemeine Orientierung auf Religion, die sich als Wert äußert, bestimmt die religiöse Praxis und die diffuse Religiosität weniger als die spezifische Orientierung auf eine Kirche oder eine religiöse Gemeinschaft, die sich als Zugehörigkeitsgefühl äußert.

Weiterhin hat das hohe Alter allein auf die Gebetshäufigkeit einen nennenswerten Einfluss. Die biologische Nähe zum Tod verstärkt die Präsenz der religiösen Frage im täglichen Leben nicht. Religiosität wächst – entgegen populärer Vorstellungen – nur wenig mit dem Alter. Deutlich stärker ist jedoch der Effekt des Geschlechts: Männer sind in jedem Aspekt weniger religiös als Frauen.

Multivariate Erklärungen der Religiosität, wie hier versucht, sind selten. Die meisten der eingangs zitierten Untersuchungen berichten lediglich bivariate Korrelationen zwischen sozio-demographischen Merkmalen und Dimensionen der Religiosität. Mir sind nur vier Analysen bekannt, in denen Religiosität in Abhängigkeit von mehreren Personenvariablen analysiert wurde. *Erstens:* Norris und Inglehart (2004: 123) analysieren die Häufigkeit des Gottesdienstbesuchs in 22 postsozialistischen Ländern in Abhängigkeit von Geschlecht, Bildung, Einkommen, der Wichtigkeit von Religion und dem religiösen Glauben, aber nicht von Kirchenzugehörigkeit. *Zweitens:* Huber und Krech (2009: 67) analysieren in 21 Ländern der Welt die „Zentralität" von Religion, einen Durchschnittswert aus fünf Fragen zu Praxis und Glauben, in Abhängigkeit von Alter, Geschlecht und Bildung, aber wiederum nicht von Kirchenzugehörigkeit. *Drittens:* Stolz (2009) untersucht in der Schweiz 1999 den Einfluss der religiösen Sozialisation (im Wesentlichen Kirchgang der Eltern in den prägenden Jahren), von „Deprivation" (geringer Bildung, geringes Einkommen) sowie der Zugehörigkeit zu einer spezifischen Konfession auf die christliche Religiosität und findet einen starken Einfluss der Sozialisation. *Viertens:* Sullins (2006: 867) analysiert in den USA Gebetshäufigkeit, religiöse Selbsteinstufung und Häufigkeit religiöser Praktiken in Abhängigkeit von Geschlecht, Alter, Bildung, Arbeitszeit, religiöser Sozialisation, religiösen Netzwerken und Persönlichkeitsmerkmalen, aber wiederum nicht von Kirchenzugehörigkeit. Dies ist die am besten begründete, breiteste und, gemessen an der Erklärungskraft, erfolgreichste Untersuchung. Keine der vier Untersuchungen kontrolliert aber den hier stärksten Prädiktor, die Kirchenzugehörigkeit. Keine versucht wie hier die Prädiktoren nach einem einheitlichen Prinzip auszuwählen.

Von welchen anderen Einflüssen kann Religiosität abhängen? Zunächst belegen einige Untersuchungen (Sullins 2006: 867; Müller/Pollack 2009: 425; Stolz 2009) den Einfluss der Sozialisation durch die Eltern in den prägenden Jahren, wozu der ESS leider keine Frage enthält. Weiterhin könnte das Gespräch mit anderen über Religion Religiosität fördern, aber auch Ausdruck des Zweifels sein, wozu in keiner mir bekannten Erhebung eine Frage gestellt wurde. Der starke Einfluss der Sozialisation in den zitierten Untersuchungen und der mutmaßliche Einfluss der Kommunikation mit anderen sind mit dem starken Einfluss des Zugehörigkeitsgefühls in unserer Untersuchung vergleichbar: Sie erfassen keinen direkten, sondern nur einem vermittelnden Einfluss auf die Religiosität. Die Frage, warum jemand religiös ist wird verschoben auf die Fragen, warum die Eltern religiös waren, warum man mit anderen über Religion redet, warum man sich einer Religionsgemeinschaft zugehörig fühlt. Vielleicht hat Religiosität keine genuinen Hintergründe, sondern speist sich vor allem aus ihrer eigenen Existenz: aus der Familie, in der man aufwächst, in der man über Religion redet und deren Religion man übernimmt. Vielleicht resultiert Religiosität mehr aus Traditionen als aus rationalen Entscheidungen.

Literatur

Ebertz, Michael N. 2009: Je älter, desto frömmer? In: Bertelsmann Stiftung (Hrsg.): Woran glaubt die Welt? Analysen und Kommentare zum Religionsmonitor 2008. Gütersloh: Bertelsmann Stiftung, 655-666.

Flere, Sergej/Klanjsek, Rudi 2009: Social Status and religiosity in Christian Europe. In: European Societies 11, 583-602.

Franzmann, Manuel/Gärtner, Christel/Köck, Nicole (Hrsg.) 2006: Religiosität in der säkularisierten Welt: Theoretische und empirische Beiträge zur Säkularisierungsdebatte. Wiesbaden: Verlag für Sozialwissenschaften.

Friedrich, Walter 1999: Weltanschauliche Positionen der Jugend. In: Friedrich, Walter/Förster, Peter/Starke, Kurt (Hrsg.): Das Zentralinstitut für Jugendforschung Leipzig 1966-1990. Berlin: Edition Ost, 184-205.

Froese, Paul/Pfaff, Steven 2005: Explaining religious Anomaly: A historical Analysis of Secularization in Eastern Germany. In: Journal for the Scientific Study of Religion 44, 397-422.

Gilles, David 2009: Losing my religion. In: Medientrends und sozialer Wandel 18/2009. www.mlfz.uni-koeln.de.

Huber, Stefan/Krech, Volkhard 2009: Das religiöse Feld zwischen Globalisierung und Regionalisierung. In: Bertelsmann Stiftung (Hrsg.): Woran glaubt die Welt? Analysen und Kommentare zum Religionsmonitor 2008. Gütersloh: Bertelsmann Stiftung, 53-95.

Jagodzinski, Wolfgang/Dobbelaere, Karel 1995: Secularization and Church Religiosity. In: van Deth, Jan W./Scarbrough, Elinor (Hrsg.): The Impact of Values. Oxford: Oxford University Press, 76-119.

Meulemann, Heiner 2010: Postsäkulare Zeiten? Religiöse Weltbilder in Deutschland 1982-2007 und im Vergleich von 22 Ländern 2007. In: Grözinger, Gerd/Matiaske, Wenzel (Hrsg.): Ökonomie und Gesellschaft. Jahrbuch 22: Religion@Gesellschaft. Marburg: Metropolis-Verlag, 15-53.

Meulemann, Heiner 2006: Religiosität: Noch immer die Persistenz eines Sonderfalls. In: Aus Politik und Zeitgeschichte 30/31, 15-22.

Meulemann, Heiner 2004a: Die Persistenz eines Sonderfalls. In: van Deth, Jan W. (Hrsg.): Deutschland in Europa. Wiesbaden: Verlag für Sozialwissenschaften, 55-76.

Meulemann, Heiner 2004b: Enforced Secularization – Spontaneous Revival? Religious Belief, Unbelief, Uncertainty and Indifference in East and West European Countries 1991-1998. In: European Sociological Review 20, 47-61.

Meulemann, Heiner 2002: Wertewandel in Deutschland 1949-2000. Hagen: Studienskript der FernUniversität-Gesamthochschule Hagen: FB Erziehungs-, Sozial und Geisteswissenschaften.

Meulemann, Heiner 1998: Die Implosion einer staatlich verordneten Moral: Moralische Bewertungen in West- und Ostdeutschland 1990-1994. In: Kölner Zeitschrift für Soziologie und Sozialpsychologie 50/3, 411-441.

Müller, Olaf/Pollack, Detlev 2009: Kirchlichkeit, Religiosität und Spiritualität: West- und osteuropäische Gesellschaften in Zeiten religiöser Vielfalt. In: Bertelsmann Stiftung (Hrsg.): Woran glaubt die Welt? Analysen und Kommentare zum Religionsmonitor 2008. Gütersloh: Bertelsmann Stiftung, 411-430.

Norris, Pippa/Inglehart, Ronald 2004: Sacred and Secular: Religion and Politic Worldwide. Cambridge: Cambridge University Press.

Pollack, Detlef 2008: Glaube und Vernunft: Signaturen der gegenwärtigen religiösen Lage in Europa. In: Bormann, Franz-Josef/Irlenborn, Bernd (Hrsg.): Religiöse Überzeugungen und öffentliche Vernunft. Freiburg: Herder, 61-91.

Pollack, Detlev/Pickel, Gerd 2007: Religious individualization or secularization? Testing hypotheses of religious change – the case of Eastern and Western Germany. In: British Journal of Sociology 58, 603-632.

Saroglou, Vassilis/Munoz-Garcia, Antonio 2008: Individual differences in Religion and Spirituality: An Issue of Personality Traits and/or Values. In: Journal for the Scientific Study of Religion 47, 83-101.

Schröder, Richard 1995: Der Versuch einer eigenständigen Standortbestimmung der evangelischen Kirchen in der DDR am Beispiel der „Kirche Im Sozialismus". Materialien der Enquete-Kommission „Aufarbeitung von Geschichte und Folgen der SED-Diktatur in Deutschland". Baden-Baden: Deutscher Bundestag, Band VI/2, 1164-1430.

Schwartz, Shalom/Huisman, Sipke 1995: Value Priorities and Religiosity in four Western Religions. In: Social Psychology Quarterly 58, 88-107.

Schwartz, Shalom 2002: A proposal for Measuring Value Orientations across Nations. In: European Social Survey: Development of the Core Questionnaire 2002. Chapter 7. www.europeansocialsurvey.org.

Stolz, Jörg 2009: Explaining religiosity: towards a unified theoretical model. In: The British Journal of Sociology 60, 345-367.

Sullins, D. Paul 2006: Gender and Religion: Deconstructing Universality, constructing Complexity. In: American Journal of Sociology 112, 838-880.

Woodhead, Linda 2007: Why so many woman in Holistic Sprituality? A Puzzle Revisited. In: Flanagan, Kieran/Jupp, Peter C. (Hrsg.): A Sociology of Spirituality. Aldershot: Ashgate, 115-125.

Wolf, Christof 2007: Kein Anzeichen für ein Wiedererstarken der Religion. In: Informationsdienst Soziale Indikatoren 37, 7-11.

Europa als Wertegemeinschaft?
Ost und West im Spiegel des ‚Schwartz Value Inventory'

Kai Arzheimer

Werte bzw. Wertorientierungen gehören zu den zentralen Konzepten der vergleichenden Politikwissenschaft. Dabei sind es vor allem die Widersprüche zwischen konfligierenden Werten, die eine besondere politische Dynamik entfalten. Wenn es in der Politik nach der berühmten Formel von Lasswell darum geht, wer was, wann und mit welchen Mitteln erreichen kann, spielen Werte als Maßstab für und zur Legitimation von politischen Einzelentscheidungen, Regeln und Meta-Regeln offensichtlich eine wichtige Rolle.

Politische Werte wie Freiheit, Solidarität und Gleichheit bilden die normativen Bezugspunkte aller großen Ideologien und damit des Parteienwettbewerbs. Weitreichende Entscheidungen wie Neuregelungen zum Schwangerschaftsabbruch, zum Scheidungsrecht oder zur Gleichstellung homosexueller Paare, aber auch sozialpolitische Maßnahmen wie der Ausbau der Kinderbetreuung oder wirtschafts- und wissenschaftspolitische Grundentscheidungen im Bereich der Gentechnik werden mit geänderten (oder unveränderten) Werteprioritäten der Bevölkerung begründet.

Politische Konflikte, in denen es aus Sicht der Beteiligten primär um prinzipielle Werteentscheidungen und nicht um ökonomische Verteilungsfragen geht, erweisen sich oft als besonders hartnäckig und werden oft besonders erbittert geführt, da sich hier nur schwer akzeptable Konflikte finden lassen. Im Extremfall können Wertekonflikte deshalb den Fortbestand und die Funktion eines politischen Systems ernsthaft in Frage stellen und schließlich zu dessen Zerbrechen führen. Ohne einen Konsens über die Grundwerte des politischen Systems, der sich in dessen Verfassungsregeln niederschlägt, so eine Grundannahme der politischen Kulturforschung, kann kein politisches System auf Dauer existieren. Vor diesem Hintergrund gewinnt die Frage, ob sich Ost- und Westdeutsche bezüglich ihrer Werteprioritäten unterscheiden, eine besondere Bedeutung. Gleiches gilt sinngemäß für die gegenwärtigen und prospektiven Mitgliedsstaaten der Europäischen Union, die sich selbst auch als Wertegemeinschaft definiert (Lissabon-Vertrag, Artikel 2).

Von Beginn der Umfrageforschung an wurden deshalb die Orientierungen der Bürger gegenüber den zentralen Werten ihrer jeweiligen Gesellschaft immer wieder empirisch untersucht. Seit den 1970er Jahren wurde dabei zumeist auf die von Ronald Inglehart (u. a. 1971; 1989; 1997) entwickelten Konzepte und Instrumente zurückgegriffen, insbesondere auf die verkürzte Variante seiner Wertebatterie („Inglehart-Index"), die nicht nur in zahllosen nationalen, sondern auch in der Mehrzahl der großen internationalen Einstellungsstudien routinemäßig mitläuft (z. B. Eurobarometer, ISSP, EES, EVS, WVS).

Auf Grundlage des Inglehart-Index wurden für viele wohlhabende Gesellschaften fundamentale, aber sehr langsame, da primär über die Generationenfolge vermittelte Prozesse des Wertewandels nachgezeichnet, in deren Gefolge „materialistische" (auf Sicherheit und Wohlstand bezogene) durch „postmaterialistische" Wertorientierungen verdrängt werden. Diese Prozesse sind auf Grund der unterschiedlichen Lebensbedingungen in Westdeutschland weiter vorangeschritten als in Ostdeutschland, wobei sich auch im Westen der zeitweise rasante Anstieg des Postmaterialistenanteils stark verlangsamt und partiell sogar umgekehrt hat. Analog dazu spielt Postmaterialismus in Mittel- und Osteuropa eine deutlich geringere Rolle als in Westeuropa (Inglehart/Welzel 2005: 64).

Ingleharts Grundannahmen, Messmethoden und Ergebnisse sind in der Forschung jedoch keineswegs unumstritten. Inzwischen existieren empirische Belege dafür, dass der von ihm beschriebene postmaterielle Wertewandel in weiten Teilen ein Artefakt sein könnte, das durch ein ungeeignetes Messinstrument zustande kommt (Schwartz u. a. 2001, Schwartz/Rubel 2005).

Beim Design des *European Social Survey* (ESS) wurde für die Erfassung von Wertorientierungen deshalb ein anderer, eher ungewöhnlicher Weg gewählt. Statt des Inglehart-Instrumentes enthält der Fragebogen des ESS eine verkürzte Variante des von Shalom H. Schwartz (1992) entwickelten ‚Schwartz Value Inventory'.[1] Anders als von Schwartz selbst vorgeschlagen (Schwartz 2003: 267) haben die Primärforscher jedoch darauf verzichtet, zumindest in den ersten beiden Wellen des ESS parallel dazu auch das Inglehart-Instrument in den Fragebogen aufzunehmen. Dies ist problematisch, weil dadurch weder ein Vergleich der Ergebnisse beider Instrumente miteinander[2] noch der Anschluss an den bisherigen Forschungsstand möglich ist, der sich in wesentlichen Teilen auf das Inglehart-Instrument und die damit verknüpfte Theoriediskussion bezieht.

Für das vorliegende Kapitel ergibt sich aus dieser Grundentscheidung ein besonderes Problem. Politikwissenschaftliche Hypothesen, die mit dem Schwartz-Instrument in Zusammenhang stehen, wurden dagegen bisher kaum entwickelt. Statt dessen liegt der Schwerpunkt der bisherigen, sehr stark psychologisch ausgerichteten Forschung auf der Deskription von Unterschieden zwischen Ländern bzw. Personen, der Aufdeckung von strukturellen Beziehungen zwischen einzelnen Items des Instrumentes sowie der Untersuchung von Zusammenhängen zwischen den Schwartz-Items, Persönlichkeitsmerkmalen sowie Einstellungen und Verhaltensweisen (Schwartz u. a. 2001, Schwartz/Rubel 2005).

---

1 In der ersten Welle des ESS war darüber hinaus ein Modul über ‚bürgerschaftliche Werte und Arbeitsumfeld' enthalten. Einige dieser Items könnten im Sinne politischer Leitwerte interpretiert werden (zusammenfassend zur amerikanischen Diskussion über zentrale politische Werte: Schwartz u. a. 2010). Diese Items wurden jedoch in späteren Wellen nicht repliziert.
2 Einen rudimentären Vergleich beider Instrumente hat Schwartz jedoch selbst vorgelegt (Schwartz 2003: 272).

Das vorliegende Kapitel ist deshalb notwendigerweise primär explorativ angelegt. Gegenstand der Analyse ist *die Verteilung der Wertprioritäten nach Schwartz in den verschiedenen Gesellschaften, d.h. die Frage, ob in Ostdeutschland und Osteuropa andere Werte vertreten werden als im Westen*. Der folgende Abschnitt 2 gibt zunächst einen knappen Überblick über den Stand und die Grundannahmen der politikwissenschaftlichen Werteforschung. Im Anschluss daran werden in Abschnitt 3 Hypothesen formuliert und geprüft. Da alle Theorien der Werteforschung davon ausgehen, dass sich individuelle Wertorientierungen nur sehr langfristig verändern, werden die Daten aus den bisherigen ESS-Wellen dabei zusammengefasst, um die Analysen auf eine möglichst breite Grundlage zu stellen. Abschnitt 4 fasst die Ergebnisse kurz zusammen und gibt einen Ausblick auf zukünftige Entwicklungsperspektiven.

Werte und Wertorientierungen in der Vergleichenden Politikwissenschaft

Nach der klassischen Definition von Kluckhohn (1951: 395) handelt es sich bei Werten um „Konzepte des Wünschenswerten", mit deren Hilfe eine Auswahl unter den „verfügbaren Modi, Mitteln und Zielen" sozialen Handelns getroffen wird. Wie oben dargelegt, sind Werte in der Politikwissenschaft von großer Bedeutung.

Dies gilt in besonderer Weise für die Vergleichende Politikwissenschaft: Bereits Almond und Verba (1965), die ihrerseits auf ältere Überlegungen aufbauen, die sich etwa bei de Tocqueville finden lassen, betonen die besondere Rolle von Werten für die nationale politische Kultur, ohne jedoch ein konsistentes System von Instrumenten und Hypothesen zur individuellen und kollektiven Entwicklungen von Werten bzw. Wertorientierungen – hierunter sind die messbaren Einstellungen gegenüber bestimmten Werten zu betrachten – zu entwickeln.[3]

Postmaterialismus

In ihrer ursprünglichen Form besteht Ingleharts Ansatz aus der Verknüpfung zweier einfacher Hypothesen: Zum einen vermutet Inglehart – gestützt auf Maslovs Theorie der Bedürfnishierarchie (Maslov 1943) – dass Menschen all jene Dinge besonders schätzen, an denen es ihnen momentan mangelt. Umgekehrt verlieren einmal erreichte Güter oder Ziele an Bedeutung und werden rasch als selbstverständlich be-

---

3 Analytisch lässt sich eine klare Unterscheidung zwischen Werten als kulturellen Objekten und Wertorientierungen als individuellen Einstellungen gegenüber diesen Objekten unterscheiden. Insbesondere in der psychologischen Literatur wird diese Unterscheidung aber nicht immer konsequent durchgehalten: Häufig ist von „Werten" die Rede, obwohl eigentlich Wertorientierungen gemeint sind. Im vorliegenden Text werden aus Gründen der sprachlichen Variation „Werte" und „Grundwerte" weitgehend synonym verwendet. Wertorientierungen und -prioritäten sowie Grundorientierungen und -überzeugungen bezeichnen ebenfalls synonym Einstellungen, die sich auf diese Objekte beziehen.

trachtet. Dies ist die sogenannte *Mangelhypothese*. Zum anderen geht Inglehart in Anlehnung an die Befunde der Entwicklungspsychologie davon aus, dass die während der „formativen Phase" (Kindheit und Adoleszenz) erworbenen Einstellungen über die Zeit weitgehend stabil bleiben. Dies ist die sogenannte *Sozialisationshypothese*.

Die Annahme eines langsamen, aber fundamentalen und mehr oder minder kontinuierlichen Wandels von Wertorientierungen ergibt sich aus der Kombination dieser beiden Hypothesen mit dem Faktum des wirtschaftlichen Aufschwungs, der in den westlichen Industrieländern nach dem Zweiten Weltkrieg zu verzeichnen war und zu massenhaftem Wohlstand auf einem bis dahin unbekannten Niveau geführt hat. Infolgedessen, so Inglehart, sind große Teile der nach dem Weltkrieg geborenen Generationen unter Bedingungen materieller Sicherheit, wenn nicht im Überfluss aufgewachsen, und haben sich deshalb dauerhaft dem Postmaterialismus und damit der neuen Politik zugewandt.

Ingleharts Ansatz erwies sich schon bald nach Erscheinen der ersten Studien als ungewöhnlich erfolgreich, zog aber auch sehr viel Kritik auf sich. Bemängelt wurden neben einigen Schwächen bzw. Widersprüchen in der Theorie selbst vor allem aber Probleme des Instrumentes.

Aufgrund inhaltlicher und methodischer Kritikpunkte[4] konnte sich bei der Konzeption des ESS Shalom H. Schwartz mit einem alternativen Vorschlag (Schwartz 2003) zur Messung und Konzeptualisierung von Werten durchsetzen.

Das ‚Schwartz Value Inventory' (SVI)

Anders als Inglehart zielte Schwartz bei der Entwicklung seines Instrumentes nicht darauf ab, eine Theorie des Werte*wandels* zu überprüfen. Seine Vorgehensweise orientiert sich statt dessen stärker an älteren Ansätzen: Ähnlich wie Rokeach (1967; 1968; 1973) geht es Schwartz vor allem darum, ein möglichst umfassendes Inventar *universeller* Werte zu entwickeln, das in besonderer Weise für interpersonale und interkulturelle Vergleiche geeignet ist.

In seiner ursprünglichen Form enthält das SVI nicht weniger als 57 spezifische Werte, deren Relevanz als Leitlinien für das eigene Leben von den Befragten mit Hilfe von Rating-Skalen bewertet werden muss (Schwartz 1992). Diese Bewertungen lassen sich zu neun bzw. zehn allgemeineren Wertorientierungen[5] zusammenfassen, hinter denen wiederum zwei grundlegende Konfliktdimensionen stehen.

---

4   Siehe Herz 1979, Jackson und Alwin 1980, Flanagan 1982b, van Deth 1983a, van Deth 1983b, Clarke und Dutt 1991, Bürklin et al. 1996, Clarke et al. 1997, Davis et al. 1999, Davis und Davenport 1999, Clarke u. a. 1999, Klein und Arzheimer 1999, Haller 2002.

5   Anders als stärker soziologisch geprägte Autoren unterscheidet Schwartz nicht konsequent zwischen Werten (kulturellen Objekten) und Wertorientierungen (individuellen Einstellungen zu diesen Objekten). Auch der Begriff der Motivation wird weitgehend mit Werten gleichgesetzt.

Abbildung 1: Grundlegende Wertorientierungen und Konfliktdimensionen nach Schwartz

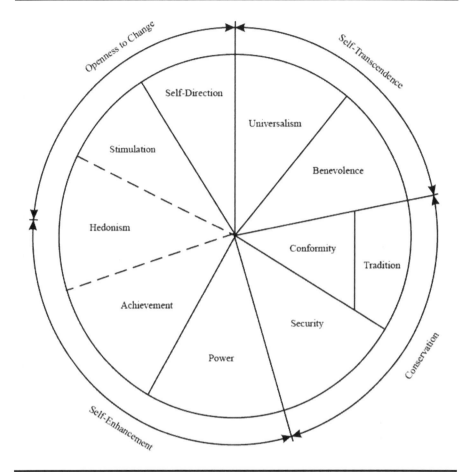

Quelle: Barnea und Schwartz (1998: 20).

Abbildung 1 verdeutlicht die Annahmen, die dem SVI zugrundeliegen. Die zehn[6] Grundwerte – Stimulation, Hedonismus, (individuelle) Leistung, Macht, Sicherheit, Tradition, Konformität, Benevolenz, Universalismus und Selbstbestimmung – sind in Form eines Rades[7] angeordnet. Werte, die unmittelbar benachbart sind (z. B.

---

6 Konformität und Tradition sind empirisch nur schwer voneinander zu separieren und werden deshalb demselben Segment des Rades zugeordnet.
7 Solche ring- oder radförmigen Strukturen werden als Circumplex bezeichnet. Es handelt sich bei ihnen um eine Spezialform des Radex (Guttman 1954), einer Struktur, die sich recht häufig bei der Analyse psychometrischer Daten zeigt und die auch theoretisch oft gut begründbar ist.

Tabelle 1: Die ESS-Version des Portrait Values Questionnaire

Wert	Item
Selbstbestimmung	Unabhängiges Denken und Handeln, schöpferisch Tätig sein, erforschen. (Kreativität, Freiheit, unabhängig, neugierig, eigene Ziele auswählen)
Universalismus	Verständnis, Wertschätzung, Toleranz und Schutz des Wohlergehens aller Menschen und der Natur. (tolerant, Weisheit, soziale Gerechtigkeit, Gleichheit, eine Welt in Frieden, eine Welt voll Schönheit, Einheit mit der Natur, die Umwelt schützen)
Benevolenz	Bewahrung und Erhöhung des Wohlergehens der Menschen, zu denen man häufigen Kontakt hat. (hilfsbereit, ehrlich, vergebend, treu, verantwortungsbewusst)
Tradition	Respekt vor, Verbundenheit mit und Akzeptanz von Gebräuchen und Ideen, die traditionelle Kulturen und Religionen für ihre Mitglieder entwickelt haben. (fromm, meine Stellung im Leben akzeptieren, demütig, Achtung vor der Tradition, gemäßigt)
Konformität	Beschränkung von Handlungen, inclinations und Impulsen, die andere beleidigen oder verletzten könnten oder gegen soziale Erwartungen und Normen verstoßen. (Höflichkeit, Gehorsam, Selbstdisziplin, ehrerbietig gegenüber Eltern und älteren Menschen)
Sicherheit	Sicherheit, Harmonie und Stabilität der Gesellschaft, von Beziehungen und des Selbsts. (familiäre Sicherheit, nationale Sicherheit, soziale Ordnung, sauber, niemandem etwas schuldig bleiben)
Macht	Sozialer Status und Prestige, Kontrolle oder Dominanz über Menschen und Ressourcen. (soziale Macht, Autorität, Reichtum, mein öffentliches Ansehen wahren)
Leistung	Persönlicher Erfolg durch die Demonstration von Kompetenz bezüglich sozialer Standards. (erfolgreich, fähig, ehrgeizig, einflussreich)
Hedonismus	Vergnügen und sinnliche Belohnungen für einen selbst. (Vergnügen, das Leben genießen)
Stimulation	Aufregung, Neuheit und Herausforderungen im Leben. (wagemutig, ein abwechslungsreiches Leben, ein aufregendes Leben)

Quelle: Schmidt u. a. 2007: 262.

Universalismus und Benevolenz), sind miteinander kompatibel. Zwischen Werten, die weit voneinander entfernt liegen (z. B. Machtstreben und Benevolenz), bestehen hingegen Konflikte, die sich mit Hilfe der beiden Dimensionen „Offenheit für Veränderungen" vs. „Bewahrung des Bestehenden" bzw. „Egoismus" vs. „Transzendenz" beschreiben lassen.

In einer großen Zahl von Studien in Dutzenden verschiedener Länder gelang es Schwartz und seinen Kollegen zu zeigen, dass die 57 Items der ursprünglichen Skala in einer Vielzahl von Kulturen in ähnlicher Weise verstanden werden. In seiner ursprünglichen Form ist das SVI jedoch aufgrund seines Umfangs und der kognitiven Ansprüche, die es an die Respondenten stellt, für den Einsatz in repräsentativen Bevölkerungsumfragen ungeeignet. Schwartz hat deshalb mit dem ‚Portrait Value

Questionnaire' (PVQ, Schwartz u. a. 2001) eine Variante seines Inventars entwickelt, die die kognitive Belastung der Respondenten reduzieren, dabei aber vergleichbar gute Ergebnisse wie das SVI liefern soll (kritisch zu diesem letzten Punkt u. a. Hinz u. a. 2005).

Der PVQ basiert auf einer Reihe von kurzen verbalen Porträts, die jeweils einen Aspekt der zehn Grundwerte illustrieren. Mit Hilfe einer sechsstufigen Ratingskala sollen die Befragten jeweils angeben, wie sehr ihnen die geschilderte Person gleicht. Mit 40 Items ist diese Skala jedoch immer noch sehr umfangreich. Für die Messung von Wertorientierungen im ESS wurden deshalb jeweils zwei Items[8] für jeden Grundwert dieser Skala ausgewählt, um die Kosten der Befragung und die Belastung für die Respondenten weiter zu reduzieren (Schwartz 2003: 284-288). Tabelle 1 zeigt die Items und ihre Zuordnung zu den zehn Grundwerten im Überblick.

Verwendung des PVQ im ESS

Bei den zehn von Schwartz postulierten Grundwerten bzw. Wertorientierungen handelt es sich um latente Variablen, die nicht direkt beobachtet werden können. Zu ihrer Messung werden vielmehr die 21 (in der ESS-Variante des PVQ) Indikatoren benötigt, aus denen entsprechende Faktor-Scores errechnet werden können.[9] Um diese Scores sinnvoll über Ländergrenzen hinweg vergleichen zu können, müssen bestimmte Äquivalenzbedingungen erfüllt sein, die als konfigurale, metrische und skalare Invarianz bezeichnet werden (zusammenfassend Davidov 2010: 177f.).

Wie die Studie von Davidov et al. (2008b) für die erste sowie die Ergebnisse von Davidov (2008; 2010) für die zweite bzw. dritte Welle des ESS zeigen, sind die Items des verkürzten PVQ über die untersuchten Länder konfigural und metrisch, aber nicht skalar invariant. Ein Vergleich der mittleren Bedeutung von Werten über Ländergrenzen hinweg ist deshalb nicht bzw. nur für kleinere Subgruppen von Ländern möglich.[10] Auf entsprechende Auswertungen muss in diesem Kapitel deshalb verzichtet werden.

Dies ist aber relativ unproblematisch, weil aus theoretischer Perspektive weniger die absolute Beurteilung eines Wertes als vielmehr das Differential der Zustimmung zu zwei oder mehr konfligierenden Werten von Interesse ist. Nur dann, wenn in einer Entscheidungssituation einer von beiden Werten höher gewichtet wird als der andere, kann sich die in der Literatur immer wieder thematisierte handlungsleitende Funktion von Werten entfalten. Ist ein Entscheider hingegen zwischen zwei konfligierenden Werten indifferent, so können ihm diese keine Handlungsorientierung geben. Dabei ist es unerheblich, ob beide Werte gleichermaßen positiv oder gleichermaßen negativ beurteilt werden.

---

8 Universalismus wird mit drei Items gemessen.
9 In der Praxis wird entsprechend der Empfehlungen des ESS-Teams zumeist einfach der Mittelwert der zwei bzw. drei Items als robuste Annäherung an den Faktor-Score errechnet.
10 Auch die beiden anderen Äquivalenzbedingungen sind nur dann erfüllt, wenn einzelne Werte bzw. Wertorientierungen zusammengefasst werden.

In Anlehnung an die von Schwartz in Abstimmung mit dem ESS-Team gegebenen Empfehlungen (Schwartz 2007: 180) werden deshalb in diesem Kapitel nicht die Rohwerte der Schwartz-Items, sondern vielmehr deren Abweichungen vom *individuellen* arithmetischen Mittel aller Antworten eines Befragten analysiert. Durch diese Betrachtungsweise werden einerseits die Effekte individueller Zustimmungs- und Ablehnungstendenzen kompensiert, die zunächst nicht unbedingt von Interesse[11] sind. Andererseits werden durch die Zentrierung am individuellen Mittelwert aller Beurteilungen auch die globalen und wertespezifischen Bewertungsunterschiede zwischen den Ländern kompensiert. Auf diese Weise lässt sich dann feststellen, ob der Anteil derjenigen, die dem Wert Tradition einen größeren Stellenwert beimessen als allen anderen Werten, in Land A höher oder niedriger ist als in Land B.

Metamorphosen: Wertorientierungen in Deutschland und Europa

Theoretische Erwartungen und Analysestrategie

Der Ansatz von Schwartz ist eine Theorie der Konzeptualisierung und Messung von Wertorientierungen, die keine Aussagen über deren Entstehung, Wandel und Wirkung macht. Schwartz' eigene Analysen zu diesem Thema auf der Basis des ESS sind dementsprechend stark explorativ angelegt (Schwartz 2007). Insgesamt ist die bisherige Forschung zum Instrument primär psychologisch orientiert und konzentriert sich auf den Nachweis von Reliabilität und Validität in verschiedenen Kontexten sowie auf Zusammenhängen mit bestimmten Verhaltensweisen und Persönlichkeitsmerkmalen. Erst in den letzten Jahren wurde das Instrument *auch* in (einer überschaubaren) Reihe von politikwissenschaftlichen Anwendungen eingesetzt. Dabei liegt der Fokus auf dem Zusammenhang zwischen Grundwerten, politischen Grundüberzeugungen, Einstellungen und Wahlverhalten (Barnea/Schwartz 1998; Caprara u. a. 2006; Schwartz u. a. 2010). In jüngster Zeit wurde außerdem der Einfluss von Grundwerten auf die Einstellungen zur Immigration (Davidov u. a. 2008a) und zur Außenpolitik (Schoen 2009) untersucht. Im Zentrum steht dabei zumeist die Frage, ob Orientierungen an Grundwerten einen strukturierenden Einfluss auf individuelle Überzeugungssysteme haben.

Aus dem bisherigen Forschungsstand zur Schwartz-Skala lassen sich daher kaum konkrete Hypothesen über etwaige Ost-West-Unterschiede und mögliche Entwicklungen über die Zeit ableiten, die im eigentlichen Sinne geprüft werden könnten. Im Kontext des für diesen Band relevanten Ost-West-Vergleiches ist es jedoch möglich, vor dem Hintergrund der langen Tradition der Werteforschung plausible Annahmen

---

11   Vgl. dazu aber den Ansatz von Helmut Klages (u. a. 1988), der diese sekundäre Unterscheidung zwischen „Realisten" und „Resignierten" als eine weitere Dimension des Wertewandels („Wertsynthese") betrachtet.

und Vermutungen zu formulieren, die in den folgenden Abschnitten empirisch geprüft werden.

So besteht in der Forschung ein breiter Konsens darüber, dass Wertorientierungen nicht nur allgemeiner, sondern auf individueller Ebene auch weitaus stabiler sind als gewöhnliche Einstellungen (Hitlin/Piliavin 2004: 365). Dies wird in der Regel damit begründet, dass Sozialisationseffekte die Herausbildung von Wertorientierungen entscheidend prägen, auch wenn diese nicht auf die von Inglehart beschriebene formative Phase und die von ihm postulierten materialistischen bzw. postmaterialistischen Orientierungen beschränkt sein dürften.

Diese Annahme wird auch hier vertreten; sie ist eine Grundvoraussetzung für die Herleitung der Hypothesen. Es ist aber wichtig darauf hinzuweisen, dass sich die Annahme individueller Stabilität mit dem ESS nicht überprüfen lässt, weil hierzu Paneldaten benötigt würden.

Prinzipiell wäre es mit dem ESS zwar möglich, Veränderungen im Aggregat nachzuzeichnen. Allerdings ist die vorliegende Sequenz von nur vier Untersuchungen über einen Zeitraum von vier Jahren für diese Zwecke nicht sehr aussagekräftig. Zudem zeigen sich empirisch nur sehr schwache Zusammenhänge zwischen der Verteilung von Wertorientierungen und dem Erhebungszeitpunkt (nicht tabellarisch ausgewiesen). Wie in der Einleitung dargelegt, werden die Erhebungswellen deshalb für die Analyse gepoolt, um möglichst große Fallzahlen zu erreichen. Der Fokus liegt damit klar auf sozialisationsbedingten Unterschieden Ländergruppen und Generationen, nicht auf einer etwaigen Analyse kurzfristiger Wandlungsprozesse.

Aus der Annahme einer Sozialisationshypothese folgt zunächst, dass die Orientierungen älterer Befragter im Osten Deutschlands und Europas noch nachhaltig von der Erfahrung und den Werten der realsozialistischen politischen Systeme beeinflusst sein sollten, die von Unterordnung, Kollektivismus, materiellem Mangel und erzwungener Stabilität gekennzeichnet waren. Kombiniert man eine solche allgemeine Sozialisationshypothese mit Flanagans Konzept eines funktionalen Wertewandels (Flanagan 1982a; 1987), demzufolge Individuen und Gesellschaften solche Wertorientierungen herausbilden (und zunächst beibehalten), die mit den jeweiligen sozialen und ökonomischen Umständen kompatibel sind, so steht als Hypothese 1 zu erwarten, *dass im Osten vor allem die vor 1970 geborenen Befragten die drei Werte aus dem Bereich „conservation" (Sicherheit, Tradition und Konformität) vertreten*. Bei den jüngeren Generationen ist hingegen eine Annäherung an die stärker individualistischen und dynamischen Werte Westeuropas zu vermuten.

Tatsächlich konnten Schwartz und Bardi (1997) auf Basis einer Vielzahl von kleineren Spezialuntersuchungen an Lehrern und Studenten zeigen, dass zumindest in den frühen 1990er Jahren sowohl zwischen Ost- und Westeuropa als auch innerhalb der Staatengruppe des früheren Ostblocks Unterschiede bestanden, die plausibel auf den Grad der Anpassung an die damals noch sehr präsente kommunistische Herrschaft zurückzuführen waren. Ein Vergleich von älteren und jüngeren Generationen war damals jedoch naturgemäß noch nicht möglich, ebenso wenig eine Replikation der Befunde mit bevölkerungsrepräsentativen Stichproben.

Ein weiterer mit der Sozialisationshypothese verbundener Aspekt ist die positive Assoziation von hoher formaler Bildung und liberalen/individualistischen Einstellungen und Wertorientierungen (differenzierter dazu: Weil 1985). Für diesen Befund gibt es mindestens zwei konkurrierende Erklärungen (Weakliem 2002). Zum einen lässt sich argumentieren, dass der Erwerb höherer Bildungsabschlüsse die Herausbildung toleranter und individualistischer Einstellungen begünstigt oder sogar voraussetzt. Zudem arbeiten Menschen mit höheren Bildungsabschlüssen normalerweise in einem Umfeld, wo solche Werte in Sinne Flanagans als funktional betrachtet werden können. Zum anderen sind Schulen und Universitäten aber auch wichtige Sozialisationsinstitutionen, in denen die Grundwerte eines politischen Systems vermittelt werden. In der Regel wird die Vergabe eines Zertifikates sogar explizit oder implizit an die Übernahme dieser Werte gebunden. Aus dieser Überlegung ergibt sich die zweite Hypothese: *Eine hohe formale Bildung sollte im Westen einen negativen, im Osten hingegen einen positiven oder zumindest schwächer negativen Effekt auf die Bewertung von Sicherheit, Konformität und Tradition haben.*[12]

Sozialisationstheoretische Überlegungen sind ein zentraler Baustein vieler Theorien des Wertewandels. Dieser Befund sollte aber nicht den Blick auf alternative Erklärungsmechanismen für Ost-West-Unterschiede verstellen, die in der Literatur diskutiert wurden und werden. Am einfachsten lassen sich diese unter Rückgriff auf die in der Kohortenanalyse entwickelte idealtypische Unterscheidung zwischen reinen Kohorten-, Perioden- und Alterseffekten (Oppenheim Mason u. a. 1973) illustrieren, die sich auf die Zeitperspektive eines etwaigen Wertewandels beziehen. Die bisher angesprochenen Sozialisationseffekte von politischem Regime und formaler Bildung wurden im Sinne reiner *Kohorteneffekte* diskutiert, die sich aus den grundlegenden Veränderungen der Sozialisationsbedingungen durch die Systemtransformation ergeben. Grundsätzlich können Unterschiede zwischen den Altersgruppen aber auch auf Alterseffekte zurückgehen. Auf Grundlage der vorhandenen Daten lassen sich beide Mechanismen nicht mit letzter Sicherheit voneinander trennen. Allerdings wären solche Alterseffekte dann prima facie in allen Ländern bzw. Ländergruppen zu erwarten.

Ein drittes mögliches Wandlungsmuster ist der reine Periodeneffekt,[13] der alle Bürger (oder zumindest eine angebbare, nicht über das Lebensalter definierte Teilgruppe) zu einem gegebenen Zeitpunkt unabhängig von Kohortenzugehörigkeit und Lebensalter beeinflusst. In Osteuropa ist hier neben der unmittelbaren Erfahrung des Epochenbruchs von 1990 vor allem an die Probleme der ökonomischen, politischen und sozialen Transformation während der 1990er Jahre und die nach wie vor anhaltende relative ökonomische Schwäche der neuen Demokratien zu denken, die unabhängig von Sozialisationseffekten einen Einfluss auf die Wertorientierungen in dieser Region haben dürften. So geht die Forschung seit Max Weber (1980) und Lipset

---

12 Denkbar wäre dann außerdem – erfolgreiche Schulreformen und einen weitgehenden Austausch des Lehrpersonals vorausgesetzt – dass sich der Effekt der hohen formalen Bildung bei den jüngsten Generationen wiederum an das westliche Muster angleicht. Empirische Befunde für Ostdeutschland, die auf ein solches Muster hindeuten, diskutieren Arzheimer und Klein (2000).
13 Im Unterschied zur üblichen Verwendung des Begriffs in der Literatur ist hier bei „Periode" also nicht an einen kurzen Zeitabschnitt von wenigen Wochen oder Monaten, sondern vielmehr an eine Entwicklungsphase zu denken, die 1990 beginnt und bis heute andauert.

(1960) davon aus, dass ein wechselseitiger positiver Zusammenhang zwischen individuellem und kollektivem Wohlstand einerseits und der Akzeptanz individualistischer Werte andererseits besteht. Daraus ergibt sich Hypothese 3: *Schon auf Grund der ökonomischen Unterschiede ist zu erwarten, dass in den reicheren Gesellschaften Westdeutschlands bzw. Westeuropas auch unter Kontrolle individueller Merkmale die Werte Selbstbestimmung, Stimulation und Hedonismus eine größere Rolle spielen als im Osten, während dort Sicherheit, Tradition und Konformität höher bewertet werden dürften.*

Ein letzter Aspekt, der häufig ebenfalls aus einer sozialisationstheoretischen Perspektive betrachtet wird, betrifft schließlich die möglichen Effekte des Geschlechts (grundlegend zur Geschlechterthematik siehe Inglehart/Norris 2000). Für die Schwartz-Skala konnten in der Vergangenheit schwache, aber interkulturell recht stabile Geschlechterunterschiede gezeigt werden, die sich in Form von Hypothese 4 formulieren lassen: *Männer bewerten Macht, Stimulation, Hedonismus, Leistung und Selbstbestimmung im Mittel höher als Frauen, während diese Benevolenz und Universalismus und (in manchen Kontexten) Sicherheit mehr Bedeutung zumessen* (Schwartz/Rubel 2005). Schon deshalb sollten mögliche Effekte des Geschlechtes stets kontrolliert werden.

Diese vier Hypothesen zu den möglichen Unterschieden innerhalb Europas und Deutschlands bilden den Rahmen für die folgenden Analysen und werden im nächsten Abschnitt, der sich mit der Verteilung von Werteprioritäten beschäftigt, überprüft.[14]

Struktur von Werten

Wie oben dargelegt, ordnet Schwartz die zehn Grundwerte, die seinen Instrumenten zugrundeliegen, in Form eines Circumplexes an, innerhalb dessen kompatible Werte näher beieinander positioniert werden. Auch für den auf 40 Items verkürzten PVQ ließ sich diese Struktur immer wieder empirisch zeigen. Um zu überprüfen, ob dies auch für die im ESS enthaltene Kurzfassung der Schwartz-Skala gilt, wurde ein recht einfaches Verfahren gewählt. Zunächst wurden – getrennt für die westeuropäischen Kernländer, Westdeutschland, Ostdeutschland und die osteuropäischen Kernländer, aber über alle vier Wellen des ESS hinweg – die 210 paarweisen Pearsonschen Korrelationen zwischen der Bewertung der 21 Items berechnet. Die resultierende Dreiecksmatrix kann als Ähnlichkeitsmatrix interpretiert werden: Hohe positive Korrelationen implizieren, dass die entsprechenden Items von den Befragten als

---

14 Über alle Wellen hinweg haben in Westeuropa 89, in Osteuropa 87 Prozent der Befragten alle 21 Items der Schwartz-Skala bearbeitet. Für West- bzw. Ostdeutschland liegen die entsprechenden Raten sogar bei 94 bzw. 95 Prozent. Umgekehrt sind Totalausfälle recht selten: In Deutschland haben lediglich ein (West) bzw. weniger als ein Prozent der Befragten *keine* der 21 Fragen beantwortet. In den Gruppen der west- bzw. osteuropäischen Nachbarländer liegen diese Werte mit fünf bzw. zwei Prozent geringfügig höher. In der Mehrheit der übrigen Fälle wurden lediglich jeweils ein bis drei Fragen nicht beantwortet, so dass für die überwältigende Mehrheit der Befragten verwertbare Antworten vorliegen.

Abbildung 2: Struktur der Wertorientierungen in Westeuropa

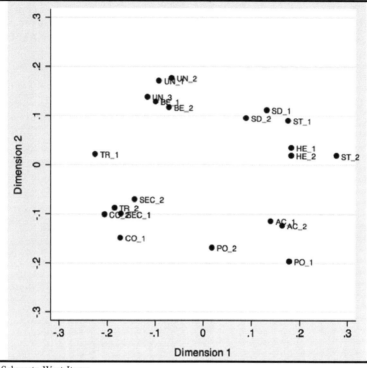

Schwartz-Wert-Items.

ähnlich wahrgenommen und bewertet werden. Niedrigere oder negative Korrelationen stehen hingegen für eine größere Distanz zwischen den Items. Diese abgeleiteten Distanzen[15] wurden dann einer klassischen Multidimensionalen Skalierung (MDS) unterzogen. Dabei wurden die Items so in einer zweidimensionalen Fläche angeordnet, dass die über die Korrelationen ausgedrückten Abstände zwischen ihnen möglichst gut reproduziert werden.

Als Kriterium für die Anpassung einer MDS-Lösung wird häufig Kruskals Stress-Maß verwendet. Als gängiger, wenn auch nicht unproblematischer (Borg/Groenen 1997: 47f.) Schwellenwert für eine noch akzeptable Lösung wird häufig ein Wert von 0,15 genannt. Mit Werten zwischen 0,17 (Osteuropa) und 0,16 (Ostdeutschland) wird dieses Kriterium in allen vier Gruppen knapp verfehlt. Dies deutet darauf hin, dass eventuell eine dritte Dimension benötigt wird, um eine zufriedenstellende Repräsentation der Struktur zu erreichen. In der Literatur wird allerdings immer wieder darauf hingewiesen, dass der Schwellenwert von 0,15 recht willkürlich gewählt ist. Für die Grafiken wurde deshalb die übersichtlichere und theoriekonforme zweidimensionale Darstellung beibehalten.

15 Für die MDS wurden die Korrelationen r auf das Intervall [0;1] normiert und dann in Distanzen d transformiert: $d = 1 - (r/2 + 1/2)$.

Abbildung 3: Struktur der Wertorientierungen in Westdeutschland

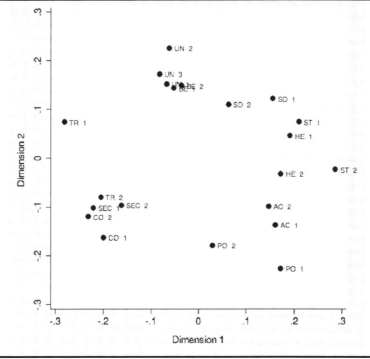

Schwartz-Wert-Items.

Abbildung 2 zeigt die Konfiguration für die westeuropäischen Nachbarländer. Hier ist zunächst festzuhalten, dass die Grundstruktur der Lösung der von Schwartz postulierten Form des Circumplexes entspricht: die Items sind ringförmig angeordnet. Ein Vergleich mit Abbildung 1 zeigt außerdem, dass die Anordnung der Werte auf diesem Ring den theoretischen Erwartungen entspricht[16]: So sind Macht, individuelle Leistung und Hedonismus unmittelbar benachbart und zugleich maximal von Universalismus und Benevolenz entfernt. Problematisch erscheint allerdings, dass einige der Items, die dieselbe Wertorientierung messen sollen, relativ weit auseinanderrücken. Dies deckt sich mit den Analysen von Davidov (Davidov 2008; Davidov u. a. 2008b; Davidov 2009), in denen die Zahl der unterscheidbaren Grundwerte auf bis zu sieben reduziert werden musste, um für alle Länder eine einheitliche Faktorstruktur zu erhalten.

Dass es sich bei den relativ großen Abständen zwischen Items, die dasselbe Konstrukt messen sollen, nicht um eine Idiosynkrasie der westeuropäischen Daten han-

---

16 Eine MDS reproduziert die Distanzen zwischen den Punkten. Bezüglich aller Transformationen, die diese Distanzen unberührt lassen – Rotationen, Spiegelungen und Verschiebungen – ist das Verfahren agnostisch.

Abbildung 4: Struktur der Wertorientierungen in Ostdeutschland

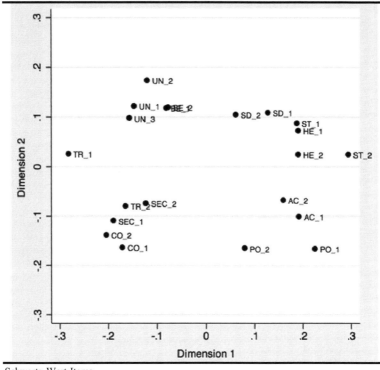

Schwartz-Wert-Items.

delt, die daraus resultiert, dass hier immerhin 14 Länder mit unterschiedlichen Sprachen, Kulturen und Traditionen zusammengefasst werden, belegt die Skalierung für Westdeutschland. Diese ergibt ein fast identisches, in Teilen sogar noch disparateres Bild (vgl. Abbildung 3).

Ganz ähnlich gestaltet sich auch die Lage in Ostdeutschland (Abbildung 4.) Wie in Westdeutschland und Westeuropa werden auch hier die Items für Tradition und Macht jeweils als recht unähnlich wahrgenommen, während umgekehrt analytisch getrennte Wertorientierungen miteinander verschmelzen.

Auch in Osteuropa (5) zeigt sich – von einigen Besonderheiten wie der Randlage des Items „Menschen sollen das tun, was ihnen aufgetragen wird" einmal abgesehen – ein im Wesentlichen identisches Bild. Zusammenfassend lässt sich festhalten, dass die gegenüber dem Ausgangsinstrument SVI drastisch vereinfachte Schwartz-Skala des ESS kein perfektes Instrument ist, aber die Grundstrukturen des Schwartzschen Wertekosmos einigermaßen adäquat abbildet. Dabei sind keine offensichtlichen Unterschiede zwischen Ost und West zu erkennen. Problematisch ist in erster Linie, dass einige Items der Skala, die eigentlich denselben Grundwert messen sollen, von den Befragten als relativ unterschiedlich beurteilt werden, während umgekehrt Indikatoren für benachbarte, aber analytisch voneinander separierbare Wertorientierungen empirisch sehr eng miteinander verbunden sind.

Abbildung 5: Struktur der Wertorientierungen in Osteuropa

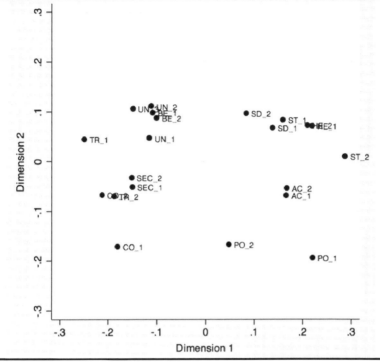

Schwartz-Wert-Items.

Diese etwas unbefriedigenden Befunde erklären sich vermutlich daraus, dass idealerweise auch im ESS die validierte Langversion des Instrumentes eingesetzt werden sollte, was aber aufgrund der finanziellen und zeitlichen Restriktionen nicht möglich sein dürfte. Zudem wurde das Instrument von Schwartz selbst bisher vor allem in kleinen, sehr aufwendig betreuten Studien eingesetzt. Ob innerhalb einer großen standardisierten Befragung überhaupt eine ähnliche Datenqualität erreichbar ist, ist eine offene Frage.

Die im folgenden Abschnitt referierten Ergebnisse sollten mit Blick auf diese messtheoretisch suboptimale Situation sicherlich mit einer gewissen Vorsicht betrachtet werden. Zugleich besteht aber kein Anlass für übermäßigen Pessimismus. Geht man davon aus, dass die Fehler bei der Messung der abhängigen Variablen zufällig verteilt sind, dann sind die berichteten Zusammenhänge vielmehr vermutlich zu niedrig, d.h. die im folgenden diskutierten Ergebnisse sind eine eher konservative Schätzung für die tatsächlichen Zusammenhänge.

Verteilung von Wertepriotitäten

Wie oben dargelegt, wurden die Rohwerte der Schwartz-Skala an den individuellen Mittelwerten der Befragten über alle beantworteten Items zentriert. Dieser individuelle Mittelwert wird von Schwartz im Sinne einer allgemeinen Zustimmungstendenz verstanden, könnte in Anlehnung an Klages aber auch als Indikator für eine Wertsynthese (vgl. Fußnote 11) interpretiert werden. Über alle Befragten der Kernländer hinweg liegt die mittlere Bewertung der Items bei einem Wert von 4,2, was in etwa der Aussage „trifft in gewisser Hinsicht zu" entspricht. Dabei bestehen mit einer Standardabweichung von 0,57 beträchtliche Unterschiede zwischen den Befragten, aber keine systematischen Variationen über die hier betrachteten Ländergruppen: Eine Serie von Regressionen mit Dummyvariablen für die Länder- bzw. Ländergruppen zeigt, dass weniger als ein Promille der Gesamtvarianz auf Unterschiede zwischen den Gruppen entfällt. Mit acht Prozent erklärter Varianz zeigen sich etwas deutlichere Unterschiede zwischen einzelnen Ländern.

Anschließend wurde entsprechend der Empfehlungen von Schwartz Indizes (Mittelwerte) für jeden der zehn Grundwerte gebildet. In einem dritten Schritt wurden dann für die hier betrachteten Gruppen Mittelwerte über diese Indizes berechnet. Diese beschreiben als Indikator für die innerhalb einer Ländergruppe zu beobachtenden Wertepriotitäten die mittlere Abweichung der Befragten bezüglich dieses Wertes von ihrer persönlichen mittleren Bewertung aller Grundwerte.

Tabelle 2 zeigt die Befunde. Dabei ist innerhalb des Gesamtdatensatzes eine klare Hierarchie von Werten zu erkennen.[17] Macht und Stimulation erhalten weit, individuelle Leistung und Hedonismus immer noch deutlich unterdurchschnittliche Beurteilungen. Konformität und Tradition nehmen fast exakt durchschnittliche, Selbstbestimmung und Sicherheit (die eine gewisse Ähnlichkeit mit den von Inglehart postulierten postmaterialistischen und materialistischen Werten haben) hingegen *beide* klar überdurchschnittliche Positionen ein. Ganz oben in der kollektiven Wertehierarchie schließlich rangieren die altruistischen Werte Universalismus und Benevolenz. Angesichts der weitverbreiteten kulturpessimistischen Klagen über die vermeintliche Zunahme individualistischer, wenn nicht egoistischer Orientierungen mag dies ein etwas überraschendes Ergebnis sein.

Betrachtet man die Daten getrennt nach Ländergruppen, so zeigen sich einige subtile, aber aufschlussreiche Differenzen gegenüber der Gesamtperspektive. In den westeuropäischen Kernländern ist die Rangfolge der Werte essentiell identisch.[18] Allerdings fällt die Abwertung von Macht und die Wertschätzung von Universalismus und Benevolenz noch etwas deutlicher aus. Vor allem aber wird Selbstbestimmung hier erkennbar höher bewertet als Sicherheit, während beide im Gesamtdatensatz exakt gleichauf liegen.

---

17 Die Anordnung der Werte in der Spalte entspricht der Rangfolge der Grundwerte im Gesamtdatensatz.
18 Konformität und Hedonismus tauschen gegenüber der Gesamtreihung ihre Positionen. Die Unterschiede zwischen den Mittelwerten sind aber minimal.

Tabelle 2: Wertprioritäten im ESS

	Macht	Stimulation	Leistung	Hedonismus	Konformität
Westeuropa	-0,92	-0,63	-0,49	-0,13	-0,15
D-West	-0,90	-0,79	-0,41	-0,09	-0,36
D-Ost	-0,99	-0,92	-0,40	-0,10	-0,25
Osteuropa	-0,69	-0,75	-0,35	-0,48	0,05
Gesamt	-0,86	-0,68	-0,44	-0,22	-0,11

	Tradition	Sicherheit	Selbstbestimmung	Universalismus	Benevolenz
Westeuropa	-0,02	0,29	0,41	0,61	0,72
D-West	-0,06	0,30	0,57	0,63	0,79
D-Ost	-0,03	0,46	0,50	0,60	0,83
Osteuropa	0,11	0,62	0,25	0,50	0,48
Gesamt	0,01	0,38	0,38	0,58	0,66

In Westdeutschland entspricht die Rangfolge der Werte dem westeuropäischen Muster. Unterschiede bestehen hier nur bezüglich der noch etwas deutlicher ausgeprägten Abwertung von Stimulation und Konformität sowie den noch höheren Werten für Selbstbestimmung und Benevolenz.

Auch die Prioritäten in Ostdeutschland entsprechen dem aus westeuropäischen Kernländern bekannten Muster. Allerdings werden Macht und Stimulation nochmals deutlich negativer bewertet, während Konformität und Sicherheit (nicht aber Tradition) erkennbar positiver bewertet werden als in Westdeutschland. Dies entspricht im Großen und Ganzen den oben skizzierten Erwartungen, ohne dass es aber im Vergleich mit Westdeutschland zu einer abweichenden *Rangfolge* der Werte kommt. Damit lässt sich bereits an dieser Stelle festhalten, dass sich in den Daten des ESS keine Hinweise auf dramatische Unterschiede zwischen den beiden deutschen Teilgesellschaften zeigen. Vielmehr ähneln die kollektiven Wertepräferenzen der Ostdeutschen sehr stark dem westdeutschen und damit auch dem westeuropäischen Muster.

Geradezu frappierend sind aber die Ergebnisse für die osteuropäischen Kernländer. Zunächst ist hier festzuhalten, dass Macht dort etwas positiver als in den anderen Gruppen bewertet wird und Stimulation vom letzten Platz in der Hierarchie verdrängt. Dafür wird Hedonismus deutlich negativer beurteilt als in Deutschland und Westeuropa.

Entsprechend der oben formulierten Hypothese 3 werden Konformität und Tradi-

Tabelle 3: Sicherheit als oberster Wert

	Modell 1 b / (se)	Modell 2 b / (se)	Modell 3 b / (se)
Westdeutschland	-0,07 (0,14)	-0,01 (0,14)	-0,07 (0,14)
Ostdeutschland	0,19 (0,14)	0,28 (0,14)	-0,17 (0,14)
Osteuropa	0,80 (0,15)	0,84 (0,15)	0,40 (0,19)
GJ < 1970		0,43 (0,05)	0,41 (0,07)
formale Bildung		-0,90 (0,14)	-0,19 (0,03)
männlich		-0,07 (0,02)	-0,07 (0,02)
Westdeutschland X GJ < 1970			0,24 (0,07)
Osteuropa X GJ < 1970			0,02 (0,10)
Westeuropa X formale Bildung			-0,17 (0,15)
Ostdeutschland X formale Bildung			0,38 (0,15)
Osteuropa X formale Bildung			0,89 (0,22)
Konstante	-0,50 (0,14)	-0,35 (0,14)	-0,23 (0,14)
BIC'	-4684.920	-7875.694	-8165.479
Pseudo R^2 (McFadden Adj.)	0,02	0,04	0,04
Pseudo R^2 (McKelvey \& Zavoina)	0,04	0,07	0,07
N	150.176	144.943	144.943

Anmerkung: b= beta-Koeffizient; se = Standardfehler.

tion hingegen erkennbar positiver bewertet als in den anderen Ländern. Vor allem aber werden Selbstbestimmung, Benevolenz und Universalismus gegenüber der westlichen Rangfolge klar abgewertet. Statt ihrer erscheint Sicherheit als der eigentliche Leitwert der osteuropäischen Gesellschaften.

Damit scheint sich Hypothese 3 zu bestätigen: die Werte aus dem Bereich „Erhaltung" und insbesondere das Streben nach Sicherheit spielen in den osteuropäischen Kernländern eine viel größere Rolle als im Westen.

Im Unterschied zu den osteuropäischen Kernländern kommt hingegen Ostdeutschland dem westlichen Muster sehr nahe. Hierfür gibt es zwei mögliche Erklärungen: Zum einen handelt es sich bei Ostdeutschland um den Sonderfall einer postsozialistischen Gesellschaft, die in einen westlichen Staat integriert wurde. Westdeutsche Eliten und Bürger hatten vor, während und vor allem nach der staatlichen Vereinigung einen wesentlichen materiellen und immateriellen Einfluss auf den Transformationsprozess, der in dieser Stärke in anderen postsozialistischen Gesellschaften fehlt. Insbesondere standen mit den bereits seit dem Sommer 1990 wirksamen Abkommen zur Währungs-, Wirtschafts- und Sozialunion Mechanismen und Mittel bereit, um die sozialen und ökonomischen Folgen des Regimewechsels aufzufangen.

Zum anderen ist es aber auch wichtig darauf hinzuweisen, dass innerhalb der Gruppe der ehemals sozialistischen Ländern bereits vor der Epochenwende von 1990 erhebliche wirtschaftliche, soziale und politische Unterschiede bestanden. Dies gilt naturgemäß auch für die osteuropäischen Kernländer – Estland, Polen, Tschechische Republik, Slowakei, Slowenien, Ukraine und Ungarn – wo diese Unterschiede bis heute fortwirken und sich seit 1990 teils noch verstärkt haben. Dementsprechend ist die Region auch bezüglich ihrer Wertorientierungen durchaus heterogen.

Oben im Text wurde die Vermutung geäußert, dass neben der aktuellen Situation in den neuen Demokratien Osteuropas auch (generationsspezifische) Sozialisations- und Bildungseffekte für die Unterschiede zwischen Ost und West verantwortlich sein könnten (Hypothese 1 und 2). Darüber hinaus ist mit (moderaten) Gendereffekten zu rechnen (Hypothese 4). Im nächsten Schritt sollen auch diese Hypothesen überprüft werden. Dazu wird die Betrachtungsweise etwas vereinfacht und die Gruppe derjenigen, die in ihrer persönlichen Wertehierarchie dem Wert Sicherheit höchste Priorität geben,[19] allen übrigen Befragten gegenübergestellt. Die entsprechenden Anteilswerte liegen in Westeuropa bei 38, in Westdeutschland bei 36, in Ostdeutschland bei 42 und in Osteuropa bei 57 Prozent. Ein logistisches Regressionsmodell, das im Sinne

---

19   Diese Betrachtungsweise basiert auf zwei Überlegungen: Zum einen scheint der Wunsch nach Sicherheit eine Art Leitwert der osteuropäischen Gesellschaften zu sein und ist hier deshalb von besonderem Interesse. Zum anderen besteht zwischen Werten implizit oder explizit häufig ein Konkurrenzverhältnis, auch wenn das Schwartz-Inventar im Gegensatz zum Inglehart-Instrument eine Rangreihung von Werten nicht erzwingt, sondern nur nahelegt. Um Menschen mit einem besonders hohen Sicherungsbedürfnis zu identifizieren, wurde deshalb eine dichotome Variable gebildet. In dieser Zählung werden aber auch solche Befragte eingeschlossen, die Sicherheit gemeinsam mit einem oder mehreren anderen Werten an oberste Stelle setzen.

einer Baseline nur Effekte für die Ländergruppen enthält (Modell 1 in Tabelle 3), reproduziert diese Verteilung exakt.

Modell 2 erweitert dieses Nullmodell um die Haupteffekte von Geburtskohorte, formaler Bildung[20] und Geschlecht. Im Ergebnis verschwinden die ohnehin geringen Unterschiede zwischen Westdeutschland und Westeuropa (der Referenzkategorie) vollständig. Die Differenzen zwischen Westeuropa einerseits und Ostdeutschland und vor allem Osteuropa andererseits verstärken sich hingegen nochmals leicht.

Die Effekte der drei zusätzlichen Variablen entsprechen den Erwartungen. Der Effekt des Geschlechts ist wie in der Studie von Schwartz und Rubel (2005) leicht negativ, d. h. Männer haben *ceteris paribus* über alle Ländergruppen hinweg eine etwas geringere Wahrscheinlichkeit, den Wert Sicherheit an erste Stelle zu setzen.

Deutlich stärker ist der Effekt der formalen Bildung. Mit jeder Veränderung um einen Punkt auf der siebenstufigen Skala reduziert sich der Logit um einen Wert von -0,15, was, je nach Ausprägung der anderen Variablen und dem Ausgangspunkt des Bildungsniveaus, einem Rückgang um rund drei Prozentpunkte entspricht. Es besteht also eine deutliche Kluft zwischen Menschen mit niedriger formaler Bildung, unter denen rund die Hälfte dem Wert der Sicherheit höchste Priorität einräumt, und Menschen mit hoher formaler Bildung, unter denen etwa zwei Drittel einen anderen Wert an oberste Stelle setzen.

Dabei kann es sich einerseits um einen Sozialisationseffekt im Sinne der Bildungs- oder Kernwerte-These handeln. Denkbar ist aber auch, dass Höhergebildete ihrer eigene Lebenslage aufgrund ihres im Mittel höheren Einkommens und ihrer besseren Ausstattung mit Sozial- und Humankapital bereits als relativ sicher empfinden.

Stark positiv ist schließlich der Effekt der Kohorten bzw. Alterseffekt.[21] Bei den jüngeren liegt die Präferenz für Sicherheit (wiederum in Abhängigkeit von der Ausprägung der übrigen Variablen) rund zehn Prozentpunkte niedriger als bei den älteren Befragten.

An der Veränderung der Pseudo-R^2-Werte ist zu erkennen, dass sich der Fit des Modells durch die Aufnahme der zusätzlichen Variablen sehr deutlich verbessert, obwohl nur drei Parameter mehr geschätzt werden müssen. Dementsprechend sinkt der Wert für das Bayesian Information Criterion (BIC'), das zum Zweck des Modellvergleichs die Zahl der Parameter und die Anpassung der Daten zueinander ins Verhältnis setzt, dramatisch ab. Modell 2 ist damit dem Nullmodell klar überlegen.

Um zu überprüfen, ob diese Effekte regionsspezifisch sind, werden in Modell 3 zusätzliche Interaktionsterme zwischen der Region einerseits und der formalen Bildung sowie der Kohortenzugehörigkeit andererseits eingeführt. Die Modellanpassung verbessert sich dadurch nochmals erkennbar. Die inhaltlichen Ergebnisse entsprechen dabei aber nur teilweise den Erwartungen.

---

20 Im ESS wurde versucht, die Vielzahl der europäischen Bildungsabschlüsse in äquivalenter Weise zu kodieren (Variable EDULVL). Die resultierende siebenstufige Skala wird hier als metrisch betrachtet. Für die Zwecke der Analyse wurde die Skala auf den Wertebereich 0 bis 1 rekodiert.

21 Wie oben dargelegt, sind Kohorten- und Alterseffekte auf der Basis von Querschnittsuntersuchungen nicht zu unterscheiden.

Für den Effekt der Bildung besteht in *beiden* Teilen Deutschlands eine Interaktion nahe null, d. h. der Effekt ist im Wesentlichen mit der Wirkung der formalen Bildung in Westeuropa identisch. In Osteuropa gibt es hingegen wie oben vermutet eine positive Interaktion. Diese reicht allerdings nicht aus, den negativen Effekt der Bildung vollständig aufzuwiegen, d. h. auch in Osteuropa haben formal höher gebildete Befragte eine *geringere* Wahrscheinlichkeit, den Wert Sicherheit an die erste Stelle ihrer persönlichen Werthierarchie zu setzen.

Noch sehr viel schwächer und trotz der großen Fallzahlen nicht statistisch signifikant ist der Interaktionseffekt zwischen der Kohortenzugehörigkeit und der Eigenschaft, in Osteuropa zu leben. So beträgt in Westeuropa die erwartete Wahrscheinlichkeit für einen ab 1970 geborenen Mann mit mittlerer Bildung (3 Skalenpunkte), den Wert Sicherheit an die erste Stelle zu setzen, 30 Prozent. In der vor 1970 geborenen Gruppe ist diese Wahrscheinlichkeit rund neun Prozentpunkte größer, während die Differenz in Osteuropa (bei einem mit 50 Prozent sehr viel höheren Ausgangsniveau) etwa zehn Prozentpunkte beträgt. Anders, als man es vermuten könnte, gibt es also innerhalb der jüngeren Generationen in Osteuropa keine durch die veränderten Sozialisationsbedingungen zu erklärende Annäherung an die Verhältnisse in Westeuropa.

An den Koeffizienten ist weiterhin abzulesen, dass mit 48 Prozent bei den älteren Ostdeutschen (wiederum mittleres Bildungsniveau und männliches Geschlecht vorausgesetzt) eine deutlich höhere Affinität zu Sicherheit besteht als bei der westeuropäischen Referenzgruppe (39 Prozent) oder auch den gleichaltrigen Westdeutschen (41 Prozent). Zumindest innerhalb dieser Altersgruppe nimmt Ostdeutschland also wieder eine Mittelstellung zwischen Ost- und Westeuropa ein.

Jüngere Deutsche hingegen bewegen sich mit 27 (West) bzw. 30 Prozent (Ost) leicht unterhalb bzw. exakt am entsprechenden westeuropäischen Wert. Dieser Befund stützt die von Arzheimer und Klein (2000) formulierte Annahme, dass es in der Bundesrepublik unter den jüngeren Generationen tendenziell zu einer Annäherung zwischen Ost und West kommt.

Zusammenfassend lässt sich damit festhalten, dass die prominente Stellung des Wertes Sicherheit in Osteuropa mit den hier betrachteten Variablen nicht allzu gut zu erklären ist und dass die regionenspezifischen Effekte des Alters und der formalen Bildung kaum Hinweise auf starke Sozialisationseffekte in Osteuropa liefern. Hinzu kommt ein weiterer Aspekt: Ost- und Westeuropa bilden keineswegs monolithische Blöcke; vielmehr variiert die Bedeutung von Sicherheit erheblich über die Länder in beiden Regionen. Dementsprechend lässt sich mit einem Modell, das keine Regional- und Individualvariablen, sondern ausschließlich Länderdummies enthält (wegen der großen Zahl von Koeffizienten nicht tabellarisch ausgewiesen), eine höhere Erklärungskraft als mit Modell 3 erzielen[22], obwohl die individuelle Variation innerhalb der Ländern beträchtlich bleibt.

---

22 Die entsprechenden Pseudo-R2 -Werte liegen bei 0,05/0,09, das BIC' bei -10.975. Erweitert man dieses Modell um die in Modell 2 enthaltenen Individualvariablen (ohne Interaktionen), wird ein nochmals deutlich besserer Fit (Pseudo-R2 0,07/0,12, BIC'=-13.455) erreicht.

Augenfällig ist dabei das Muster der Ländereffekte: Deutschlands kontinentaleuropäische Nachbarländer Belgien, Österreich, Frankreich sowie die Schweiz und die Niederlande unterscheiden sich nicht sehr stark von Westdeutschland, das hier als Referenzgruppe dient. Für die skandinavischen Wohlfahrtsstaaten Dänemark, Norwegen und Schweden werden hingegen stark negative Koeffizienten geschätzt, d. h. die Bürger dort haben eine substantiell *niedrigere* Wahrscheinlichkeit, dem Wert Sicherheit höchste Priorität zu geben als die Westdeutschen. Am stärksten ausgeprägt ist das Bedürfnis nach Sicherheit in osteuropäischen Ländern wie Ungarn, der Slowakei, Polen und der Ukraine. Der zweitstärkste Effekt überhaupt findet sich allerdings nicht in den postsozialistischen Staaten, sondern in Griechenland. Auch in anderen westeuropäischen Staaten wie Spanien und (mit Einschränkungen) Portugal werden Werte erzielt, die sich im selben Bereich bewegen wie die (verglichen mit der ersten Gruppe osteuropäischer Staaten deutlich schwächeren) Effekte für Estland, Slowenien und die Tschechische Republik.

Auf Grund der sehr beschränkten Anzahl von Fällen (Ländern) lässt sich nicht definitiv klären, ob diese strukturellen Ähnlichkeiten eher auf die politisch unruhige Vergangenheit der drei westeuropäischen „Neuen Demokratien" oder auf die rezenteren wirtschaftlichen Probleme und die relative Schwäche der wohlfahrtsstaatlichen Institutionen zurückgeht. Insgesamt deuten die Ergebnisse aber darauf hin, dass nicht nur die Sozialisationserfahrungen der letzten Jahrzehnte, sondern auch relativ aktuelle wirtschaftliche, politische und soziale Entwicklungen einen Einfluss auf die Wertschätzung von Sicherheit haben. Mit vier Messpunkten in acht Jahren ist die Zeitreihe des ESS zu kurz, um sinnvolle Aussagen über Entwicklungen innerhalb der Länder oder Europas machen zu können, zumal auf Grund theoretischer Überlegungen zu erwarten ist, dass Wertorientierungen individuell sehr stabil sind. Weitere Modelle (nicht tabellarisch ausgewiesen) zeigen dementsprechend, dass es so gut wie keine Zusammenhänge zwischen dem Befragungszeitpunkt und der Bewertung von Sicherheit gibt.

Zusammenfassung und Ausblick

Gegenstand dieses Kapitels war ein Überblick über die Verteilung von Wertorientierungen in Ost und West. Im Ergebnis hat sich gezeigt, dass in Ostdeutschland, Westdeutschland und in Westeuropa insgesamt eine relativ einheitliche Hierarchie von Werten anzutreffen ist, in der Universalismus und Benevolenz den höchsten Stellenwert genießen, während Macht und Stimulation relativ unpopulär sind. Im Einklang mit den theoretischen Erwartungen unterscheidet sich die Wertehierarchie in Osteuropa (nicht aber in Ostdeutschland) erkennbar von diesen Befunden. Hier spielen Tradition und Konformität, vor allem aber Sicherheit, die als eine Art Leitwert der osteuropäischen Gesellschaften erscheint, eine weitaus größere Rolle.

Die Frage, ob dieser Befund auf Sozialisationseffekte im Sozialismus oder eher auf die Instabilität nach der Wende und die anhaltenden sozialen, wirtschaftlichen und politischen Probleme in Osteuropa zurückgeht, lässt sich auf der Basis des ESS nicht abschließend beantworten. Logistische Regressionsanalysen zeigen jedoch, dass in Osteuropa kaum bzw. keine regionenspezifischen Bildungs- und Kohorteneffekte auftreten. Vielmehr ist es in allen vier Regionen so, dass jüngere Menschen, Hochgebildete und Männer generell weniger dazu tendieren, dem Wert Sicherheit oberste Priorität einzuräumen. Zugleich bleiben die Unterschiede zwischen West- und Osteuropa auch unter Kontrolle dieser Individualvariablen in voller Stärke erhalten. Dies spricht bei aller gebotenen Vorsicht dafür, dass die aktuelle Lage in einer Region bzw. in einem Land einen wichtigen Einfluss auf die Bewertung von Sicherheit hat. Eine länderspezifische Analyse der Daten bestätigt diesen Eindruck. Hier zeigt sich nämlich, dass in den mediterranen Demokratien und hier vor allem in Griechenland Sicherheit eine ähnlich große Rolle spielt wie in Ungarn, Polen oder der Slowakei. Umgekehrt spielt der Wert in den wirtschaftlich und politisch relativ erfolgreichen Ländern Osteuropas wie Estland, der Tschechischen Republik oder Slowenien eine deutlich geringere Rolle als in anderen Staaten der Region. Auffällig schließlich ist die relative Abwertung von Sicherheit in den skandinavischen Wohlfahrtsstaaten Dänemark, Norwegen und Schweden, wo aus Sicht vieler Bürger ein ausreichendes, wenn nicht sogar übermäßiges Maß an Sicherheit erreicht zu sein scheint.

Im Ergebnis deuten diese Befunde darauf hin, dass die über das Schwartz-Instrument gemessenen Werteprioritäten erkennbar und in nachvollziehbarer Weise von den politischen, ökonomische und sozialen Rahmenbedingungen geprägt werden, auch wenn es innerhalb der Länder bzw. Ländergruppen erheblich interindividuelle Unterschiede gibt. Daraus ergibt sich, dass eine positive Wirtschaftsentwicklung in Osteuropa eine notwendige, wenn auch nicht hinreichende Bedingung für eine mentale Annäherung an (Nord-)Westeuropa sein dürfte.

Literatur

Almond, Gabriel A./Verba, Sidney 1965: The Civic Culture. Political Attitudes and Democracy in Five Nations. Boston: Little, Brown and Company.

Arzheimer, Kai/Klein, Markus 2000: Gesellschaftspolitische Wertorientierungen und Staatszielvorstellungen im Ost-West-Vergleich. In: Falter, Jürgen W./ Gabriel, Oscar W./Rattinger, Hans (Hrsg.): Wirklich ein Volk? Die politischen Orientierungen von Ost- und Westdeutschen im Vergleich. Opladen: Leske + Budrich, 363-402.

Barnea, Marina F./Schwartz, Shalom H. 1998: Values and Voting. In: Political Psychology 19/1, 17-40.

Borg, Ingwer/Groenen, Patrick 1997: Modern Multidimensional Scaling. Theory and Applications. New York/Berlin/Heidelberg: Springer.

Bürklin, Wilhelm/Klein, Markus/Ruß, Achim 1996: Postmaterieller oder anthropozentrischer Wertewandel? Eine Erwiderung auf Ronald Inglehart und Hans-Dieter Klingemann. In: Politische Vierteljahresschrift 37, 517-536.

Caprara, Gian Vittorio/Schwartz, Shalom/Capanna, Cristina/Vecchione, Michele/ Barbaranelli, Claudio 2006: Personality and Politics: Values, Traits, and Political Choice. In: Political Psychology 27/1, 1-28.

Clarke, Harold D./Dutt, Nitish 1991: Measuring Value Change in Western Industrialized Societies: The Impact of Unemployment. In: American Political Science Review 85, 905-920.

Clarke, Harold D./Dutt, Nitish/ Rapkin, Jonathan 1997: Conversations in Context: The (Mis)Measurement of Value Change in Advanced Industrial Societies. In: Political Behavior 19, 19-40.

Clarke, Harold D./Kornberg, Allan/McIntyre, Chris/Bauer-Kaase, Petra/Kaase, Max 1999: The Effect of Economic Priorities on the Measurement of Value Change: New Experimental Evidence. In: American Political Science Review 93, 637-647.

Davidov, Eldad 2008: A Cross-Country and Cross-Time Comparison of the Human Values Measurements with the Second Round of the European Social Survey. In: Survey Research Methods 2, 33-46.

Davidov, Eldad 2010: Testing for Comparability of Human Values across Countries and Time with the Third Round of the European Social Survey. In: International Journal of Comparative Sociology 51/3, 171-191.

Davidov, Eldad/Meuleman, Bart/Billiet, Jaak/Schmidt, Peter 2008a: Values and Support for Immigration: A Cross-Country Comparison. In: European Sociological Review 24/5, 583-599.

Davidov, Eldad/Schmidt, Peter/Schwartz, Shalom H. 2008b: Bringing Values Back In. The Adequacy of the European Social Survey to Measure Values in 20 Countries. In: Public Opinion Quarterly 72/3, 420-445.

Davidov, Elidad 2009: Measurement Equivalence of Nationalism and Constructive Patriotism in the ISSP: 34 Countries in a Comparative Perspective. In: Political Analysis 17/1, 64-82.

Davis, Darren W./Davenport, Chris 1999: Assessing the Validity of the Postmaterialism Index. In: American Political Science Review 93, 649-664.

Davis, Darren W./Dowley, Kathleen M./Silver, Brian D. 1999: Postmaterialism in World Societies: Is It Really a Value Dimension? In: American Journal of Political Science 43, 935-962.

Flanagan, Scott C. 1982a: Changing Values in Advanced Industrial Societies. Inglehart's Silent Revolution from the Perspective of Japanes Findings. In: Comparative Political Studies 14, 403-444.

Flanagan, Scott C. 1982b: Measuring Value Change in Advanced Industrial Societies. A Rejoinder to Inglehart. In: Comparative Political Studies 15, 99-127.

Flanagan, Scott C. 1987: Value Change in Industrial Societies. In: American Political Science Review 81, 1303-1319.

Guttman, Louis 1954: A New Approach to Factor Analysis: The radex. In: Lazarsfeld, Paul F. (Hrsg.): Mathematical thinking in the social sciences. Glencoe: The Free Press, 258-348.

Haller, Max 2002: Theory and Method in the Comparative Study of Values: Critique and Alternative to Inglehart. In: European Sociological Review 18/2, 139-158.

Herz, Thomas A. 1979: Der Wandel von Wertvorstellungen in westlichen Industriegesellschaften. In: Kölner Zeitschrift für Soziologie und Sozialpsychologie 31, 282-302.

Hitlin, Steven/Piliavin, Jane A. 2004: Values: Reviving a Dormant Concept. In: Annual Review of Sociology 30, 359-393.

Hinz, Andreas/Brähler, Elmar/Schmidt, Peter/Albani, Cornelia 2005: Investigating the Circumplex Structure of the Portrait Values Questionnaire (PVQ). In: Journal of Individual Differences 26/4, 185-193.

Inglehart, Ronald 1971: The Silent Revolution in Europe: Intergenerational Change in Postindustrial Societies. In: American Political Science Review 65, 991-1017.

Inglehart, Ronald 1989: Culture Shift in Advanced Industrial Society. Princeton: Princeton University Press.

Inglehart, Ronald 1997: Modernization and Postmodernization. Cultural, Economic, and Political Change in 43 Societies. Princeton: Princeton University Press.

Inglehart, Ronald/Norris, Pippa 2000: The Developmental Theory of the Gender Gap: Women's and Men's Voting Behavior in Global Perspective. In: International Political Science Review 21/4, 441-463.

Ingelhart, Ronald/Welzel, Christian 2005: Modernization, Cultural Change and Democracy. Cambridge: Cambridge University Press.

Jackson, David J./Alwin, Duane F. 1980: The Factor Analysis of Ipsative Measures. In: Sociological Methods & Research 9, 218-238.

Klages, Helmut 1988: Wertedynamik. Über die Wandelbarkeit des Selbstverständlichen. Zürich: Edition Interfrom.

Klein, Markus/Arzheimer, Kai 1999: Ranking- und Rating-Verfahren zur Messung von Wertorientierungen, untersucht am Beispiel des Inglehart-Index. Empirische Befunde eines Methodenexperiments. In: Kölner Zeitschrift für Soziologie und Sozialpsychologie 51, 550-564.

Kluckhohn, Clyde 1951: Values and Value Orientations in the Theory of Action. An Exploration in Definition and Classification. In: Parsons, Talcott/ Shils, Edward A. (Hrsg.): Toward a General Theory of Action. Cambridge: Harvard University Press, 388-433.

Lipset, Seymour M. 1960: Political Man. The Social Bases of Politics. Garden City: Doubleday.

Maslov, Abraham H. 1943: A Theory of Human Motivation. In: Psychological Review 50/4, 370–396.

Oppenheim Mason, Karen/ Mason, William M./ Winsborough, H.H./ Poole, W. Kenneth 1973: Some Methodological Issues in Cohort Analysis of Archival Data. In: American Sociological Review 38, 242-258.

Rokeach, Milton 1967: Value Survey. Sunnyvale: Halgreen Tests.

Rokeach, Milton 1968: Beliefs, Attitudes and Values. San Francisco: Jossey-Bass.

Rokeach, Milton 1973: The Nature of Human Values. New York/London: The Free Press.

Schmidt, Peter/Bamberg, Sebastian/Davidov, Eldad/Herrmann, Johannes/Schwartz, Shalom H. 2007: Die Messung von Werten mit dem 'Portraits Value Questionnaire'. In: Zeitschrift für Sozialpsychologie 38/4, 261-275.

Schoen, Harald 2009: Basic Values and Attitudes toward Foreign and Domestic Policies in Germany. In: Paper prepared for presentation at the Annual Meeting of the American Political Science Association, Toronto, 2009.

Schwartz, Shalom H. 1992: Universals in the Content and Structure of Values. Theoretical Advances and Empirical Test in 20 Countries. In: Advances in Experimental Social Psychology 25, 1-65.

Schwartz, Shalom H. 2003: A Proposal for Measuring Value Orientations across Nations. [Chapter 7 in the Questionnaire Development Package of the European Social Survey.]. European Social Survey.

Schwartz, Shalom H. 2007: Value orientations: Measurement, Antecedents and Consequences across Nations. In: Jowell, Roger/Roberts, Caroline/Fitzgerald, Rory/Gillian, Eva (Hrsg.): Measuring Attitudes Cross-Nationally: Lessons from the European Social Survey. London/Thousand Oaks/New Delhi/ Singapore: Sage.

Schwartz, Shalom H./Bardi, Anat 1997: Influences of Adaptation to Communist Rule on Value Priorities in Eastern Europe. In: Political Psychology 18/2, 385-410.

Schwartz, Shalom H./Caprara, Gian Vittorio/Vecchione, Michele 2010: Basic Personal Values, Core Political Values, and Voting: A Longitudinal Analysis. In: Political Psychology 31/3, 421-452.

Schwartz, Shalom H./Melech, Gila/Lehmann, Arielle/Burgess, Steven/Harris, Mari/ Owens, Vicki 2001: Extending the Cross-Cultural Validity of the Theory of Basic Human Values with a Different Method of Measurement. In: Journal of Cross-Cultural Psychology 32/5, 519-542.

Schwartz, Shalom H./Rubel, Tammy 2005: Sex Differences in Value Priorities: Cross-Cultural and Multimethod Studies. In: Journal of Personality and Social Psychology 89/6, 1010-1028.

van Deth, Jan 1983a: The Persistence of Materialist and Post-Materialist Value Orientations. In: European Journal of Political Research 11/1, 63-79.

van Deth, Jan 1983b: Ranking the Ratings: The Case of Materialist and Postmaterialist Value Orientations. In: Political Methodology 11, 63-79.

Weakliem, David L. 2002: The Effects of Education on Political Opinions: An International Study. In: International Journal of Public Opinion Research 14, 141-157.

Weber, Max 1980: Wirtschaft und Gesellschaft. Grundriß der verstehenden Soziologie. Tübingen: Mohr.

Weil, Frederick D. 1985: The Variable Effects of Education on Liberal Attitudes: A Comparative-Historical Analysis of Anti-Semitism Using Public Opinion Survey Data. In: American Sociological Review 50, 458-474.

Zufriedenheit mit den individuellen und kollektiven Lebensbedingungen im vereinigten Deutschland

Oscar W. Gabriel

„Ein UN-Bericht zeigt: In Norwegen lässt es sich am besten leben. Deutschland belegt erneut Platz 22, hinter Ländern wie der Schweiz, Spanien und Dänemark" (Zeit Online, 5.10.2009).

Seit dem Beginn der Neuzeit besteht das Ziel staatlichen Handelns darin, die Lebensbedingungen der Menschen zu optimieren. Viele für das politische Zusammenleben relevante Dokumente und Stellungnahmen deklarieren die Schaffung oder Erhaltung von Wohlstand, physischer und sozialer Sicherheit sowie einer gesunden Umwelt zu wichtigen Zielen staatlichen Handelns. Um diese Ziele zu erreichen, weisen die modernen politischen Doktrinen des Liberalismus und des Sozialismus unterschiedliche Wege. Das kollektivistische Gesellschaftsmodell des Sozialismus, das bis 1990 in der DDR und den meisten Staaten Mittelost- und Osteuropas vorherrschte, war den Idealen einer umfassenden Bedarfsdeckung durch den Staat und im Ergebnis gleicher Lebensbedingungen für alle Mitglieder der Gesellschaft verpflichtet. Die Bedürfnisse des Individuums und des Kollektivs wurden als deckungsgleich betrachtet; zwischen ihnen auftretende Spannungen galten als dysfunktional und waren zu Gunsten der Kollektivbedürfnisse zu beseitigen. Das in der alten Bundesrepublik und ihren westeuropäischen Nachbarstaaten existierende liberal-individualistische Gesellschaftsmodell, das sich nach dem Systemwechsel auch in Mittel- und Osteuropa durchsetzte, versucht demgegenüber eine Synthese von Freiheit und Gleichheit. Es interpretiert Gleichheit als Rechts- und Chancengleichheit, die die Freiheit der Individuen nicht einschränken darf. Gemäß dem Freiheitsverständnis des Liberalismus legt es die Gestaltung der individuellen Lebensbedingungen in die Verantwortung des Einzelnen und sieht vor, unterschiedliche individuelle Anstrengungen durch unterschiedliche Belohnungen zu honorieren. Faktisch führt dies zu ungleichen individuellen Lebensbedingungen.

Bis zum Jahr 1990 war das gesellschaftliche und politische Leben in Europa vom Wettbewerb zwischen diesen beiden Doktrinen und Ordnungsmodellen bestimmt. Allerdings war das westliche Modell schon vor dem Zusammenbruch des Sozialismus besser als das sozialistische dazu in der Lage, den Menschen ein Leben in Freiheit und Wohlstand zu bieten. Zahlreiche Indikatoren belegen die Überlegenheit des liberalen Gesellschaftsmodells bei der Gestaltung der individuellen und kollektiven Lebensbedingungen. Die Westeuropäer verfügten über höhere Einkommen als die Menschen in Mittel- und Osteuropa, ihre Versorgung mit Wohnraum und höherwertigen Konsumgütern war erheblich besser. Auch im Hinblick auf viele Bereiche der öffentlichen Infrastruktur, z. B. das Gesundheits-, das Transport- und Kommunikationswesen sowie den Umweltschutz, erwies sich das westliche Modell als das leistungsfähigere. Die gelegentlich geäußerte Auffassung, die mittelosteuropäischen Gesellschaften hätten diese objektive Leistungsschwäche zumindest zum Teil durch eine größere soziale Gleichheit, Sicherheit und Solidarität kompensiert, hält einer näheren Prüfung nicht stand. Gleichheit bedeutete Gleichheit auf einem niedrigen Versorgungsniveau, für die Sicherheit war der Preis einer geringen Produktivität und einer extensiven sozialen und politischen Kontrolle zu zahlen, die Solidarität war überwiegend der sozialistischen Mangelwirtschaft geschuldet. Der Zusammenbruch des sozialistischen Herrschaftssystems in den Jahren 1989/1990 resultierte somit nicht zuletzt aus dessen Unfähigkeit, die Diskrepanz zwischen dem Ideal der sozialistischen Gesellschaft und den realen menschlichen Lebensbedingungen zu überbrücken und Verhältnisse zu schaffen, die mehr erlaubten als die Befriedigung menschlicher Bedürfnisse auf einem relativ niedrigen Versorgungsniveau.

Der Regimewechsel brachte für die Menschen in Mittel- und Osteuropa einen kompletten Umbruch mit sich. Dieser blieb nicht auf den Bereich der Politik beschränkt, sondern betraf ebenso stark die sozioökonomischen und kulturellen Verhältnisse (Merkel 1995). In keinem anderen europäischen Land veränderten sich die Lebensverhältnisse der Bevölkerung nach dem Zusammenbruch des Sozialismus jedoch so umfassend und tiefgreifend wie in Deutschland. Neben den für alle postsozialistischen Staaten typischen politischen, gesellschaftlichen, wirtschaftlichen und kulturellen Änderungen bedeutete der politische Umbruch in Deutschland zugleich das Ende der DDR als selbständiger Staat und den Zusammenschluss zweier gegensätzlich organisierter Gesellschaften. Innerhalb Deutschlands existierten zunächst zwei Teilgesellschaften mit einem sehr unterschiedlichen sozioökonomischen Entwicklungsniveau und einer divergierenden kulturellen Prägung der Bevölkerung. Einerseits erleichterte die Integration der auf dem Gebiet der untergegangenen DDR befindlichen neuen Länder in die Bundesrepublik den Übergang vom Sozialismus zur Demokratie und von der Planwirtschaft zur Marktwirtschaft; denn schneller und stärker als in anderen ost- und mitteleuropäischen Ländern verbesserten sich in Ostdeutschland die objektiven Lebensbedingungen. Andererseits ergab sich aus dem Zusammenleben von Ost- und Westdeutschen in einer gemeinsamen, von starken regionalen Disparitäten gekennzeichneten Gesellschaft eine im Vergleich mit den anderen europäischen Gesellschaften besondere Situation, die auch das Leben im westlichen Teil des Landes beeinflusste. Die Auswirkungen des europäischen Transformationsprozesses waren in Ostdeutschland andere als in Polen oder Ungarn, auch in Westdeutschland stellten sich die Lebensbedingungen nach der Vereinigung anders dar als in Frankreich, Großbritannien, Schweden oder Portugal.

Die Klärung der Frage, ob sich nach dem Systemwechsel in Osteuropa und speziell in Ostdeutschland die Lebensbedingungen der Menschen – wie von ihnen erhofft – verbesserten und ob dies zu einem Anstieg der Lebenszufriedenheit führte, ist das Thema dieses Beitrages. Auf den ersten Blick scheint die Antwort auf diese Frage im Hinblick auf die objektiven Lebensbedingungen positiv auszufallen: Der Wohlstand, die Versorgung mit Konsumgütern und die öffentliche Infrastruktur haben sich seit 1990 verbessert. Dem steht jedoch zugleich eine Zunahme der wirtschaftlichen Unsicherheit und der sozialen Ungleichheit gegenüber. Insofern ist es trotz der objektiven Verbesserungen keineswegs klar, wie die Menschen diese gegenläufigen Entwicklungen bei der Bewertung ihrer Lebenssituation bilanzieren. Erneut befindet sich Deutschland im Vergleich mit anderen europäischen Ländern in einer besonderen Situation. Das Zusammenleben der alten und der neuen Bundesbürger in einer Gesellschaft hat mit großer Wahrscheinlichkeit zur Folge, dass die Menschen in Ostdeutschland ihre aktuellen Lebensbedingungen eher im innergesellschaftlichen Vergleich – in einer Gegenüberstellung der Situation in den alten und den neuen Bundesländern – als im Vergleich mit den vor der Wende gegebenen Lebensbedingungen bewerten. Da die neuen Länder in einem solchen Vergleich immer noch schlechter abschneiden als die alten, muss die objektive Verbesserung der Lebensbedingungen in Ostdeutschland nicht zwangsläufig zu einer größeren Zufriedenheit mit den individuellen und kollektiven Daseinsverhältnissen führen. Eine ähnliche Konstellation ist auch in Westdeutschland vorstellbar, sofern die Menschen ihre aktuelle Situation im Vergleich mit ihren Erinnerungen an die Zeit vor der Vereinigung bewerten. Ein solches als Easterlin-Paradox beschriebenes Spanungsverhältnis zwischen den objektiven und den subjektiv wahrgenommenen Lebensumständen (Easterlin 1974) ist auf Grund der besonderen Form der Vergleichsprozesse in Deutschland möglicherweise stärker ausgeprägt als in anderen europäischen Ländern.

Dieser Beitrag beschreibt und erklärt die Entwicklung der Zufriedenheit der west- und ostdeutschen Bevölkerung mit ihren individuellen und kollektiven Lebensbedingungen im Zeitraum 2002 bis 2008. Im Einzelnen geht es um die Beantwortung der folgenden Fragen:

1) Befindet sich zwanzig Jahre nach dem Regimewechsel in Ostdeutschland die Lebenszufriedenheit in beiden Teilen des vereinigten Deutschlands auf einem ähnlichen Niveau oder sind die Ostdeutschen immer noch unzufriedener mit ihrem Leben als die Westdeutschen?
2) Wie stellt sich dies für die Zufriedenheit mit den individuellen und den kollektiven Lebensbedingungen dar?
3) Wie zufrieden sind die Ost- und Westdeutschen im Vergleich mit ihren ost- und westeuropäischen Nachbarn?
4) Welche Faktoren prägen die Bewertung der individuellen und kollektiven Lebensbedingungen im östlichen und westlichen Teil Deutschlands, wie lassen sich diese Muster theoretisch interpretieren und unterscheiden sich die Bestimmungsfaktoren der Lebenszufriedenheit in Deutschland von den in den ost- und westeuropäischen Nachbarländern auftretenden Mustern?

Das nächste Kapitel enthält eine kurze Bestandsaufnahme der in den ersten Jahren nach der Vereinigung erhobenen Einstellungen der ost- und westdeutschen Bevölkerung zum privaten und öffentlichen Leben in Deutschland. Im nächsten Abschnitt werden zunächst die im European Social Survey enthaltenen Indikatoren der Lebenszufriedenheit vorgestellt. Daran schließt sich eine Beschreibung der Zufriedenheit der Ost- und Westdeutschen mit den verschiedenen Aspekten ihres Lebens sowie der Veränderungen in den Jahren 2002 bis 2008 an. Wie im Band „Deutschland in Europa" (van Deth 2004; besonders: Neller 2004) wird die Entwicklung in den beiden Landesteilen sodann in den europäischen Kontext eingeordnet. Dadurch lassen sich Hinweise auf die Bedeutung der traditionellen kulturellen Prägungen der ersten vier Nachkriegsjahrzehnte und der Entwicklungen seit der Vereinigung für die Bewertung der aktuellen Lebensumstände durch die Menschen gewinnen. Die Untersuchung der Bestimmungsfaktoren der Lebenszufriedenheit ist Thema des folgenden Abschnitts. Zunächst werden einige theoretische Ansätze präsentiert, die sich zu diesem Zweck verwenden lassen und dann werden diese Ansätze auf ihre empirische Relevanz geprüft. Der Beitrag schließt mit einer Diskussion der Ergebnisse.

Zufriedenheit mit den Lebensbedingungen im vereinigten Deutschland

Lebensbedingungen und Lebenszufriedenheit nach der Vereinigung

Innerhalb des kurzen Zeitraums zwischen dem September 1989 und dem Beitritt der DDR zum Geltungsbereich des Grundgesetzes am 3. Oktober 1990 vollzog sich in Deutschland ein grundlegender Umbruch der wirtschaftlichen, sozialen, politischen und kulturellen Bedingungen, der das Leben der Menschen in beiden Teilen des Landes tiefgreifend veränderte. Wie sich im Rückblick auf diesen Prozess noch klarer darstellt als an seinem Beginn, betraf dies – zumindest im östlichen Landesteil – alle menschlichen Daseinsbereiche. Die Wende beschleunigte bestimmte Aspekte des demographischen Wandels – z. B. den Rückgang der Geburtenrate –, sie veränderte den Arbeitsmarkt, die regionale Verteilung des Wohlstandes, die Entwicklung der Verkehrswege und -netze, das Bildungssystem und nicht zuletzt das politische Leben in Deutschland. Hauser u. a. (1996: 4-7) schreiben dem Systemwandel in Ostdeutschland einige Besonderheiten gegenüber der Entwicklung in anderen postsozialistischen Gesellschaften zu, die den Übergang in eine neue Form des gesellschaftlichen und politischen Zusammenlebens teils erleichtert und teils erschwert hätten. Das Rechts- und Wirtschaftssystem der alten Bundesrepublik habe für Ostdeutschland als Modell der gesellschaftlichen und politischen Reorganisation gedient, „an das sich Bürger und Wirtschaft ohne wesentlichen Veränderungsspielraum möglichst schnell anpassen mussten" (Hauser u. a. 1996: 5). In anderen postsozialistischen Staaten sei dagegen „eine weit größere Variationsbreite möglicher Entwicklungen auf Basis der Grundentscheidung für Demokratie und ein überwiegend marktwirtschaftlich organisiertes Wirtschaftssystem" (Hauser u. a. 1996: 5) vorhanden gewesen. Die Transformation Ostdeutschlands sei zudem durch umfangreiche finanzielle, personelle und organisatorische Hilfen aus Westdeutschland unterstützt worden, die anderen mittel- und osteuropäischen Staaten zumindest nicht im gleichen Umfang zur Verfügung gestanden hätten. Auf der anderen Seite sei die Wirtschaft in den neuen Ländern von Anfang an dem Wettbewerbsdruck durch die westdeutsche und ausländische Wirtschaft ausgesetzt gewesen. Sie habe nicht die Möglichkeit gehabt, die Umstellung durch eine nationale Außenwirtschafts- und Wettbewerbspolitik abzuschwächen und zu verlängern. Der Zusammenschluss mit der alten Bundesrepublik habe die Hemmnisse für die Mobilität von Menschen und Kapital umgehend und gründlich beseitigt und eine massive Abwanderung von Arbeitskräften sowie einen Verlust von Arbeitsplätzen im östlichen Landesteil ausgelöst. Schließlich habe „in der politischen Zieldiskussion ... [die, OWG] Forderung nach einer weitgehenden Angleichung der Lebensverhältnisse zwischen den beiden Landesteilen [dominiert, OWG]. Dem entsprechend überwiegen die Erwartungen der Bevölkerung in den neuen Bundesländern, die diese *kurzfristig* (kursiv i. O.) realisiert sehen möchte. Demgegenüber wird in den östlichen Reformstaaten bereits auf kleinere Verbesserungen positiv reagiert, ohne dass ein hohes Anspruchsniveau kleine Schritte relativiert" (Hauser u. a. 1996: 6).

In den ersten Jahren nach der Vereinigung vollzog sich der Umbau der ostdeutschen Gesellschaft nicht gleichförmig. Vielmehr liefen in verschiedenen Lebensbereichen in ihrer Art, ihrer Geschwindigkeit und in ihrem Ausmaß sehr unterschiedliche Veränderungen ab. Einige davon werden hier exemplarisch beschrieben, um die objektive Grundlage der von der Bevölkerung vorgenommenen Bewertung ihrer Lebenssituation zu dokumentieren.[1] Der wohl gravierendste Einschnitt betraf die Veränderung des Arbeitsmarkts. Während die DDR und andere sozialistische Gesellschaften – auch um den Preis einer geringen Produktivität – Vollbeschäftigung garantierten, war die ostdeutsche Wirtschaft nach 1990 dem für kapitalistische Wirtschaften typischen Wettbewerbsdruck ausgesetzt. Wie Lutz und Grünert (2001: 139-147) beschreiben, verringerte sich in Folge dessen die Zahl der Erwerbstätigen in Ostdeutschland von 9,6 Mio. im Jahr 1989 auf 6,3 Mio. im Jahr 1993. Dagegen nahm die Zahl der Arbeitslosen zwischen 1990 und 1993 von 642.000 auf 1,18 Mio. zu. Die Arbeitslosenquote betrug 1991 11,7 Prozent und 1995 15 Prozent (Hauser u. a. 1996: 134). Zugleich stieg der Anteil der Ostdeutschen, die sich in Weiterbildungsmaßnahmen bzw. im Vorruhestand befanden von 45.000 auf 368.000 bzw. von 460.000 auf 778.000 Personen. Von denjenigen, die 1990 noch erwerbstätig waren, standen drei Jahre später nur noch 68 Prozent in einem Beschäftigungsverhältnis, 16 Prozent waren arbeitslos (Lutz/Grünert 2001: 149). Obgleich die Politik versuchte, diese Entwicklung durch den Einsatz einkommenssichernder und arbeitsmarktpolitischer Instrumente abzufangen, waren viele Menschen in den Jahren nach dem Regimewechsel erstmals mit der Erfahrung von Arbeitslosigkeit konfrontiert – mit allen möglichen negativen Implikationen für ihre psychische Befindlichkeit.

---

1 Weitere Informationen über die Entwicklung in beiden Teilen Deutschlands finden sich in der Einleitung dieses Bandes.

Der dramatischen Verschlechterung der Lage auf dem Arbeitsmarkt standen in anderen Bereichen positive Entwicklungen gegenüber. So stieg das nominelle Volkseinkommen je Erwerbstätigem im Zeitraum 1991 bis 1995 um 83,5 Prozent (alte Bundesländer: 10,6 Prozent). Das durchschnittlich verfügbare Einkommen der Haushalte nach Abzug von Steuern und Sozialversicherungsbeiträgen wuchs um 60 Prozent (alte Bundesländer: 10,9 Prozent; vgl. Hauser u. a. 1996: 138-148; vgl. auch: Ebert 1995). Die Versorgung mit Wohnraum und die Wohnqualität verbesserte sich (Hauser u. a. 1996: 206) ebenso wie anderen Aspekte der öffentlichen und privat erstellten Infrastruktur. In ihrem Überblick fassen Trommsdorff und Kornadt (2001: 369) die Entwicklung der ersten zehn Jahre nach der Vereinigung wie folgt zusammen:

„In zahlreichen objektiven Indikatoren zeigen sich inzwischen Gemeinsamkeiten. So sind Schule und Hochschulsystem und die damit gegebenen Chancen in West- und Ostdeutschland gleich, der geringeren Überlast wegen in den ostdeutschen Hochschulen sogar vielfach besser [...]; das Sozialsystem bietet für Kranke, Rentner, Arbeitslose ebenfalls die gleiche Sicherung; Frauen haben in den neuen Ländern sogar durchschnittlich ein höheres, Männer in allgemeinen ein gleich hohes Rentenniveau wie in den alten Ländern. Die bei der Wende sehr schlechte Infrastruktur (z. B. Straßen, Telekommunikation, Hotels und Dienstleistungen) ist inzwischen eher besser als im Westen, weil stärker modernisiert. Dagegen ist die wirtschaftliche Produktivität im Osten immer noch erheblich geringer".

In der Summe verlief die objektive Entwicklung der Lebensbedingungen in Deutschland seit 1990 jedoch uneinheitlich. In nahezu allen Lebensbereichen waren positive Entwicklungen zu verzeichnen, die aber häufig mit einer zunehmenden sozialen Ungleichheit verbunden waren. Zudem näherten sich die in Ostdeutschland vorherrschenden Lebensbedingungen in einigen Bereichen dem Westniveau an, in anderen dagegen blieb die erhoffte Angleichung aus oder entsprach in ihrem Ausmaß nicht den ursprünglichen Erwartungen (zusammenfassend: Bertram/Kollmorgen 2001; Hauser u. a. 1996). Ungeachtet aller positiven Entwicklungen ging die Hoffnung der Menschen auf eine schnelle und umfassende Angleichung der Lebensbedingungen in beiden Teilen Deutschlands in den ersten Jahren nach der Vereinigung nicht in Erfüllung.

Der anfänglich noch enorme Entwicklungsrückstand Ostdeutschlands gegenüber dem Westen schlug sich in der Zufriedenheit der Menschen mit ihren Lebensbedingungen ebenso nieder wie die uneinheitliche Entwicklung einzelner Lebensbereiche. Die ersten einschlägigen Erhebungen wurden bereits im Jahr 1990 durchgeführt und reflektieren das bei den objektiven Lebensbedingungen berichtete West-Ost-Gefälle (vgl. Gensicke 1996; 1998; 2000). Hauser u. a. (1996: 439) fassten die in den Jahren 1990 bis 1995 erhobenen Befunde wie folgt zusammen und sahen in den objektiven Bedingungen eine Erklärung der festgestellten Differenz in der Lebenszufriedenheit:

„... Glück und Zufriedenheit mit dem Leben ... sind in Ostdeutschland in großem Maße vorhanden, aber deutlich seltener als in Westdeutschland. ... In Übereinstimmung damit steht, dass viele Lebensbereiche im Osten ein niedrigeres Zufriedenheitsniveau aufweisen als im Westen. In den Bereichen Lebensstandard, soziale Sicherheit, Haushaltseinkommen und öffentliche Sicherheit ist das Zufriedenheitsdefizit der Ostdeutschen gegenüber den Westdeutschen am größten".

Diese Muster und Entwicklungen muss man allerdings vor dem Hintergrund einer im Westen deutlich verschlechterten Stimmungslage, insbesondere einer deutlich pessimistischeren Zukunftserwartung sehen (Abold/Wenzel 2005; Hauser u. a. 1996: 426-440; Kunz 2000; Neller 2004; 2006; Walz/Brunner 1997; kritisch dazu: Trommsdorff/Kornadt 2001).

Niveau und Entwicklung der Lebenszufriedenheit in Deutschland, 2002-2008

Dimensionen der Lebensqualität und ihre Messung

Die Lebenssituation der Menschen stellt sich als eine komplexe, aus zahlreichen Einzelelementen bestehende Größe dar (Campbell u. a. 1976; Delhey u. a. 2002; Noll 2002; Nussbaum/Sen 1995; Phillips 2006: 15-39; Rapley 2003; Walker/van der Maesen 2004). Die in Deutschland unter der Bezeichnung „Sozialberichterstattung" publizierten Analysen der Lebensqualität beleuchten objektive Größen wie die Arbeitsmarktlage, die Einkommens- und Wohnverhältnisse und den Zugang zu Bildungsinstitutionen sowie die Bewertung dieser Sachverhalte durch die Bevölkerung. Der regelmäßig vom Statistischen Bundesamt publizierte Datenreport (zuletzt 2008) gibt einen guten Überblick über die Entwicklung der objektiven und subjektiven Aspekte der Lebensbedingungen in Deutschland. Diese Strukturen und Prozesse sind auch Gegenstand einer breiten wissenschaftlichen Forschung (z. B. Flora/Noll 1998; Glatzer/Zapf 1984; Hauser 1995; Veenhoven 1997).

Zwar decken die in empirischen Studien zur Beschreibung der Lebensqualität verwandten Indikatoren die wichtigsten menschlichen Lebensbereiche ab, es ist aber nicht immer erkennbar, welche theoretischen Überlegungen die Auswahl dieser Indikatoren leiten. Ein möglicher theoretischer Zugang besteht darin, Messungen der Lebensqualität aus Annahmen über die menschlichen Bedürfnisse abzuleiten und die Lebenszufriedenheit auf die Übereinstimmung von Bedürfnissen und Bedürfnisbefriedigung zurückzuführen (Phillips 2006: 36-39). In einer der für diesen Forschungszweig maßgeblichen Arbeiten benennt Maslow (1954) fünf hierarchisch geordnete Arten menschlicher Grundbedürfnisse. Auf der untersten Stufe befinden sich die physiologischen Bedürfnisse, gefolgt von denen nach Sicherheit, sozialer Zugehörigkeit, Anerkennung und Selbstverwirklichung. Walker und von der Maesen (2004) unterscheiden zwischen der sozioökonomischen Sicherheit, der sozialen Inklusion, dem sozialen Zusammenhalt und dem Einfluss auf die Gestaltung der Umweltbedingungen (Empowerment) als Subdimensionen der Lebensqualität. Neben dieser inhaltlichen Dimensionierung der Lebensbereiche unterscheidet die Lebensqualitätsforschung zwischen den objektiven und subjektiven Aspekten des Wohlergehens, wobei erstere an Indikatoren wie dem Einkommen, der Wohnraumversorgung oder den Konsummustern, letztere an einer subjektiven Bewertung verschiedener Lebensumstände festgemacht wird. Schließlich unterscheidet die Forschung zwischen einer individuellen und einer kollektiven Dimension der Lebensqualität. Die Trennung zwischen diesen beiden Aspekten ist allerdings nicht immer einfach, weil das Angebot an Kollektivgütern ein Ergebnis politischer Entscheidungen ist, die je nach den existierenden wohlfahrtsstaatlichen Arrangements unterschiedlich ausfallen. Auch innerhalb von Gesellschaften existieren unterschiedliche Vorstellungen über die Abgrenzung zwischen dem öffentlichen und dem privaten Bereich, die unter anderem mit den ideologischen Präferenzen der Bevölkerung zusammenhängen. Dies ist nicht zuletzt in Deutschland zu erwarten, in dessen östlichem Landesteil in der Zeit des sozialistischen Regimes keine klare Trennlinie zwischen dem öffentlichen und dem privatem Bereich existierte. Vielmehr nahm der Staat für sich das Recht in Anspruch, alle menschlichen Lebensbereiche seinem Zugriff zu unterwerfen. In Anbetracht dieser Sachverhalte ist es wichtig, die Zufriedenheit mit den individuellen und kollektiven Lebensbedingungen möglichst differenziert zu erheben und empirisch zu klären, ob und wie sich diese einzelnen Orientierungen auf den Dimensionen individuell-kollektiv oder öffentlich-privat gruppieren.

Als Instrument der Beobachtung gesellschaftlicher und politischer Entwicklungstrends in Europa enthält der European Social Survey eine Reihe von Fragen nach der Zufriedenheit der Menschen mit ihrer Lebenssituation und deren Einzelkomponenten. Die allgemeine Lebenszufriedenheit wurde durch die folgende Frage erhoben[2]:

Wie zufrieden sind Sie – alles in allem – mit Ihrem *gegenwärtigen Leben*? ... 0 bedeutet äußerst unzufrieden und 10 äußerst zufrieden.

Die folgenden Fragen zielten auf die Bewertung bestimmter Outcomes kollektiver Entscheidungen bzw. der für die Produktion kollektiver Güter zuständiger Institutionen:

Und wie zufrieden sind Sie – alles in allem – mit der gegenwärtigen *Wirtschaftslage in Deutschland*? ... 0 bedeutet äußerst unzufrieden und 10 äußerst zufrieden.

Wenn Sie nun einmal an die *Leistungen der Bundesregierung* in Berlin denken. Wie zufrieden sind Sie mit der Art und Weise, wie sie ihre Arbeit erledigt? ... 0 bedeutet äußerst unzufrieden und 10 äußerst zufrieden.

Und wie zufrieden sind Sie – alles in allem – mit der Art und Weise, wie die *Demokratie* in Deutschland funktioniert? ... 0 bedeutet äußerst unzufrieden und 10 äußerst zufrieden.

... sagen Sie mir bitte, wie Sie – alles in allem – den derzeitigen Zustand des *Bildungssystems* in Deutschland einschätzen ... 0 bedeutet äußerst schlecht und 10 äußerst gut.

---

2   Mit weiteren Aspekten der Bewertung der privaten Lebenssituation beschäftigt sich der Beitrag von Stefan Weick zu diesem Band.

... und sagen Sie mir wie Sie – alles in allem – den derzeitigen Zustand des *Gesundheitssystems* in Deutschland einschätzen. ... 0 bedeutet äußerst schlecht und 10 äußerst gut.

Ergänzend wurde das Gefühl der Sicherheit im Wohngebiet durch die folgende Frage erhoben:

Wie sicher fühlen Sie sich – oder würden Sie sich fühlen – wenn Sie nach Einbruch der Dunkelheit alleine zu Fuß in Ihrer Wohngegend unterwegs sind oder wären? Fühlen Sie sich – oder würden Sie sich sehr sicher, sicher, unsicher oder sehr unsicher fühlen?

Die bisher genannten Größen bilden nur solche Aspekte der menschlichen Lebenssituation ab, die eher das öffentliche als das private Dasein der Menschen betreffen. Deshalb erscheint es sinnvoll, sie um weitere, insbesondere auf die Zufriedenheit mit dem privaten Leben gerichtete Fragen, zu erfassen. Hierzu gehören die Bewertung der eigenen Gesundheit und der Einkommenssituation[3], zu deren Messung im ESS die folgenden Fragen zur Verfügung standen:

Wie schätzen Sie – alles in allem – Ihren *Gesundheitszustand* ein? Würden Sie sagen, er ist sehr gut, gut, durchschnittlich, schlecht, oder sehr schlecht?

Was auf Liste 54 beschreibt am besten, wie Sie Ihr gegenwärtiges *Haushaltseinkommen* beurteilen? Mit dem gegenwärtigen Einkommen kann ich/können wir bequem leben, zurechtkommen, nur schwer zurechtkommen, nur sehr schwer zurechtkommen.

Ein weiteres Item erfasst einen allgemeinen Aspekt der Lebenszufriedenheit, nämlich das Gefühl, glücklich zu sein:

Alles in allem betrachtet, was würden Sie sagen, wie *glücklich* sind Sie? ... 0 bedeutet äußerst unglücklich und 10 äußerst glücklich.

Da die Formate zur Messung der Zufriedenheit mit einzelnen Aspekten der individuellen und der kollektiven Lebensbedingungen sich voneinander unterscheiden, ist es im Interesse der Vergleichbarkeit der Antworten auf diese Fragen zweckmäßig, die Antwortalternativen auf eine einheitliche Maßeinheit zu standardisieren. In diesem Sinne werden alle Skalen auf den Wertebereich Null bis Eins transformiert, die gleichen Abstände zwischen den einzelnen Merkmalsausprägungen bleiben durch die gewählte Form der Standardisierung erhalten. Ein Wert von null indiziert, dass alle Befragten den betreffenden Lebensbereich vollständig negativ bewerten. Der Wert eins wird erreicht, wenn alle Befragten uneingeschränkt positive Urteile abgeben. Der Wert 0,5 gibt ein Gleichgewicht positiver und negativer Bewertungen bzw. eine ambivalente Beurteilung durch alle Befragten wieder.

---

3   Fragen nach der Angst vor einem Arbeitsplatzverlust waren im ESS nicht enthalten.

Niveau und Entwicklung der Lebenszufriedenheit in Deutschland im europäischen Vergleich

Seit dem Fall der Mauer haben sich die Lebensbedingungen der Menschen in den neuen Bundesländern immer stärker jenen in den alten Ländern angeglichen. Da die subjektiven Bewertungen nach den Annahmen vieler Forscher die objektiven Entwicklungen widerspiegeln, müssten diese Angleichungsprozesse ihren Niederschlag in einer wachsenden Lebenszufriedenheit der Menschen in Ostdeutschland gefunden haben. Zugleich müsste die Bewertung der Lebenssituation durch die Menschen in den neuen Ländern jener in den alten ähnlicher geworden sein. Nachdem die ersten, in der Zeit unmittelbar nach der Vereinigung durchgeführten Untersuchungen der Lebenszufriedenheit der Deutschen ein je nach Lebensbereich mehr oder minder großes Gefälle zwischen dem westlichen und dem östlichen Landesteil zu Tage gefördert hatten, geht es nunmehr um eine aktuelle Bestandsaufnahme. Auf Grund unterschiedlicher Erhebungsinstrumente kann diese nicht einfach die älteren Befunde fortschreiben. Dennoch lässt sich nachzeichnen, ob die Lebenszufriedenheit in Ostdeutschland seit 2002 immer noch unter dem Niveau des Westens liegt und worauf dies gegebenenfalls zurückzuführen ist. Im folgenden Teil dieses Beitrages wird zunächst die durchschnittliche Zufriedenheit der Bundesbürger mit ihren Lebensbedingungen im Zeitraum 2002 bis 2008 untersucht und mit den in anderen europäischen Gesellschaften erhobenen Einstellungen verglichen. Im Anschluss daran untersuchen wir die Entwicklung in den Jahren 2002 bis 2008 und vergleichen die Resultate nach Maßgabe der Datenlage mit denjenigen früherer Erhebungen.

Tabelle 1 gibt einen Überblick über die zehn hier behandelten Einzelaspekte der Lebenszufriedenheit. Bereits auf den ersten Blick fallen zwei Sachverhalte auf. Wie in den ersten Erhebungen nach dem Ende der DDR ist die ostdeutsche Bevölkerung mit ihren individuellen und kollektiven Lebensbedingungen unzufriedener als diejenige im westlichen Landesteil. Dies betrifft alle zehn Einzelaspekte, wenn auch in unterschiedlichem Maße. Zum zweiten klafft in beiden Landesteilen eine beträchtliche Lücke zwischen der weitgehend positiven Bewertung der individuellen Lebenssituation und der deutlich geringeren Zufriedenheit mit den zur öffentlichen Daseinssphäre gehörenden Lebensbereichen. Über alle vier Erhebungen hinweg ist eine breite Mehrheit der west- und ostdeutschen Befragten mit dem Leben im Allgemeinen zufrieden, fühlt sich glücklich und bewertet die eigene Einkommenssituation und Gesundheit positiv. Im Gegensatz dazu sehen die Menschen alle oder fast alle Bereiche des öffentlichen Lebens mit kritischen Augen.

Bei einer genaueren Betrachtung einzelner Lebensbereiche zeigen sich weitere interessante Sachverhalte. Die Urteile über die vier Einzelaspekte der privaten Lebenssituation, die allgemeine Lebenszufriedenheit, das Gefühl, glücklich zu sein sowie die Zufriedenheit mit dem Einkommen und der Gesundheit, fallen im Osten wie im Westen der Bundesrepublik sehr positiv aus. Am stärksten ausgeprägt ist in beiden Teilen des Landes das Gefühl, glücklich zu sein. Nahezu gleichauf liegen die

Tabelle 1: Entwicklung der Zufriedenheit mit ausgewählten Bereichen des privaten Lebens in Europa 2002-2008 (Mittelwerte)

		Leben allgemein	Glück	Gesundheit	Einkommen
E-W*	2002	0,70	0,75	0,71	0,72
	2004	0,70	0,74	0,71	0,72
	2006	0,71	0,75	0,71	0,73
	2008	0,70	0,75	0,73	0,71
	MW	0,70	0,75	0,72	0,72
E-W	2002	0,70	0,73	0,71	0,72
	2004	0,69	0,72	0,71	0,70
	2006	0,71	0,75	0,71	0,73
	2008	0,70	0,75	0,73	0,71
	MW	0,70	0,74	0,72	0,72
D-W	2002	0,71	0,73	0,66	0,73
	2004	0,69	0,71	0,67	0,70
	2006	0,70	0,71	0,68	0,69
	2008	0,71	0,74	0,67	0,72
	MW	0,70	0,72	0,67	0,71
D-O	2002	0,63	0,68	0,64	0,65
	2004	0,63	0,69	0,65	0,67
	2006	0,62	0,68	0,64	0,63
	2008	0,64	0,69	0,65	0,66
	MW	0,63	0,69	0,65	0,65
E-O	2002	0,59	0,65	0,62	0,53
	2004	0,55	0,62	0,58	0,43
	2006	0,53	0,61	0,57	0,41
	2008	0,56	0,63	0,59	0,45
	MW	0,56	0,63	0,59	0,46
E-O*	2002	0,59	0,65	0,62	0,53
	2004	0,55	0,62	0,58	0,43
	2006	0,55	0,63	0,58	0,44
	2008	0,56	0,64	0,60	0,48
	MW	0,56	0,64	0,60	0,47

Quelle: ESS 2002, 2004, 2006, 2008, proportional nach Bevölkerungszahl und nach Design gewichtet.

Zufriedenheit mit dem Einkommen und die allgemeine Lebenszufriedenheit, und auch die Zufriedenheit mit dem Gesundheitszustand fällt nur geringfügig niedriger aus.

Im Vergleich mit der Situation in den frühen 1990er Jahren, als die neuen Bundesbürger mit ihrem Leben noch deutlich unzufriedener waren als die Bewohner der alten Bundesländer, belegen die Daten in Tabelle 1 nur noch graduelle Unterschiede zwischen der Lebenszufriedenheit in beiden Teilen Deutschlands. Die Bewertung aller Aspekte des Lebens im Allgemeinen und aller erfragten Einzelkomponenten befand sich zwischen 2002 und 2008 auf einem gleichbleibend hohen, nahezu stabilen Niveau. Die Zufriedenheit mit dem eigenen Leben war ein fester Bestandteil des Lebensgefühls der deutschen Bevölkerung und unterlag keinen nennenswerten situationsspezifischen Schwankungen.

Die Fragen nach der Zufriedenheit mit den kollektiven Lebensbedingungen umfassen zwei unterschiedliche Aspekte, die Bewertung der Demokratie und der Regierung bzw. einzelner Träger staatlicher Leistungen einerseits und die Einstellungen zu den wichtigen öffentlichen Gütern wie Bildung, Sicherheit und Wohlstand andererseits. Insgesamt sind die Deutschen mit den öffentlichen Einrichtungen und Leistungen wesentlich unzufriedener als mit ihren individuellen Lebensbedingungen. Dies entspricht einem aus vielen Untersuchungen der Einstellung der Bürger zur individuellen und zur gesamtwirtschaftlichen Lage bekannten Tatbestand. Im Allgemeinen sind die Menschen mit ihren persönlichen wirtschaftlichen Umständen zufriedener als mit den in der Gesamtgesellschaft vorherrschenden wirtschaftlichen Bedingungen. Für ihre politischen Einstellungen und Verhaltensweisen ist die Bewertung der gesamtwirtschaftlichen Lage aber wichtiger als die Einschätzung der individuellen Situation (Abold/Wenzel 2005; Rattinger 2000; Rattinger/Juhasz 1990).

Im Einzelnen stellt sich dies wie folgt dar: In Westdeutschland ist das Funktionieren der Demokratie der einzige dieser Aspekte, den die Bürger tendenziell positiv bewerten, in Ostdeutschland herrschen selbst in diesem Bereich negative Einstellungen vor. Zwischen 2002 und 2008 blieb das Verhältnis der Bürger zur Demokratie in beiden Landesteilen auf unterschiedlichem Niveau relativ stabil. Noch kritischer als die Demokratie bewerten die Menschen in Westdeutschland und Ostdeutschland die amtierende Bundesregierung. Wie bei der Bewertung der Demokratie tendieren die Ostdeutschen erneut zu mehr Skepsis als die Westdeutschen. Allerdings nahm die Zufriedenheit mit der Regierung im untersuchten Zeitraum in beiden Landesteilen zu. In der Bewertung des Bildungs- und des Gesundheitssystems ähneln die Ost- und die Westdeutschen einander stärker als in ihren Einstellungen zur Demokratie und zur Regierung. Zwar sind in beiden Teilen des Landes kritische Bewertungen etwas häufiger als positive Urteile, jedoch halten sich positive und negative Einstellungen – insbesondere in Westdeutschland – in etwa die Waage. Im westlichen Landesteil stuft die Bevölkerung das Gesundheits- und das Bildungssystem etwa gleich ein, im östlichen Teil äußern sich die Menschen etwas positiver über das Gesundheitssystem. In beiden Bereichen sind die Einstellungen ziemlich stabil, die auftretenden Schwankungen lassen keinen Trend erkennen. Wesentlich unzufriedener sind die Deutschen in West und Ost mit der Wirtschaftslage und vor allem mit der öffentlichen Sicherheit. Wiederum urteilen die Ostdeutschen kritischer als ihre Landsleute im Westen. Während seit 2002 im Westen die Zufriedenheit mit der Wirtschaftslage und der öffentlichen Sicherheit stieg, galt dies im Osten nur für die Wirtschaftslage.

Wir wollen uns nun der Einordnung der Einstellungen der Deutschen in den europäischen Kontext zuwenden und prüfen, ob die spezifische Situation Deutschlands in Europa Besonderheiten im Niveau und in der Entwicklung der Lebenszufriedenheit mit sich bringt. Diese Frage ist deshalb relevant, weil die Einbindung Ostdeutschlands in die prosperierende Gesellschaft des vereinten Deutschlands den Verlauf des Transformationsprozesses teils positiv, teils aber auch negativ beeinflusste. Auf der Positivseite stand die im Vergleich mit anderen postsozialistischen Gesellschaften schnellere und umfassendere Verbesserung der Lebensumstände, auf der Negativseite finden wir dagegen den von Anfang an größeren Wettbewerbsdruck auf Ostdeutschland. Darüber hinaus etablierte die deutsche Sondersituation für die Menschen in Ostdeutschland eine andere Vergleichsperspektive für die Bewertung der Lebenssituation. Während es für die Bevölkerung der anderen mittel- und osteuropäischen Gesellschaften naheliegt, ihre aktuelle Lebenssituation mit derjenigen vor dem Regimewechsel zu vergleichen, fungiert als wichtigste Referenzgröße für die Bewertung der Lebensbedingungen in Ostdeutschland deren Vergleich mit den Gegebenheiten im westlichen Landesteil. Somit stellt sich die Frage, wie sich die besonderen Umstände, in denen sich Deutschland nach 1990 befand, im Vergleich mit den östlichen und westlichen Nachbarländern auch Besonderheiten in der Lebenszufriedenheit zur Folge hatten.

Beginnen wir mit der Einordnung der Lebenszufriedenheit der Ostdeutschen, deren objektive Lebensbedingungen seit 1990 besonders starken Veränderungen unterworfen waren. Die verschiedenartigen Bedingungen, unter denen der Systemwandel in Ostdeutschland und anderen Gesellschaften Mittel- und Osteuropas vor sich ging, manifestieren sich in der Bewertung sämtlicher Aspekte der individuellen Lebenssituation. Die Lebenszufriedenheit und die Zufriedenheit mit dem eigenen Gesundheitszustand sind in Ostdeutschland größer als in den anderen postsozialistischen Gesellschaften Ost- und Mitteleuropas. Im Durchschnitt sind die Ostdeutschen auch glücklicher als ihre Nachbarn im Osten. Besonders stark unterscheiden sie sich von ihren östlichen Nachbarn in der Zufriedenheit mit ihrem Einkommen. Die beschriebene Differenz zwischen den Ostdeutschen und den Osteuropäern war bereits im Jahr 2002 gegeben. Sie hat sich seither vergrößert, weil die Lebenszufriedenheit in Ostdeutschland seit 2002 relativ stabil blieb, während sie im übrigen Mittelosteuropa abnahm. Außer bei der allgemeinen Lebenszufriedenheit stimmen die Ostdeutschen in der Einschätzung ihrer individuellen Lebensbedingungen stärker mit den Westdeutschen überein als mit ihren östlichen Nachbarn.

Anders als ihre Landsleute im östlichen Teil Deutschlands unterscheiden sich die Menschen in den alten Bundesländern in ihrer Lebenszufriedenheit kaum von den Bürgern anderer Staaten westlich des früheren Eisernen Vorhanges. Mit ihrem Leben im Allgemeinen sind die Westdeutschen genauso zufrieden wie die Menschen in den anderen westeuropäischen Ländern. Im Gefühl, glücklich zu sein und in der Zufriedenheit mit dem Einkommen liegen sie nur geringfügig unter dem westeuropäischen Durchschnitt. Lediglich mit ihrem Gesundheitszustand sind sie unzufrie-

Tabelle 2: Entwicklung der Zufriedenheit mit ausgewählten Bereichen des öffentlichen Lebens in Europa 2002-2008 (Mittelwerte)

		Demokratie	Regierung	Bildung	Gesundheit	Wirtschaft	Sicherheit
E-W*	2002	0,54	0,44	0,53	0,54	0,46	0,35
	2004	0,54	0,45	0,55	0,56	0,48	0,37
	2006	0,54	0,45	0,55	0,59	0,51	0,37
	2008	0,52	0,41	0,54	0,59	0,37	0,37
	MW	0,54	0,44	0,54	0,57	0,46	0,37
E-W	2002	0,53	0,43	0,53	0,52	0,45	0,35
	2004	0,53	0,44	0,53	0,54	0,46	0,35
	2006	0,54	0,45	0,55	0,59	0,51	0,37
	2008	0,53	0,41	0,54	0,50	0,37	0,37
	MW	0,53	0,43	0,54	0,54	0,45	0,36
D-W	2002	0,56	0,32	0,48	0,49	0,31	0,27
	2004	0,55	0,35	0,43	0,48	0,35	0,29
	2006	0,55	0,38	0,46	0,44	0,45	0,34
	2008	0,58	0,44	0,46	0,47	0,43	0,36
	MW	0,56	0,37	0,46	0,47	0,39	0,32
D-O	2002	0,39	0,29	0,41	0,46	0,26	0,26
	2004	0,42	0,32	0,39	0,45	0,32	0,21
	2006	0,41	0,33	0,40	0,43	0,37	0,22
	2008	0,44	0,38	0,42	0,45	0,38	0,27
	MW	0,42	0,33	0,41	0,45	0,33	0,24
E-O	2002	0,44	0,36	0,52	0,41	0,32	0,18
	2004	0,41	0,34	0,48	0,33	0,33	0,23
	2006	0,36	0,36	0,44	0,33	0,34	0,26
	2008	0,38	0,38	0,47	0,35	0,32	0,24
	MW	0,40	0,36	0,48	0,36	0,33	0,23
E-O*	2002	0,44	0,36	0,52	0,41	0,32	0,18
	2004	0,41	0,34	0,48	0,33	0,33	0,23
	2006	0,38	0,27	0,47	0,33	0,32	0,26
	2008	0,38	0,27	0,49	0,34	0,29	0,25
	MW	0,40	0,31	0,49	0,35	0,32	0,23

Quelle: ESS 2002, 2004, 2006, 2008, proportional nach Bevölkerungszahl und nach Design gewichtet.

ner als ihre westlichen Nachbarn, ohne sich jedoch gravierend von ihnen zu unterscheiden. Summa summarum ähneln die Westdeutschen den Westeuropäern etwas stärker als den Ostdeutschen. Lediglich die Bewertung des persönlichen Gesundheitszustandes weicht von diesem Muster ab.

Die kollektiven Lebensbedingungen bewerteten die Ost- und Westdeutschen deutlich negativer als ihre individuellen Daseinsverhältnisse, wobei die Kritik im Osten noch stärker war als im Westen. Zudem fördert der Vergleich West- und Ostdeutschlands mit den europäischen Nachbarländern einige Erkenntnisse zu Tage, die von den bisher präsentierten abweichen. In der Zufriedenheit mit dem Funktionieren der Demokratie, mit der Wirtschaftslage, mit der Regierung und mit der inneren Sicherheit ähneln die Menschen in Ostdeutschland ihren osteuropäischen Nachbarn stärker als ihren Landsleuten in den alten Bundesländern. Die Zufriedenheit mit dem Bildungssystem ist in Ostdeutschland nicht nur geringer als in Westdeutschland, sie liegt auch unter dem in den ost- und mitteleuropäischen Gesellschaften gemessenen Niveau. Im Gegensatz dazu bewerten die Ostdeutschen das Gesundheitssystem ähnlich wie die Westdeutschen. In der Gesamtbilanz zeigt sich bei der Lebenszufriedenheit der Ost- und Westdeutschen ein uneinheitliches Bild. Ihre privaten Belange und den Zustand des Gesundheitssystems bewerten die Menschen in beiden Teilen Deutschlands relativ ähnlich und tragen damit den seit der Wiedervereinigung erzielten Fortschritten bei der Verwirklichung gleichwertiger Lebensbedingungen in allen Teilen des Bundesgebietes Rechnung. Dagegen manifestiert die seit 1990 erreichte Verbesserung der kollektiven Lebensbedingungen im Allgemeinen sich nicht in einer Aufhellung der Stimmungslage. Entweder haben die Menschen die seit 1990 eingetretene Verbesserung der Verhältnisse nicht registriert, oder sie würdigen sie nicht.

Die partiell negative Stimmungslage bleibt nicht auf den östlichen Teil Deutschlands beschränkt, sondern zeigt sich auch in den alten Bundesländern. Abgesehen von der Einstellung zum Funktionieren der Demokratie sind die Menschen in Westdeutschland unzufriedener mit ihren kollektiven Lebensbedingungen als die Bürger der meisten anderen Länder Westeuropas. In ihrer Bewertung der Regierungsarbeit und der Wirtschaftslage befinden sie sich in einer Äquidistanz zu den Ostdeutschen und den Westeuropäern. In der Demokratiezufriedenheit und der Bewertung der inneren Sicherheit ähneln sie ihren westlichen Nachbarn stärker als ihren Landsleuten im Osten, bei der Zufriedenheit mit dem Bildungssystem verhält es sich umgekehrt. Die Einstellungen zum Gesundheitssystem schließlich stellen sich in den alten und neuen Ländern ähnlich dar. Ungeachtet ihrer besseren Ausgangsbedingungen sind die Menschen in Ostdeutschland in einigen Lebensbereichen kritischer als die in Osteuropa, in einigen urteilen sie ähnlich wie ihre östlichen Nachbarn. Die Bürger Westdeutschlands sehen ihre kollektiven Lebensumstände durchweg negativer als dies ihre westlichen Nachbarn tun und reagieren damit auf die seit der Vereinigung vorgenommene Priorisierung Ostdeutschlands bei der Verteilung von Infrastrukturinvestitionen.

Nach diesem detaillierten Überblick über die einzelnen Komponenten der Lebenszufriedenheit werden wir in den folgenden Abschnitten lediglich zwischen der globalen Bewertung der individuellen und der kollektiven Lebensbedingungen unterscheiden. Zu diesem Zweck wurden die in den Tabellen 1 und 2 vorgestellten

Einzelindikatoren jeweils zu einem additiven Index der Zufriedenheit mit den individuellen und den kollektiven Lebensbedingungen zusammengefasst.[4] Dieses Vorgehen ist theoretisch plausibel und lässt sich zudem durch eine Faktorenanalyse erhärten, in der die zuvor präsentierten einzelnen Indikatoren der Lebenszufriedenheit in der theoretisch zu erwartenden Weise jeweils auf einem Faktor individuelle und kollektivbezogene Lebenszufriedenheit laden (tabellarisch nicht ausgewiesen).

Determinanten der Lebenszufriedenheit in Deutschland im europäischen Vergleich

Gesamtgesellschaftliche und politisch-institutionelle Bedingungen

Für die Politikwissenschaft ist die Untersuchung der Zufriedenheit mit den individuellen und kollektiven Lebensbedingungen schon seit längerer Zeit ein wichtiges Thema. Die meisten Studien fokussieren dabei den Einfluss der Zufriedenheit mit der wirtschaftlichen Lage auf das Vertrauen zur Regierung und zu den politischen Institutionen (Dalton 2004; Denters u. a. 2007; Gabriel/Walter-Rogg 2008; Listhaug/Wiberg 1995; Miller/Listhaug 1999; Zmerli 2004) sowie auf die Unterstützung des politischen Regimes (Dalton 2004; Fuchs u. a. 1995; Gabriel 1999; Lockerbie 1993; McAllister 1999; Trüdinger 2005). Die Relevanz der objektiven sozioökonomischen und politischen Rahmenbedingungen für die Lebenszufriedenheit der Menschen wurde dagegen erst in jüngster Zeit zu einem Thema der politikwissenschaftlichen Forschung. Den Hintergrund dieser Erweiterung der Forschungsperspektive bildet neben dem verbesserten Zugang zu den entsprechenden Makro- und Mikrodaten das gewachsene Interesse des Faches an der Performanz demokratischer Regime. In Anlehnung an Powell (1982; vgl. auch: Lijphart 1999; Roller 2005) ist dabei zwischen zwei verschiedenen Aspekten der Leistungsbewertung zu unterscheiden, nämlich der Qualität der demokratischen Institutionen und Prozesse einerseits und der Qualität der von Demokratien produzierten Policies auf der anderen Seite. Die materiellen Leistungen wiederum können daran gemessen werden, in welchem Maße sie zu Erreichung von Zielen wie Wohlstand, Sicherheit und Chancengleichheit beitragen, um deren Bewertung es in diesem Beitrag geht.

Politikwissenschaftliche Analysen des Einflusses der objektiven Lebensbedingungen auf das Wohlbefinden der Menschen weisen Berührungspunkte zu zwei Forschungszweigen auf, zur Untersuchung gesellschaftlicher und politischer Modernisierungsprozesse und zur „Good Governance" Forschung. Erstere beschäf-

---

4 Die beiden Indizes weisen – wie die Einzelindikatoren – einen Wertebereich von 0 bis 1 auf. Zu diesem Zweck wurden die Werte der Einzelindikatoren addiert und durch die Zahl der in den Index eingehenden Items dividiert. Fehlende Werte bei einzelnem Items hatten die Zuweisung eines fehlenden Wertes bei den Indizes zur Folge.

tigen sich mit den Effekten des Überganges von einer Stufe der gesellschaftlichen Entwicklung zur nächsten auf das Lebensgefühl der Menschen. Letztere verfolgen das ehrgeizige Ziel, die Qualität des Regierens objektiv messbar zu machen und die Bedingungen und Wirkungen dieses Zustandes zu untersuchen. Allerdings ist das Konzept des „Good Governance" analytisch und theoretisch wenig ausgearbeitet, was eine gewisse Beliebigkeit der Auswahl der zur empirischen Messung ausgewählten Indikatoren impliziert. Auch wenn sich über die Relevanz der von der Weltbank spezifizierten Subdimensionen guten Regierens vermutlich leicht Konsens erzielen lässt, bedarf es doch einer Diskussion darüber, ob sich die Qualität demokratischen Regierens auf die Ziele der politischen Mitsprache und Verantwortlichkeit, der politischen Stabilität und Abwesenheit von Gewalt, der Effektivität des Regierens, der Qualität staatlicher Regulierung, der Rechtsstaatlichkeit und Kontrolle von Korruption (Kaufmann u. a. 2008; Kaufmann/Kraay 2007) reduzieren lässt und wie diese sechs Subdimensionen jeweils zu gewichten sind. Zudem gibt die Operationalisierung der genannten Komponenten des guten Regierens ebenso Anlass zu Debatten wie die Möglichkeit einer adäquaten Messung der Qualität des Regierens in semiautoritären, autoritären oder totalitären Regimen. Ungeachtet dieser Probleme, die in einer Untersuchung europäischer Gesellschaften weniger gravierend sind als in vielen außereuropäischen Kontexten, liegen die Verbindungen zwischen der Qualität des Regierens und der Lebenszufriedenheit der Menschen auf der Hand. In den modernen Staaten, insbesondere in den europäischen Wohlfahrtsstaaten, greift der Staat durch regulierende und verteilende Maßnahmen intensiv in das Leben der Menschen ein und verfolgt den Zweck, die Lebensbedingungen der Menschen zu verbessern (Hagerty u. a. 2002). Die Untersuchung des Erfolgs dieser Bemühungen gehört zu den besonders interessanten Problemen der empirischen Forschung.

Etwas älter als die Governanceforschung sind die in der Lebensqualität- und Modernisierungsforschung verankerten Analysen des Zusammenhanges zwischen den objektiven sozioökonomischen Bedingungen und dem subjektiven Wohlbefinden der Menschen (z. B. Cantril 1965; Delhey u. a. 2002; Easterlin 2004; Hudler/Richter 2002; Inglehart 1995; Inglehart/Welzel 2005: 298-298; Walker/van der Maesen 2004). Besondere Bekanntheit erlangte die als Easterlin Paradox bezeichnete Diskrepanz zwischen dem Einkommen und dem subjektiven Glücksempfinden der Menschen (Easterlin 1974). Demnach ziehen günstige objektive Lebensumstände nicht zwangsläufig eine positive Bewertung dieser Gegebenheiten nach sich. Insbesondere in Phasen eines dramatischen, tiefgreifenden und schnellen sozioökonomischen Wandels können Verunsicherungen auftreten, die unabhängig von den objektiven Rahmenbedingungen zu negativen Einschätzungen der gegebenen Verhältnisse führen. Zudem wird die Wahrnehmung und Bewertung der Umweltbedingungen stark von den benutzten Bewertungs- und Vergleichsmaßstäben beeinflusst (Barnes u. a. 1979; Farah u. a. 1979; Hochschild 1981; Kumlin 2004: 23-48).

Die in diesem Beitrag gewählte Perspektive auf die Lebenszufriedenheit in Deutschland setzt den Möglichkeiten einer systematischen empirischen Analyse des Zusammenhanges zwischen objektivem und subjektivem Wohlergehen relativ enge

Grenzen. Dennoch lassen sich die Befunde über die Lebenszufriedenheit der Deutschen und Europäer besser einordnen, wenn man sie auf die in den betreffenden Gesellschaften vorhandenen objektiven Bedingungen bezieht. Zu diesem Zweck beschäftigt sich der folgende Abschnitt mit den Zusammenhängen zwischen dem Niveau der Humanentwicklung und der Qualität des Regierens einerseits und der in den vier Wellen des European Social Survey ermittelten durchschnittlichen Lebenszufriedenheit in den untersuchten Ländern andererseits. Als Indikatoren verwenden wir den Human Development Index (HDI) des UNDP und den Good Governance Index der Weltbank. Der HDI schließt die Indikatoren „Lebenserwartung der Menschen bei der Geburt", „Alphabetisierungsrate und Schulbesuch" sowie „reale Kaufkraft je Einwohner" ein.[5] Der Good Governance Index ist ein summarisches Maß der oben erläuterten sechs Einzeldimensionen guten Regierens und ihrer Indikatoren (Kaufmann u. a. 2008).

Die zwischen den objektiven und subjektiven Lebensbedingungen bestehenden Beziehungen sind in den Abbildungen 1 bis 4 dargestellt. Aus der Fülle der in ihnen enthaltenen Informationen interessiert hier lediglich der Effekt der Humanentwicklung und der Qualität des Regierens auf die Bewertung der individuellen und der kollektiven Lebensbedingungen in Europa und Deutschland. Auf einen einfachen Nenner gebracht, geht es vornehmlich um die Klärung der Frage, ob die Ost- und die Westdeutschen so zufrieden sind, wie es der Humanentwicklung Deutschlands und der Qualität des Regierens in diesem Lande entspräche, ob die subjektive Zufriedenheit hinter dem Niveau zurückbleibt, das nach den objektiven Gegebenheiten zu erwarten ist oder ob sie das objektiv zu erwartende Niveau übersteigt.

Beginnen wir mit der Darstellung der Relevanz von Humanentwicklung und Good Governance für die Zufriedenheit der Europäer mit ihren individuellen Lebensbedingungen. Die Humanentwicklung erweist sich als ein außerordentlich guter Prädiktor der individuellen Lebenszufriedenheit in Europa. Der Anteil der diesen Variablen gemeinsamen Varianz liegt in den vier Wellen des ESS zwischen 75 und 84 Prozent, fällt also selbst für Aggregatdatenanalysen relativ hoch aus. Die starke positive Beziehung zwischen den Variablen bedeutet, dass die Zufriedenheit der in einem Lande lebenden Menschen mit ihren individuellen Lebensverhältnissen mit der Humanentwicklung deutlich steigt. Die durchschnittliche Lebenszufriedenheit in Westdeutschland entspricht in allen vier Erhebungen mehr oder weniger dem auf Grund der Humanentwicklung zu erwartenden Niveau. Dagegen sind die Ostdeutschen mit ihren individuellen Lebensbedingungen nicht ganz so zufrieden, wie es dem Niveau der Humanentwicklung Deutschlands entspräche. Der in Ostdeutschland gemessene Wert weicht in allen vier Erhebungen ungefähr gleich stark von der Regressionsgeraden ab und deutet somit auf eine im Vergleich mit den objektiven Bedingungen zu geringe Zufriedenheit der Menschen hin. Bei der Interpretation die-

---

5   siehe http://hdr.undp.org/en/humandev/ (letzter Zugriff am 30.10.2010).

Abbildung 1: Lebenszufriedenheit und Makroindikatoren humanitärer und politischer Entwicklung 2002

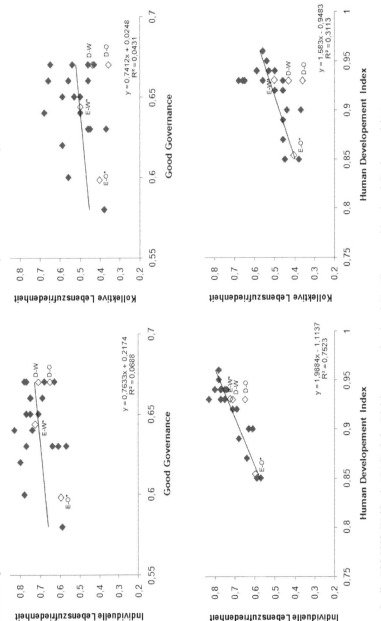

Quelle: ESS 2002, Weltbank, UN-Statistics Division, proportional nach Bevölkerungszahl und nach Design gewichtet. Good Governance Index: erstellt aus den sechs ‚Aggregate Governance Indicators' der Weltbank, (http://info.worldbank.org/governance/wgi/index.asp) recodiert auf einen Wertebereich von 0-1.

Abbildung 2: Lebenszufriedenheit und Makroindikatoren humanitärer und politischer Entwicklung 2004

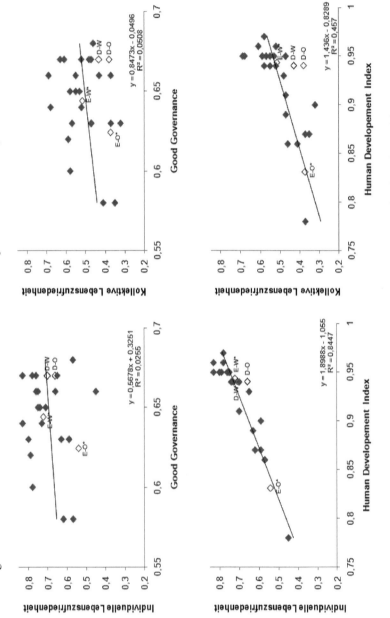

Quelle: ESS 2004, Weltbank, UN-Statistics Division, proportional nach Bevölkerungszahl und nach Design gewichtet. Good Governance Index: erstellt aus den sechs 'Aggregate Governance Indicators' der Weltbank, (http://info.worldbank.org/governance/wgi/index.asp) recodiert auf einen Wertebereich von 0-1.

Abbildung 3: Lebenszufriedenheit und Makroindikatoren humanitärer und politischer Entwicklung 2006

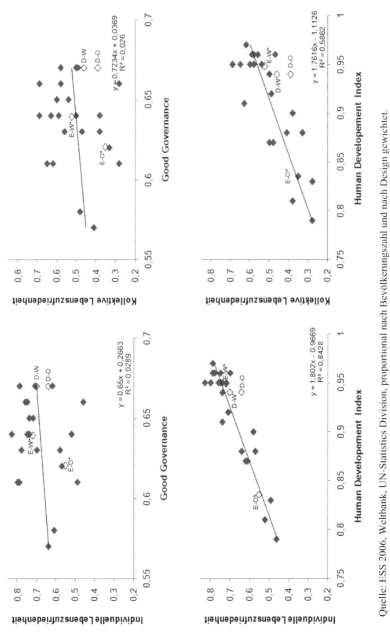

Quelle: ESS 2006, Weltbank, UN-Statistics Division, proportional nach Bevölkerungszahl und nach Design gewichtet. Good Governance Index: erstellt aus den sechs „Aggregate Governance Indicators" der Weltbank, (http://info.worldbank.org/governance/wgi/index.asp) recodiert auf einen Wertebereich von 0-1.

Abbildung 4: Lebenszufriedenheit und Makroindikatoren humanitärer und politischer Entwicklung 2008

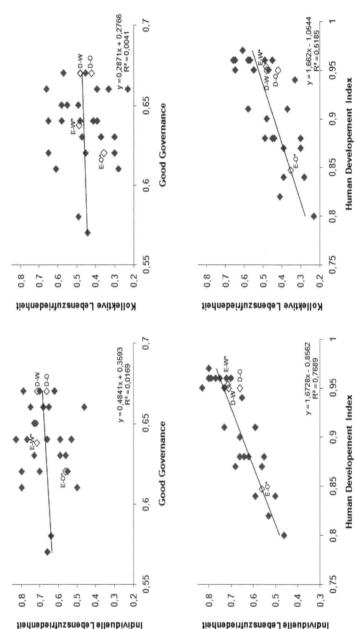

Quelle: ESS 2008, Weltbank, UN-Statistics Division, proportional nach Bevölkerungszahl und nach Design gewichtet. Good Governance Index: erstellt aus den sechs „Aggregate Governance Indicators" der Weltbank, (http://info.worldbank.org/governance/wgi/index.asp) recodiert auf einen Wertebereich von 0-1. Werte für Human Development Index aus dem Jahr 2007, aktueller nicht verfügbar.

ses Sachverhaltes muss man allerdings berücksichtigen, dass die HDI-Werte nur für Gesamtdeutschland vorliegen und deshalb das in der Humanentwicklung noch vorhandene West-Ost-Gefälle unberücksichtigt lassen.

Die Schätzergebnisse für die Zufriedenheit der Europäer mit den kollektiven Lebensbedingungen schwanken im Zeitverlauf wesentlich stärker. Der Anteil der durch die Humanentwicklung gebundenen Varianz der Zufriedenheit mit den politischen und gesellschaftlichen Bedingungen fällt mit Werten zwischen 31 und 59 Prozent selbst im günstigsten Fall geringer aus als bei der Untersuchung der individuellen Lebenszufriedenheit. Erneut fördert ein hohes Niveau der Humanentwicklung die Lebenszufriedenheit. Wie bereits bei der Schätzung der Zufriedenheit mit den individuellen Lebensbedingungen bleibt Ostdeutschland unterhalb des Niveaus, das nach dem Stand der Humanentwicklung zu erwarten wäre. Es weist von allen europäischen Ländern die größte Diskrepanz zwischen den objektiven Lebensbedingungen und ihrer subjektiven Bewertung auf. Bei der Interpretation dieses Sachverhaltes ist erneut die Verwendung des für Gesamtdeutschland ermittelten HDI-Wertes als Prädiktorgröße in Rechnung zu stellen. Dennoch bleibt der Sachverhalt bestehen, dass die Stimmung der Deutschen in allen vier Erhebungswellen schlechter war als die objektive Lage. Dies gilt bei der Bewertung der kollektiven Lebensbedingungen auch für die westdeutsche Bevölkerung, deren Zufriedenheit deutlich geringer war als es nach den objektiven Gegebenheiten zu erwarten wäre (vgl. auch: Gabriel/Plasser 2010).

Anders als die Humanentwicklung trägt die Qualität des Regierens nichts zur Erklärung der Lebenszufriedenheit der Europäer bei. Die Determinationskoeffizienten erreichen niemals einen auch nur annähernd zufriedenstellenden Wert. Allerdings fällt auch hier wieder auf, dass die für Ostdeutschland geschätzten Zufriedenheitswerte konsistent unterhalb der Regressionslinie liegen und insofern auf eine Diskrepanz zwischen der objektiven Lage und deren subjektiver Bewertung verweisen.

Individuelle Bestimmungsfaktoren der Lebenszufriedenheit

Obgleich die einschlägige Forschung die Bewertung der Lebensqualität in Europa umfassend dokumentiert, sind die Determinanten dieser Einstellungen relativ schlecht erforscht. Viele einschlägige Arbeiten verweisen auf den positiven Zusammenhang zwischen den objektiven gesellschaftlichen Verhältnissen und dem subjektiven Wohlbefinden der Menschen (vgl. die Hinweise im vorigen Abschnitt). Nachdem im vorigen Abschnitt gezeigt wurde, dass die deutsche, insbesondere die ostdeutsche Bevölkerung mit ihren kollektiven Lebensbedingungen deutlich unzufriedener ist als es nach der objektiven Lage zu erwarten wäre, dass dieses Muster aber beim individuellen Wohlbefinden weniger deutlich (Ostdeutschland) bzw. gar nicht (Westdeutschland) auftritt, bleibt ein Bedarf an Erklärungen. Um diesem gerecht zu werden, ist es sinnvoll, ausgewählte individuelle Charakteristika in den Blick zu nehmen und zu fragen, welche von ihnen dazu beitragen, dass Menschen mit ihren Lebensbedingungen zufrieden sind oder nicht. Zur Klärung dieser Fragen können die Annahmen und Erkenntnisse verschiedener Forschungsrichtungen beitragen, die als komplementäre Größe in Erklärungen der Zufriedenheit mit den individuellen und kollektiven Lebensbedingungen verwendet werden.

Objektive Lebenslage: In der Sozialindikatorenforschung spielt vor allem der sozioökonomische Status eine wichtige Rolle als Determinante der Lebenszufriedenheit (Hauser u. a. 1996; vgl. auch Argyle 1999; Easterlin 2004; Phillips 2006: 24-30, 104-131; Nussbaum/Sen 1995; Walker/van der Maesen 2004). Er beschreibt die objektive Position von Individuen im Gesellschaftsgefüge. Der soziale Status bestimmt den Zugang zu den für ein selbstbestimmtes und zufriedenes Leben benötigten Ressourcen, insbesondere die Verfügung über Einkommen, Bildung und soziale Anerkennung. Dem zu Folge dürften die Angehörigen der höheren Statusgruppen mit ihren individuellen und kollektiven Lebensbedingungen zufriedener sein als die schwächer mit den genannten Ressourcen ausgestatteten Menschen. Als Statusindikatoren stehen im European Social Survey das Bildungsniveau[6] und das Nettoeinkommen des Haushaltes[7] zur Verfügung.

Soziale Netzwerke und Sozialkapital: Ein zweiter, für die Lebenszufriedenheit bedeutsamer Aspekt ist die Integration von Menschen in soziale Netzwerke wie die Familie, den Freundeskreis, den Arbeitsmarkt, religiöse Gemeinschaften usw. Sozial integrierte Menschen sind vermutlich mit ihrem Leben zufriedener als isolierte. Dabei dürfte die Lebenszufriedenheit mit der Vielfalt und Dichte der Integration in soziale Netzwerke steigen. Integration fördert Kohäsion, diese steigert normalweise die Zufriedenheit der Menschen mit ihrem Leben (Myers 1999; Phillips 2006: 132-157). Allerdings ist zu bedenken, dass soziale Integration auch immer soziale Kontrolle impliziert, welche die menschlichen Handlungsmöglichkeiten einschränkt und die Basis für Unzufriedenheit legen kann.

Besondere Aufmerksamkeit fand die Integration von Menschen in soziale Netzwerke in der Sozialkapitalforschung (Cook u. a. 2009; Lin 2001; Lin u. a. 2005). In ihrer für die empirische Forschung besonders produktiven Variante behandelt dieser Forschungszweig die Einbindung von Individuen in Freiwilligenorganisationen und informelle Netzwerke sowie das interpersonale Vertrauen und die Unterstützung prosozialer Werte und Normen als Grundlage eines harmonischen und effektiven sozialen Zusammenlebens. Mehrere Beiträge zur Sozialkapitalforschung betonen ausdrücklich den positiven Beitrag der Partizipation von Individuen am Sozialkapital zur Zufriedenheit der Menschen mit ihren individuellen und kollektiven Lebensbedingungen (Franzen/Freitag 2007; Gabriel 2009; Halpern 2005: 41-195; Putnam 2000: 287-363). Alle Wellen des European Social Survey enthalten Indikatoren

---

6 *Bildung*: Höchster Schulabschluss, Wertebereich auf 0 ‚Schule beendet ohne Abschluss' bis 1 ‚Hochschulreife' recodiert. Die Abstände zwischen den Merkmalsausprägungen sind gleich. Fehlende Werte wurden durch Bildungsjahre ersetzt. Die Merkmalsausprägungen ‚noch Schüler' und ‚anderer Schulabschluss' wurden als fehlende Werte deklariert.

7 *Netto-Haushaltseinkommen* aus allen Quellen. Wertebereich zusammengefasst und auf 0 ‚niedriges Einkommen' bis 1 ‚hohes Einkommen' recodiert, mit gleichen Abständen zwischen den Merkmalsausprägungen. Fehlende Werte imputiert durch Mittelwerte je Land und Erhebungszeitpunkt.

zahlreicher Aspekte der Einbindung in soziale Netzwerke wie die Familie[8], das Berufsleben[9] und Religionsgemeinschaften.[10] Hinzu kommen Fragen nach der Häufigkeit sozialer Kontakte[11], der Unterstützung hilfebedürftiger Personen[12] und dem interpersonalen Vertrauen[13].

Wertorientierungen: Auch in der Werteforschung finden sich einzelne für die Erklärung der Lebenszufriedenheit relevante Annahmen. So hatte Klages (1984) auf eine Disposition von Trägern nonkonformistischer bzw. emanzipativer Werte verwiesen, auf eine Nichterfüllung ihrer steigenden Erwartungen an das politische System mit Unzufriedenheit und Protest zu reagieren. Demgegenüber sei für die Träger konformistischer Werte eine Neigung zur Selbstbescheidung typisch. Ähnliche Überlegungen finden wir in Ingleharts (1990; 1995) Analysen des Überganges von materialistischen zu postmaterialistischen Wertorientierungen. Zwar deckt der European Social Survey weder die von Klages noch die von Inglehart enthaltenen Konzeptualisierungen durch entsprechende Fragen ab, jedoch erlaubt die in ihm enthaltene Schwartz-Skala eine inhaltlich ähnliche Unterscheidung zwischen Zielen, die sich auf Tradition, Einordnung und Selbstbescheidung beziehen und solchen Präferenzen, die auf Wandel und Selbstverwirklichung gerichtet sind[14]. Aus der entsprechenden Batterie lassen sich empirisch drei Faktoren extrahieren, die für die Dimensionen, „Konventionalität", „Solidarität" und „Offenheit für Neues" stehen. Von diesen müssten bei einer Weiterentwicklung der Annahmen von Klages und

---

8   Index *Familiale Integration* (dichotom, 0/1) besteht aus: ‚Zusammenlebend mit Partner/Ehepartner' und ‚Kinder im Haushalt'. Trifft eines der beiden zu, erhält der Befragte den Wert 1.
9   *Integration in den Arbeitsmarkt*: (dichotom, 0/1) – Wenn der Befragte momentan abhängig beschäftigt oder selbständig ist, oder im Familienbetrieb mitarbeitet, erhält er den Wert 1.
10 *Kirchgangshäufigkeit*: Wertebereich recodiert auf 0 ‚nie' bis 1 ‚täglich', mit gleichen Abständen zwischen den Merkmalsausprägungen.
11 *Soziale Kontakte*: Kontakthäufigkeit mit Freunden, Verwandten oder privat mit Arbeitskollegen. Wertebereich recodiert auf 0 ‚nie' bis 1 ‚täglich', mit gleichen Abständen zwischen den Merkmalsausprägungen.
12 *Hilfeverhalten*: Häufigkeit von Hilfeverhalten anderen gegenüber – Wertebereich recodiert auf 0 ‚nie' bis 1 ‚täglich', mit gleichen Abständen zwischen den Merkmalsausprägungen.
13 *Soziales Vertrauen*: additiver Index aus den Fragen: ‚Kann man Menschen vertrauen oder kann man nicht vorsichtig genug sein?', ‚Versuchen die meisten Menschen Sie auszunutzen oder verhalten sie sich fair?', ‚Sind die Menschen meistens hilfsbereit oder meistens auf den eigenen Vorteil bedacht?'. Recodierung des Wertebereiches auf 0 ‚geringes soziales Vertrauen' bis 1 ‚hohes soziales Vertrauen' vor und nach der Addition, mit gleichen Abständen zwischen den Merkmalsausprägungen. Index erstellt für Befragte, die mindestens zwei gültige Werte aufweisen.
14 Die Itembatterie fragt nach der Einschätzung des Befragten, wie ähnlich eine beschriebene Person dem Befragten ist. Für die Bildung der additiven Indices wurden die Wertebereiche auf 0 ‚überhaupt nicht ähnlich' bis 1 ‚sehr ähnlich' recodiert, mit gleichen Abständen zwischen den Merkmalsausprägungen. Ebenso wurde mit den resultierenden Indices verfahren. Fehlende Werte wurden nicht zugelassen.
    Konventionelle Werte: Index aus: ‚Korrektes Verhalten', ‚Regeln befolgen', ‚Tradition, Sitten und Gebräuche befolgen' und ‚Sicheres Umfeld bevorzugt'.
    Innovative Werte: Index aus: ‚Neue Ideen entwickeln', ‚Abenteuer und Aufregung' und ‚Überraschungen und Abwechslung'.
    Solidaritätswerte: Index aus: ‚Anderen Helfen' und ‚Menschen gleich behandeln'.

Inglehart die beiden ersten einen positiven und die letzte einen negativen Einfluss auf die Lebenszufriedenheit ausüben.

Persönlichkeitsfaktoren: Vor allem die Zufriedenheit mit den persönlichen Lebensumständen wird durch Persönlichkeitsfaktoren wie Optimismus, Ichstärke, Soziabilität usw. beeinflusst (Diener/Lucas 1999; Trommsdorff/Kornadt 2001). Aufgeschlossene, selbstbewusste und optimistische Menschen sind demnach mit ihrem Leben zufriedener als introvertierte, ängstliche und pessimistische Personen. Da der European Social Survey keines der eingeführten Persönlichkeitsinventare enthält, lässt sich dieser Komplex von Erklärungsvariablen der Lebenszufriedenheit lediglich durch Proxyvariablen abbilden. Zu diesen gehört zunächst die in der Literatur als „Internal Efficacy" bezeichnete Einstellung[15], die in der Entfremdungsliteratur mit dem Konzept der Machtlosigkeit gleichgesetzt wird (Seeman 1972). Auf die Bedeutsamkeit dieser Einstellung für die Lebenszufriedenheit verweisen auch Hauser u. a. (1996: 427), nach deren Auffassung tiefgreifende, schnelle und umfassende gesellschaftliche Veränderungen, wie sie sich im östlichen Teil Europas seit 1990 ereigneten, bei großen Teilen der Bevölkerung Verunsicherung und Unzufriedenheit auslösen. Weitere Proxies für Persönlichkeitsfaktoren sind die bereits weiter oben eingeführten Variablen „interpersonales Vertrauen" und „Häufigkeit sozialer Kontakte" (Soziabilität). Es wird angenommen, dass diese ebenso einen positiven Einfluss auf die Lebenszufriedenheit ausüben wie die Ichstärke.

Politische Größen: Während zu erwarten ist, dass die bisher genannten Größen sowohl die Zufriedenheit mit den individuellen Lebensumstände als auch die Bewertung der kollektiven Lebensbedingungen beeinflussen, lassen sich aus einigen politikwissenschaftlichen Analysen weitere, lediglich für die Zufriedenheit mit den kollektiven Lebensbedingungen bedeutsame Annahmen ableiten. So wie die soziale Integration die Lebenszufriedenheit im Allgemeinen beeinflussen dürfte, ist auch ein Effekt der Integration ins politische Leben auf die Zufriedenheit mit den kollektiven Lebensbedingungen zu erwarten. Diese lässt sich beispielsweise an der Parteiidentifikation[16], der Intensität der politischen Partizipation[17], dem politischen Inte-

---

15 *Ichstärke*: additiver Index aus den Fragen ‚Wie oft erscheint Politik zu kompliziert' und ‚Wie schwer fällt politische Meinungsbildung'. Items wurden in gleiche Richtung gepolt und auf den Wertebereich 0 ‚geringe Ichstärke' bis 1 ‚hohe Ichstärke', unter Beibehaltung der gleichen Abständen zwischen den Merkmalsausprägungen, recodiert. Fehlende Werte waren nicht zugelassen.

16 *Parteiidentifikation*: multiplikativer Index aus den Variablen Parteiidentifikation (dichotom, 0/1) und Stärke der Parteiidentifikation. Wertebereich recodiert auf 0 ‚keine PI' bis 1 ‚starke PI', mit gleichen Abständen zwischen den Merkmalsausprägungen.

17 *Parteibezogene Partizipation*: Summe der Aktivitäten aus den dichotomen Variablen ‚Kontakt zu Politiker oder Amtsperson', ‚Mitarbeit in Partei oder Gruppierung' und ‚Mitarbeit in Organisation, Verband oder Verein'. Wertebereich recodiert auf 0 ‚nichts davon' bis 1 ‚alle drei Möglichkeiten', mit gleichen Abständen zwischen den Merkmalsausprägungen.
Themenbezogene Partizipation: Summe der Aktivitäten aus den dichotomen Variablen ‚Beteiligung an Unterschriftensammlung' und ‚Teilnahme an Demonstration'. Wertebereich recodiert auf 0 ‚nichts davon' bis 1 ‚beide Möglichkeiten', mit gleichen Abständen zwischen den Merkmalsausprägungen.

resse[18] und dem Vertrauen in die politischen Institutionen[19] festmachen. Zwar ist bei der Behandlung der Partizipation als Integrationsindikator die Möglichkeit in Rechnung zu stellen, dass die Beteiligung an Protestaktivitäten auch eine Ausdrucksform politischer Unzufriedenheit sein kann. Dabei wird jedoch eine andere Wirkungsdimension und -richtung unterstellt als wir es hier tun.

Die Tabellen 3 und 4 geben einen Überblick über das Ergebnis der Überprüfung der zuvor eingeführten Annahmen. Im Interesse der Überschaubarkeit der Darstellung enthalten die Tabellen nur diejenigen Effekte auf die Lebenszufriedenheit, die sich zu mindestens einem Untersuchungszeitpunkt oder in mindestens einer Untersuchungseinheit als statistisch signifikant herausstellten. Wegen der großen Fallzahlen darf die statistische Signifikanz eines Effekts allerdings nicht mit seiner substanziellen Bedeutsamkeit gleichgesetzt werden. Wie ein Blick auf die Tabellen zeigt, fallen – bei einem unstandardisierten Regressionskoeffizienten von .10 – nur sehr wenige Beziehungen so stark aus, dass eine Interpretation sinnvoll erscheint. Zudem ist es im Hinblick auf das Ziel der Sozialwissenschaften, allgemeine, raum-zeit unabhängige Beziehungen zwischen verschiedenen gesellschaftlichen oder politischen Sachverhalten zu ermitteln, nicht angebracht, detailliert auf nur vereinzelt wirksame Bestimmungsfaktoren der Zufriedenheit mit den persönlichen und den kollektiven Lebensbedingungen einzugehen.

Die Präsentation der Ergebnisse der empirischen Analysen geht in den folgenden Schritten vor sich. Zunächst vergleiche ich die Güte der für West- und Ostdeutschland geschätzten Modelle und untersuche die intertemporale Stabilität ihrer Erklärungskraft. Im Anschluss daran erfolgt eine knappe Einordnung der für die beiden Teile Deutschlands ermittelten Ergebnisse in eine europäische Vergleichsperspektive. Im Anschluss daran wird dargestellt, welche einzelnen Faktoren die Zufriedenheit der Ost- und Westdeutschen mit ihren individuellen und kollektiven Lebensbedingungen prägen, ob sich die in beiden Landesteilen festgestellten Beziehungsmuster gleichen und ob und wie sich Deutschland in dieser Hinsicht von anderen europäischen Gesellschaften unterscheidet. Diese Ergebnisse sind mit den zuvor eingeführten Erklärungskonzepten zu konfrontieren und unter dem Gesichtspunkt zu interpretieren, welche dieser Ansätze sich besonders gut dazu eignen, die Lebenszufriedenheit in Deutschland zu erklären.

In allen vier Erhebungen des European Social Survey waren die hier vorgestellten Schätzmodelle etwas besser zur Erklärung der Zufriedenheit mit den privaten Lebensbedingungen geeignet als zur Erklärung der Bewertung der kollektiven Daseinsverhältnisse. Zudem konnten die Einstellungen der Ostdeutschen im Allgemeinen etwas besser geschätzt werden als die der Westdeutschen. Die einzige Abwei-

---

18 *Politisches Interesse*: Wertebereich recodiert auf 0 ‚überhaupt nicht interessiert' bis 1 ‚sehr interessiert', mit gleichen Abständen zwischen den Merkmalsausprägungen.

19 *Politisches Vertrauen*: Zunächst Bildung eines additiven Indices ‚Vertrauen zu rechtsstaatlichen Institutionen' (Polizei, Justiz). Danach Bildung eines Indices aus diesem, zusammen mit Politikervertrauen und Vertrauen zum Parlament. Die Indices wurden jeweils auf einen Wertebereich zwischen 0 ‚kein Vertrauen' und 1 ‚hohes Vertrauen' recodiert bei gleichen Abständen zwischen den Merkmalsausprägungen. Fehlende Werte wurden nicht zugelassen.

Tabelle 3: Determinanten der Zufriedenheit mit den individuellen Lebensbedingungen in Europa 2002-2008

	E-W*	E-W	D-W	D-O	E-O	E-O*
2002						
Haushaltseinkommen	0,11***	0,12***	0,13***	0,16***	0,07***	0,07***
Soziales Vertrauen	0,12***	0,12***	0,14***	0,16***	0,11***	0,11***
Soziale Kontakte	0,07***	0,07***	0,10***	0,05	0,10***	0,10***
Ichstärke	0,04***	0,04***	0,09***	0,06	0,03**	0,03**
Innovative Werte	0,06***	0,04***	0,03	-0,01	0,09***	0,09***
Konventionelle Werte	0,01*	0,01*	0,06	-0,03	-0,05***	-0,05***
Kirchgang	0,01	0,01	-0,01	-0,05	-0,03***	-0,03***
Bildung	0,04***	0,04***	0,06***	0,01	0,12***	0,12***
Integration in den Arbeitsmarkt	-0,01***	-0,01***	-0,01	-0,03	-0,04***	-0,04***
Kollektive Lebenszufriedenheit	0,22***	0,22***	0,16***	0,29***	0,30***	0,30***
Konstante	0,39***	0,39***	0,33***	0,40***	0,35***	0,35***
korr. R²	0,33***	0,33***	0,23***	0,30***	0,29***	0,29***
N	19.467	19.467	2.025	475	5.079	5.079
2004						
Haushaltseinkommen	0,11***	0,11***	0,12***	0,16***	0,12***	0,12***
Soziales Vertrauen	0,12***	0,12***	0,16***	0,12**	0,11***	0,11***
Soziale Kontakte	0,08***	0,08***	0,10***	0,09**	0,10***	0,10***
Ichstärke	0,04***	0,04***	0,07***	0,04	0,04***	0,04***
Innovative Werte	0,06***	0,06***	0,11***	0,10**	0,12***	0,12***
Konventionelle Werte	0,01*	0,01	0,01	0,04	-0,06***	-0,06***
Kirchgang	-0,02***	-0,01***	0,01	-0,07*	-0,05***	-0,05***
Bildung	0,04*	0,05***	0,03*	0,05	0,06***	0,06***
Integration in den Arbeitsmarkt	-0,01**	-0,01**	0,01	-0,02	0,01	0,01
Kollektive Lebenszufriedenheit	0,22***	0,23***	0,26***	0,26***	0,26***	0,26***
Konstante	0,38***	0,37***	0,22***	0,31***	0,36***	0,36***
korr. R²	0,34***	0,34***	0,32***	0,33***	0,27***	0,27***
N	20.123	22.963	1.977	487	5.909	5.909

Fortsetzung Tabelle 3: Determinanten der Zufriedenheit (individuelle Lebensbedingungen)

2006						
Haushaltseinkommen	0,11***	0,11***	0,16***	0,17***	0,17***	0,10***
Soziales Vertrauen	0,12***	0,12***	0,15***	0,17***	0,10***	0,11***
Soziale Kontakte	0,06***	0,06***	0,09***	0,06*	0,09***	0,09***
Ichstärke	0,03***	0,03***	0,06***	0,10***	0,03***	0,03**
Innovative Werte	0,05***	0,05***	0,10***	0,09**	0,16***	0,15***
Konventionelle Werte	0,01	0,01*	0,03	-0,01	-0,06***	-0,06***
Kirchgang	-0,01	-0,01	-0,03*	-0,01	-0,07***	-0,05***
Bildung	0,04***	0,04***	0,07***	0,06	0,07***	0,09***
Integration in den Arbeitsmarkt	-0,01	-0,01	-0,03*	-0,03	-0,03***	-0,04***
Kollektive Lebenszufriedenheit	0,24***	0,24***	0,23***	0,26***	0,34***	0,29***
Konstante	0,37***	0,37***	0,25***	0,24***	0,32***	0,35***
korr. R^2	0,32***	0,32***	0,33***	0,37***	0,35***	0,31***
N	20.830	21.562	2.008	502	7.304	5.063
2008						
Haushaltseinkommen	0,12***	0,12***	0,15***	0,12***	0,14***	0,13***
Soziales Vertrauen	0,15***	0,15***	0,11***	0,15***	0,07***	0,06***
Soziale Kontakte	0,08***	0,08***	0,05***	0,08**	0,11***	0,09***
Ichstärke	0,02***	0,02***	0,02	0,12***	0,03***	0,01
Innovative Werte	0,04***	0,04***	0,09***	0,03	0,12***	0,16***
Konventionelle Werte	0,02***	0,02***	0,03	0,03	-0,03***	-0,03*
Kirchgang	0,01	0,01	-0,03	0,02	-0,02**	-0,01
Bildung	0,04***	0,04***	0,04*	0,05	0,02***	0,03***
Integration in den Arbeitsmarkt	0,01	0,01	-0,02	-0,01	-0,01*	-0,01
Kollektive Lebenszufriedenheit	0,25***	0,25***	0,21***	0,27***	0,36***	0,42***
Konstante	0,32***	0,32***	0,40***	0,26***	0,25***	0,24***
korr. R^2	0,37***	0,37***	0,27***	0,30***	0,38***	0,40***
N	16.488	16.488	1.656	405	10.804	6.033

Quelle: ESS 2002, 2004, 2006, 2008, proportional nach Bevölkerungszahl und nach Design gewichtet.
Signifikanz: * $p<0,05$; ** $p<0,01$; ***; $p<0,001$.

Tabelle 4: Determinanten der Zufriedenheit mit den kollektiven Lebensbedingungen in Europa 2002-2008

	E-W*	E-W	D-W	D-O	E-O	E-O*
2002						
Soziales Vertrauen	0,27***	0,27***	0,23***	0,19***	0,24***	0,24***
Konventionelle Werte	0,07***	0,07***	0,03	0,03	0,05**	0,05**
Familiale Integration	-0,02***	-0,02***	-0,02	-0,01	-0,02***	-0,02***
Kirchgang	-0,03***	-0,03***	-0,03*	0,01	0,05***	0,05***
Parteiidentifikation	0,01***	0,01***	0,02*	0,01	0,03***	0,03***
Integration in den Arbeitsmarkt	-0,01**	-0,01**	-0,04***	-0,06*	-0,02*	-0,02*
Solidaritätswerte	-0,05***	-0,05***	-0,01	-0,03	-0,05**	-0,05**
Ichstärke	-0,01	-0,01	-0,01	-0,01	-0,03**	-0,03**
Haushaltseinkommen	0,02***	0,02***	-0,04***	-0,05*	0,03**	0,03**
Politisches Interesse	0,02***	0,02***	-0,05***	-0,01	0,02	0,02
Themenbezogene Partizipation	-0,03***	-0,03***	0,01	-0,02	-0,04***	-0,04***
Individuelle Lebenszufriedenheit	0,33***	0,33***	0,20***	0,32***	0,28***	0,28***
Konstante	0,16***	0,16***	0,28***	0,15*	0,15***	0,15***
korr. R²	0,25***	0,25***	0,13***	0,19***	0,23***	0,23***
N	19.360	19.360	2.021	474	5.034	5.034
2004						
Soziales Vertrauen	0,27***	0,26***	0,25***	0,34***	0,25***	0,25***
Konventionelle Werte	0,09***	0,08***	0,08***	0,08*	0,06***	0,06***
Familiale Integration	-0,03***	-0,02***	-0,02*	-0,02	-0,03***	-0,03***
Kirchgang	-0,02***	-0,02***	-0,07***	-0,11**	0,06***	0,06***
Parteiidentifikation	0,03***	0,02***	0,05***	0,03	0,03***	0,03***
Integration in den Arbeitsmarkt	0,01	0,01	-0,02	-0,05	0,04***	0,04***
Solidaritätswerte	-0,03***	-0,03***	-0,04	-0,05	-0,07***	-0,07***
Ichstärke	0,01	0,01*	0,04*	0,11**	-0,02*	-0,02*
Haushaltseinkommen	0,03***	0,04***	-0,01	-0,04	-0,01	-0,01
Politisches Interesse	0,02***	0,02***	-0,06***	-0,10***	-0,02	-0,02
Themenbezogene Partizipation	-0,03***	-0,03***	-0,03*	-0,03	-0,03***	-0,03***
Individuelle Lebenszufriedenheit	0,32***	0,32***	0,29***	0,31***	0,26***	0,26***
Konstante	0,11***	0,12***	0,15***	0,15*	0,12***	0,12***
korr. R²	0,26***	0,26***	0,25***	0,32***	0,21***	0,21***
N	19.867	22.690	1.973	489	5.837	5.837

Fortsetzung Tabelle 4: Determinanten der Zufriedenheit (kollektiven Lebensbedingungen)

2006						
Soziales Vertrauen	0,30***	0,28***	0,28***	0,29***	0,20***	0,19***
Konventionelle Werte	0,08***	0,08***	0,16***	0,02	0,07***	0,09***
Familiale Integration	-0,03***	-0,02***	-0,04**	-0,04	-0,03***	-0,03***
Kirchgang	-0,02***	-0,03***	-0,03	-0,12***	-0,04***	-0,04***
Parteiidentifikation	0,03***	0,03***	0,05***	-0,01	0,04***	0,05***
Integration in den Arbeitsmarkt	-0,02***	-0,02***	-0,03*	0,02	-0,02***	-0,02**
Solidaritätswerte	-0,05***	-0,05***	-0,14***	-0,09*	-0,10***	-0,10***
Ichstärke	0,01**	0,02***	0,06***	0,02	-0,03***	-0,01
Haushaltseinkommen	0,02***	0,02***	-0,02*	-0,02	-0,03***	-0,07***
Politisches Interesse	0,03***	0,02***	-0,05***	-0,01	0,01	0,01
Themenbezogene Partizipation	-0,04***	-0,04***	-0,01	-0,06*	-0,03**	-0,02
Individuelle Lebenszufriedenheit	0,33***	0,33***	0,30***	0,31***	0,38***	0,35***
Konstante	0,15***	0,16***	0,16***	0,21***	0,18***	0,19***
korr. R^2	0,29***	0,28***	0,26***	0,25***	0,25***	0,29***
N	20.764	21.510	2.010	506	7.305	5.060
2008						
Soziales Vertrauen	0,34***	0,34***	0,30***	0,17***	0,20***	0,21***
Konventionelle Werte	0,06***	0,06***	0,07***	0,03	0,04***	0,02
Familiale Integration	-0,02***	-0,02***	0,03	-0,05	-0,01	-0,02*
Kirchgang	-0,01*	-0,01*	-0,07***	-0,14***	-0,02**	-0,02*
Parteiidentifikation	0,01***	0,01***	0,02*	0,03	0,04***	0,02***
Integration in den Arbeitsmarkt	-0,01	-0,01	-0,03	-0,01	-0,04***	-0,02**
Solidaritätswerte	-0,07***	-0,07***	-0,07**	-0,06	-0,06***	-0,07***
Ichstärke	-0,01	-0,01	0,05*	-0,03	-0,02**	0,01
Haushaltseinkommen	-0,03***	-0,03***	0,01	0,05	-0,05***	-0,06***
Politisches Interesse	0,03***	0,03***	-0,03*	0,06	0,01	-0,01
Themenbezogene Partizipation	-0,03***	-0,03***	-0,05***	-0,04	-0,05***	-0,04***
Individuelle Lebenszufriedenheit	0,36***	0,36***	0,24***	0,35***	0,45***	0,49***
Konstante	0,11***	0,11***	0,23***	0,23**	0,12***	0,11***
korr. R^2	0,31***	0,31***	0,24***	0,25***	0,27***	0,31***
N	16.488	16.488	1.659	405	10.740	5.996

Quelle: ESS 2002, 2004, 2006, 2008, proportional nach Bevölkerungszahl und nach Design gewichtet.
Signifikanz: * $p<0,05$; ** $p<0,01$; ***; $p<0,001$.

chung von diesem Muster ergab sich bei der Untersuchung der Bewertung der kollektiven Lebensbedingungen im Jahr 2006. Hier fällt die Schätzung für Westdeutschland geringfügig besser aus als für den östlichen Landesteil. Allerdings weist die Erklärungskraft der Modelle starke intertemporale Schwankungen auf. In Westdeutschland schwankt die Varianzreduktion der Bewertung der individuellen Lebensbedingungen zwischen 23 und 33 Prozent, in Ostdeutschland zwischen 30 und 37 Prozent. Bei der Erklärung der Zufriedenheit mit den kollektiven Lebensbedingungen beträgt die Bandbreite in Westdeutschland 13 bis 29 Prozent und in Ostdeutschland 19 bis 32 Prozent. Im Allgemeinen sind die Erklärungsmodelle für Westdeutschland etwas schlechter als für West- und Osteuropa, die für Ostdeutschland erzielte Schätzgüte entspricht mehr oder weniger dem west- und osteuropäischen Durchschnitt (näheres in Tabellen 3 und 4). Die beachtliche Spannweite in der Erklärungskraft der Modelle verweist darauf, dass neben den generellen Determinanten der Lebenszufriedenheit weitere situations- und kulturspezifische Einflussfaktoren im Spiel sind. Sie manifestieren sich zum Teil in punktuell wirksamen Effekten, zum Teil tragen sie jedoch auch dazu bei, dass die durch die Schätzmodelle gebundenen Varianzanteile sich von Erhebung zu Erhebung unterscheiden, ohne dass dies direkt auf einzelne in den Modellen enthaltene Größen zurückgeführt werden könnte.

Zur Erklärung der Lebenszufriedenheit waren mehrere Erklärungsansätze eingeführt worden, deren Relevanz sich an der Rolle der ins Erklärungsmodell einbezogenen einzelnen Schätzgrößen festmachen lässt. Wenn man dieses Kriterium zu Grunde legt, spielen in Deutschland nur zwei Ansätze eine Rolle für die Zufriedenheit der Menschen mit ihren privaten Lebensumständen, nämlich das Sozialkapitalmodell und die objektive individuelle Lebenslage. Hinzu kommt ein starker Effekt der Bewertung der kollektiven Lebensbedingungen auf das individuelle Wohlbefinden. Von den Aspekten der objektiven Lebenslage beeinflusst lediglich das Nettoeinkommen des Haushaltes die Lebenszufriedenheit, weitere Effekte lassen sich nicht nachweisen bzw. sind inkonsistent und in ihrer Stärke vernachlässigbar. Dagegen ist die Höhe des Haushaltseinkommens mit entscheidend dafür, ob Menschen mit ihren individuellen Lebensbedingungen zufrieden sind. Außer im Jahr 2008 war dieser Einfluss in Ostdeutschland etwas stärker als in Westdeutschland, jedoch bestehen in dieser Hinsicht keine gravierenden Unterschiede zwischen den beiden Landesteilen.

Der zweite wichtige Erklärungsfaktor entstammt der Sozialkapitaltheorie. Er stützt die in dieser Theorie enthaltene Annahme, dass Menschen, die ihren Mitmenschen vertrauen, mit ihren individuellen Lebensumständen zufriedener sind als misstrauische Personen. Auch dieser Effekt ist im Westen und im Osten Deutschlands annähernd gleich stark. Somit kommt den durch das Einkommen erfassten materiellen Lebensumständen und dem interpersonalen Vertrauen als kultureller Größe in Deutschland etwa die gleiche Relevanz für die Zufriedenheit der Menschen mit ihren individuellen Lebensumständen zu. Nur die Bewertung der kollektiven Lebensbedingungen beeinflusst das persönliche Wohlbefinden noch stärker als es das Einkommen und das interpersonale Vertrauen tun. In allen Erhebungen spielte also für das Glück und die Zufriedenheit der Bevölkerung die wichtigste Rolle, dass das politische System und seine Leistungen positiv bewertet wurden.

Die Zufriedenheit mit den kollektiven Lebensbedingungen basiert auf ähnlichen Faktoren, wie sie zuvor beschrieben worden waren. Erneut übt die andere Komponente der Lebenszufriedenheit – hier die Bewertung der individuellen Lebensumstände – den größten Einfluss darauf aus, ob die Bürger mit der Demokratie, der Regierung, der Wirtschaftslage, dem Gesundheits- und dem Bildungssystem und der öffentlichen Sicherheit zufrieden sind. Dieser Effekt macht sich in Ostdeutschland durchgängig stärker geltend als im westlichen Landesteil. Zudem beeinflusst die Zufriedenheit mit den privaten Lebensumständen die Bewertung der politischen und gesellschaftlichen Rahmenbedingungen stärker als der gegenläufige Effekt ausfällt. Weitere Einflüsse treten zwar in Einzelfällen auf, sie tragen aber nichts zur generellen Erklärung der Lebenszufriedenheit in Europa bei. Erneut zeigt sich die Relevanz der Sozialkapitaltheorie für die Erklärung der Zufriedenheit der Menschen mit ihrer Umwelt. Als einzige Größe aus den zuvor eingeführten Ansätzen leistet das interpersonale Vertrauen einen substanziellen Beitrag zur Erklärung der Zufriedenheit mit den gesellschaftlichen und politischen Lebensbedingungen in Deutschland und unterstreicht damit seine Rolle als Eckpfeiler des Sozialkapitals (Putnam 2000: 134-135) bzw. als „chicken soup of social life" (Uslaner 2002: 1).

Die für die Zufriedenheit der Deutschen mit ihren Lebensumständen maßgeblichen Faktoren entsprechen den Kräften, die auch in den anderen europäischen Gesellschaften hierfür maßgeblich sind. Das interpersonale Vertrauen übt überall einen positiven Einfluss auf die Lebenszufriedenheit der Menschen aus, und ebenso ist eine generelle Wechselwirkung zwischen einer positiven Bewertung der individuellen und der kollektiven Lebensumstände nachweisbar. Fast immer kommt ein Einfluss des Einkommens auf die Zufriedenheit mit dem persönlichen Dasein hinzu, nur im Jahr 2002 war dies in Osteuropa nicht der Fall. Die Sozialkapitaltheoretiker haben demnach Recht, wenn sie dem Sozialkapital, insbesondere dem zwischenmenschlichen Vertrauen, eine wichtige Rolle als Antriebskraft der Lebenszufriedenheit und des Glücks der Menschen zuschreiben. Dies lässt sich in Deutschland ebenso nachweisen wie in den anderen europäischen Gesellschaften.

Zusammenfassung und Diskussion

Thema dieses Beitrages war eine Bestandsaufnahme der Lebenszufriedenheit in Deutschland seit der Wiedervereinigung. Dieser Untersuchung wurden vier Leitfragen vorangestellt: erstens die Frage nach dem Fortbestand des in den frühen 1990er Jahren festgestellten West-Ost-Gefälles in der Zufriedenheit, zweitens die nach der empirischen Relevanz der Unterscheidung zwischen der Zufriedenheit mit den individuellen und den kollektiven Lebensbedingungen, drittens die Frage nach der Positionierung Deutschlands in Europa und viertens die Suche nach den für die Lebenszufriedenheit maßgeblichen Faktoren.

Die Antworten auf diese Fragen sind unter mehreren Gesichtspunkten interessant. Die Nachkriegsära, die Westeuropa einen bis dahin unbekannten Massenwohlstand und ein außerordentlich hohes Maß an innerer, äußerer und sozialer Sicherheit gebracht hatte, war in der Mitte der 1970er Jahre beendet. Ihr folgte eine Phase wirtschaftlicher Krisen und eines Rückbaus der sozialen Sicherungssysteme, deren Auswirkungen auf das individuelle Wohlbefinden der Menschen wissenschaftlich umstritten waren und von vielen Wissenschaftlern als Auslösefaktoren einer Erosion der Massenloyalität in den liberalen Demokratien des Westens interpretiert wurden (vgl. die Zusammenfassung und Kritik der betreffenden Position bei Kaase/Newton 1995). Im Gegensatz zu den Krisenszenarien der 1970er Jahre dokumentierte der Zusammenbruch der sozialistischen Regime in sämtlichen Staaten Ost- und Mitteleuropas das Scheitern des kollektivistischen, nicht das des liberalen Weges zum menschlichen Lebensglück. Noch nachdrücklicher freilich belegte die seit 1990 zu konstatierende enorme Verbesserung der Lebensbedingungen in den postsozialistischen Gesellschaften die Überlegenheit des westlich-liberalen Modells. Deutschland ist in diesem Kontext ein besonders interessanter Fall, weil sich der sozioökonomische, kulturelle und politische Wandel hier auf eine andere Weise vollzog als in den östlichen Nachbarländern und weil sich die Lebensbedingungen in Ostdeutschland zwanzig Jahre nach dem Ende des Sozialismus in vielen Bereichen nur noch in einigen Bereichen von denen im westlichen Teil des Landes und in anderen westeuropäischen Gesellschaften unterscheiden.

Die deutsche Bevölkerung reagierte auf den schnellen, umfassenden und tiefgreifenden Wandel ihrer Lebensbedingungen auf unterschiedliche Weise. Mit ihren individuellen Lebensumständen sind die meisten Menschen in Ost- und Westdeutschland zufrieden; das 1990 noch große Gefälle zwischen den West- und den Ostdeutschen ist nicht völlig verschwunden, sein Ausmaß ist aber nicht mehr gravierend. In der Zufriedenheit mit den individuellen Lebensbedingungen gleicht Westdeutschland seinen westlichen Nachbarländern, Ostdeutschland gleicht Westdeutschland stärker als seinen Nachbarn im Osten Europas. Was die Bewertung ihrer privaten Lebensumstände angeht, scheint die ostdeutsche Bevölkerung den sozialen und politischen Umbruch der 1990er Jahre gut verarbeitet zu haben.

In einem merkwürdigen Gegensatz hierzu steht die Zufriedenheit mit den Leistungen des Staates und der Regierung, mit der öffentlichen Infrastruktur, der Wirtschaftslage und der öffentlichen Sicherheit. In dieser Hinsicht gehören Ost- und Westdeutsche, insbesondere aber die Menschen in den neuen Bundesländern, zu den unzufriedensten Bewohnern des europäischen Kontinents. Diese schlechte Stimmung ist in keiner Weise durch die objektive Lage gedeckt. Die Bürger bewerten die kollektiven Lebensbedingungen weitaus negativer als es nach dem Niveau der Humanentwicklung zu erwarten wäre. Gemessen an objektiven Standards geht es Deutschland erheblich besser, als es die Bevölkerung wahrnimmt. In keinem anderen europäischen Land besteht eine derart große Diskrepanz zwischen der objektiven sozioökonomischen und politischen Lage und der subjektiven Befindlichkeit der Menschen. Dies ist nicht zuletzt deshalb bemerkenswert, weil die individuellen Bestimmungsfaktoren der Lebenszufriedenheit in Deutschland sich von den in den anderen europäischen Gesellschaften wirksamen Faktoren nicht unterscheiden. Kollektive und individuelle Lebenszufriedenheit hängen in allen europäischen Gesellschaften ungefähr gleich stark miteinander zusammen, das interpersonale Vertrauen ist überall eine wichtige Quelle von Lebenszufriedenheit, einkommensstarke Personen sind in allen Ländern Europas zufriedener mit ihrem persönlichen Wohlergehen als Bezieher niedriger Einkommen. Deutsche Besonderheiten sind hier weder in der Richtung noch in der Stärke der Beziehungen erkennbar.

Angesichts der für Europa relativ atypischen Situation stellt die Suche nach den Gründen für die deutschen Befindlichkeiten die Forschung vor die Herausforderung, Antworten auf die folgenden Fragen zu finden: Wie kommt es, dass sich die deutsche Wirtschaft im europäischen Vergleich als produktiv und leistungsfähig erweist, die Mehrzahl der Menschen die Wirtschaftslage aber bestenfalls ambivalent bewertet? Welche Ursachen sind dafür maßgeblich, dass das deutsche Gesundheitssystem zu den besten der Welt zählt, aber nur eine Minderheit der Bürger mit ihm zufrieden ist? Welche Faktoren sind dafür maßgeblich, dass die deutsche Bundesregierung nicht erkennbar schlechter arbeitet als die Regierungen der Nachbarländer, im Urteil der Öffentlichkeit aber wesentlicher schlechter abschneidet? Stellt die deutsche Bevölkerung zu hohe Erwartungen an die Politik und die Modernisierung der Gesellschaft oder vollzieht sich die Modernisierung des Landes nach ihrem Empfinden nicht im richtigen Tempo? Verwenden die Deutschen bei der Bewertung ihrer gesellschaftlichen und politischen Umwelt andere Maßstäbe als die anderen Europäer? Warum sind sie nicht stolz auf die enorme Aufbauleistung im östlichen Teil des Landes?

Diese erst im europäischen Vergleich sichtbar werdenden deutschen Spezifika werfen im Vergleich mit den noch existierenden innerdeutschen Unterschieden die wesentlich interessanteren Fragen für die empirische Forschung auf. Versuche, Antworten auf sie zu finden, sollten sich aber nicht auf die Suche nach den Ursachen der deutschen Malaise beschränken, sondern auch die Frage aufgreifen, wie in einer Atmosphäre kollektiver Übellaunigkeit überhaupt noch effizientes Regieren möglich ist. Die empirische Forschung liefert zahlreiche Belege dafür, dass die Zufriedenheit der Menschen mit den kollektiven Lebensbedingungen ihre Einstellungen zur Politik beeinflusst: Zufriedenheit führt zu politischem Vertrauen, politisches Vertrauen fördert die soziale Integration und die Entscheidungsfreudigkeit der politischen Führung. Misstrauen produziert politischen Stillstand. Insofern gehört die Lebenszufriedenheit zu den Forschungsgegenständen, denen Analysen der subjektiven Dimension guten Regierens besondere Aufmerksamkeit widmen sollten.

Literatur

Abold, Roland/Wenzel, Eva 2005: Die Größe des Kuchens und seine Verteilung: Einschätzung der Wirtschaftslage und der sozialen Gerechtigkeit 1994-2002. In: Gabriel, Oscar W./Falter, Jürgen W./Rattinger, Hans (Hrsg.): Wächst zusammen, was zusammen gehört? Stabilität und Wandel politischer Einstellungen im wiedervereinigten Deutschland. Baden-Baden: Nomos, 221-246.

Argyle, Michael 1999: Causes and Correlates of Happiness. In: Kahneman, Daniel/Diener, Ed/Schwarz, Norbert (Hrsg.): Well-being: The Foundations of Hedonistic Psychology. New York: Russell Sage, 353-373.

Barnes, Samuel H./Farah, Barbara/Heunks, Felix 1979: Political Dissatisfaction. In: Barnes, Samuel H./Kaase, Max/Allerback, Klaus R./Farah, Barbara/Heunks, Felix/Inglehart Ronald/Jennings, M. Kent/Klingemann, Hans D./Marsh, Allan/Rosenmayr, Leopold (Hrsg.): Political Action. Mass Participation in Five Democracies. Beverly Hills/London: Sage, 409-447.

Bertram, Hans/Kollmorgen, Raj (Hrsg.) 2001: Die Transformation Ostdeutschlands. Bericht zum sozialen und politischen Wandel in den neuen Bundesländern. Opladen: Leske + Budrich.

Campbell, Angus/Converse, Philip E./Rodgers, Willard L. 1976: The quality of American life: Perceptions, Evaluations, and Satisfactions. New York: Sage.

Cantril, Hadley 1965: The Pattern of Human Concerns. New Brunswick, N.J.: Rutgers Press.

Cook, Karen S./Levi, Margaret/Hardin, Russell (Hrsg.) 2009: Whom Can We Trust? How Groups, Networks and Institutions Make Trust Possible. New York: Russell Sage.

Dalton, Russell J. 2004: Democratic Challenges, Democratic Choices: The Erosion of Political Support in Advanced Industrial Democracies. Oxford: Oxford University Press.

Delhey, Jan/Böhnke, Petra/Habich, Roland/Zapf, Wolfgang 2002: Quality of Life in a European Perspective: The Euromodule as a New Instrument for Compataive Welfare Research. In: Hagerty, Michael R./Vogel, Joachim/Moeller, Valerie (Hrsg.): Assessing Quality of Life and Living Conditions to Guide National Policy: The State of The Art. Dordrecht: Kluwer, 163-176.

Denters, Bas/Gabriel, Oscar W./Torcal, Mariano 2007: Political Confidence in Representative Democracies. In: van Deth, Jan W./Montero, José Ramón/Westholm, Anders (Hrsg.): Citizenship and Involvement in European Democracies: A Comparative Analysis. London/New York: Routledge, 88-108.

Diener, Ed/Lucas, Richard E. 1999: Personality and Subjective Well Being. In: Kahneman, Daniel/Diener, Ed/Schwarz, Norbert (Hrsg.): Well-being: The Foundations of Hedonistic Psychology. New York: Russell Sage, 213-229.

Easterlin, Richard A. 1974: Does Economic Growth Improve the Human Lot? Some Empirical Evidence. In: David, Paul A./Reder, Melvin W. (Hrsg.): Nations and Households in Economic Growth. Stanford, Cal.: Stanford University Press, 98-125.

Easterlin, Richard A. 2004: Life Satisfaction: Can We Produce It? In: Glatzer, Wolfgang/Below, Susanne von/Stoffregen, Matthias (Hrsg.): Challenges for Quality of Life in the Contemporary World: Advances in Quality of Life Studies: Theory and Research. Dordrecht: Kluwer, 347-356.

Ebert, Elvir 1995: Einkommen und Konsum in den neuen Bundesländern: Ergebnisse der Mehrthemenbefragung der KSPW 1993. In: Bertram, Hans (Hrsg.): Ostdeutschland im Wandel: Lebensverhältnisse – politische Einstellungen. Opladen: Leske + Budrich, 31-67.

Farah, Barbara/Barnes, Samuel H./Heunks, Felix 1979: Personal Dissatisfaction. In: Barnes, Samuel H./Kaase, Max/Allerback, Klaus R./Farah, Barbara/Heunks, Felix/Inglehart, Ronald/Jennings, M. Kent/Klingemann, Hans D./Marsh, Allan/Rosenmayr, Leopold (Hrsg.): Political Action. Mass Participation in Five Democracies. Beverly Hills/London: Sage, 381-407.

Flora, Peter/Noll, Heinz-Herbert (Hrsg.) 1998: Sozialberichterstattung und Sozialstaatsbeobachtung. Frankfurt a. M.: Campus.

Franzen, Axel/Freitag, Markus (Hrsg.) 2007: Sozialkapital: Grundlagen und Anwendungen. Wiesbaden: VS Verlag für Sozialwissenschaften.

Fuchs, Dieter/Guidorossi, Giovanna/Svensson, Palle 1995: Support for the Democratic System. In: Klingemann, Hans-Dieter/Fuchs, Dieter (Hrsg.): Citizens and the State. Oxford: Oxford University Press, 323-353.

Gabriel, Oscar W. 1999: Demokratie in der Vereinigungskrise? Struktur, Entwicklung und Bestimmungsfaktoren der Einstellungen zur Demokratie im vereinigten Deutschland. In: Zeitschrift für Politikwissenschaft 9, 827-861.

Gabriel, Oscar W. 2009: Zwischen Markt und Staat: Sozialkapital und die Zukunft der Demokratie. In: Schrenk, Klemens H./Soldner, Markus (Hrsg.): Analyse demokratischer Regierungssysteme. Festschrift für Wolfgang Ismayr zum 65. Geburtstag. Wiesbaden: VS Verlag für Sozialwissenschaften, 129-150.

Gabriel, Oscar W./Walter-Rogg, Melanie 2008: Social Capital and Political Trust. In: Meulemann, Heiner (Hrsg.): Social Capital in Europe: Similarity of Countries and Diversity of People? Multilevel Analyses of the European Social Survey 2002. Leiden/Boston: Brill, 219-250.

Gabriel, Oscar W./Plasser, Fritz 2010: Deutschland, Österreich und die Schweiz im europäischen Vergleich. In: Gabriel, Oscar W./Plasser, Fritz (Hrsg.): Deutschland, Österreich und die Schweiz im neuen Europa. Baden-Baden: Nomos, 265-299.

Gensicke, Thomas 1996: Ostdeutschland 1989-1995 im Wandel: Objektive und subjektive Umbrüche. In: Journal für Sozialforschung 36, 43-72.

Gensicke, Thomas 1998: Die neuen Bundesbürger: Eine Transformation ohne Integration. Opladen/Wiesbaden: Westdeutscher Verlag.

Gensicke, Thomas 2000: Deutschland im Übergang: Lebensgefühl, Wertorientierungen, Bürgerengagement. Speyer: Forschungsinstitut für öffentliche Verwaltung.

Glatzer, Wolfgang/Zapf, Wolfgang 1984: Lebensqualität in der Bundesrepublik: Objektive Lebensbedingungen und subjektives Wohlbefinden. Frankfurt a. M.: Campus.

Glatzer, Wolfgang/Below, Susanne von/Stoffregen, Matthias (Hrsg.) 2004: Challenges for Quality of Life in the Contemporary World: Advances in Quality of Life Studies: Theory and Research. Dordrecht: Kluwer.

Hagerty, Michael R./Vogel, Joachim/Moeller, Valerie (Hrsg.) 2002: Assessing Quality of Life and Living Conditions to Guide National Policy: The State of The Art. Dordrecht: Kluwer.

Halpern, David 2005: Social Capital. Cambridge: Polity Press.

Hauser, Richard 1995: Zur Messung individueller Wohlfahrt und ihrer Verteilung. In: Statistisches Bundesamt (Hrsg.): Wohlfahrtsmessung – Aufgabe der Statistik im gesellschaftlichen Wandel. Beiträge zum wissenschaftlichen Kolloquium am 16./17. November 1995 in Wiesbaden. Stuttgart, 13-38.

Hauser, Richard/Glatzer, Wolfgang/Hradil, Stefan/Kleinhenz, Gerhard/Olk, Thomas/Pankoke, Eckart (Hrsg.) 1996: Ungleichheit und Sozialpolitik – Bericht 2 zum sozialen und politischen Wandel in Ostdeutschland. Opladen: Leske + Budrich.

Hochschild, Jennifer 1981: What's Fair: American Beliefs About Distributive Justice. Cambridge: Harvard University Press.

Hudler, Michaela/Richter, Rudolf 2002: Cross National Comparison of the Quality of Life in Europe: Inventory of Surveys and Methods. In: Hagerty, Michael R./Vogel, Joachim/Moeller, Valerie (Hrsg.): Assessing Quality of Life and Living Conditions to Guide National Policy. The State of The Art. Dordrecht: Kluwer, 217-228.

Inglehart, Ronald 1990: Culture Shift in Advanced Industrial Society. Princeton: Princeton University Press.

Inglehart, Ronald 1995: Value Change on Six Continents. Ann Arbor: University of Michigan Press.

Inglehart, Ronald/Welzel, Christian 2005: Modernization, Cultural Change, and Democracy: The Human Development Sequence. New York: Cambridge University Press.

Kaase, Max/Newton, Kenneth 1995: Beliefs in Government. Oxford: Oxford University Press.

Kaufmann, Daniel/Kraay, Aart, 2007: Governance Indicators: Where Are We, Where Should We Be Going? World Bank Policy Research Working Paper No. 4370.

Kaufmann, Daniel/Kraay, Aart/Mastruzzi, Massimo 2008: Governance Matters VII: Aggregate and Individual Governance Indicators 1996-2007. World Bank Policy Research Working Paper No. 4654.

Klages, Helmut 1984: Wertorientierungen im Wandel. Frankfurt a. M.: Campus Verlag.

Kumlin, Staffan 2004: The Personal and the Political: How Personal Welfare State Experiences Affect Political Trust and Ideology. New York/Houndsmill: Palgrave.

Kunz, Volker 2000: Einstellungen zu Wirtschaft und Gesellschaft in den alten und neuen Bundesländern. In: Falter, Jürgen W./Gabriel, Oscar W./Rattinger, Hans (Hrsg.): Wirklich ein Volk? Die politischen Orientierungen von Ost- und Westdeutschen im Vergleich. Opladen: Leske + Budrich, 509-538.

Lijphart, Arend 1999: Patterns of Democracy: Government Forms and Performance in Thirty-Six Countries. New Haven/London: Yale University Press.

Lin, Nan 2001: Social Capital: A Theory of Social Structure and Action. Cambridge: Cambridge University Press.

Lin, Nan/Cook, Karen/Burt, Ronald S. (Hrsg.) 2001: Social Capital: Theory and Research. New Brunswick/London: Aldine.

Listhaug, Ola/Wiberg, Matti 1995: Confidence in Political and Private Institutions. In: Klingemann, Hans-Dieter/Fuchs, Dieter (Hrsg.): Citizens and the State. Oxford: Oxford University Press, 298-322.

Lockerbie, Brad 1993: Economic Dissatisfaction and Political Alienation in Western Europe. In: European Journal of Politicial Research 23, 281-293.

Lutz, Burkart/Grünert, Holle 2001: Beschäftigung und Arbeitsmarkt. In: Bertram, Hans/Kollmorgen, Raj (Hrsg.): Die Transformation Ostdeutschlands: Bericht zum sozialen und politischen Wandel in den neuen Bundesländern. Opladen: Leske + Budrich, 133-162.

Maslow, Abraham 1954: Motivation and Personality. New York: Harper & Row.

McAllister, Ian 1999. The Economic Performance of Governments. In: Norris, Pippa (Hrsg.): Critical Citizens: Global Support for Democratic Governance. Oxford: Oxford University Press, 188-203.

Merkel, Wolfgang 1995: Theorien der Transformation: Die demokratische Konsolidierung postautoritärer Gesellschaft. In: von Beyme, Klaus/Offe, Claus (Hrsg.): Politische Theorien in der Ära der Transformation. PVS Sonderheft 26. Opladen: Westdeutscher Verlag, 30-58.

Miller, Arthur H./Listhaug, Ola 1999: Political Performance and Institutional Trust. In: Norris, Pippa (Hrsg.): Critical Citizens: Global Support for Democratic Government. Oxford: Oxford University Press, 204-216.

Myers, David G. 1999: Close Relationship and the Quality of Life. In: Kahneman, Daniel/Diener, Ed/Schwarz, Norbert (Hrsg.): Well-being: The Foundations of Hedonistic Psychology. New York: Russell Sage, 374-391.

Neller, Katja 2004: Politik und Lebenszufriedenheit. In: van Deth, Jan W. (Hrsg.): Deutschland in Europa. Wiesbaden: VS Verlag für Sozialwissenschaften, 27-53.

Neller, Katja 2006: DDR-Nostalgie: Dimensionen der Orientierungen der Ostdeutschen gegenüber der ehemaligen DDR, ihre Ursachen und politischen Konnotationen. Wiesbaden: VS Verlag für Sozialwissenschaften.

Noll, Heinz-Herbert 2002: Towards a European System of Social Indicators: Theoretical Framework and System Architecture. In: Social Indicators Research 58, S. 47-87.

Nussbaum, Martha/Sen, Amartya 1995: The Quality of Life. Chicago: The University of Chicago Press.

Phillips, David 2006: Quality of Life: Concept, Policy, Practice. Milton Park: Routledge.

Powell, G. Bingham 1982: Contemporary Democracies: Participation, Stability, and Violence. Cambridge: Harvard University Press.

Putnam, Robert D. 2000: Bowling Alone: The Collapse and Revival of American Community. New York: Simon and Schuster.

Rapley, Mark 2003: Quality of Life Research: A Critical Introduction. London: Sage.

Rattinger, Hans 2000: Konjunkturentwicklung, Wahrnehmung der Wirtschaftslage und Parteipräferenzen in Deutschland 1977-1998. In: Klein, Markus (Hrsg.): 50 Jahre empirische Wahlforschung in Deutschland. Wiesbaden: Westdeutscher Verlag, 309-333.

Rattinger, Hans/Juhasz, Zoltan 1990: Wirtschaftslage und Zufriedenheit mit dem politischen System in der Bundesrepublik Deutschland. In: Schmitt, Karl (Hrsg.): Wahlen, Parteieliten und politische Einstellungen. Frankfurt a.M.: Peter Lang, 375-315.

Roller, Edeltraud 2005: The Performance of Democracies: Political Institutions and Public Policy. Oxford: Oxford University Press.

Seeman, Melvin 1972: Alienation and Engagement. In: Campbell, Angus/Converse, Philip E. (Hrsg.): The Human Meaning of Social Change. New York: Russell Sage, 467-527.

Statistisches Bundesamt 2008: Datenreport 2008: Ein Sozialbericht für die Bundesrepublik Deutschland. Bonn: Bundeszentrale für politische Bildung.

Trommsdorff, Gisela/Kornadt, Hans-Joachim 2001: Innere Einheit im vereinigten Deutschland? Psychologische Prozesse beim sozialen Wandel. In: Bertram, Hans/Kollmorgen, Raj (Hrsg.): Die Transformation Ostdeutschlands: Bericht zum sozialen und politischen Wandel in den neuen Bundesländern. Opladen: Leske + Budrich, 365-387.

Trüdinger, Eva-Maria 2005: Rechtfertigung durch Leistung? Performanzbezogene politische Orientierungen in Deutschland. In: Gabriel, Oscar W./Falter, Jürgen/Rattinger, Hans (Hrsg.): Wächst zusammen, was zusammengehört? Stabilität und Wandel politischer Einstellungen im wiedervereinigten Deutschland. Baden-Baden: Nomos, 189-219.

Uslaner, Eric M. 2002: The Moral Foundations of Trust. Cambridge: Cambridge University Press.

van Deth, Jan W. (Hrsg.) 2004: Deutschland in Europa: Die Ergebnisse des European Social Survey 2002-2003. Wiesbaden: VS Verlag für Sozialwissenschaften.

Veenhoven, Ruut 1997: Die Lebenszufriedenheit der Bürger: Ein Indikator für die ‚Lebbarkeit' von Gesellschaften? In: Noll, Heinz-Herbert (Hrsg.): Sozialberichterstattung in Deutschland. Weinheim: Juventa Verlag, 267-293.

Walker, Alan/van der Maesen, Laurent 2004: Social Quality and Quality of Life. In: Glatzer, Wolfgang/Below, Susanne von/Stoffregen, Matthias (Hrsg.): Challenges for Quality of Life in the Contemporary World: Advances in Quality of Life Studies: Theory and Research. Dordrecht: Kluwer, 13-31.

Walz, Dieter/Brunner, Wolfram 1997: Das Sein bestimmt das Bewusstsein. Oder: Warum sich die Ostdeutschen als Bürger 2. Klasse fühlen. In: Aus Politik und Zeitgeschichte B 51/97, 13-19.

Zeit-Online 2009: Norwegen punktet mit Lebensqualität. http://www.zeit.de/gesellschaft/2009-10/norwegen-lebensqualitaet-un-bericht (letzter Zugriff am 31.10.2009).

Zmerli, Sonja 2004: Politisches Vertrauen und Unterstützung. In: van Deth, Jan W. (Hrsg.): Deutschland in Europa: Die Ergebnisse des European Social Survey 2002-2003. Wiesbaden: VS Verlag für Sozialwissenschaften, 229-256.

Soziales und politisches Vertrauen

Sonja Zmerli

Wie ist es um das Zusammenwachsen Deutschlands und Europas zwanzig Jahre nach dem Mauerfall bestellt? Haben vierzig Jahre DDR-Regime und Bündnistreue zur Sowjetunion bleibende Spuren hinterlassen, oder hat sich eine Generation später Willy Brandts Losung tatsächlich erfüllt? Ist das vereinigte Deutschland im Herzen Europas angekommen, oder nimmt es aufgrund der jahrzehntelangen Teilung eine Sonderstellung ein? Ließe sich daran anschließend nicht vielmehr vermuten, dass die gesellschaftliche und politische Spaltung Europas auch zwanzig Jahre nach dem Fall des Eisernen Vorhangs trotz aller Integrationsbemühungen weiterhin Bestand hat? Mögen manchem diese Fragen auf den ersten Blick noch recht akademisch erscheinen, so rütteln sie doch an den Grundfesten des gesellschaftlichen und politischen Zusammenhalts in Deutschland und Europa. Dies gilt in besonderem Maße für individuelle Einstellungen, die dem gesellschaftlichen Miteinander sowie der Unterstützung politischer Systeme zugrunde liegen. Konkreter geht es dabei um soziales Vertrauen, das es Gesellschaften erst ermöglicht, in gegenseitige Kooperationen einzutreten und politisches Vertrauen, das als Voraussetzung für die Funktionsfähigkeit und Legitimation demokratischer politischer Systeme bewertet wird. Gerade im Hinblick auf eine notwendige Basis politischen Vertrauens sind aber mit Blick auf postsozialistische Gesellschaften erhebliche Zweifel angebracht. In autoritären Regimen, deren Selbsterhalt allein durch Unterdrückung, Verfolgung und Bespitzelung der Bürger gewährleistet werden kann, ist die Existenz einer breiten Vertrauensgrundlage nicht zu erwarten. Dieses gegen die politischen Institutionen des Landes gerichtete wohlbegründete Misstrauen schlägt sich allerdings auch in einer eingeschränkten individuellen Vertrauensbereitschaft gegenüber den Mitbürgern nieder. Gering ausgeprägtes soziales Vertrauen ist die Folge.

Aus Sicht der Vertreter des Sozialkapitalansatzes ist diese Wechselwirkung zwischen politischem und sozialem Misstrauen fatal. Allein Gesellschaften, die über ein hohes Maß an sozialem Vertrauen verfügen, sind in der Lage, wirtschaftlich zu prosperieren, sich als mündige Bürger an demokratischen Entscheidungsprozessen zu beteiligen, den gesellschaftlichen Zusammenhalt zu stärken, eine responsive politische Elite hervorzubringen und insgesamt ein zufriedeneres Leben zu führen (Putnam 2000). Aufgrund ihres politischen Erbes blieben postsozialistischen Gesellschaften diese Errungenschaften demnach versagt. Allerdings wäre zunächst zu klären, ob prägende Erfahrungen mit autoritären Regimen auch unter veränderten politischen Vorzeichen ihre Wirkungsmacht aufrechterhalten oder aber individuelle Einstellungen im Lebensverlauf kontextabhängig und folglich veränderbar sind. Gerade letzteres wäre vor dem Hintergrund der deutschen Wiedervereinigung und dem Fortschreiten der europäischen Integration höchst wünschenswert. Es liegt auf der Hand, dass politische Gebilde, seien es Nationalstaaten oder supranationale Institutionen, die lediglich durch Teile der Bevölkerung Unterstützung erfahren, nur eingeschränkt legitimiert und funktionsfähig sind. Eine Gesellschaft, deren politische Kultur durch derart auseinanderstrebende politische Einstellungen geprägt wäre, stünde vor großen Herausforderungen. Inwiefern diese Darstellung reiner Fiktion oder realistischen Einschätzungen entspricht, soll in diesem Beitrag geklärt werden. Zur Kontrastierung, Einordnung und besseren Bewertung der deutsch-deutschen Einstellungsmuster bietet sich ein west-/osteuropäischer Vergleich an. Auf dieser breiten Datengrundlage erscheint es möglich, konkrete Aussagen über die Entwicklungsrichtung des vereinigten Deutschlands, aber auch Europas zu treffen. Gemäß diesen Überlegungen geht es in der nachfolgenden Untersuchung um dreierlei: Eine alle vier Wellen des *European Social Survey* (ESS) umfassende Zeitreihenanalyse sozialen und politischen Vertrauens soll zunächst Aufschluss über Kontinuität bzw. Wandel deutsch-deutscher Einstellungen geben. Sofern eine Persistenz individueller Einstellungen vorläge, dürften sich im Zeitverlauf keine Annäherungen zwischen ost- und westdeutschen Bürgern abzeichnen. Die in der DDR sozialisierten Bürger der neuen Länder stünden ihrer Umwelt und ihren politischen Institutionen nach wie vor misstrauisch gegenüber und würden sich darin nicht wesentlich von anderen postsozialistischen Gesellschaften unterscheiden. Die Befunde zahlreicher empirischer Studien lassen jedoch an dieser Vorstellung Zweifel aufkommen. Obwohl sich zwischen den individuellen Einstellungen der Ost- und Westdeutschen nach wie vor Unterschiede ausmachen lassen, erscheinen diese doch nicht unüberbrückbar. Zeitstudien belegen zudem ost-/westdeutsche Annäherungen (Kunz 2004; Zmerli 2004). Vor diesem Hintergrund ließe sich die These formulieren, dass nicht institutionelle Primärerfahrungen individuelle Einstellungen dauerhaft prägen, sondern diese ebenso von institutionellen Veränderungen beeinflusst werden können. Daraus ergibt sich die Aufgabe in einem nächsten Schritt, den Wirkmechanismen sozialen und politischen Vertrauens nachzuspüren. In Zeiten fundamentaler politischer Umbrüche sind Einstellungsänderungen gegenüber politischen Institutionen sicherlich zu erwarten. Soziales Vertrauen könnte in Mitleidenschaft gezogen werden, sofern ein hoffnungsvoller demokratischer Neubeginn Misstrauen, Zukunftsängste und enttäuschte Erwartungen hervorbrächte. Andererseits böte eine breite Grundlage sozialen Vertrauens die Chance auf einen gelingenden politischen Wandel bzw. sich stabilisierende politische Verhältnisse. Darüber hinaus unterliegen soziales und politisches Vertrauen weiteren individuellen und strukturellen Einflüssen, deren Effekte anschließend mit Hilfe multivariater Untersuchungsverfahren einer vergleichenden Bewertung unterzogen werden sollten.

Die theoretische Einordnung dieses Beitrags wird im folgenden Kapitel vorgenommen. Eine Beschreibung der Datengrundlage sowie der Operationalisierungen schließt sich hieran an. In der abschließenden Diskussion der Ergebnisse wird die hier dargelegte Argumentation wieder aufgegriffen und auf der Grundlage der empirischen Erkenntnisse weiterentwickelt.

Theoretischer Rahmen, Entwicklungslinien, Hypothesen

Soziales Vertrauen

Gerade in gesellschaftlichen, politischen oder wirtschaftlichen Krisenzeiten wird oftmals auf den Vertrauensverlust in einer Gesellschaft verwiesen, der als schwerwiegende Folge dieser Krisen ausgemacht und dessen Wiederherstellung im Umkehrschluss als Allheilmittel zahlreicher Missstände bewertet wird. Im politikwissenschaftlichen Kontext lassen sich diese Annahmen und Argumente insbesondere im Sozialkapital-Ansatz verorten, der in den vergangenen fünfzehn Jahren weitreichende wissenschaftliche und gesellschaftliche Beachtung fand (Putnam 1993; 2000; 2007). Im Kern dieses Ansatzes wird Sozialkapital als Fundament demokratischer Gesellschaften betrachtet: „Es ist Garant für die Performanz demokratischer Institutionen, wirtschaftlichen Erfolg und die Priorität des Allgemeinwohls gegenüber Partikularinteressen" (Zmerli 2008: 17). Ein umfassender gesellschaftlicher Sozialkapitalbestand führt zur Lösung des weit verbreiteten Kollektivgutproblems und somit zu größerer Kooperationsfähigkeit und -bereitschaft unter gesellschaftlichen Mitgliedern. Diese zeigen sich interessierter an politischen Prozessen, sind vertrauensvoller auch gegenüber politischen Institutionen und Akteuren, toleranter, engagementbereiter, zufriedener und optimistischer und verfügen über zivile Kompetenzen, die für gesellschaftliche Teilhabe unerlässlich sind (Putnam 1993). Die politischen Eliten dieser Gesellschaften zeichnen sich ihrerseits durch vergleichbare Persönlichkeitsmerkmale aus, was zu responsiver und weniger korruptionsanfälliger Politik führt. Innovative und effiziente Regierungen können aus diesem gesellschaftlichen und politischen Zusammenspiel erwachsen (Putnam 2000: 347).

Soziales Vertrauen gilt neben sozialen Netzwerken und Normen der Reziprozität als wesentlicher Baustein sozialen Kapitals.[1] Während aus demokratietheoretischer Perspektive soziales Vertrauen demokratische Einstellungen und politische Teilhabe befördert, betonen Ökonomen dessen Bedeutung für wirtschaftliche Austauschbeziehungen. Verbesserter Informationsfluss, höhere Innovationskraft und Risikobereitschaft sowie geringere Transaktionskosten werden als wesentliche wirtschaftliche Wettbewerbsvorteile der Existenz sozialen Vertrauens zugeschrieben (Kunz 2004: 202).

Neueste international vergleichende Studien bestätigen nunmehr tatsächlich einen ausgeprägten positiven Zusammenhang zwischen sozialem und politischem Vertrauen. War den politikwissenschaftlichen Annahmen zur Relevanz und Wechselwirkung zwischen sozialem Vertrauen und politischer Unterstützung lange Zeit die empirische Validierung versagt geblieben, so führte die Entwicklung und Verbreitung verbesserter Messinstrumente zu eindeutigen Resultaten (Jagodzinski/ Manabe

---

1   Für eine ausführliche Diskussion der Sozialkapitaltheorie siehe Gabriel u. a. (2002) und Castiglione u. a. (2008).

2004: 85-97; Zmerli/Newton 2008; Freitag/Bühlmann 2009).[2] Gleichermaßen erschien es nun aber auch möglich, die während der vorangegangenen Jahre beobachteten Erosionserscheinungen politischen Vertrauens mit sinkenden gesellschaftlichen Sozialkapitalbeständen zu erklären (Dalton 2004). Trotz der großen Bedeutung, die sozialem Vertrauen als Komponente sozialen Kapitals disziplinübergreifend beigemessen wird, konnte bislang kein wissenschaftliches Einverständnis über dessen Begriffsbestimmung erzielt werden (Kunz 2004: 203; Zmerli u. a. 2007: 37ff.). So reichen Definitionen von Hardins „encapsulated interest" (1998: 12ff.) über Gambettas Vorschlag, Vertrauen als persönliche Überzeugung in das aufrichtige und wohlwollende Handeln anderer zu definieren (1988: 217) bis hin zu Warrens Vorstellung von Vertrauen als Ausdruck gemeinsamer Interessen bei gleichzeitiger Abwesenheit von Arglist (1999: 311). Zu Recht verweist Kunz zudem auf die Notwendigkeit, die Kontextbezogenheit sozialen Vertrauens zu berücksichtigen. Dieser Annahme zufolge liegen der Vertrauensgenese Sozialisationsprozesse zugrunde, die mit dem Erwerb kultureller Regeln und Wertorientierungen verknüpft sind. „In dieser Hinsicht beinhaltet Vertrauen Merkmale einer kulturell festgelegten Reziprozität, die ein starkes Gefühl sozialer Übereinstimmung mit anderen Menschen reflektiert" (Kunz 2004: 203). Ein weiterer Teilaspekt der Begriffsbestimmung sozialen Vertrauens bezieht sich auf die Reichweite sozialer Beziehungen. Putnam differenziert hierbei zwischen „thick trust" und „thin trust", wobei „thick trust" aus intensiven und regelmäßigen persönlichen Beziehungen resultiert und „thin trust" Vertrauensverhältnisse zu nicht bestimmten abgrenzbaren Personengruppen kennzeichnet (2000: 136). Gerade die letztgenannte Vertrauensform ist, so die These, für die Funktionsfähigkeit und Stabilität moderner demokratischer Gesellschaften unerlässlich. Alternativ zu den Begriffen „thick" und „thin" trust finden sich in der Literatur weitere Bezeichnungen, wie partikulares und generalisiertes soziales Vertrauen (Putnam 2000: 136; Newton/Zmerli i. E.). Beide Vertrauensformen begreift Putnam als Endpunkte eines Kontinuums (2000: 466). In einer jüngsten vergleichenden Bevölkerungsumfrage wurde nun erstmals die Verbreitung *beider* Vertrauensformen erhoben.[3] Erste international vergleichende Studien liefern nun den empirischen Nachweis, dass die Entwicklung individuellen generalisierten sozialen Vertrauens die Existenz partikularen sozialen Vertrauens voraussetzt. Allerdings führen starke partikulare Vertrauensbeziehungen nicht unweigerlich zur Ausbildung einer generalisierten Vertrauenshaltung. Vielmehr gibt es erste Hinweise darauf, dass die Bereitschaft zu generalisiertem sozialem Vertrauen in Abhängigkeit zur persönlichen materiellen und immateriellen Ressourcenausstattung steht. Für *beide* soziale Vertrauensformen werden hingegen ausgeprägte positive Zusammenhänge zu politischem Vertrauen ermittelt (Newton/Zmerli i. E.; Zmerli/Newton i. E.). Aufgrund der verfügbaren Daten wird sich der vorliegende

---

2 Für einen empirischen Nachweis dieser Annahme siehe Zmerli u. a. (2007) und Zmerli/Newton (2008).
3 Siehe World Values Survey 2005/07.

Beitrag auf empirische Analysen generalisierten sozialen Vertrauens beschränken müssen.
  Grundsätzlich lässt sich dieser Zusammenhangsbefund strukturorientierten Erklärungsansätzen zuordnen, die das Entstehen sozialen Vertrauens auf soziale und gesellschaftliche Faktoren zurückführen. Insbesondere die Zugehörigkeit zu formellen oder informellen Netzwerken, politisch-institutionelle sowie sozio-ökonomische Strukturen, Sicherheit und Ordnung, aber auch soziale und ethnische Heterogenität werden weitreichende Effekte auf soziales Vertrauen zugesprochen. Während soziale Integration mittels sozialer Netzwerkzugehörigkeit, politisches Vertrauen oder Demokratiezufriedenheit, Zufriedenheit mit der wirtschaftlichen Lage eines Landes oder die wahrgenommene Sicherheit im öffentlichen Bereich zur Stärkung sozialen Vertrauens beitragen, wirken sich persönlich wahrgenommene Diskriminierungserfahrungen negativ auf die persönliche Vertrauensbereitschaft aus. Ferner werden zur Erklärung sozialen Vertrauens neben strukturorientierten Ansätzen Indikatoren herangezogen, die auf mögliche Antworten im persönlichen Bereich schließen lassen. Hierzu zählen insbesondere persönliche Ressourcen, wie Bildung oder Einkommen, oder individuelle Lebenszufriedenheit und Wohlbefinden. Belastende Lebensereignisse, wie Scheidung, oder Phasen der Arbeitslosigkeit, sollten dagegen mit Vertrauenseinbußen einhergehen (Brehm/Rahn 1997; Kunz 2004: 210ff.; Uslaner 1999, 2002).
  Höchst unterschiedlich fallen die empirischen Befunde zur Entwicklung sozialen Vertrauens in etablierten Demokratien aus. Während Putnam für die USA klare Tendenzen eines Verfalls sozialen Vertrauens konstatiert (2000), können europäisch vergleichende Studien keine entsprechenden Entwicklungen belegen. Auffallend ist jedoch, dass sich europäische Gesellschaften recht deutlich in ihrer Vertrauensbereitschaft unterscheiden. Während insbesondere skandinavische Länder über ausgesprochen hohe Vertrauensniveaus verfügen, ist in den postsozialistischen Gesellschaften vielfach ausgeprägtes Misstrauen zu beobachten. Selbst innerhalb Deutschlands ließen sich in der Vergangenheit diese Divergenzen nachweisen (Zmerli 2004; 2008).

Politisches Vertrauen

Die Stabilität demokratischer Gesellschaften stützt sich in weiten Teilen auf das Vertrauen der Bürger in ihre politischen Institutionen und Akteure. Sofern Institutionen, Akteure und politische Prozesse als vertrauenswürdig und fair wahrgenommen werden, zeigen Bürger eine größere Bereitschaft, sich gesetzeskonform zu verhalten, entwickeln ein gesteigertes Interesse an politischen Themen und eine größere Engagementbereitschaft (Putnam 1993). Zudem bereitet eine breite Vertrauensbasis politischen Akteuren einen größeren, weniger restriktiven Handlungsspielraum (Warren 1999). Wie Newton und Norris betonen, sollte politisches Vertrauen als zentraler Indikator einer seitens der Bürgerinnen und Bürger eines Landes empfundenen Bewertung ihrer Polity definiert werden (2000: 53). Als solches dient politisches Vertrauen als konzeptionelles Instrumentarium, das „has been designed as a middle-range indicator of support between the specific political actors in charge of every institution and the overarching principles of democracy in which specific institutions are embedded in a given polity" (Zmerli u. a. 2007: 41). Glaubwürdigkeit, Fairness, Kompetenz, Transparenz politischer Entscheidungsprozesse oder auch Responsivität gegenüber der öffentlichen Meinung sind Charakteristika, durch die politische Institutionen und Akteure Vertrauenswürdigkeit erlangen (Levi/Stoker 2000: 484f.). Gleichermaßen ermöglicht die Präsenz politischen Vertrauens politischen Institutionen und Akteuren effizientes und effektives Handeln, wodurch sich wiederum deren Funktions- und Leistungsfähigkeit erhöht, ein Wechselspiel, das in höheres politisches Vertrauen mündet (Putnam 1993).

Eine systematische Differenzierung des Konzepts politischen Vertrauens ermöglichen verschiedene theoretische und empirische Studien. So unterscheiden beispielsweise Gabriel u. a. (2002), Denters, Gabriel und Torcal (2007) oder van Deth (2000) zwischen drei Dimensionen politischen Vertrauens. Vertrauen in politische Institutionen und Akteure umfasst Vertrauen in das Parlament, Politiker, politische Parteien oder auch die Regierung. Vertrauen in regulative Institutionen, die sich im Idealfall durch Unparteilichkeit und Fairness auszeichnen, bezieht sich auf die Vertrauenswürdigkeit von Polizei und Justiz eines Landes. Schließlich wird eine weitere, dritte Dimension politischen Vertrauens diagnostiziert. Diese basiert auf Vertrauen in supranationale Institutionen (EU, Europäisches Parlament) und/oder internationale Institutionen (UN) (van Deth 2000).

Vor dem hier skizzierten Hintergrund der Relevanz politischen Vertrauens für die Stabilität demokratischer Gesellschaften ist die wachsende Verunsicherung in den Reihen politischer Entscheidungsträger und Wissenschaftler angesichts anscheinend rückläufiger Vertrauenstrends nachvollziehbar. So zeigten bereits in der Vergangenheit einschlägige international vergleichende Studien, dass insbesondere die Vertrauenswürdigkeit von Politikern oder nationaler Parlamente empfindliche Einbußen erlitten hatte (Dalton 1999; Holmberg 1999; Kaase/Newton 1995; Klingemann 1999; Pharr/Putnam 2000). Obwohl offenkundig sämtliche etablierten, aber auch jungen Demokratien von diesen rückläufigen Trends betroffen sind, lassen sich innerhalb Europas deutliche Niveauunterschiede ausmachen. Während skandinavische Länder vergleichsweise hohe Vertrauenswerte erzielen, fällt die politische Vertrauensbereitschaft der Deutschen, Engländer oder Franzosen eher moderat aus. Teilweise besorgniserregendes großes politisches Misstrauen lässt sich dagegen zumeist in den noch jungen Demokratien Mittel- und Osteuropas beobachten (Tusalem 2007). Jüngere Studien zur Entwicklung politischen Vertrauens insbesondere in den etablierten Demokratien Europas stimmen dagegen etwas hoffnungsvoller (Catterberg/Moreno 2005; Gabriel/Walter-Rogg 2008). Die Situation in Deutschland war in der Vergangenheit hingegen tatsächlich durch Vertrauensdivergenzen zwischen Ost und West gekennzeichnet. Zeitverlaufsstudien diagnostizierten dabei systematisch geringere Vertrauenswerte für die Bürgerinnen und Bürger der neuen Länder (Zmerli 2004).

Gerade die politischem Vertrauen zuerkannte demokratietheoretische Relevanz im Zusammenhang mit dessen diagnostizierter Volatilität lassen eine räumlich wie zeitlich breit angelegte Untersuchung der Bedingungsfaktoren als besonders dringlich erscheinen. Die Annahme, dass politisches Vertrauen insbesondere aus institutioneller und akteursbezogener Fairness, Glaubwürdigkeit und Transparenz resultiert, beschreibt die so genannte „top-down" Perspektive des einen Erklärungsansatzes. Darüber hinaus wird der wirtschaftlichen Leistungsfähigkeit eines Landes erheblicher Einfluss auf politische Vertrauensbildungsprozesse zugesprochen (Newton/ Norris 2000; Gabriel/Kunz 2002). Der „bottom-up" Ansatz argumentiert hingegen, dass gerade rückläufiges oder gar völlig fehlendes gesellschaftliches Sozialkapital für einen möglichen politischen Vertrauensschwund verantwortlich zu machen wäre. Auf der Grundlage sozialen Zusammenhalts, der durch Kooperations-bereitschaft, Vertrauen und Solidarität gesichert wird, wandelt sich das Eigen-interesse der Bürger zu einem persönlichen Interesse am Allgemeinwohl. Aus einer wachsenden persönlichen Zuwendung zu politischen Inhalten und einer größer werdenden Engagementbereitschaft resultieren dann die Unterstützung und das Vertrauen in das eigene demokratische System. Im Umkehrschluss folgt aus einem Sozialkapitalschwund rückläufige politische Unterstützung.

Schließlich beeinflussen auch Faktoren, die auf der Mikroebene angesiedelt sind, wie individuelle politische Orientierungen und Kompetenzen, die persönliche politische Vertrauensbereitschaft. Grundsätzlich sind politische Orientierungen und Kompetenzen den drei Teilbereichen politischen Engagements, Kognition, Affekt sowie politische Teilhabe, zuzuordnen. Dem Teilbereich der Kognition lässt sich beispielsweise politisches Interesse zuordnen, das den Grad der Aufmerksamkeit beschreibt, welcher politischen Vorgängen entgegengebracht wird. Gleiches gilt auch für die subjektiv empfundene Kompliziertheit von Politik, die als Ausdruck individueller politischer Kompetenzen zu verstehen ist. Größeres politisches Interesse sowie eine persönlich wahrgenommene geringere Kompliziertheit von Politik sollten die politische Vertrauensneigung steigern. Die Determinante Kirchgangshäufigkeit wird als Indikator der individuellen Bedeutung konservativer Werte betrachtet. Somit ist sie dem affektiven Teilbereich individueller Einstellungen und Orientierungen zuzuordnen. Grundsätzlich wird ein positiver Zusammenhang zwischen einer größeren Kirchgangshäufigkeit und politischem Vertrauen erwartet (Zmerli 2004: 244).

Hypothesen

Aus der Bandbreite der oben beschriebenen Wirkungszusammenhänge lassen sich verschiedene Hypothesen ableiten, die nachfolgend einer empirischen Überprüfung unterzogen werden.

H1: Da von einem positiven Wirkungszusammenhang zwischen sozialem und politischem Vertrauen ausgegangen werden kann, sollte (H1a) *ein höheres Maß politischen Vertrauens mit höherem sozialen Vertrauen einhergehen*. Zu erwarten ist jedoch, dass (H1b) *die drei verschiedenen Dimensionen politischen Vertrauens in unterschiedlichem Maß auf soziales Vertrauen einwirken*. Der geringste

Effekt wäre von Vertrauen in externe politische Akteure zu erwarten, da sie nur mittelbaren bzw. vermittelten Einfluss auf nationale Politikgestaltung nehmen und nur in Krisenregionen, nicht aber in Europa, Schutzaufgaben, wie die der Friedenssicherung, übernehmen.

H2: Vertrauenswürdigkeit und Kompetenz politischer Institutionen und Akteure finden aber auch mittels erfolgreicher Politikformulierung und Implementierung ihren Ausdruck. Insofern sollte (H2) *eine positive Bewertung verschiedener Politikfelder ebenfalls zu höherem sozialen Vertrauen beitragen.*

H3: In Anlehnung an die oben aufgeführten struktur- und persönlichkeitsorientierten Erklärungsansätze wird erwartet, dass (H3a) *die Zugehörigkeit zu sozialen Netzwerken, ein subjektiv empfundenes Sicherheitsgefühl, höhere Bildung, eine höhere Zufriedenheit mit den eigenen Lebensverhältnissen und der Einkommenssituation zu einer Stärkung sozialen Vertrauens führen.* Dagegen wird erwartet, dass (H3b) *Diskriminierungserfahrungen oder Phasen der Arbeitslosigkeit in einem signifikant negativen Zusammenhang zu sozialem Vertrauen stehen* könnten.

H4: Obwohl eine Reihe einschlägiger europäisch vergleichender Studien stark divergierende Niveaus sozialen Vertrauens ermitteln konnten, gibt es keinerlei konkrete empirische Hinweise auf verschiedenartige Wirkungszusammenhänge. Insofern werden auch für die nachfolgenden Wirkungsanalysen (H4) *keine deutsch-deutschen bzw. west-/osteuropäischen Unterschiede erwartet* (abhängige Variable: soziales Vertrauen).

H5: Da von einer Wechselwirkung zwischen sozialem und politischem Vertrauen ausgegangen wird, sollte (H5a) *höheres soziales Vertrauen mit höherem politischen Vertrauen einhergehen.* Die Effektstärken sollten jedoch (H5b) *zwischen den drei politischen Vertrauensdimensionen variieren.* Der geringste Effekt sozialen Vertrauens wäre für die Dimension des Vertrauens in externe politische Akteure zu erwarten, da deren Handlungs- und Einflussbereich, aber auch deren gesellschaftliche Referenzpunkte weit über den eigenen nationalen oder auch regionalen gesellschaftlichen Kontext hinausreichen.

H6: Aus Sicht der „top-down" Perspektive kann gefolgert werden, dass (H6a) *eine positive Einschätzung relevanter Politikfelder sowie der wirtschaftlichen Lage eines Landes zu höherem politischen Vertrauen führen* sollte. Der „bottom-up" Ansatz verweist zudem (H6b) auf den *positiven Wirkungszusammenhang zwischen Netzwerkzugehörigkeit und politischem Vertrauen.* Ebenso sollte *politisches Interesse, subjektiv wahrgenommenes Kompetenzgefühl sowie regelmäßiger Kirchgang mit einer Stärkung politischen Vertrauens einhergehen.* Dagegen sind (H6c) *Einbußen politischen Vertrauens bei persönlichen Diskriminierungserfahrungen oder Phasen der Arbeitslosigkeit* zu erwarten.

H7: Schließlich liegen auch für den europäischen Vergleich politischen Vertrauens Befunde vor, die deutlich divergierende Vertrauensniveaus offen legen. Empirische Nachweise über maßgeblich unterschiedliche Wirkmechanismen existieren allerdings nicht, so dass auch für die nachfolgende Analyse politischen Vertrauens (H7) *keine deutsch-deutschen bzw. west-/osteuropäischen Effektunterschiede erwartet* werden (abhängige Variable: politisches Vertrauen).

Daten und Methoden

Gemäß der konzeptionellen Anlage dieses Sammelbandes basieren sämtliche nachfolgenden empirischen Analysen ausschließlich auf den vier Erhebungswellen des ESS.[4] Die zu untersuchenden Variablen ‚soziales Vertrauen' und ‚politisches Vertrauen' basieren auf verschiedenen Fragen, die nachfolgend dargestellt werden.

In einer Reihe vorangegangener Studien (Kunz 2004; Zmerli u. a. 2007; Zmerli/Newton 2008) wurde zur Messung sozialen Vertrauens ein auf drei Fragen basierender Index gebildet, dessen empirische Validität überprüft und bestätigt wurde. Auch die vier Wellen des ESS beinhalten diese drei Fragen, so dass für die sich anschließenden Untersuchungen ein entsprechender Vertrauensindex gebildet wird.

Soziales Vertrauen:

Ganz allgemein gesprochen: Glauben Sie, dass man den meisten Menschen vertrauen kann, oder dass man im Umgang mit anderen Menschen nicht vorsichtig genug sein kann? Bitte sagen Sie es mir anhand dieser Skala von 0 bis 10. 0 bedeutet, dass man nicht vorsichtig genug sein kann, und 10 bedeutet, dass man den meisten Menschen vertrauen kann.

> Glauben Sie, dass die meisten Menschen versuchen, Sie auszunutzen, wenn sie die Gelegenheit dazu haben, oder versuchen die meisten Menschen, sich fair zu verhalten? Die meisten Menschen versuchen, mich auszunutzen = 0, die meisten Menschen versuchen, sich fair zu verhalten = 10 (Skala von 0 bis 10).

> Und glauben Sie, dass die Menschen meistens versuchen, hilfsbereit zu sein, oder dass die Menschen meistens auf den eigenen Vorteil bedacht sind? 0 bedeutet, dass die Menschen meistens auf den eigenen Vorteil bedacht sind, und 10 bedeutet, dass die Menschen meistens versuchen, hilfsbereit zu sein. Mit den Werten dazwischen können Sie Ihre Meinung abstufen.

Zur Bildung des Index werden die Werte der Antworten zunächst addiert und danach durch die Anzahl gültiger Antworten dividiert (Skala von 0 bis 10).[5]

Für die Bildung der Indizes politischen Vertrauens wird ebenfalls auf die bereits angeführten theoretischen und empirischen Vorarbeiten zurückgegriffen (Gabriel u. a. 2002; Denters u. a. 2007; van Deth 2000). Dieser differenzierten empirischen Vorgehensweise der o.a. Studien wird auch in diesem Beitrag entsprochen, da es plausibel erscheint, dass diese drei Dimensionen politischen Vertrauens in unterschiedlichen Wechselbeziehungen zu sozialem Vertrauen und weiteren Bestimmungsfaktoren stehen könnten.

---

4 Für weitere Informationen siehe das Einführungskapitel dieses Sammelbandes.
5 Für die empirischen Analysen wird dieser Index standardisiert, so dass der Minimalwert 0 und der Maximalwert 1 betragen.

Politisches Vertrauen:

Bitte sagen Sie mir zu jeder öffentlichen Einrichtung oder Personengruppe, die ich Ihnen nenne, wie sehr Sie persönlich jeder einzelnen davon vertrauen. Verwenden Sie dazu diese Skala von 0 bis 10. 0 bedeutet, dass Sie dieser Einrichtung oder Personengruppe überhaupt nicht vertrauen, und 10 bedeutet, dass Sie ihr voll und ganz vertrauen. Wie ist das mit...

- dem Bundestag?
- der Justiz?
- der Polizei?
- den Politikern?
- den politischen Parteien (als Item ab der zweiten Welle des ESS enthalten)?
- dem Europäischen Parlament?
- den Vereinten Nationen?

Vertrauen in den Bundestag, Politiker und politische Parteien bilden Vertrauen in politische Institutionen und Akteure ab. Vertrauen in regulative Institutionen wird durch Vertrauen in Polizei und Justiz gemessen. Mit den Fragen zum Vertrauen in das Europäische Parlament sowie die Vereinten Nationen wird die dritte Vertrauensdimension in externe politische Akteure erhoben. Wie zuvor werden auf der Grundlage der entsprechenden Fragen jeweils additive Indizes gebildet, die durch die Anzahl gültiger Antworten dividiert werden (Skala von 0 bis 10).[6]

Soziales und politisches Vertrauen in Deutschland und Europa

Zur Situation in Deutschland und Europa

Die deskriptiven Auswertungen der vier ESS Wellen zu sozialem Vertrauen in Deutschland und Europa zeichnen ein Bild von Kontinuität einerseits und gesellschaftlicher Differenz andererseits (Abbildung 1).[7] Während sich Ost- und Westdeutsche in ihrem Vertrauensniveau nur noch marginal voneinander unterscheiden und lediglich graduelle Veränderungen im Zeitverlauf erkennbar sind, weisen osteuropäische Länder gegenüber westeuropäischen Gesellschaften deutliche Rückstände auf. Auf einer Skala von 0 bis 1 erzielen Osteuropäer deutlich unter dem Durch-

---

6 Für die empirischen Analysen wird dieser Index standardisiert, so dass der Minimalwert 0 und der Maximalwert 1 betragen.
7 Die Gewichte der deskriptiven Analysen in den Abbildungen 1 bis 4 basieren auf Design-Effekten sowie auf den Einwohnerzahlen der Länder in jeder Welle; für die deutsch-deutschen Analysen auf Gewichte für Design-Effekte sowie Einwohnerzahlen der beiden Landesteile.

Abbildung 1: Soziales Vertrauen

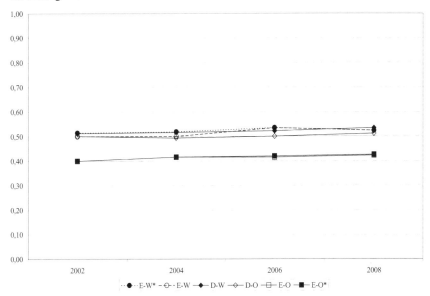

schnitt liegende Vertrauenswerte. Vergleichbar mit beiden deutschen Landesteilen lässt sich dagegen das Bild der Kontinuität sozialen Vertrauens auch in West- und Osteuropa nachzeichnen. Aus dieser europaweit beobachtbaren weitgehend stabilen Vertrauenslage ist zu schließen, dass sich die ausgeprägte innereuropäische Vertrauensdivergenz kurzfristig nicht auflösen wird. Somit wäre in naher Zukunft mit keiner nennenswerten Annäherung osteuropäischer Verhältnisse an westeuropäische Gegebenheiten zu rechnen. Aus Sicht der Sozialkapitaltheorie käme diese Persistenz des Niveauunterschieds einem auf Dauer angelegten Gefälle gesellschaftlicher Kooperationsfähigkeit, institutioneller Performanz und wirtschaftlicher Leistungskraft gleich. Grund zur Hoffnung gibt dagegen die Lage in Ostdeutschland. Trotz ihres sozialistischen Erbes sind die Bürgerinnen und Bürger der neuen Länder im Westen Deutschlands und Europas angekommen. Gemessen am Niveau sozialen Vertrauens sind Ostdeutsche im gleichen Maße ausgestattet wie Bürger etablierter Demokratien. Dieser Sachverhalt gibt einen klaren Hinweis darauf, dass sich Vertrauensdispositionen im individuellen Lebensverlauf ändern können. Denn noch zu Beginn der 1990er Jahre wiesen Ostdeutsche eine deutlich geringere Vertrauensbereitschaft als Westdeutsche auf (Cusack 1997). Im hiesigen Fall ist zu vermuten, dass die Übernahme funktionsfähiger demokratischer Institutionen zusammen mit nachhaltiger wirtschaftlicher Entwicklung und gesellschaftlicher Modernisierung einen positiven Beitrag zur Stärkung der Vertrauensbereitschaft erbracht haben. In dem Maße, in dem sich in osteuropäischen Ländern vergleichbare institutionelle, strukturelle und wirtschaftliche Entwicklungen abzeichneten, könnte auch dort mit einer Vertrauenskonsolidierung auf westeuropäischem Niveau gerechnet werden.

Abbildung 2: Vertrauen in politische Institutionen

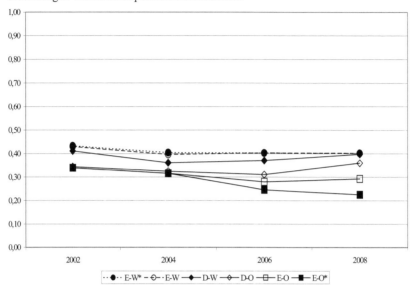

Deutlich heterogener fallen dagegen die Analysen zu politischem Vertrauen in Europa aus. Im Unterschied zu der überwiegend auf Kontinuität hinweisenden sozialen Vertrauensdisposition aller Europäer lassen sich für Vertrauen in politische Institutionen im Zeitverlauf deutliche Ausschläge in beide Richtungen ausmachen (Abbildung 2). Auffallend ist zunächst, dass europaweit Parlamente, Politiker und politische Parteien keinen ausgeprägten Vertrauensbonus genießen. Dennoch sind im deutsch-deutschen sowie im europäischen Vergleich deutliche Unterschiede erkennbar. So weisen Ostdeutsche über den gesamten Zeitverlauf hinweg ein erkennbar geringeres Vertrauensniveau als ihre westdeutschen Mitbürger auf. Selbst der ab 2006 einsetzende deutliche Vertrauensanstieg im Osten der Republik kann diese Diskrepanz nicht überbrücken, da sich ab diesem Zeitpunkt auch in den alten Ländern die politische Vertrauensbereitschaft leicht erhöht. Aufgrund des Erhebungszeitraums der vierten ESS-Welle, der für sämtliche Länderbefragungen *nach* dem Beginn der weltweiten Wirtschafts- und Finanzkrise liegt, lässt sich folgern, dass die zumindest in Deutschland getroffenen politischen Maßnahmen durch zunehmendes politisches Vertrauen gestützt wurden. In beiden Landesteilen ging diesem Vertrauenszuwachs zunächst jedoch ein Rückgang voraus. Am Ende des Erhebungszeitraums lässt sich für Westdeutschland konstatieren, dass das Ausgangsniveau von 2002 nicht gänzlich erreicht wird. Die Vertrauensbereitschaft der Ostdeutschen des Jahres 2008 übersteigt dagegen den Ausgangswert und nähert sich erkennbar westeuropäischen Verhältnissen. Insofern grenzen sich ostdeutsche Bürger auch deutlich von den übrigen postsozialistischen Gesellschaften ab. Gerade in den Kernländern Osteuropas ist der rückläufige Trend ab 2004 besonders stark ausgeprägt. Diese

Abbildung 3: Vertrauen in regulative Institutionen

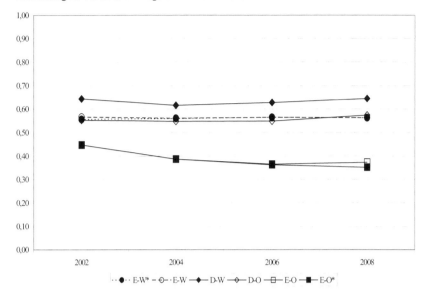

Abwärtsspirale setzt sich in dieser Ländergruppe auch 2008 fort, obwohl sich für die gesamten osteuropäischen Gesellschaften der vierten Erhebungswelle ein geringfügiger Anstieg abzeichnet. In der Einzelanalyse lässt sich insbesondere für die Ukraine, die dem osteuropäischen Kernländerset angehört, ab 2004 ein massiver Vertrauenseinbruch diagnostizieren. Die gesellschaftlich weitverbreitete Enttäuschung über die gescheiterte ‚orange Revolution' findet in diesen Mittelwerten sicherlich ihren Ausdruck. Dennoch gilt, dass osteuropäischen politischen Institutionen und Akteuren überwiegend mit Misstrauen begegnet wird, wodurch ihre zukünftige Akzeptanz und Legitimation fraglich erscheint. Das ohnehin niedrige Ausgangsniveau erfährt dramatische Einbußen, die im westeuropäischen Vergleich ihresgleichen suchen und das Vertrauensgefälle zwischen West und Ost erheblich vergrößern. Zweifellos müssten die Ursachen für diesen Vertrauensverlust in den Bereichen institutioneller oder wirtschaftlicher Fehlentwicklungen gesucht werden, als sie auf individuelle Faktoren zurückzuführen. Dennoch büßen am Ende des Untersuchungszeitraums auch im Westen Europas politische Institutionen Vertrauen gegenüber dem Auftakt der ESS-Erhebungen ein. Dieser Rückgang fällt jedoch marginal aus und mündet schließlich in einer Angleichung westdeutscher und westeuropäischer Verhältnisse.

Abbildung 3 trägt die Vertrauenswürdigkeit regulativer Institutionen, wie Polizei und nationales Rechtssystem, im europäischen Vergleich ab und zeichnet dabei ein gänzlich anderes Bild. Zunächst zeigt sich, dass Ost- und Westdeutsche in ihrer Einschätzung der Vertrauenswürdigkeit dieser beiden Institutionen recht deutlich auseinander liegen. Diese Diskrepanz ist aber weniger einer zu geringen Vertrauensnei-

Abbildung 4: Vertrauen in externe Akteure

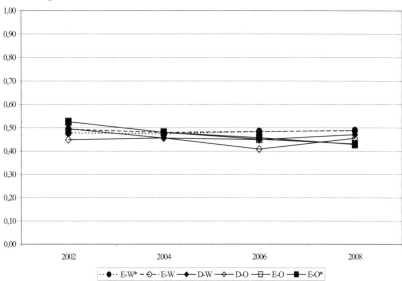

gung in Ostdeutschland geschuldet, die sich ganz im Gegenteil sogar auf westeuropäischem Niveau bewegt, als vielmehr der außerordentlich hohen Vertrauenswürdigkeit, die Polizei und Justiz in Westdeutschland genießen. Gemessen an der elfstufigen Vertrauensskala, die den Erhebungen zugrunde liegt, erzielen regulative Institutionen in beiden Teilen Deutschlands sowie Westeuropa tendenziell überdurchschnittliche Werte. Im Zeitverlauf sind zwar leichte Bewegungen zu beobachten, diese fallen aber eher gering und uneinheitlich aus.

Für den Osten Europas treffen diese Beobachtungen dagegen keinesfalls zu. Während das geringere Vertrauensniveau in Osteuropa gegenüber westeuropäischen Gesellschaften zu Beginn der europäischen Umfragen noch den Erwartungen entspricht, sind dessen starke Einbußen in den Folgejahren ohne westeuropäisches Pendant. Vertrauen in Polizei und Justiz erleidet über einen Zeitraum von nur sechs Jahren empfindliche Verluste und bewegt sich nunmehr auf einem Niveau, das deutliches Misstrauen zum Ausdruck bringt.

Ganz anders stellt sich im europäischen Vergleich die Vertrauensneigung gegenüber externen politischen Akteuren, wie dem Europäischen Parlament und den Vereinten Nationen, dar (Abbildung 4). Im Vergleich zu den oben beschriebenen Vertrauensdimensionen rangiert die Vertrauenswürdigkeit externer Akteure auf mittlerem Niveau. Wie die Ausgangsmessungen zeigen, verfügen sie 2002 in den osteuropäischen Gesellschaften sogar über den höchsten Vertrauensbonus. Allerdings führen die im Zeitverlauf beobachtbaren Verluste, die ein weiteres Mal im Osten Europas deutlicher als anderswo ausfallen, zunächst zu einer weitgehenden Vertrauensangleichung zwischen West- und Osteuropa. Zum Zeitpunkt der letzten Erhebung rangieren die Osteuropäer allerdings ein weiteres Mal auf dem letzten Platz. Dennoch scheint es, als existiere für Osteuropäer eine klare Demarkationslinie zwischen nationalen politischen und regulativen Akteuren und Institutionen einerseits sowie internationalen bzw. supranationalen Institutionen andererseits: ein weiteres Indiz dafür, dass sich das sozialistische Erbe nicht zwingend als dauerhaft prägende Sozialisationsinstanz erweist. Ostdeutsche Bundesbürger folgen diesem osteuropäischen Trend nicht. Verglichen mit ihren westdeutschen Mitbürgern vertrauen sie dem Europäischen Parlament sowie den Vereinten Nationen in geringerem Umfang. Der ab 2006 beobachtbare Vertrauenszuwachs führt jedoch zu einer deutlichen Angleichung ost- und westdeutscher Vertrauensverhältnisse. Die westeuropäische Entwicklung lässt dagegen auf stabile Vertrauensbeziehungen schließen. Die Schwankungen sind marginal und münden mit der letzten Erhebungswelle im höchsten Durchschnittswert.

Den deskriptiven Untersuchungen lässt sich entnehmen, dass auch zwanzig Jahre nach dem Mauerfall und dem Ende des Ost-/Westkonflikts bedeutende Unterschiede fortbestehen, wenn nicht sogar sich verschärft haben. Diese Trennlinie verläuft aber weniger innerhalb Deutschlands, dessen beide Landesteile sich nahtlos in Westeuropa einfügen, als vielmehr zwischen West- und Osteuropa. Obwohl beide deutschen Gesellschaften nach wie vor zu leicht unterschiedlichen Einschätzungen zur Vertrauenswürdigkeit ihrer Mitmenschen, politischer und regulativer Institutionen sowie externer Akteure gelangen, ist diese Diskrepanz im europäischen Vergleich ungleich stärker ausgeprägt. Vor dem Hintergrund dieser erkennbaren Divergenzen, aber auch der beobachtbaren Volatilität politischen Vertrauens gewinnt die nachfolgende Suche nach deren Ursachen zusätzlich an Bedeutung.

Determinanten sozialen und politischen Vertrauens

Unabhängig von den zu erwartenden jeweils unterschiedlichen Bedingungsfaktoren sozialen und politischen Vertrauens geben die in Tabelle 1 dargestellten Korrelationsergebnisse erste Hinweise auf das enge Zusammenwirken beider Vertrauensformen. Entgegen der unter H1b formulierten Hypothese lassen sich positive und hoch signifikante Zusammenhänge zwischen sozialem Vertrauen und *allen drei* Dimensionen politischen Vertrauens ermitteln. Zudem unterliegen diese Zusammenhänge im Zeitverlauf nur geringfügigen Schwankungen. Bemerkenswert erscheint zudem, dass das Zusammenwirken sozialen und politischen Vertrauens europaweit Gültigkeit besitzt. Sofern diese bivariaten Korrelationsbefunde der nachfolgenden empirischen Überprüfung durch lineare Regressionsanalysen standhielten, müssten dem weitreichenden politischen Vertrauensschwund in Osteuropa mittelfristig über Aspekte politischer Legitimation hinausreichende Auswirkungen bescheinigt werden.

Die in den nachfolgenden Wirkungsanalysen zu sozialem und politischem Vertrauen berücksichtigten Determinanten wurden bereits in den vorangegangenen theoretischen Ausführungen sowie den Hypothesen erörtert. Die Erklärungsmodelle

Tabelle 1: Korrelationen zwischen sozialem und politischem Vertrauen (Pearson's r)

	E-W*	E-W	D-W	D-O	E-O	E-O*
Politische Institutionen						
2002	0,38***	0,37***	0,36***	0,30***	0,34***	0,34***
2004	0,38***	0,38***	0,41***	0,42***	0,34***	0,34***
2006	0,41***	0,38***	0,36***	0,41***	0,31***	0,32***
2008	0,48***	0,45***	0,38***	0,34***	0,27***	0,30***
Regulative Institutionen						
2002	0,33***	0,32***	0,27***	0,31***	0,30***	0,30***
2004	0,36***	0,36***	0,33***	0,39***	0,33***	0,33***
2006	0,40***	0,38***	0,29***	0,39***	0,30***	0,33***
2008	0,42***	0,40***	0,28***	0,34***	0,29***	0,32***
Externe Akteure						
2002	0,27***	0,26***	0,28***	0,32***	0,26***	0,26***
2004	0,30***	0,29***	0,36***	0,38***	0,25***	0,25***
2006	0,30***	0,29***	0,31***	0,35***	0,20***	0,25***
2008	0,32***	0,31***	0,30***	0,25***	0,21***	0,26***

Signifikanz: *p<0,05; ** p<0,01; *** p<0,001. Gewichtet für Design-Effekte.

sozialen Vertrauens sind auf die Überprüfung der struktur- und persönlichkeitsorientierten Erklärungsansätze ausgelegt. Neben den soziodemographischen Variablen, Alter, Geschlecht und Bildung werden Zufriedenheit mit dem monatlichen Haushaltseinkommen, persönliche Lebenszufriedenheit, Zugehörigkeit zu sozialen Netzwerken, das subjektiv bei Einbruch der Dunkelheit empfundene Sicherheitsgefühl, persönliche Diskriminierungserfahrungen, persönliche Phasen der Arbeitslosigkeit, die drei Dimensionen politischen Vertrauens sowie die damit verbundenen Einschätzungen des jeweils aktuellen Zustandes des nationalen Gesundheits- sowie Bildungssystems in die nachfolgenden Analysen sozialen Vertrauens einbezogen.[8]

---

8 Die Operationalisierungen und Codierungen/Skalierungen der einzelnen Determinanten lauten wie folgt: Geschlecht (0=männlich, 1=weiblich); Alter (Lebensalter in Jahren und quadriertes Lebensalter in Jahren), Bildung (0=Grundschule nicht beendet, 1=Schule beendet ohne Abschluss einer weiterführenden Schule, 2=Volks-/Hauptschulabschluss bzw. Polytechnische Oberschule mit Abschluss 8. oder 9. Klasse, 3=Mittlere Reife bzw. Polytechnische Oberschule mit Abschluss 10. Klasse, 4=Fachhochschulreife, 5=Abitur bzw. erweiterte Oberschule mit Abschluss 12. Klasse; diese Angaben entsprechen den Bezeichnungen des deutschen Bildungswesens); Zufriedenheit mit Haushaltseinkommen: 4=kann ich/können wir bequem leben, 3=zurechtkommen, 2=nur schwer zurechtkommen, 1=nur sehr schwer zurechtkommen; Lebenszufriedenheit: 0=äußerst unzufrieden bis 10=äußerst zufrieden; Zugehörigkeit zu sozialen Netzwerken: 1=nie, 2=weniger als einmal im Monat, 3=einmal im Monat, 4=mehrmals im Monat, 5=einmal in der Woche, 6=mehrmals in der Woche, 7=täglich; subjektives Sicherheitsgefühl: 4=sehr sicher, 3=sicher, 2=unsicher, 1=oder sehr unsicher; Diskriminierungserfahrung: 0=nein, 1=ja; Arbeitslosigkeit: 0=nein, 1=ja; Bewertung des Bildungssystems: 0=äußerst schlecht bis 10=äußerst gut; Bewertung des Gesundheitssystems: 0=äußerst schlecht bis 10=äußerst gut. Diese beiden Politikfeld-Variablen werden in den

Während zum Einfluss des Lebensalters und des Geschlechts keine eindeutigen empirischen Befunde vorliegen, lassen höhere Bildung und Einkommens- und Lebenszufriedenheit, politisches Vertrauen und eine positive Bewertung bedeutsamer Politikfelder, die Integration in soziale Netzwerke, ein subjektives Gefühl der Sicherheit sowie die Abwesenheit von Diskriminierungs- und Arbeitslosigkeitserfahrungen positive Wirkungszusammenhänge erwarten.

Aufgrund der hohen Fallzahlen in West- und Osteuropa wird darauf verzichtet, sämtliche signifikanten Koeffizienten näher zu erläutern. Stattdessen orientiert sich die Diskussion an der Effektstärke der Bestimmungsfaktoren.

Wie bereits bei den Ausprägungen sozialen Vertrauens zu beobachten war, offenbart auch der deutsch-deutsche Vergleich seiner Determinanten keine markanten Unterschiede (Tabelle 2). Über alle vier Erhebungswellen hinweg kommt den Dimensionen politischen Vertrauens in beiden Landesteilen eine besondere Bedeutung zu. Ein genauerer Blick zeigt aber auch, dass diese drei Prädiktoren unterschiedliche Erklärungskraft entfalten. Der Einfluss des Vertrauens in externe politische Akteure ist insgesamt betrachtet am schwächsten ausgeprägt. Insofern bestätigen diese Befunde Hypothesen 1a und 1b. Interessant ist zudem, dass persönliche Einschätzungen des Zustands konkreter Politikfelder, wie hier Gesundheit und Bildung, von eher untergeordneter Bedeutung sind, womit Hypothese 2 nur bedingt gestützt würde. Der Faktor der persönlichen Lebenszufriedenheit unterstreicht ein weiteres Mal dessen konsistent hohen Stellenwert für die individuelle soziale Vertrauensneigung und bestätigt somit empirische Befunde aus einer Vielzahl vorangegangener Studien (Zmerli u. a. 2007; Zmerli/Newton 2008). Daneben trägt auch das subjektiv wahrgenommene Sicherheitsgefühl zur Stärkung sozialen Vertrauens bei. Entgegen der aus theoretischer Perspektive herausragenden Relevanz sozialer Netzwerke bleiben diese jedoch vergleichsweise erklärungsschwach. Dieser Befund ist jedoch nicht überraschend, steht er doch im Einklang mit den Ergebnissen einer Reihe empirischer Studien (van Deth/Maloney 2008; Wollebæk/Strømsnes 2008; Zmerli u. a. 2007). Alle weiteren Prädiktoren weisen im Zeitverlauf entweder uneinheitliche oder schwache Effektstärken auf. Allein ein höherer Bildungsgrad erscheint im Westen des Landes im Zeitverlauf etwas bedeutsamer als im Osten zu sein. Hypothese 3a wird insofern nur in Teilen bestätigt. Hypothese 3b kann hingegen aufgrund der schwachen und weitgehend insignifikanten Koeffizientenstärken nicht mehr aufrecht erhalten werden. Mit einer eigens erstellten Variable zur DDR-Sozialisation wurde zudem für

Analysen der vierten ESS-Welle durch zwei Indizes ersetzt, die Effizienz und Gleichbehandlung durch das Gesundheitssystem und die nationalen Steuerbehörden messen. Beide Indizes setzen sich aus jeweils zwei Variablen zusammen, die hoch miteinander korrelieren; Effizienz und Gleichbehandlung durch Gesundheitssystem (1. Frage Effizienz: 0= äußerst ineffizient bis 10=äußerst effizient. 2. Frage Gleichbehandlung: 0=bestimmte Personen werden bevorzugt behandelt bis 10=alle werden gleich behandelt); Effizienz und Gleichbehandlung durch nationale Steuerbehörden (1. Frage Effizienz: 0=äußerst ineffizient bis 10=äußerst effizient; 2. Frage Gleichbehandlung: 0=bestimmte Personen werden bevorzugt behandelt bis 10=alle Personen werden gleich behandelt). Die methodische Vorgehensweise bei der Bildung der beiden Indizes entspricht derjenigen zur Bildung der Vertrauensindizes. Sämtliche Variablen sind standardisiert und zwischen 0 und 1 skaliert.

Tabelle 2: Determinanten sozialen Vertrauens (OLS, unstandardisierte Regressionskoeffizienten)

	E-W*	E-W	D-W	D-O	E-O	E-O*	E-W*	E-W	D-W	D-O	E-O	E-O*
			ESS 2002						ESS 2004			
Konstante	0,00	0,00	0,17***	0,12	0,11***	0,11***	0,01	-0,00	0,13***	0,14*	0,14***	0,14***
Geschlecht	0,03***	0,02***	0,03***	0,01	0,01**	0,01**	0,02***	0,02***	0,03***	0,03*	0,02***	0,02***
Alter	0,05	0,05	-0,01	0,03	0,02	0,02	0,05	0,04	-0,12	-0,11	-0,03	-0,03
Alter (quadriert)	0,06	0,06	0,03	0,01	-0,02	-0,02	0,03	0,04	0,15	0,09	0,06	0,06
Bildung	0,08***	0,09***	0,04	0,05	0,08***	0,08***	0,07***	0,08***	0,08***	0,12**	0,08***	0,08***
Einkommenszufriedenheit	0,08***	0,07***	-0,00	0,03	0,01	0,01	0,07***	0,06***	0,02	0,02	0,00	0,00
Vertrauen in:												
Politische Institutionen	0,15***	0,16***	0,16***	0,10*	0,19***	0,19***	0,15***	0,15***	0,18***	0,13*	0,19***	0,19***
Regulative Institutionen	0,09***	0,08***	0,06**	0,13**	0,08***	0,08***	0,11***	0,11***	0,09***	0,10*	0,11***	0,11***
Externe Akteure	0,02**	0,02***	0,07***	0,10**	0,03*	0,03*	0,03***	0,03**	0,07**	0,06	0,01	0,01
Lebenszufriedenheit	0,14***	0,13***	0,11***	0,13**	0,10***	0,10***	0,15***	0,15***	0,12***	0,08*	0,11***	0,11***
Soziale Netzwerke	0,07***	0,07***	0,05**	0,05	0,03**	0,03**	0,08***	0,08***	0,04*	0,06	0,05***	0,05***
Sicherheitsgefühl	0,08***	0,08***	0,07***	0,06*	0,05***	0,05***	0,07***	0,08***	0,08***	0,06*	0,03***	0,03***
Diskriminierungserfahrung	-0,01	-0,01	-0,03	-0,04	-0,04***	-0,04***	-0,02***	-0,01**	-0,01	-0,05	-0,01	-0,01
Arbeitslosigkeit	0,00	0,00	-0,01	-0,02	-0,02***	-0,02***	0,00	0,00	0,01	0,01	-0,01*	-0,01*
Gesundheitssystem	0,02***	0,01*	0,04***	0,03	0,09***	0,09***	-0,01	-0,01	0,05***	0,08*	0,05***	0,05***
Bildungssystem	0,09***	0,09***	0,01	0,02	-0,00	-0,00	0,10***	0,11***	0,01	0,02	0,02*	0,02*
Korrigiertes R^2 in %	28,6	27,5	18,4	21,2	20,8	20,8	28,4	28,3	25,6	25,7	20,4	20,4
N	20.535	22.684	2.112	486	5.030	5.030	20.771	23.836	2.005	477	7.847	7.847

Signifikanz: *p<0,05; **p<0,01; *** p<0,001. Gewichtet für Design-Effekte.

Fortsetzung Tabelle 2: Determinanten sozialen Vertrauens (OLS, unstandardisierte Regressionskoeffizienten)

	E-W*	E-W	D-W	D-O	E-O	E-O*	E-W*	E-W	D-W	D-O	E-O	E-O*
			ESS 2006						ESS 2008			
Konstante	0,11***	0,11***	0,14***	0,14*	0,15***	0,16***	0,05***	0,05***	0,10**	0,03	0,14***	0,15***
Geschlecht	0,02***	0,02***	0,04***	-0,00	0,01***	0,01	0,02***	0,02***	0,04***	0,02	0,01*	0,01*
Alter	-0,05	-0,05	0,03	0,04	-0,01	-0,09	-0,06***	-0,09**	0,04	0,41	-0,05	0,04
Alter (quadriert)	0,14***	0,14***	-0,07	-0,09	0,05	0,13	0,14***	0,18***	0,02	-0,32	0,06	-0,01
Bildung	0,08***	0,08***	0,07**	0,02	0,09***	0,12***	0,07***	0,07***	0,08***	-0,00	0,09***	0,09***
Einkommenszufriedenheit	0,04***	0,04***	0,01	0,01	0,01	0,01	0,06***	0,06***	0,01	0,01	0,00	-0,01
Vertrauen in:												
Politische Institutionen	0,16***	0,16***	0,17***	0,14*	0,13***	0,12***	0,22***	0,21***	0,18***	0,10	0,08***	0,08***
Regulative Institutionen	0,12***	0,12***	0,06**	0,16***	0,12***	0,13***	0,09***	0,09***	0,07***	0,15***	0,12***	0,12***
Externe Akteure	0,03***	0,03***	0,04*	0,03	-0,01	0,03**	-0,02**	-0,02**	0,07**	0,02	0,03***	0,05***
Lebenszufriedenheit	0,15***	0,15***	0,14***	0,12**	0,10***	0,09***	0,13***	0,13***	0,07***	0,11**	0,10***	0,09***
Soziale Netzwerke	0,02***	0,02***	0,04**	0,08*	0,04***	0,03**	0,04***	0,04***	0,03*	0,09*	0,03***	0,04***
Sicherheitsgefühl	0,08***	0,08***	0,06***	0,09**	0,05***	0,04***	0,08***	0,08***	0,10***	0,09**	0,05***	0,06***
Diskriminierungserfahrung	-0,01	-0,01	-0,04*	-0,02	-0,02*	-0,01	-0,00	-0,00	-0,04**	-0,05	-0,01	-0,02**
Arbeitslosigkeit	-0,00	-0,00	0,00	-0,01	-0,01***	-0,02***	0,00	0,01**	-0,01	-0,02	-0,01	-0,01**
Gesundheitssystem	0,01	0,01	0,05**	0,06	0,06***	0,05***	0,08***	0,09***	0,05*	0,08	0,12***	0,11***
Bildungssystem	0,07***	0,07***	0,02	0,01	0,02**	0,03**	0,07***	0,07***	0,06***	0,03	0,04***	0,02
Korrigiertes R^2 in %	28,6	28,6	22,6	26,8	16,2	18,2	34,9	32,8	23,2	20,7	16,8	18,0
N	22.286	22.286	2.021	503	12.622	7.565	21.618	22.571	2.000	470	16.567	9.293

Signifikanz: *p<0,05; ** p<0,01; *** p<0,001. Gewichtet für Design-Effekte.

Ostdeutschland überprüft, ob Befragte, die zum Zeitpunkt der Wiedervereinigung mindestens zwanzig Jahre oder älter waren, eine geringere Vertrauensneigung aufweisen als ihre jüngeren ostdeutschen Mitbürger. Keine der vier Erhebungen liefert einen statistisch signifikanten Nachweis dieser Annahme, womit die Sozialisationsthese empirisch nicht bestätigt werden kann.[9] Schließlich unterstreichen auch die annähernd vergleichbaren erklärten Varianzen die zuvor erläuterten deutschdeutschen Gemeinsamkeiten. Trotz der begrenzten Anzahl erklärungsstarker Determinanten erzielen die ausgewiesenen Modellgüten ein akzeptables Niveau.

Ein Blick auf die Ergebnisse Westeuropas bestätigt weitestgehend den Einfluss politischen Vertrauens. Ein weiteres Mal zeigt sich jedoch, dass der Effekt von Vertrauen in externe politische Akteure marginal ausfällt. Für die vierte Welle lässt sich sogar ein signifikant *negativer* Zusammenhang konstatieren. Ferner erweist sich die Erklärungskraft von Vertrauen in politische Institutionen gegenüber regulativen Institutionen als durchweg stärker. Im Unterschied zu den beiden deutschen Landesteilen wirkt sich in Westeuropa die persönliche Einschätzung von Politikfeldern, wie z.B. dem Bildungssystem, sehr wohl auf die individuelle Vertrauensbereitschaft aus. Erwartungsgemäß fallen hingegen die Befunde für die Prädiktoren Lebenszufriedenheit und subjektives Sicherheitsempfinden aus.[10] Die Zugehörigkeit zu sozialen Netzwerken ist indessen in der dritten und vierten Erhebungswelle erkennbar erklärungsschwach. Dagegen sind insbesondere höher Gebildete und Personen mit zufriedenstellendem monatlichem Haushaltseinkommen eher geneigt, anderen Menschen Vertrauen entgegenzubringen. Im gesamteuropäischen Vergleich erzielen die westeuropäischen Regressionsmodelle zudem die stärkste Erklärungskraft. Deutlich geringer fällt dagegen die Erklärungskraft der osteuropäischen Modelle aus. Obwohl auch für den östlichen Teil Europas politisches Vertrauen und Lebenszufriedenheit von herausragender Bedeutung für die Stärkung sozialen Vertrauens sind, zeigen die übrigen Kennzahlen zweifelsfrei, dass sowohl die Zugehörigkeit zu sozialen Netzwerken als auch das subjektive Sicherheitsempfinden in deutlich geringerem Umfang Erklärungskraft entfalten. Allerdings scheint auch im Osten Europas höhere Bildung eine wesentliche Voraussetzung sozialen Vertrauens zu sein. Die differenzierte Operationalisierung politischen Vertrauens bestätigt wiederum die geringe Relevanz von Vertrauen in externe politische Akteure. Im Zeitverlauf lässt sich dagegen keine eindeutige Aussage zur Effektrangfolge des Vertrauens in politische und regulative Institutionen treffen. Ähnlich wie im Westen des Kontinents wirkt sich die persönliche Einschätzung der Osteuropäer von Politikfeldern auf die Vertrauensbereitschaft aus. Insbesondere die Bewertung des Zustands der Gesundheitssysteme kommt hierbei zum Tragen.

---

9   Die Befunde dieser linearen Regressionsanalysen werden aus Platzgründen an dieser Stelle nicht dargestellt.
10 Die westeuropäischen Ergebnisse der dritten Welle unterscheiden sich nicht, da Zypern aufgrund der fehlenden Bildungsvariable nicht in die Analyse aufgenommen wurde und somit kein Unterschied zwischen den beiden Länder-Samples vorliegt. Identität der Länder-Samples existiert auch für die erste und zweite Erhebungswelle der osteuropäischen Länder.

Wie die deutsch-deutschen und europäischen Analysen aufzeigen, lassen sich zwar unterschiedliche Wirkungszusammenhänge zwischen sozialem Vertrauen und den hier überprüften Determinanten ermitteln, diese fallen jedoch überwiegend marginal aus und beschreiben keine grundsätzlich gegenläufigen Tendenzen. Hypothese 4 wird somit empirisch bestätigt.

Für die Wirkungsanalysen politischen Vertrauens werden die „top-down", „bottom-up" sowie persönlichkeitsorientierten Erklärungsansätze überprüft. Neben den soziodemographischen Variablen, Alter, Geschlecht und Bildung werden Zufriedenheit mit dem monatlichen Haushaltseinkommen und der wirtschaftlichen Lage im Lande, persönliche Lebenszufriedenheit, soziales Vertrauen, Zugehörigkeit zu sozialen Netzwerken, persönliche Diskriminierungserfahrungen, persönliche Phasen der Arbeitslosigkeit, politisches Interesse, Kirchgangshäufigkeit, subjektives politisches Kompetenzgefühl sowie die persönlichen Einschätzungen des jeweils aktuellen Zustandes des nationalen Gesundheits- sowie Bildungssystems berücksichtigt.[11] In Anlehnung an die weiter oben präsentierten Hypothesen werden positive Effekte von Lebens-, Wirtschafts- und Einkommenszufriedenheit, sozialem Vertrauen, Netzwerkzugehörigkeit, politischem Interesse und regelmäßiger Kirchgangshäufigkeit, subjektivem politischem Kompetenzgefühl, positiven Einschätzungen relevanter Politikfelder sowie der Abwesenheit von persönlichen Diskriminierungserfahrungen sowie Arbeitslosigkeit erwartet. Anzumerken ist, dass der Faktor Lebenszufriedenheit zwar nicht unmittelbar politischen Orientierungen zugeordnet werden kann, als individuelle Disposition, deren Einfluss auf politisches Vertrauen in früheren Studien nachgewiesen wurde, erscheint diese Determinante dennoch relevant und das empirische Vorgehen vertretbar (Zmerli u. a. 2007). Konkrete Aussagen zur Effektstärke bzw. -richtung der soziodemographischen Variablen lassen sich nicht treffen, da *konsistente* empirische Befunde noch ausstehen.

Sämtliche Erklärungsmodelle zu Vertrauen in politische Institutionen bescheinigen den Determinanten Wirtschaftszufriedenheit, soziales Vertrauen sowie politisches Interesse bedeutende Erklärungskraft (Tabelle 3). Vor dem Hintergrund der divergenten deskriptiven Befunde überrascht diese europaweit ermittelte Konsistenz der Ergebnisse. Vergleichbares gilt für die Relevanz der Bewertung einzelner Politikfelder. Nahezu durchweg weisen sowohl die Einschätzung des Gesundheits- und Bildungssystems als auch die wahrgenommene Effizienz und Gleichbehandlung durch Finanzbehörden (ESS 4) signifikant positive Zusammenhänge mit dieser politischen Vertrauenskategorie auf. Mit Ausnahme der ersten Erhebungswelle des ESS tragen auch die beiden Altersprädiktoren in erheblichem Umfang zur Erklärungskraft der Regressionsmodelle bei. Im Falle Ostdeutschlands erlangen diese Messgrößen jedoch keine statistische Signifikanz. Dies gilt ebenfalls für die ‚DDR-Sozialisationsvariable', deren Koeffizientenvorzeichen im Zeitverlauf veränderlich sind und in keinem einzigen Fall statistische Signifikanz erlangen.[12] Ferner legt eine

---

12 Siehe Fußnote 9.

Tabelle 3: Determinanten von Vertrauen in politische Institutionen und Akteure (OLS, unstandardisierte Regressionskoeffizienten)

	E-W*	E-W	D-W	D-O	E-O	E-O*	E-W*	E-W	D-W	D-O	E-O	E-O*
	ESS 2002						ESS 2004					
Konstante	0,10***	0,10***	0,01	0,10	0,00	0,00	0,09***	0,10***	0,08*	0,09	0,08***	0,08***
Geschlecht	0,01*	0,01*	-0,00	0,01	0,01	0,01	0,01**	0,01**	0,01	0,02	0,03***	0,03***
Alter	0,00	-0,02	-0,11	-0,04	0,12	0,12	-0,24***	-0,23***	-0,43***	-0,32	-0,29***	-0,29***
Alter (quadriert)	-0,06	-0,04	0,07	-0,02	-0,10	-0,10	0,24***	0,21***	0,44***	0,23	0,29***	0,29***
Bildung	0,03***	0,03***	0,07**	0,03	-0,03*	-0,03*	0,03***	0,02***	0,01	0,03	0,03**	0,03**
Einkommenszufriedenheit	-0,01	-0,00	0,07***	0,05	-0,02	-0,02	-0,01	-0,01	0,02	0,03	-0,07***	-0,07***
Soziales Vertrauen	0,20***	0,21***	0,24***	0,22***	0,21***	0,21***	0,19***	0,19***	0,28***	0,18***	0,25***	0,25***
Lebenszufriedenheit	0,00	-0,00	0,01	-0,04	-0,00	-0,00	0,01	0,01	0,00	-0,01	-0,03**	-0,03**
Soziale Netzwerke	-0,01	-0,01	-0,00	-0,04	-0,02*	-0,02*	-0,04***	-0,04***	0,01	-0,00	-0,01	-0,01
Kirchgangshäufigkeit	-0,05***	-0,06***	-0,07***	-0,08	-0,00	-0,00	-0,03***	-0,03***	-0,04**	-0,11**	0,00	0,00
Diskriminierungserfahrung	-0,05***	-0,05***	-0,05*	-0,07	0,00	0,00	-0,02***	-0,02***	-0,03	-0,03	-0,05***	-0,05***
Politisches Interesse	0,13***	0,13***	0,12***	0,16***	0,12***	0,12***	0,13***	0,12***	0,06***	0,09**	0,13***	0,13***
Wirtschaftszufriedenheit	0,23***	0,22***	0,29***	0,31***	0,34***	0,34***	0,21***	0,22***	0,30***	0,35***	0,30***	0,30***
Arbeitslosigkeit	-0,02***	-0,01***	-0,00	-0,01	-0,01	-0,01	-0,00	-0,01*	-0,01	-0,02	-0,00	-0,00
Gesundheitssystem	0,14***	0,13***	0,09***	0,06	0,05***	0,05***	0,14***	0,15***	0,07***	0,10**	0,07***	0,07***
Bildungssystem	0,08***	0,09***	0,09***	0,07	0,09***	0,09***	0,11***	0,10***	0,10***	0,18***	0,03**	0,03**
Subjektive pol. Effektivität	0,04***	0,04***	0,03	-0,03	0,07***	0,07***	0,03***	0,03***	0,04*	0,07	0,02*	0,02*
Korrigiertes R^2 in %	34,4	34,2	32,7	29,2	31,1	31,1	34,9	34,8	35,9	46,6	26,3	26,3
N	21.301	23.436	2.153	503	5.622	5.622	21.326	24.427	2.074	493	9.009	9.009

Signifikanz: * p<0,05; ** p<0,01; *** p<0,001. Gewichtet für Design-Effekte.

Fortsetzung Tabelle 3: Determinanten von Vertrauen in politische Institutionen und Akteure (OLS, unstandardisierte Regressionskoeffizienten)

	E-W*	E-W	D-W	D-O	E-O	E-O*	E-W*	E-W	D-W	D-O	E-O	E-O*
	\multicolumn{6}{c}{ESS 2006}							
			ESS 2006						ESS 2008			
Konstante	0,03**	0,03**	0,17***	0,02*	-0,01	-0,03	0,08***	0,08***	0,16***	0,12	0,04**	-0,03
Geschlecht	0,01***	0,01***	0,00	0,03	0,02***	0,02***	0,01***	0,01***	0,00	0,02	0,01***	0,02***
Alter	-0,22***	-0,22***	-0,38**	-0,37	-0,12*	-0,08	-0,31***	-0,27***	-0,42***	-0,46	-0,13**	-0,15**
Alter (quadriert)	0,18***	0,18***	0,38**	0,34	0,19***	0,16*	0,22***	0,20***	0,32***	0,34	0,14**	0,19**
Bildung	0,03***	0,03***	0,02	0,02	-0,02	-0,02*	0,01	0,00	-0,01	0,04	-0,03***	-0,03**
Einkommenszufriedenheit	0,00	0,00	0,00	0,03	-0,02***	-0,01	-0,00	-0,00	0,06**	0,00	-0,01	0,03***
Soziales Vertrauen	0,23***	0,23***	0,23***	0,23***	0,16***	0,17***	0,24***	0,23***	0,26***	0,14**	0,14***	0,17***
Lebenszufriedenheit	-0,03***	-0,03***	-0,03	0,01	0,00	-0,01	0,03***	0,04***	-0,01	0,03	0,01	0,00
Soziale Netzwerke	0,01	0,01	-0,04*	0,02	0,01	0,02**	-0,02***	-0,02***	0,03	0,02	-0,01*	0,02*
Kirchgangshäufigkeit	-0,03***	-0,03***	-0,05***	-0,08*	0,02*	0,01	-0,05***	-0,05***	-0,08***	-0,06	-0,02**	0,00
Diskriminierungserfahrung	-0,03***	-0,03***	-0,04	0,02	-0,01**	-0,00	-0,03***	-0,03***	-0,03	-0,06	-0,02***	-0,01
Politisches Interesse	0,13***	0,13***	0,08***	0,06*	0,10***	0,09***	0,13***	0,13***	0,07***	0,12***	0,11***	0,10***
Wirtschaftszufriedenheit	0,23***	0,23***	0,17***	0,29***	0,27***	0,28***	0,27***	0,26***	0,15***	0,21***	0,36***	0,31***
Arbeitslosigkeit	-0,00	-0,00	-0,03**	-0,00	-0,01	-0,01*	-0,00	-0,00	0,00	-0,00	-0,01	0,00
Gesundheitssystem	0,12***	0,12***	0,17***	0,14***	0,12***	0,11***	0,04***	0,04***	0,00	-0,01	-0,01	0,02*
Bildungssystem	0,15***	0,15***	0,17***	0,12**	0,09***	0,08***	0,10***	0,09***	0,15**	0,15***	0,10***	0,12***
Subjektive pol. Effektivität	0,02**	0,02**	-0,04*	0,03	0,01	0,06***	0,16***	0,16***	0,12***	0,16***	0,08***	0,06***
Korrigiertes R² in %	37,2	37,2	33,6	40,3	29,2	30,2	44,3	42,4	28,8	34,7	30,7	31,8
N	22.853	22.854	2.083	516	13.820	8.206	22.287	23.256	2.029	486	17.553	9.828

Signifikanz: *p<0,05; ** p<0,01; *** p<0,001. Gewichtet für Design-Effekte.

Untersuchung der erklärten Varianzen im Zeitverlauf nahe, dass das Erklärungsmodell den ostdeutschen Gegebenheiten zumindest in der zweiten und dritten Welle am besten entspricht. Allerdings fällt die Bandbreite der Schwankungen recht hoch aus, was auch für Westeuropa feststellbar ist. Die größten Konsistenzen erklärter Varianzen werden dagegen für Westdeutschland und Osteuropa diagnostiziert.

Die Analyse der Determinanten des Vertrauens in regulative Institutionen deckt eine Reihe von Gemeinsamkeiten mit der vorangegangenen Untersuchung auf, verweist aber auch auf einige markante Unterschiede (Tabelle 4). Unabhängig von Region und Erhebungswelle erzielen die Regressionsmodelle zu regulativen Institutionen eine durchweg geringere erklärte Varianz, die sich allerdings im Zeitverlauf über alle Untersuchungseinheiten hinweg steigert. Der deutsch-deutsche Vergleich legt nahe, dass die ostdeutschen Modelle eine stärkere Erklärungskraft entfalten. Europäische Vergleichswerte erreichen beide deutschen Landesteile dagegen nahezu ausnahmslos nicht. Auch für Vertrauen in regulative Institutionen gilt europaweit, dass soziales Vertrauen, Wirtschaftszufriedenheit sowie positive Einschätzungen des Zustands wichtiger Politikfelder einen wesentlichen Beitrag leisten. Auffallend ist jedoch, dass für die westdeutsche Bevölkerung die Zufriedenheit mit der Wirtschaft von vergleichsweise geringerer Bedeutung zu sein scheint. Im Unterschied zu den Determinanten des Vertrauens in politische Institutionen spielt politisches Interesse hier nur eine untergeordnete Rolle. Dieser Befund überrascht wenig, bestätigt er doch vielmehr die Annahme, dass Polizei und Justiz in ihrer Funktion tendenziell als fair und unparteiisch wahrgenommen werden. In gewisser Hinsicht fügt sich hier ebenfalls das Ergebnis zur Relevanz einer höheren Lebenszufriedenheit ein. Funktionsfähige regulative Institutionen vermögen den Bürgern eines Landes Gefühle von Sicherheit, Fairness und Gleichbehandlung zu vermitteln, die sich ihrerseits auf individuelle Lebenszufriedenheit auswirken. Allein in Ostdeutschland lässt sich dieser Zusammenhang nicht nachweisen. Interessanterweise lassen sich nun für die Zugehörigkeit zu sozialen Netzwerken ausschließlich negative Koeffizienten ermitteln, sofern sie statistisch signifikant sind. Unter Umständen weist dieser Zusammenhang auf gegenseitigen Erfahrungsaustausch mit regulativen Institutionen in sozialen Netzwerken hin, der offensichtlich nicht zum Vorteil für Polizei und Justiz ausfällt. Eine weitere Erklärung könnte mit einem möglicherweise erhöhten Sicherheitsbedürfnis sozial weniger integrierter Personen im Zusammenhang stehen. Die Prädiktoren Bildung und Kirchgangshäufigkeit verweisen als einzige unabhängige Variablen auf eine Divergenz zwischen west- und ostdeutschen Bürgern sowie west- und osteuropäischen Gesellschaften. Während sich höhere Bildung in Westeuropa und zu zwei Erhebungszeitpunkten auch in Westdeutschland statistisch signifikant auf die individuelle Vertrauensneigung auswirkt, ist dieser signifikante Effekt in Ostdeutschland entweder nicht oder in Osteuropa nur mit negativem Vorzeichen zu. beobachten. Ferner trägt im Westen Europas und auch in Westdeutschland die Häufigkeit des Kirchgangs zu einer größeren Vertrauensbereitschaft bei. Ein vergleichbar signifikantes Phänomen lässt sich in den neuen Ländern hingegen nicht beobachten. Für den Osten Europas fällt der Befund zu uneinheitlich aus, um zu einer klaren

Tabelle 4: Determinanten von Vertrauen in regulative Institutionen (OLS, unstandardisierte Regressionskoeffizienten)

	E-W*	E-W	D-W	D-O	E-O	E-O*	E-W*	E-W	D-W	D-O	E-O	E-O*
			ESS 2002						ESS 2004			
Konstante	0,31***	0,31***	0,35***	0,26**	0,20***	0,20***	0,19***	0,21***	0,34***	0,18	0,14***	0,14***
Geschlecht	0,00	-0,00	0,01	-0,01	0,00	0,00	0,01**	0,01*	-0,00	0,03	0,02***	0,02***
Alter	-0,08*	-0,06	-0,01	0,40	-0,13	-0,13	0,01	0,05	-0,18	0,13	-0,28***	-0,28***
Alter (quadriert)	0,09*	0,07	0,01	-0,46	0,11	0,11	0,01	-0,03	0,25*	-0,28	0,29***	0,29***
Bildung	0,04***	0,04***	0,03	-0,04	-0,01	-0,01	0,04***	0,04***	0,06*	0,02	-0,01	-0,01
Einkommenszufriedenheit	-0,04***	-0,03***	0,03	0,09*	-0,03*	-0,03*	-0,01	-0,01	0,01	-0,03	0,03***	0,03***
Soziales Vertrauen	0,21***	0,20***	0,17***	0,25***	0,21***	0,21***	0,21***	0,21***	0,25***	0,23***	0,25***	0,25***
Lebenszufriedenheit	0,07***	0,07***	0,11***	-0,00	0,05***	0,05***	0,08***	0,08***	0,06**	0,08	0,06***	0,06***
Soziale Netzwerke	-0,04***	-0,04***	0,01	-0,03	-0,04**	-0,04*	-0,03***	-0,03***	0,01	-0,01	-0,03***	-0,03***
Kirchgangshäufigkeit	-0,07***	-0,07***	-0,07***	-0,08	-0,03***	-0,03***	-0,04***	-0,04***	-0,04*	-0,00	0,00	0,00
Diskriminierungserfahrung	-0,04***	-0,04***	-0,03	-0,03	-0,02	-0,02	-0,03***	-0,04***	-0,03	-0,04	0,01	0,01
Politisches Interesse	0,02***	0,02***	0,04**	0,04	0,05***	0,05***	0,04***	0,04***	-0,01	0,06	0,03**	0,03**
Wirtschaftszufriedenheit	0,15***	0,14***	0,04*	0,10*	0,25***	0,25***	0,15***	0,14***	0,10***	0,18***	0,27***	0,27***
Arbeitslosigkeit	-0,01*	-0,01	-0,01	0,00	0,00	0,00	-0,00	-0,00	-0,02*	-0,03	-0,00	-0,00
Gesundheitssystem	0,09***	0,09***	0,13***	0,15**	0,08***	0,08***	0,13***	0,13***	0,08***	0,21***	0,06***	0,06***
Bildungssystem	0,15***	0,15***	0,13***	0,13***	0,15***	0,15***	0,14***	0,13***	0,12***	0,09	0,10***	0,10***
Subjektive pol. Effektivität	0,03***	0,02***	-0,03	-0,04	0,03*	0,03*	0,02***	0,02**	0,02	0,03	0,02	0,02
Korrigiertes R² in %	24,1	23,7	18,2	19,5	23,4	23,4	27,8	26,6	21,0	28,8	23,9	23,9
N	21.338	23.509	2.147	504	5.635	5.635	21.376	24.523	2.080	492	8.987	8.987

Signifikanz: *$p<0{,}05$; ** $p<0{,}01$; *** $p<0{,}001$. Gewichtet für Design-Effekte.

Fortsetzung Tabelle 4: Determinanten von Vertrauen in regulative Institutionen (OLS, unstandardisierte Regressionskoeffizienten)

	E-W*	E-W	D-W	D-O	E-O	E-O*	E-W*	E-W	D-W	D-O	E-O	E-O*
	ESS 2006						ESS 2008					
Konstante	0,11***	0,11***	0,38***	0,17	0,08***	0,08***	0,19***	0,19***	0,31***	0,25**	0,09***	0,08***
Geschlecht	0,02***	0,02***	-0,01	0,03	0,03***	0,03***	0,01**	0,01*	0,00	0,03	0,02***	0,02***
Alter	0,03	0,03	-0,13	0,05	-0,10	-0,08	-0,06	-0,03	0,22	-0,32	-0,16**	-0,24***
Alter (quadriert)	-0,03	-0,03	0,16	-0,04	0,13*	0,09	0,04	0,02	-0,32*	0,22	0,17**	0,24***
Bildung	0,04***	0,04***	0,01	-0,02	-0,06***	-0,06***	0,05***	0,05***	0,05*	0,02	-0,05***	-0,06***
Einkommenszufriedenheit	0,00	0,00	-0,01	0,05	0,02*	0,03**	-0,02*	-0,02*	0,05*	-0,08	0,01	0,04***
Soziales Vertrauen	0,24***	0,24***	0,14***	0,33***	0,20***	0,23***	0,22***	0,21***	0,21***	0,27***	0,19***	0,21***
Lebenszufriedenheit	0,05***	0,05***	0,11***	0,05	0,06***	0,06***	0,09***	0,10***	0,07**	0,05	0,12***	0,09***
Soziale Netzwerke	-0,00	-0,00	0,01	0,04	-0,02*	-0,03*	-0,02**	-0,01*	-0,02	0,05	-0,02**	-0,02**
Kirchgangshäufigkeit	-0,02**	-0,02**	-0,05**	-0,03	0,02*	0,03*	-0,05***	-0,05***	-0,06**	0,02	-0,01	0,02*
Diskriminierungserfahrung	-0,03***	-0,03**	-0,06**	0,03	-0,02*	-0,01	-0,03**	-0,03**	-0,01	-0,11*	-0,01	0,00
Politisches Interesse	0,04***	0,04***	0,04**	-0,02	0,02*	0,00	0,03***	0,03***	0,04*	0,05	0,06***	0,06***
Wirtschaftszufriedenheit	0,19***	0,19***	0,11***	0,13*	0,21***	0,23***	0,22***	0,21***	0,08**	0,15**	0,21***	0,21***
Arbeitslosigkeit	-0,01	-0,01	-0,01	-0,01	0,00	-0,01	-0,01*	-0,01*	-0,01	-0,02	0,01*	0,00
Gesundheitssystem	0,12***	0,12***	0,12***	0,20***	0,14***	0,11***	0,02*	0,02**	-0,03	0,03	-0,02*	0,00
Bildungssystem	0,16***	0,16***	0,11***	0,01	0,15***	0,13***	0,11***	0,10***	0,08**	0,13**	0,02***	0,16***
Subjektive pol. Effektivität	0,02**	0,02**	-0,04	0,02	0,03***	0,07***	0,16***	0,16***	0,14***	0,19***	0,02***	0,17***
Korrigiertes R² in %	32,1	32,1	21,1	23,6	26,8	28,6	33,0	32,0	16,8	23,9	27,8	31,7
N	22.910	22.910	2.097	517	13.799	8.185	22.327	23.297	2.034	486	17.536	9.825

Anmerkungen: Signifikanz: *p<0,05; ** p<0,01; *** p<0,001. Gewichtet für Design-Effekte.

Aussage zu gelangen. Schließlich bleibt zu erwähnen, dass die ‚DDR-Sozialisationsvariable' auch in diesem Erklärungsmodell zu keinem Erhebungszeitpunkt einen belastbaren statistischen Nachweis erbringt.

Gegenüber den beiden zuvor untersuchten Dimensionen politischen Vertrauens fällt die Modellgüte der linearen Regressionsmodelle zu Vertrauen in externe politische Akteure vielfach vergleichsweise moderat aus (Tabelle 5). Ein weiteres Mal sind es insbesondere soziales Vertrauen, Wirtschaftszufriedenheit sowie die positive Bewertung einzelner Politikfelder, die zur Stärkung dieser Vertrauensdimension beitragen. Zudem ist zu beobachten, dass größeres politisches Interesse zu einer höheren Vertrauensneigung führt. Für die beiden deutschen Länder erweist sich dieser Befund allerdings als weniger stabil. Der bemerkenswerteste Unterschied zwischen den westlichen und östlichen europäischen Gesellschaften lässt sich anhand der beiden Altersvariablen abbilden. Nachweislich sind deren Effekte im Westen, auch in den alten Ländern, über den gesamten Zeitverlauf hinweg statistisch signifikant. Eine vergleichbare Aussage lässt sich dagegen für die osteuropäischen Staaten nur für die vierte ESS-Welle treffen. Auch in den neuen Ländern ist die Befundlage nicht eindeutig. Klarer erscheint sie hingegen in Bezug auf die Bedeutung der Sozialisation in der DDR. Wie bereits zuvor lässt sich keinerlei statistisch signifikanter Zusammenhang zwischen DDR-Sozialisation und politischem Vertrauen ausmachen.

Die Hypothesentests zu politischem Vertrauen ergeben ein ambivalentes Bild. Zwar zeigt sich, dass soziales Vertrauen tatsächlich in einem systematisch positiven Zusammenhang zu politischem Vertrauen steht (H5a) und dessen Effektstärken insbesondere zwischen politischen und regulativen Institutionen einerseits und externen Akteuren andererseits variieren (H5b). Die Hypothese zur „top-down" Perspektive (H6a) wurde ebenfalls durchweg empirisch bestätigt. Dagegen lässt sich der „bottom-up" Erklärungsansatz nicht uneingeschränkt aufrecht erhalten (H6b). Lediglich politisches Interesse entfaltet über alle drei Dimensionen politischen Vertrauens und alle Untersuchungseinheiten hinweg nennenswerte positive Effekte. Zudem muss die Hypothese zur Relevanz persönlicher Erfahrungen von Diskriminierung oder Arbeitslosigkeit verworfen werden (H6c). Nennenswerte Effektunterschiede, die im deutsch-deutschen oder europäischen Vergleich auf verschiedenartige Wirkmechanismen hinweisen würden, ließen sich nicht identifizieren. Insofern findet Hypothese 7 ihre empirische Bestätigung.

Drei nennenswerte Schlussfolgerungen lassen sich aus den vorgenommenen Analysen ziehen. Erstens verläuft der gesellschaftliche Riss, der sich in einer divergenten Vertrauenshaltung gegenüber Mitmenschen sowie politischen und regulativen Institutionen manifestiert, nicht entlang einer imaginären deutsch-deutschen Trennlinie. Vielmehr entzweit er etablierte Demokratien und postsozialistische Gesellschaften, wobei Ostdeutschland sein sozialistisches Erbe bereits weitgehend abgelegt zu haben scheint. Gerade in den letzten Jahren hat sich dieser divergente Trend sogar noch verstärkt. Zweitens zeigt das Beispiel Ostdeutschlands, dass dieses Auseinanderdriften weniger auf langfristig und nachhaltig wirkende Sozialisationseffek-

Tabelle 5: Determinanten von Vertrauen in externe politische Akteure (OLS, unstandardisierte Regressionskoeffizienten)

	E-W*	E-W	D-W	D-O	E-O	E-O*	E-W*	E-W	D-W	D-O	E-O	E-O*
			ESS 2002						ESS 2004			
Konstante	0,42***	0,43***	0,31***	0,15	0,26***	0,27***	0,36***	0,38***	0,22***	0,26**	0,22***	0,22***
Geschlecht	0,01***	0,01***	0,02*	-0,00	-0,00	-0,00	0,01**	0,01**	0,02*	-0,01	0,00	0,00
Alter	-0,45***	-0,46***	-0,52***	-0,16	-0,18	-0,18	-0,64***	-0,65***	-0,75***	-0,73*	-0,14	-0,14
Alter (quadriert)	0,32***	0,34***	0,48***	0,15	0,09	0,09	0,57***	0,56***	0,65***	0,72***	0,05	0,05
Bildung	0,01	0,01	0,05	-0,00	0,02	0,02	0,05***	0,05***	0,06**	0,02	0,01	0,01
Einkommenszufriedenheit	-0,02**	-0,01*	0,02	0,04	-0,02	-0,02	-0,01	-0,01	-0,04	0,03	0,02	0,02
Soziales Vertrauen	0,16***	0,16***	0,21***	0,26***	0,17***	0,17***	0,16***	0,15***	0,28***	0,22***	0,19***	0,19***
Lebenszufriedenheit	0,01	0,01	0,02	-0,04	0,03	0,03	0,00	0,00	0,03	0,06	0,03**	0,03**
Soziale Netzwerke	0,00	-0,00	0,01	-0,00	-0,02	-0,02	0,01	0,01	0,01	-0,02	0,00	0,00
Kirchgangshäufigkeit	-0,07***	-0,08***	-0,06**	-0,01	-0,03***	-0,03*	-0,03***	-0,04***	-0,02	-0,07	-0,02	-0,02
Diskriminierungserfahrung	-0,05***	-0,05***	-0,04	-0,02	-0,02	-0,02	-0,04***	-0,04***	-0,04**	-0,03	-0,02	-0,02
Politisches Interesse	0,06***	0,06***	0,11***	0,13***	0,15***	0,15***	0,06***	0,06***	0,03	0,09*	0,11***	0,11***
Wirtschaftszufriedenheit	0,14***	0,12***	0,16***	0,19***	0,19***	0,19***	0,17***	0,16***	0,27***	0,23***	0,21***	0,21***
Arbeitslosigkeit	-0,01	-0,00	0,00	-0,02	0,01	0,01	0,00	-0,00	0,01	0,02	0,01	0,01
Gesundheitssystem	0,07***	0,06***	0,09***	0,08	0,02	0,02	0,04***	0,04***	0,05*	0,13**	0,03**	0,03**
Bildungssystem	0,09***	0,11***	0,06**	0,12**	0,16***	0,16***	0,12***	0,12***	0,10***	0,14**	0,10***	0,10***
Subjektive pol. Effektivität	0,02**	0,01	-0,01	0,01	0,08***	0,08***	0,03***	0,02**	0,12***	0,00	0,05***	0,05***
Korrigiertes R² in %	16,2	15,4	16,8	19,1	17,2	17,2	19,1	18,5	26,0	30,2	14,5	14,5
N	20.332	22.432	2.095	486	4.994	4.994	20.501	23.516	1.987	477	7.850	7.850

Signifikanz: *p<0,05; ** p<0,01; *** p<0,001. Gewichtet für Design-Effekte.

Fortsetzung Tabelle 5: Determinanten von Vertrauen in externe politische Akteur (OLS, unstandardisierte Regressionskoeffizienten)

	E-W*	E-W	D-W	D-O	E-O	E-O*	E-W*	E-W	D-W	D-O	E-O	E-O*
			ESS 2006						ESS 2008			
Konstante	0,31**	0,31***	0,22***	0,17	0,23***	0,19***	0,36***	0,35***	0,37***	0,34***	0,22***	0,22***
Geschlecht	0,02***	0,02***	0,02*	0,01	0,00	0,01*	0,02***	0,02***	0,02	0,05**	0,00	0,01**
Alter	-0,50***	-0,50***	-0,46**	-0,44	-0,13	-0,11	-0,57***	-0,53***	-0,66***	-0,74*	-0,16**	-0,34***
Alter (quadriert)	0,37***	0,37***	0,39***	0,31	0,12	0,10	0,40***	0,37***	0,44***	0,63*	0,11	0,29***
Bildung	0,05***	0,05***	0,02	0,08	0,01	0,03	0,02**	0,01*	0,04	-0,01	0,03*	0,02*
Einkommenszufriedenheit	0,00	0,00	0,00	0,07	-0,02**	0,02	-0,02***	-0,02**	0,02	-0,05	-0,01	0,02
Soziales Vertrauen	0,20***	0,20***	0,21***	0,21***	0,11***	0,16***	0,15***	0,14***	0,26***	0,15**	0,14***	0,17***
Lebenszufriedenheit	-0,03***	-0,03***	-0,03	0,02	0,07***	0,05***	0,04***	0,05***	0,00	0,05	0,08***	0,06***
Soziale Netzwerke	0,03***	0,03***	0,00	0,01	0,02	0,02*	0,01	0,00	0,05*	0,02	0,00	0,01
Kirchgangshäufigkeit	-0,03***	-0,03***	0,03	-0,04	-0,04***	-0,02	-0,05***	-0,05***	-0,08***	-0,01	-0,04***	-0,02*
Diskriminierungserfahrung	-0,04***	-0,04***	-0,00	0,02	-0,02	0,01	-0,03***	-0,03***	0,00	-0,06	-0,02*	-0,02
Politisches Interesse	0,06***	0,06***	0,05**	0,06	0,10***	0,08***	0,07***	0,07***	0,04*	0,08	0,10***	0,10***
Wirtschaftszufriedenheit	0,14***	0,14***	0,12***	0,18***	0,13***	0,13***	0,18***	0,18***	0,08***	0,15**	0,20***	0,20***
Arbeitslosigkeit	-0,01*	-0,01*	-0,02*	-0,01	0,00	-0,00	-0,01*	-0,01*	0,01	-0,00	0,01**	0,01
Gesundheitssystem	0,07***	0,07***	0,14***	0,12*	0,04**	0,04**	0,02*	0,02***	-0,02	-0,03	0,02	0,03*
Bildungssystem	0,13***	0,13***	0,14***	0,08	0,18***	0,15***	0,08***	0,08***	0,13***	0,11	0,05***	0,03*
Subjektive pol. Effektivität	0,01	0,01	0,04	0,00	0,07***	0,06***	0,14***	0,14***	0,08***	0,18***	0,12***	0,13***
Korrigiertes R^2 in %	19,8	19,8	19,6	22,8	13,8	15,7	23,6	22,5	17,6	18,8	14,5	17,7
N	22.008	22.008	2.005	504	12.272	7.453	21.458	22.406	1.978	468	16.222	9.560

Signifikanz: *p<0,05; ** p<0,01; *** p<0,001. Gewichtet für Design-Effekte.

te zurückzuführen ist, die persönlichen Erfahrungen während der Zeit des Sozialismus geschuldet sind, als vielmehr auf Indikatoren politischer und wirtschaftlicher Systemperformanz. Denn tatsächlich erweisen sich für sämtliche Untersuchungseinheiten, auch für die osteuropäischen, politisches Vertrauen, positive Bewertungen von Politikfeldern sowie Zufriedenheit mit der wirtschaftlichen Leistung des eigenen Landes als aussagekräftigste Determinanten. Schließlich wurde der empirische Nachweis erbracht, dass soziales und politisches Vertrauen in einer engen Wechselwirkung zueinander stehen. Gerade diese enge Verzahnung zwischen sozialem und politischem Vertrauen gibt jedoch für die weitere Entwicklung Osteuropas Anlass zur Sorge. Demnach wäre es nur eine Frage der Zeit, bis sich der in Osteuropa beobachtbare Abwärtstrend politischen Vertrauens auch auf die Bereitschaft, seinen Mitmenschen vertrauensvoll zu begegnen, auswirken würde. Diese Aussichten lassen die Hoffnung auf eine auf Dauer angelegte Legitimation der noch jungen demokratischen Systeme, stabilen gesellschaftlichen Zusammenhalt, sozialen Frieden sowie Stärkung der wirtschaftlichen Leistungskraft schwinden.

Schlussfolgerungen und Diskussion

Zwanzig Jahre nach dem Mauerfall lässt der Blick auf Deutschland in Europa den Schluss zu, dass sich West- und Ostdeutsche in ihren politischen Einstellungen in naher Zukunft nicht mehr maßgeblich voneinander unterscheiden werden und damit inmitten der *westeuropäischen* Gesellschaften angekommen sind. Was für die Westdeutschen bereits seit geraumer Zeit gilt, hätte demnach auch für die Bürger der neuen Länder Gültigkeit. Auch wenn aktuelle Studien (Sozialreport 2010) belegen, dass die innere Einheit Deutschlands nach wie vor nicht vollzogen ist, zeigen die auf die vier Wellen des ESS gestützten vergleichenden Analysen dennoch eine deutlich größere Nähe der Ostdeutschen zu westdeutschen und entsprechend auch westeuropäischen Vertrauensmustern als zu denjenigen der postsozialistischen Gesellschaften Osteuropas. Aus dieser ermutigenden Feststellung lässt sich aber auch schließen, dass Bürger flexibel auf veränderte politische, soziale und wirtschaftliche Rahmenbedingungen reagieren können. Diese Annahme wird zudem durch empirische Befunde gestützt, die einen Fortbestand von Einstellungsmustern widerlegen, die während der SED-Diktatur erworben wurden. Somit käme das sozialistische Erbe der mittel- und osteuropäischen Länder weniger einem unabwendbaren Fluch als vielmehr einer schweren, aber überwindbaren Bürde gleich. Trotz allem muss die Erfolgsgeschichte der deutschen Wiedervereinigung als das gesehen werden, was sie tatsächlich war: ein glücklicher Ausnahmetatbestand, der in dieser Form auf kein anderes europäisches Land übertragbar gewesen wäre. Im Unterschied zu allen anderen postsozialistischen Staaten ermöglichte der Beitritt zur Bundesrepublik den neuen Ländern die unmittelbare Übernahme bewährter demokratischer Institutionen, funktionsfähiger Verwaltungsstrukturen und einer neuen Wirtschaftsordnung, wobei soziale Härten durch finanzielle Transferleistungen abgemildert wurden. Dennoch forderte die Wiedervereinigung auch von den Bürgern der DDR einen hohen Preis, ging sie doch mit dem Zusammenbruch einer ganzen Volkswirtschaft und dem Verlust zahlreicher Arbeitsplätze einher.

Im Osten Europas beobachten wir dagegen derzeit eine beunruhigende Erosion politischer Unterstützung, die systemdestabilisierend wirken und den gesellschaftlichen Zusammenhalt gefährden könnte. Insbesondere die europaweit erkennbare starke Wechselbeziehung zwischen politischem und sozialem Vertrauen legt diese Schlussfolgerungen nahe. Angesichts dieser überwiegend misstrauischen Haltung stellt sich auch für die Bürger der osteuropäischen Länder die Frage, ob nicht die politische Sozialisation in einem autoritären Regime zwangsläufig zu diesen Einstellungsmustern führt. Gerade der deutliche Vertrauensverlust der letzten Jahre verweist auf die Notwendigkeit weiterer Erklärungsversuche. Es ist anzunehmen, dass diese folgenreiche Entwicklung durch die im Osten Europas allgegenwärtige Korruption, den starken Anstieg sozialer Ungleichheit sowie wirtschaftliche Erschütterungen im Zuge der im Jahr 2008 ausgelösten Wirtschafts- und Finanzkrise begünstigt wird (Uslaner 2008). Ein weiteres Indiz zur Entkräftung der ‚Sozialisationsthese' liefern die osteuropäischen Kennzahlen zum Vertrauen in externe politische Akteure, wie das Europäische Parlament und die Vereinten Nationen. Obwohl auch für diese Dimension politischen Vertrauens eine rückläufige Tendenz zu beobachten ist, lassen sich innerhalb Europas keine stark divergierenden Niveauunterschiede feststellen. Offensichtlich stehen internationale Institutionen bei den Bürgern Osteuropas deutlich höher im Kurs als deren heimische politische und regulative Institutionen und Akteure. Nicht zuletzt unterstreicht dieser Befund, der in Osteuropa im starken Kontrast zum Vertrauen in politische und regulative Institutionen steht, die Bedeutung einer Differenzierung politischen Vertrauens. Die Untersuchung der Bestimmungsfaktoren dieser drei Dimensionen liefert weitere empirische Nachweise. Während soziales Vertrauen, Wirtschaftszufriedenheit und positive Bewertungen einzelner Politikfelder durchweg Erklärungskraft erzielen, verweisen die Faktoren Lebenszufriedenheit sowie politisches Interesse auf jeweils unterschiedliche Bezugspunkte. Gravierende ost-/westdeutsche bzw. ost-/westeuropäische Differenzen können dagegen nicht aufgedeckt werden. Ähnlich konsistente Befunde ergeben sich auch bei der Analyse sozialen Vertrauens. Lebenszufriedenheit und politisches Vertrauen bilden europaweit ein solides Fundament gesellschaftlichen Zusammenhalts. Insgesamt findet demnach der größte Teil der weiter oben erläuterten Hypothesen seine empirische Bestätigung, obwohl Effektstärkenunterschiede durchaus beobachtbar sind. Einzig die erwarteten negativen Auswirkungen persönlicher Diskriminierungserfahrungen und Phasen der Arbeitslosigkeit lassen sich nicht überzeugend nachweisen.

Schließlich erscheint es vor dem Hintergrund der empirischen Ergebnisse ratsam, den analytischen Fokus zukünftig verstärkt auf die Gefahren eines politischen, wirtschaftlichen und gesellschaftlichen Auseinanderdriftens Europas zu richten. Eine stabile Basis für transparentes, responsives und effektives Regieren lässt sich für zahlreiche osteuropäische Länder noch nicht, vielleicht gar immer weniger konstatieren. Im Sinne eines geeinten Europas bliebe zu wünschen, dass der erfolgreichen politischen und wirtschaftlichen Integration dieser Länder in die Europäische Union zukünftig dieselbe Aufgabe zufällt, wie sie zuvor bereits die Bundesrepublik Deutschland für ihre neuen Länder erfüllte.

Literatur

Brehm, John/Rahn, Wendy 1997: Individual-Level Evidence for the Causes and Consequences of Social Capital. In: American Journal of Political Science 41, 999-1023.

Castiglione, Dario/van Deth, Jan W./Wolleb, Guglielmo (Hrsg.) 2008: The Handbook of Social Capital. Oxford: Oxford University Press.

Catterberg, Gabriela/Moreno, Alejandro 2005: The Individual Bases of Political Trust: Trends in New and Established Democracies. In: International Journal of Public Opinion Research 18, 31-48.

Cusack, Thomas R. 1997: On the Road to Weimar? The Political Economy of Popular Satisfaction with Government and Regime Performance. In: Germany Discussion Papers FSI 97-303. Berlin: Wissenschaftszentrum für Sozialforschung.

Dalton, Russell J. 1999: Political Support in Advanced Industrial Democracies. In: Norris, Pippa (Hrsg.): Critical Citizens: Global Support for Democratic Government. Oxford: Oxford University Press, 57-77.

Dalton, Russell J. 2004: Democratic Challenges: Democratic Choice: The Erosion of Political Support in Advanced Industrial Democracies. Oxford: Oxford University Press.

Denters, Bas/Gabriel, Oscar W./Torcal, Mariano 2007: Political Confidence in Representative Democracies: Socio-cultural vs. Political Explanations. In: van Deth, Jan W./Montero, José Ramón/Westholm, Anders (Hrsg.): Citizenship and Involvement in European Democracies: A Comparative Analysis. London: Routledge, 66-87.

Freitag, Markus/Bühlmann, Marc 2009: Crafting Trust: The Role of Political Institutions in a Comparative Perspective. In: Comparative Political Studies 42, 1537-1566.

Gabriel, Oscar W./Kunz, Volk/Roßteutscher, Sigrid/van Deth, Jan W. 2002: Sozialkapital und Demokratie: Zivilgesellschaftliche Ressourcen im internationalen Vergleich. Wien: Wiener Universitätsverlag.

Gabriel, Oscar W./Kunz, Volker 2002: Die Bedeutung des Sozialkapital-Ansatzes für die Erklärung politischen Vertrauens. In: Schmalz-Bruns, Rainer/Zintl, Reinhard (Hrsg.): Politisches Vertrauen: Soziale Grundlagen reflexiver Kooperation. Baden-Baden: Nomos, 255-274.

Gabriel, Oscar W./Walter-Rogg, Melanie 2008: Social Capital and Political Trust. In: Meulemann, Heiner (Hrsg.): Social Capital in Europe: Similarity of Countries and Diversity of People? Multi-level Analyses of the European Social Survey 2002. Leiden: Brill Academic Pub., 219-250.

Gambetta, Diego 1988: Can We Trust Trust? In: Gambetta, Diego (Hrsg.): Trust: Making and Breaking Cooperative Relations. Oxford: Blackwell, 217-237.

Hardin, Russell 1998: Trust in Government. In: Braithwaite, Valerie/Levi, Margaret (Hrsg.): Trust and Governance. New York: Russell Sage Foundation, 9-27.

Holmberg, Sören 1999: Down and Down We Go: Political Trust in Sweden. In: Norris, Pippa (Hrsg.): Critical Citizens: Global Support for Democratic Government. Oxford: Oxford University Press, 103-122.

Jagodzinski, Wolfgang/Manabe, Kazufumi 2004: How to Measure Interpersonal Trust? A Comparison of Two Different Measures. In: ZA-Information 55, 85-97.

Kaase, Max/Newton, Kenneth (Hrsg.) 1995: Beliefs in Government. Oxford: Oxford University Press.

Klingemann, Hans-Dieter 1999: Mapping Political Support in the 1990s: A Global Analysis. In: Norris, Pippa (Hrsg.): Critical Citizens: Global Support for Democratic Government. Oxford: Oxford University Press, 31-56.

Kunz, Volker 2004: Soziales Vertrauen. In: van Deth, Jan W. (Hrsg.): Deutschland in Europa: Ergebnisse des European Social Survey 2002-2003. Wiesbaden: VS Verlag für Sozialwissenschaften, 201-237.

Levi, Margaret/Stoker, Laura 2000: Political Trust and Trustworthiness. In: Annual Review of Political Science 3, 475-508.

Newton, Kenneth/Norris, Pippa 2000: Confidence in Public Institutions: Faith, Culture, or Performance? In: Pharr, Susan/Putnam, Robert D. (Hrsg.): Disaffected Democracies: What's Troubling the Trilateral Countries? Princeton: Princeton University Press, 52-73.

Newton, Kenneth/Zmerli, Sonja i. E.: Three Forms of Trust and Their Association. In: European Political Science Review.

Pharr, Susan/Putnam, Robert D. (Hrsg.) 2000: Disaffected Democracies: What is Troubling the Trilateral Countries? Princeton: Princeton University Press.

Putnam, Robert D. 1993: Making Democracy Work: Civic Traditions in Modern Italy. Princeton: Princeton University Press.

Putnam, Robert D. 2000: Bowling Alone: The Collapse and Revival of American Community. New York: Simon and Schuster.

Putnam, Robert D. 2007: E Pluribus Unum: Diversity and Community in the Twenty-First Century: The 2006 Johan Skytte Prize Lecture. In: Scandinavian Political Studies 30, 137-174.

Tusalem, Rollin F. 2007: A Boon or a Bane? The Role of Civil Society in Third and Fourth Wave Democracies. In: International Political Science Review 28, 361-386.

Uslaner, Eric M. 1999: Democracy and Social Capital. In: Warren, Mark (Hrsg.): Democracy and Trust. Cambridge: Cambridge University Press, 121-150.

Uslaner, Eric M. 2002: The Moral Foundations of Trust. Cambridge: Cambridge University Press.

Uslaner, Eric M. 2008: Corruption, Inequality, and the Rule of Law: The Bulging Pocket Makes the Easy Life. New York: Cambridge University Press.

van Deth, Jan W. 2000: Interesting but Irrelevant: Social Capital and the Saliency of Politics in Western Europe. In: European Journal of Political Research 37, 115-147.

van Deth, Jan W./Maloney, William A. 2008: The Associational Impact on Attitudes towards Europe: A Tale of Two Cities. In: Maloney, W. A./van Deth, Jan W. (Hrsg.): Civil Society and Governance in Europe: From National to International Linkages. Cheltenham/Northampton: Edward Elgar, 45-70.

Warren, Mark E. (Hrsg.) 1999: Democracy and Trust. Cambridge: Cambridge University Press.

Warren, Mark E. 1999: Democratic Theory and Trust. In: Warren, Mark E. (Hrsg.): Democracy and Trust. Cambridge: Cambridge University Press, 310-345.

Wollebæk, Dag/Strømsnes, Kristin 2008: Voluntary Associations, Trust, and Civic Engagement: A Multilevel Approach. In: Nonprofit and Voluntary Sector Quarterly 37, 249-263.

Zmerli, Sonja 2004: Politisches Vertrauen und Unterstützung. In: van Deth, Jan W. (Hrsg.): Deutschland in Europa: Ergebnisse des European Social Survey 2002-2003. Wiesbaden: VS Verlag Sozialwissenschaften, 229-256.

Zmerli, Sonja 2008: Inklusives und exklusives Sozialkapital in Deutschland: Grundlagen, Erscheinungsformen und Erklärungspotential eines alternativen theoretischen Konzepts. Baden-Baden: Nomos.

Zmerli, Sonja/Newton, Kenneth 2008: Social Trust and Attitudes Towards Democracy. In: Public Opinion Quarterly 72, 1-19.

Zmerli, Sonja/Newton, Kenneth i. E.: Winners, Losers, And Three Types of Trust. In: Hooghe, Marc/Zmerli, Sonja (Hrsg.): Political Trust: Why Context Matters: Causes and Consequences of a Relational Concept. Colchester: ECPR Press.

Zmerli, Sonja/Newton, Kenneth/Montero, José R. 2007: Trust in People, Confidence in Political Institutions, and Satisfaction with Democracy. In: van Deth, Jan W./Montero, José R./Westholm, Anders (Hrsg.): Citizenship and Involvement in European Democracies: A Comparative Analysis. London: Routledge, 35-65.

Partizipation und Ungleichheit

Silke I. Keil

Vor über zwanzig Jahren gingen die Menschen in Ostdeutschland auf die Straße, um für Freiheit und Demokratie zu kämpfen. Der Ruf nach Demokratie enthielt vor allem den Wunsch nach politischer Mitgestaltung. Weite Teile der ostdeutschen Bevölkerung haben sich in Gruppen organisiert und wurden als Individuen politisch aktiv. Die Forderungen nach Reformen fanden ihren besonders wirksamen Ausdruck in den sogenannten Montagsdemonstrationen, die in Leipzig nach den Friedensgebeten in der Nikolaikirche begannen. Die größte Protestkundgebung fand schließlich am 4. November 1989 auf dem Berliner Alexanderplatz mit über einer halben Million Menschen statt, die mit friedlichen Mitteln Reformen forderten. Die Chance, diese zu erreichen, weckte die Bereitschaft breiter Teile der Bevölkerung, aktiv dafür einzutreten und politisch aktiv zu werden.

Jedoch nicht nur in Deutschland haben sich Bürgerinnen und Bürger zusammengefunden, um ihre Interessen zu artikulieren und in der Öffentlichkeit dafür einzutreten. Auch in den ehemals sozialistischen Republiken demonstrierten weite Teile der Bevölkerung für mehr Demokratie. Im November 1989 kam es im Rahmen des Reformprogramms der Sowjetunion unter Führung von Michail Gorbatschow zu friedlichen Demonstrationen in Polen, Ungarn und der Tschechoslowakei. In der Konsequenz führten die Aktivitäten in Polen zu einem Regierungswechsel, in Ungarn zum Abbau der Grenzzäune zu Österreich, in der Tschechoslowakei zum Systemwechsel und letztendlich in der Folgezeit zum Zerfall der Sowjetunion in viele unabhängige Staaten.

Dieser kurze Abriss der Revolutionen von 1989, die durch eine Vielzahl friedlicher Demonstrationen ausgelöst wurden, gibt einen Einblick in die Bedeutsamkeit von Partizipation für Deutschland und Europa. In ihrer Rede zum zwanzigjährigen Bestehen der Deutschen Einheit betont Bundeskanzlerin Angela Merkel, dass die Einheit „nicht vom Himmel gefallen, sondern [...] das Ergebnis eines langen Prozesses" sei: „Tausende sind zum ersten Mal auf die Straße gegangen, haben zum ersten Mal ein Plakat gemalt, zum ersten Mal eine Kirche besucht."[1]

Die enge Verbindung von Partizipation und Demokratie wird immer wieder betont (van Deth 2006: 167; van Deth 2009: 142) und auf Grund der herausgehobenen Bedeutung stellt das Thema Partizipation einen klassischen Untersuchungsgegenstand der Sozialwissenschaften dar (vgl. u. a. Zimmer 1996; Warren 2001; Überblick bei van Deth 2004 und 1998). Insofern verfügen wir über eine Reihe theore-

---

[1] http://www.bundesregierung.de/nn_843816/Content/DE/Rede/2009/10/2009-10-03-merkel-deutsche-einheit.html?page=0.

tisch und empirisch gesicherter Erkenntnisse und es scheint kein Zweifel zu bestehen, dass die soziale und politische Beteiligung die ausschlaggebenden Determinanten für die Vitalität einer Demokratie sind (siehe beispielsweise: Verba/Nie 1972; Verba u. a. 1978; Parry u. a. 1992; Verba u. a. 1995; Pattie u. a. 2004; van Deth 1996; 2001).

Partizipation kann viele Erscheinungsformen haben und zum einen in Vereinen, Organisationen und Parteien seinen Niederschlag finden. Zum anderen besteht in informeller Hinsicht ebenfalls ein breites Betätigungsfeld: Menschen können anderen Menschen helfen, Familienmitglieder stehen sich in Notsituationen gegenseitig bei, Menschen treffen sich mit Freunden und engagieren sich gemeinsam in Projekten, sie arbeiten in beruflichen Kontexten an der Lösung unterschiedlicher Probleme etc. Auch die politische Beteiligung findet nicht nur in politischen Parteien statt, wie die friedlichen Demonstrationen 1989 gezeigt haben. Mittlerweile sind die Grenzen zwischen politischer und sozialer Beteiligung fließend geworden.

Welche Menschen gingen damals auf die Straße und welche Menschen engagieren sich heute? Die großen Protestkundgebungen im Jahr 2010 in Deutschland, beispielsweise auf Grund des Bahnprojektes Stuttgart 21, sowie die Massenproteste in den nordafrikanischen Ländern im Jahr 2011 legen die Vermutung nahe, dass sich eine breite Mehrheit der Bevölkerung in den politischen Prozess einbringt. Aktuellen Umfragen zu Folge äußern 81 Prozent der deutschen Bevölkerung den Wunsch nach größerer Beteiligung und mehr Mitsprachemöglichkeiten. Gleichzeitig sind 60 Prozent der Befragten bereit, sich über den Gang zur Wahlurne hinaus in Form von Bürgerbegehren, Diskussionsforen oder Anhörungen aktiv in Entscheidungen einzubringen.[2] Spiegeln diese Absichtserklärungen die reale Beteiligung wider? Wie wir aus der Forschung wissen, betätigen sich nicht alle Menschen gleichermaßen. Verba und Nie (1972) kommen in ihrer vergleichenden Studie über Partizipation und Ungleichheit zu dem Ergebnis, dass die unterschiedliche Ressourcenausstattung von Individuen eine ungleiche Beteiligung nach sich zieht. Bestimmte partizipationsfördernde oder -hemmende Faktoren sind mit der Zugehörigkeit zu bestimmten gesellschaftlichen Gruppen verbunden. Dieses 1972 präsentierte Ergebnis konnte in der Folgezeit für Deutschland und Europa bestätigt werden (siehe unter anderem Gallego 2008; Teorell u. a. 2007; Skocpol 2004; Verba 2003). Auch in der im Jahr 2011 durchgeführten Deutschlandumfrage zeigt sich das bekannte Muster: Zwar findet der Wunsch nach Beteiligung eine sehr breite Zustimmung, bei der tatsächlichen Partizipation sind jedoch spezielle Gruppen deutlich unterrepräsentiert. So zeigen vor allem Bürger ohne abgeschlossene Berufsausbildung, mit sehr geringem Einkommen oder ältere Menschen eine deutlich geringere Bereitschaft zur politischen Beteiligung.[3]

Demokratietheoretisch bzw. unter dem „Blickwinkel der demokratischen Grundregel der politischen Gleichheit" (van Deth 2009: 154) wird dieser Bias in der Regel

---

2 Die Umfrage im Auftrag der Bertelsmann Stiftung wurde am 4. und 5. März 2011 vom Meinungsforschungsinstitut tns-Emnid unter 1.000 repräsentativ ausgewählten Bürgern durchgeführt.
3 Siehe Fußnote 2.

als problematisch bewertet.[4] Verba und Nie haben 1972 untersucht, ob und inwieweit Institutionen auf das Problem der Ungleichheit einwirken und auch dreißig Jahre später stellt Verba dieselbe Frage: „What can be done?" (Verba 2003: 673), um den existierenden Bias auszugleichen. Eine Antwort darauf, wie diese „selektive Rekrutierung" (van Deth 2009: 154) ausgeglichen werden kann, wurde bislang noch nicht gefunden. An dieser Stelle setzt dieser Beitrag an und prüft, ob theoretisch relevante und bislang empirisch nicht untersuchte Kontextmerkmale einen Einfluss auf den bestehenden Bias ausüben. Die Auswahl und Prüfung des Kontextmerkmals orientiert sich an der Argumentation von Dahl und Tufte (1973), die anhand zweier Kriterien[5] moderne Demokratien bewerteten. Mittels dem Kriterium „citizen effectiveness" beurteilten sie das Gelingen einer Demokratie danach, wie die Bürgerinnen und Bürger ihre Interessen politisch wirksam zur Geltung bringen können. Im Ergebnis zeigt die Studie, dass die Größe der Einheit einen wesentlichen Einfluss darauf ausübt, ob und in welchem Umfang sich Menschen sozial und politisch beteiligen. Grundsätzlich bezieht sich ihre Argumentation sowohl auf die Wahl der Form als auch auf das Niveau von Partizipation. Jedoch können ihre Überlegungen auch bezogen auf das Thema Ungleichheit fruchtbar gemacht werden.

Dahl und Tufte formulieren zunächst keine Aussage darüber, wie die Steigerung des Niveaus zustande kommt. Implizit gehen sie davon aus, dass sich alle Menschen abhängig von der Größe der Einheit mehr oder weniger einbringen. Vor dem Hintergrund der Frage der Ungleichheit kann dies Folgendes bedeuten: Wenn sich alle Menschen sozial und politisch mehr beteiligen, dann auch die ressourcenschwachen Gruppen der Bevölkerung. Da sich *auch* ressourcenschwache Bürgerinnen und Bürger betätigen, wird die Selektion teilweise aufgebrochen. Menschen, die sich sonst nicht beteiligen, werden zur Partizipation angeregt und artikulieren ihre Interessen. Allerdings stellt dies nur eine mögliche Interpretation der Ergebnisse von Dahl und Tufte dar. So kann die generelle Zunahme der Partizipation ebenso über eine einseitige Steigerung der Anzahl der ressourcenstarken Teile der Bevölkerung, also derjenigen, die ohnehin partizipieren, zustande kommen. Um welche Gruppe es sich dabei handelt, ist eine empirisch zu klärende Frage. Entsprechend lautet die grundlegende Fragestellung dieses Beitrages: Übt die Größe einer Kommune einen Einfluss auf das Partizipationsverhalten der Bürgerinnen und Bürger aus? Sollte sich der theoretisch postulierte Einfluss empirisch bestätigen, stellt sich darüber hinaus die Frage, ob ein Einfluss auf die bestehende Verzerrung der sozialen und politischen Betätigung in Deutschland und Europa besteht?

Die Datengrundlage für die folgenden Analysen bilden die Datensätze des *European Social Survey* (ESS). Allerdings ist eine Untersuchung der sozialen Partizipation nur für das Jahr 2002 möglich ist, denn in den sich anschließenden drei Wellen wurden diese Indikatoren nicht mehr abgefragt.[6] Fragen zur politischen Partizipation

---

4   Für weiterführende Ausführungen siehe folgender Abschnitt.
5   „System capacity" stellt das zweite Kriterium dar: Fähigkeit eines modernen Staates, die Ziele der Bürgerinnen und Bürger wie Wohlstand oder Sicherheit zu realisieren.
6   Im Jahr 2006 wurden einige Daten zur sozialen Partizipation für Deutschland und Frankreich auch erhoben, allerdings in reduzierter Form – im Vergleich zu 2002. Aus Gründen der Ver-

waren hingegen Bestandteil aller vier Wellen, was eine Analyse im Zeitverlauf ermöglicht.
Die nachstehenden Ausführungen sind folgendermaßen strukturiert. Nach einer theoretischen Fundierung folgt die Präsentation der Verteilungen: in welchem Ausmaß partizipieren die Bürgerinnen und Bürger in West- und Ostdeutschland sowie in West- und Osteuropa? Um einen Überblick über das Niveau der sozialen Partizipation zu erhalten, sind keine eigenen Analysen erforderlich. In dieser Hinsicht kann sich der vorliegende Beitrag auf eine kurze Referierung der von van Deth gewonnen Erkenntnisse beschränken, der bereits eine umfassende Analyse der Daten des Jahres 2002 durchgeführt hat (van Deth 2004). Das betrifft auch die Frage der Determinanten. Zur Beantwortung der Frage nach dem Einfluss der Kontextmerkmale werden beide Partizipationsformen berücksichtigt, wobei sich die Aussagekraft der sozialen Partizipation nur auf das Jahr 2002 beziehen kann.

Partizipation und Ungleichheit

Soziale und politische Partizipation

Lange Zeit wurden politische und soziale Partizipation explizit voneinander unterschieden und im zwanzigsten Jahrhundert lag die Aufmerksamkeit in erster Linie auf der Analyse der politischen Partizipation. Zu diesem Zeitpunkt spielte in der Regel die soziale Betätigung nur als Bestimmungsfaktor von politischer Partizipation eine Rolle. Zu einem eigenständigen Forschungsgegenstand entwickelte sich die soziale Partizipation im Zuge der Neu- und Wiederentdeckung der Ideen Tocquevilles, erstmals eingeführt über Coleman (1988) und prominent etabliert durch die Sozialkapitaltheorie Putnams (1993 und 2000). Mittlerweile verwischen sich durch die enorme Ausweitung des Repertoires die Grenzen zwischen sozialer und politischer Partizipation (van Deth 2006).

Was die Definition angeht, so hat die seit den 1960er Jahre andauernde Untersuchung politischer Partizipation zu einer langen Liste unterschiedlicher Konzeptualisierungen geführt. Wie van Deth ausführt, existiert trotz der Vielzahl unterschiedlicher Betonungen ein gemeinsames Verständnis, das sich auf vier Aspekte bezieht (van Deth 2006:170ff.): Der Mensch muss sich in seiner Rolle als (1) Bürger und nicht als Politiker betätigen sowie (2) aktiv werden, d.h. es handelt sich um Verhalten und nicht um Einstellungen. Diese Handlung muss (3) freiwillig ausgeübt werden und sich auf die (4) Bereiche Regierung/Politik und Öffentlichkeit grundsätzlich beziehen und nicht auf spezifische Stadien oder Bereiche des politischen Entscheidungsprozesses beschränkt sein.

gleichbarkeit, auch was die Kernländer betrifft, wird hier auf die Auswertung dieser Daten verzichtet.

Allmählich sind die Grenzen zwischen politisch und nicht-politisch verschwunden und die Bürger wählen zur Erreichung ihrer Ziele die entsprechend geeigneten Mittel. Das bedeutet, dass die Ziele nicht grundsätzlich mit politischen Mitteln verfolgt werden müssen, was zur Folge hat, dass Partizipation heutzutage breit definiert werden muss: „Offensichtlich kann fast alles, was Menschen tun, irgendwann auch als politische Partizipation betrachtet werden" (van Deth 2009: 141). So wäre früher Boykott nicht unter dem Begriff politische Partizipation subsummiert worden. Jedoch setzt nicht erst seit Brent Spar im Jahr 1995 eine Reihe von Menschen das bewusste Boykottieren bestimmter Produkte als politisch motivierte Protestaktion ein. Auch der Boykott gegen Nokia im Jahr 2008, bei dem es um die Verlagerung eines deutschen Tochterunternehmens nach Osteuropa ging, war eindeutig nicht nur wirtschaftlich motiviert. Hier wird deutlich, dass es politische Beteiligung auch außerhalb des politischen Bereichs geben kann. Jedoch stellt eine Entscheidung gegen ein Produkt nicht zwangsläufig eine politisch motivierte Handlung dar. Vielmehr können andere Gründe für den Nichtkauf eines Nokia Handys verantwortlich sein. Ein Konsument entschließt sich zum Beispiel zum Kauf einer anderen Marke aus ästhetischen Gründen oder auf Grund bestimmter Qualitätskriterien.[7] An diesem Beispiel wird deutlich, dass die Absicht eines Individuums das entscheidende Kriterium darstellt, ob eine Handlung als politische Partizipation eingestuft werden kann oder nicht.

Was die friedlichen Demonstrationen in Deutschland und Europa im Jahr 1989 und folgende angeht, ist deren eindeutig politische Zielsetzung offensichtlich. Die Forderung nach (mehr) Freiheit und Mitbestimmungsrechten führte zu einer extensiven politischen Betätigung von Bürgerinnen und Bürgern in Ostdeutschland sowie Osteuropa. Dass sich diese Gruppierungen zu Beginn nicht in einem explizit politischen Umfeld zusammenfanden, ist der Stellung von oppositionellen Kräften in den ehemals sozialistischen Regimen geschuldet, die keine zuließen. Entsprechend riefen zu Beginn der Demonstrationen in Ostdeutschland vor allem kirchliche Gruppen wie der Initiativkreis „Absage an Praxis und Prinzip der Abgrenzung" oder der Arbeitskreis „Solidarische Kirche" zur Partizipation bei den Kommunalwahlen statt. Auch zwanzig Jahre später ist die Demonstrationsbereitschaft der ostdeutschen Bevölkerung weiterhin überdurchschnittlich ausgeprägt (Steinbrecher 2009: 131). Gleichzeitig wird deutlich, dass sich in Deutschland wie in Europa die Bürgerinnen und Bürger an der breiten Palette an Betätigungsmöglichkeiten insgesamt bedienen, wobei die klassischen Beteiligungsformen wie das Mitwirken in Parteien und Verbänden offenbar deutlich weniger attraktiv sind.[8]

Was die theoretische und systematische Verortung von Partizipation angeht, schließt sich der Beitrag dem Verständnis der jüngsten Entwicklung an und verzichtet auf eine Trennung bestehender Partizipationsformen. Jedoch müssen die empiri-

---

7 Hoffmann 2008 listet eine Reihe prominenter Beispiele von Konsumentenboykotten auf, angefangen mit dem Montgomery Bus Boykott im Jahr 1955. Selbstverständlich kann nicht nur der Boykott eine politische Zielsetzung haben. Das Gleiche gilt auch für den Buykott, indem Bürger spezielle Produkte kaufen – beispielsweise beim Kauf von Fairhandelsprodukten von GEPA wie Kaffee, Tee, Honig, Schokolade u. ä.

8 Emnid-Umfrage vom Januar 2009 im Auftrag der Kampagne „Geben gibt".

schen Analysen auf Grund der zur Verfügung stehenden Daten in traditioneller Weise getrennt erfolgen. Darüber hinaus erscheint eine getrennte empirische Betrachtung auf Grund ungeklärter kausaler Zusammenhänge zwischen sozialer und politischer Partizipation sinnvoll.

Partizipation, Ressourcen und Ungleichheit

Verba und Nie fragen in ihrer wegweisenden Studie „from whom does the participation come?" (Verba/Nie 1972: 12). Ihre Antwort, die nachfolgend durch eine Vielzahl von Studien empirisch bestätigt werden konnte, lautet: Ressourcenschwache Individuen engagieren sich weniger als ressourcenstarke Individuen. Ressourcen sind in diesem Zusammenhang erworbene Fähigkeiten wie Bildungsstand und Einkommen, aber auch askriptive Merkmale wie Geschlecht und Alter. Demnach beteiligen sich Menschen mit niedrigem Bildungsstand und geringem Einkommen systematisch weniger als Bürgerinnen und Bürger, die über ein einen höheren Bildungsgrad und mehr Einkommen verfügen. Eine bestehende soziale Ungleichheit führt zu ungleichem Beteiligungsverhalten. Die beobachtete Verzerrung stellt ein zeitlich stabiles Phänomen dar, was in Anbetracht der Veränderungen der gesellschaftlichen Strukturen und der Rahmenbedingungen ein beachtliches Phänomen ist. So hat sich das Partizipationsangebot in dem beobachteten Zeitraum stark ausgeweitet. Die Entwicklung der Verbreiterung des Angebots hat jedoch nicht zu einer Verminderung des fragmentierten Partizipationsverhaltens geführt. Ebenso die allgemeine Erhöhung des Bildungsniveaus, die Verbreitung und Zunahme der Massen- und Informationsmedien und der Anstieg des Wohlstands in vielen Ländern haben nicht zu mehr Gleichheit in der politischen und sozialen Beteiligung der Bürger geführt (van Deth 2009: 154).

Gleichheit kann jedoch in mehrerlei Hinsicht definiert werden und führt zu der Frage, was bedeutet *gleiche* Partizipation? Bevor die Frage beantwortet werden kann, wie ungleiche Beteiligung zu bewerten ist, muss jedoch zunächst geklärt werden, was mit Gleichheit bzw. Ungleichheit gemeint ist. Wie Verba ausführt: „Equality in all domains of social and political life is complex" (Verba 2003: 663). So kann sich Gleichheit auf verschiedene Bereiche beziehen; es kann Gleichheit gemeint sein, die von Gruppen ausgeht oder von Individuen und Gleichheit kann unterschiedlich gemessen werden. Bei der Beschäftigung mit dem Thema Partizipation und Gleichheit wird häufig implizit oder auch explizit die Annahme formuliert, dass vom Erreichen politischer und sozialer Gleichheit die Qualität unserer Demokratie abhängt. Aber welche Gleichheit ist dabei gemeint? Das gleiche Recht zu partizipieren? Das Vorhandensein gleicher Ressourcen für die Partizipation? Der gleiche Umfang und das gleiche Niveau politischer Partizipation unterschiedlicher Individuen oder Gruppen? Die Gleichheit in der Responsivität?

Ein weiterer Aspekt bei der Behandlung der Gleichheitsthematik ist ebenfalls strittig. So besteht zwar Konsens über die Bedeutung von Partizipation für die Demokratie, aber ist eine größere Gleichheit im Partizipationsverhalten tatsächlich wünschenswert? Verba (2003) weist zu Recht auf die Vor- und Nachteile von mehr Gleichheit hin. So ist politische Gleichheit zunächst ein Wert an sich, führt zur Gemeinschaftsbildung, bildet eine unersetzliche Grundlage für die Legitimität von Entscheidungen und für Bildung und ist die Bedingung für den gleichen Schutz von Interessen. Auf der anderen Seite weist Verba auf die Problematik gleicher Artikulation in einer repräsentativen Demokratie hin. Verfügt jedes Individuum über die entsprechenden Fähigkeiten? Und wenn nicht, steigert es die Qualität einer Demokratie, wenn sich alle gleichermaßen beteiligen oder „would the dream of political equality turn out be a nightmare?" (Verba 2003: 663). Als Ergebnis seiner Betrachtungen und Analysen kommt Verba zu dem Schluss: politische Gleichheit „is an important ideal" (Verba 2003: 676).

Ungeachtet des formulierten Ideals, nehmen Individuen die vorhandenen Partizipationsangebote unterschiedlich wahr und die Beteiligung ist abhängig von den vorhandenen Ressourcen. Das Problem der ungleichen Beteiligung wird durch eine Rückkoppelung verschärft, denn durch aktives Engagement erwirbt, entwickelt und vertieft der Bürger Kompetenzen und Werte, die wichtig für die Interessenartikulation und -vertretung sind. In diesem Zusammenhang weisen Verba und Nie (1972: 12) auf den freiwilligen Charakter von Partizipation hin. Das bedeutet in der Konsequenz, dass es Individuen gibt, die von dem bestehenden Angebot Gebrauch machen und andere wiederum nicht. Da besonders die am wenigsten gut ausgestatteten Bürgerinnen und Bürger wenig partizipieren, ressourcenstarke Gruppen sich dagegen am meisten engagieren, bedeutet das in der Konsequenz, dass bereits bestehende soziale Unterschiede vertieft und nicht ausgeglichen werden:

„If participants come proportionately from all parts of society, from upper- and lower-income groups, from blacks and whites, from city and country dwellers, then political leaders who respond to participation will be responding to any accurate representation of the needs, desires, and preferences of the public at large. If, as our not surprising findings will show, the participants are by no means representative of the public as a whole but com disproportionately from particular – especially upper-status-groups, then participation works differently"(Verba/Nie 1972: 12).

Um herauszufinden „why the participant population comes disproportionately from the upper-status-groups of society" (Verba/Nie1972: 13), entwickeln Verba und Nie das socioeconomic model of participation. Die Funktionsweise des Modells beschreiben sie folgendermaßen:

„According to this model, the social status of an individual – his job, education and income – determines to a large extent how much he participates. It does this through the intervening effects of a variety of 'civic attitudes' conducive to participation: attitudes such as sense of efficacy, of psychological involvement in politics, and a feeling of obligation to participate" (Verba/Nie 1972: 13).

Entsprechend diesem Modell determiniert der soziale Status in relativ großem Umfang, ob und in welchem Ausmaß ein Individuum partizipiert. Dieser Zusammenhang sowie die demokratietheoretisch problematischen Konsequenzen wurden in vielen Studienformuliert. Die selektive Partizipation „führt zu der Durchsetzung nicht repräsentativer politischer Interessen und gefährdet auf Dauer die Lebenschancen der Demokratie" (van Deth 2009: 155). Ähnlich argumentiert Fiorina, indem er insbesondere den ungleichen Schutz von Interessen problematisiert. Dieser ergebe sich aus der ungleichen Interessenartikulation sowie der ungleichen Interessenvertretung (Fiorina 1999).

Warum sich Menschen nicht gleichermaßen beteiligen, haben Verba, Schlozman und Brady auf die berühmte Formel gebracht: „because they can't; because theydon't want; or because nobody asked" (Verba u. a. 1995: 269). Auf der Grundlage dieser drei Erklärungsfaktoren wurde das civic voluntarism model entwickelt. Verba zieht dieses Modell auch heran, um Ansatzpunkte für eine mögliche Entzerrung der ungleichen Beteiligung aufzuzeigen. Der Argumentation des civic voluntarism models folgend, entwickelt Verba drei Lösungsansätze: eine Änderung der sozialen und ökonomischen Rahmenbedingungen; eine Steigerung der Motivation der weniger Begünstigten in der Bevölkerung und die aktive Rekrutierung der inaktiven Bevölkerungsschicht (Verba 2003: 673ff.). In der Logik des Modells ist eine weitere Variante für einen möglichen Ausgleich der Verzerrung denkbar, die sich auf die Aspekte des Nicht-Wollens (Motive) und des Nicht-Gefragt-Werdens (Netzwerke) bezieht und die dieser Beitrag aufgreift und untersucht. Ob Menschen von ihren Mitmenschen gefragt werden, ob sie sich auch beteiligen wollen und ob ein Individuum es sich auch zutraut, sich einzubringen, hat viel mit dem Kontext zu tun, in dem Partizipation stattfindet.

Dahl und Tufte (1973: 4) weisen darauf hin, dass „there is a long and respectable line of thought arguing the virtues of the small polity". Wie bereits einführend formuliert, kommen Dahl und Tufte in ihrer Studie zu dem Ergebnis, dass sich die Größe einer Einheit, in der Partizipation stattfindet auf das tatsächliche Beteiligungsverhalten auswirkt. Ihren Resultaten zu Folge sollte die optimal motivierende Größe weder zu groß noch zu klein ausfallen. Die Formel Größe einer Einheit kann auf die Größe einer Kommune übertragen werden. So bestehen in kleinen und mittleren Städten für Menschen grundsätzlich mehr Möglichkeiten für nachbarschaftliche Kontakte. Man kennt sich untereinander, man kennt die Probleme und die Qualitäten des Anderen und kann freundschaftliche Gefühle entwickeln sowie Vertrauen ausbilden. Dies wiederum kann dazu führen, dass sich Menschen untereinander fragen und zur Mitwirkung motivieren („Gefragt-Werden"). Die Entstehung und Aktivierung eines Wir-Gefühls und eines Wir-nehmen-uns-der-Sache-an-Gefühls ist in kleineren und mittleren Städten wahrscheinlicher, denn die Belange sind überschaubarer und der Bezug zum Individuum offenkundiger. Dieser engere Bezug kann zu einer individuellen Betroffenheit und zu der Motivation, etwas positiv beeinflussen zu wollen, führen. Das Gefühl, selbst etwas bewirken zu können, d. h. die political efficacy, kann daher wesentlich stärker ausfallen („Nicht-Wollen").

Die Überlegungen von Dahl und Tufte beziehen sich auf das Niveau von Partizipation aller Bürgerinnen und Bürger, d.h. ihren Erkenntnissen zu Folge werden sich Menschen am stärksten in Städten mittlerer Größe betätigen. Damit ist noch keine Aussage darüber getroffen, um welche Menschen es sich dabei handelt. Vielmehr sind zwei Interpretationen möglich und eine betrifft den Zusammenhang von Partizipation und Ungleichheit. Wenn sich alle Menschen stärker beteiligen, dann auch die ressourcenschwachen Bevölkerungsteile. Dies führt nicht zu einem Ausgleich der bestehenden ungleichen Beteiligung, kann aber zu einer Abmilderung beitragen, da *auch* ressourcenschwache Individuen an dem Partizipationsprozess teilnehmen, die sich sonst nicht betätigen. Damit würden auch die Interessen von sonst nicht vertretenen Individuen und Gruppen berücksichtigt werden. Sollte es sich allerdings, und das ist die zweite mögliche Realität, nur um eine relative Anhebung des Niveaus handeln, dann ist eher kein verzerrungsmindernder Effekt zu erwarten, denn die Interessen der ressourcenschwachen Individuen und Gruppen bekämen die gleiche proportionale Aufmerksamkeit. Jedoch könnte sich auch trotz gleichem Verhältnis von ressourcenschwachen und ressourcenstarken Individuen ein positiver Effekt ergeben. Unter Umständen führt die bloße Steigerung der Anzahl dazu, dass Menschen Netzwerke bilden, d.h. sich für die Artikulation ihrer Belange organisieren. Dies wiederum kann zu einem größeren politischen Kompetenzgefühl und zu einer aktiveren Beteiligung und Organisation der Interessen der ressourcenschwachen Individuen führen (Verba u. a. 1995; Gabriel/Völkl 2005; van Deth 2009).

In dem vorliegenden Beitrag geht es nicht nur um das Partizipationsverhalten der Bevölkerung Europas allgemein. Es ist vielmehr von Interesse, wie ähnlich oder unähnlich sich das Partizipationsverhalten der Ost- und Westeuropäer sowie der West- und Ostdeutschen darstellt. Bezogen auf die grundsätzliche Frage nach dem Einfluss der Kommunengröße auf das Partizipationsverhalten sind keine Besonderheiten zwischen der west- und osteuropäischen Bevölkerung zu erwarten. Jedoch ist darauf zu verweisen, dass die soziale und politische Partizipation durch die historischen Traditionen und unterschiedlichen Ausgangsbedingungen beeinflusst ist. So spricht Roßteutscher zehn Jahre nach der Wende auf Grund der niedrigen Vereinsdichte und der geringen Mitgliederzahlen in Vereinen und Verbänden von einer unterentwickelten Zivilgesellschaft Ostdeutschlands (Roßteutscher 2009: 164). Damit wird aber nicht die grundsätzliche Bedeutsamkeit von Freiwilligenorganisationen als partizipationsfördernde Komponente tangiert. Vielmehr hat die Anzahl der Menschen, die sich betätigen und die andere wiederum zur Beteiligung motivieren können, eine Auswirkung auf das Niveau von Partizipation. Es ist jedoch nicht zu erwarten, dass dieses unterschiedliche Angebot Auswirkungen auf die schlechtere oder bessere Mobilisierung von ressourcenschwachen Menschen hat. Lediglich vor dem Hintergrund der ehemals unterschiedlichen Gesellschaftsstrukturen könnten sich Folgen ergeben. Sozialistische Gesellschaften waren egalitäre Gesellschaften, d. h. Unterschiede in der sozialen Schichtung waren theoretisch gering ausgeprägt. Die Ressourcenausstattung der in den ehemaligen sozialistischen Staaten lebenden Menschen war zwischen den Individuen nicht so diskrepant wie zwischen den in den westlichen Demokratien lebenden Bürgerinnen und Bürger. Das betrifft insbesondere die Unterschiede beim Einkommen und bei der Bildung. In der 1990er Jahren gingen Menschen aller Schichten auf die Straße, um für Demokratie zu kämpfen.

Wie es um die gleiche Beteiligung der Menschen in Ostdeutschland bestellt ist und ob die gesellschaftlichen, sozialen, politischen und historischen Traditionen der ehemals sozialistischen Staaten Auswirkungen auf die politische Gleichheit haben, zeigen die Analysen von Teorell, Sum und Tobiasen. So ist in osteuropäischen Ländern die geringste politische Gleichheit zu beobachten, mit Ausnahme von Ostdeutschland und die größte Gleichheit ist in Norwegen und den Niederlanden zu finden (Teorell u. a. 2007: 405).[9] Der soziale Bias ist demnach in osteuropäischen Ländern größer als in westeuropäischen Ländern und damit hat das scheinbar egalitäre Erbe nicht zu einer Gleichheit beigetragen – ganz im Gegenteil.

Forschungsstrategie und Operationalisierung

Dieser Beitrag prüft den Einfluss der Größe einer Kommune auf den Zusammenhang von sozialem Status und sozialer Partizipation in Freiwilligenorganisationen und auf den Zusammenhang von Ressourcenausstattung und politischer Partizipation.

Zur Messung politischer Partizipation offeriert der ESS eine Liste nichtelektoraler Aktivitäten sowie eine Frage zur Wahlbeteiligung. In dem vorliegenden Beitrag wird die elektorale politische Partizipation nicht untersucht, obwohl die Wahl zweifelsohne ein Kernelement der repräsentativen Demokratie darstellt und die unaufwändigste und auch die am häufigsten genutzte Form der politischen Partizipation ist. Es wird dennoch auf eine Untersuchung verzichtet, da der Fokus des vorliegenden Beitrags auf der Frage der gleichen Beteiligung liegt. In diesem Zusammenhang haben eine Reihe von Studien nachgewiesen, dass der soziale Bias beim Wählen sehr gering ausgeprägt ist (Wolfinger/Rosenstone 1980; Verba u. a. 1995; Verba 2003; Teorell u. a. 2007). Die Wahlbeteiligung hängt demnach nicht oder kaum vom Bildungsstand, von der Höhe des Einkommens, von der Geschlechtszugehörigkeit, dem Alter und anderen sozialstrukturellen Merkmalen ab. Daher wird auf eine Prüfung des Einflusses der Kommunengröße auf den Zusammenhang von sozialer Schicht und Wählen verzichtet[10] und die nicht-elektorale politische Partizipation untersucht, die im ESS über sieben verschiedene Items berücksichtigt wird. Der genaue Wortlaut ist folgendermaßen:

„Es gibt verschiedene Möglichkeiten, mit denen man versuchen kann, etwas in Deutschland zu verbessern oder zu verhindern, dass sich etwas verschlechtert. Haben sie im Verlauf der letzten 12 Monate irgendetwas davon unternommen? Haben Sie...

... Kontakt zu einem Politiker oder einer Amtsperson auf Bundes-, Landes- oder Kommunalebene aufgenommen?
... in einer politischen Partei oder Gruppierung mitgearbeitet?
... in einer anderen Organisation oder in einem anderen Verband oder Verein mitgearbeitet?
... ein Abzeichen oder einen Aufkleber einer politischen Kampagne getragen oder irgendwo befestigt?

9   Das dem Beitrag von Teorell u. a. zugrunde liegende Verständnis von Gleichheit ist mit der hier verwendeten Interpretation vergleichbar. Sie untersuchen drei Faktoren: „attitudinaldistortion, socialgroupinequality, andincapacitation" (Teorell u. a. 2007: 404). Auf allen Dimensionen ist die Ungleichheit in Osteuropa größer als in Westeuropa.
10 Bereits durch die Prüfung der nicht-elektoralen politischen und sozialen Partizipation fällt dieser Beitrag recht umfangreich aus.

Tabelle 1: Dimensionen politischer Partizipation (Hauptkomponentenanalyse, Varimaxrotation, Faktorladungen (nur < 0,40), gepoolte Daten)

	Faktoren		Extraktion
	institutionalisierte pol. Partizipation	nicht-institutionalisierte pol. Partizipation	
Mitarbeit in Parteien oder Bürgerinitiativen	0,83		0,63
Politikerkontakte	0,67		0,47
Mitarbeit in anderen Organisationen oder Vereinigungen	0,57		0,45
Produktboykott		-0,83	0,64
Beteiligung an Unterschriftenaktionen		-0,75	0,61
Teilnahme an genehmigten Demonstrationen		-0,41	0,33
Eigenvalue	2,12	1,00	
Erklärte Varianz (%)	35,3	16,7	

... sich an einer Unterschriftensammlung beteiligt?
... an einer genehmigten öffentlichen Demonstration teilgenommen?
...bestimmte Produkte boykottiert?"

Zunächst wurde mittels einer Hauptkomponentenanalyse die Dimensionalität politischer Partizipation empirisch ermittelt. Dabei wurde das Tragen eines Abzeichens aus der Analyse ausgeschlossen, weil dieses Item in einer ersten Analyse auf zwei Faktoren geladen hat.

Tabelle 1 dokumentiert das Ergebnis der Hauptkomponentenanalyse mit dem gepoolten Datensatz. Weitere Analysen, die getrennt nach west- und osteuropäischen Ländern sowie West- und Ostdeutschland durchgeführt wurden, konnten das in Tabelle 1 dargestellte Resultat bestätigen.[11] Entsprechend der Hauptkomponentenanalyse existieren zwei Dimensionen politischer Partizipation: institutionalisierte und nicht-institutionalisierte politische Partizipation. Die erste Dimension beinhaltet folgende Items: Mitarbeit in Parteien, Politikerkontakte und Mitarbeit in Organisationen. Die zweite Dimension berücksichtigt die verbleibenden Items: Boykott von Produkten, Beteiligung an Unterschriftenaktionen und Teilnahme an genehmigten Demonstrationen. Die Ergebnisse der Hauptkomponentenanalyse sind im Einklang mit den theoretischen Erwartungen und bisherigen Ergebnissen aus der Forschung (Marien u. a. 2010; Gabriel/Völkl 2005 und 2008; Newton/Montero 2007). Sie werden den nachfolgenden multivariaten Analysen zugrunde gelegt, d.h. für jede der beiden Komponenten wird eine additive Skala von 0 (keine Beteiligung) bis 3 (alle drei Formen benutzt) erstellt.

---

11 Auf eine Ausweisung wird aus Platzgründen verzichtet.

Zur Operationalisierung von ‚sozialer Partizipation' stellt der ESS im Jahr 2002 folgende Frage bereit, die die Beteiligung in elf unterschiedlichen Freiwilligenorganisationen abfragt:[12]

„Ich nenne Ihnen nun einige Vereine, Verbände und andere Organisationen. Bitte sagen Sie mir für jede einzelne Organisation, ob eines oder mehrere von den Dingen auf Sie in den letzten 12 Monaten zutreffen."

Die folgenden Organisationen wurden aufgelistet:

- „Sportverein oder Verein für Aktivitäten im Freien,
- Organisation für kulturelle oder Freizeitaktivitäten,
- Gewerkschaft,
- Wirtschafts-, Berufs- oder Bauernverband,
- Verbraucherschutzorganisation oder Automobilklub,
- Organisation für humanitäre Hilfe, Menschenrechte, Minderheiten oder Immigranten,
- Umweltschutz- oder Friedensorganisation oder Tierschutzverein,
- religiöse oder kirchliche Organisation,
- Organisation zur Förderung von Wissenschaft oder Bildung oder Lehrer- oder Elternorganisation,
- Hobby- und Freizeitverein, Jugendklub, Seniorenverein, Frauenorganisation oder Serviceclub (z.B. Lions Club),
- anderer Verein, Verband oder Organisation."

Den Befragten standen zur Beantwortung vier unterschiedliche inhaltliche Kategorien zur Verfügung: (1) Mitglied, (2) Teilgenommen, (3) Geld gespendet und (4) ehrenamtliche Tätigkeit. Damit ist es möglich, sowohl etwas über die Art der Beteiligung (welche Organisation) als auch etwas über die Intensität der Partizipation zu erfahren. Die Bandbreite erstreckt sich vom passiven, zahlenden Mitglied über einen Bürger, der an Veranstaltungen teilnimmt bis hin zu Menschen, die sich ehrenamtlich betätigen. Wie Geldspendeaktionen in dieses Spektrum passen, ist fraglich. Zweifelsohne gehört Geld spenden in den Bereich der politischen Partizipation, denn indem Menschen eine Organisation finanziell unterstützen, wollen sie deren Ziele fördern. Der Aufwand ist jedoch eher gering und unterscheidet sich deutlich von der Partizipationsintensität eines veranstaltungsbesuchenden Bürgers. Es ist nicht möglich, Geldespendeaktionen auf einer Skala, die passive bis aktive Beteiligung abbilden will, eindeutig zuzuordnen. Das wird wiederum zu einem Problem, wenn im Folgenden eine Variable gebildet wird, die diese unterschiedliche Intensität aufnehmen will. Aus diesem Grund werden Geldspendeaktionen bei der Bildung der abhängigen Variable bewusst nicht berücksichtigt.

Für die multivariaten Analysen wurde eine Variable gebildet, die die Beteiligung nach drei Ausprägungen unterscheidet: (1) keine Mitgliedschaft; (2) passives Mit-

---

12 Die Betätigung in Parteien wurde bewusst ausgenommen, da politische Partizipation gesondert untersucht wird.

glied; (3) aktives Mitglied.[13] Die dritte Ausprägung setzt sich aus zwei möglichen Beteiligungsformen zusammen und berücksichtigt die Teilnahme an Veranstaltungen und die ehrenamtliche Tätigkeit.

Die Erklärung politischer und sozialer Partizipation orientiert sich an dem von Verba, Schlozman und Brady entwickelten civic voluntarism model, das die Faktoren Ressourcen, Motive und Netzwerke berücksichtigt. Ressourcen werden über sozioökonomische Ressourcen einerseits (Bildung und Einkommen) und partizipationsrelevante Rollenmerkmale (Gender und Alter) andererseits operationalisiert. Das Faktorenbündel Motive berücksichtigt die Items politisches Interesse und politisches Kompetenzbewusstsein und Netzwerke werden schließlich abgebildet über einen Index sozialer Integration, der die Integration in die Familie und in den Arbeitsmarkt mit einschließt[14], sowie über die Indikatoren Vertrauen und Kirchgangshäufigkeit. Alle Variablen wurden auf den Bereich 0-1 standardisiert.

Um die spezifische Frage nach dem Einfluss der Kommunengröße auf den von Verba und Nie thematisierten Zusammenhang von sozialem Status und Partizipation beantworten zu können, werden Regressionsmodelle geschätzt. Diese Modelle berücksichtigen die für den sozialen Status relevanten VariablenGender, Alter undsozioökonomisches Ressourcenniveau (SERL)[15]. Um zu testen, ob der soziale Bias im Partizipationsverhalten durch die Kommunengröße ausgeglichen werden kann, wird der Indikator 'Größe des Wohnorts' gewählt. Im ESS steht dazu folgende Frage zur Verfügung:

„Und nun wieder zu Ihnen. Was trifft am ehesten auf das Wohngebiet zu, in dem Sie leben?"

Die Befragten konnten zur Beantwortung der Frage zwischen fünf unterschiedlichen Kategorien wählen: (1) Großstadt, (2) Vorort oder Randgebiet einer Großstadt, (3) Stadt oder Kleinstadt, (4) Dorf und (5) Bauernhof oder Haus auf dem Land. Für die Analysen wurden aus diesen Vorgaben drei unterschiedliche Gruppen gebildet: (1)Großstadt und Vorort oder Randgebiet einer Großstadt, (2) Stadt oder Kleinstadt, (3) Dorf und Bauernhof oder Haus auf dem Land.[16]

Zur Beantwortung der Forschungsfrage wird für die politische Partizipation ein zweistufiges Design gewählt. Zunächst werden über ein additiv-lineares Modell in

13 Additive Skala: Index soziale Partizipation: 0= nichts trifft zu bzw. keine aktive oder passive Mitgliedschaft; 1= passives Mitglied; 2= an Aktivitäten teilgenommen und ehrenamtliche Tätigkeit für Verein.
14 Index soziale Integration aus drei Variablen ‚Familienstand', ‚bezahlte Tätigkeit' und ‚in Ausbildung': 0= kein Beruf/Ausbildung und nicht zusammenlebend mit einem Partner; 0,33= kein Beruf/Ausbildung und zusammenlebend mit einem Partner; 0,66= Beruf/Ausbildung und nicht zusammenlebend mit einem Partner; 1= Beruf/Ausbildung und zusammenlebend mit einem Partner.
15 SERL: Index aus Einkommen und Bildung: 0= gering; 1= hoch.
16 Eine Verkleinerung der ehemals fünf auf drei Gruppen wurde aus folgenden Gründen vorgenommen: Zum einen wird die Fallzahl bei einem Split in fünf Gruppen, insbesondere in Ostdeutschland, sehr klein. Des Weiteren interessieren die Verteilungen in kleinen und mittleren Städten sowie in Großstädten. Eine feinere Unterteilung ist nicht notwendig, weil keine zusätzlichen Erkenntnisse zu gewinnen wären. Vielmehr würde die Darstellung und Interpretation erschwert werden.

einer OLS-Regression die Effekte der sozialstrukturellen Variablen auf die jeweilige Partizipationsform geschätzt. Im zweiten Schritt wird die Variable Gemeindegröße, neben den sozialstrukturellen Faktoren, in der OLS-Regression berücksichtigt. Das heißt, es wird geprüft, ob sich die Effekte unter Kontrolle der Gemeindegröße verändern. Um eine Aussage darüber treffen zu können, ob die Gemeindegröße einen Einfluss ausübt, ist sowohl die Betrachtung der Effekte der Gemeindegröße als auch die Veränderung der Einzeleffekte der Koeffizienten erforderlich. Der Einfluss der Wohnortgröße auf die soziale Partizipation wird über eine logistische Regression geschätzt, unterschieden nach der Intensität der Aktivität.

Politische und soziale Partizipation in Europa

Zunächst stellt sich die Frage, wie ist das Partizipationsverhalten in Europa verteilt? Bei der Interpretation der Tabellen liegt, wie bereits angeführt, der Fokus auf dem Vergleich West- und Osteuropas sowie West- und Ostdeutschlands. Zunächst wird die Verteilung und Entwicklung der politischen Partizipation in Deutschland und in Europa präsentiert. Die Interpretation der Ergebnisseist folgendermaßen strukturiert: Zunächst werden die Ergebnisse in Deutschland dargestellt, der eine Interpretation der Befunde Ost- und Westeuropas folgt. Abschließend werden die Ergebnisse Ost- und Westdeutschlands in einem gesamteuropäischen Kontext verortet.

Im Anschluss an die Erörterung der politischen Partizipation erfolgt eine Darstellung der sozialen Partizipation. Wie bereits angeführt, wurde soziale Partizipation in Freiwilligenorganisationen im ESS nur im Jahr 2002 abgefragt und mit aufwändigen Verfahren von van Deth (2004) bereits analysiert. Daher werden anstelle eigener Analysen die Ergebnisse dieser Untersuchung kurz referiert.

Politische Partizipation in Deutschland und Europa

Die politische Betätigung in Deutschland ist vielfältig und weit verbreitet und die in Tabelle 2 enthaltenen Daten bestätigen die vorliegenden Ergebnisse aus der empirischen Partizipationsforschung. Als erstes eindrückliches Ergebnis zeigen die abgetragenen Werte, dass die politische Partizipation in Deutschland, egal ob in West oder Ost, im europäischen Vergleich am größten ausfällt. Die durchschnittliche Anzahl genutzter Partizipationsformen ist in Deutschland im europäischen Vergleich zwischen 2002 und 2008 durchgängig am höchsten (Ausnahme: Westdeutschland im Jahr 2006). Dieses Muster wird durch die Mittelwerte der Indizes eindrücklich betont.

Sowohl in West- als auch in Ostdeutschlandist in den sechs Jahren ein gleiches Muster zu beobachten. Am häufigsten werden in beiden Landesteilen nicht institutionalisierte Formen politischer Partizipation angewendet. Dieser deutliche Vorsprung im Verhältnis zu den institutionalisierten Formen ist vor allem auf die sehr starke

Tabelle 2: Umfang politischer Partizipation (Mittelwerte)

	E-W	E-W*	D-W	D-O	E-O*	E-O
2002						
Anzahl genutzter Partizipationsformen	0,90	0,96	1,02	1,05	0,38	0,38
Index institutionalisierte pol. Partizipation	0,11	0,12	0,12	0,12	0,08	0,08
Index nicht-institutionalisierte pol. Partizipation	0,18	0,20	0,22	0,23	0,05	0,05
N	30.269	27.509	2.370	548	6.674	6.674
2004						
Anzahl genutzter Partizipationsformen	0,87	0,93	0,97	0,99	0,40	0,40
Index institutionalisierte pol. Partizipation	0,11	0,11	0,11	0,12	0,05	0,05
Index nicht-institutionalisierte pol. Partizipation	0,18	0,20	0,21	0,21	0,08	0,08
N	31.125	27.384	2.330	540	13.213	13.213
2006						
Anzahl genutzter Partizipationsformen	0,95	0,95	0,94	0,96	0,28	0,29
Index institutionalisierte pol. Partizipation	0,12	0,12	0,12	0,13	0,05	0,05
Index nicht-institutionalisierte pol. Partizipation	0,20	0,20	0,19	0,19	0,05	0,05
N	26.241	25.250	2.341	575	10.001	16.399
2008						
Anzahl genutzter Partizipationsformen	0,89	0,89	1,19	1,03	0,32	0,31
Index institutionalisierte pol. Partizipation	0,10	0,10	0,16	0,15	0,06	0,05
Index nicht-institutionalisierte pol. Partizipation	0,19	0,19	0,24	0,20	0,05	0,05
N	25.196	23.978	2.214	536	11.781	22.133

Mittelwerte der Indizes basieren auf Scoren zwischen 0 „keine Partizipation" und 1 „umfassende Partizipation"; Daten gewichtet.

Beteiligung an Unterschriftenaktionen[17] zurückzuführen. Viel weniger beliebt sind die institutionalisierten Formen: Weder im Westen noch im Osten Deutschlands wenden sich die Bürgerinnen und Bürger häufig an Politiker oder beteiligen sich in Parteien und Organisationen. Die Wahrnehmung der genutzten Möglichkeiten ist demnach in Ost- und Westdeutschland erstaunlich ähnlich. Gerade hinsichtlich der Demonstrationsfreude wäre in den alten Bundesländern durch die positiven Erfahrungen über die Montagsdemonstrationen ein größerer Unterschied nicht erstaunlich gewesen. Vielleicht sind die etwas höheren Teilnahmewerte in den ersten beiden Erhebungswellen ein Überbleibsel aus der Zeit nach der Wende. Betrachtet man die Entwicklung im Zeitverlauf erweist sich die Beteiligung relativ stabil.

Wie fällt die Partizipation in Ost- und Westeuropa aus? Die Verteilungen zeigen eine klare Trennung zwischen ost- und westeuropäischen Ländern. Während die Bürgerinnen und Bürger in Westeuropa die Partizipationsangebote relativ breit nutzen, betätigt sich die osteuropäische Bevölkerung in geringem Umfang. Die

---

17 Auf die Ausweisung der Einzelitems wird aus Platzgründen verzichtet.

osteuropäische Bevölkerung wendet sowohl institutionalisierte Formen als auch nicht institutionalisierte Formen kaum an. Damit ist die Beteiligung sowohl hinsichtlich der Struktur als auch bezogen auf das Niveau der Partizipation in West- und Osteuropa gegensätzlich. Diese Ergebnisse bestätigen die bislang in der Forschung gewonnenen Resultate (Newton/Montero 2007).

Die Darstellung der Verteilungen in Deutschland und Europa hat bereits implizit deutlich gemacht, wie Westdeutschland und Ostdeutschland zu verorten sind. Über alle Verhaltensformen hinweg gleicht das Partizipationsverhalten der west- und der ostdeutschen Bevölkerung jenem der Westeuropas. Dagegen weicht das Partizipationsniveau der neuen Bundesländer erheblich von dem der übrigen postsozialistischen Staaten ab. Durchweg alle Partizipationsformen werden von den Ostdeutschen häufiger genutzt als von den Osteuropäern. Damit scheinen in Ostdeutschland keine längerfristig wirkenden Prägungen des ehemals totalitären Regimes zu bestehen. Gleichwohl muss darauf verwiesen werden, dass diese Angleichung nicht erst zwanzig Jahre nach Vollendung der Einheit stattgefunden hat. Vielmehr haben Analysen gezeigt, dass das politische Verhalten der ostdeutschen Bevölkerung jenem der westdeutschen Bevölkerung bereits zehn Jahre nach der Vereinigung sehr ähnlich war (Niedermayer 2001).

Soziale Partizipation in Deutschland und Europa[18]

Die soziale Beteiligung ist in Deutschland weit verbreitet, insbesondere im Westen Deutschlands. Trotz deutlicher Unterschiede zeigt die Struktur der Beteiligung in beiden Landesteilen auch viele Ähnlichkeiten. In den über eine halbe Million existierenden Vereinen in Deutschland (Keil, im Erscheinen)[19] sind 2002 48 Prozent der west- und 34 Prozent der ostdeutschen Bevölkerung Mitglied. Die West- und Ostdeutschen betätigen sich vor allem in Sportvereinen und Verbraucherschutz- sowie religiösen/kirchlichen Organisationen, allerdings mit unterschiedlichem Ranking. Während bei den Westdeutschen Sportvereine an erster Stelle rangieren (36 Prozent), sind es bei den Ostdeutschen die Verbraucherschutzorganisationen (26 Prozent). Über die wenigsten Mitglieder verfügen in beiden Landesteilen die politischen Parteien (4 und 2 Prozent). Was die Intensität der Betätigung angeht, ist die Mitgliedschaft am weitesten verbreitet, die anderen Formen sozialer Partizipation spielen, wie erwartet, eine geringere Rolle. Insbesondere hoch professionalisierte Organisationen sind primär Mitgliederorganisationen, wie beispielsweise Verbraucherschutzorganisationen, Automobilclubs, Gewerkschaften und Berufsverbände. Anders stellt sich die Situation in Sport- und Freizeitvereinen dar, in denen die Zahl der Aktivisten ebenfalls beachtlich ist. Was das Partizipationsverhalten generell angeht,

---

18 Die nachfolgenden Ausführungen sind der Untersuchung van Deths aus dem Jahr 2004 entnommen.
19 Für das Erhebungsjahr 2002 stehen keine offiziellen Zahlen zur Verfügung, nur für die Jahre 2001 und 2003. 2001 betrug die Gesamtzahl der Vereine 544.701 und stieg im Jahr 2003 auf 574.539 an.

konnten mehrere empirische Untersuchungen nachweisen, dass Beteiligung eine kumulative Aktivität darstellt. Menschen, die bereits in einer Organisation Mitglied sind, treten relativ häufig einer oder mehreren weiteren Gruppierungen bei, werden in ihnen aktiv und übernehmen oftmals ehrenamtliche Aufgaben (vgl. Nie u. a. 1969; Parry u. a. 1992; van Deth 1996; 2001; Gabriel u. a. 2002; Norris 2002).

Vergleicht man die Zahl der aktiven Mitglieder mit der der passiven Mitglieder insgesamt, werden die Unterschiede zwischen den Landesteilen offenkundig. So sind in den alten Bundesländern fast genauso viele Bürgerinnen und Bürger passives wie aktives Mitglied (48 und 49 Prozent). In den neuen Bundesländern nehmen hingegen 43 Prozent aktiv in Organisationen teil und 34 Prozent sind passives Mitglied.[20] Die geringere Bedeutung formeller Anbindung in Ostdeutschland zeigt sich auch bei der ehrenamtlichen Tätigkeit, denn entgegen 13 Prozent ehrenamtlich Tätigen in Westdeutschland, sind nur 7 Prozent der Ostdeutschen ehrenamtlich engagiert. Die Spendenbereitschaft ist dagegen in beiden Landesteilen ähnlich ausgeprägt (19 bzw. 18 Prozent). Van Deth kommt nicht nur hinsichtlich der sozialen Partizipation an sich zu dem Schluss, dass sich die Landesteile im Jahr 2002 deutlich unterscheiden. Auch was die sozialen Kontakte angeht, sind die Differenzen offenkundig. Im Westen (55 Prozent) geht soziale Partizipation viel häufiger mit persönlichen Freundschaften einher als im Osten (44 Prozent). Welche Ursachen für die Unterschiede zwischen den Landesteilen verantwortlich sind, kann van Deth nicht abschließend beurteilen: „Ob die ... präsentierten Unterschiede zwischen den alten und neuen Bundesländern eher die sogenannte ‚Defizithypothese' (nach dem Zusammenbruch mancher DDR-Organisationen ist der Rückstand noch nicht aufgeholt) entsprechen oder eher die ‚Differenzhypothese' (die Implantation westdeutscher Organisationsstrukturen konnte sich wegen mangelnder Ressourcen im Osten nicht auf die gleiche Art und Weise entfalten) bestätigen, ist mit den vorhandenen Daten nicht endgültig zu entscheiden" (van Deth 2004: 304).

Die Differenzen, die sich zwischen West und Ost in Deutschland präsentieren, sind auch in Europa zu beobachten. Van Deths Analysen belegen, wie bereits andere Studien auch, dass konsistente Unterschiede existieren: die soziale Beteiligung ist in Nordwesteuropa relativ weit verbreitet, mit Ausnahme Finnlands. Dagegen ist der Süden Europas durch wenig Partizipation gekennzeichnet. Ähnlich niedrig ist die Beteiligung in fast allen osteuropäischen Ländern. Allerdings belegen die Analysen, dass es zwar deutliche Unterschiede zwischen den west- und osteuropäischen Ländern gibt, „aber der wichtigste Unterschied bei sozialer Partizipation in Europa wird

---

20 Für das Jahr 2006 können für Deutschland ebenfalls Aussagen über das Ausmaß an Aktivität getroffen werden. In dem sogenannten nationalen Modul des ESS wurde(n) in Deutschland (und Frankreich) eine stark reduzierte Anzahl von Fragen zur sozialen Partizipation gestellt. Diese Daten belegen, dass die Entwicklung in Gesamtdeutschland zwischen 2002 und 2006 von einem Rückgang der passiven Mitglieder und einem Anstieg der aktiv Engagierten gekennzeichnet ist, wobei sich aktives Engagement auf Teilnahme bezieht. Die Kategorie ‚ehrenamtliches Engagement' wurde nicht separat abgefragt. So fallen die Mitgliederzahlen zwischen 2002 und 2006 von rund 70 auf rund 55 Prozent. Dagegen steigt die Anzahl der Menschen, die sich aktiv einbringen, in einem ähnlichen Umfang von 20 auf 40 Prozent (Keil, im Erscheinen).

offensichtlich entlang einer anderen Achse gebildet" (van Deth 2004: 306): katholische Länder im Süden Europas, einschließlich Polen versus protestantische oder gemischte Länder im Nordwesten Europas. Was die Intensität des Beteiligung angeht, verweist die Untersuchung auf ein bemerkenswertes Ergebnis: in allen europäischen Ländern gibt es mehr aktive Mitglieder, d.h. Bürgerinnen und Bürger, die an Aktivitäten teilnehmen, als passive Mitglieder – mit Ausnahme Irlands.

Wie die kurze Zusammenfassung der Ergebnisse gezeigt hat, existieren zum einen zwischen West- und Ostdeutschland Unterschiede und zum anderen gibt es deutliche Differenzen zwischen den Ländern Europas. Wie ist nun Ost- und Westdeutschland im Gesamtgefüge Europas zu verorten? Van Deths Analysen konnten in dieser Hinsicht zeigen, dass beide Landesteile – ungeachtet der bestehenden Unterschiede – Nordwesteuropa zuzurechnen sind.

Determinanten politischer und sozialer Partizipation

Die Relevanz der Ressourcenausstattung für die soziale und politische Aktivität wurde in vielen Studien empirisch untersucht und bestätigt (Nie u. a. 1969; Verba/Nie 1972; Marsh/Kaase 1979; Verba u. a. 1978; Almond/Verba 1989; Parry u. a. 1992; Norris 2002). Dabei veränderten sich im Laufe der Zeit das Begriffsverständnis und die Operationalisierung von Ressourcenausstattung. In älteren Untersuchungen wurden Ressourcen mit dem sozioökonomischen Status von Individuen gleichgesetzt und über Größen wie Einkommen, Berufstätigkeit, Bildung und subjektive Schichteinstufung erfasst. Man ging von der Annahme aus, eine gute Ressourcenausstattung fördere die Partizipation. Jedoch handelt es sich hierbei nicht um einen direkten Zusammenhang. Erst eine Umsetzung sozioökonomischer in kognitive Ressourcen führt zur Partizipation. Das heißt, dass nicht der soziale Status an sich ausschlaggebend ist, sondern Einstellungen wie ein gewisses Verantwortungsgefühl für die Gemeinschaft oder ein Gefühl politischer Kompetenzen (vgl. besonders: Verba/Nie 1972).

Eine wichtige Rolle bei der Entscheidung, aktiv zu werden, spielen partizipationsfördernde Orientierungen wie Werte, Normen und Interessen eines Individuums. Die Bandbreite der Orientierungen ist dabei vielfältig. Während manche es als Pflicht eines guten Bürgers empfinden, sich aktiv zu beteiligen, erwarten andere einen materiellen oder anderen Nutzen aus ihrer Tätigkeit. Wieder andere wollen etwas für die Gemeinschaft tun und einige erhoffen sich psychische Gratifikationen (Smith 1982; Parry u. a. 1992; Lüdemann 2001). Mit zunehmender Bedeutsamkeit partizipationsfördernder Orientierungen steigt die Wahrscheinlichkeit einer aktiven Beteiligung.

Schließlich hängt die Aktivität von den sozialen Netzwerken ab, in die Menschen eingebunden sind. Personen, die von Familienmitgliedern, Freunden aber auch Arbeitskollegen zu politischer und sozialer Beteiligung ermutigt werden, sind oft aktiver als solche, denen eine derartige Unterstützung fehlt.

Politische Partizipation

Wie die individuellen Faktoren politische Partizipation erklären und wie das relative Gewicht der Faktoren im europäischen Vergleich und im Zeitverlauf verteilt ist, dokumentieren Tabellen 3 und 4. Betrachtet man in einem ersten Schritt die institutionalisierte politische Partizipation in Deutschland, so ist zu konstatieren, dass die Erklärungskraft mit sieben bis zwölf Prozent Varianzaufklärung moderat ausfällt. Ein struktureller Unterschied zwischen beiden Landesteilen besteht in der Erklärungsleistung der einzelnen Faktoren des Modells. Während in Westdeutschland alle Aspekte – Ressourcen, Motive und Netzwerke – zur Erklärung politischer Partizipation beitragen, übt in Ostdeutschland nur die Erklärungsgröße Motive durchgehend einen Einfluss aus.

Ob Bürgerinnen und Bürger in Parteien und anderen Organisationen mitarbeiten sowie Politiker kontaktieren ist in West- und Ostdeutschland gleichermaßen sehr stark vom politischen Interesse abhängig. Dieses Ergebnis bestätigt damit den in vielen Studien nachgewiesenen positiven Zusammenhang von politischem Interesse und politischer Aktivität (Gabriel/Völkl 2008; Armingeon 2007; van Deth 2001). Während hingegen das politische Interesse in den neuen Bundesländern als einziger Erklärungsfaktor durchgängig eine Rolle spielt, tragen in den alten Bundesländern in dem beobachteten Zeitraum zusätzlich das sozioökonomische Ressourcenniveau und die Kirchgangshäufigkeit zur Erklärung bei. Die Menschen in Ostdeutschland werden demnach auf Grund anderer Faktoren als in Westdeutschland politisch aktiv.

Der Vergleich Ost- und Westeuropas dokumentiert noch größere Differenzen als zwischen West- und Ostdeutschland. So war die Gesamterklärungsleistung des Modells in beiden Landesteilen Deutschlands zunächst relativ ähnlich. In dieser Hinsicht zeigt sich, vor allem ab 2004, eine deutliche Trennung zwischen west- und osteuropäischen Ländern. Während in den westeuropäischen Ländern die institutionalisierte politische Aktivität konstant zu gut zehn Prozenterklärt werden kann, üben in osteuropäischen Ländern die Faktorenbündel deutlich weniger Einfluss aus. Die Betrachtung der Einzeleffekte zeigt für Westeuropa ein sehr einheitliches Muster: Fast alle Faktoren sind konstant relevant und die Reihenfolge des Einflusses der Faktoren bleibt nahezu identisch. Die größte Motivation erfolgt über das politische Interesse. Mit deutlichem Abstand folgen das soziökonomische Ressourcenniveau und die Kirchgangshäufigkeit. Das Geschlecht spielt immer die geringste Rolle. Ganz anders stellt sich die Erklärungsstruktur in Osteuropa dar. Politisches Interesse und sozioökonomisches Ressourcenniveau tragen zwar auch durchgängig zur Erklärung bei, aber nicht in der Stärke wie in Westeuropa. Darüber hinaus spielt Kirchgang keine Rolle, was darauf hindeutet, dass die Konsequenzen der Zwangssäkularisierung überdauert haben. Das Vorhandensein von Kompetenzbewusstsein und Vertrauen üben ebenfalls nahezu keinen Einfluss aus – ganz im Gegensatz zu Westeuropa.

Damit zeigt sich, dass verschiedene Formen politischer Partizipation von der Bevölkerung Europas nicht nur unterschiedlich genutzt werden, sie beruhen auch auf unterschiedlichen Faktoren. Es gibt eine Trennlinie zwischen den westeuropäischen

Tabelle 3: Determinanten institutionalisierter politischer Partizipation (standardisierte Regressionskoeffizienten)

2002	E-W	E-W*	D-W	D-O	E-O*	E-O
SERL	0,10***	0,10***	0,07**	0,18**	0,12***	0,12***
Alter	0,04***	0,04***	-0,01	0,00	0,02**	0,02**
Geschlecht	0,03***	0,03***	0,03**	0,02	0,03***	0,03***
pol. Interesse	0,20***	0,20***	0,17***	0,16***	0,12***	0,12***
pol. Kompetenzbew.	0,03**	0,03**	0,07	0,05	0,03	0,03
Vertrauen	0,00	0,01	0,01	-0,02	0,00	0,00
Soziale Integration	0,03***	0,04***	0,06***	0,01	0,04***	0,04***
Kirchgangshäufigkeit	0,05***	0,05***	0,08***	0,08	0,01	0,01
Konstante	-0,10***	-0,10***	-0,14***	-0,12***	-0,07***	-0,07***
Korrigiertes R^2	0,11***	0,10***	0,08***	0,07***	0,07***	0,07***
N	27.201	24.868	2.234	510	5.337	5.337

2004	E-W	E-W*	D-W	D-O	E-O*	E-O
SERL	0,08***	0,07***	0,14***	0,09	0,09***	0,09***
Alter	0,03***	0,03***	-0,02	-0,01	0,03***	0,03***
Geschlecht	0,02***	0,02***	0,01	0,03	0,02***	0,02***
pol. Interesse	0,20***	0,19***	0,15***	0,22***	0,09***	0,09***
pol. Kompetenzbew.	0,06***	0,05***	0,03	0,06	0,03*	0,03*
Vertrauen	0,03***	0,03***	0,03	0,00	0,00	0,00
Soziale Integration	0,04***	0,04***	0,02	0,01	0,01*	0,01*
Kirchgangshäufigkeit	0,05***	0,05***	0,10***	0,10	0,00	0,00
Konstante	-0,12***	-0,11***	-0,12***	-0,10***	-0,04***	-0,04***
Korrigiertes R^2	0,11***	0,10***	0,09***	0,10***	0,04***	0,04***
N	29.817	26.354	2.176	517	8.244	8.244

2006	E-W	E-W*	D-W	D-O	E-O*	E-O
SERL	0,08***	0,08***	0,12***	0,08	0,07***	0,09***
Alter	0,03***	0,02***	0,01	-0,01	0,03***	0,02**
Geschlecht	0,02***	0,02***	0,00	0,04	0,02***	0,01**
pol. Interesse	0,19***	0,19***	0,20***	0,21***	0,11***	0,10***
pol. Kompetenzbew.	0,02*	0,02	0,03	0,10	-0,02	-0,01
Vertrauen	0,03***	0,03**	-0,01	0,06	0,03**	0,03***
Soziale Integration	0,03***	0,03***	0,05**	0,03	0,03***	0,01**
Kirchgangshäufigkeit	0,07***	0,07***	0,09***	0,06	0,03***	0,03***
Konstante	-0,09***	-0,09***	-0,14***	-0,15***	-0,06***	-0,05***
Korrigiertes R^2	0,10***	0,10***	0,11***	0,11***	0,07***	0,06***
N	23.881	22.966	2.210	555	6.016	9.120

Fortsetzung Tabelle 3: Determinanten institutionalisierter politischer Partizipation (standardisierte Regressionskoeffizienten)

2008	E-W	E-W*	D-W	D-O	E-O*	E-O
SERL	0,11***	0,11***	0,15***	0,11	0,05***	0,04***
Alter	0,05***	0,05***	-0,02	0,01	0,02**	0,01**
Geschlecht	0,02***	0,02***	0,03**	0,05*	0,00	0,01**
pol. Interesse	0,17***	0,17***	0,23***	0,20***	0,08***	0,09***
pol. Kompetenzbew.	0,05***	0,05***	0,11*	0,11	0,00	0,00
Vertrauen	0,05***	0,05***	0,03	0,06	0,05***	0,03***
Soziale Integration	0,02**	0,02**	0,01	0,05	0,04***	0,03***
Kirchgangshäufigkeit	0,05***	0,05***	0,11***	0,08	-0,02	0,01
Konstante	-0,12***	-0,12***	-0,17***	-0,19***	-0,04***	-0,04***
Korrigiertes R²	0,10***	0,10***	0,12***	0,11***	0,04***	0,04***
N	18.188	18.188	1.786	440	5.874	11.682

Signifikanz: * p<0,05; ** p<0,01; *** p<0,001; Daten gewichtet.

Demokratien einschließlich der alten Bundesländer und den postsozialistischen Staaten einschließlich der neuen Bundesländer. Die ähnlich starke Gesamterklärungskraft des civic voluntarism models in beiden Teilen Deutschlands seit 2004 deutet irrtümlicherweise auf eine Ähnlichkeit von West- und Ostdeutschland hin. Jedoch einzig die Bedeutung des politischen Interesses ist vergleichbar groß. In dieser Hinsicht unterscheiden sich die Ostdeutschen auch eindeutig von den Osteuropäern, bei denen zwar das politische Interesse einen Einfluss ausübt, jedoch nicht annähernd in der Stärke wie bei den Ostdeutschen. Mit anderen Worten: Ob sich ein ostdeutscher Bürger in Parteien und Organisationen beteiligt oder Politiker kontaktiert, hängt maßgeblich und fast ausschließlich davon ab, wie groß sein politisches Interesse ist. Die institutionalisierte Beteiligung der osteuropäischen Bevölkerung ist dagegen nicht hauptsächlich auf das politische Interesse zurückzuführen.

Ein vergleichbares Bild zeigt sich bei der nicht institutionalisierten politischen Partizipation, wie in Tabelle 4 abgebildet. Zwischen West- und Ostdeutschland präsentiert sich das bekannte Muster: In den alten Bundesländern sind Ressourcen-, Motiv- und Netzwerkvariablen für die Erklärung, warum Bürgerinnen und Bürger Produkte boykottieren, an Demonstrationen teilnehmen und sich an Unterschriften beteiligen, relevant. In den neuen Bundesländern hingegen übt nur politisches Interesse durchgängig einen Einfluss aus. In beiden Ländern sind es vor allem junge Männer, die sich entsprechend beteiligen, was nicht erstaunlich ist, da Protest ein typisches Verhaltensmuster der jüngeren Bevölkerungsgruppen darstellt. Die Kirchgangshäufigkeit, die bei der institutionalisierten politischen Partizipation eine wichtige Determinante in Westdeutschland ist, spielt nunmehr in keinem Landesteil Deutschlands eine Rolle.

Ganz anders stellt sich die Situation in Europa dar. In Westeuropa gibt es einen beachtlichen negativen Zusammenhang zwischen Kirchgangshäufigkeit und nicht-

Tabelle 4: Determinanten nicht-institutionalisierter politischer Partizipation (standardisierte Regressionskoeffizienten)

2002	E-W	E-W*	D-W	D-O	E-O*	E-O
SERL	0,16***	0,16***	0,05	0,11	0,10***	0,10***
Alter	-0,06***	-0,06***	-0,10***	-0,09*	-0,04***	-0,04***
Geschlecht	-0,04***	-0,04***	-0,05***	-0,04	0,00	0,00
pol. Interesse	0,21***	0,21***	0,26***	0,18***	0,10***	0,10***
pol. Kompetenzbew.	0,00	0,00	0,08	-0,01	0,02	0,02
Vertrauen	-0,07***	-0,07***	0,02	-0,05	-0,07***	-0,07***
Soziale Integration	0,01**	0,02**	0,08***	0,07	0,02**	0,02**
Kirchgangshäufigkeit	-0,05***	-0,06***	-0,02	0,02	-0,02*	-0,02*
Konstante	0,09***	0,09***	0,02***	0,10***	0,02***	0,02***
Korrigiertes R^2	0,11***	0,11***	0,10***	0,06***	0,05***	0,05***
N	27.201	24.868	2.234	510	5.337	5.337

2004	E-W	E-W*	D-W	D-O	E-O*	E-O
SERL	0,13***	0,13***	0,10**	0,04	0,07***	0,07***
Alter	-0,05***	-0,05***	-0,10***	-0,06	-0,04***	-0,04***
Geschlecht	-0,03***	-0,03***	-0,05***	0,01	-0,01	-0,01
pol. Interesse	0,20***	0,20***	0,23***	0,26***	0,11***	0,11***
pol. Kompetenzbew.	0,01	0,00	0,11*	-0,03	0,01	0,01
Vertrauen	-0,05***	-0,04***	0,00	-0,10	-0,04***	-0,04***
Soziale Integration	0,03***	0,03***	0,04*	0,03	0,03***	0,03***
Kirchgangshäufigkeit	-0,08***	-0,08***	-0,01	0,04	0,00	0,00
Konstante	0,07***	0,08***	0,02***	0,11***	0,02***	0,02***
Korrigiertes R^2	0,11***	0,11***	0,08***	0,08***	0,05***	0,05***
N	29.817	26.354	2.176	517	8.244	8.244

2006	E-W	E-W*	D-W	D-O	E-O*	E-O
SERL	0,15***	0,16***	0,07*	0,03	0,16***	0,15***
Alter	-0,05***	-0,05***	-0,05**	-0,05	-0,04***	-0,02***
Geschlecht	-0,04***	-0,04***	-0,06***	-0,03	0,00	0,00
pol. Interesse	0,21***	0,21***	0,22***	0,26***	0,09***	0,08***
pol. Kompetenzbew.	-0,01	-0,01	-0,06	0,17*	0,00	0,00
Vertrauen	-0,09***	-0,09***	-0,01	-0,03	0,00	0,01
Soziale Integration	0,02***	0,01**	0,07***	0,05	0,01	0,01
Kirchgangshäufigkeit	-0,06***	-0,04***	0,00	-0,02	0,03***	0,04***
Konstante	0,09***	0,09***	0,08***	-0,03***	-0,02***	-0,03***
Korrigiertes R^2	0,12***	0,12***	0,08***	0,09***	0,07***	0,06***
N	23.881	22.966	2.210	555	6.016	9.120

Fortsetzung Tabelle 4: Determinanten nicht-institutionalisierter politischer Partizipation (standardisierte Regressionskoeffizienten)

2008	E-W	E-W*	D-W	D-O	E-O*	E-O
SERL	0,13***	0,13***	0,17***	0,13	0,07***	0,06***
Alter	-0,05***	-0,05***	-0,09***	-0,13**	0,00	-0,01
Geschlecht	-0,05***	-0,05***	-0,05***	-0,05	-0,01	0,00
pol. Interesse	0,23***	0,23***	0,25***	0,32***	0,06***	0,08***
pol. Kompetenzbew.	0,03*	0,03*	0,25***	-0,03	0,03*	-0,01
Vertrauen	-0,04***	-0,04***	-0,06	-0,06	0,04**	-0,02**
Soziale Integration	0,02**	0,02**	0,07**	0,00	0,02**	0,03***
Kirchgangshäufigkeit	-0,04***	-0,04***	0,03	0,05	-0,02*	0,01
Konstante	0,07***	0,07***	-0,09***	0,10***	-0,03***	-0,01***
Korrigiertes R^2	0,11***	0,11***	0,11***	0,10***	0,04***	0,04***
N	18.188	18.188	1.786	440	5.874	11.682

Signifikanz: * p<0,05; ** p<0,01; *** p<0,001; Daten gewichtet.

institutionalisierter politischer Partizipation. In Osteuropa ist der Einfluss unterschiedlich. Wie bei der institutionalisierten Dimension determinieren auch in diesem Fall das politische Interesse und das sozioökonomische Ressourcenniveau durchgängig sowohl die ost- als auch die westeuropäische Beteiligung. Die anderen Erklärungsfaktoren betreffend, überwiegen jedoch in Europa eindeutig die Unterschiede vor den Gemeinsamkeiten. Wieder beweist das Gesamtmodell für Westeuropa eine wesentlich bessere Varianzreduktion als für Osteuropa, also auch Protest- und Boykottverhalten sind in den Ländern Europas unterschiedlich motiviert.

Wie ist Deutschland bei der nicht institutionalisierten politischen Partizipation in Europa zu verorten? Bis auf den Kirchgangsbesuch ähnelt die Erklärungsstruktur der Westdeutschen jener der Westeuropäer. Die Situation in den ehemals postsozialistischen Staaten und der ehemaligen DDR ist nicht in dem Maße eindeutig, was vor allem auf die Irrelevanz der meisten Erklärungsfaktoren für Ostdeutschland zurückgeführt werden kann.

Als erstes Fazit, warum Menschen politisch aktiv werden, lässt sich festhalten, dass sich zwanzig Jahre nach der Vereinigung die Bürgerinnen und Bürger Deutschlands in ähnlichem Umfang betätigen, aber diese Partizipation unterschiedliche Determinanten hat. Während sich das von Verba, Schlozman und Brady entwickelte civic voluntarism model für Westdeutschland relativ gut zur Erklärung eignet, determinieren nur einzelne Faktoren des Modells die ostdeutsche Beteiligung. Im europäischen Vergleich fällt der Unterschied noch deutlicher aus, denn während die Varianzreduktion in Westeuropa relativ gut ist, kann das Modell in Osteuropa nicht institutionalisierte politische Aktivitäten schlecht erklären. Anscheinend sind für das geringe Protest- und Boykottverhalten der osteuropäischen Bevölkerung andere bzw. weitere Faktoren ursächlich und wichtig.

Soziale Partizipation

Wie bereits bei der Verteilung sozialer Partizipation in Deutschland und Europa liegen auch für die Determinanten sozialer Partizipation im Jahr 2002 Analysen van Deths vor, deren Ergebnisse im Folgenden kurz berichtet werden (van Deth 2004). Bürgerinnen und Bürger können sich in unterschiedlicher Intensität beteiligen. Partizipation kann von passiver Mitgliedschaft über die Teilnahme an einzelnen Aktivitäten bis zu regelmäßig ausgeübter ehrenamtlicher Arbeit reichen. Wie intensiv sich ein Mensch beteiligt, kann auf unterschiedliche Ursachen zurückgeführt werden. Entsprechend schätzt van Deth Regressionsmodelle separat für Mitglieder und Aktivisten.

Grundsätzlich fällt die Erklärungskraft der Modelle ähnlich moderat aus wie jene der politischen Partizipation. In die Modelle werden folgende, theoretisch abgeleitete, Determinanten integriert: Gender, Alter, Bildungsniveau, Einkommen, Religiosität, Häufigkeit der Kirchenbesuche, Gebetshäufigkeit, Religionszugehörigkeit, Bedeutsamkeit von Vereinen und die Wichtigkeit, in Vereinen aktiv zu sein. Die besondere Berücksichtigung der Religionsvariablen ergibt sich auf Grund der spezifischen Fragestellung, ob Religion einen Einfluss auf die soziale Partizipation ausübt. So haben die Verteilungen über den Umfang sozialer Partizipation den Schluss nahegelegt, dass eine Trennlinie zwischen katholischen Ländern einerseits und protestantischen Staaten andererseits existiert. Die Überprüfung auf der Individualebene kann diese Vermutung jedoch nicht bestätigen. So haben „Katholiken [...] – wie Protestanten – eine höhere Chance, sozial zu partizipieren als andere!" (van Deth 2004: 308-309).

In einem weiteren Schritt untersucht van Deth, ob sich Mitglieder und Aktivisten im Vergleich zur Gesamtbevölkerung in ihren Einstellungen und weiteren Merkmalen unterscheiden. Damit verbunden ist auch die Frage, ob Vereine bestimmte Teile der Bevölkerung mobilisieren und ob sie bestimmte politische Einstellungen fördern. Als Ergebnis kann er festhalten, dass Unterschiede existieren und sich Mitglieder und Aktivisten hinsichtlich Gender, Alter, Bildung und Einkommen unterscheiden. Darüber hinaus sind die Zufriedenheit und das Vertrauen stärker ausgeprägt sowie deren Engagement für die Politik. Die Ergebnisse zeigen auch, „dass soziale Partizipation in West- und Ostdeutschland sich nicht nur im Umfang oder Ausmaß, sondern auch strukturell voneinander unterscheiden. Diese Unterschiede betreffen insbesondere sowohl die Verhältnisse zwischen Mitgliedern und Aktivisten als auch die besonderen Merkmale der ostdeutschen Aktivisten. Deswegen erscheint die Differenzhypothese die Situation angemessener zu beschreiben als die Defizithypothese" (van Deth 2004: 313).

Ungleichheit: Einfluss von Kommunengröße auf den Zusammenhang von sozialer Schicht und Partizipation

In diesem Abschnitt wird geprüft, ob und wie sich die Kommunengröße, in der die Bürgerinnen und Bürger Deutschlands und Europas leben, auf die selektive Beteiligung auswirkt. Die Frage wird mittels OLS-Regressionen, bzw. im Fall der sozialen Partizipation mittels logistischer Regressionen[21], untersucht.

In Tabelle 5 ist für die Ländersets sowie für West und Ostdeutschland in jeweils zwei Modellen dargestellt, wie groß (1) der Einfluss der sozialstrukturellen Determinanten und wie (2) der Einfluss dieser Determinanten zusammen mit der Gemeindegröße auf die institutionalisierte politische Partizipation ist. Durch diese Präsentation ist ein direkter Vergleich der Effekte möglich.[22]

Was ergeben die Analysen für die formulierte Annahme? Die Hypothese kann nicht bestätigt werden. Der soziale Bias beim Kontaktieren von Politikern, bei der Mitarbeit in Parteien oder Bürgerinitiativen sowie bei der Betätigung in anderen Organisationen ist nicht geringer in Städten mittlerer Größe.

Betrachtet man in einem ersten Schritt die Veränderungen der Einzeleffekte der sozialstrukturellen Determinanten zwischen Modell 1 und Modell 2, fällt die Robustheit der Effekte auf. Der Einfluss von Bildung, Einkommen, Alter und Geschlecht auf das institutionalisierte Partizipationsverhalten ändert sich nicht bzw. marginal unter Hinzunahme der Stadtvariablen. Das heißt, der Einfluss des sozialen Bias wird nicht unter Kontrolle des Wohnumfeld abgeschwächt oder verstärkt. Stattdessen wirkt sich „Großstadt" fast immer und „Stadt" zumindest oft, eigenständig negativ auf diese Form der Beteiligung aus. Allerdings ist in Großstädten der negative Effekt durchgängig größer als in Städten mittlerer Größe. Jedoch im Vergleich mit den auf dem Land lebenden Bürgerinnen und Bürger partizipieren die Menschen in Städten weniger. Bei der Interpretation ist jedoch die Effektgröße der Stadtvariablen relevant, denn im Vergleich zu der Größe der anderen Effekte, erweist sich der Einfluss des Wohnumfelds als relativ gering.

Der Vergleich der Ländersets offenbart deutliche Differenzen. In Ostdeutschland ist ein eigenständiger Effekt des Wohnumfelds, außer im Jahr 2008, nicht vorhanden. Umso erstaunlicher ist der stark negative Effekt der Großstadt in 2008. Im Unterschied zu den neuen Bundesländern besteht in den alten Bundesländern zwischen dem städtisch geprägten Wohnumfeld und der Partizipation ein durchgängig sehr geringer negativer Zusammenhang, mit Ausnahme des Jahres 2006, in welchem

---

21 Im Gegensatz zur politischen Partizipation werden für die empirischen Analysen der sozialen Partizipation keine OLS-, sondern logistische Regressionen geschätzt. Die Variable soziale Partizipation weist drei Ausprägungen auf, die der politischen Partizipation hat vier. Bei einer OLS-Regression ist die Annahme, dass die abhängige Variable metrisch verteilt ist und diese Annahme erweist sich bei drei anstelle von vier Ausprägungen als sehr problematisch. Dass im Falle einer OLS-Regression mit sozialer Partizipation die Regressionsannahmen sehr weich ausgelegt werden müssten, zeigte sich im Scatterplot und bei den Residuen. Die Referenzgröße bildet die Ausprägung „keine soziale Partizipation".
22 Die Referenzgröße in den Regressionen ist das „Dorf".

Tabelle 5: Determinanten institutionalisierte politische Partizipation: Sozialstruktur und Kommunengröße (standardisierte Regressionskoeffizienten)

2002	E-W		E-W*		D-W		D-O		E-O*		E-O	
	Modell 1	Modell 2	Modell 1	Modell 2	Modell 1	Modell 2	Modell 1	Modell 2	Modell 1	Modell 2	Modell 1	Modell 2
SERL	0,17***	0,17***	0,17***	0,17***	0,17***	0,16***	0,21***	0,20***	0,18***	0,19***	0,18***	0,19***
Alter	0,06***	0,06***	0,06***	0,06***	0,00	0,00	0,03	0,03	0,03***	0,03***	0,03***	0,03***
Geschlecht	0,04***	0,04***	0,04***	0,04***	0,04***	0,03***	0,04	0,04	0,04***	0,04***	0,04***	0,04***
Großstadt 0/1		-0,03***		-0,03***		-0,03**		-0,02		-0,03***		-0,03***
Stadt 0/1		-0,02***		-0,02***		-0,03**		-0,04		0,00		0,00
Konstante	-0,02***	0,00	-0,01**	0,00	-0,01	0,02	-0,03	-0,01	-0,01	-0,01	-0,01	-0,01
Korrigiertes R^2	0,05***	0,05***	0,05***	0,05***	0,04***	0,04***	0,04***	0,04***	0,05***	0,05***	0,05***	0,05***
N	29.992		27.298		2.342		546		6.639		6.639	

2004	E-W		E-W*		D-W		D-O		E-O*		E-O	
	Modell 1	Modell 2	Modell 1	Modell 2	Modell 1	Modell 2	Modell 1	Modell 2	Modell 1	Modell 2	Modell 1	Modell 2
SERL	0,16***	0,16***	0,15***	0,15***	0,21***	0,21***	0,18***	0,18***	0,12***	0,12***	0,12***	0,12***
Alter	0,06***	0,06***	0,05***	0,05***	0,01	0,01	0,02	0,02	0,03***	0,03***	0,03***	0,03***
Geschlecht	0,04***	0,04***	0,04***	0,04***	0,02*	0,02*	0,04*	0,04*	0,02***	0,02***	0,02***	0,02***
Großstadt 0/1		-0,03***		-0,03***		-0,02*		0,03		-0,01**		-0,01**
Stadt 0/1		-0,01***		-0,02***		-0,01		-0,02		-0,01		-0,01
Konstante	-0,01*	0,00	0,00	0,01*	-0,03*	-0,02	-0,02	0,00	0,00	0,00	0,00	0,00
Korrigiertes R^2	0,05***	0,05***	0,04***	0,05***	0,05***	0,05***	0,03***	0,03***	0,03***	0,03***	0,03***	0,03***
N	31.041		27.320		2.277		527		9.036		9.036	

Fortsetzung Tabelle 5: Determinanten institutionalisierte politische Partizipation: Sozialstruktur und Kommunengröße (standardisierte Regressionskoeffizienten)

2006	E-W		E-W*		D-W		D-O		E-O*		E-O	
	Modell 1	Modell 2	Modell 1	Modell 2	Modell 1	Modell 2	Modell 1	Modell 2	Modell 1	Modell 2	Modell 1	Modell 2
SERL	0,15***	0,15***	0,15***	0,15***	0,22***	0,21***	0,18***	0,18***	0,12***	0,13***	0,12***	0,13***
Alter	0,05***	0,04***	0,04***	0,04***	0,04**	0,04**	0,01	0,01	0,04***	0,04***	0,03***	0,03***
Geschlecht	0,04***	0,04***	0,04***	0,04***	0,02*	0,02*	0,05**	0,05**	0,03***	0,03***	0,02***	0,02***
Großstadt 0/1		-0,03***		-0,03***		-0,05***		0,01		-0,03***		-0,02***
Stadt 0/1		-0,02***		-0,02***		-0,07***		-0,02		0,00		0,00
Konstante	0,01	0,02***	0,01	0,02***	-0,06**	-0,01	-0,02	-0,01	-0,01	-0,01	-0,01**	-0,01
Korrigiertes R^2	0,04***	0,05***	0,04***	0,05***	0,04***	0,06***	0,04***	0,04***	0,03***	0,03***	0,03***	0,03***
N	26.079		25.094		2.290		567		6.416		10.213	

2008	E-W		E-W*		D-W		D-O		E-O*		E-O	
	Modell 1	Modell 2	Modell 1	Modell 2	Modell 1	Modell 2	Modell 1	Modell 2	Modell 1	Modell 2	Modell 1	Modell 2
SERL	0,18***	0,18***	0,18***	0,18***	0,23***	0,23***	0,23***	0,24***	0,09***	0,10***	0,08***	0,10***
Alter	0,08***	0,07***	0,08***	0,07***	0,02	0,02	0,03	0,01	0,02**	0,02**	0,02***	0,02***
Geschlecht	0,03***	0,03***	0,03***	0,03***	0,05***	0,05***	0,07**	0,07**	0,01**	0,01**	0,01***	0,01***
Großstadt 0/1		-0,03***		-0,03***		-0,02		-0,07**		-0,02***		-0,03***
Stadt 0/1		-0,02***		-0,02***		-0,04**		-0,05		-0,01		-0,01*
Konstante	-0,03***	-0,02**	-0,03***	-0,02**	-0,01	0,01	-0,02	0,02	0,00	0,01	0,00	0,01
Korrigiertes R^2	0,06***	0,06***	0,06***	0,06***	0,06***	0,06***	0,06***	0,07***	0,02***	0,02***	0,02***	0,02***
N	18.585		18.585		1.820		447		7.755		14.216	

Signifikanz: * $p<0,05$; ** $p<0,01$; *** $p<0,001$; Daten gewichtet.

der Effekt als moderat bezeichnet werden kann. Dieser Einfluss gleicht jener konstant negativen Wirkung in den Ländern Westeuropas. In osteuropäischen Staaten beeinflusst dagegen nur die Kommune das Beteiligungsverhalten negativ und die Großstadt erweist sich als Einflussgröße als irrelevant. Damit ist, was den Einfluss des Wohnumfelds betrifft, Ostdeutschland eher den postsozialistischen Staaten zuzurechnen.

Die Wirkung der Kommunengröße auf die Beteiligung an nicht institutionalisierten Formen politischer Partizipation ist in Tabelle 6 abgebildet. Wieder können die Werte die formulierte Hypothese nicht bestätigen. Der soziale Bias wird unter Kontrolle des Wohnumfelds kaum verändert. Allerdings hat die Kommunengröße, im Unterschied zur institutionalisierten Partizipation, einen umgedrehten Effekt auf das Protestverhalten. Die zunehmende Größe einer Kommune wirkt sich beteiligungsfördernd aus und im Unterschied zur institutionalisierten Form ist der eigenständige Effekt wesentlich stärker. In West- und Ostdeutschland ist lediglich das Leben in einer großen Kommune relevant, mit Ausnahme des Jahres 2006 in Ostdeutschland. Allerdings sind die Unterschiede in der Effektgröße zwischen beiden Landesteilen beachtlich. In Ostdeutschland ist die Wirkung wesentlich größer, in der Regel beeinflusst das großstädtische Umfeld, nach Einkommen und Bildung, am stärksten, ob Menschen ihren Protest artikulieren. Ein entsprechend großer Unterschied ist zwischen west- und ostdeutschen Ländern nicht zu beobachten. In der Regel entfalten beide Kommunengrößen eine eigenständige Wirkung und diese sind vergleichbar gering bis moderat ausgeprägt. Damit fallen beide Landesteile Deutschlands aus dem in Europa erkennbaren Muster heraus.

Zur Überprüfung der Frage, ob das Wohnumfeld den sozialen Bias der sozialen Partizipation beeinflusst, wurde eine logistische Regression geschätzt. Für einen ersten Überblick zeigt Abbildung 1 die berechneten Wahrscheinlichkeiten für die passive und aktive Partizipationsform je Gruppenzugehörigkeit.[23] Diese Form der Präsentation erlaubt zunächst eine Bewertung über den Einfluss des Wohnumfeldes auf die Intensität der sozialen Beteiligung. Die Abbildung verdeutlicht anschaulich, wie das Wohnumfeld mit der Passivität und der Aktivität von Individuen zusammenhängt und wie unterschiedlich die Verteilungen in Deutschland und Europa ausfallen.

Abbildung 1 verweist auf die deutlichen Unterschiede zwischen West- und Ostdeutschland. Die Wahrscheinlichkeit, aktiv oder passiv zu sein, ist in allen Wohnumfeldern der neuen Bundesländer ähnlich hoch. In den alten Bundesländern dagegen zeigen sich Unterschiede. Die Wahrscheinlichkeit, sich sozial zu beteiligen, nimmt zu, je urbaner das Leben geprägt ist. Darüber hinaus zeigt sich eine deutliche Trennung im Partizipationsverhalten großstädtisch lebender Bürgerinnen und Bürger. Hier sind die Wahrscheinlichkeiten zwischen Passivität und Aktivität relativ ungleich verteilt. Dass Menschen, die in Großstädten leben, passiv bleiben, ist demnach unwahrscheinlich.

---

23   Die Abbildung stellt nur die angegebenen Wahrscheinlichkeiten dar, ohne die Berücksichtigung der unterschiedlichen Verteilungen der anderen sozialstrukturellen Variablen innerhalb der Gruppen.

Tabelle 6: Determinanten nicht-institutionalisierte politische Partizipation: Sozialstruktur und Kommunengröße (standardisierte Regressionskoeffizienten)

2002	E-W		E-W*		D-W		D-O		E-O*		E-O	
	Modell 1	Modell 2	Modell 1	Modell 2	Modell 1	Modell 2	Modell 1	Modell 2	Modell 1	Modell 2	Modell 1	Modell 2
SERL	0,23***	0,22***	0,23***	0,22***	0,20***	0,20***	0,20***	0,20***	0,13***	0,11***	0,13***	0,11***
Alter	-0,04***	-0,04***	-0,04***	-0,04***	-0,09***	-0,10***	-0,09*	-0,09**	-0,02**	-0,02**	-0,02**	-0,02**
Geschlecht	-0,01***	-0,01***	-0,02***	-0,01***	-0,03*	-0,02*	-0,02	-0,02	0,01***	0,01	0,01	0,01
Großstadt 0/1		0,04***		0,04***		0,05***		0,07*		0,04***		0,04***
Stadt 0/1		0,02***		0,03***		0,00		0,04		0,02***		0,02***
Konstante	0,08***	0,06***	0,08***	0,06***	0,16***	0,14***	0,16***	0,13***	0,02***	0,02***	0,02***	0,02***
Korrigiertes R²	0,07***	0,07***	0,07***	0,07***	0,032***	0,04***	0,03***	0,04***	0,03***	0,04***	0,03***	0,04***
N	29.992		27.298		2.342		546		6.639		6.639	

2004	E-W		E-W*		D-W		D-O		E-O*		E-O	
	Modell 1	Modell 2	Modell 1	Modell 2	Modell 1	Modell 2	Modell 1	Modell 2	Modell 1	Modell 2	Modell 1	Modell 2
SERL	0,21***	0,21***	0,21***	0,20***	0,21***	0,21***	0,15**	0,14*	0,11***	0,10***	0,11***	0,10***
Alter	-0,03***	-0,03***	-0,04***	-0,03***	-0,07***	-0,08***	-0,02	-0,02	-0,03***	-0,03***	-0,03***	-0,03***
Geschlecht	-0,01**	-0,01**	-0,01***	-0,01***	-0,02*	-0,03*	0,03	0,03	0,00	0,00	0,00	0,00
Großstadt 0/1		0,03***		0,03***		0,04**		0,11***		0,03***		0,03***
Stadt 0/1		0,02***		0,02***		-0,02		0,04		0,02***		0,02***
Konstante	0,07***	0,06***	0,08***	0,07***	0,12***	0,11***	0,11**	0,07	0,04***	0,03***	0,04***	0,03***
Korrigiertes R²	0,06***	0,06***	0,06***	0,07***	0,03***	0,04***	0,02***	0,04***	0,02***	0,02***	0,02***	0,02***
N	31.041		27.320		2.277		527		9.036		9.036	

Fortsetzung Tabelle 6: Determinanten nicht-institutionalisierte politische Partizipation: Sozialstruktur und Kommunengröße (standardisierte Regressionskoeffizienten)

2006	E-W		E-W*		D-W		D-O		E-O*		E-O	
	Modell 1	Modell 2	Modell 1	Modell 2	Modell 1	Modell 2	Modell 1	Modell 2	Modell 1	Modell 2	Modell 1	Modell 2
SERL	0,22***	0,22***	0,22***	0,22***	0,18***	0,18***	0,14**	0,14**	0,18***	0,17***	0,17***	0,17***
Alter	-0,02***	-0,02***	-0,02***	-0,02***	-0,04**	-0,05**	-0,02	-0,02	-0,02***	-0,02***	-0,01	-0,01
Geschlecht	-0,02***	-0,02***	-0,02***	-0,02***	-0,03**	-0,04**	-0,01	0,00	0,01*	0,01*	0,00	0,00
Großstadt 0/1		0,04***		0,05***		0,04*		0,08**		0,01*		0,01*
Stadt 0/1		0,03***		0,02***		0,01		0,06*		0,01*		0,01*
Konstante	0,07***	0,05***	0,07***	0,05***	0,12***	0,10***	0,12**	0,07	0,01*	0,01	0,00	0,00
Korrigiertes R^2	0,07***	0,07***	0,07***	0,08***	0,02***	0,02***	0,01	0,03***	0,05***	0,05***	0,04***	0,04***
N	26.079		25.094		2.290		567		6.416		10.213	

2008	E-W		E-W*		D-W		D-O		E-O*		E-O	
	Modell 1	Modell 2	Modell 1	Modell 2	Modell 1	Modell 2	Modell 1	Modell 2	Modell 1	Modell 2	Modell 1	Modell 2
SERL	0,22***	0,22***	0,22***	0,22***	0,28***	0,27***	0,26***	0,25***	0,09***	0,09***	0,09***	0,08***
Alter	-0,03***	-0,02***	-0,03***	-0,02***	-0,07***	-0,06**	-0,06	-0,05	-0,01	-0,01	0,00	0,00
Geschlecht	-0,03***	-0,03***	-0,03***	-0,03***	-0,02	-0,02	0,00	0,00	0,00	0,00	0,01**	0,01**
Großstadt 0/1		0,02***		0,02***		0,05***		0,07*		0,02***		0,03***
Stadt 0/1		0,02***		0,02***		0,01		0,04		0,02***		0,02***
Konstante	0,11***	0,09***	0,11***	0,09***	0,14***	0,12***	0,12**	0,07	0,01*	0,01	0,01**	0,01
Korrigiertes R^2	0,06***	0,06***	0,06***	0,06***	0,05***	0,05***	0,04***	0,04***	0,02***	0,03***	0,02***	0,02***
N	18.585		15.858		1.820		447		7.755		14.216	

Signifikanz: * $p<0,05$; ** $p<0,01$; *** $p<0,001$; Daten gewichtet.

Abbildung 1: Soziale Partizipation und Kommunengröße (p-Wahrscheinlichkeiten)

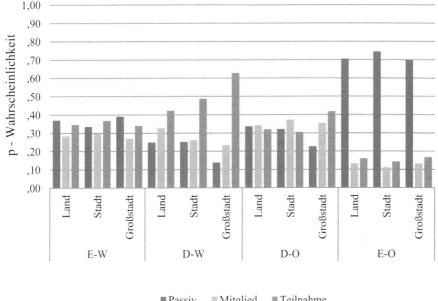

Anmerkungen: Wahrscheinlichkeiten aus Multinomial-Logistischer Regression.
Lesehilfe: 100 Prozent ergeben sich, wenn man die drei Wahrscheinlichkeiten für Passiv, Mitglied und Teilnahme je Wohnumfeld addiert; Daten gewichtet.

Die Wahrscheinlichkeit sozialer Betätigung in Abhängigkeit von der urbanen oder ruralen Lebensweise verweist auch auf große europäische Differenzen. Während in Westeuropa die Wahrscheinlichkeit, Mitglied oder Aktivist zu sein in allen Wohnumfeldern nahezu gleich hoch ist, unterscheiden sich in Osteuropa die Wohnumfelder kaum, aber die Wahrscheinlichkeiten für Passivität bzw. Mitgliedschaft und Teilnahme sind sehr ungleich verteilt. Passivität ist durchgängig die wahrscheinlichste Form der Betätigung. Die Verortung Deutschlands in Europa zeigt größere Gemeinsamkeiten beider Landesteile mit Westeuropa. Gleichwohl muss darauf hingewiesen werden, dass sogar eher Westdeutschland aus dem Gesamtmuster herausfällt. Im Vergleich zu Europa und Ostdeutschland fällt die aktive soziale Beteiligung der westdeutschen Bevölkerung in allen Kommunengrößen relativ stark aus.

Wie sich das Wohnumfeld auf die soziale Beteiligung der Individuen im Einzelnen auswirkt, bildet Tabelle 7 ab. Grundsätzlich ist zu konstatieren, dass einzig in Westeuropa die mittlere Kommunengröße im Vergleich zum Leben auf dem Land auswirkt. So erhöht sich für Städter die Wahrscheinlichkeit, Mitglied oder aktiv und ehrenamtlich engagiert zu sein jeweils um das 1,2-fache. In allen anderen Ländersets ist kein günstiger Einfluss der mittleren Kommunengröße zu beobachten.

Tabelle 7: Determinanten soziale Partizipation: Sozialstruktur und Kommunengröße (logistische Regression, B-Koeffizienten)

	E-W		D-W	
	Mitglied-schaften*	Teiln. u. Mitarbeit*	Mitglied-schaften*	Teiln. u. Mitarbeit*
SERL	1,75 ***	2,16 ***	2,20 ***	2,11 ***
Alter	0,16 ***	0,02	0,16	-0,03
Geschlecht (m)	0,32 ***	0,29 ***	0,44 ***	0,36 **
Großstadt**	-0,02	-0,08 *	-0,21	-0,95 ***
Stadt**	0,21 ***	0,18 ***	-0,44 **	-0,80 ***
Konst. Term	-1,41 ***	-1,31 ***	-1,20 ***	-0,01
-2LL	4459,34		1560,94	
Chi-Quadrat	2334,34 ***		177,39 ***	
Nagelkerkes R²	0,09		0,08	
N	29872		2340	
	D-O		E-O	
SERL	1,78 ***	2,11 ***	1,34 ***	2,05 ***
Alter	0,22	-0,03	-0,39 ***	-0,75 ***
Geschlecht (m)	0,29 ***	0,36 **	0,21 **	0,24 ***
Großstadt**	-0,45	-0,95 ***	-0,17	-0,32 ***
Stadt**	-0,27 **	-0,80 ***	-0,36 ***	-0,42 ***
Konst. Term	0,16 ***	-0,01	-1,89 ***	-1,70 **
-2LL	626,34		2164,55	
Chi-Quadrat	34,05 ***		277,80 ***	
Nagelkerkes R²	0,07		0,05	
N	543		6619	

Anmerkungen: * Referenzkategorie „keine soziale Partizipation", **Referenzkategorie „Land"
Signifikanz: * p<0,05; ** p<0,01; *** p<0,001; Daten gewichtet.

Der Vergleich von West- mit Ostdeutschland offenbart interessante Unterschiede, auch hinsichtlich der Aktivitätsintensität. Während in den alten Bundesländern ein großstädtisches Umfeld die Wahrscheinlichkeit zu partizipieren im Vergleich zu ländlichen Befragten um das 2,6-fache verringert, hat dieses Umfeld auf die Wahrscheinlichkeit, irgendwo Mitglied zu sein keinen signifikanten Einfluss.[24] In Ostdeutschland unterscheiden sich sowohl ländliche und großstädtische Befragte als auch ländliche und kleinstädtische Bürgerinnen und Bürger in Bezug auf die Wahrscheinlichkeit, passiv oder Mitglied zu sein, nicht signifikant. Die Verringerung der Wahrscheinlichkeit liegt in Westdeutschland jeweils etwas höher. Auch in den west- und osteuropäischen Staaten gibt es keinen eigenständigen Einfluss eines großstädtischen Umfelds auf die Mitgliedschaft. Sonst sind die Unterschiede gravierend, denn in Osteuropa verringern sich bei ruraler Lebensform die Wahrscheinlichkeiten, passives oder aktives Mitglied zu sein (aktive Beteiligung: Großstadt: um das 1,3-fache; Stadt: um das 1,5-fache – passives Mitglied: Stadt: um das 1,4-fache). In Westeuropa ist eine Verringerung, wie erwähnt, nur bei großstädtischer Lebensweise zu be-

---

24 Aus 1/Exp(B) ergibt sich hier 1/0,387=2,58, also etwa um das 2,6-fache.

obachten. Deutschland scheint in dieser Hinsicht eine Sonderstellung inne zu haben und weist weder ein eindeutig postsozialistisches Muster auf, aber passt auch nicht genau in das westeuropäische Bild.

Schluss

Vor zwanzig Jahren haben sich in Ostdeutschland und Osteuropa Millionen von Menschen zusammengefunden, um friedlich für Freiheit und Demokratie zu protestieren. Dass Partizipation und Demokratie untrennbar miteinander verbunden sind, wissen wir nicht erst seit den friedlichen Revolutionen von 1989. Auch der Entwurf der EU-Verfassung greift eine breite bürgerschaftliche Beteiligung als Qualitätsmerkmal auf und bezeichnet in Art. 47 I das Prinzip der partizipativen Demokratie als Leitbild für die Weiterentwicklung der Europäischen Union (Gabriel/Völkl 2008: 268). Damit verbunden ist die Forderung, dass in allen Ländern Europas die partizipativen Regeln verfassungsrechtlich abgesichert sein müssen. Aber die Institutionalisierung ist nur eine Seite der Medaille. Eine andere Frage ist, wie diese Rechte wahrgenommen werden bzw. ob und wie das Leitbild in allen Staaten gleichermaßen verwirklicht werden konnte? Wie sieht die Praxis der politischen und sozialen Beteiligung in Ländern aus, die völlig unterschiedliche Ausgangsbedingungen hatten? Wenn Art und Ausmaß der Beteiligung aus langfristigen gesellschaftlichen und politischen Entwicklungsprozessen resultieren, ist nicht davon auszugehen, dass sich West- und Osteuropäer sowie Ost- und Westdeutsche in ihrem Partizipationsverhalten angeglichen haben. Diese Annahme wird durch die Analysen gestützt, denn die Bürgerinnen und Bürger Osteuropas beteiligen sich weniger als die Menschen in Westeuropa. Ostdeutschland fällt hingegen aus diesem Muster heraus und nimmt insofern eine Sonderrolle ein, als dass das Beteiligungsverhalten dem der Westeuropäer und der Westdeutschen gleicht. Die für die Gestaltung des politischen und sozialen Lebens notwendige bürgerschaftliche Partizipation ist demnach in Westeuropa und Gesamtdeutschland vorhanden. Jedoch stellt sich in den postsozialistischen Staaten die Nutzung der zur Verfügung stehenden Partizipationsmöglichkeiten alarmierend dar. Nur wenn es gelingt, mehr Menschen zur Gestaltung ihres Lebens und der demokratischen Bürgergesellschaft zu motivieren, kann eine Annäherung an das westeuropäische Leitbild erreicht werden.

Diese Feststellung führt zu der Frage, wie lassen sich Menschen zur Partizipation ermutigen. In dieser Hinsicht manifestieren sich große Differenzen zwischen West- und Ostdeutschland und vor allem zwischen West- und Osteuropa, was die Herausforderungen verdeutlicht, vor denen Europa beim Ausbau einer europäischen Zivilgesellschaft steht. Denn die Analysen belegen, dass die Beteiligung unterschiedlich motiviert ist. Während sich diese in Westeuropa als auch in Deutschland mit dem etablierten Modell von Verba, Schlozman und Brady (Ressourcen, Motive und Netzwerke) relativ gut erklären lässt, funktioniert es in Osteuropa schlecht. Das heißt, für die ohnehin geringe politische Partizipation sind andere bzw. weitere Faktoren verantwortlich. Dass es nicht die soziale und politische Benachteiligung ist, zeigen die konsistenten Verzerrungen im Partizipationsverhalten. Allerdings bezieht sich dieses Problem nicht auf allein auf die osteuropäische Bevölkerung, sondern auf die Bürgerinnen und Bürger im gesamten Europa. Die ungleiche Beteiligung stellt eine der größten Herausforderungen für die Demokratien Europas dar. In allen europäischen Staaten nehmen die ressourcenstarken Individuen am Partizipationsprozess teil und die Bürgerinnen und Bürger mit geringem Einkommen und niedrigem Bildungsstand beteiligen sich nicht oder wenig. Damit ist die demokratische Grundregel one man – one vote außer Kraft. Die ressourcenstarken Bürgerinnen und Bürger können ihre Interessen überproportional zum Ausdruck bringen, was die Wahrscheinlichkeit, diese auch durchzusetzen, erhöht. Aktivität und Inaktivität sind damit in einer Demokratie nicht zufällig verteilt, sondern systematisch mit der Zugehörigkeit zu bestimmten Gruppen verbunden. Ob die Verzerrung auch systematisch mit dem Wohnumfeld in Zusammenhang steht, hat der Beitrag untersucht und damit die Frage gestellt, ob die Größe einer Kommune einen Einfluss auf die bestehende selektive Nutzung der bestehenden Rechte hat. Die Analysen können in dieser Hinsicht keine konsistenten Zusammenhänge ermitteln. Es existiert keine Kommunengröße – Großstadt, Kleinstadt oder Dorf – in der der soziale Bias im Partizipationsverhalten durchgängig niedriger oder höher ausfällt. Die Herausforderung, nach Faktoren zu suchen, die die demokratische Grundregel der politischen Gleichheit maßgeblich beeinflussen und verletzen bzw. verbessern, bleibt somit bestehen und wird in einem Europa, dass das Ziel der europäischen Bürgergesellschaft verfolgt, noch bedeutsamer.

Literatur

Almond, Gabriel A./Verba, Sidney 1989: The Civic Culture: Political Attitudes and Democracy in Five Nations. Newbury Park: Sage Publications.
Armingeon, Klaus 2007: Political Participation and Associational Involvement. In: van Deth, Jan W. /Montero, José Ramón/Westholm, Anders (Hrsg.): Citizenship and Involvement in European Democracies: A Comparative Analysis. London: Routledge, 358-383.
Coleman, James 1988: Social Capital in the Creation of Human Capital. In: American Journal of Sociology 94, 95-120.
Dahl, Robert/Tufte, Edward R. 1973: Size and Democracy. Stanford: Stanford University Press.
Fiorina, Morris P. 1999: Extreme Voice: A Dark Side of Civic Engagement. In: Skocpol, Theda/Fiorina, Morris P. (Hrsg.): Civic Engagement in American Democracy. Washington: Brooking Institutions Press, 395-425.
Gabriel, Oscar W./Völkl, Kerstin 2005: Auf der Suche nach dem Nichtwähler neuen Typs: Eine Analyse aus Anlass der Bundestagswahl 2000. In: Brettschneider, Frank/van Deth, Jan W./Roller, Edeltraud (Hrsg.): Die Bundestagswahl 2002. Analysen der Wahlergebnisse und des Wahlkampfes. Wiesbaden: Westdeutscher Verlag, 221-248.
Gabriel, Oscar W./Völkl, Kerstin 2008: Politische und soziale Partizipation. In: Gabriel, Oscar W./Kropp, Sabine (Hrsg.): Die EU-Staaten im Vergleich. Strukturen, Prozesse, Politikinhalte. Wiesbaden: VS Verlag für Sozialwissenschaften, 268-298.
Gabriel, Oscar W./Kunz, Volker/Roßteutscher, Sigrid/van Deth, Jan W. 2002: Sozialkapital in westlichen Demokratien. Zivilgesellschaftliche Ressourcen im Vergleich. Wien: Wiener Universitätsverlag Verlag.

Gallego, Aina 2008: Unequal Political Participation in Europe. In: International Journal of Sociology 37(4), 10-25.

Hoffmann, Stefan 2008: Boykottpartizipation: Entwicklung und Validierung eines Erklärungsmodells durch ein vollständig integriertes Forschungsdesign. Wiesbaden: Gabler.

Keil, Silke I.: Social Participation. In: Gabriel, Oscar W./Keil, Silke I. (Hrsg.): Participation in France and Germany. Essex: ecpr press, im Erscheinen.

Lüdemann, Christian 2001: Politische Partizipation: Anreize und Ressourcen. Ein Test verschiedener Handlungsmodelle und Anschlusstheorien am ALLBUS 1998. In: Koch, Achim /Wasmer, Martina/Schmidt, Peter (Hrsg.): Politische Partizipation in der Bundesrepublik Deutschland. Empirische Befunde und theoretische Erklärungen. Wiesbaden: VS Verlag für Sozialwissenschaften,43-71.

Marien, Sofie/Hooghe, Marc/Quintelier, Ellen 2010: Inequalities in Non-institutionalised Forms of Political Participation: A Multi-level Analysis of 25 countries. In: Political Studies 58, 187-213.

Marsh, Alan/Kaase, Max 1979: Background of Political Action. In: Barnes, Samuel H./Kaase, Max (Hrsg.): Political Action: Mass Participation in Five Western Democracies. Beverly Hills/London: Sage Publications, 97-136.

Newton, Kenneth/Montero, José Ramón 2007: Patterns of Political and Social Participation in Europe. In: Jowell, Roger u.a. (Hrsg.): Measuring Attitudes Cross Nationally. Lessons from the European Social Survey. London: Sage Publications, 205-238.

Nie, Norman H./Powell, G. Bingham/Prewitt, Kenneth 1969: Social Structure and Political Participation. Developmental Relationships, Part I. In. American Political Science Review 63, 361-376.

Niedermayer, Oskar 2001: Bürger und Politik: Politische Orientierungen und Verhaltensweisen der Deutschen: Eine Einführung. Wiesbaden: WestdeutscherVerlag.

Norris, Pippa 2002: Democratic Phoenix: Reinventing Political Activism. Cambridge: Cambridge University Press.

Parry, Gerraint/Moyser, George/Day, Neil 1992: Political Participation and Democracy in Britain. Cambridge: Cambridge University Press.

Pattie, Charles/Seyd, Patrick/Whiteley, Paul, 2004: Citizenship in Britain: Values, Participation and Democracy. Cambridge: Cambridge University Press.

Putnam, Robert D. 1993: Making Democracy Work: Civic Traditions in Modern Italy. Princeton: Princeton University Press.

Putnam, Robert D. 2000: Bowling Alone: The Collapse and Revival of American Community. New York: Simon & Schuster.

Roßteutscher, Sigrid 2009: Soziale Partizipation und soziales Kapital. In: Kaina, Viktoria/Römmele Andrea (Hrsg.): Politische Soziologie: Ein Studienbuch. Wiesbaden: VS Verlag für Sozialwissenschaften, 163-180.

Skocpol, Theda 2004: Voice and Equality: The Transformation of American Civic Democracy. In: Perspectives on Politics 2(1), 3-20.

Steinbrecher, Markus 2009: Politische Partizipation in Deutschland. Baden-Baden: Nomos.

Smith, Gordon 1982: The German Volkspartei and the Career of the Catch-All Concept. In: Döring, Herbert/Smith, Gordon (Hrsg.): Party Governments and Political Culture in Western Germany. London: Macmillan, 59-76.

Teorell, Jan/Sum, Paul/Tobiasen, Mette 2007: Participation and Political Equality: An Assessment of large-scale Democracy. In: van Deth, Jan/Montero, José Ramón/Westholm, Anders (Hrsg.): Citizenship and Involvement in European Democracies: A Comparative Analysis. London: Routledge, 384-414.

Tocqueville, Alexis de 2000 [1835]: Democracy in America. Chicago: University of Chicago Press.

van Deth, Jan W. 1996: VoluntaryAssociations and Political Participation. In: Falter, Jürgen W./Gabriel, Oscar W. (Hrsg.): Wahlen und politische Einstellungen in westlichen Demokratien. Frankfurt am Main: Lang, 389-411.

van Deth, Jan W. 1998: Equivalence in Comparative Political research. In: van Deth, Jan W. (Hrsg.): Comparative Politics: The Problem of Equivalence. London: Routledge, 1-19.

van Deth, Jan W. 2001: Soziale und politische Beteiligung: Alternativen, Ergänzungen oder Zwillinge? In: Koch, Achim/Wasmer, Martina/Schmidt, Peter (Hrsg.): Politische Partizipation in der Bundesrepublik Deutschland: Empirische Befunde und theoretische Erklärungen. Opladen: Leske+Budrich, 195-220.

van Deth, Jan W. 2004: Soziale Partizipation. In: van Deth, Jan W. (Hrsg.): Deutschland in Europa: Ergebnisse des European Social Survey. Wiesbaden: VS Verlag für Sozialwissenschaften, 295-316.

van Deth, Jan W. 2006: Vergleichende politische Partizipationsforschung. In: Berg-Schlosser, Dirk/Müller-Rommel, Ferdinand (Hrsg.): Vergleichende Politikwissenschaft. Wiesbaden: VS Verlag für Sozialwissenschaften, 167-188.

van Deth, Jan W. 2009: Politische Partizipation. In: Kaina, Viktoria/Römmele Andrea (Hrsg.): Politische Soziologie: Ein Studienbuch. Wiesbaden: VS Verlag für Sozialwissenschaften, 141-161.

Verba, Sidney 2003: Would the dream of Political Equality Turn Out to Be a Nightmare? In: Perspectives on Politics 1(4), 663-679.

Verba, Sidney/Nie, Norman H. 1972: Participation in America: Political Democracy and Social Equality. New York: Harper & Row.

Verba, Sidney/Nie, Norman H./Kim, Jae-On 1978: Participation and Political Equality: A Seven-Nation Comparison. Cambridge: Cambridge University Press.

Verba, Sidney/Schlozman, Kay Lehman/Brady, Henry 1995: Voice and Equality Civic Voluntarism in American Politics. Cambridge/London: Harvard University Press.

Wolfinger, Raymond E./Rosenstone, Steven J. 1980: Who Votes? New Haven: Yale University Press.

Zimmer, Anette/Priller, Eckard 2007: Gemeinnützige Organisationen im gesellschaftlichen Wandel. Wiesbaden: VS Verlag für Sozialwissenschaften.

Parteien und Wahlen

Hermann Schmitt & Angelika Scheuer

In repräsentativen Demokratien stehen allgemeine Wahlen im Zentrum des politischen Willensbildungs- und Entscheidungsfindungsprozesses. Es sind im Wesentlichen politische Parteien, die diese Wahlen organisieren. Deshalb ist die Beziehung zwischen Bürgern und Parteien ein zentrales Kriterium für jeden, der den Zustand der repräsentativen Demokratie bewerten will. Die empirische Politikforschung hat verschiedene Kennwerte zur Beschreibung dieser Beziehung entwickelt. Darüber hinaus geben die Determinanten der Wahlentscheidung hier wichtige Hinweise. Wir werden in diesem Kapitel die Beziehung zwischen Bürgen und Parteien in den konsolidierten Demokratien Westeuropas und den neuen Demokratien im postsozialistischen Osten Europas analysieren. Im Zentrum unserer Aufmerksamkeit stehen dabei die beiden Teile Deutschlands, früher als „BRD" und „DDR" unterschieden, die seit 1990 wiedervereinigt sind. Unsere Forschungsfrage richtet sich auf die Unterschiede in diesem Verhältnis zwischen West und Ost und darauf, ob sich diese Unterschiede über den Beobachtungszeitraum abschwächen.

Wir werden zunächst das Ausmaß der Konsolidierung der Wahl- und Parteiensysteme anhand von vier Standardindikatoren beschreiben. Die ersten beiden charakterisieren die Parteiensysteme – nämlich deren Grad der Fragmentierung und der Polarisierung. Die anderen beiden beschreiben die Einstellungen und das Verhalten der Wähler, nämlich ihre Parteibindungen und ihr Wechselwahlverhalten. In allen Fällen handelt es sich dabei um Aggregatdaten bzw., im Falle der Parteibindungen, um aggregierte Umfragedaten. Jedoch sind Aggregatdaten nur begrenzt informativ, da der Rückschluss auf individuelles Verhalten nicht unproblematisch ist. Deshalb werden wir uns in unserer Analyse auf die Determinanten der individuellen Wahlentscheidung in Ost- und Westdeutschland und in Ost- und Westeuropa konzentrieren.[1] Wir werden jeweils recht einfache und konventionelle Modelle schätzen, die zwischen den sozialen Wurzeln der Wahlentscheidung, dem Einfluss von Parteibindungen und der ideologischen Distanz zwischen Wählern und Parteien als Determinanten der Wahlentscheidung unterscheiden.

Wir erwarten, dass sich die für die konsolidierten Demokratien bekannten Relationen zwischen den Prädiktoren der Wahlentscheidung in den neuen postsozialisti-

---

1 Ganz bewusst werden wir uns hier zu der komplexen Frage der Wahlbeteiligung in Ost- und Westeuropa nicht äußern. Dieses Thema würde andere Datenanalysen und mehr Raum und Aufmerksamkeit erfordern, als in diesem Beitrag zur Verfügung steht.

schen Demokratien anders darstellen. Insbesondere erwarten wir eine geringere Erklärungskraft der Modelle in postsozialistischen Systemen, da die klassischen Prädiktoren der Wahlentscheidung einen längeren Zeitraum zur Ausbildung ihrer Wirksamkeit benötigen, der in den postsozialistischen im Vergleich zu den westeuropäischen Demokratien nicht gegeben ist. Seitens der Wähler erwarten wir dort geringere Parteibindungen und nicht zuletzt dadurch mehr Wechselwahlverhalten und eine höhere Fluidität der Parteiensysteme. Eine dauerhafte und festgefügte politische Repräsentation von sozialen Konfliktlinien kann sich dort bisher ebenso wenig herausgebildet haben wie durch wiederholte Wahl verfestigte Parteibindungen oder ein stabiler Bedeutungsgehalt der Links-Rechts-Dimension. Finden sich die allgemeinen Unterschiede, die wir für West- und Osteuropa erwarten, auch in der Analyse der beiden Teile Deutschlands wieder? Hier sind unsere Erwartungen weniger eindeutig. Zwar ist die Entwicklung in der DDR vor 1989 mit den übrigen postsozialistischen Ländern vergleichbar, doch wurde durch die Vereinigung mit Westdeutschland ein gewachsenes System politischer Repräsentation zunächst einmal übernommen. Denkbar wäre deshalb für Ostdeutschland ein Sonderweg, der Elemente der konsolidierten und der postsozialistischen Demokratien verbindet.

Die vier Befragungswellen des *European Social Survey* (ESS) bieten die Gelegenheit, die Relevanz der drei zentralen Determinanten des Wahlverhaltens – Parteibindung, soziale Positionen und Links-Rechts-Distanzen – in einem parteienübergreifenden Modell zur Erklärung individuellen Wahlverhaltens zu untersuchen, um die erwarteten Unterschiede zwischen den konsolidierten westlichen und den neuen postsozialistischen Demokratien an der Realität zu überprüfen. Eingeleitet durch die Betrachtung der Parteiensysteme anhand von Makrovariablen werden wir mittels eines gestapelten Datenfiles ein Modell der Wahlentscheidung schätzen, das parteiübergreifend für jedes Land die relative Stärke der drei Determinanten des Wahlverhaltens angibt.

Parteiensysteme in konsolidierten und postsozialistischen Demokratien

Bevor wir uns der Analyse des individuellen Wahlverhaltens zuwenden, sollen zunächst die augenscheinlichen Unterschiede zwischen konsolidierten und postsozialistischen Parteiensystemen herausgestellt werden, die wir als Folge der unterschiedlichen historischen Bedingungen ansehen. Hierzu berichten wir klassische Indikatoren zur Beschreibung des Entwicklungsstands von Parteiensystemen: die Stabilität der Parteiwahl (Volatilität), die Anzahl relevanter Parteien (Fragmentierung), das Ausmaß der Bindung der Wähler an politische Parteien (Parteiidentifikation) und das Ausmaß ideologischer Konflikte (Polarisierung). Für die wahlergebnisbasierten Kennzahlen beziehen wir hier Wahlen von 2000-2005 bzw. von 2006-2010 ein, für die umfragebasierte Parteibindung die ESS- Befragungswellen 1 und 2 (2002-2004) bzw. die Wellen 3 und 4 (2006-2008).

Tabelle 1: Kennzahlen zur Entwicklung der Parteiensysteme in West- und Osteuropa und des deutschen Parteiensystems in West- und Ostdeutschland in der ersten Dekade des 21. Jahrhunderts (Indexwerte)

	E-W		D-W		D-O		E-O	
	2000-2005	2006-2010	2000-2005	2006-2010	2000-2005	2006-2010	2000-2005	2006-2010
Volatilität (Stabilität der Parteiwahl) [a]	10	8	7	12	11	12	18	21
Fragmentierung (Anzahl relevanter Parteien) [b]	4,4	4,8	4,1	5,6	4,1	5,6	5,4	4,3
Parteibindung (Anteil mit PI) [c]	49	50	44	49	35	37	35	37
Polarisierung (Ideologische Spannung) [d]	28	30	28	30	27	38	30	37

Anmerkungen: a) Der Volatilitäts-Index nach Pedersen (1979) ist ein Gradmesser für Wechselwahlverhalten bzw. für die Stabilität der Parteiwahl; b) Wir benutzen den Index der effektiven Zahl der Parteien auf der Wahl-Ebene nach Laakso und Taagepera (1979), und zwar die Werte, die von Gallagher (2010) online gestellt wurden; c) Wir berichten aus den ESS Umfragen die Prozentanteile der Befragten, die einer Partei „nahe stehen"; die Daten wurden vor der Analyse repräsentativ gewichtet; Stärke und Richtung dieser Orientierung spielt dabei zunächst keine Rolle; d) Polarisierung berechnen wir auf der Grundlage des Index nach van der Eijk u.a. (2005) wiederum auf Basis repräsentativ gewichteter Daten. Für West- und Osteuropa berichten wir Mittelwerte, die jedes einbezogene Land gleich gewichten und die beiden Teile Deutschlands nicht berücksichtigen.

Postsozialistische Parteiensysteme erweisen sich als stärker fragmentiert und zunehmend polarisiert als jene im Westen, und die Wähler dort tendieren stärker zur Wechselwahl und stehen seltener einer Partei nahe. So kann man den Stand der Forschung kurz und knapp zusammenfassen. Einige Kennzahlen, die wir hier eingangs in deskriptiver Absicht präsentieren, bestätigen dies im Großen und Ganzen, weisen aber auch auf deutsch-deutsche Besonderheiten hin (Tabelle 1). So finden wir, wie erwartet, deutliche Volatilitätskontraste zwischen den Ländern West- und Osteuropas, für die wir Daten für die Individualanalyse zur Verfügung haben, aber nicht zwischen West- und Ostdeutschland. Der Fragmentierungsgrad ist allerdings entgegen den Erwartungen in unseren Samples west- und osteuropäischer Länder nicht sehr verschieden, und er nimmt im Westen zu, während er im Osten leicht abnimmt. Parteibindungen sind im Westen weiter verbreitet als im Osten – dies gilt für West- und Osteuropa wie für West- und Ostdeutschland. Die ideologische Polarisierung ist im Osten höher als im Westen, auch wenn sie gerade in Westdeutschland in der zweiten Hälfte der 2010er Jahre aus einer sehr niedrigen Ausgangslage wieder deutlich zugenommen hat.

Am deutlichsten sind vielleicht die Ost-West-Kontraste bei der Volatilität und den Parteibindungen. Sie unterstreichen das zentrale Muster in der Erklärung der geringeren Stabilität der postsozialistischen Parteiensysteme: fehlende Parteibindungen führen zu vermehrter Wechselwahl, die ihrerseits die hohe Fluidität bedingt. Allerdings gibt es in der Literatur auch relativierende Stimmen. Demnach kann man die Instabilität der Parteisysteme nicht allein auf die Wählervolatilität zurückführen, sondern muss auch die Angebotsseite beobachten, das heißt: die sich verändernden Vorwahlallianzen und Wahl-Koalitionen der politischen Eliten. Nicht alles, was wie eine neue Partei aussieht, ist auch eine und hinter mancher Wechselwahl verbirgt sich die Bestätigung der zuvor gewählten Partei, die nun allerdings in neuem Gewand antritt (Sikk 2005). Margit Tavits (2008: 537) formuliert dies so: „The choices of elites may be more responsible for instability in the early stages of party system development than the erratic behaviour of voters." Das Ausmaß der Volatilität hat sich zwar nach der ersten Dekade demokratischer Politik erkennbar reduziert, allerdings sind die Ursachen und damit die Dauerhaftigkeit dieser Entwicklung nicht ganz klar (Ágh 1998; Tavits 2005).

Wir werden im Folgenden mögliche Erklärungen dieser Aggregatunterschiede zwischen den Wahlsystemen der postsozialistischen Welt und jenen des konsolidierten Westeuropas in drei Kategorien diskutieren: soziale Spannungslinien, Parteibindungen und die Links-Rechts-Dimension. Alle drei sind langfristige Faktoren, die einen mehr oder weniger dauerhaften Einfluss auf das Wahlverhalten ausüben. Der höhere Grad an Konsolidierung in den westlichen Demokratien im Vergleich zu den postsozialistischen sollte sich demnach in der relativen Stärke dieser langfristigen Determinanten des Wahlverhaltens ablesen lassen.

Sozialstruktur

In westlichen Gesellschaften sind *Cleavages* soziale Konfliktlinien, die über politische Parteien in der Gesellschaft gedeutet und organisiert und in der politischen Arena – also etwa im Parlament – repräsentiert werden (Lipset/Rokkan 1967; Bartolini/Mair 1990). Es braucht beides: grundlegende soziale Konflikte und Interessengegensätze auf der einen Seite und politische Eliten, die die beiden Seiten dieser Gegensätze deuten und organisieren, auf der anderen. Deutung und Organisation brauchen Zeit und Gelegenheit. Zeit und Gelegenheit stand in den neuen Demokratien Osteuropas bisher womöglich nicht ausreichend zur Verfügung, sodass es dort bisher kaum zu einer dauerhaften und festgefügten politischen Repräsentation sozialer Konfliktgegnerschaften gekommen sein kann.

Deshalb haben sich sozialstrukturelle Erklärungen der Parteiensystementwicklung – nach anfänglichen Überschätzungen (vgl. Whitefield 2002) – schlicht als nicht sehr erklärungskräftig erwiesen. Allan Sikk (2006: 164) fasst am Ende seiner Dissertation zusammen: „[…] Sociological explanations of party system change and new party emergence that have worked well in the past elsewhere are not particularly useful in explaining the success of major new parties in the Baltic countries." Und dies gilt wohl nicht nur für die drei baltischen Staaten, sondern für die postsozialistischen Systeme Osteuropas ganz allgemein (z. B. Zielinski 2002).

Die beiden Teile Deutschlands könnten hier allerdings einen Sonderfall darstellen, weil es nach der Wiedervereinigung einen nicht unbeträchtlichen Bevölkerungsaustausch gegeben hat. Dieser ging zwar in erster Linie von Osten nach Westen, aber gerade im Bereich der oberen Mittelschicht – speziell den Berufsklassen mit Leitungsfunktionen – auch in die andere Richtung. Insofern kann man von Ostdeutschland nicht als einer durch Staatsgrenzen (und Sprachgrenzen) abgeschirmten postsozialistischen Gesellschaft sprechen, und auch der Westen Deutschlands ist durch die Binnenmigration nicht mehr das konsolidierte und strukturierte politische System, das es vor der Wiedervereinigung vielleicht noch war. Was die Bedeutung der Sozialstruktur für die Parteipräferenz angeht, bedeutet dies nun, dass die aus der alten Bundesrepublik bekannten sozialen Konturen der Wahlentscheidung (vgl. z. B. Schmitt 2001 für einen Zeitvergleich) in Ansätzen auch im Osten der Republik zu finden sein sollten, während die relative Klarheit dieser Zusammenhänge im Westen sich als Folge der Wiedervereinigung weiter verwischt haben sollte.

Parteibindungen

Parteibindungen sind in postsozialistischen Systemen seltener als in konsolidierten Demokratien, und zudem wirken sie anders. Sie sind seltener, weil auch sie Zeit brauchen, um sich zu entwickeln und zu stabilisieren (vgl. hierzu grundlegend Converse 1969). Die zwanzig Jahre, die seit dem Kollaps des real-existierenden Sozialismus verstrichen sind, sind in diesem Zusammenhang nur eine kleine Zeitspanne. Die Entwicklung und Stabilisierung von Parteibindungen braucht allerdings nicht nur Zeit, sondern auch geeignete Rahmenbedingungen. Ein stabiles Parteiensystem mit Parteien, an deren politischen Zielen und Taten sich die Bürger und Wähler fortwährend orientieren können, ist unter diesen Rahmenbedingungen ganz wesentlich. Dies gilt gleichermaßen für die sozialpsychologische (Michiganbasierte) Tradition der Wahlforschung wie für die Rational Choice-orientierten Ansätze (die aus Rochester bedeutenden Impulse erfahren haben; vgl. z. B. Fiorina 1981). Auch in dieser Hinsicht waren die Voraussetzungen für die Entwicklung von Parteibindungen, wie wir sie aus konsolidierten Demokratien kennen, in der postsozialistischen Welt bisher nur begrenzt vorhanden. So verwundert es wenig, dass Parteibindungen dort noch fluide sind, dass sie nicht notwendig auf nur eine Partei konzentriert sind, und dass sie folglich einen geringeren Einfluss auf die individuelle Wahlentscheidung nehmen (Schmitt 2009; Dalton/Weldon 2007).[2]

Die beiden Teile Deutschlands können hier erneut als Sonderfall angesehen werden, weil die Mauer, die BRD und DDR trennte, wohl ganz so dicht nicht war (z. B. Schmitt 1992). Von wenigen Ausnahmen abgesehen[3] konnten die Bürger der DDR sich über Jahrzehnte bereits virtuell an ihrem späteren Parteiensystem, und den relevanten Parteien in ihm, orientieren, wenn auch die Verfestigung solcher Parteipräferenzen über das wiederholte Wählen einer dieser Parteien zu DDR-Zeiten nicht möglich war. Wie lebendig dennoch die ostdeutsche Wahrnehmung der westdeutschen Parteien und ihrer Politik war, kann vielleicht der öffentliche Jubel beim Besuch des damaligen Bundeskanzlers Willy Brandt in Erfurt im März des Jahres 1970 anzeigen – immerhin zwanzig Jahre vor der Wiedervereinigung. Wir erwarten also, dass die Parteibindungen in den konsolidierten Demokratien deutlich besser entwickelt sind als in den postsozialistischen Systemen und dass beide Teile Deutschlands dem Modell der konsolidierten Demokratien folgen.

Issues und das Links-Rechts-Schema

Die Unterschiede zwischen den Wahlsystemen im postsozialistischen Osten Europas und dem konsolidierten Westen werden auch auf die politischen Probleme und Streitfragen zurückgeführt, mit denen die politischen Akteure in den neuen Demokratien konfrontiert sind. Die Position in solchen politischen Streitfragen und die Bedeutung, die unterschiedlichen politischen Problemen zugewiesen wird, bestimmen die ideologische Orientierung politischer Akteure. Solche Orientierungen beziehen sich in Europa und weit darüber hinaus auf die Links-Rechts-Dimension. Diese kann man als eine Heuristik begreifen, die es Bürgern und Wählern auch bei unvollständiger Information erlaubt, rationale Entscheidungen zu treffen, die auf Issue- und Policypräferenzen zurückgehen (Downs 1957; Sniderman u. a. 1991). Deshalb wird die Links-Rechts-Dimension auch manchmal als Superissue bezeichnet, das unterschiedliche Politik-Präferenzen bündeln und zusammenfassend ausdrücken kann (Inglehart/Klingemann 1976).

Es ist allerdings zu berücksichtigen, dass sowohl die Deutungsleistung als auch der Bedeutungsgehalt der Links-Rechts-Heuristik kontextspezifisch variieren (Schmitt/van der Eijk 2009). Links und Rechts bedeuten nicht immer und überall dasselbe, und die Links-Rechts-Dimension kann nicht immer und überall gleich gut die aktuellen politischen Streitfragen bündeln. Für die postsozialistischen Systeme

---

2   Dies bedeutet allerdings nicht, dass sich in diesen Kontexten eine andere – etwa negative – Spezies von Parteibindungen herausgebildet hätte, wie dies aus frühen Analysen hervorzugehen scheint (z. B. Rose/Mischler 1998).
3   Gemeint sind jene, die im „Tal der Ahnungslosen" – im Elbtalkessel um Dresden – wohnten, wo weder Westradio noch Westfernsehen zu empfangen war.

Osteuropas etwa wissen wir, dass während des Systemwandels und kurz danach der im Westen gängige Bedeutungsgehalt dieser ideologischen Richtungsbegriffe geradezu vertauscht war: „During *perestroika* the terms 'left' and 'right' were inverted: the 'left' came to denote the free market democrats and liberals, and the 'right' the devotees of socialism and the communist system" (Sakwa 1996: 44; mit ähnlichen Befunden Park 1993; Markowski 1997; Whitefield/Evans 1998). Zudem hat die Links-Rechts-Verortung politischer Parteien in postsozialistischen Systemen deutlich weniger mit deren gegenwärtiger Politik zu tun, als dies im Westen der Fall ist (van der Eijk/Schmitt 2010).

Erneut erwarten wir einen deutsch-deutschen Sonderfall. Die Tatsache, dass politische Akteure aus beiden Teilen Deutschlands in einer ‚Öffentlichkeit' verbunden sind und unentwegt miteinander kommunizieren, kann nur bedeuten, dass die Links-Rechts-Heuristik im Westen und im Osten weitgehend identisch funktioniert und das Verständnis von Links und Rechts in West und Ost im Laufe der Zeit noch homogener geworden ist.

Determinanten der Wahlentscheidung

Mit den Ausführungen zum Forschungsstand haben wir den theoretischen Rahmen, an dem sich die Analyse individuellen Wahlverhaltens orientieren wird, abgesteckt. In der Michigan-Tradition der empirischen Wahlverhaltensforschung unterscheiden wir zwischen langfristig-stabilen Determinanten der Wahlentscheidung und eher kurzfristigen Faktoren, die sich von Wahl zu Wahl unterscheiden können. Visualisiert im sogenannten Kausalitätstrichter beeinflussen langfristig stabile Faktoren die Wahlentscheidung sowohl direkt als auch indirekt über ihren Einfluss auf die kurzfristigen Faktoren (Abbildung 1). Ganz hinten im Trichter finden wir die Effekte der Sozialstruktur. Koalitionen zwischen sozialen Gruppen und politischen Parteien (Stinchcombe 1975), wie sie auch die Cleavage-Theorie annimmt, verändern sich nicht in kurzen Fristen. Unaufkündbar sind sie allerdings auch nicht, wie der amerikanische Forschungsstrang zu *realignment* und *critical elections* demonstriert (für einen Überblick vgl. Mayhew 2000). Über lange Fristen – das scheint in den Vereinigten Staaten etwa ein halbes Jahrhundert zu sein – haben immer wieder ganze Gruppen von Wählern ihre Parteipräferenz dauerhaft geändert. In der europäischen Diskussion ist dagegen eher die entgegen gesetzte Perspektive prominent: Hier redet man mehr von *dealignment,* also der Erosion der lange als „eingefroren" geglaubten Konfliktlinien und damit der Entkoppelung von sozialem Hintergrund und politischer Orientierung der Bürger und Wähler (Dalton u. a. 1984, Franklin u. a. 1992; mit einer relativierenden Sichtweise für die Bundesrepublik vgl. Müller 2000 oder Schmitt 2001).

Abbildung 1: Das theoretische Modell der Wahlentscheidung

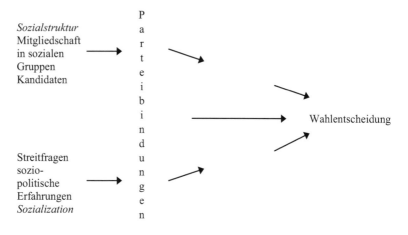

Quelle: Adaptiert von Campbell u. a. (1960).

Sozialstruktur und Sozialisation können durchaus einen direkten Einfluss auf die Wahlentscheidung nehmen, in entwickelten Demokratien wirken sie aber vor allem indirekt – über ihren Beitrag zur Ausbildung von Parteibindungen. Individuelle Parteibindungen sind zwar weniger dauerhaft als soziopolitische Koalitionen, aber sie sind grundsätzlich als stabilisierender Faktor in der Wahlentscheidung gedacht. Gerade in Deutschland, aber auch anderswo in Europa wie in Frankreich oder im Vereinigten Königreich, gab es eine lange Diskussion über die Frage, ob das Konzept der Parteiidentifikation, welches ursprünglich in den Vereinigten Staaten der 1950er und 1960er Jahre entwickelt wurde, auf europäische Wahlsysteme übertragen werden kann. Hier haben jüngere Analysen ergeben, dass die ursprünglichen Befürchtungen und Zweifel (vgl. etwa Kaase 1976) wohl auf ungenügender empirischer Evidenz gründeten (Arzheimer 2006; Schmitt-Beck u. a. 2006; Kroh/Selb 2009).

In konsolidierten Demokratien sind Parteien stabile Größen über eine Vielzahl von Wahlen hinweg, während die Kandidaten für politische Führungsämter und auch die zentralen politischen Streitfragen von Wahl zu Wahl variieren können. Schon deshalb liegt es nahe, dass Parteibindungen die Wahlentscheidung nicht nur direkt beeinflussen, sondern auch indirekt über ihren Einfluss auf die Wählerwahrnehmung von (Spitzen-) Kandidaten und die Wählermeinung zu politischen Streitfragen. Allerdings ist es bei jedem dieser so bezeichneten Effekte fraglich, was Ursache und was Wirkung ist (oder in einer mehr technischen Sprache, ob sie tatsächlich *non-recursive* sind). So können etwa charismatische Kandidaten zur generalisierten Unterstützung für ihre Partei beitragen, auch wenn dies in der Realität der europäischen Politik eher die Ausnahme als die Regel darzustellen scheint

(Oscarsson/Holmberg 2011). Allerdings kann man zeigen, dass Issueorientierungen der Wähler über die diesbezüglichen Positionen und insbesondere auch die Performanz der Parteien auf Parteibindungen rück wirken (vgl. z. B. Fiorina 1981). Nicht zuletzt das wiederholte Wählen einer Partei stärkt die Bindung an diese (vgl. erneut Converse 1969) genauso, wie umgekehrt Parteibindungen die Wahl beeinflussen.

Wenn wir die Kausalitätsfrage und damit die Richtung der Effekte zunächst außer Acht lassen, erwarten wir für die Demokratien postsozialistischer Prägung alle diese Zusammenhänge zunächst sehr viel schwächer als in den konsolidierten Demokratien. Dies gilt vielleicht am wenigsten für soziale Ungleichheiten, die sich – organisiert oder nicht – einen Weg in die Wahlentscheidung bahnen sollten. Für die Parteibindungen erwarten wir allerdings deutlich geringere Effekte, und dies gilt auch für Issue-Effekte, soweit sie sich auf dem Links-Rechts-Schema abbilden lassen. Für Deutschland erwarten wir ähnliche Unterschiede zwischen Ost und West, wenn auch aufgrund der Vereinigung deutlich weniger prägnant.

Ein parteiübergreifendes Gesamtmodell

Die Datenbasis

Für eine europäisch-vergleichende Analyse der Determinanten von Wahlverhalten stehen im ESS die regelmäßig erhobenen Variablen der Wahlrückerinnerung (recall) hinsichtlich der Wahlbeteiligung und der Parteienwahl zur Verfügung sowie Informationen zum sozialen Hintergrunds der Befragten, ihrer Parteibindung nach Richtung und Stärke sowie ihrer Links-Rechts-Orientierung. Da die ESS-Befragung keine Fragen zur ideologischen Position der Parteien enthält, werden diese mit Daten des *Chapel Hill Expert Survey* 2002 und 2006 über die Links-Rechts-Position der Parteien ergänzt (Hooghe u. a. 2010). Es ist jedoch anzumerken, dass die Erhebungszeiträume der nationalen ESS-Umfragen unabhängig von Wahlterminen bestimmt werden. Dies bedeutet, dass die Umfragen in Phasen unterschiedlicher politischer Mobilisierung durchgeführt werden, was durchaus einen Einfluss auf die Analyseergebnisse haben kann (Reif/Schmitt 1980; Erikson 1988; Stimson 1999). Wahlstudien im engeren Sinne sind dagegen regelmäßig ‚um Wahltermine herum' terminiert, mit dem repräsentativen Nachwahlquerschnitt als zentralem Element. Im ESS stehen zudem keine Daten zu Kandidateneinschätzungen zur Verfügung, weshalb wir diese – eher kurzfristig wirkende – Determinante von Wahlverhalten nicht in unsere Untersuchung einschließen können. In der empirischen Analyse werden wir aufgrund der Datenlage nur die EU-Mitgliedsländer unter den Kernländern aufnehmen, d.h. neben Deutschland (West und Ost) zwölf Länder aus Westeuropa und fünf Länder aus Mittel- und Osteuropa.[4]

Die Konstruktion des gestapelten Datenfiles

Für die Analyse verwenden wir die in der Europawahlforschung entwickelte Strategie des gestapelten Datensatzes, um ein parteienübergreifendes Gesamtmodell zur Erklärung des Wahlverhaltens zu schätzen. Für jeden Befragten wird daher sein Wahlverhalten gegenüber allen ihm zur Wahl stehenden Parteien einbezogen, nicht nur gegenüber den gewählten, sondern auch gegenüber den nicht gewählten Parteien. Analyseeinheiten sind also nicht die Befragten, sondern ihre Wahrnehmung und Beurteilung jeweils aller im nationalen Parteiensystem relevanten Parteien. Dazu werden die nationalen ESS-Datensätze zunächst mittels der Konstruktion von generischen und synthetischen Variablen in eine Form gebracht, die eine allgemeine Analyse der Determinanten des Wahlverhaltens erlaubt. Generische Variablen sind solche, die von der Beurteilung bzw. Wahl einer bestimmten Partei abstrahieren und den Blick auf die Parteienbeurteilung bzw. die Parteienwahl ganz allgemein richten. Dazu werden parteispezifische Variablen – Beispiel: die Stärke der Parteibindung der Befragten an die CDU, die CSU, die FDP, die SPD, die Grünen und die Linke – in einem gestapelten Datensatz in generische Variablen transformiert.

Die gestapelte Datei wird länderweise gebildet. Pro einbezogenem Land wird für jede ESS-Welle die Gesamtheit der Befragten so oft repliziert, wie das Land relevante Parteien hat; die Relevanz einer Partei bemisst sich dabei näherungsweise an ihrer Repräsentanz im nationalen Parlament. Die Liste der in den verschiedenen Ländern berücksichtigten Parteien ist in einem Anhang zu diesem Beitrag (Anhang 1) dokumentiert. In jedem sogenannten Parteistapel werden die generischen Variablen – wir nennen sie auch die Analysevariablen – jeweils in Bezug auf die jeweils fokussierte Partei (Stapelpartei) gebildet: Die Wahlvariable gibt an, ob die Befragten die Stapelpartei gewählt haben oder nicht.[5] Die Variable zur Parteiidentifikation zeigt an, ob und wie sehr die Befragten der Stapelpartei nahestehen.[6]

---

4   Westeuropa: Österreich (nicht 2008), Belgien, Dänemark, Spanien, Finnland, Griechenland (nicht 2006), Irland, die Niederlande, Portugal, Schweden und Vereinigtes Königreich. Osteuropa: Estland (nicht 2002), Ungarn, Polen, Slowenien und Slowakei (nicht 2002).

5   Das Verfahren wurde in der Europawahlforschung entwickelt und basierte dort auf den Wahlwahrscheinlichkeiten zu allen relevanten Parteien (van der Eijk/Franklin 1996). Hier steht nur die kategoriale Variable zur Parteiwahl zur Verfügung, die als Dummyvariable behandelt wird.

6   Die stapel-spezifische Identifikationsvariable ist ein Produkt aus der Richtungs- und der Stärkekomponente der Parteibindungsfrage. Für die Richtungskomponente gibt eine Dummyvariable an, ob der Befragte der jeweiligen Stapelpartei nahesteht (Code 1) oder nicht (Code 0). Die Stärkekomponente wird aus der Frage nach der Stärke der Parteiidentifikation ermittelt (1 = nicht besonders nahe, 2 = ziemlich nahe, 3 = sehr nahe. Die resultierende sta-

Unser Maß für die ideologische Distanz besteht aus der absoluten Differenz zwischen der Links-Rechts-Selbsteinstufung eines jeden Befragten und der auf Expertenschätzungen beruhenden „objektiven" ideologischen Position jeder der Stapelparteien.[7]

Der Effekt der Sozialstruktur auf die Parteienwahl schließlich wird in stapelspezifischen binomialen Regressionen der dichotomen Wahl (Stapelpartei gewählt oder nicht gewählt) auf ausgewählte sozialstrukturelle Variablen ermittelt.[8] Die aufgrund dieser Regression vorhergesagten Wahlwahrscheinlichkeiten werden als Repräsentanten des sozialstrukturellen Effektes gespeichert und in der weiteren Analyse als solche genutzt. Um das Verfahren etwas anschaulicher zu machen, haben wir uns entschlossen, die inhaltlichen Aspekte dieser ‚Nebenrechnungen', die in der eigentlichen Analyse gar nicht aufscheinen, in einem Exkurs über die Ermittlung des Effektes der Sozialstruktur auf die Parteienwahl in der ersten deutschen ESS-Welle darzustellen. Wir werden hier über zehn der insgesamt 424 binomialen Regressionen berichten, die wir zur Bestimmung des sozialstrukturellen Effektes auf die Wahlentscheidung durchgeführt haben.[9]

pel-spezifische Identifikation wird damit als vierstufige Variable (von 0 = keine Identifikation bis 3 = sehr starke Identifikation) gemessen.

7   Die Berechnung der ideologischen Distanz beruht (a) auf den individuellen Links-Rechts-Positionen der Befragten und (b) auf den aus Expertenschätzungen ermittelten Parteipositionen. Da die individuellen Links-Rechts-Einstufungen in manchen Ländern hohe Anteile von fehlenden Werten aufweisen, wurden sie durch eine regressionsbasierte Imputation vervollständigt. Dazu wurde eine Reihe von Korrelaten der ideologischen Positionen in 14 Faktoren zusammengefasst, deren Faktorwerte die Grundlage der regressionsbasierten Imputation bilden. Für jedes Land wurden nur die Faktoren berücksichtigt, die eine signifikante Korrelation mit der Links-Rechts-Selbsteinschätzung der Befragten aufweisen. Die Liste der Faktoren ist in einem weiteren Anhang zu diesem Beitrag (Anhang 2) wiedergegeben. Die Parteipositionen wurden aus den *Chapel Hill Expert Surveys* 2002 (für Welle 1 und 2) und 2006 (für Welle 3 und 4) übernommen (siehe Hooghe u. a. 2010). Im ESS und dem Expert Survey werden identische elfstufige Skalen verwendet (von 0=links bis 10=rechts).

8   Die Vorhersagewerte werden aus partei- und rundenspezifischen Regressionen geschätzt, in die folgende sozio-demographische und sozio-ökonomische Variablen eingingen: Geschlecht, Alter (berechnet als Surveyjahr minus Geburtsjahr), Bildung (gemessen als Dauer der Vollzeitausbildung in Jahren), sozioökonomischer Status (berechnet als European Socio-economic Classification, ESeC; siehe Harrison/Rose 2006), Gewerkschaftsmitgliedschaft, Kirchgangshäufigkeit, Konfessionszugehörigkeit (Dummies für Katholiken, Protestanten, Orthodoxe und sonstige), Arbeitslosigkeit, Abhängigkeit von Sozialleistungen und Einkommensarmut (Dummy für ‚kein Auskommen mit dem Einkommen').

9   In jedem Land werden die Parteienstapel in identischer Weise erstellt und für alle Parteien für alle Wellen und für alle Länder in einer Datei zusammengeführt, die insgesamt 424 solcher Parteistapel enthält. Die Anzahl der Parteistapel pro Land und Welle sind in Anhang 3 zu diesem Kapitel dokumentiert.

Sozialstruktur, Parteibindung und ideologische Distanz in Deutschland und Europa

Exkurs: sozialstrukturelle ‚Nebenrechnungen'

Welchen Effekt hat die Sozialstruktur auf das Wahlverhalten der Deutschen im Jahre 2002? Unterscheidet sich dieser Effekt zwischen den Parteien, und gibt es Unterschiede zwischen West- und Ostdeutschland? Zunächst finden wir, gemessen an Nagelkerke's Pseudo R-Quadrat, dass in drei von fünf Fällen – nämlich für die Union, die Grünen und die PDS – die Vorhersagekraft der Sozialstruktur für die Parteiwahl im Westen Deutschlands stärker ist als im Osten; für die SPD sind die Werte in West- und Ostdeutschland gleich, und im Falle der Wahl der FDP sind die sozialen Konturen im Osten stärker ausgeprägt (Tabelle 2).

Soweit wir das erkennen können, neigen ältere und konfessionell gebundene und kirchentreue Wähler sowie Höhergebildete und Mittelschichtangehörige eher zur Wahl der Union, während Frauen und Gewerkschaftsangehörige diese eher nicht wählen. Die sozialen Konturen der Unionswählerschaft im Osten Deutschlands sind etwas weniger scharf: erneut spielt die Kirchenbindung (katholische wie protestantische) eine wichtige Rolle; obwohl die Einkommensarmut die CDU-Wahl stützt, sind Arbeitslose eher keine CDU-Wähler; und wie im Westen sind im Osten eher Männer, Mittelschichtangehörige (hier auch der Oberschicht) und Ältere häufiger CDU-Wähler als der Durchschnitt. Man wird aus diesen Daten mehr Gemeinsamkeiten als Unterschiede in der sozialen Komposition der Wählerschaft der Union in West- und Ostdeutschland erkennen.

Bei der SPD zeigt sich ein ganz ähnliches Bild. Im Westen Deutschlands neigen vor allem Mitglieder einer Gewerkschaft zur SPD-Wahl; Angehörige aller Schichten sowie Wähler, die nicht zur Kirche gehen und nicht katholisch sind, die eher älter sind und keine Sozialleistungen beziehen, wählen stärker SPD als die jeweils übrige Bevölkerung. Im Osten fehlt die Gewerkschaftskomponente, zudem stimmen vor allem Wähler aus der Mittelschicht für die SPD sowie solche, die nicht zur Kirche gehen, nicht arbeitslos und nicht arm sind. Wenn man hier nach einem Unterschied zwischen West- und Ostdeutschland sucht, ist es vor allem der fehlende Beitrag der Gewerkschaftsmitgliedschaft für die SPD-Wahl im Osten Deutschlands.

Bei der FDP wird die Lage etwas prekärer, weil das sozialstrukturelle Fundament der FDP-Wahl, in Westdeutschland zumindest, vergleichsweise schwach ist, während sich im Osten sehr wohl sozialstrukturelle Faktoren zugunsten der FDP finden lassen. Im Westen neigen eher die besser Gebildeten zur FDP-Wahl, mehr können wir aufgrund unserer Indikatoren darüber nicht sagen. Auch im Osten Deutschlands wird die FDP-Wahl durch höhere Bildung, darüber hinaus aber auch durch protestantische Konfession, Arbeitslosigkeit sowie Zugehörigkeit zu Mittel- und Oberschicht begünstigt.

Tabelle 2: Sozialstrukturelle Determinanten der Wahlentscheidung in West- und Ostdeutschland, 2002 (z-Koeffizienten [exp (B)/S.E.] und Nagelkerke's R Quadrate)

	CDU/CSU	SPD	FDP	Grüne	PDS
WESTDEUTSCHLAND					
Geschlecht [a]	-2,23*			+5,29***	-1,96*
Alter [b]	+11,60***	+2,17*		-4,14***	-2,07*
Bildung [c]	+3,50***		+2,33*	+9,03***	+3,15**
Kirchgangshäufigkeit	+2,43*	-3,14**			
Katholisch	+7,83***	-2.86**		-6,39***	
protestantisch	+3,25**			-3,09**	
Gewerkschaftsmitglied	-2,91**	+5,20***			+3,12**
Unterschicht [d]		+4,85***		+2,25*	-2,08*
Mittelschicht [d]	+2,95**	+4,36***		+2,09*	-2,22*
Oberschicht [d]		+5,49***		+3,84***	
arbeitslos [e]					
Bezug Sozialleistungen		-2,20*			
Einkommensarmut [f]					
Pseudo R²	0,15	0,07	0,02	0,15	0,29
OSTDEUTSCHLAND					
Geschlecht [a]	-2,54*				
Alter [b]	+2,01*				+5,55***
Bildung [c]			+2,35*	+5,39***	+4,33***
Kirchgangshäufigkeit	+2,37*	-2,93**			
Katholisch	+3,87***				-2,16*
protestantisch	+5,16***		+3,90***	+2,91**	-5,94***
Gewerkschaftsmitglied					
Unterschicht [d]		+4,18***	-2,08*		
Mittelschicht [d]	+2,24*	+4,44***			
Oberschicht [d]	+1.91*	+2,89**			
arbeitslos [e]	+2,88**	-2,82**	+3,30**		
Bezug Sozialleistungen				-1,97*	
Einkommensarmut [f]	-2,97**	-2,25*			2,13*
Pseudo R²	0,08	0,07	0,06	0,13	0,13

Signifikanz: * p <0,05, ** p <0,01, *** p < 0,001.
Anmerkungen: Logistische Regression auf der Grundlage ungewichteter Daten, leere Zellen zeigen insignifikante Effekte an (p > 0,05). (a) 1=männlich; 2=weiblich; (b) Geburtsjahr minus Erhebungsjahr; (c) Anzahl Schul- und Ausbildungsjahre; (d) Kategorien der European Socio-Economic Classification nach Harrison/Rose (2006); Referenzkategorie sind die nicht klassifizierten Befragten; (e) 1=ja; 2=nein; (f) Dummy „kein Auskommen mit dem Einkommen".

Die Wahl der Grünen ist im Westen bei gebildeten, konfessionell nicht gebundenen, weiblichen und jungen Wählern häufiger. Im Osten Deutschlands haben die Grünen bei gebildeten, protestantischen und nicht arbeitslosen Wählern höhere Chancen. Die Bildung ist offensichtlich das verbindende Element zwischen beiden Teilelektoraten; allerdings ist das sozialstrukturelle *Make-up* der Grünenwahl in den beiden Teilen Deutschlands wiederum recht verschieden.

Die Wahl der PDS wurde im Jahr 2002 in Westdeutschland durch höhere Bildung und Gewerkschaftsmitgliedschaft begünstigt, außerdem neigen Männer stärker als Frauen und Unter- und Mittelschichtangehörige eher zur Wahl der PDS. Im Osten steigt die Chance der PDS-Wahl ebenfalls mit steigendem Bildungsgrad, geht aber mit höherem Alter, Konfessionslosigkeit sowie der Zugehörigkeit zur Unter- bzw. der Mittelschicht und bescheideneren ökonomischen Verhältnissen einher. Die PDS ist damit die deutsche Partei des Jahres 2002, bei der sich die sozialstrukturellen Faktoren in West- und Ostdeutschland am meisten unterscheiden.

Solche Regressionsanalysen haben wir für alle relevanten Parteien in allen hier berücksichtigten Ländern und für alle ESS-Wellen durchgeführt. Wir haben dann die aufgrund des relativen Erfolges der Regression der berichteten Wahlentscheidung auf sozialstrukturelle Kennwerte vorhergesagten Wahlwahrscheinlichkeiten in einer ‚synthetischen' Sozialstrukturvariable gespeichert und diese in nachfolgenden Analysen benutzt. Dadurch können wir im Folgenden von einem – mehr oder weniger bedeutenden – Effekt der Sozialstruktur auf das Wahlverhalten sprechen.

Determinanten des Wahlverhaltens in West- und Ostdeutschland 2002-2008

Die Effekte der Sozialstruktur, der Parteibindung und der ideologischen Distanz auf die Parteienwahl bestimmen wir mithilfe multipler logistischer Regressionen.[10] Da die Struktur des gestapelten Datensatzes aufgrund von „eingebauten" Autokorrelationsproblemen zu fehlerhaften Schätzungen der Standardfehler der Koeffizienten führen kann, berechnen wir diese als robuste Werte (*panel-corrected standard errors*). Tabelle 3 zeigt erste Ergebnisse für West- und Ostdeutschland.

Die Determinanten der Wahlentscheidung unterscheiden sich zwischen den beiden Teilen Deutschlands, aber nicht sehr. Die ostdeutschen Koeffizienten sind in

---

10 Eine prinzipielle Alternative zu diesem Verfahren sehen wir in der Schätzung von Strukturgleichungsmodellen, die die Beziehungen zwischen den Variablen nuancierter ermitteln können. Wir haben hier darauf zunächst verzichtet, da die Richtung der kausalen Zusammenhänge, wie bereits angesprochen, nicht unbestritten geblieben ist. Solche Analysen stehen jedoch ebenso auf unserer Agenda wie die Analyse eines gepoolten Datensatzes. Da wir aufgrund von Stabilitätsproblemen darauf zunächst verzichten mussten (vgl. auch Fußnote 11), müssen wir hier eine Reihe von Entscheidungen über die Spezifikation von Mehrebenen-Modellen und ihren Alternativen nicht treffen.

Tabelle 3: Die Effekte der Sozialstruktur, der Parteibindung und der Links-Rechts-Distanz, 2002-2008 auf die Wahlentscheidung in West- und Ostdeutschland (z-Koeffizienten [exp (B) / S.E.] aus multiplen logistischen Regressionen)

Landesteil	Prädiktor	2002	2004	2006	2008	Ø	Trend?
West- deutschland	Sozialstruktur	21	23	19	18	21	↘
	PI	28	26	26	28	27	→
	L-R Distanz	-10	-9	-9	-11	-10	→
	R^2	0,32	0,35	0,34	0,34	0,34	
Ost- deutschland	Sozialstruktur	19	14	15	14	16	→
	PI	20	18	19	19	19	→
	L-R Distanz	-8	-6	-7	-7	-7	→
	R^2		0,30	0,27	0,28	0,27	0,28

Es werden ungewichtete Daten analysiert. Für Fallzahlen siehe Anhang 4.

aller Regel etwas niedriger. Dies bedeutet, dass die Erklärungskraft der einzelnen Konstrukte schwächer ist als im Westen und dass wir insgesamt die Wahlentscheidung von Ostdeutschen weniger gut verstehen als die von Westdeutschen. Insbesondere die Parteibindungen tragen in deutlich geringerem Ausmaß zur Erklärung der ostdeutschen Wahlentscheidung bei, als dies in Westdeutschland der Fall ist. Mehr oder weniger kontinuierliche Trends sind über die vier Wellen des ESS kaum auszumachen, es sei denn, man würde die leichte Abnahme der sozialstrukturellen Effekte auf das Wahlverhalten von Westdeutschen als einen solchen Trend interpretieren.

Determinanten der Wahlentscheidung im europäischen Vergleich 2002-2008

Organisiert oder nicht – soziale Ungleichheiten sollten sich einen Weg in die Wahlentscheidung bahnen. Diese Erwartung haben wir weiter oben an die Stärke der Effekte der Sozialstruktur auf das Wahlverhalten in Ost- und Westeuropa gerichtet. Tabelle 4 listet die Länder des ESS nach der mittleren Stärke des Einflusses der Sozialstruktur auf die Wahlentscheidung auf.[11] Ganz oben auf der Liste finden wir mit Spanien, Großbritannien und Irland drei sehr konzentrierte Parteiensysteme, in denen sich die Angehörigen der verschiedenen sozialen Gruppen eher von der einen oder der anderen der beiden großen Parteien vertreten fühlen.[12] Es folgt ein großes

---

11 Aufgrund unkontrollierbarer Kompositionseffekte sehen wir davon ab, die Ergebnisse von *pooled anlyses* zu berichten. Die Ergebnisse sind zwischen den EES-Wellen zu instabil.
12 Wir sind uns allerdings der Grenzen dieses Arguments wohl bewusst, da wir mit Griechenland am unteren Ende der Liste, und mit Ungarn und Portugal im unteren Mittelfeld, drei wei-

Tabelle 4: Die Effekte der Sozialstruktur auf die Wahlentscheidung, 2002-2008 (z-Koeffizienten [exp (B) / S.E.] aus einer multiplen logistischen Regression mit Sozialstruktur, Parteibindung und ideologischer Distanz als Prädiktoren der Wahlentscheidung)

Land	2002	2004	2006	2008	Ø	Trend
Spanien	23	27	29	36	29	↗
Großbritannien	26	27	31	31	29	↗
Irland	30	31	25		29	-
Belgien	23	21	20	30	24	
Finnland	24	21	24	25	24	↗
Niederlande	23	24	24	26	24	↗
Slowakei	29	21	23	23	24	-
Schweden	20	25	23	25	23	-
Polen	10	24	28	30	23	↗
West-Deutschland	**21**	**23**	**19**	**18**	**21**	↘
Frankreich	14	15	22	24	21	↗
Dänemark	20	20	18	23	20	-
Portugal	14	19	24	23	20	↗
Ungarn	19	17	20	25	20	↗
Estland		20	18	20	19	-
Österreich	18	18	18	18		-
Ost-Deutschland	**19**	**14**	**15**	**14**	**16**	↘
Griechenland	20	16		12	16	↘
Slowakei		16	16	18	16	-

Es werden ungewichtete Daten analysiert. Alle Koeffizienten signifikant mit p<0,001. Die Länder sind nach dem mittleren Effektkoeffizienten sortiert. Grau unterlegte Zeilen heben postsozialistische Länder/Gesellschaften hervor. Für ungewichtete Fallzahlen siehe Anhang 4.

Mittelfeld, das auch viele Mehrparteiensysteme umfasst – die Niederlande sind hier nur ein Beispiel. Vier der sechs postsozialistischen Systeme befinden sich am unteren Ende der Liste, zwei weitere am unteren Ende der oberen Hälfte. Man wird daraus schließen dürfen, dass soziale Ungleichheiten in postsozialistischen Parteiensystemen weniger klar repräsentiert sind als dies in den konsolidierten westlichen Systemen der Fall ist (Tabelle 4). Auffällig in Tabelle 4 ist zudem die große Bewegung in den Koeffizienten. Immerhin acht von 19 Ländern verzeichnen einen positiven Trend in der Stärke der sozialstrukturellen Effekte auf das Wahlverhalten (definiert als ein Ansteigen der Koeffizienten über mindestens drei der vier Beobach-

tere konzentrierte Parteiensysteme in unserem Sample von Ländern haben, die keine ausgeprägten sozialen Konturen im Wahlverhalten kennen.

tungszeitpunkte). In zwei weiteren Ländern nimmt die Stärke der Koeffizienten dagegen mehr oder weniger kontinuierlich ab.

Die beiden Teile Deutschlands replizieren das West-Ost-Gefälle im Einfluss der Sozialstruktur auf die Parteiwahl. Westdeutschland liegt im Mittelfeld der westeuropäischen Länder, während Ostdeutschland sich am Ende der postsozialistischen Länder einordnet. Auffällig ist, dass der Trend in beiden Teilen Deutschlands entgegen der – vor allem in Westeuropa zu beobachtenden – Zunahme der sozialstrukturell bedingten Parteiwahl verläuft: Hier ist ein leichter Rückgang dieses Effekts zu beobachten. Möglicherweise nimmt auch in Deutschland die gleiche Virulenz der sozialstrukturellen Faktoren zu, doch äußert sie sich im beobachteten Zeitraum eher in einer Erosion der bestehenden Allianzen zwischen sozialstrukturellen Gruppen und politischen Parteien. Eine Annäherung der beiden Teile Deutschlands in der Einflussstärke ist im Zeitverlauf nicht zu beobachten.

Bei den Parteibindungen erwarten wir sehr deutliche Kontraste zwischen Ost- und Westeuropa, da sich im postsozialistischen Osten stabile, und das heißt von der Tagespolitik unabhängige, Parteibindungen noch nicht haben herausbilden können. Diese Erwartung wird sehr eindrucksvoll bestätigt. Fünf der sechs postsozialistischen Systeme in unserem Sample befinden sich am unteren Ende der Liste, nur Slowenien ist im oberen Mittelfeld einsortiert. Der Effekt der Parteibindungen ist über die vier Wellen des ESS weitgehend stabil, wir finden nur einen negativen Trend in den Niederlanden, wo der Effekt der Parteibindungen auf das Wahlverhalten offensichtlich im Niedergang begriffen ist, und einen positiven Trend in Spanien, wo sich der Effekt der Parteibindung anscheinend verstärkt (Tabelle 5).

In den beiden Teilen Deutschlands ist der Effekt von Parteibindungen auf die Wahlentscheidung jeweils relativ schwach: Westdeutschland rangiert am unteren Ende der westeuropäischen Länder, Ostdeutschland am unteren Ende der postsozialistischen Systeme. Auch hier repliziert Deutschland das europäische Muster: die Differenz in der Effektstärke ist beträchtlich und stabil; eine Angleichung durch einen wachsenden Einfluss der Parteibindung in Ostdeutschland ist nicht zu beobachten.

Der dritte im Bunde unserer drei Prädiktoren der Wahlentscheidung ist die ideologische Distanz, die wir anhand der Links-Rechts-Selbsteinstufung der Befragten und den objektiven Parteipositionen bestimmt haben. Den Effekt dieser Distanz erwarten wir erneut in den postsozialistischen Systemen Osteuropas deutlich geringer ausgeprägt als im Westen, nicht zuletzt deshalb, weil dort die Integration der aktuellen politischen Issues in den Bedeutungsrahmen des Links-Rechts- Schemas weniger weit fortgeschritten ist als in den Demokratien Westeuropas. Auch diese Erwartung finden wir in den Daten des ESS weitgehend bestätigt (Tabelle 6). Die sechs postsozialistischen Systeme finden sich wieder am unteren Ende unserer Liste, und sie werden dort nur durch Irland und Großbritannien auf der einen Seite und Belgien auf der anderen Seite unterstützt. Großbritannien und Irland sind zwei

Tabelle 5: Der Einfluss der Parteibindung auf die Wahlentscheidung, 2002-2008 (z-Koeffizienten [exp (B) / S.E.] aus einer multiplen logistischen Regression mit Sozialstruktur, Parteibindung und ideologischer Distanz als Prädiktoren der Wahlentscheidung)

Land	2002	2004	2006	2008	Ø	Trend
Finnland	36	38	36	41	38	-
Niederlande	42	37	35	34	37	↘
Belgien	32	39	42	36	37	-
Griechenland	37	37	-	34	36	-
Schweden	38	33	37	32	35	-
Slowakei	27	35	34	32	-	-
Österreich	31	32	31	31	-	-
Großbritannien	31	26	34	32	31	-
Dänemark	29	33	33	30	31	-
Portugal	27	30	28	28	29	-
Spanien	27	28	27	31	28	↗
Frankreich	26	30	26	28	28	-
West-Deutschland	**28**	**26**	**26**	**28**	**27**	-
Irland	25	26	26	-	26	-
Estland	26	24	26	25	-	-
Ungarn	26	22	29	22	25	-
Slowenien	24	24	23	24	24	-
Ost-Deutschland	**20**	**18**	**19**	**19**	**19**	-
Polen	22	17	21	16	19	-

Es werden ungewichtete Daten analysiert. Alle Koeffizienten signifikant mit p<0,001. Die Länder sind nach dem mittleren Effektkoeffizienten sortiert. Grau unterlegte Zeilen heben postsozialistische Länder/Gesellschaften hervor. Für ungewichtete Fallzahlen siehe Anhang 4.

Länder, in denen das Links-Rechts-Schema die politischen und sozialen Konflikte nur unvollständig absorbieren und integrieren kann. Dies zeigt sich nicht zuletzt daran, dass das Instrument der Links-Rechts-Skala in den britischen nationalen Wahlstudien nur sporadisch aufgenommen wird – man vertraut dort mehr auf die Erklärungskraft konkreter Issues oder eben auf die der Klassenlage. In Belgien ist das Problem anders gelagert: hier hat der Wähler zumeist zwei Parteien – eine flämische und eine wallonische –, die seinen ideologischen Präferenzen entspricht, und insofern ist auch dort die Links-Rechts-Heuristik von nur begrenztem Wert für die Erklärung der Wahlentscheidung, wenn sie nicht durch die Zugehörigkeit zu einer der Sprachfamilien qualifiziert wird.

Tabelle 6: Der Einfluss der ideologischen Distanz auf die Wahlentscheidung, 2002-2008 (z-Koeffizienten [exp (B) / S.E.] aus einer multiplen logistischen Regression mit Sozialstruktur, Parteibindung und ideologischer Distanz als Prädiktoren der Wahlentscheidung)

Land	2002	2004	2006	2008	Ø	Trend?
Schweden	-16	-17	-17	-16	-17	-
Niederlande	-12	-12	-14	-12	-13	-
Dänemark	-11	-10	-12	-15	-12	↗
Griechenland	-12	-12		-13	-12	-
Finnland	-11	-12	-10	-10	-11	-
West-Deutschland	**-10**	**-9**	**-9**	**-11**	**-10**	**-**
Österreich	-9	-7	-14	-10		-
Spanien	-7	-7	-9	-14	-10	↗
Frankreich	-9	-7	-11	-12	-10	↗
Portugal	-8	-9	-11	-11	-10	↗
Ungarn		-7	-10	-9	-9	-9
Großbritannien	-7	-7	-9	-8	-8	-
Polen	-6	-9	-7	-6	-7	-
Ost-Deutschland	**-8**	**-6**	**-7**	**-7**	**-7**	**-**
Belgien	-9	-5	-6	-6	-6	-
Irland	-6	-7	-4		-6	-
Slowakei	-5	-3	-7	-5		-
Slowenien	-4	-4	-4	-5	-4	-
Estland	-3	-1	-4	-3		-

Es werden ungewichtete Daten analysiert. Alle Koeffizienten signifikant mit p<0,001. Die Länder sind nach dem mittleren Effektkoeffizienten sortiert. Grau unterlegte Zeilen heben postsozialistische Länder/Gesellschaften hervor. Für ungewichtete Fallzahlen siehe Anhang 4.

Auch auf der Liste, die die Bedeutung der Links-Rechts-Distanz auf die Wahlentscheidung sortiert, nehmen also die neuen postsozialistischen Demokratien die unteren Plätze ein – von wenigen Ausnahmen bzw. Einsprengseln abgesehen. Die oberen Plätze werden von westeuropäischen Mehrparteiensystemen besetzt: Schweden, die Niederlande und Dänemark stehen ganz vorne, danach folgt – nach dem Ausrutscher Griechenland – Finnland, Westdeutschland und Österreich. Die Links-Rechts-Distanz ist offensichtlich in konsolidierten Mehrparteiensystemen eine besonders wertvolle Heuristik für die Wahlentscheidung, während sie diese Funktion nur in wenigen postsozialistischen Demokratien wahrnehmen kann, insbesondere Ungarn und Polen.

Bei der Betrachtung Deutschlands fällt auf, dass sich Ostdeutschland – anders als bei den beiden anderen Einflussfaktoren – unter den postsozialistischen Demokratien mit stärkerem Einfluss der ideologischen Distanz auf die Parteiwahl einordnet. Hier mag der vermutete Effekt eingetreten sein, dass die ostdeutsche Bevölkerung durch die Vereinigung in ein bestehendes Parteiensystem eingetreten ist und eine bereits etablierte Links-Rechts-Heuristik übernehmen konnte. Auch hier zeigt sich jedoch im beobachteten Zeitraum eine konstante Distanz zwischen West- und Ostdeutschland.

In der Gesamtschau zeigt sich die relative Stärke der drei Einflussfaktoren. Am stärksten beeinflusst die Parteibindung die Parteiwahl, gefolgt von der Sozialstruktur und der ideologischen Distanz. Diese Hierarchisierung sollte jedoch vor dem Hintergrund möglicher Messfehler mit Vorsicht betrachtet werden. Veränderungen im Zeitverlauf zeigen sich am ehesten in Westeuropa in einer zunehmenden Virulenz der sozialstrukturell bedingten Parteiwahl, die in südeuropäischen Ländern mit einer Zunahme der ideologischen Distanz einhergeht.

Deutschland repliziert in seinen beiden Teilen weitgehend die Unterschiede zwischen etablierten und postsozialistischen Demokratien. Westdeutschland erweist sich als typische etablierte Demokratie. Indizien, die auf einen Sonderfall Ostdeutschland gegenüber den anderen postsozialistischen Demokratien hinweisen, gibt es wenige. Am ehesten zeigt sich im – für postsozialistische Bedingungen – vergleichsweise starken Einfluss der ideologischen Distanz auf die Parteiwahl in Ostdeutschland, dass die Bevölkerung einem existierenden Parteiensystem beigetreten ist und nicht erst einen strukturierten ideologischen Raum entwickeln muss. Zwar haben die Ostdeutschen damit einen gewissen ‚Startvorteil' gegenüber anderen postsozialistischen Demokratien, doch müssen auch sie die nötigen individuellen Orientierungs-, Entscheidungs- und Handlungsprozesse etablieren, die eine im Aggregat konsolidierte Parteiwahl erst ermöglichen. Zudem hat die Vereinigung durch die Etablierung von PDS/Linke auch zu Verschiebungen im Parteiensystem geführt, die zu einer Abschwächung der Bedingungsfaktoren der Parteiwahl in ganz Deutschland führen können. Beobachten konnten wir im gegebenen Zeitraum immerhin einen leichten Rückgang des sozialstrukturellen Effekts in beiden Teilen Deutschlands. Die Konstanz des Effekts aller drei Bedingungsfaktoren im beobachteten Zeitraum bedingt auch ein konstanter Unterschied zwischen West- und Ostdeutschland. Trotz aller Übernahme- oder Vermischungseffekte bleibt der innerdeutsche Unterschied in Bezug auf ein konsolidiertes Wahlverhalten weiterhin bestehen.

Diskussion: Kandidaten und Issues

Die Erklärungskraft der einzelnen Faktoren der Wahlentscheidung variiert je nach soziopolitischem Kontext. Dies ist spätestens in den 1990er Jahren offensichtlich geworden, als immer mehr vergleichende Wahlstudien ihre Daten für die Sekundäranalyse zur Verfügung gestellt haben – wir denken hier an die Daten der *European Election Studies*, die *European Voter*-Daten, und nicht zuletzt an die nun drei Wellen der *Comparative Study of Electoral Systems*.[13] Kaum ein wichtiges Buch stützt sich heute mehr auf eine einzige Wahl, und auch mehrere Wahlen umfassende Länderstudien werden – in der empirischen Wahlforschung zumindest – immer seltener.

Wir haben in diesem Beitrag eine sehr ‚mächtige' Kontextvariation in den Mittelpunkt gestellt, nämlich: ob eine Wahlentscheidung in einem in vielerlei Hinsicht ‚konsolidierten' System Westeuropas getroffen wird, oder in einem der noch immer ‚fluiden' Systeme im postsozialistischen Osten des Kontinents. Dass diese Kontextvariation auch die beiden Teile Deutschlands betrifft, haben wir dabei immer berücksichtigt und haben deshalb die verschiedenen Schätzwerte nicht für das wiedervereinigte Deutschland als Ganzes, sondern für West- und Ostdeutschland separat berichtet.

Wenn wir auch mit Analyseproblemen zu kämpfen hatten, die sich aus der Konzeption und Instrumentierung unserer Datenbasis – des ESS – ergeben, sind unsere Ergebnisse doch recht klar und eindeutig. Die konventionellen Instrumente zur Erklärung der Wahlentscheidung – die soziale Lage der Wähler, ihre Parteieigung sowie ihre Policy-Distanz zu den zur Wahl stehenden Parteien – sind im postsozialistischen Osten Europas deutlich weniger hilfreich für unser Verständnis der Motivation der Wahl als im konsolidierten Westen.

Dies kann nur bedeuten, dass die Wahlentscheidung im postsozialistischen Osten Europas auf sehr viel kurzfristigere Stimuli reagiert, als wir sie hier in der Analyse berücksichtigen konnten. Wie die Problemlösungskompetenz der Kandidaten eingeschätzt wird, die sich zur Wahl stellen; wie die Performanz der Regierungskoalition angesichts der zentralen politischen Probleme eingeschätzt wird; oder auch: welche Vorwahlkoalitionen vereinbart worden sind – dies wären vielleicht einige der Instrumente gewesen, die unser Verständnis der Wahlentscheidung in den postsozialistischen Systemen deutlich hätten verbessern können. Sicher ist, dass Parteibindungen im Osten Europas noch nicht die Rolle spielen, die sie in vielen konsolidierten westlichen Demokratien spielen bzw. gespielt haben – auch hier sind Veränderungen nicht zu verkennen. Sicher ist auch, dass sich die soziale Lage im Osten nicht so klar in die Wahlentscheidung überträgt wie im Westen, obwohl dort dealigment-Tendenzen offensichtlich sind. Kommen wir schließlich zur Welt der Issue- und Policyeffekte auf die Wahlentscheidung. Hier glauben wir, dass die Valenzlogik, nach der die Performanz einer Partei – oder auch die ihr (davon nicht unabhängig) zugeschriebene Kompetenz zur adäquaten Problemlösung – das Wahlverhalten viel

---

13 Auch die *Mannheim Eurobarometer Trendfiles* sind hier zu nennen, oder die *European Value Surveys* und die *World Value Surveys*, und nicht zuletzt auch die ESS, auf die sich dieser Beitrag stützt. Gemeinsam ist diesen allen, dass es sich nicht um Wahlstudien im engeren Sinne handelt, und dies hat in der Regel recht restriktive Konsequenzen für die zur Analyse zur Verfügung stehenden Indikatoren.

stärker beeinflusst als das uns hier von der Datenlage zur Verfügung gestellte räumliche Modell zur Erklärung des Wahlverhaltens.

Literatur

Ágh, Attila 1998: The End of the Beginning. The Partial Consolidation of East Central European Parties and Party Systems. In: Pennings, Paul/Lane, Jan-Eric (Hrsg.): Comparing Party System Change. London: Routledge, 202-215.

Arzheimer, Kai 2006: Dead Men Walking? Party Identification in Germany, 1977-2002. In: Electoral Studies 25, 791-807.

Bartolini, Stefano/Mair, Peter 1990: Identity, Competition, and Electoral Availability. The Stabilisation of European Electorates 1885-1985. Cambridge/New York: Cambridge University Press.

Converse, Philip E. 1969: Of Time and Partisan Stability. In: Comparative Political Studies 2, 139-171.

Dalton, Russell J./Flanagan, Scott A./Beck, Paul A. (Hrgs.) 1984: Electoral Change in Advanced Electoral Democracies: Realignment or Dealignment? Princeton: Princeton University Press.

Dalton, Russell J./Weldon, Steven 2007: Partisanship and Party System Institutionalisation. In: Party Politics 13, 179-196.

Downs, Anthony 1957: An Economic Theory of Democracy. New York: Harper.

Erikson, Robert 1988: The Puzzle of Midterm Loss. In: Journal of Politics 50, 1011-1029.

Fiorina, Morris 1981: Retrospective Voting in American National Elections. New Haven: Yale University Press.

Franklin, Mark N./Mackie, Thomas T./Valen, Henry u. a. 1992. Electoral Change: Responses to Evolving Social and Attitudinal Structures in Western Nations. Cambridge: Cambridge University Press.

Gallagher, Michael 2010: Election Indices. http://www.tcd.ie/Political_Science/staff/michael_gallagher/ElSystems/Docts/ElectionIndices.pdf. (letzter Zugriff 7. September 2010).

Harrison, Eric/Rose, David 2006: The European Socio-economic Classification (ESeC) User Guide. http://www.iser.essex.ac.uk/esec/guide/docs/UserGuide.pdf (letzter Zugriff 7 September 2010).

Hooghe, Liesbet/Bakker, Ryan/Brigevich, Anna/de Vries, Catherine/Edwards, Erica/Marks, Gary/Rovny, Jan/Steenbergen, Marco/Vachudova, Milada 2010: Reliability and Validity of Measuring Party Positions. The Chapel Hill Expert Surveys of 2002 and 2006. In: European Journal of Political Research 49, 687-703.

Inglehart, Ronald/Klingemann, Hans-Dieter 1976: Party Identification, Ideological Preference and the Left-Right Dimension among Western Mass Publics. In: Budge, Ian/Crewe, Ivor/Farlie, Dennis (Hrsg.): Party Identification and Beyond. Representations of Voting and Party Competition. London u. a.: John Wiley/Sons, 243-273.

Kaase, Max 1976: Party identification and voting behavior in the West-German election of 1969. In: Budge, Ian/Crewe, Ivor/Farlie, Dennis (Hrsg.): Party Identification and Beyond. London: Wiley, 91-115.

Kroh, Martin/Selb, Peter 2009: Inheritance and the Dynamics of Party Identification. In: Political Behavior 31, 559-574.

Laakso, Markku/Taagepera, Rein 1979: 'Effective' Number of Parties. A Measure with Application to West Europe. In: Comparative Political Studies 12, 3-27.

Lipset, Seymour Martin/Rokkan, Stein 1967: Cleavage Structures, Party Systems and Voter Alignments. An Introduction. In: Lipset, Seymour Martin/Rokkan, Stein (Hrsg.): Party Systems and Voter Alignments. Cross-National Perspectives. New York: Free Press, 1-64.

Markowski, Radoslaw 1997: Political Parties and Ideological Spaces in East Central Europe. In: Communist and Post-Communist Studies 30, 221-254.

Mayhew, David R. 2000: Electoral Realignments. In: Annual Review of Political Science 3, 449-474.

Müller, Walter 2000: Klassenspaltung im Wahlverhalten – eine Reanalyse. In: Kölner Zeitschrift für Soziologie und Sozialpsychologie 52, 790–795.

Oscarsson, Henrik/Holmberg, Sören 2011: Party leader effects on the vote. In: Aarts, Kees/Blais, André/Schmitt, Hermann (Hrsg.): Political Leaders and Democratic Elections. Oxford: Oxford University Press, (im Erscheinen).

Park, Andrus 1993: Ideological Dimension of the Post-Communist Domestic Conflicts. In: Communist and Post-Communist Studies 26, 265-276.

Pedersen, Mogens 1979: The Dynamics of European Party Systems. Changing Patterns of Electoral Volatility. In: European Journal of Political Research 7, 1-26.

Reif, Karlheinz/Schmitt, Hermann 1980: Nine Second-Order National Elections. A Conceptual Framework for the Analysis of European Election Results. In: European Journal of Political Research 8, 3-44.

Rose, Richard/Mischler, William 1998: Negative and positive party identification in post-communist countries. In: Electoral Studies 17, 217-234.

Sakwa, Richard 1996: Russian Politics and Society. London. New York: Routledge.

Schmitt, Hermann 1992: So dicht war die Mauer nicht! Über Parteibindungen und cleavages im Osten Deutschlands. In: Hirscher, Gerhard (Hrsg.): Die Entwicklung der Volksparteien im vereinten Deutschland. München: Verlag Bonn Aktuell, 229-252.

Schmitt, Hermann 2001: Zur vergleichenden Analyse des Einflusses gesellschaftlicher Faktoren auf das Wahlverhalten: Forschungsfragen, Analysestrategien und einige Ergebnisse. In: Klingemann, Hans-Dieter/Kaase, Max (Hrsg.): Wahlen und Wähler. Analysen aus Anlass der Bundestagswahl 1998. Opladen: Westdeutscher Verlag, 623-645.

Schmitt, Hermann 2009: Multiple Party Identifications. In: Klingemann, Hans-Dieter (Hrsg.): The Comparative Study of Electoral Systems. Oxford: Oxford University Press, 137-157.

Schmitt, Hermann/van der Eijk, Cees 2009: On the Changing and Variable Meaning of Left and Right. In: Paper prepared for presentation at the XXI World Congress of the International Political Science Association. Santiago de Chile, July 12-16.

Schmitt-Beck, Rüdiger/Weick, Stefan/Christoph, Bernhard 2006: Shaky attachments: Individual level stability and change of partisanship among West-German voters, 1984-2001. In: European Journal of Political Research 45: 581-608.

Sikk, Allan 2005: How Unstable? Volatility and the Genuinely New Parties in Eastern Europe. In: European Journal of Political Research 44, 391-412.

Sikk, Allan 2006: Highways to Power: New Party Success in Three Young Democracies. Dissertationes Rerum Politicarum Universitatis Tartuensis 1. Tartu: Tartu University Press.

Sniderman, Paul M./Brody, Richard A./Tetlock, Philip E. 1991: Reasoning and Choice. Explorations in Political Psychology. Cambridge: Cambridge University Press.

Stimson, James A. 1999: Public Opinion in America: Moods, Cycles, and Swings. 2nd Edition. Boulder, CO: Westview Press.

Stinchcombe, Arthur L. 1975: Social Structure and Politics. In: Polsby, Nelson/Greenstein, Fred (Hrsg). Handbook of Political Science, vol. 3. Reading, MA: Addison Wesley, 557-622.

Tavits, Margit 2005: The Development of Stable Party Support. Electoral Dynamics in PostPost-Communist Europe. In: American Journal of Political Science 49, 283–298.

Tavits, Margit 2008: On the linkage between electoral volatility and party system instability in Central and Eastern Europe. In: European Journal of Political Research 47, 537–555.

van der Eijk, Cees/Franklin, Mark N. 1996: The European Electorate and National Politics in the Face of Union. Ann Arbor: University of Michigan Press.

van der Eijk, Cees/Schmitt, Hermann/Binder, Tanja 2005: Left-Right Orientation and Party Choice. In: Thomassen, Jacques (Hrsg.): The European Voter. A Comparative Study of Modern Democracies. Oxford: Oxford University Press, 167-191.

van der Eijk, Cees/Schmitt, Hermann 2010: Party Manifestos as a Basis of Citizens' Left-Right Perceptions. In: Paper prepared for presentation at the Annual Conference of the American Political Science Association. Washington D.C., September 2-5.

Whitefield, Stephen 2002: Political Cleavages and Post-communist Politics. In: Annual Review of Political Science 5, 181-200.

Whitefield, Steven/Evans, Geoffrey 1998: Electoral Politics in Eastern Europe: Social and Ideological Influences on Partisanship in Eastern Europe. In: Higley, John/Pakulski, Jan/Wesolowski, Wlozimierz (Hrsg.): Post-Communist Elites and Democracy in Eastern Europe. London/Basingstoke: Macmillan, 115-139.

Zielinski, Jakub 2002: Translating Social Cleavages into Party Systems. The Significance of New Democracies. In: World Politics 54, 184-211.

Anhang 1: Die relevanten *Parteien, für die Parteistapel gebildet wurden* (die Bezeichnung der ausländischen Parteien folgt dem *Chapel Hill Expert Survey*)

Westdeutschland: Sozialdemokratische Partei Deutschlands (SPD), Christlich-Demokratische Union (CDU), in Bayern: Christlich-Soziale Union (CSU), Bündnis '90/Die Grünen (B90/Grüne), Freie Demokratische Partei (FDP), Partei des Demokratischen Sozialismus/Die Linke (PDS/Linke)

Ostdeutschland: Sozialdemokratische Partei Deutschlands (SPD), Christlich-Demokratische Union (CDU) , Bündnis '90/Die Grünen (B90/Grüne), Freie Demokratische Partei (FDP), Partei des Demokratischen Sozialismus/Die Linke (PDS/Linke)

Österreich: Social Democratic Party of Austria (SPÖ), Austrian People's Party (ÖVP), Freedom Party of Austria (FPÖ), The Greens (Grüne), Alliance for the Future of Austria (BZÖ, ab R3)

Belgien: Green! (Agalev/Groen!), Flemish Liberals and Democrats (VLD), Flemish interst (VB), Ecolo (Ecolo), Socialist Party (PS), Christian Democrat and Flemish (CVP/CD&V), New Flemish Alliance (N-VA), Socialist Party Different Spirit (SP/SPA), Humanist Democratic Centre (PSC/CDH), Reformist Movement (MR)

Dänemark: Social Demokrats (SD), Radical Left / Social Liberal Party (RV), Conservative People's Party (KF), Socialist People's Party (SF), Danish People's Party (DF), Liberal Party of Denmark (V)

Estland: Pro Patria and Res Public Union (IRL), Estonian Centre Party (EK), Estonian Reform Party (ER), Estonian Social Democratic Party (SDE), Estonian People's Union (ERL),

Finnland: National Coalition Party (KOK), Swedish People's Party (RPK/SFP), Centre Party (KESK), Christian Democrats (KD), Green League (VIKR), Finnish Social Democratic Party (SDP), Left Alliance (VAS)

Frankreich: National Front (FN), Communist Party (PC), Socialist Party (PS), Union for Popular Movement (UMP), Unoin for French Democracy (UDF), Green Party (Verts)

Griechenland: Panhellenic Socialist Movement (PASOK), New Democracy (ND), Communist Party of Greece (KKE), Coalition of the Radical Left (SYN/SYRIZA)

Irland: Fianna Fail (FF), Fine Gael (FG), Labour (Lab), Progressive Democrats (PD), Green Party (GP), Sinn Fein (SF)

Niederlande: Christian Democratic Apeal (CDA), Labour Party (PvdA), People's Party for Freedom and Democracy (VVD), Pim Fortuyn (LPF), Democrats 66 (D66), Green Left (GL), Socialist Party (SP), Christian Union (CU)

Polen: Alliance of Democratic Left (SDL-UP), Civic Platform (PO), Self Defense (SRP), Law and Justice (PiS), Polish Peoples Party (PSL), League of Polish Families (LPR)

Portugal: Left Block (BE), Democratic and Social Centre / People's Party (CDS/PP), Unitarian Democratic Coalition (CDU), Socialist Party (PS), Democratic People's Party / Social Democratic Party (PPD/PSD)

Schweden: Centre Party (C), Liberal People's Party (FP), Christian-Democrats (KD), Greens (MP), Moderate Rally Party (M), Workers' Party - Social Democrats (SAP), Left Party (V)

Slowakei: People's Party – Movement for a Democratic Slovakia (LS-HZDS), Slovak Democratic and Christian Union/Democratic Party (SDKU-DS), Direction – Social Democracy (Smer), Party of the Hungarian Coalition (SMK), Christian Democratic Movement (KDH), New Citizens' Alliance (ANO, nur R2), Slovak National Party (SNS, ab R3)

Slowenien: Slovenian Democratic Party (SDS), Liberal Democracy of Slovenia (LDS), United List of Social Democrats (ZLSD), New Slovenia – Christian Peoples Party (NSI), Slovenian National Party (SNS), Democratic Party of Pensioners of Slovenia (DESUS), Slovenian People's Party (SLS)

Spanien: People's Party (PP), Spanish Socialist Workers' Party (PSOE), United Left (IU), Convergence and Unity (CiU), Republican Left of Catalunya (ERC, ab R3), Basque Nationalist Party (EAN/PNV), Galician Nationalist Bloc (BNG)

Ungarn: Hungarian Civic Union / Hungarian Democratic Forum (Fidesz-MDF, bis R2), Hungarian Civic Union (Fidesz-M, ab R3), Hungarian Democratic Forum (MDF, ab R3), Hungarian Socialist Party (MSZP), Alliance of Free Democrats (SZDSZ)

Vereinigtes Königreich: Conservative Party (Cons), Labour Party (Lab), Liberal Democratic Party (LibDems), Scottish National Party (SNP), Plaid Cymru (Plaid), Green Party (Greens, ab R3)

Anhang 2: Faktoren zur Imputation fehlender Werte bei den Links-Rechts-Selbsteinstufungen

Faktor 1: Vertrauen in westliche Bündnisse (Europäisches Parlament, Vereinte Nationen).

Faktor 2: Vertrauen in staatliche Institutionen (Parlament, Politiker, Justiz).

Faktor 3: Wichtigkeit moderner Lebensstil (Abenteuer, Vergnügen, Erfolg, Abwechslung, Spaß, Bewunderung, Geld).

Faktor 4: Zufriedenheit mit staatlichem Handeln (Bildungssystem, Gesundheitssystem, Wirtschaftslage, Leistung der Regierung, Funktionieren der Demokratie).

Faktor 5: Wichtigkeit soziale Orientierung (Menschen zuhören, Menschen helfen, Umweltschutz, Chancengleichheit, Loyalität).

Faktor 6: Wichtigkeit Konformität (gutes Benehmen, Regeln befolgen, Respekt, Sicherheit, starker Staat).

Faktor 7: Religiosität (Religiosität, Kirchgangshäufigkeit, Konfession).

Faktor 8: Einstellung zur Zuwanderung (Auswirkung von Zuwanderern auf Land, Kultur, Wirtschaft).
Faktor 9: Vertrauen in Mitmenschen (andere Menschen sind fair, hilfsbereit, vertrauenswürdig).
Faktor 10: Politische Partizipation (Mitarbeit in politischer Partei, Parteiabzeichen, Kontakt zu Politiker, Mitarbeit in Organisation, Teilnahme an genehmigter Demonstration).
Faktor 11: Lebenszufriedenheit (Lebenszufriedenheit, Glück).
Faktor 12: Efficacy (Meinung bilden, Politik verstehen).
Faktor 13: Gleichheit (Staat soll Einkommensunterschiede verringern).
Faktor 14: Demokratische Einstellung (Verbot antidemokratischer Parteien).

Anhang 3: Anzahl der Parteienstapel pro Land und Welle

	2002	2004	2006	2008	∑
Westdeutschland	5	5	5	5	20
Ostdeutschland	5	5	5	5	20
Österreich	4	4	5	-	13
Belgien	10	10	10	10	40
Dänemark	6	6	6	6	24
Spanien	6	6	7	7	26
Finnland	7	7	7	7	28
Frankreich	6	6	6	6	24
Großbritannien	5	5	6	6	22
Griechenland	4	4	-	4	12
Irland	6	6	6	-	18
Niederlande	7	7	8	8	30
Portugal	5	5	5	5	20
Schweden	7	7	7	7	28
Summe West-Europa	**73**	**73**	**73**	**66**	**285**
Estland	-	5	5	5	15
Ungarn	3	3	4	4	14
Polen	6	6	6	6	24
Slowenien	7	7	7	7	28
Slowakei	-	6	6	6	18
Summe Ost-Europa	**16**	**27**	**28**	**28**	**99**
Summe Gesamt	**99**	**110**	**111**	**104**	**424**

Anhang 4: Fallzahlen pro Land und Welle

	2002	2004	2006	2008
West-Deutschland	9.105	9.255	9.380	8.920
Ost-Deutschland	5.490	5.095	5.200	4.835
Österreich	9.028	9.024	12.025	0
Belgien	18.990	17.780	17.980	17.600
Dänemark	9.036	8.922	9.030	9.660
Spanien	10.374	9.978	13.132	18.032
Finnland	14.000	14.154	13.272	15.365
Frankreich	9.018	10.836	11.916	12.438
Großbritannien	10.264	9.624	0	8.288
Griechenland	12.276	13.716	10.800	0
Irland	18.912	15.048	15.112	14.224
Niederlande	7.555	10.260	11.110	11.835
Portugal	13.993	13.636	13.489	12.810
Schweden	10.260	9.485	14.364	14.112
Estland	0	9.945	7.585	8.305
Ungarn	5.055	4.494	6.072	6.176
Polen	12.660	10.296	10.326	9.714
Slowenien	10.633	10.094	10.332	9.002
Slowakei	0	9.072	10.596	10.860

Allgemeine und politische Mediennutzung

Jens Tenscher & Lore Hayek

Seit jeher übernehmen Medien eine Schlüsselrolle im Prozess der Stabilisierung von Gesellschaften, bei deren sozialer, kultureller, ökonomischer und politischer Entwicklung (vgl. u. a. Schade 2005) und nicht zuletzt im Rahmen von Demokratisierungs- und Transformationsprozessen (vgl. Voltmer 2000; 2008). Dies gilt in besonderem Maße für jene Medien, die Informationen zur öffentlichen Kommunikation zur Verfügung stellen und dabei zeitliche und/oder räumliche Grenzen überbrücken helfen. Angesprochen sind hier zum einen die „klassischen" Medien der Massenkommunikation, d.h. Print- und Rundfunkmedien, zum anderen – und in zunehmendem Maße – aber auch die Neuen Medien, die computervermittelt und auf digitaler Basis Gemeinschaftskommunikation ermöglichen. Zusammen leisten sie einen wesentlichen Beitrag zur „Selbstbeobachtung" (Luhmann 2004: 173) von Gesellschaften, zur sozialen wie politischen Orientierung und zur Integration ihrer Mitglieder.

Beide, Massenmedien und Neue Medien, haben in den vergangenen Jahren einen rasanten Entwicklungs- und Expansionsschub erfahren. Dieser manifestiert sich, zumal in den etablierten Demokratien des Westens, in einer enormen Ausweitung des Angebots an Rundfunkprogrammen, Internetdiensten und -produkten bei gleichzeitig voranschreitender Diversifizierung von Medienformaten und -inhalten (Schulz 2008: 21ff.). In einer Phase, in der die Bindekräfte tradierter intermediärer Instanzen wie Parteien, Gewerkschaften oder Kirchen schwinden, in der primäre und sekundäre Sozialisationsinstanzen (insbesondere Familie und Schule) an Einfluss verlieren, hat die Möglichkeit, sich über Medien zu informieren, sich auszutauschen und zu vernetzen, in den postindustriellen Gesellschaften exponentiell zugenommen.

Auch aus Sicht der Bevölkerungen der postsozialistischen Länder Osteuropas, in denen Parteien und politischen Eliten auch zwanzig Jahre nach dem Umbruch noch mit ausgeprägter Skepsis begegnet wird, stellen die Massenmedien die einzige Möglichkeit zur gesellschaftlichen und politischen Beobachtung dar (Thomaß 2007: 238ff.). Dabei sehen sie sich jedoch mit Mediensystemen konfrontiert, die sich selbst in einem grundlegenden Transformationsprozess befinden. Dieser ist länderübergreifend gekennzeichnet durch die sukzessive Verdrängung ehemaliger staatlicher Kontrolle über die Medien durch ökonomische bzw. kommerzielle Imperative (Voltmer 2008: 30f.; Tenscher 2008: 425ff.). Nicht alle Länder haben dabei einen strikten und reibungslosen Kurs der „Verwestlichung" eingeschlagen; vielmehr prägen noch heute klientelistische Strukturen, staatliche Eingriffe bis hin zu Repressionen und journalistische Selbstzensur die Medienlandschaften einiger osteuropäischer Länder (vgl. Jakubowicz 2007; Jakubowicz/Sükösd 2008). Im Vergleich hierzu ist die Neugestaltung des ostdeutschen Mediensystems bzw. dessen Einbettung in das westdeutsche, demokratisch-korporatistische Modell zügig und ohne größere Komplikationen verlaufen (vgl. Altendorfer 2001). Welche Konsequenzen dies für die Mediennutzung hat, gilt es an dieser Stelle zu erörtern.

Schließlich ist der mediale Wandel in den vergangenen Jahren oftmals zur zentralen Antriebsfeder der Veränderungen und zu *dem* Wesensmerkmal moderner Gesellschaften erhoben worden (vgl. u. a. Krotz 2007). Erinnert sei in diesem Zusammenhang nur an Konzepte der „Informationsgesellschaft" (Nora/Minc 1979), der „Mediengesellschaft" (Goldmann 1973), der „Netzwerkgesellschaft" (Castells 1996) oder, übertragen auf die Sphäre des Politischen, der „Mediendemokratie" (Sarcinelli 1998) und der „elektronischen Demokratie" (Kamps 1999). Ungeachtet ihrer jeweiligen Akzentuierungen treffen sich die hinter diesen Begrifflichkeiten stehenden Konzeptionalisierungen in zwei Punkten: Sie verweisen allesamt zuvorderst auf die sich verändernden technischen Möglichkeiten zur Informationsübertragung und die sich daraus ergebenden *Potenziale* für gesellschaftliche Inklusion, Partizipation und Verständigung. Darüber hinaus stellen sie die Frage in den Mittelpunkt, welchen Einfluss die Ausbreitung und Nutzung bestimmter Medien(inhalte) auf die *politische Kultur* eines Landes haben. Die entsprechenden Befunde lassen hier, je nach politischem Bezugsobjekt, Orientierungsdimension, rezipierten Medien, sozialstrukturellen und kulturellen Einflussgrößen, unterschiedliche Interpretationen zu. Von der Ausbreitung und Nutzung „der" Medien an sich oder eines spezifischen Mediums lassen sich jedoch weder dysfunktionale noch funktionale Effekte auf Individuen oder gar Gesellschaften verallgemeinernd ableiten (vgl. zusammenfassend Tenscher 2009).

Vor diesem Hintergrund erfolgt an dieser Stelle eine longitudinale als auch ländervergleichende Analyse des Mediennutzungsverhaltens in Europa unter besonderer Berücksichtigung der Entwicklung in Deutschland. Diese blickt zum einen auf die allgemeine Nutzung der Massenmedien und speziell des Internets, zum anderen beschäftigt sie sich mit der politischen Informationsnutzung sowie deren Einfluss auf die politische Kultur. Exemplarisch wird hierzu der Einfluss der politikorientierten Mediennutzung auf das politische Effizienzgefühl untersucht[1] (für andere Dimensionen vgl. u. a. Holtz-Bacha 1990; Wolling 1999; Newton 1999; Tenscher 2009). Der *European Social Survey* ermöglicht in diesem Zusammenhang eine seltene doppelte Fokussierung; erhebt er doch allgemeine *und* politikorientierte Mediennutzungsgewohnheiten im Zeit- *und* Ländervergleich.[2] Er gestattet also einen

---

1 Die Beschränkung auf das politische Kompetenzgefühl ist auch der Datenlage geschuldet: Als einzige politische Orientierungsvariablen, die in allen vier Wellen des ESS und in allen Ländern erhoben wurden, kann auf zwei Items zur Messung der internal efficacy zurückgegriffen werden.
2 Das Mediennutzungsverhalten der Deutschen wird seit 1964 alle fünf bzw. sechs Jahre im Rahmen der ARD/ZDF-Langzeitstudie „Massenkommunikation" erhoben. Für internationale Vergleiche bieten sich diverse Studien an, die i.d.R. jedoch zumeist nur die Nutzung *eines* Massenmediums beleuchten (Hasebrink/Herzog 2009: 134f.). In den seit 1974 regelmäßig durchgeführten *Eurobarometer*-Umfragen finden sich Hinweise auf die informationsorien-

Blick darauf, welche Bevölkerungsgruppen in welchem Maße welche Medien zur Beobachtung der Gesellschaft nutzen, und von wem die heute wesentlichen „Brücken zur Welt der Politik" (Klingemann/Voltmer 1989) – Massenmedien und Neue Medien – wie und mit welchen Folgen beschritten werden. Um diese Fragen zu beantworten, wird im Folgenden zunächst der Forschungsstand kurz skizziert (Kap. 2). Aus diesem leiten sich die Hypothesen ab (Kap. 3), denen im empirischen Teil auf den Grund gegangen wird (Kap. 4). Die zentralen Befunde, die zur Verortung Deutschlands auf der Karte der europäischen Mediennutzungslandschaften dienen und zugleich Erklärungen für Varianzen im allgemeinen wie politikorientierten Medienkonsum liefern, werden abschließend zusammengefasst (Kap. 5).

Massenmedien, „Neue Medien" und deren Nutzung

Mediennutzung und gesellschaftlicher Wandel

Massenmedien und „Neue Medien" gehören zu den Wesensmerkmalen „(post-)moderner" Gesellschaften. Entsprechend naheliegend und zugleich verführerisch ist es, ihre Ausbreitung und Verankerung als komparativen Prüfstein für die „Verfassung" bzw. den „Modernisierungsgrad" von Ländern heranzuziehen (vgl. u. a. Hallin/Mancini 2004; Tenscher 2008). Dies geschieht immer wieder und auf ganz unterschiedlichen Ebenen, deutlich häufiger jedoch mit Blick auf die institutionellen Rahmenbedingungen, die öffentliche und politische Kommunikation ermöglichen (*Mediensysteme und Medienangebot*), als unter der Fragestellung, wie sich Menschen Medien zunutze machen und in ihren Alltag integrieren (*Mediennutzung und Medienwirkung*; Wilke 2002: 18ff.; Saxer 2007: 464ff.).

Die Befunde dieser beiden Forschungsstränge zusammengenommen, wird eines deutlich: Die simple Annahme, dass Länder mit einer hohen Verbreitung eines Mediums fortgeschrittener oder gar „moderner" seien als jene, in denen bestimmte Medien weniger zugänglich sind oder in geringerem Maße genutzt werden, ist nicht haltbar. Medien sind nur ein unzureichender Indikator, um Aussagen über den „Entwicklungsstand" einer Gesellschaft zu machen. Denn erstens manifestieren sich in der „Angebotsseite", d.h. in der Verfassung des Mediensystems und den zur Verfügung stehenden Medienprogrammen, zuvorderst länderspezifische kulturelle, politische und ökonomische Entwicklungspfade sowie entsprechend divergierende Funktionszuschreibungen gegenüber der Rolle der Massen- und Neuen Medien in einer Gesellschaft (Tenscher 2008: 415ff.). Diese hängen jedoch nicht immer mit

tierte Mediennutzung (vgl. u. a. Tenscher 2009), sporadisch auch Daten zur Verbreitung und Nutzung neuer Informationstechnologien (vgl. u. a. Wilke/Breßler 2005; The Gallup Organization 2007). Nicht erhoben wird jedoch, im Unterschied zum *European Social Survey*, die allgemeine Mediennutzung.

dem aktuellen „Modernisierungsgrad" eines Landes zusammen, wie die rasante Umgestaltung der Mediensysteme in den postsozialistischen Ländern Osteuropas nachdrücklich verdeutlicht (vgl. u. a. Thomaß 2007; Jakubowicz 2007; Voltmer 2008). Zweitens ist Mediennutzung weniger als ein linearer Diffusionsprozess zu verstehen, nach dem die Zugänglichkeit zu neuen Medien (z. B. privates Fernsehen, Online-Medien) zwangsläufig zu erhöhter Nutzung führen müsse. Dem stehen nicht nur individuell begrenzte Ressourcen (Zeit, Kompetenzen, Bedürfnisse und Erwartungen) entgegen, die das Ausmaß des Medienkonsums – unabhängig vom Angebot – regulieren (Marr/Bonfadelli 2005: 509ff.). Entscheidend ist vor allem, dass alle Medien einen Prozess der „Domestizierung" (Röser 2007) durchlaufen, in welchem sie ihren „qualitativen Stellenwert" (Hasebrink/Herzog 2009: 132) in der jeweiligen Kultur erhalten.

Dieser Domestizierungsprozess kennzeichnet ebenso die „dritte Demokratisierungswelle" (Huntington 1991) in Osteuropa: So zeigen sich z. B. Ostdeutsche auch zwanzig Jahre nach der Deutschen Einheit gegenüber „westdeutschen" Fernsehinformationsprogrammen, insbesondere von ARD und ZDF, deutlich zurückhaltender als Westdeutsche. Dafür wenden sie sich umso stärker Unterhaltungsprogrammen zu (vgl. Jandura/Meyen 2010). Beide Tendenzen sind auf kulturell tief verankerte Lebens- und Konsumgewohnheiten in der ehemaligen DDR zurückzuführen (vgl. Meyen 2001, 2002). Diese verändern sich jedoch deutlich langsamer als das Medienangebot. Ähnliches lässt sich auch mit Blick auf die in den postsozialistischen Ländern Osteuropas weitverbreitete Skepsis gegenüber den Fernsehnachrichtenprogrammen und dem Journalismus im Allgemeinen sagen. Programm wie Profession werden schlichtweg von vielen auch heute noch als jene staatlich gelenkten Propagandainstrumente wahrgenommen, die sie zu Zeiten des Sozialismus waren – ungeachtet z. T. tiefgreifender struktureller Veränderungen, Entstaatlichungs- und Teilkommerzialisierungsprozesse (Thomaß 2007: 240ff.; Voltmer 2008: 29ff.). In Ostdeutschland scheint sich die Skepsis gegenüber „den Westmedien" schneller verflüchtigt zu haben als die Distanz der Osteuropäerinnen und -europäer gegenüber den neuen Medienangeboten im Zeitalter des Postsozialismus. Dies mag einerseits auf die weiter zurückreichenden Erfahrungen der ehemaligen DDR-Bürgerinnen und Bürger mit dem Rundfunkangebot der BRD zurückzuführen sein.[3] Andererseits mögen hier auch die vergleichsweise rasche und stringente Implementierung eines in Westdeutschland „bewährten" Mediensystems und das verbreitete Misstrauen in Osteuropa gegenüber einer „Verwestlichung", Kommerzialisierung und neuen Oligarchisierung der Medienlandschaften eine Rolle gespielt haben (vgl. Huber 2006; Jakobwicz/Süköds 2008). Vor diesem Hintergrund erklärt sich die weiterhin bestehende Vielfalt der Medien- und Kommunikationskulturen in Europa, obschon

---

3 Insgesamt scheinen die Reichweite und die Bedeutung des Westfernsehens für die DDR-Bürgerinnen und -Bürger überschätzt zu werden; von einer allabendlichen „kollektiven Ausreise" via Westfernsehen kann bei näherer Betrachtung nicht gesprochen werden (Meyen 2002: 212ff.). Zudem ist darauf hinzuweisen, dass auch in einigen ehemaligen „Ostblockländern" (v.a. Polen, Tschechoslowakei, Ungarn) zu Zeiten der staatlichen Rundfunkkontrolle Westmedien durch den „Eisernen Vorhang" einstrahlten und eingeschaltet wurden.

sich die technologischen Voraussetzungen und Zugangsmöglichkeiten in den vergangenen zwei Dekaden in allen Ländern Europas rasant angenähert haben (vgl. u. a. Wilke/Breßler 2005; Tenscher 2008: 430ff.; Hasebrink/Herzog 2009: 140ff.).

Länderspezifische Muster in der Mediennutzung sind in den vergangenen Jahren bisweilen von einigen länderübergreifenden Entwicklungen kaschiert worden, von denen alle Länder Europas in ähnlicher Weise, wenn auch in unterschiedlicher Intensität, betroffen gewesen sind. Dabei gilt, vereinfacht gesagt, dass die entsprechenden Veränderungen im Medienkonsum in den Ländern Westeuropas früher und intensiver einsetzten als in den transitorischen Mediensystemen postsozialistischer, osteuropäischer Länder. Bis heute scheint hier das Mediennutzungsverhalten noch stärkeren Schwankungen unterworfen zu sein, scheinen Medien noch keinen festen Platz in der jeweiligen Kultur gefunden zu haben und sind auch entsprechende Medienbindungen noch wenig gefestigt (vgl. Jakubowicz 2007; Voltmer 2008: 30f.). Ungeachtet regionaler Unterschiede können jedoch fünf „Megatrends" der Mediennutzungsentwicklung in Europa identifiziert werden: (1.) ein seit den 1970er Jahren stetiger Anstieg des Medienkonsums (in Osteuropa erst ab 1990), der (2.) bis zu Beginn des Jahrtausends in erster Linie auf eine sukzessive Ausweitung der Fernsehnutzung, bei (3.) gleichzeitiger Rückläufigkeit des Radiokonsums sowie (4.) ebenfalls nachlassender Zuwendung zu Tageszeitungen zurückzuführen ist (Tenscher 2008: 432; Hasebrink/Herzog 2009). Hinzugekommen ist gerade in der vergangenen Dekade (5.) die sich vor allem in Westeuropa rasant ausbreitende Nutzung von Online-Medien, die – zumal bei den jüngeren Kohorten – zulasten des Fernseh- und Printmedienkonsums geht. Momentan gilt, dass in allen Ländern Europas für kein Medium so viel Zeit täglich aufgebracht wird wie für das Fernsehen, gefolgt vom Radio, den Printmedien und dem Internet (Engel 2002: 71ff.).

Obwohl sukzessive steigend, ist doch der Konsum medialer Angebote in den vergangenen Jahren – nahezu zwangsläufig – hinter dem sich rasant ausweitenden Angebot zurückgeblieben (Schulz 2008: 23f.). Zugleich scheint die Bereitschaft größer werdender Bevölkerungsteile gestiegen zu sein, einem drohenden „information overload" auszuweichen. Hierauf deuten zumindest jene Studien hin, die sich in den vergangenen Jahren dem weit verbreiteten „Unterhaltungsslalom" von Rundfunknutzern, den Präferenzen der „Onliner" sowie der Zusammensetzung individueller Medienmenüs in Deutschland zugewendet haben (vgl. u. a. Oehmichen/Ridder 2003; Emmer u. a. 2006; Haas 2007; Oehmichen/Schröter 2007). Unisono verweisen diese auf die Randständigkeit der an tagesaktuellen politischen Informationen orientierten Mediennutzung sowie auf eine voranschreitende Segmentierung verschiedener Teilpublika, die sich entsprechend auf das Ausmaß und die Qualität der politischen Involvierung – einschließlich des politischen Effizienzgefühls – niederschlägt (vgl. Brettschneider/Vetter 1998; Neller 2004; Tenscher 2009: 498ff.).

Nicht zuletzt die Verbreitung des Internets hat hier neue soziale „Klüfte" entstehen lassen bzw. alte Klüfte zwischen gesellschaftlichen Gruppen wiedererweckt: jene zwischen den „information haves" und den „information have nots". Diese beiden Gruppen unterscheiden sich, so die grundlegende Annahme der Debatte um den

„digital divide" (Norris 2001; Vowe/Emmer 2002), nicht nur in der Möglichkeit, auf digitale Informationen zuzugreifen (*Internet-Verfügbarkeit*), sondern auch in den Fähigkeiten, das Internet gezielt und effektiv zu nutzen (*Internet-Kompetenz*). Empirische Unterfütterung hat die Annahme einer digitalen Spaltung – innerhalb und zwischen Gesellschaften (im innereuropäischen und globalen Vergleich) –, die sich vor allem auf Alters-, Geschlechts-, Bildungs- und Einkommensunterschiede zurückführen lässt, im Rahmen einiger ländervergleichender Studien erhalten (vgl. u. a. Norris 2001; Welsch 2002; Hüsing 2003; Guillén/Suárez 2005; Ono/Zavodny 2005; Räsänen 2006; Chinn/Fairlie 2007; The Gallup Organization 2007; Calderaro 2009). Dabei sind Internetzugang und –nutzung mitunter recht unterschiedlich operationalisiert worden – und i. d. R. sind sie von der massenmedialen Nutzung abgekoppelt worden. So mangelt es an Befunden darüber, welchen Platz die Internetnutzung in den vergangenen Jahren in den Medienkulturen Europas eingenommen hat und wie entsprechende Unterschiede zu erklären sind. Erste Hinweise darauf, dass hier nicht nur individuelle, sondern regionale bzw. geographische Erklärungsfaktoren eine zentrale Rolle spielen, lassen sich aus den wenigen vorliegenden Studien zu den Menüs deutscher Mediennutzer (vgl. insbesondere Oehmichen/Schröter 2007), dem hiesigen politischen Mediennutzungs- und interpersonalen Kommunikationsverhalten (Emmer u. a. 2006) sowie der komparativen politischen Kommunikationsforschung ableiten (vgl. Neller 2004; Tenscher 2008, 2009). Diesen Spuren soll an dieser Stelle im europäischen Vergleich empirisch auf den Grund gegangen werden (vgl. Kapitel 4.1). Zunächst gilt es jedoch, das allgemeine und politikorientierte Mediennutzungsverhalten in Deutschland und Europa auf Basis der bereits vorliegenden, jedoch disparaten Untersuchungen (vgl. Fußnote 2) zu skizzieren.

Mediennutzung in Deutschland und Europa

Die Deutschen sahen im Jahr 2009 täglich fast vier Stunden fern, hörten drei Stunden Radio und verbrachten über eine Stunde mit dem Internet (Media Perspektiven 2009: 77).[4] Hinzu kamen weniger als eine halbe Stunde, die auf die Lektüre von Tageszeitungen verwendet wurden.[5] Mittlerweile schalten rund 90 Prozent der Deutschen jeden Tag den Fernseher ein, drei Viertel hören Radio, ebenso viele nutzen das Internet, während nur noch rund 70 Prozent eine Tageszeitung lesen (Media Perspektiven 2009: 71ff.; Hasebrink/Herzog 2009: 141ff.; Forschungsgruppe Wahlen 2010). Damit zählen die Deutschen europaweit zu den *Medienvielnutzern* mit einer selten anzutreffenden Kombination aus überdurchschnittlich hohem Fernsehkonsum und ausgeprägt hoher Zeitungsaffinität (Tenscher 2008: 433). Diese vergleichsweise

---

4 Die Angaben beziehen sich auf Personen über 14 Jahre. Es sei angemerkt, dass die meisten Untersuchungen zum Mediennutzungsverhalten in Deutschland mittlerweile auf die Darstellung von Unterschieden und Gemeinsamkeiten zwischen Ost- und Westdeutschen verzichten. Wo entsprechende Daten vorliegen, wird auf sie eingegangen.

5 Allein die Nutzung tagesaktueller Medien erhöhte sich in Deutschland von 219 Minuten im Jahr 1970 auf 513 Minuten im Jahr 2005 (Best/Engel 2007: 21).

starke Bindung gegenüber dem Medium „Tageszeitung" und die hohe Nutzung des Internets ist gleichwohl charakteristisch für die mitteleuropäischen und noch stärker für die skandinavischen Länder Europas, die allesamt über ein demokratisch-korporatistisch organisiertes Mediensystem verfügen (Hallin/Manicini 2004: 74f.). Demgegenüber zeichnen sich die Bevölkerungen der süd- und osteuropäischen Länder durch eine außerordentliche Fernsehfixierung und unterdurchschnittliche Nutzung tagesaktueller Printmedien aus. Hinzu kommt, dass in den jungen Demokratien Osteuropas das Internet nur selten mehr als die Hälfte der Bevölkerung erreicht (Hasebrink/Herzog 2009: 145ff.). Während z. B. rund 60 Prozent der Bürgerinnen und Bürger der „alten" Mitgliedsländern der Europäischen Union (EU15) im Jahr 2007 über einen Internetzugang verfügten, waren dies in den zwölf neuen Mitgliedsstaaten (inkl. Malta und Zypern) lediglich 43 Prozent (The Gallup Organization 2007: 6, 93). Dem insbesondere von den nord- und mitteleuropäischen Ländern angeschlagenen hohen Tempo der Internetverbreitung und -nutzung kann hier offensichtlich nicht in gleichem Maße gefolgt werden (vgl. Noll 2003; Wilke/Breßler 2005: 78f.; Räsänen 2006: 69f.). Hier zeigt sich nicht nur ein Nord-Süd-, sondern auch ein West-Ost-Gefälle in der Verbreitung und Nutzung digitaler Medien in Europa, in dem sich Unterschiede im sozioökonomischen Entwicklungsstand, in den Kommunikationspolitiken und nicht zuletzt im „demokratischen Reifegrad" der Nationen widerspiegeln dürften (vgl. Guillén/Suárez 2005; Chinn/Fairlie 2007).[6]

Auch innerhalb Deutschlands zeigen sich entsprechende Unterschiedlichkeiten in der Zuwendung zu einzelnen Medien – und dies sowohl mit Bezug auf die regionale Herkunft der Nutzerinnen und Nutzer als auch hinsichtlich deren Soziodemographie. So ist der tägliche Medienkonsum der Bürgerinnen und Bürger der neuen Bundesländer seit Anfang der 1990er Jahre immer deutlich über dem der Westdeutschen gewesen, was hauptsächlich auf einen stärkere Fernsehnutzung zurückzuführen ist (vgl. Frey-Vor u. a. 2002; Zubayr/Gerhard 2009: 99f.; Jandura/Meyen 2010). Die Westdeutschen haben sich in den vergangenen Jahren nicht nur in konstant höherem Maße tagesaktuellen Printmedien zugewendet, sondern der Anteil der Westdeutschen, die das Internet regelmäßig genutzt haben, hat seit Beginn des Jahrtausends auch stetig um etwa zehn Prozentpunkte über dem der Ostdeutschen gelegen (vgl. Forschungsgruppe Wahlen 2010).[7] In Ost- wie Westdeutschland zählen insbesondere die über 60Jährigen, Frauen, nicht erwerbstätige und formal schlechter gebildete Menschen zu den „Offlinern" (vgl. Gerhards/Mende 2009). Der „digital divide" ist

---

6 Immerhin hat sich die Anzahl derjenigen, die über einen Internetzugang verfügen, in den 19 postsozialistischen Staaten zwischen den Jahren 2000 und 2007 vervierfacht. Nur in drei Ländern (Slowenien, Estland und Tschechien) konnte im Jahr 2007 mehr als die Hälfte der Bevölkerung auf das Internet zugreifen (vgl. Lauk 2008: 205f.). Seitdem scheint sich das Tempo der Internetverbreitung jedoch in den osteuropäischen Staaten weiter erhöht zu haben; die Unterschiede im Grad der Vernetzung zwischen etablierten und jungen Demokratien nivellieren sich zusehends (vgl. http://www.internetworldstats.com).

7 Keine signifikanten Ost-West-Unterschiede gibt es dagegen hinsichtlich der Radionutzung (Klingler/Müller 2009: 527f.).

demzufolge nicht nur ein globales und innereuropäisches Phänomen, sondern führt auch mitten durch Deutschland (vgl. Korupp 2006). Eine ähnliche „Kluft" zeigt sich vor allem mit Blick auf die Nutzung von Tageszeitungen, die junge Menschen (unter 30 Jahren) offline kaum mehr erreichen (Blödorn u. a. 2006: 634). Dies ist nicht zuletzt darauf zurückzuführen, dass sich diese in deutlich stärkerem Maße als die älteren Generationen im Internet über das tagesaktuelle (politische) Geschehen informieren (van Eimeren/Frees 2010: 337f.) und dabei auch regelmäßig auf die Online-Ausgaben der Printmedien zurückgreifen (Feierabend/Kutteroff 2008: 613f.). Inwieweit dies einem Lebenszyklus- oder einem Sozialisationseffekt geschuldet ist, gilt es weiter zu überprüfen. Allerdings spricht die hohe Bindung der Jugendlichen gegenüber dem Medium Internet eher dafür, dass sich diese auch zukünftig stärker online informieren und nur wenige zum Medium Tageszeitung greifen werden (vgl. ebenda).

Diese Mediennutzungsmuster geben einen ersten Hinweis darauf, welchen Stellenwert die Print- und Rundfunkmedien in den Medienkulturen Deutschlands und Europas einnehmen. Sie sagen jedoch weniger darüber aus, wie der Umgang mit diesen Angeboten ausfällt und vor allem welche Programme, Formate und Inhalte auf wie viel Resonanz stoßen. Diesbezüglich ist darauf zu verweisen, dass sich nicht nur die Bedeutung des Fernsehens in den individuellen Medienmenüs europaweit erhöht, sondern dass die Vervielfachung der Fernsehanbieter auch zugleich die Fragmentierung des Publikums in den vergangenen Jahren forciert hat (Hasebrink 1998: 355ff.). Immer seltener kann davon ausgegangen werden, dass – wie noch zu Zeiten öffentlich-rechtlicher bzw. staatlicher Rundfunkmonopole ganz selbstverständlich – die Fernsehberichterstattung ein *Massen*publikum erreicht, das dadurch auf einen weithin geteilten Vorrat an Themen und Meinungen zurückgreifen kann. Hinzu kommt, dass der Umgang mit den elektronischen Medien immer flüchtiger geworden ist: Das Fernsehen ist für viele Menschen heutzutage eben nicht nur ein Leitmedium, sondern, wie das Radio, auch ein Begleitmedium, das als Geräusch- und Bilderkulisse für andere Tätigkeiten dient. Auch die simultane Zuwendung zu verschiedenen Medienangeboten hat in den vergangen Jahren – gerade unter den jüngeren Altersgruppen und dank entsprechender technischer Konvergenzen – deutlich zugenommen (Best/Engel 2007: 20). Schließlich hat das sich ausweitende Angebot an unterhaltungsorientierten Programmalternativen in den vergangenen Jahren den weniger an (politischen) Informationen Interessierten die Möglichkeit zu einer Art Unterhaltungsslalom eröffnet; mit der Folge der voranschreitenden Segmentierung der Bevölkerungen in, vereinfacht gesagt, informationsorientierte Nutzergruppen einerseits (stärker in Westdeutschland vertreten) und eher informationsvermeidende (stärker in Ostdeutschland vertreten) andererseits (vgl. Frey-Vor 2002; Neller 2004: 354ff.; Emmer u. a. 2006: 224ff.).

Entsprechende Segmentierungen finden sich nicht nur auf nationaler Ebene, sondern sind auch kennzeichnend für die informationsorientierte Mediennutzung in den Ländern Europas. Hier ist der Zusammenhang recht eindeutig: Während in den Ländern Nord-, West- und Mitteleuropas in überdurchschnittlichem Maße informationsorientierte Medienangebote genutzt werden, ist deren Nutzung in den Mittelmeerländern und den jungen Demokratien Osteuropas (mit Ausnahme Estlands) deutlich schwächer (Tenscher 2008: 437ff.). Dies bleibt nicht ohne Folgen für das Ausmaß der politischen Unterstützung, des Vertrauens in politische Institutionen, der eigenen politischen Rolle sowie der politischen Beteiligung. Diesbezüglich kann davon ausgegangen werden, dass die Intensität der politischen Informationsnutzung in einem positiven, funktionalen Zusammenhang mit dem Ausmaß der politischen Unterstützung, dem politischem Interesse und dem Wissen über politische Bezugsobjekte steht (vgl. Brettschneider 1997; Wolling 1999; Norris 2000; Tenscher 2009). Dabei deuten Panelanalysen darauf hin, dass die kausale Wirkung eher von der Mediennutzung auf die kognitive Ebene als umgekehrt verläuft (Eveland u. a. 2005). Besonders nachhaltig sind in diesem Zusammenhang insbesondere jene Medien, die von den Rezipienten eine hohe Aktivität und Kompetenz in der Nutzung einfordern. Dies sind zum einen die Informationsangebote des Internets (vgl. Emmer/Vowe 2004), zum anderen tagesaktuelle Printmedien (Brettschneider/Vetter 1998: 474f.).

Diesbezüglich zeichnen sich jedoch weitere innergesellschaftliche Klüfte ab: Bürgerinnen und Bürger mit höherem sozioökonomischen Status, insbesondere mit höherer formaler Bildung, suchen in überdurchschnittlichem Maße das politische Informationsangebot, sie nutzen es stärker, rezipieren es aufmerksamer, sie interessieren sich entsprechend mehr für Politik, wissen mehr und fühlen sich auch politisch kompetenter (vgl. zusammenfassend Bonfadelli 2002). So ist die politikorientierte Nutzung des Internets – zumindest 2010 noch – vor allem jenen vorbehalten, die politisch interessiert, jung und gebildet sind (Emmer u. a. 2006: 226ff.).[8] Und auch die politischen Inhalte der Tageszeitungen werden in erster Linie von jenen konsumiert, die überdurchschnittlich stark politisch interessiert und gebildet sind, aber eher zu den älteren Bevölkerungsgruppen zählen. Was bleibt, ist – in Deutschland wie Europa – eine Mehrheit an Bürgerinnen und Bürgern, die, wenn überhaupt, dann eher beiläufig (über das Radio und das Fernsehen) mit politischen Nachrichten in Kontakt kommen, mithin eine Gruppe an „passiven Mainstreamern" (Emmer u. a. 2006: 225), für die die politische Kommunikation im Alltag nur einen geringen Stellenwert besitzt. Diesen steht eine kleine Gruppe an höher gebildeten, politisch stark interessierten und informationsorientierten Medienviel- und Mediengezieltnutzern gegenüber. Diese finden sich eher in Nord- als in Südeuropa, auch eher in West- als in Osteuropa und eher in den alten als in den neuen Bundesländern (Neller 2004: 354ff.).[9]

---

8   Nach jüngsten Umfragen gibt rund die Hälfte der Bundesbürgerinnen und –bürger an, das Internet (auch) zum Abrufen von politischen Nachrichten zu nutzen (vgl. Forschungsgruppe Wahlen 2010). Hierbei handelt es sich vor allem um Männer und um Personen unter 60 Jahren. Dies deutet daraufhin, dass die politische Informationsfunktion des Internets in den vergangenen Jahren für größer werdende Bevölkerungsteile an Bedeutung gewonnen hat.
9   Gerade in jüngster Zeit bemüht sich die Mediennutzungsforschung um Typologien, die neben soziodemographischen Charakteristika Einstellungs-, Freizeit-, Konsum- und sonstige Verhaltensvariablen berücksichtigt (vgl. u. a. Emmer u. a. 2006; Haas 2007; Oehmichen/Schröter 2007). Vergleichsweise selten sind dagegen Untersuchungen, die über die Beschreibung des Profils verschiedener Nutzergruppen hinaus Erklärungen für Unterschiede und Gemeinsamkeiten in deren Zusammensetzung bieten (vgl. u. a. Jandura/Meyen 2010).

Forschungsstrategie und Operationalisierung

Vor dem Hintergrund dieser Befunde und Zusammenhänge soll im Folgenden erstens ein empirischer Blick auf die Entwicklung der Mediennutzung in Deutschland und Europa geworfen werden. Zweitens soll das Ausmaß des Einflusses der informationsorientierten Mediennutzung auf das politische Effizienzgefühl untersucht werden. Dies geschieht auf Basis des *European Social Survey*, der im Unterschied zu den skizzierten länderbezogenen und punktuellen Mediennutzungsstudien sowohl eine longitudinale als auch ländervergleichende Annäherung an die allgemeine und politische Mediennutzung ermöglicht. Deutschlands Position und etwaige Metamorphosen können so überprüft werden. Dabei geht die folgende Analyse über die Deskription hinaus. Sie macht sich stattdessen auf die Suche nach Erklärungen für unterschiedliche Nutzungsmuster innerhalb Deutschlands und Europas. Dies geschieht entlang der folgenden untersuchungsleitenden Annahmen und Hypothesen, die sich aus den skizzierten Entwicklungen und Zusammenhängen (vgl. Kap. 2) ableiten:

H1: Die Mediennutzung hat sich in der vergangenen Dekade kontinuierlich ausgeweitet. Der Anteil an „Medienverweigerern" in den sich ausbildenden „Mediengesellschaften" ist dabei kontinuierlich geschmolzen (H1a). Zu vermuten ist sowohl innerhalb Deutschlands als auch innerhalb Europas ein „West-Ost"-Gefälle, das sich darin manifestiert, dass in Westdeutschland und Westeuropa der sich ausweitende Medienkonsum in erster Linie auf eine exponentielle Zuwendung zum Internet zurückgeht (H1b).[10] Hierdurch hat sich der digital divide zwischen den westlichen und östlichen Ländern in Europa in den vergangenen Jahren eher vergrößert (H1c), während er sich innerhalb Deutschlands im gleichen Zeitraum eher schneller geschlossen hat (H1d). Zurückzuführen wäre dies darauf, dass sich (a), wie skizziert, die Mediennutzungsgewohnheiten innerhalb Deutschlands (mit Ausnahme des Fernsehkonsums) rasch angenähert haben, dass sich (b) die Einkommensschere zwischen alten und neuen Bundesländern schneller als zwischen west- und osteuropäischen Ländern schließt und dass (c) die technischen Voraussetzungen zur Internetnutzung innerhalb Deutschlands nahezu identisch, im Vergleich von westeuropäischen und postsozialistischen Ländern jedoch weiterhin recht unterschiedlich sind.

H2: In Deutschland wie Europa ist das Ausmaß der Zuwendung zu den Neuen Medien in hohem Maße durch soziodemographische und sozioökonomische Faktoren erklärbar. Dabei ist anzunehmen, dass der Einfluss des Alters, des Geschlechts, der formalen Bildung und des sozioökonomischen Status einer Person auf das Ausmaß der Internetzuwendung umso mehr abnehmen, je mehr das Internet allgemein verfügbar ist und sich entsprechende Medienkompetenzen ausbilden. Entsprechend wird vermutet, dass die Größe des digital divides – mithin der Einfluss der genannten Faktoren – in den westlichen Ländern und

---

10 Wie angedeutet, lässt sich auch ein „Nord-Süd"-Gefälle vermuten, welches an dieser Stelle aufgrund der Vergleichbarkeit der Beiträge in diesem Band nicht weiter untersucht wird.

innerhalb Deutschlands aufgrund ähnlicher und längerer Interneterfahrungen, weit verbreiteter Internetzugänglichkeit und vergleichsweise geringer innergesellschaftlicher Einkommensunterschiede geringer ausfällt als in Osteuropa.

H3: Während sich die allgemeine Mediennutzung zusehends ausweitet (s. o.), kann angenommen werden, dass die politische bzw. informationsorientierte Mediennutzung in Deutschland wie in Europa in den vergangenen Jahren weithin konstant geblieben ist (H3a). Zwar ist der prozentuale Anteil kognitiv mobilisierter und politisch interessierter Personen langsam gestiegen, zugleich haben die Medien es aber immer mehr ermöglicht, (politischen) Informationen auszuweichen. Diesbezüglich wird angenommen, dass das Ausmaß der politikvermeidenden Mediennutzung in den (stärker unterhaltungsorientierten) neuen Bundesländern höher ist als in den alten Bundesländern (H3b). Gleiches gilt für den Vergleich von Ost- und Westeuropa (H3c), da die politische Mediennutzung in den postsozialistischen Ländern noch immer unter den jahrzehntelangen negativen Erfahrungen der Bevölkerungen mit der staatlichen Propaganda leidet.

H4: Das Ausmaß der informationsorientierten Mediennutzung bleibt schließlich nicht ohne Folgen für die Art der politischen Involvierung. Diesbezüglich wird von einem *funktionalen* Effekt ausgegangen, der mit Blick auf das politische Kompetenzgefühl (internal efficacy) überprüft werden soll. Dabei wird angenommen, dass – in Ost- wie Westdeutschland, aber auch in Ost- und Westeuropa – nicht nur das politische Interesse, sondern auch die sich selbst zugeschriebene Fähigkeit, Politik zu durchschauen, mit dem Ausmaß der zielgerichteten, informationsorientierten Nutzung der Medien steigt (H4a). Der größte Effekt ist hierbei – immer noch – von der Zeitungslektüre zu erwarten (H4b).

Zur Überprüfung dieser Annahmen und Hypothesen wird auf die vier Befragungswellen des *European Social Survey* zurückgegriffen.[11] Die folgenden Variablen werden zur empirischen Analyse herangezogen:

Mediennutzung:

- *Allgemeine Fernsehnutzung*: Wie viel Zeit verbringen Sie an einem gewöhnlichen Werktag insgesamt damit, fernzusehen? (ursprüngliche Messung anhand einer 8er Skala mit Halbstunden-Schritten und den Polen 0 = „gar keine Zeit" und 7 = „mehr als 3 Stunden")
- *Allgemeine Radionutzung*: Wie viel Zeit verbringen Sie an einem gewöhnlichen Werktag insgesamt damit, Radio zu hören? (identische Antwortkategorien wie bei der allgemeinen Fernsehnutzung)

---

11 Allein aus Gründen der Übersichtlichkeit und Lesbarkeit beschränkt sich der empirische Vergleich auf Deutschland und die Kernländer. Die Ergebnisse für die jeweiligen Querschnitte weichen nicht grundlegend von den hier präsentierten Befunden für Europa ab.

- *Allgemeine Zeitungsnutzung*: Und wie viel Zeit verbringen Sie an einem gewöhnlichen Werktag insgesamt damit, Zeitung zu lesen? (identische Antwortkategorien wie bei der allgemeinen Fernsehnutzung)
- *Internetnutzung*: Wie oft nutzen Sie das Internet, das World Wide Web oder E-Mail für private Zwecke, egal ob zu Hause oder am Arbeitsplatz? (ursprüngliche Messung anhand einer 8er Skala, die die monatliche Regelmäßigkeit abbildet. Dabei galt: 0 = „kein Zugang zu Hause oder am Arbeitsplatz" bzw. 1 = „nutze ich nie" bis 7 = „täglich")[12]
- *Politische Fernsehnutzung*: Und wie viel von dieser Zeit verbringen Sie damit, sich Nachrichten oder Sendungen über Politik und aktuelle politische Ereignisse anzusehen? (identische Antwortkategorien wie bei der allgemeinen Fernsehnutzung)
- *Politische Radionutzung*: Und wie viel Zeit von dieser Zeit verbringen Sie damit, sich Nachrichten oder Sendungen über Politik und aktuelle politische Ereignisse anzuhören? (identische Antwortkategorien wie bei der allgemeinen Radionutzung)
- *Politische Zeitungsnutzung*: Und wie viel Zeit von dieser Zeit verbringen Sie damit, Artikel über Politik und aktuelle politische Ereignisse zu lesen? (identische Antwortkategorien wie bei der allgemeinen Zeitungsnutzung)

Politisches Kompetenzgefühl (internal efficacy):[13]

- Wie oft erscheint Ihnen Politik so kompliziert, dass Sie gar nicht richtig verstehen, worum es eigentlich geht? (ursprüngliche Messung anhand einer 5er Skala von 1 = „nie" bis 5 = „häufig")
- Wie schwer oder leicht fällt es Ihnen, sich über politische Themen eine Meinung zu bilden? (ursprüngliche Messung anhand einer 5er Skala von 1 = „sehr schwer" bis 5 = sehr leicht")

Politisches Interesse:

- Wie sehr interessieren Sie sich für Politik? (ursprüngliche Messung anhand einer 4er Skala von 1 = „sehr interessiert" bis 4 = überhaupt nicht interessiert")

Alle Variablen wurden zur Analyse auf Werte zwischen 0 und 1 standardisiert. Zur besseren Lesbarkeit der Tabellen und Abbildungen wurden die jeweils drei Items der allgemeinen Mediennutzung (exkl. Internetnutzung) und der politischen Mediennutzung sowie die zwei Items des politischen Kompetenzgefühls zu entsprechenden Indizes zusammengefasst.[14] Anhand der folgenden (ebenfalls standardisier-

---

12 Aufgrund der unterschiedlichen Skalen wird auf einen direkten Vergleich der Nutzung „traditioneller" und neuer Medien verzichtet.
13 Nur diese beiden Fragen wurden in allen vier Wellen gestellt, sodass aus Gründen der Vergleichbarkeit darauf verzichtet wird, die vereinzelt gestellte Frage nach dem Ausmaß der Aktivität in politischen Gesprächen, die ebenfalls eine Facette des politischen Kompetenzgefühls abdeckt (Niedermayer 2005: 32f.), zu berücksichtigen.
14 Index allgemeine Mediennutzung = Mittelwert aus allgemeiner Fernseh-, Radio- und Zeitungsnutzung; Index politische Mediennutzung = Mittelwert aus politischer Fernseh-, Radio-

ten) Variablen wird schließlich der soziodemographische bzw. sozio-ökonomische Hintergrund der Befragten in die Analysen einbezogen: Geschlecht, Alter und Sozioökonomischer Ressourcenlevel (SERL).[15]

Empirische Befunde

Allgemeine Mediennutzung

Vor dem Hintergrund der skizzierten Annahme einer voranschreitenden *Mediatisierung* (post-)moderner Gesellschaften soll im Folgenden zunächst eine deskriptive Annäherung an die Entwicklung des allgemeinen Medienkonsums in Deutschland und Europa seit Beginn der Jahrtausendwende erfolgen. Allein aus Gründen der Übersichtlichkeit wird hierzu auf die Daten der 1. und 4. Welle des ESS zurückgegriffen, also auf die Jahre 2002 und 2008. Gleichwohl sei darauf hingewiesen, dass die Entwicklung über die vier Wellen und in Bezug auf alle dargestellten Medien kontinuierlich und nahezu linear verläuft. Da die Zuwendung zu den Angeboten der Massenmedien Fernsehen, Radio und Zeitung in Stunden pro Tag, die Internetnutzung jedoch nach Regelmäßigkeit pro Monat erhoben wurden, werden die entsprechenden Intensitäten im Folgenden separat dargestellt.

Zur Überprüfung der Annahme eines sukzessiven Rückgangs des Anteils derjenigen, die sich medialen Angeboten „verweigern" (H1a), wurden die Befragten entsprechend ihrer durchschnittlichen Mediennutzungsgewohnheiten in drei Kategorien eingeteilt: Wenignutzer (Medienkonsum bis zu einer Stunde pro Tag), Personen mit mittlerer Mediennutzung (Medienkonsum ein bis zwei Stunden pro Tag) und Vielnutzer (Medienkonsum mehr als zwei Stunden pro Tag).[16] Die Verteilung der Mediennutzergruppen ist in Tabelle 1 dargestellt.

Beim Vergleich der genutzten Massenmedien zeigt sich eine klare Prioritätensetzung, die die Befunde anderer Studien (vgl. Hasebrink/Herzog 2009) stützt: Das Fernsehen ist weiterhin dasjenige Medium, das von den größten Bevölkerungsanteilen am intensivsten genutzt wird, gefolgt vom Radio und der Tageszeitung.

---

und Zeitungsnutzung; Index politisches Kompetenzgefühl = Mittelwert aus den zwei genannten Items.

15 SERL ist ein additiver Index aus den Variablen Einkommen und Bildung, deren Wertebereich zwischen 0 und 1 recodiert wurde. Der resultierende Index wurde auf eine 5er Skala mit Werten zwischen 0‚niedrig' bis 1‚hoch' transformiert, bei gleichen Abständen zwischen den Merkmalsausprägungen. Fehlende Werte bei Bildung wurden durch Bildungsjahre imputiert, fehlende Angaben zum Einkommen durch den länderspezifischen Mittelwert je Erhebungszeitpunkt.

16 Für die Einteilung der drei Nutzergruppen wurden die ursprünglich acht Antwortkategorien in zwei identisch große Skalenbereiche (Werte 0-2 = Wenignutzer bzw. Werte 5-7 = Vielnutzer) und eine kleinere Kategorie (Werte 3-4 = mittlere Nutzung) zusammengefasst.

Diese Reihenfolge bestätigt sich in Ost- und Westdeutschland ebenso wie im europäischen Vergleich, und sie gilt für beide Messzeitpunkte. Auffällig ist jedoch, dass die Gruppe der Fernsehvielnutzer mit mehr als der Hälfte der Befragten in den neuen Bundesländern prozentual gesehen deutlich größer ist als in den alten Bundesländern. Zudem vergrößerte sich die Gruppe in Ostdeutschland zwischen 2002 und 2008, während sie sich im selben Zeitraum in Westdeutschland verkleinerte. Der auch im europäischen Vergleich überdurchschnittliche Fernsehkonsum der Ostdeutschen mag jedoch zum Großteil eine Folge der (subjektiven wie objektiven) sozialen Position sein, u. a. des durch Arbeitslosigkeit bedingten größeren Zeitbudgets, und weniger direkt durch die regionale Herkunft bestimmt sein (Neller 2004: 355; Jandura/Meyen 2010: 220ff.). Im Übrigen bestätigen sich diese Unterschiede und Entwicklungstrends auch im Vergleich von Ost- und Westeuropa.

Das am zweitstärksten genutzte Medium, das Radio, hat im Vergleich der drei Massenmedien in den vergangenen Jahren am deutlichsten an Attraktivität verloren: In Deutschland wie in Europa zählten im Jahr 2008 schon mehr als die Hälfte der jeweiligen Bevölkerungen zu den Radiowenignutzern. Rund 90 Prozent investierten wenig Zeit in die tägliche Zeitungslektüre, wobei deren Anteil in Westdeutschland und Westeuropa von 2002 bis 2008 wuchs, während er in den östlichen Vergleichsgruppen konstant blieb. Wird die tägliche Nutzung aller drei Massenmedien zusammen betrachtet (Index allgemeine Mediennutzung), fällt erstens ein doppeltes West-Ost-Gefälle auf: Demnach ist der Anteil der Wenignutzer im Westen Deutschlands deutlich kleiner als in den neuen Bundesländern. Ähnliches gilt für den Vergleich von West- und Osteuropa. Zweitens bestätigt sich die im europäischen Vergleich überdurchschnittliche Zuwendung der Deutschen zu den „klassischen" Massenmedien (Tenscher 2008: 433). Drittens hat sich jedoch der Anteil der Wenignutzer bzw. der „Medienverweigerer" in den vergangenen Jahren in Deutschland nicht etwa, wie angenommen (H1a), verringert, sondern er ist eher größer geworden. Dies gilt auch für West-, nicht jedoch für Osteuropa.

Hinter dieser Entwicklung dürfte sich weniger ein Trend der „Medienentfremdung" als vielmehr ein Prozess der Ausweitung und Verlagerung der Mediennutzungsgewohnheiten verbergen. Dieser dürfte langfristig betrachtet zulasten der Zuwendung zu „traditionellen" Massenmedien und zugunsten der Nutzung neuer Medien gehen (Hasebrink/Herzog 2009: 141ff.). Diesbezüglich kann angenommen werden, dass das Internet in Westdeutschland und Westeuropa schneller eine gesamtgesellschaftliche Verbreitung findet, als dies in den östlichen Vergleichsländern der Fall sein dürfte (H1b).

Tabelle 1: Allgemeine Mediennutzung nach Verteilung der Mediennutzergruppen (2002 und 2008, in Prozent)

		Europa West*			Deutschland West			Deutschland Ost			Europa Ost*		
		Wenig-nutzer	mittlere Nutzung	Viel-nutzer	Wenig-nutzer	mittlere Nutzung	Viel-nutzer	Wenig-nutzer	mittlere Nutzung	Viel-nutzer	Wenig-nutzer	mittlere Nutzung	Viel-nutzer
TV	2002 N	23,8 6.522	30,8 8.444	45,5 12.488	22,0 401	33,1 603	44,9 817	17,0 186	29,9 328	53,1 583	26,4 1.763	32,0 2.127	41,6 2.773
	2008 N	23,8 5.718	32,2 7.721	43,9 10.519	26,1 466	33,8 602	40,1 715	16,6 161	28,0 270	55,4 535	21,2 2.488	30,9 3.620	47,9 5.623
Radio	2002 N	53,3 14.664	15,0 4.129	31,6 8.656	47,3 861	18,9 344	33,8 614	41,4 455	16,4 180	42,2 463	48,8 3.244	13,6 903	37,6 2.498
	2008 N	58,9 14.134	13,8 3.299	27,2 6.503	53,4 953	16,2 288	30,3 540	52,6 509	15,2 147	32,2 311	50,8 5.931	16,1 1.878	33,1 3.867
Zeitung	2002 N	84,8 2.3276	12,0 3.285	3,2 879	85,7 1.561	12,8 233	1,5 27	86,9 954	11,1 122	2,0 22	88,2 5.865	9,3 617	2,6 171
	2008 N	87,0 20.858	10,6 2.535	2,4 563	89,6 1.598	8,7 155	1,7 30	87,0 841	11,3 109	1,8 17	88,4 10.365	9,1 1.071	2,4 284
Index allg. Medien-nutzung	2002 N	63,1	32,9	3,9	58,8	37,7	3,9	50,0	45,3	4,7	62,1	34,7	3,2
	2008 N	67,8	29,4	2,8	66,4	31,0	2,5	57,9	39,4	2,6	60,8	36,0	3,2

Gewichtung für Deutschland: Länderteile, für Europa: Ländergruppen (je Welle).

Abbildung 1: Entwicklung der Internetnutzung (2002-2008, standardisierte Mittelwerte)

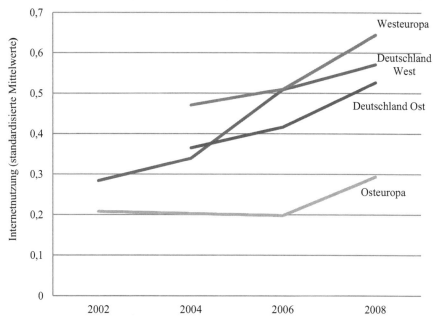

Gewichtung für Deutschland: Länderteile, für Europa: Ländergruppen (je Welle).

Die Annahme bestätigt sich beim Blick auf die Entwicklung der Internetnutzung zwischen den Jahren 2002 und 2008 (vgl. Abbildung 1): Während für Westeuropa bereits ab dem Jahr 2004 ein deutlicher Trend zum *going online* größerer Bevölkerungsteile festzustellen ist, folgten diesem die Osteuropäer erst ab 2008, jedoch auf klar niedrigerem Niveau. Diese scheinen, wie die Entwicklung der allgemeinen Mediennutzung bereits vermuten ließ (Tabelle 1), weiterhin stärker den Angeboten der etablierten Massenmedien treu zu bleiben. Die geringere Nutzung des Internets ist jedoch nicht zuletzt eine Folge der im Vergleich zu den etablierten Demokratien Europas noch für weite Teile der Bevölkerung eingeschränkten Internetzugangsmöglichkeiten (vgl. The Gallup Organization 2007; Lauk 2008). Wie vermutet (H1c), hat sich hierdurch der *digital divide*, im Sinne des Verhältnisses des Ausmaßes der gesamtgesellschaftlichen Internetnutzung, zwischen West- und Osteuropa in der vergangenen Dekade vergrößert.

Anders verhält es sich innerhalb Deutschlands, wo das Internet von den Bürgerinnen und Bürgern der neuen Bundesländer mittlerweile fast so häufig genutzt wird wie in den alten Bundesländern; der Untersuchungsannahme folgend (H1d), schließt sich die innerdeutsche digitale Kluft zusehends (vgl. Forschungsgruppe Wahlen 2010). Gleichwohl ist darauf hinzuweisen, dass die Entwicklung der Internetnutzung in Deutschland im Vergleich zu Westeuropa zusehends hinterherhinkt (Hasebrink/Herzog 2009: 146f.).

Vor dem Hintergrund dieser sich abzeichnenden Ausweitung bzw. Verlagerung des Medienkonsums hin zu den Neuen Medien stellt sich die Frage, welche Bevölkerungsgruppen sich in welchem Maße den Angeboten und Möglichkeiten der digitalen Kommunikation zuwenden (können und wollen). Dabei ist das Ausmaß der Zuwendung sowohl als Ausdruck technischer und finanzieller Möglichkeiten als auch von individuellen Bedürfnissen und Kompetenzen zu interpretieren. Entsprechend hat die Diffusionsforschung auf der Mikroebene dem sozioökonomischen Status von Individuen – neben Persönlichkeitsmerkmalen (z. B. Technikoffenheit) und deren Kommunikationsverhalten (z. B. Meinungsführerschaft) – eine herausgehobene Bedeutung bei der Adoption, d.h. der freiwilligen Zuwendung zu technischen Innovationen wie dem Internet, eingeräumt (Marr 2005: 55ff.).[17] Dies gilt es im Folgenden zu überprüfen. Dazu werden die auch andernorts genutzten (z. B. Norris 2001; Räsänen 2006) Variablen „Alter", „Geschlecht" und „sozio-ökonomische Ressourcenausstattung" (Bildung & Einkommen) berücksichtigt. Deren Einfluss auf das Ausmaß der Internetnutzung lässt sich anhand einer linearen Regression ermessen (vgl. Tabelle 2).

Die Befunde sind eindeutig und verweisen auf altbekannte innergesellschaftliche Disparitäten in der Nutzung des Internets: Quer über alle Befragungswellen und in allen regionalen Gruppen zeigt sich erstens ein *Gender-Gap* im Internetkonsum. Zuvor gilt es aber, einen Blick auf die Entwicklung der politischen Involvierung via Massenmedien zu werfen. Demnach nutzen Frauen das Internet deutlich weniger als Männer. Diese Divergenz ist lediglich in Ostdeutschland nicht signifikant. Zweitens ist das Ausmaß des Internetkonsums in hohem Maße durch das Bildungs- und Einkommensniveau der Individuen bestimmt: Je höher die formale Bildung (und Deutschlands *geringer* als in Osteuropa ausfallen würde. Dies trifft nur für die erste Erhebungswelle und für den europäischen Vergleich zu.

Politische Mediennutzung

Was für die Mediennutzung im Allgemeinen gilt, trifft auf die politikorientierte Mediennutzung im besonderen Maße zu: Sie stellt nicht nur einen unverzichtbaren Teil der alltäglichen Orientierung, Information und Meinungsbildung dar, sondern befördert – im Zusammenspiel mit der interpersonalen Kommunikation – die politisch Sozialisation, Integration und Teilnahmebereitschaft der Bürgerinnen und Bürger (vgl. zusammenfassend Brettschneider 1997; Wolling 1999; Neller 2004). Ohne ein

---

17 Hinzu gesellen sich auf der Makroebene die Sozial- und Kommunikationsstruktur, das Werte- und Normensystem einer Gesellschaft, die Position von Meinungsführern, der Typ der Innovationsentscheidung sowie deren Konsequenzen für zukünftige Diffusionsprozesse (vgl. grundlegend Rogers 1995), aber auch der „demokratische Entwicklungsstand" eines Landes und dessen kosmopolitische Ausrichtung (vgl. Guillén/Suárez 2005; Calderano 2009).

Tabelle 2: Einflüsse auf den *digital divide* (lineare Regressionen, standardisierte Koeffizienten)

	E-W*	D-W	D-O	E-O*
2002				
Geschlecht	-0,03***			-0,03**
Alter (quadriert)	0,20***			0,75***
SERL	0,18***			0,25***
Korrigiertes R^2	0,08			0,17
N	25.701			6.556
2004				
Geschlecht	-0,05**	-0,11***	-0,01	-0,03**
Alter (quadriert)	0,22**	-0,13	-0,17	0,51***
SERL	0,14**	0,27***	0,29***	0,1***
Korrigiertes R^2	0,08	0,35	0,29	0,09
N	25.479	1.807	992	12.987
2006				
Geschlecht	-0,04***	-0,15***	-0,03	-0,04***
Alter (quadriert)	0,11**	-0,1***	-0,02	0,41***
SERL	0,17***	0,26***	0,25***	0,08***
Korrigiertes R^2	0,10	0,37	0,27	0,09
N	25.039	1.834	1.025	9.879
2008				
Geschlecht	-0,02***	-0,08***	-0,05	-0,02
Alter (quadriert)	0,09**	-0,65***	-0,05	0,34***
SERL	0,15***	0,24***	0,29***	0,17***
Korrigiertes R^2	0,10	0,38	0,35	0,11
N	23.904	1.765	958	11.700

Alle Variablen standardisiert auf Werte zwischen 0 und 1; Internetnutzung gewichtet mit Ländergruppen und Design. Geschlecht: 0 männlich, 1 weiblich; SERL: 1 höchste, 0 niedrigste; *** signifikant auf einem Niveau von p < 0,001; ** signifikant auf einem Niveau von p < 0,01; * signifikant auf einem Niveau von p < 0,05.

grundlegendes Maß an politischer Informiertheit, das sich maßgeblich aus der Zuwendung zur politischen Berichterstattung speist und im Rahmen politischer Gespräche vertieft, moduliert und strukturiert wird, verlören Individuen an politischer Bindung und Demokratien an Stabilität (vgl. Delli Carpini/Keeter 1996). Zwar kann auch die intensive Mediennutzung, je nach rezipiertem Inhalt und individueller Prädisposition, prinzipiell zur Ablenkung oder gar „Entfremdung" von der Politik beitragen (vgl. Holtz-Bacha 1990; Wolling 1999). Davon unbenommen muss zunächst von einem positiven, d.h. funktionalen Zusammenhang zwischen der Intensität informationsorientierter Mediennutzung und dem Ausmaß kognitiver politischer Involvierung ausgegangen werden (vgl. zusammenfassend Tenscher 2009: 499): Je mehr sich die Bürgerinnen und Bürger die Medien (v.a. Printmedien) zur politischen

Information zunutze machen, desto mehr interessieren sie sich für Politik, desto mehr wissen sie auch über Politik und desto kompetenter fühlen sie sich (internal efficacy).[18] Diese Annahme soll im Folgenden überprüft werden.

Tabelle 3 gibt einen Überblick über die durchschnittliche Zuwendung zu den Informationsangeboten tagesaktueller Massenmedien.[19] Konsequenterweise spiegelt sich in den Werten die Prioritätensetzung der allgemeinen Mediennutzung wider, jedoch auf einem deutlich niedrigeren Niveau, was die Randständigkeit der politischen Mediennutzung unterstreicht (Neller 2004: 355f.; Emmer u. a. 2006: 224ff.): Das zu allen Messzeitpunkten am stärksten zur politischen Information genutzte Medium ist demnach das Fernsehen, gefolgt von Radio und Zeitungen. Diesbezüglich zeigen sich keinerlei Unterschiede weder im Vergleich von alten zu neuen Bundesländern noch zwischen Ost- und Westeuropa. Auffällig ist zudem die für alle regionalen Bezugspunkte gültige hohe Konstanz im Konsum politischer Informationsangebote. Hypothese 3a findet hier eine klare Bestätigung. Dies ist umso bemerkenswerter vor dem Hintergrund der skizzierten Veränderung der allgemeinen Mediennutzungsgewohnheiten, die sich (bis auf Osteuropa) in nachlassendem Fernseh- und Radiokonsum und in einer Ausweitung der Internetnutzung manifestiert (s. o.).

Mit anderen Worten: Das Ausmaß der politikorientierten Mediennutzung erweist sich – wenn auch auf niedrigem Niveau – als eine stabile Größe, die auf kollektiver Ebene den Veränderungen in der Zusammensetzung individueller Medienmenüs weithin trotzt. Von einer mitunter befürchteten „Entpolitisierung" (Brettschneider 1997: 287) oder einem „Unterhaltungsslalom" kann demnach weder in Deutschland noch in Europa, zumindest auf gesamtgesellschaftlicher Ebene, die Rede sein.[20] Im Gegenteil: Die verstärkte Zuwendung zu den Angeboten des Internets dürfte schon jetzt – zumindest in Deutschland und Westeuropa – die absolute Dauer des täglich für den auf politische Informationen aufgewendeten Medienkonsums *erhöht* haben (vgl. ähnlich Blödorn u. a. 2006). Mittel- und langfristig könnte sich hieraus eine Art *Repolitisierung* ergeben, zumindest dann, wenn die informationsorientierte Nutzungdes Internets ebenso habitualisiert erfolgt, wie dies für große Bevölkerungsteile mit Blick auf das tägliche Einschalten der Radio- oder Fernsehnachrichten oder die Zeitungslektüre seit Jahren der Fall ist. Bislang stellt die politikorientierte Inter-

---

18   In aller Regel geht diese durch die Zuwendung zu Nachrichten- und vor allem Printmedien unterstützte kognitive politische Mobilisierung auch mit positiven politischen Evaluierungen einher (Institutionenvertrauen, Legitimitätsüberzeugungen; vgl. u. a. Newton 1999; Tenscher 2009).
19   Bedauerlicherweise ist in den bisherigen ESS-Wellen bei der informationsorientierten Medienzuwendung nicht die Internetnutzung erhoben worden.
20   Der Anteil derjenigen, die sich komplett jeglicher politischer Medieninformation entziehen, bewegt sich in Ost- und Westdeutschland in allen Wellen unter einem Prozent, in Ost- und Westeuropa zwischen einem und zwei Prozent. Während in Deutschland und Westeuropa am ehesten auf das Hören von Radionachrichten komplett verzichtet wird, finden sich in Osteuropa je nach Befragungswelle bis zu 20 Prozent, die sich niemals der politischen Zeitungslektüre widmen (Tenscher 2008: 436ff.).

Tabelle 3: Entwicklung der politischen Mediennutzung (2002-2008, standardisierte Mittelwerte)

		2002	2004	2006	2008
TV	Europa West*	0,22	0,22	0,22	0,24
	Deutschland West	0,26	0,25	0,26	0,26
	Deutschland Ost	0,28	0,27	0,24	0,27
	Europa Ost*	0,21	0,21	0,24	0,22
Radio	Europa West*	0,17	0,16	0,17	0,19
	Deutschland West	0,22	0,22	0,22	0,21
	Deutschland Ost	0,25	0,23	0,23	0,22
	Europa Ost*	0,18	0,18	0,21	0,16
Zeitung	Europa West*	0,12	0,12	0,12	0,14
	Deutschland West	0,18	0,18	0,18	0,17
	Deutschland Ost	0,17	0,18	0,17	0,18
	Europa Ost*	0,10	0,11	0,13	0,11
Index politische Mediennutzung	Europa West*	0,18	0,18	0,18	0,20
	N	16.166	17.002	13.141	12.064
	Deutschland West	0,22	0,22	0,22	0,21
	N	1.820	1.846	1.871	1.778
	Deutschland Ost	0,24	0,23	0,22	0,23
	N	1.095	1.015	1.038	966
	Europa Ost*	0,17	0,18	0,21	0,18
	N	12.632	11.093	10.243	9.338

Gewichtung: Länderteile, für Europa: Ländergruppen.

netnutzung jedoch eher die Ausnahme dar, der zuvorderst jüngere, hoch gebildete, einkommensstarke und erfolgsorientierte Personen regelmäßig nachkommen (Oehmichen/Schröter 2008: 397ff.).

Wie auch aus anderen Studien bekannt, erweisen sich die Deutschen im europäischen Vergleich als überdurchschnittlich „informationsaffin" (Tenscher 2008: 438): In allen Befragungswellen und in Bezug auf alle drei Massenmedien liegt die Intensität der Nutzung in Deutschland (West wie Ost) über den europäischen Vergleichsgruppen. Hier kann also von einem traditionell hohen und konstanten Grad an politischer Involvierung via Massenmedien gesprochen werden. Bemerkenswerterweise und entgegen der ursprünglichen Annahme (H3b) bewegt sich dieser jedoch in den neuen Bundesländern in etwa auf gleichem Niveau wie in den alten Bundesländern. Auf den ersten Blick scheinen sich also Ost- und Westdeutschland, was die politikorientierte Mediennutzung angeht und entgegen früherer Vermutungen (vgl. Brettschneider 1997; Neller 2004), angenähert zu haben. Diese Annahme ist jedoch vor dem Hintergrund der in den neuen Bundesländern deutlich intensiveren Zuwendung zum Fernsehen insgesamt zu verwerfen. In Relation zur Gesamtdauer der Fernsehnutzung ist die Bereitschaft ostdeutscher Zuschauerinnen und Zuschauer, politischer Information auszuweichen und sich unterhaltenden Programmen zuzuwenden, weiterhin stark vorhanden (vgl. Zubayr/Geese 2009). Zudem sei darauf hingewiesen, dass die im ESS abgefragte Dauer der täglichen Mediennutzung keine Rückschlüsse auf die rezipierten Inhalte, die dahinter stehenden Motive und Folgen des Medienkonsums zulassen. Ähnliche Nutzungsquantitäten sind schließlich nur ein ungenügender Anhaltspunkt für die Art der politischen Informationswahrnehmung und -verarbeitung. Die Befunde der Langzeitstudie „Massenkommunikation" deuten in diesem Zusammenhang durchaus auf ein Fortbestehen eines „dualen Publikums" (Hasebrink 1998: 355; Meyen 2001) auch zwanzig Jahre nach der Wiedervereinigung hin. Eine noch größere Heterogenität dürfte der Vergleich der *politischen Medienkulturen* in Ost- und Westeuropa ergeben (vgl. Tenscher 2008). Auch hier muss jedoch die ursprüngliche Annahme (H3c) verworfen werden: Die Intensität, mit der sich Gruppe der Osteuropäer über die Massenmedien politisch informieren, unterscheidet sich – in absoluten Zahlen – nicht systematisch von der Gruppe der Westeuropäer.[21]

Angesichts dieser Entwicklungen des Ausmaßes der politischen Involvierung via Massenmedien stellt sich abschließend die Frage nach den Folgen der Mediennutzung für die Orientierung der Bürgerinnen und Bürger im politischen Raum. Dieser aus Sicht der politischen Kulturforschung zentralen Frage ist seit den 1970er Jahren wiederholt empirische Aufmerksamkeit zuteil geworden (vgl. u. a. Robinson 1976; Holtz-Bacha 1990; Wolling 1999; Neller 2004; Tenscher 2009). Dabei wurden unterschiedliche politische Bezugsobjekte und Orientierungsarten analysiert, was zu einer deutlichen Relativierung der ursprünglichen „Videomalaise" Hypothese geführt hat. So hat sich u. a. in verschiedenen in Deutschland in den 1990er Jahren durchgeführten empirischen Studien ein positiver Zusammenhang zwischen informationsorientierter Mediennutzung einerseits und dem Ausmaß an politischem Interesse und politischem Selbstbewusstsein andererseits bestätigt (vgl. u. a. Brettschneider 1997; Brettschneider/Vetter 1998). Der Einfluss der Medien beschränkte sich aber zumeist auf die (Medienkompetenz und Zeit einfordernde) informationsorientierte Lektüre von Printmedien – und er blieb in seiner Stärke hinter dem Einfluss soziodemographischer und sozioökonomischer Faktoren zurück (Wolling 1999: 195ff.).

Inwieweit diese Zusammenhänge auch für die zurückliegende Dekade gelten, soll im Folgenden überprüft werden. Als abhängige Variable wird dabei auf das politische Kompetenzgefühl der Bürgerinnen und Bürger in Deutschland und Europa geblickt, d.h. auf deren subjektives Verständnis gegenüber politischen Problemen und ihrer sich selbst zugeschriebenen Fähigkeit, mit diesen umzugehen. Diese Dimension des politischen Selbstbildes hat sich, wie Abbildung 2 veranschaulicht, zwischen 2002 und 2008 in Ostdeutschland kontinuierlich und stärker als in den alten Bundesländern abgeschwächt. In den alten Bundesländern ist es seit der zweiten Befra-

---

21 Allerdings ist anzunehmen, dass die Heterogenität in der politischen Mediennutzung innerhalb der den westeuropäischen Ländern zugeordneten Staaten deutlich höher ist, als dies für Osteuropa der Fall ist. Hier verdeckt der Ost-/West-Vergleich ein deutliches Nord-Süd-Gefälle in der Zuwendung zu bzw. Abkehr von der politischen Berichterstattung (vgl. Tenscher 2008).

gungswelle sogar etwas gestiegen. Das politische Interesse ist demgegenüber in Ost- und Westdeutschland mittlerweile nahezu gleich stark ausgeprägt – und dies, im Vergleich zu den Werten für West- und Osteuropa (vgl. Abbildung 3), auf einem überdurchschnittlich hohen Niveau. Dies war in den 1990er Jahren noch anders, als sich die Bürgerinnen und Bürger der neuen Bundesländer in deutlich geringerem Maße als die Westdeutschen für politische Probleme und Ereignisse interessierten (Niedermayer 2005: 26ff.). Auch in den Schwankungen des politischen Interesses gibt es seit Beginn des 21. Jahrhunderts keine Unterschiede mehr zwischen Ost- und Westdeutschen.

Was das politische Kompetenzgefühl angeht, haben sich die Unterschiede zwischen den Bürgerinnen und Bürgern in Ost- und Westeuropa rund zwanzig Jahre nach dem Zusammenbruch des sozialistischen Ostblocks weitgehend verflüchtigt (vgl. Abbildung 3). Die standardisierten Mittelwerte für West- und Osteuropa bewegen sich allerdings deutlich unter den deutschen Vergleichswerten. Sie weisen zudem kaum wahrnehmbare Schwankungen in der vergangenen Dekade aus, was dafür spricht, dass das politische Kompetenzgefühl von wachsenden politischen Verflechtungen, aber auch von globalen Krisen nur wenig tangiert wird. Gleiches gilt für das politische Interesse, das in Ost- und vor allem Westeuropa durch hohe Stabilität gekennzeichnet ist. Dies bedeutet aber auch, dass sich die Distanz zwischen den beiden regionalen Bevölkerungsgruppen in der vergangenen Dekade nicht verringert hat: Die Bürgerinnen und Bürger der postsozialistischen Staaten sind der Politik durchweg mit geringerem Interesse begegnet als diejenigen der etablierten, westlichen Demokratien. Für den Demokratisierungsprozess in Osteuropa ist diese fortwährende Distanz bzw. Indifferenz gegenüber der Politik sicherlich nicht förderlich.

Die Vermutung liegt nahe, dass eine positive Wechselwirkung zwischen politischem Interesse und der politikorientierten Mediennutzung besteht: Diejenigen, die sich in überdurchschnittlichem Maße für Politik interessieren, dürften in hohem Maße bereit, sich aktiv auf die Suche nach politischen Informationen in den Medien zu machen, die Berichterstattung verschiedener Medien über ein habitualisiertes Maß hinaus zu verfolgen und sich auch über Politik zu unterhalten. Insbesondere die Zeitungslektüre steht in besonders positivem Zusammenhang zum Interesse an Politik (vgl. zusammenfassend Gabriel 1999). Ebenso besteht eine positive Beziehung zwischen dem Ausmaß des politischen Interesses und dem politischen Kompetenzgefühl. Damit sind zwei elementare Bestandteile kognitiver politischer Mobilisierung angesprochen, die auf die in den vergangenen Jahren gerade in den etablierten Demokratien Westeuropas grundsätzlich gestiegene Fähigkeit der Menschen, politische Informationen zu verarbeiten, und die leichtere Zugänglichkeit von politischen Informationen über Massen- und Neue Medien zurückgeführt wird (Brettschneider/Vetter 1998: 463ff.).

Vor diesem Hintergrund wird das Ausmaß des politischen Interesses im Folgenden im Sinne eines intervenierenden Faktors in die regressionsanalytische Überprüfung des Einflusses der politikorientierten Mediennutzung auf die Stärke der internal

Abbildung 2: Entwicklung des politischen Kompetenzgefühls und des politischen Interesses in Deutschland (2002-2008)

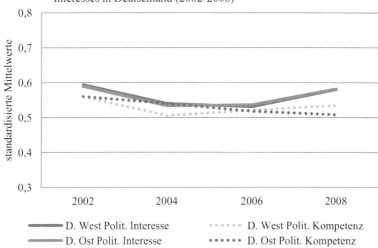

Gewichtung: Länderteile.

Abbildung 3: Entwicklung des politischen Kompetenzgefühls und des politischen Interesses in Europa (2002-2008)

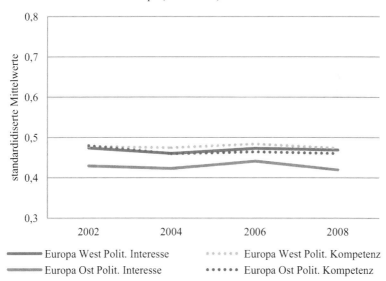

Gewichtung: Ländergruppen (je Welle).

efficacy mit einbezogen. Dies geschieht sowohl mit Blick auf Deutschland (vgl. Tabelle 4) als auch mit Blick auf Europa (vgl. Tabelle 5).[22]

Tatsächlich erweist sich auch bei der multivariaten Überprüfung das politische Interesse in allen vier Befragungswellen in Westdeutschland, in West- und Osteuropa sowie in den beiden jüngsten Befragungswellen in Ostdeutschland als der stärkste Prädiktor zur Erklärung des Ausmaßes der subjektiv empfundenen politischen Kompetenz: Je höher das Interesse an Politik, desto ausgeprägter ist das Gefühl, Politik zu durchschauen. In den neuen Bundesländern war nur in den Jahren 2002 und 2004 der Einfluss des Alters auf die internal efficacy noch stärker als das politische Interesse. Wobei generell gilt, dass mit steigendem Alter das politische Kompetenzgefühl zunimmt; ein Zusammenhang, der jedoch in der aktuellsten Befragungswelle des Jahres 2008 in beiden Teilen Deutschlands erstmals an Signifikanz verloren hat, während er in Ost- und Westeuropa ungebrochen hoch signifikant ist. Demgegenüber hat sich über die gesamte Dekade und in allen regionalen Subgruppen ein Gender-Bias behauptet, der auch aus früheren Untersuchungen bekannt ist (vgl. u. a. Wolling 1999): Männer schreiben sich stets in signifikantem Maße eine höhere Kompetenz zu, Politik durchschauen und sich eine eigene Meinung über aktuelle politische Geschehnisse bilden zu können, als Frauen – egal, ob in jungen oder alten Demokratien, ob im Westen oder Osten. Wohl gemerkt, handelt es sich hierbei um Selbstzuschreibungen und nicht um das „objektive" Ausmaß an politischem Wissen.

Im Vergleich zu diesen drei wichtigsten Einflussfaktoren ist überraschenderweise die sozioökonomische Ressourcenausstattung von nachrangiger Bedeutung. Dies gilt besonders für Deutschland und durchgängig für Westeuropa.[23] Zwar bewahrheitet sich (mit der Ausnahme Westdeutschlands im Jahr 2002) durchgehend das zu erwartende Muster, wonach höher gebildete und einkommensstärkere Personen sich in besonderem Maße politisch kompetent fühlen; freilich geschieht dies nur in West- und Osteuropa auf einem ausnahmslos hohen und hoch signifikantem Niveau. Im Vergleich hierzu bewegt sich die Stärke des Faktors „sozioökonomische Ressourcenausstattung" auf einem niedrigen und nicht immer signifikanten Niveau. Dies gilt umso mehr für den Einfluss der politikorientierten Mediennutzung. Entgegen der ursprünglichen Annahme (H4a; vgl. auch Brettschneider/Vetter 1998; Wolling 1999), kann für die zurückliegende Dekade zumindest in Deutschland *kein* durchgängig positiver Zusammenhang zwischen politischer Mediennutzung und politischem Kompetenzgefühl festgestellt werden. Vielmehr variiert hier die Richtung der Effekte in unsystematischer Art und Weise nicht nur zwischen den Befragungswellen, sondern auch im Vergleich von Ost- und Westdeutschen. In den neuen Bun-

---

22 Entsprechende Kollinerariräten zwischen den unabhängigen Variablen wurden überprüft. Sie gaben keinen Anlass, das politische Interesse als eigenständige Variable aus der Regression auszuschließen (Wolling 1999: 191).
23 In Osteuropa übertrifft demgegenüber der Einfluss der sozioökonomischen Ressourcenausstattung bis auf eine Ausnahme (im Jahr 2006) den des Geschlechts.

Tabelle 4: Einflüsse auf die *internal efficacy* in West- und Ostdeutschland (lineare Regressionen, standardisierte Koeffizienten)

	D-W	D-O	D-W	D-O
	2002		2004	
Geschlecht	-0,16***	-0,19***	-0,15***	-0,17***
Alter (quadriert)	-0,01	-0,5**	-0,29*	-0,49**
SERL	-0,01	0,08*	0,12***	0,08**
Politisches Interesse	0,46***	0,41***	0,44***	0,32***
Politische Fernsehnutzung	-0,01	-0,02	0	-0,07
Politische Radionutzung	0,05	-0,08*	-0,01	0
Politische Zeitungsnutzung	0	0,04	0,07**	0,1**
Korrigiertes R²	0,26	0,25	0,34	0,21
N	1.329	811	1.202	710
	2006		2008	
Geschlecht	-0,17***	-0,20***	-0,18***	-0,13***
Alter (quadriert)	-0,31*	-0,32	-0,01	-0,15
SERL	0,07*	0,14***	0,1***	0,06
Politisches Interesse	0,37***	0,37***	0,37***	0,49***
Politische Fernsehnutzung	0,02	-0,02	0,02	-0,10**
Politische Radionutzung	0,01	0,01	-0,08**	-0,03
Politische Zeitungsnutzung	0,07*	-0,03	0,05	0,04
Korrigiertes R²	0,24	0,25	0,26	0,29
N	1.289	717	1.159	650

Alle Variablen standardisiert auf Werte zwischen 0 und 1; internal efficacy gewichtet mit Ländergruppen und Design. Geschlecht: 0 männlich, 1 weiblich; SERL: 1 höchste, 0 niedrigste; *** signifikant auf einem Niveau von $p < 0{,}001$; ** signifikant auf einem Niveau von $p < 0{,}01$; * signifikant auf einem Niveau von $p < 0{,}05$.

desländern überwiegen sogar die *negativen* Einflüsse der politischen Mediennutzung auf das politische Kompetenzgefühl. Dies könnte ein Indiz für weiterhin bestehende Unterschiede in den rezipierten Programmen bzw. Inhalten (vgl. bereits Hasebrink 1998; Media Perspektiven 2009), in den Rezeptionsmotiven und -modi und medialen Sozialisationskontexten von Ost- und Westdeutschen sein (Jandura/Meyen 2010: 210ff.).

Lediglich in vier Fällen lässt sich in Deutschland ein hoch signifikanter Effekt der Mediennutzung auf das Ausmaß der internal efficacy feststellen: Dabei handelt es sich zum einen um die politische Zeitungslektüre im Jahr 2004, die sich, wie ursprünglich vermutet, positiv auf das politische Kompetenzgefühl sowohl der Ost- als auch der Westdeutschen auswirkte. Negative Zusammenhänge auf einem hoch signifikanten Niveau finden sich zum anderen im Jahr 2008, ausgehend von der Radionutzung in Westdeutschland und der Fernsehnutzung in Ostdeutschland. Alles in allem sprechen diese Zusammenhänge nicht nur für innerdeutsche Divergenzen in der

Tabelle 5: Einflüsse auf die *internal efficacy* in West- und Osteuropa (lineare Regressionen, standardisierte Koeffizienten)

	E-W	E-O	E-W	E-O
	2002		2004	
Geschlecht	-0,15***	-0,16***	-0,16***	-0,12***
Alter (quadriert)	-0,11**	-0,2**	-0,16***	-0,26***
SERL	0,14***	0,19***	0,12***	0,13***
Politisches Interesse	0,38***	0,35***	0,36***	0,34***
Politische Fernsehnutzung	0	0	-0,02	-0,02*
Politische Radionutzung	0	-0,01	-0,01	-0,03*
Politische Zeitungsnutzung	0,07***	0,07***	0,07***	0,07***
Korrigiertes R^2	0,25	0,27	0,23	0,19
N	16.381	4.041	16.110	7.519
	2006		2008	
Geschlecht	-0,14***	-0,13***	-0,18***	-0,13***
Alter (quadriert)	-0,26***	-0,21**	-0,24***	-0,25***
SERL	0,11***	0,12***	0,13***	0,13***
Politisches Interesse	0,35***	0,34***	0,37***	0,37***
Politische Fernsehnutzung	-0,02	-0,03*	-0,01	-0,01
Politische Radionutzung	0	0	-0,02	0,02
Politische Zeitungsnutzung	0,07***	0,06***	0,06***	0,04**
Korrigiertes R^2	0,22	0,18	0,24	0,21
N	14.992	5.412	12.789	6.264

Alle Variablen standardisiert auf Werte zwischen 0 und 1; internal efficacy gewichtet mit Ländergruppenund Design. Geschlecht: 0 männlich, 1 weiblich; SERL: 1 höchste, 0 niedrigste; *** signifikant auf einem Niveau von $p < 0,001$; ** signifikant auf einem Niveau von $p < 0,01$; * signifikant auf einem Niveau von $p < 0,05$.

Medienrezeption, sondern sie stellen vor allem die bislang weithin akzeptierte Annahme eines positiven Zusammenhangs von politischer Zeitungslektüre und politischem Kompetenzgefühl in Frage. Die entsprechende Hypothese 4b trifft demnach mit Blick auf Deutschland nicht zu. Sie bewahrheitet sich jedoch durchgängig und auf signifikante Art und Weise in Ost- und Westeuropa, wo die Rundfunkmedien nicht oder, wenn überhaupt, negativ mit dem Ausmaß des politischen Kompetenzgefühls korrelieren.

Der für Deutschland zu konstatierende Widerspruch zu den empirischen Studien der 1990er Jahre, die allesamt positive Zusammenhänge zwischen Zeitungslektüre und Kompetenzgefühl aufzeigten (Holtz-Bacha 1990: 112ff.; Brettschneider/Vetter 1998; Wolling 1999: 190ff.) und auch den Rundfunkmedien tendenziell eher positive Wirkungen unterstellten, mag unter Umständen auch veränderten politischen Berichterstattungsmustern geschuldet sein. Schließlich ist sowohl im deutschen Rundfunk im Zuge der Teilkommerzialisierung als auch im Printsektor in den vergangenen Jahren eine verstärkte Ausrichtung des Angebots am (unterstellten) Publikumsgeschmack zu beobachten, die in gewissem Maße auch eine „Entpolitisierung" der

Nachrichtenangebote mit sich gebracht hat (Krüger 2010: 260f.). Deren Folgen, die in Ost- und Westeuropa, zumindest was die Printmedien angeht, noch nicht zu beobachten sind, gilt es, im Rahmen zukünftiger Medienwirkungsstudien unter Berücksichtigung der rezipierten Inhalte und der Auswirkungen auf das politische Kompetenzgefühl weiter zu beobachten.

Zusammenfassung und Diskussion

Vor dem Hintergrund der Schlüsselrolle, die die Massenmedien und Neuen Medien für die Orientierung im gesellschaftlichen wie politischen Raum einnehmen, ging es an dieser Stelle erstens um eine Verortung Deutschlands auf der Karte der europäischen Mediennutzungslandschaften, zweitens um Erklärungen für Varianzen im Medienkonsum und drittens um die Folgen der politischen Mediennutzung für das staatsbürgerliche Selbstbewusstsein der Deutschen.

Hinsichtlich der allgemeinen Mediennutzung deuten die Befunde auf hohe Ähnlichkeiten und parallel verlaufende Metamorphosen innerhalb Deutschlands hin; mit einer Ausnahme: Die Ostdeutschen zeichnet seit Jahren eine konstant höhere Fernsehaffinität als die Westdeutschen aus; mit der Folge einer insgesamt stärkeren Bindung an die Massenmedien. Diese erklärt sich vor allem durch die Freizeitgewohnheiten der in den neuen Bundesländern vergleichsweise stark vertretenen Bevölkerungsgruppen, Arbeitslose, Rentner und Menschen mit wenig Geld, die ihre mehr Zeit zu Hause und vor dem Fernseher verbringen (Jandura/Meyen 2010: 211). Auch im europäischen Vergleich ist der hohe Fernsehkonsum in den neuen Bundesländern auffällig. Davon abgesehen haben Ost- wie Westdeutsche in der zurückliegenden Dekade aber ihren Fernseh- und Radiokonsum in ähnlicher Weise reduziert, sie haben ihre ohnedies schwache Bindung gegenüber dem Medium Zeitung bewahrt und sich gleichzeitig immer mehr dem Internet zugewendet. Der digital divide in Deutschland hat sich so – zumindest in regionaler Hinsicht – zusehends geschlossen. Diese Entwicklung ist auch in anderen etablierten Demokratien Europas zu beobachten (vgl. Noll 2003; Räsänen 2006). Hierdurch haben sich die Unterschiede zum weithin stabilen, auf Massenmedien ausgerichteten Medienverhalten der Bürgerinnen und Bürger in den postsozialistischen Ländern Osteuropas tendenziell vergrößert. Überdies hat sich Deutschland (mit Ausnahme des Fernsehkonsums) zusehends einen gemeinsamen Platz auf der Karte der europäischen Mediennutzungslandschaften geschaffen.

Dies ist, was die absoluten Zahlen angeht, mit Blick auf die politische Mediennutzung bereits geschehen: Die Zeit, die Ost- wie Westdeutsche aufbringen, um sich über Fernsehen, Radio und Zeitungen politisch zu informieren, ist seit Jahren nahezu identisch und bewegt sich im europäischen Vergleich konstant auf überdurchschnittlichem Niveau (Tenscher 2008: 437ff.). Allerdings ist die *relative Dauer*, die in die Nutzung politischer Fernsehnachrichten investiert wird, in Ostdeutschland klar geringer als in Westdeutschland. Unterschiede in der Informations- bzw. Unterhaltungsorientierung, in den Rezeptionsmotiven und -modi, die seit der Wiedervereinigung bekannt sind, bestehen hier fort (vgl. Hasebrink 1998; Zubayr/Geese 2009). Diese mögen auch einen Beitrag zur Erklärung des geringen Einflusses politischer Mediennutzungsvariablen auf das politische Kompetenzgefühl der Ost- und Westdeutschen liefern. Dass noch nicht einmal von der Zeitungslektüre konstant positive Effekte auf das politische Selbstbild der Deutschen ausgehen, gibt zu denken; insbesondere vor dem Hintergrund des konstant positiven Zusammenhangs zwischen politikorientierter Zeitungslektüre und politischem Kompetenzgefühl, wie er sich in West- und Osteuropa durchweg behauptet. Die deutschen Befunde lassen nicht nur Zweifel an der generellen Wirkkraft der politischen Mediennutzung hinsichtlich der internal efficacy aufkommen, sondern sie stellen diese als wenig kalkulierbare Größe dar. Warum dies in Ost- und Westeuropa anders ist, kann nur im Rahmen von Panelanalysen und unter Berücksichtigung der tatsächlich genutzten Medieninhalte erfasst werden (vgl. u. a. Wolling 1999).

Mit diesem Hinweis sei abschließend auf die Grenzen der vorliegenden Analysen aufmerksam gemacht, die sich aus dem Design des European Social Survey ergeben. Im Unterschied zu reinen Mediennutzungsstudien beschränken sich die Daten auf eine recht grobe Erhebung der täglichen bzw. monatlichen Nutzungsdauer ganzer Mediengattungen (Fernsehen, Radio, Zeitung, Internet). Sie lassen keine Rückschlüsse darüber zu, welche spezifischen Medienangebote (Sender, Programme, Formate, Dienste, Rubriken) mit welcher Intention, welcher Regelmäßigkeit und auf welche Art und Weise rezipiert werden. Entsprechend können unterschiedliche Einflüsse, die sich z. B. aus dem Konsum von Unterhaltungs- und Informationsprogrammen, von „Qualitäts"- oder „Boulevardmedien" oder von privaten oder öffentlich-rechtlichen Rundfunksendern ergeben, nicht überprüft werden (vgl. zur Kritik auch Neller 2004: 367; Tenscher 2009: 522). Eine ländervergleichende Analyse stößt hier sicherlich an gewisse Grenzen, die jedoch z.T. zu überwinden wären. Dies gilt umso mehr für die bislang nicht konsequent verfolgte Erhebung der Internetnutzung. Hier wäre nicht nur eine mit der Nutzung der Massenmedien identische Antwortskala zur Ermittlung des allgemeinen Internetkonsums zukünftig wünschenswert, sondern – vor dem Hintergrund des sich rasant wandelnden Informationsgewohnheiten nachrückender Generationen – die Berücksichtigung der politikorientierten Internetnutzung dringend angezeigt (vgl. auch Emmer u. a. 2006). Die rasante Entwicklung und Verbreitung so genannter „Hybridmedien", die die (simultane) Nutzung unterschiedlicher digitaler Rundfunk-, Print- und Internetangebote mithilfe eines Endgerätes (z. B. iPad) ermöglichen, lassen zudem nicht nur die Grenzen zwischen Massen- und Neuen Medien verschwimmen, sondern stellen eine besondere Herausforderung für die valide Erfassung zukünftigen Mediennutzungsverhaltens dar (vgl. Best u. a. 2009). Schließlich sei daran erinnert, dass das Mediennutzungsverhalten in Europa deutlich heterogener ist, als es der an dieser Stelle verfolgte

Vergleich von West- und Osteuropa vermuten lässt. Das andernorts beschriebene „Nord-Süd"-Gefälle, die Unterschiedlichkeit der (politischen) Kommunikations- und Medienkulturen der Demokratien Nord-, Süd- und Kontinentaleuropas (vgl. Tenscher 2008), markiert eine zusätzliche Differenz, die es angesichts des europäischen Integrationsprozesses weiter zu beobachten gilt.

Literatur

Altendorfer, Otto 2001: Das Mediensystem der Bundesrepublik Deutschland. Band 1. Wiesbaden: Westdeutscher Verlag.

Best, Stefanie/Engel, Bernhard 2007: Qualitäten der Mediennutzung: Ergebnisse auf Basis der ARD/ZDF-Studie Massenkommunikation. In: Media Perspektiven 1, 20-36.

Best, Stefanie/Engel, Bernhard/Hoffmann, Henriette/Mai, Lothar/Müller, Dieter K. 2009: Zeitbudgeterhebungen im Zeitalter medialer Konvergenz: Analyse auf der Basis qualitativer und experimenteller Studien. In: Media Perspektiven 6, 288-296.

Blödorn, Sascha/Gerhards, Maria/Klingler, Walter 2006: Informationsnutzung und Medienauswahl 2006: Ergebnisse einer Repräsentativbefragung zum Informationsverhalten der Deutschen. In: Media Perspektiven 1, 630-638.

Bonfadelli, Heinz 2002: Die Wissenskluftforschung. In: Schenk, Michael (Hrsg.): Medienwirkungsforschung. Tübingen: Mohr, 568-601.

Brettschneider, Frank 1997: Mediennutzung und interpersonale Kommunikation in Deutschland. In: Gabriel, Oscar W. (Hrsg.): Politische Orientierungen und Verhaltensweisen im vereinigten Deutschland. Opladen: Westdeutscher Verlag, 265-289.

Brettschneider, Frank/Vetter, Angelika 1998: Mediennutzung, politisches Selbstbewußtsein und politische Entfremdung. In: Rundfunk und Fernsehen 46, 463-479.

Calderaro, Andrea 2009: Framing the Digital Divide: Bridging the Gap between Users and Makers of the Internet. In: Paper präsentiert auf der Jahrestagung der ICA, 21.-25.05.2009, Chicago.

Castells, Manuel 1996: The Information Age: Economy, Society, and Culture: The Rise of the Network Society. 1. Band. Oxford/Malden: Blackwell.

Chinn, Menzie D./Fairlie, Robert W. 2007: The Determinants of the Global Digital Divide: A Cross-Country Analysis of Computer and Internet Penetration. In: Oxford Economic Papers 59, 16-44.

Delli Carpini, Michael X./Keeter, Scott 1996: What Americans Know about Politics and Why It Matters. New Haven: Yale University Press.

Emmer, Martin/Vowe, Gerhard 2004: Mobilisierung durch das Internet? Ergebnisse einer empirischen Längsschnittuntersuchung zum Einfluss des Internets auf die politische Kommunikation der Bürger. In: Politische Vierteljahresschrift 45, 191-211.

Emmer, Martin/Füting, Angelika/Vowe, Gerhard 2006: Wer kommuniziert wie über politische Themen? Eine empirisch basierte Typologie individueller politischer Kommunikation. In: Medien & Kommunikationswissenschaft 54, 216-236.

Engel, Dirk 2002: In Vielfalt vereint: Mediennutzung in Europa. In: TeleImages 4, 70-77.

Eveland Jr., William P./Hayes, Andrew F. Hayes/Shah, Dhavan V./Kwak, Nojin 2005: Understanding the Relationship Between Communication and Political Knowledge: A Model Comparison Approach Using Panel Data. In: Political Communication 22, 423-446.

Feierabend, Sabine/Kutteroff, Albrecht 2008: Medien im Alltag Jugendlicher – multimedial und multifunktional: Ergebnisse der JIM-Studie 2008. In: Media Perspektiven 12, 612-624.

Forschungsgruppe Wahlen 2010: Internet-Strukturdaten: Repräsentative Umfrage – I. Quartal 2010. Mannheim: FGW.

Frey-Vor, Gerlinde/Gerhard, Heinz/Mende, Annette 2002: Daten der Mediennutzung in Ost- und Westdeutschland: Ergebnisse von 1992 bis 2001 im Vergleich. In: Media Perspektiven 2, 54-69.

Gabriel, Oscar W. 1999: Massenmedien: Katalysatoren politischen Interesses und politischer Partizipation? In: Roters, Gunnar/Klingler, Walter/Gerhards, Maria (Hrsg.): Information und Informationsrezeption: Forum Medienrezeption. Band 3. Baden-Baden: Nomos, 103-138.

Gerhards, Maria/Mende, Annette 2009: Offliner: Ab 60-jährige Frauen bilden die Kerngruppe: Ergebnisse der ARD/ZDF-Offlinestudie 2009. In: Media Perspektiven 7, 365-376.

Goldmann, Lucien 1973: Kultur in der Mediengesellschaft. Frankfurt a.M.: Fischer.

Guillén, Mauro F./Suárez, Sandra 2005: Explaining the Global Digital Divide: Economic, Political and Sociological Drivers of Cross-National Internet Use. In: Social Forces 84, 681-708.

Haas, Alexander 2007: Medienmenüs: Der Zusammenhang zwischen Mediennutzung, SINUS-Milieus und Soziodemographie. München: Reinhard Fischer.

Hallin, Daniel C./Mancini, Paolo 2004: Comparing Media Systems: Three Models of Media and Politics. Cambridge: Cambridge University Press.

Hasebrink, Uwe 1998: Politikvermittlung im Zeichen individualisierter Mediennutzung: Zur Informations- und Unterhaltungsorientierung des Publikums. In: Sarcinelli, Ulrich (Hrsg.): Politikvermittlung und Demokratie in der Mediengesellschaft. Opladen: Westdeutscher Verlag, 345-367.

Hasebrink, Uwe/Herzog, Anja 2009: Mediennutzung im internationalen Vergleich. In: Hans-Bredow-Institut (Hrsg.): Internationales Handbuch Medien. 28. Auflage. Baden-Baden: Nomos, 131-154.

Holtz-Bacha, Christina 1990: Ablenkung oder Abkehr von der Politik? Mediennutzung im Geflecht politischer Orientierungen. Opladen: Westdeutscher Verlag.

Huber, Silvia (Hrsg.) 2006: Media Markets in Central and Eastern Europe: An Analysis on Media Ownership in Bulgaria, Czech Republic, Estonia, Hungary, Latvia, Lithuania, Poland, Romania, Slovakia and Slovenia. Wien: Wiener Universitätsverlag.

Huntington, Samuel 1991: The Third Wave: Democratization in the Late Twentieth Century. Norman/London: University of Oklahoma Press.

Hüsing, Tobias 2003: Zunehmendes Nord-Süd-Gefälle der digitalen Spaltung in der EU: Zur Messung von Ungleichheit in der Diffusion von Informations- und Kommunikationstechnologien. In: Informationsdienst Soziale Indikatoren 30, 1-5.

Jakubowicz, Karol 2007: Rude Awakening: Social and Media Change in Central and Eastern Europe. Cresskill, NJ: Hampton Press.

Jakubowicz, Karol/Sükösd, Miklós 2008: Twelve Concepts Regarding Media System Evolution and Democratization in Post-Communist Societies. In: Jakubowicz, Karol/Sükösd, Miklós (Hrsg.): Finding the Right Place on the Map: Central and Eastern European Media Change in a Global Perspective. Bristol: intellect, 9-40.

Jandura, Olaf/Meyen, Michael 2010: Warum sieht der Osten anders fern? Eine repräsentative Studie zum Zusammenhang zwischen sozialer Position und Mediennutzung. In: Medien & Kommunikationswissenschaft 58, 208-226.

Kamps, Klaus (Hrsg.) 1999: Elektronische Demokratie? Perspektiven politischer Partizipation. Wiesbaden: Westdeutscher Verlag.

Klingemann, Hans-Dieter/Voltmer, Katrin 1989: Massenmedien als Brücke zur Welt der Politik. In: Kaase, Max/Klingemann, Hans-Dieter (Hrsg.): Massenkommunikation: Theorien, Methoden, Befunde. Opladen: Westdeutscher Verlag, 221-238.

Klingler, Walter/Müller, Dieter K. 2009: MA 2009 Radio II: Radio gewinnt Hörer bei jungen Zielgruppen: Jahresbilanz auf Basis der erweiterten Grundgesamtheit Deutsche und EU-Ausländer ab zehn Jahren. In: Media Perspektiven 10, 518-528.

Korupp, Sylvia 2006: Digitale Spaltung in Deutschland: Geringere Bildung – seltener am PC. In: Wochenbericht des DIW 73, 289-294.

Krotz, Friedrich 2007: Mediatisierung: Fallstudien zum Wandel von Kommunikation. Wiesbaden: VS Verlag für Sozialwissenschaften.

Krüger, Udo Michael 2010: Programmanalyse 2009 – Teil 2: Sendungsformen, Themen und Akteure im Nonfictionangebot von ARD, ZDF, RTL und Sat1. In: Media Perspektiven 5, 258-272.

Lauk, Epp 2008: How Will It All Unfold? Media Systems and Journalism Cultures in Post-Communist Countries. In: Jakubowicz, Karol/Sükösd, Miklós (Hrsg.): Finding the Right Place on the Map: Central and Eastern European Media Change in a Global Perspective. Bristol: intellect, 193-212.

Luhmann, Niklas 2004: Die Realität der Massenmedien. 3. Auflage. Wiesbaden: VS Verlag für Sozialwissenschaften.

Marr, Mirko 2005: Internetzugang und politische Informiertheit: Zur digitalen Spaltung der Gesellschaft. Konstanz: UVK.

Marr, Mirko/Bonfadelli, Heinz 2005: Mediennutzungsforschung. In: Bonfadelli, Heinz/Jarren, Otfried/Siegert, Gabriele (Hrsg.): Einführung in die Publizistikwissenschaft. Bern/Stuttgart/Wien: Haupt, 497-526.

Media Perspektiven 2009: Media Perspektiven Basisdaten: Daten zur Mediensituation in Deutschland 2009. Frankfurt a.M.

Meyen, Michael 2001: Das „duale Publikum": Zum Einfluss des Medienangebots auf die Wünsche der Nutzer. In: Medien & Kommunikationswissenschaft 49, 5-24.

Meyen, Michael 2002: Kollektive Ausreise? Zur Reichweite ost- und westdeutscher Fernsehprogramme in der DDR. In: Publizistik 47, 200-220.

Neller, Katja 2004: Mediennutzung und interpersonale politische Kommunikation. In: van Deth, Jan W. (Hrsg.): Deutschland in Europa: Ergebnisse des European Social Survey 2002-2003. Wiesbaden: VS Verlag für Sozialwissenschaften, 339-369.

Newton, Kenneth 1999: Mass Media Effects: Mobilization or Media Malaise? In: British Journal of Political Science 29, 577-599.

Niedermayer, Oskar 2005: Bürger und Politik: Politische Orientierungen und Verhaltensweisen der Deutschen. 2. Auflage. Wiesbaden: VS Verlag für Sozialwissenschaften.

Noll, Heinz-Herbert 2003: Zunehmendes Nord-Süd Gefälle der digitalen Spaltung in Europa. In: Informationsdienst Soziale Indikatoren 30, 1-5.

Nora, Simon/Minc, Alain 1979: Die Informatisierung der Gesellschaft. Frankfurt a.M./New York: Campus.

Norris, Pippa 2000: A Virtuous Circle: Political Communication in Postindustrial Societies. Cambridge: Cambridge University Press.

Norris, Pippa 2001: Digital Divide: Civic Engagement, Information Poverty and the Internet Worldwide. Cambridge: Cambridge University Press.

Oehmichen, Ekkehardt/Ridder, Christa-Maria (Hrsg.) 2003: Die MedienNutzerTypologie: Ein neuer Ansatz der Publikumsanalyse. Baden-Baden: Nomos.

Oehmichen, Ekkehardt/Schröter, Christian 2007: Zur typologischen Struktur medienübergreifender Nutzungsmuster: Erklärungsbeiträge der MedienNutzer- und der OnlineNutzerTypologie. In: Media Perspektiven 8, 406-421.

Oehmichen, Ekkehardt/Schröter, Christian 2008: Medienübergreifende Nutzungsmuster: Struktur- und Funktionsverschiebungen: Eine Analyse auf Basis der ARD/ZDF-Onlinestudien 2008 und 2003. In: Media Perspektiven 8, 394-409.

Ono, Hiroshi/Zavodny, Madeline 2005: Digital Inequality: A Five Country Comparison Using Microdata. Paper präsentiert auf der Jahrestagung der American Sociological Association, Philadelphia, 12.08.2005.

Räsänen, Pekka 2006: Information Society for All? Structural Characterictics of Internet Use in 15 European Countries. In: European Societies 8, 59-81.

Robinson, Michael J. 1976: Public Affairs Television and the Growth of Political Malaise: The Case of "Selling" the Pentagon. In: American Political Science Review 70, 409-432.

Rogers, Everett M. 1995: Diffusion of Innovations. New York: Free Press.

Röser, Jutta (Hrsg.) 2007: MedienAlltag: Domestizierungsprozesse alter und neuer Medien. Wiesbaden: VS Verlag für Sozialwissenschaften.

Sarcinelli, Ulrich 1998: Parteien und Politikvermittlung: Von der Parteien- zur Mediendemokratie? In: Sarcinelli, Ulrich (Hrsg.): Politikvermittlung und Demokratie in der Mediengesellschaft: Beiträge zur politischen Kommunikationskultur. Opladen: Westdeutscher Verlag, 273-296.

Saxer, Ulrich 2007: Konstituenten, Leistungen und Perspektiven vergleichender Medien- und Kommunikationsforschung. In: Melischek, Gabriele/Seethaler, Josef/Wilke, Jürgen (Hrsg.): Medien & Kommunikationsforschung im Vergleich: Grundlagen, Gegenstandsbereiche, Verfahrensweisen. Wiesbaden: VS Verlag für Sozialwissenschaften, 451-478.

Schade, Edzard 2005: Kommunikations- und Mediengeschichte. In: Bonfadelli, Heinz/Jarren, Otfried/Siegert, Gabriele (Hrsg.): Einführung in die Publizistikwissenschaft. Bern/Stuttgart/Wien: Haupt, 39-72.

Schulz, Winfried 2008: Politische Kommunikation: Theoretische Ansätze und Ergebnisse empirischer Forschung. Wiesbaden: VS Verlag für Sozialwissenschaften.

Tenscher, Jens 2008: Massenmedien und politische Kommunikation in den Ländern der Europäischen Union. In: Gabriel, Oscar W./Kropp, Sabine (Hrsg.): Die EU-Staaten im Vergleich: Strukturen, Prozesse, Politikinhalte. Wiesbaden: VS Verlag für Sozialwissenschaften, 412-447.

Tenscher, Jens 2009: Informationsnutzung und politische Orientierung: Eine Vermessung der Europäischen Union. In: Frank Marcinkowski/ Pfetsch, Barbara (Hrsg.): Politik in der Mediendemokratie. In: Politische Vierteljahresschrift, Sonderheft 42, 496-526.

The Gallup Organization 2007: Flash Eurobarometer 199. Audio Visual Communication. Summary Report.

Thomaß, Barbara 2007: Osteuropa. In: Thomaß, Barbara (Hrsg.): Mediensysteme im internationalen Vergleich. Konstanz: UVK, 229-245.

van Eimeren, Birgit/Frees, Beate 2010: Fast 50 Millionen Deutsche online – Multimedia für alle? Ergebnisse der ARD/ZDF-Onlinestudie 2010. In: Media Perspektiven 7-8, 334-349.

Voltmer, Katrin, 2000: Massenmedien und demokratische Transformation in Osteuropa: Strukturen und Dynamik öffentlicher Kommunikation im Prozeß des Regimewechsels. In: Klingemann, Hans-Dieter/Neidhardt, Friedhelm (Hrsg.): WZB-Jahrbuch 2000: Zur Zukunft der Demokratie: Herausforderungen im Zeitalter der Globalisierung. Berlin: WZB, 123-151.

Voltmer, Karin 2008: Comparing Media Systems in New Democracies: East Meets South Meets West. In: Central European Journal of Communication 1, 23-40.

Vowe, Gerhard/Emmer, Martin 2002: Elektronische Agora? Digitale Spaltung? Der Einfluss des Internet-Zugangs auf politische Aktivitäten der Bürger: Ergebnisse einer empirischen Untersuchung. In: Baum, Achim/Schmidt, Siegfried J. (Hrsg.): Fakten und Fiktionen: Über den Umgang mit Medienwirklichkeiten. Konstanz: UVK, 419-432.

Welsch, Johann 2002: Die schleichende Spaltung der Wissensgesellschaft. In: WSI Mitteilungen 4, 195-202.

Wilke, Jürgen 2002: Internationale Kommunikationsforschung: Entwicklung, Forschungsfelder, Perspektiven. In: Hafez, Hai (Hrsg.): Die Zukunft der internationalen Kommunikationswissenschaft in Deutschland. Hamburg: Deutsches Übersee-Institut, 13-38.

Wilke, Jürgen/Breßler, Eva 2005: Europa auf dem Weg in die Informationsgesellschaft? Eine Auswertung von Eurobarometer-Daten. In: Rössler, Patrick/Krotz, Friedrich (Hrsg.): Mythen der Mediengesellschaft: The Media Society and Its Myths. Konstanz: UVK, 63-91.

Wolling, Jens 1999: Politikverdrossenheit durch Fernsehnachrichten? Der Einfluss der Medien auf die Einstellungen der Bürger zur Politik. Opladen: Westdeutscher Verlag.

Zubayr, Camille/ Geese, Stefan 2009: Die Informationsqualität der Fernsehnachrichten aus Zuschauersicht: Ergebnisse einer Repräsentativbefragung zur Bewertung der Fernsehnachrichten. In: Media Perspektiven 4, 158-173.

Zubayr, Camille/Gerhard, Heinz 2009: Tendenzen im Zuschauerverhalten: Fernsehgewohnheiten und Fernsehreichweiten im Jahr 2008. In: Media Perspektiven 3, 98-112.

Teil II: Neue Herausforderungen

Medizinische Versorgung und Gesundheit im Ost-West-Vergleich

Nico Dragano

Die Entwicklung der Bevölkerungsgesundheit und gesellschaftlicher Wandel sind zwei Seiten einer Medaille, da politische, ökonomische und kulturelle Umwälzungen regelmäßig mit einer Veränderung des Erkrankungsgeschehens einher gehen. Der Fall der Mauer und die darauf folgenden gesellschaftlichen Veränderungen sind ein beeindruckendes Beispiel hierfür. Zu nennen ist etwa der rapide Einbruch der Lebenserwartung von Männern in Ostdeutschland in den Jahren 1990/1991 um ca. ein Jahr und der darauf folgende schnelle Rückgang der Sterblichkeit, der sich bis zum Jahr 1997 in einer um 2,4 Jahre gestiegenen Lebenserwartung niederschlug (Nolte u. a. 2000; Wiesner 2001). Ein weiteres, noch weitaus dramatischeres Beispiel ist der sprunghafte Anstieg der Mortalität in vielen Ländern der ehemaligen Sowjetunion. Allein in Russland lag in den Jahren 1990 bis 1994 die Sterblichkeit um mehr als zwei Millionen Todesfälle über dem aus den Vorjahren zu erwartenden Trend (Nicholson u. a. 2005). Letztlich sind die Auswirkungen bis heute spürbar. In vielen ehemaligen Ostblockstaaten liegt die Sterblichkeit derzeit weit über der in den westeuropäischen Ländern. Vergleicht man etwa die Lebenserwartung in der Russischen Föderation mit der in Deutschland, so leben derzeit Männer in Russland im Schnitt 15 und Frauen im Schnitt neun Jahre kürzer als Männer und Frauen in Deutschland (WHO 2010).

Solche kurz- und langfristigen Ausschläge bei Globalmaßen der Erkrankungshäufigkeit und Sterblichkeit können nur dann auftreten, wenn große Teile der Bevölkerung mit massiven gesundheitlichen Einflüssen in Berührung kommen. Wie aber kommt es zu einer solchen Verbindung von sozialen bzw. politischen Prozessen und gesundheitlichen Risiken? Die Antwort auf diese Frage ergibt sich aus dem Umstand, dass ein Großteil der Krankheiten des Menschen in direktem Zusammenhang mit seinen alltäglichen materiellen Lebensbedingungen und seiner Verankerung in soziale Strukturen stehen. Medizinische Einflussfaktoren wie Umweltbelastungen, Nahrungsmittelangebot, allgemeine Verhaltensmuster, Arbeitsbedingungen, Wohnsituation und viele andere mehr können also als Produkte gesellschaftlicher Entwicklungszustände aufgefasst werden. Insofern ist es wenig verwunderlich, dass solch weitreichende Umwälzungen, wie sie die Gesellschaften in Osteuropa nach dem Zusammenbruch des kommunistischen Systems erlebt haben, nicht ohne Folgen für die Bevölkerungsgesundheit geblieben sind.

Welche Kräfte hierbei eine Rolle gespielt haben, ist in verschiedenen Forschungsprojekten untersucht worden (z. B. Bobak u. a. 2000; Dragano u. a. 2007; Nicholson

u. a. 2005; Pikhart u. a. 2004; Pikhartova u. a. 2009; Velkova u. a. 1997), die sich allerdings zum jetzigen Zeitpunkt noch nicht zu einem vollständigen Bild fügen. Dies liegt vor allem an der Komplexität der Zusammenhänge, denn nicht einzelne, sondern eine ganze Fülle von Veränderungen, angefangen bei der Verbreitung eines ‚westlichen' Lebensstils bis hin zum Umbau der Gesundheitssysteme, ist von Bedeutung (Bobak/Marmot 1996; Cornia/Paniccia 2000). Hinzu kommt, dass es sich nicht um ein uniformes Phänomen handelt, sondern um eine Entwicklung, die von Land zu Land und von Region zu Region unterschiedlich verläuft.

Dieser Beitrag beschäftigt sich mit dieser Heterogenität. Mit dem länderübergreifenden Datensatz des European Social Survey werden die Ausprägung regionaler Unterschiede bei Indikatoren des individuellen Gesundheitszustands und der medizinischen Versorgung zwischen West- und Ostdeutschland und zwischen West- und Osteuropa untersucht und mögliche Erklärungen für Ungleichheiten und Ähnlichkeiten gesucht. Bevor die Analysestrategie und die Ergebnisse beschrieben werden, sollen aber zunächst theoretische Grundannahmen über den Zusammenhang zwischen Gesellschaft und Gesundheit skizziert und die Besonderheiten der gesundheitlichen Entwicklung in den ehemaligen Ostblockstaaten beschrieben werden.

Gesundheitliche Unterschiede nach dem Fall der Mauer: Modelle und Studienergebnisse

In Zeiten gesellschaftlicher Umbrüche werden die Wechselwirkungen zwischen der gesellschaftlichen Sphäre und der Gesundheit der Gesellschaftsmitglieder besonders deutlich. Beispiele sind neben dem hier behandelten Thema die großen Wirtschaftskrisen der vergangenen Dekaden oder die Beschleunigung der Globalisierung. Um komplexe Zusammenhänge zwischen der gesellschaftlichen und der gesundheitlichen Ebene theoretisch beschreiben zu können, sind eine Reihe von Modellen entwickelt worden. An dieser Stelle soll nur ein einzelnes angeführt werden, um anhand dieses Beispiels grundlegende Verbindungen zwischen der makrosozialen Struktur einer Gesellschaft bzw. dem Wandel dieser Struktur und der individuellen Gesundheit kurz zu skizzieren (Abbildung 1).

Es handelt sich um das Rahmenmodell der „WHO Commission on the Social Determinants of Health", einer von der Weltgesundheitsorganisation eingesetzten Expertenkommission, die den Auftrag hatte, einen globalen Report zu den sozialen Bestimmungsfaktoren der Bevölkerungsgesundheit zu erstellen (WHO Commission on Social Determinants of Health 2008). Dort wird von ebenenübergreifenden Prozessen ausgegangen, die von der Makroebene staatlicher Strukturen und sozialer Systeme über die Ebene der individuellen sozialen Position bis hin zu medizinischen, verhaltensbezogenen und umweltbedingten Risikofaktoren verlaufen.

Startpunkt der Betrachtung ist die sozioökonomische, politische und kulturelle Grundstruktur einer Gesellschaft. Hierzu zählt sowohl der institutionelle Aufbau des Staatswesens, als auch die konkrete politische Ausgestaltung der ökonomischen,

Abbildung 1: Die Entstehung gesundheitlicher Ungleichheit – das Rahmenmodell der WHO CSDH

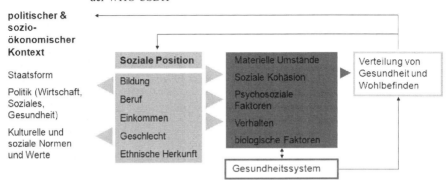

Modifiziert und übersetzt nach WHO Commission on Social Determinants of Health 2008, S.43.

sozialen und gesundheitlichen Verhältnisse. Auf dieser übergeordneten Ebene sind auch allgemeine Normen und Wertesysteme etwa religiöser Natur verortet. Der gesamtgesellschaftliche Kontext bildet den Rahmen für die Vorgänge auf der Mikro-Ebene. Dort manifestiert sich die soziale Strukturierung in Form der von der einzelnen Person eingenommenen sozialen Position, die sich insbesondere aus den sozialstrukturellen Kerndeterminanten Bildung, Einkommen und Beruf ergibt. Das aus medizinischer Sicht entscheidende Bindeglied zwischen der gesellschaftlichen Struktur und den Erkrankungsrisiken bilden dann die sich aus der sozialen Position ergebenden objektiven Lebensbedingungen und Lebensstile. Ein niedriges Einkommen kann beispielsweise dazu führen, dass Abstriche bei der Ernährung, der Qualität der Wohnung oder der medizinischen Versorgung gemacht werden müssen, wovon jeweils eine gesundheitliche Gefährdung ausgeht.

Da es eine ganze Fülle von bekanntermaßen sozial ungleich verteilten Risikofaktoren gibt, unterscheidet das Modell nur grob einige zentrale Kategorien, wie die materiellen Lebensumstände (z. B. Nahrung, Kleidung, Wohnen), den sozialen Zusammenhalt (z. B. Unterstützung, Kriminalität), psychosoziale Belastungen (z. B. prekäre Arbeitsverhältnisse) sowie gesundheitsrelevante Verhaltensweisen (z. B. Rauchen) und biologische Risikofaktoren (z. B. Infektionsrisiken). Hinter diesen Kategorien verbergen sich zahlreiche einzelne Belastungen oder Ressourcen, die untereinander in komplexen Wechselbeziehungen stehen. Beispielsweise ist eine hohe Verkehrsbelastung rund um die Wohnung nicht nur unmittelbar gesundheitsschädigend, sie kann auch zu einem Hindernis für eine regelmäßige körperliche Bewegung werden und damit das Gesundheitsverhalten prägen. Diesem Beispiel könnten problemlos weitere folgen, was hier aber unter Hinweis auf weiterführende Literatur unterbleiben soll (Dahlgren/Whitehead 2006; Kickbusch 2009; Marmot/Wilkinson 2006; Siegrist/Marmot 2006).

Die Wirkung dieser Faktoren kann in einem letzten Schritt noch durch das Medizinsystem „gefiltert" werden, da die medizinische Versorgung die Folgen gesellschaftlich vermittelter Risiken im positiven Fall kompensiert oder im negativen Fall weiter verstärkt. Neben dem ohnehin vorhandenen Beitrag zur Sicherung der Gesundheit und der Vermeidung von Sterblichkeit kommt der medizinischen Versorgung somit auch eine entscheidende Bedeutung beim Zustandekommen gesellschaftlich vermittelter Muster der Morbidität und Mortalität zu. Die Kernaussage des Rahmenmodells lässt sich folgendermaßen zusammenfassen: Eine Vielzahl medizinisch relevanter Risiko- und Schutzfaktoren sind nicht zufällig auf die Gesellschaftmitglieder verteilt, sondern betreffen in systematischer Weise bestimmte soziale Gruppen häufiger als andere. Daraus ergibt sich, dass nicht nur der allgemeine politisch-ökonomische Entwicklungsstand einer Gesellschaft – und damit das absolute Niveau der gesundheitlichen Risiken und Chancen – die bestimmende Größe der Bevölkerungsgesundheit ist, sondern auch die Sozialstruktur und damit der innere Aufbau der Gesellschaft. Kommt es hier zu tiefgreifenden Veränderungen, so sind demnach mit hoher Wahrscheinlichkeit gesundheitliche Konsequenzen zu erwarten.

Die Ereignisse der Jahre 1989/90 und der sich anschließende gesellschaftliche Umbau waren unter Zugrundelegung dieser Annahmen über die soziale Genese von Krankheiten also nahezu zwangsläufig mit gesundheitlichen Folgen verbunden, da die Wandlung der kontextuellen Rahmenbedingungen dazu geführt hat, dass sich die Lebensumstände und damit die spezifischen gesundheitlichen Risiken und Chancen für große Teile der Bevölkerung nachhaltig verändert haben und bis zum heutigen Tag weiter verändern. Betroffen sind zahlreiche Domänen, wobei betont werden muss, dass das jeweilige Ausmaß des Wandels eine länderspezifische Varianz aufweist. So hat nach Beendigung der akuten Umbruchphase die gesundheitliche Entwicklung in zahlreichen betroffenen Staaten einen durchaus positiven Weg genommen. Dies lässt sich unter anderem daran ablesen, dass die Lebenserwartung in vielen osteuropäischen Ländern im vergangenen Jahrzehnt stark angestiegen ist. Dies trifft auch für Ostdeutschland zu: In den Jahren zwischen 1991 und 2007 hat sich die mittlere Lebenserwartung bei Geburt weitgehend derjenigen in Westdeutschland angeglichen (Robert Koch-Institut 2009). In anderen Ländern hingegen sind in der gleichen Zeit kaum Fortschritte zu erkennen, wie das oben zitierte Beispiel der Russischen Föderation zeigt.

Dennoch gibt es einige verbindende Elemente, die die besondere Situation in den ehemaligen Ostblockstaaten erklären. Zuvorderst ist die wirtschaftliche Situation zu nennen, die in vielen Regionen Ostdeutschlands und Osteuropas nach wie vor problematisch ist. Hieraus ergeben sich spezifische Risiken. Eines der massivsten steht in Zusammenhang mit der hohen Arbeitslosigkeit in vielen Regionen Osteuropas. Die epidemiologische Forschung hat wiederholt nachgewiesen, dass länger andauernde Arbeitslosigkeit eine evidente gesundheitliche Gefahr bis hin zu einem nachweisbar erhöhten Risiko der Frühsterblichkeit darstellt (Grobe/Schwartz 2003). Ökonomische Krisen können also über diesen Weg zu einer Verschlechterung der Gesundheit breiter Bevölkerungsschichten führen (Cornia/Paniccia 2000).

Ein weiterer Aspekt ist die chronische Instabilität des Arbeitsmarktes und der Arbeitsbedingungen, von der ein negativer Einfluss auf die Gesundheit der gesamten erwerbsfähigen Bevölkerung ausgehen kann, der über die durch die Arbeitslosigkeit vermittelten Effekte hinaus geht. Beispielsweise haben Stuckler und Kollegen eine Analyse von Daten aus 25 osteuropäischen Ländern publiziert, in der ein Zusammenhang zwischen dem Ausmaß der Privatisierung von Staatsbetrieben und der Höhe der Mortalitätsrate der Bevölkerung im Erwerbsalter gefunden wurde (Stuckler u. a. 2009). Die Hintergründe dieser Assoziation sind bisher nicht ausreichend erforscht, eine Ursache könnte aber sein, dass mit einschneidenden Umbauprozessen die Verbreitung arbeitsbezogener Belastungsfaktoren zunimmt. Zu nennen sind etwa eine verbreitete Angst vor Arbeitsplatzverlust, sinkende Standards des Arbeitsschutzes oder steigende psychische Belastungen in den reorganisierten Ökonomien – allesamt Faktoren, von denen nachweislich gesundheitliche Gefahren ausgehen (Quinlan/Bohle 2008; Siegrist/Dragano 2008). Zudem gibt es die Vermutung, dass als Folge der instabilen Lage das allgemeine Niveau psychosozialer Stressbelastungen in der Bevölkerung angestiegen ist (Pikhart u. a. 2004, Weidner/Cain 2003).

Ein weiterer Bereich, dem eine Bedeutung bei der Erklärung der besonderen gesundheitlichen Situation zukommt, ist der Umbau der Sozialstruktur nach dem Ende des sozialistischen Gesellschaftssystems. Der hierarchische Aufbau einer Gesellschaft ist eine der entscheidenden Bestimmungsgrößen für die Verteilung von gesundheitlichen Risiken in der Bevölkerung, da die soziale Position von Menschen in starkem Maße mit gesundheitlichen Chancen und Risiken assoziiert ist (Bartley 2004; Richter/Hurrelmann 2009; Siegrist/Marmot 2006; WHO Commission on Social Determinants of Health 2008). In vielen ehemals kommunistischen und heute kapitalistischen Gesellschaften hat sich die soziale Segregation in den vergangenen zwei Dekaden stark verändert und häufig zu einer Verschärfung struktureller sozialer Gegensätze geführt (Bobak/Marmot 2009). In der Folge sehen sich vor allem die Angehörigen niedriger sozialer Schichten sowie vulnerable Gruppen wie Rentner oder ethnische Minderheiten mit potentiell gesundheitsschädlichen Lebens-, Wohn- und Arbeitsbedingungen konfrontiert. Dies hat dazu geführt, dass heute in vielen osteuropäischen Ländern eine ausgeprägte soziale Ungleichheit bei den Krankheits- und Sterblichkeitsrisiken existiert (Bobak u. a. 2000; Leinsalu u. a. 2009; Mackenbach u. a. 2008; Murphy u. a. 2006). Allerdings muss beachtet werden, dass es neben denjenigen sozialen Gruppen, die in gesundheitlicher Sicht als die Verlierer des Wandels bezeichnet werden können, auch Bevölkerungsschichten gibt, deren Lebensbedingungen sich deutlich verbessert haben. Zudem ist anzumerken, dass eine gesundheitliche Ungleichheit nahezu in allen modernen Gesellschaften zu beobachten ist, es sich also nicht um ein spezifisch osteuropäisches Phänomen handelt.

Eine ebenfalls medizinisch bedeutsame Facette des gesellschaftlichen Wandels ist die Veränderung der gesundheitsrelevanten Lebensstile. Gemeint ist vor allem die Adaption westlich geprägter Lebensweisen mit all ihren Vor- und Nachteilen. Leider liegen zu möglichen positiven Effekten kaum Untersuchungen vor, so dass lediglich spekuliert werden kann, dass gesundheitsbewusste Einstellungen und Verhaltensweisen, beispielsweise in Bezug auf die Ernährungsweise oder das Bewegungsverhalten, inzwischen eine größere Verbreitung gefunden haben als in der Zeit vor der Wende. Negative Aspekte sind hingegen wiederholt dokumentiert worden. Sie betreffen vor allem Alkohol- und Tabakmissbrauch, die in manchen Regionen epidemische Ausmaße angenommen haben. Besonders gravierend scheint die Lage in Russland zu sein, wo die Zahl der alkoholassoziierten Todesfälle in der Vergangenheit stark gestiegen ist (Leon u. a. 2007; Nicholson u. a. 2005). Aber auch für andere osteuropäische Länder gibt es Belege, dass ein problematischer Alkoholkonsum weiter verbreitet ist als in Westeuropa. So auch in Deutschland: Für den Vergleich zwischen Ost- und Westdeutschland ist zwar eine gewisse Annäherung der Raten eines problematischen Trinkverhaltens in den vergangenen Jahren beobachtet worden, dennoch ist die Problematik auch heute noch in Ostdeutschland häufiger (Nolte u. a. 2003; Robert Koch-Institut 2009). Beim Rauchen sind die Befunde zu Ost-West-Unterschieden uneindeutiger. Zwar berichten verschiedene Studien von höheren Raucherquoten in manchen osteuropäischen Ländern (Bobak u. a. 2003; Baska u. a. 2006), jedoch weisen die Raten eine regionale Varianz auf und unterschieden sich zudem stark zwischen Altersgruppen und Geschlechtern. Insgesamt ist aber davon auszugehen, dass es eine Transformation der Lebensstile in den sich verändernden Gesellschaften gibt und dass diese Transformation spürbare Folgen für die Gesundheit der Bevölkerung hat. Eine letzte Besonderheit ist die Neuorganisation der Gesundheitssysteme in nahezu allen Ländern des ehemaligen Ostblocks. Hierbei ist es zu regelrechten Systemwechseln gekommen, bei denen die staatlich-zentralistischen Gesundheitssysteme aufgelöst und durch andere Modelle ersetzt wurden (Nguyen/Frenk 2002). In den neuen Bundesländern beispielsweise wurde nur kurze Zeit nach der Wende damit begonnen, das westdeutsche System der Krankenversorgung mitsamt der sozialversicherungsbasierten Finanzierung des Gesundheitswesens zu übernehmen (Robert Koch-Institut 2009). Während dieses relativ rasch vonstatten gehenden Prozesses sind bestehende Formen der medizinischen Versorgung wie die ambulante Behandlung in Polikliniken und Ambulatorien aufgegeben und neue Strukturen nach bundesrepublikanischem Vorbild geschaffen worden. Es muss aber davon ausgegangen werden, dass die Umbauprozesse zum jetzigen Zeitpunkt noch nicht abgeschlossen sind. Hierfür sind die innerdeutschen Verhältnisse eine guter Beleg, da auch 20 Jahre nach der Wende und der Einführung einheitlicher gesetzlicher Regelungen immer noch Unterschiede in der ambulanten, stationären und rehabilitativen Versorgung zwischen den alten und den neuen Bundesländern bestehen (Robert Koch-Institut 2009).

Welche Folgen der Umbau hergebrachter Modelle für die medizinische Versorgung der Bevölkerung hatte, ist nicht einfach zu beurteilen, da die Veränderungen der Gesundheitssysteme parallel zu den anderen Systemumwälzungen verliefen. Dies macht es schwierig, die beobachteten gesundheitlichen Effekte eindeutig bestimmten Ursachen zuzuordnen. Bisher liegen nur einzelne Evaluationen vor, die auf der Basis von Routinedaten gezeigt haben, dass sowohl in Ostdeutschland als auch in anderen osteuropäischen Staaten die Versorgungslage seit etwa Mitte der 1990er Jahre kontinuierlich besser geworden ist. Festgemacht wird dies unter Anderem an einem Rückgang der Sterblichkeit infolge von Erkrankungen, die prinzipiell behandelbar wären (Nolte u. a. 2002; Velkova u. a. 1997; Wiesner 2001). Solche positiven Entwicklungen werden darauf zurück geführt, dass die staatlich organisierten Gesundheitssysteme spätestens in der Endphase der sozialistischen Periode nur noch ineffektiv arbeiteten, da sowohl Ressourcen fehlten als auch die planwirtschaftliche und zentralistische Organisation eine effiziente Steuerung verhinderten (Nguyen/Frenk 2002). In vielen Ländern wurden diese Probleme in den vergangenen Jahren zumindest teilweise gelöst, so dass ein besser funktionierendes Gesundheitswesen seinen Beitrag zur Verbesserung des allgemeinen Gesundheitszustandes geleistet haben sollte. Allerdings muss relativierend angemerkt werden, dass dies nicht bedeutet, dass auch alle sozialen Gruppen der Gesellschaft gleichermaßen von Verbesserungen profitiert haben. In vielen Ländern wurden marktwirtschaftliche Elemente eingeführt und somit Krankheitskosten privatisiert. Ein solcher Trend ist gegenwärtig in zahlreichen Ländern weltweit zu beobachten und es gibt deutliche Hinweise auf eine sich verstärkende soziale Ungleichheit beim Zugang zur medizinischen Versorgung (von dem Knesebeck u. a. 2009). Inwieweit dies aber auch auf die osteuropäischen Länder zutrifft, kann derzeit nur vermutet werden, da aussagekräftige Untersuchungen für die meisten Länder nicht vorliegen.

Fragestellung

Das Fazit dieser Zusammenfassung des Forschungsstandes lautet, dass es eine gewisse Ähnlichkeit in der gesundheitlichen Entwicklung der osteuropäischen Länder gibt, die sich darin äußert, dass sie sich trotz aller Annäherung auch 20 Jahre nach dem Fall der Mauer systematisch von den westeuropäischen Ländern unterscheiden. Ein genaues Studium dieser Kontraste ist in verschiedener Hinsicht von wissenschaftlichem Interesse. Erstens können aus solchen Vergleichen allgemeine Schlüsse über die Verknüpfung gesellschaftlicher Faktoren mit gesundheitlichen Bedingungen gezogen werden. Zweitens werden im Vergleich akute Probleme sichtbar, die einer Intervention bedürfen. Drittens ermöglicht eine komparative Betrachtung die Evaluation politischer Eingriffe, indem betrachtet wird, was solche Länder mit einer positiven gesundheitlichen Entwicklung von jenen Ländern unterscheidet, in denen es keine Verbesserungen gab. Ost-West-Vergleiche sind bisher aber vor allem für globale Indikatoren der Sterblichkeit und Erkrankungshäufigkeit durchgeführt worden. Untersuchungen zu den unterschwelligen, vermittelnden Prozessen, die zu Unterschieden in der Mortalität und Morbidität führen (siehe Abb. 1) sind hingegen rar. Dies betrifft etwa Fragen der sozialen Ungleichheit von gesundheitlichen Risiken und Chancen, der Inanspruchnahme medizinischer Leistungen oder der subjektiven Wahrnehmung der Qualität der Versorgung. Hier eröffnet der ESS aufgrund seines länderübergreifenden Designs interessante Möglichkeiten der Analyse und die im Folgenden vorgestellte Untersuchung stellt den Versuch dar, diese zu nutzen. Das Ziel der hier vorgestellten Auswertung ist es, regionale Unterschiede in der Ausprägung verschiedener Indikatoren der Gesundheit und der medizinischen Versorgung zu beschreiben und ihren Ursachen nachzugehen. Im Mittelpunkt steht der innerdeutsche Vergleich der Situation in den neuen und den alten Bundesländern. Um aber einen Maßstab für die Interpretation der Ergebnisse aus Deutschland zu haben, werden vergleichbare Ergebnisse auch für zahlreiche west- und osteuropäische Länder dargestellt.

Forschungsstrategie und Operationalisierung

Der erste Analyseschritt ist der deskriptive Vergleich von gesundheits- und versorgungsbezogenen Indikatoren zwischen ost- und westdeutschen sowie ost- und westeuropäischen Befragten. Aufbauend auf diesen grundlegenden Ergebnissen werden weitergehende Untersuchungen vorgestellt, die möglichen Erklärungsansätzen für die gefundenen Variationen nachgehen. Insbesondere ist dies die Frage nach der Bedeutung individueller soziodemographischer Merkmale (z. B. Geschlecht, Alter) für die Verteilung der Indikatoren. Zusätzlich werden in einem Mehrebenenansatz Kontextinformationen zum Gesundheitssystem als potentielle Erklärungsfaktoren von Länderunterschieden betrachtet.

Die Umsetzung der Forschungsstrategie erfordert die Operationalisierung aussagekräftiger Indikatoren zur Gesundheit und medizinischen Versorgung. Im Rahmen des ESS wurden keine anamnestischen Angaben zu manifesten Erkrankungen, Beschwerden, Symptomen und medizinischen Risikofaktoren erhoben. Neben zwei Fragen zur subjektiven Gesundheit und zu funktionellen Einschränkungen durch chronische Erkrankungen, welche in allen Wellen enthalten waren, ist aber in der 2004er Erhebung ein ausführlicheres Instrument mit Fragen zur Gesundheit und medizinischen Versorgung zum Einsatz gekommen. Entsprechend stützt sich die Mehrzahl der im Folgenden dargestellten Analysen auf die Daten der zweiten Welle des ESS aus dem Jahr 2004.

Wie erwähnt, fehlen medizinische Daten, so dass alternativ versucht wird, einen möglichst breiten Überblick über den selbsteingeschätzten gesundheitlichen Status und die Erfahrungen mit dem medizinischen Versorgungssystem der Befragten zu gewinnen. Insgesamt stehen acht Indikatoren zur Verfügung, die der Übersichtlichkeit wegen in drei Gruppen gegliedert sind. Die entsprechenden Fragen und Antwortmöglichkeiten werden in der folgenden Liste aufgeführt. Für die statistischen Auswertungen werden die Antworten in dichotomisierter Form verwendet (Normaltext=0 *vs. kursiv=1*).

Gruppe 1: Gesundheitszustand

- Schlechte selbstberichtete Gesundheit: „Wie schätzen Sie – alles in allem – Ihren Gesundheitszustand ein? > sehr gut, gut, durchschnittlich *vs. schlecht, sehr schlecht*"
- Einschränkung durch chronische Krankheit: „Werden Sie bei Ihren täglichen Aktivitäten in irgendeiner Weise von einer längeren Krankheit oder einer Behinderung, einem Gebrechen oder einer seelischen Krankheit beeinträchtigt? > Nein *vs. Ja stark, Ja bis zu einem gewissen Grad*"

Gruppe 2: Medizinische Versorgung

- Regelmäßige Medikamenteneinnahme: „Nehmen Sie regelmäßig irgendwelche Tabletten oder sonstige Medikamente, die Ihnen verschrieben worden sind? > Nein *vs. Ja*"
- Anzahl Arztbesuche in den vergangenen zwölf Monaten: „Wie oft haben Sie wegen eigener Gesundheitsprobleme in den vergangenen zwölf Monaten einen Arzt aufgesucht? Denken Sie bitte an alle Arztbesuche, einschließlich Besuche beim Hausarzt und bei Spezialisten. > nie, 1-2 mal, 3-5 mal *vs. 6 und mehr mal*"
- Nicht genügend Wahlfreiheit (Wahl des Hausarztes): „Finden Sie, dass Sie bei der Suche nach einem Hausarzt. > genügend Auswahlmöglichkeiten *vs. nicht genügend Auswahlmöglichkeiten haben*?"

Gruppe 3: Krankheitsbezogenes Verhalten und Arzt-Patienten-Beziehung

- Inanspruchnahmeverhalten – Behandlung im primären Sektor am Beispiel Kopfschmerzen: „Stellen Sie sich jetzt bitte vor, Sie hätten starke Kopfschmerzen. Von wem [...] würden Sie sich zuerst beraten oder behandeln lassen? > Von Niemandem / Freunde oder Familie / Internet / andere Gesundheitsspezialisten oder Alternativmediziner *vs. Apotheker / Arzt / Krankenschwester / medizinisches Beratungstelefon*
- Medikamenteneinnahme nicht wie verschrieben: „Bitte denken Sie an das letzte Mal, als Sie vom Arzt ein Medikament verschrieben bekommen haben, das Sie vorher noch nie eingenommen hatten. Welche von den folgenden Aussagen kommt dem am nächsten, was Sie damals mit dem Rezept gemacht haben? > Ich habe das Medikament genau so, wie es verschrieben wurde, angewendet ***vs.*** *Ich habe das Medikament nicht aus der Apotheke geholt / Ich habe das Medikament aus der Apotheke geholt, aber nicht angewendet / Ich habe einen Teil des Medikaments oder alles angewendet, aber nicht so, wie es verschrieben wurde*"
- Partnerschaftliche Arzt-Patienten-Beziehung: „Hausärzte behandeln ihre Patienten als gleichberechtigte Partner. > nie oder fast nie, manchmal, etwa in der Hälfte aller Fälle *vs. Meistens / Immer o. fast immer*"

Die Strategie zur Auswertung dieser Informationen ist mehrstufig. Zunächst wird in deskriptiver Form die Häufigkeit der Antworten in den vier Regionen „Europa West", „Deutschland West", „Deutschland Ost" und „Europa Ost" bestimmt, um auf diese Weise die Varianz der gesundheits- und versorgungsbezogenen Indikatoren sichtbar zu machen.

Sowohl das individuelle gesundheitliche Risiko als auch die Inanspruchnahme von Versorgungsleistungen werden von einer Vielzahl individueller Merkmale wie dem Alter oder dem Geschlecht beeinflusst. Daher kommen in einem weiteren Analyseschritt multivariate logistische Regressionsmodelle zum Einsatz, mit deren Hilfe für jeden der acht Indikatoren der Einfluss wichtiger individueller Faktoren (siehe unten) untersucht werden kann. Diese Auswertungen werden wiederum nach Regionen getrennt vorgenommen. Aufbauend auf die Resultate dieser Berechnungen wird dann der Frage nachgegangen, ob eine unterschiedliche soziodemographische Zusammensetzung der jeweiligen Stichproben (bzw. eine ungleiche Verteilung der Einflussfaktoren) eine Erklärung für regionale Differenzen in der Häufigkeitsverteilung der Hauptindikatoren sein könnte. Um diese Annahme zu prüfen, wird zunächst für jeden Gesundheitsindikator ein Regressionsmodell kalkuliert, in das die Befragten aller Länder gleichzeitig aufgenommen sind, die Zugehörigkeit zu einer der vier Regionen aber als unabhängige Variable Berücksichtigung findet. In einem zweiten Schritt werden dann individuelle Einflussfaktoren kontrolliert, um auf diese Weise zu prüfen, ob die Wirkung der regionalen Zugehörigkeit durch die Hinzunahme individueller Faktoren verringert wird.

In einem letzten, explorativen Analyseschritt werden die individuellen Daten um kontextuelle Informationen auf Länderebene ergänzt. Verwendet werden zwei Makro-Indikatoren, die spezifische Charakteristika des Gesundheitssystem repräsentieren: die Ärztedichte auf 1.000 Einwohner und die Pro-Kopf-Gesundheitsausgaben (US-$) im Jahr 2004[1]. Mit Hilfe dieser Makro-Indikatoren wird untersucht, ob die Angaben zur Gesundheit und Versorgung der ESS-Befragten in einem Zusammenhang mit den Investitionen in die gesundheitliche Versorgung des jeweiligen Landes stehen. Die entsprechenden Analysen werden in Form von graphischen Darstellungen ökologischer Zusammenhänge und Ergebnissen hierarchischer Mehrebenenmodelle (Jackson u. a. 2008) wiedergegeben.

Ergebnisse

Im Jahr 2004 wurde die zweite Erhebungselle des ESS in 26 europäischen Ländern durchgeführt. 47.210 Männer und Frauen beantworteten die Fragen, darunter auch 1.851 Personen aus West- und 1.019 aus Ostdeutschland. Die Auswertungen für dieses Kapitel sind allerdings nicht mit dem gesamten Datensatz durchgeführt worden, sondern nur für diejenigen Länder, die an mindestens drei der vier Survey-Wellen des ESS teilgenommen hatten (sog. Core-Länderset, siehe Einleitungskapitel dieses Buches). Neben Deutschland waren dies 14 westeuropäische und sieben osteuropäische Länder[2]. Einschließlich Deutschlands standen somit Angaben von 43.467 Personen für eine Analyse zur Verfügung[3].

---

1   Quelle für beide Makro-Indikatoren: World Development Indicators Database (Worldbank 2010). Die Arztdichte pro Einwohner konnte zudem für West- und Ostdeutschland getrennt erfasst werden (Quelle: GESIS 2010).
2   Das Kernländerset unterscheidet sich zur ESS Welle 2004 vom gesamten Länderset nur um drei westeuropäische Länder (Island, Italien, Luxemburg). Um die Darstellung einfach zu halten, wird daher keine zusätzliche Ergebnisspalte für das gesamte Länderset Westeuropa aufgeführt.
3   In der Tabelle ist die Zahl der Befragten für die einzelnen Regionen angegeben. Bei den einzelnen Items traten nur wenige fehlende Werte auf, so dass auf eine gesonderte Darstellung der Item-spezifischen Fallzahlen verzichtet wird.

Unterschiede in Gesundheit und Versorgung

Die Häufigkeitsverteilung der Indikatoren in den vier Regionen macht schnell deutlich, dass ein Vergleich lohnenswert ist, denn bei allen Fragen zur Gesundheit und medizinischen Versorgung zeigen sich ausgeprägte Unterschiede (Tabelle 1). Für die Indikatoren einer eingeschränkten Gesundheit ist etwa ein West-Ost-Gradient zu erkennen. In den westeuropäischen Ländern ist der Gesundheitszustand also besser als in Westdeutschland und der ist wiederum besser als in Ostdeutschland und den osteuropäischen Ländern.

Ein vergleichbarer Ost-West-Verlauf ist bei den anderen Variablen hingegen nicht zu erkennen, vielmehr zeigen sich spezifische Muster. Bei Aspekten der medizinischen Versorgung sind verschiedene Auffälligkeiten hervorzuheben. Zunächst ist die seltenere Medikamenteneinnahme in den osteuropäischen Ländern zu nennen. Dieser Befund steht im Kontrast zur im Durchschnitt schlechteren Gesundheit in dieser Region, was als Hinweis auf eine Unterversorgung gedeutet werden kann. Ähnliches trifft für die Zahl der Arztbesuche zu, die ebenfalls in Osteuropa am seltensten sind. Hier sind die deutschen Befragten Spitzenreiter. In Ostdeutschland nahmen beispielsweise im Jahr vor dem Interview 30 Prozent der Befragten[4] mehr als fünf Mal eine ambulante ärztliche Behandlung in Anspruch, während in der Region ‚Europa West' nur 21,4 Prozent und in der Region ‚Europa Ost' nur 18,7 Prozent der Teilnehmer häufige Arztbesuche berichteten.

Eine interessante Verteilung zeigt sich bei einer ungenügenden Wahlfreiheit bei der Suche nach einem Hausarzt. Die westdeutschen Befragten sind mit Abstand am zufriedensten mit den Wahlmöglichkeiten, während – innerhalb desselben Gesundheitssystems – der Grad der Unzufriedenheit in Ostdeutschland deutlich größer ist. Es scheinen also trotz des prinzipiell universellen, durch die gesetzliche Pflichtversicherung garantieren Zugangs und einer regionalen Bedarfsplanung der ärztlichen Versorgung nach §99 Abs. 1 SGB V lokale Kräfte zu wirken, die dazu führen, dass Versicherte in Ostdeutschland ihre Wahlfreiheit als ungenügend empfinden.

Bezüglich des Inanspruchnahmeverhaltens gibt es nur geringe Unterschiede innerhalb Deutschlands. Allerdings ist ein ausgeprägter Kontrast zu den westeuropäischen Ländern zu erkennen, in denen die Befragten im Falle einer potentiell behandlungsbedürftigen Gesundheitsstörung (starker Kopfschmerz) deutlich früher das primäre Versorgungssystem – also Ärzte, Apotheker etc. – in Anspruch nehmen.

Hinsichtlich der verschreibungsgetreuen Einnahme von Medikamente ist insgesamt nur eine moderate regionale Varianz zu erkennen. Auffällig ist aber, dass die sog. Compliance (Therapietreue) in Ostdeutschland überdurchschnittlich hoch ist.

---

4 Die in der Tabelle gezeigten Häufigkeiten sind für wellen- und regionenspezifische Design- und Populationsunterschiede gewichtet worden. Jedoch sind alle Berechnungen auch ungewichtet vorgenommen worden. Dies ließ erkennen, dass die Gewichtung zu keinen substantiellen Veränderungen der gefundenen Häufigkeiten und Effekte führte.

Tabelle 1: Gesundheitsstörungen, Inanspruchnahme medizinischer Versorgungsleistungen und Merkmalen der Arzt-Patienten-Beziehung (Häufigkeiten in Prozent)

		E-W	D-W	D-O	E-O
schlechte selbstberichtete Gesundheit		6,6	9,6	11,2	16,2
Einschränkung durch chronische Krankheit		22,0	26,0	28,4	33,2
regelmäßige Medikamenteneinnahme		43,6	44,9	49,6	36,6
Anzahl Arztbesuche in den letzten 12 Monaten	0	17,0	14,5	14,6	25,0
	1-2	36,6	33,2	26,2	36,1
	3-5	25,1	26,3	29,3	20,0
	≥ 6	21,4	26,0	30,0	18,7
nicht genügend Wahlfreiheit (bei Wahl des Hausarztes)		24,7	7,0	17,2	29,8
Inanspruchnahmeverhalten – Behandlung im primären Sektor (bspw. Kopfschmerzen)		56,8	45,9	47,9	41,4
Medikamenteneinnahme nicht wie verschrieben[1]		16,5	18,4	12,3	24,2
partnerschaftliche Arzt-Patienten-Beziehung		55,5	44,2	62,5	35,5
Anzahl Befragte (n)		27.383	1.851	1.019	13.214

[1] Nur Personen, die Medikamente eingenommen hatten und diese Einnahme erinnern konnten (Anzahl: 25.306 / 1.691 / 916 / 11.125); Ergebnisse gewichtet für die jeweiligen Design- und Populationsgewichte.

Dieser Befund könnte auch damit zusammenhängen, dass die Arzt-Patienten-Beziehung in Ostdeutschland von der Mehrzahl der Befragten als partnerschaftlich empfunden wird. 62,5 Prozent der Befragten berichten dort von einer positiven Beziehung, was der höchste Wert aller Regionen ist. Im Gegensatz dazu empfindet im Westen Deutschlands nur eine Minderheit von 44,2 Prozent die Arzt-Patienten-Beziehung als partnerschaftlich.

Es kann also festgehalten werden, dass die Verteilung der Indikatoren grundsätzlich zwischen den Regionen variiert. Eine Interpretation ist aber zunächst schwierig, da die Durchschnittswerte stark von der Zusammensetzung der jeweiligen Stichproben abhängen. Daher sind weitergehende Auswertungen vorgenommen worden, die in den kommenden drei Abschnitten für die Indikatorengruppen Gesundheitszustand, medizinische Versorgung und krankheitsbezogenes Verhalten bzw. Arzt-Patienten-Beziehung vorgestellt werden.

Erklärungsansätze für regionale Unterschiede: Gesundheitszustand

In Tabelle 1 ist zu erkennen, dass eine subjektiv als schlecht eingestufte Gesundheit und Einschränkungen durch chronische Erkrankungen ein West-Ost-Gefälle zeigen. Mit den Daten des ESS kann nun geprüft werden, inwieweit individuelle Einflussfaktoren auf die Gesundheit zur Erklärung dieses Phänomens beitragen. Dabei muss zwar auf biomedizinische Determinanten verzichtet werden, jedoch sind im Datensatz soziodemographische Variablen vorhanden, die erwiesenermaßen einen starken Bezug zu gesundheitlichen Größen haben (vgl. Kap. 1.1; Dahlgren/Whitehead 2006; Kickbusch 2009; Marmot/Wilkinson 2006; Siegrist/Marmot 2006). Allen voran sind dies das Geschlecht und das Alter sowie die sozioökonomische Position. Letztere wird hier mittels der Indikatoren Bildung[5] und Einkommenssituation[6] erfasst. Weiterhin sind der Erwerbsstatus[7], die soziale Einbindung[8] und die Größe des Wohnorts[9] als unabhängige Variablen von Interesse. In Tabelle 2 sind die Ergebnisse multivariater Regressionsmodelle für den Gesundheitsindikator ‚Einschränkung durch eine chronische Krankheit' wiedergeben. Die gezeigten Koeffizienten lassen erkennen, ob die getesteten Faktoren mit dem Vorliegen einer chronischen Krankheit assoziiert sind. Erwartungsgemäß gibt es in allen Ländern einen starken Einfluss des Alters und der Einkommenssituation. Letztere ist übereinstimmend ein protektiver Faktor, d. h. je besser die Einkommenssituation der Befragten war, desto seltener waren sie von einer Einschränkung betroffen. Dieser Befund unterstreicht die in der Einleitung dieses Kapitels beschriebene Bedeutung der sozialen Position für das Erkrankungsrisiko. Um die Belastbarkeit dieses Ergebnisses zu überprüfen, ist weiterhin eine Trendanalyse durchgeführt worden, die möglich war, weil Angaben zur subjektiven Gesundheit und zu chronischen Erkrankungen in allen vier Wellen des ESS erhoben wurden.

---

5 Zur Operationalisierung ist der höchste Bildungsabschluss nach ISCED-97 (International Standard Classification of Education; UNESCO) verwendet worden. Die auf einen Wertebereich von 0 bis 1 normierte Variable unterscheidet sieben Stufen, wobei höhere Werte eine höhere Bildung anzeigen. Nähere Angaben hierzu – wie auch zu den weiteren unabhängigen Variablen – sind den Originalfragebögen zu entnehmen (www.european socialsurvey.org).

6 Die Höhe des Einkommens wurde zwar erfragt, die Angabe wurde aber von vielen Befragten verweigert. Daher wird hier auf eine Selbsteinstufung der Einkommenssituation zurück gegriffen. Die Befragten gaben an, ob sie mit dem vorhandenen Einkommen ihren Lebensunterhalt bestreiten können. Die Variable ist wiederum auf den Wertebereich 0-1 normiert. Hohe Werte signalisieren eine gute Einkommenssituation.

7 Alle Probanden wurden nach ihrer Haupttätigkeit gefragt. Die gebildeten Kategorien sind der Tabelle 2 zu entnehmen.

8 Zur Operationalisierung wurden zwei Variablen verwendet. Die erste gibt an, ob die Befragten in einer festen Partnerschaft lebten, die zweite ist die Anzahl regelmäßiger sozialer Kontakte (hohe Werte = häufige Kontakte).

9 Hohe Werte auf dieser auf den Bereich 0-1 normierten Variable zeigen eine steigende Größe des Wohnortes an. Den Wert 1 bekamen beispielsweise Befragte in Großstädten.

Tabelle 2: Einschränkung durch eine chronische Krankheit: Zusammenhänge mit persönlichen Merkmalen (multivariate logistische Regressionen nach Ländergruppen: Regressionskoeffizienten [log-odds] und Signifikanzniveau[1])

	E-W	D-W	D-O	E-O
Alter	3,42***	4,23***	3,83***	4,42***
Geschlecht (Ref. Männlich)	0,14***	-0,05	-0,39*	0,15**
steigende Bildung	-0,05	-1,03**	-0,33	-0,19
gute Einkommenssituation	-0,84***	-1,10***	-1,13**	-1,46***
Erwerbsstatus (Ref. erwerbstätig)				
arbeitslos	0,43***	0,51	0,31	0,18
berentet	0,57***	0,63**	0,86**	0,84***
nicht berufstätig, andere	0,35***	0,40*	-0,05	0,27**
Partnerschaft (Ref. kein Partner)	-0,17***	-0,25	-0,17	-0,06
steigende Zahl sozialer Kontakte	-0,26***	-0,76**	0,35	-0,15
steigende Wohnortgröße	-0,32***	0,22	0,38	-0,33***
R^2	0,11***	0,15***	0,15***	0,22***
Anzahl	24.447	1.738	978	11.926

[1]Signifikanzniveaus: *p<0,05; ** p<0,01; ***p<0,001; Ergebnisse gewichtet für die jeweiligen Design- und Populationsgewichte.

Die gefundenen Trends sind beispielhaft in der Abbildung 2 wiedergegeben. Sie zeigt die Häufigkeit chronischer Erkrankungen für die beiden Extremgruppen mit guter und schlechter Einkommenssituation in allen vier Erhebungsjahren für die vier Regionen. Die Abbildung lässt erkennen, dass soziale Unterschiede universell auftreten. Im zeitlichen Trend unterscheiden sich die Regionen hingegen. Während die Ungleichheit in Westeuropa leicht zurückgeht, steigt sie in West- und Ostdeutschland tendenziell an. In Osteuropa sind die Unterschiede zu allen Zeitpunkten am ausgeprägtesten.

Um nach diesem Exkurs wieder zu den Einflussfaktoren zurück zu kommen, sei darauf verwiesen, dass es verschiedene regionale Unterschiede gibt (Tabelle 2). So ist zum Beispiel die Bildung nur in Westdeutschland mit chronischen Erkrankungen assoziiert. Bemerkenswert ist zudem der Befund, dass sowohl in West- als auch in Osteuropa die Häufigkeit von gesundheitlichen Einschränkungen mit zunehmender Größe des Wohnorts abnimmt. In Deutschland hingegen weist die – nicht signifikante – Tendenz in die entgegengesetzte Richtung, d. h. die Bewohner von Ballungsräumen haben im Durchschnitt eine höhere gesundheitliche Belastung. Anzumerken ist, dass die Ergebnisse für den zweiten Indikator des Gesundheitszustandes, also eine als schlecht eingestufte Gesundheit, ähnlich sind und daher nicht gesondert aufgeführt werden.

Die Variation in der Stärke der Assoziationen sowie der Umstand, dass sich die Verteilung aller einbezogener Einflussfaktoren signifikant zwischen den regionalen

Abbildung 2: Einschränkungen durch chronische Erkrankungen in Abhängigkeit von der Einkommenssituation (Häufigkeit aller vier Wellen des ESS)

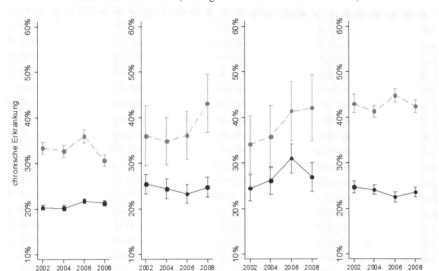

Stichproben unterscheidet (nicht dargestellt), lassen vermuten, dass ein Teil der regionalen Unterschiede in der Häufigkeit der beiden Indikatoren des Gesundheitszustandes auf eine unterschiedliche soziodemographische Zusammensetzung der Befragten in den Ländergruppen zurückgehen. Um dieser Vermutung nachzugehen, sind Regressionsmodelle kalkuliert worden, in denen die Zugehörigkeit zu einer der regionalen Gruppen als unabhängige Variable enthalten war. Tabelle 3 gibt diesen Ansatz wieder. In einem ersten Modell ist lediglich die Zugehörigkeit zu einer Region als unabhängige Variable aufgenommen worden. Als Referenzgruppe dienen die ostdeutschen Befragten. Die Regressionskoeffizienten bestätigen die schon aus Tabelle 1 bekannten regionalen Unterschiede, einschließlich des Umstandes, dass es zwischen Ost- und Westdeutschland keinen substantiellen Unterschied im Gesundheitszustand gibt. Die Kontrolle für die Einflussfaktoren ist dann in einem zweiten Modell vorgenommen worden. Für beide Gesundheitsindikatoren ist zu erkennen, dass die Unterschiede im Gesundheitszustand im Vergleich Deutschlands mit den osteuropäischen Ländern weitgehend verschwinden, wenn für soziodemographische Variablen kontrolliert wird. Dies gilt nicht für den Vergleich mit Westeuropa. Hier bleiben die Regressionskoeffizienten auch im voll kontrollierten Modell signifikant erhöht. Somit kann geschlussfolgert werden, dass der schlechtere Gesundheitszustand in Osteuropa vor allem auf ungünstige individuelle Risikoprofile zurück

Tabelle 3: Gesundheitsstörungen im Ländervergleich: logistische Regressionen mit Ländergruppen als unabhängiger Variable (ohne und mit Kontrolle für individuelle Merkmale; Regressionskoeffizienten [log-odds] und Signifikanzniveau[1])

	E-W	D-W	D-O	E-O
schlechte Gesundheit				
Modell I	-0,58***	-0,14	Referenz	0,44***
Modell II (kontrolliert[2])	-0,79***	0,04	Referenz	0,09
chronische Krankheit				
Modell I	-0,32***	-0,09	Referenz	0,24**
Modell II (kontrolliert[2])	-0,30***	0,03	Referenz	0,11

[1]Signifikanzniveaus: *p<0,05; ** p<0,01; ***p<0,001; [2] kontrolliert für: Alter, Geschlecht, Bildung, Einkommenssituation, Erwerbsstatus, Partnerschaft, soziale Kontakte, Wohnortgröße ; #Ergebnisse gewichtet für die jeweiligen Design- und Populationsgewichte.

geht, während der bessere Gesundheitszustand in Westeuropa durch andere, hier nicht gemessene Faktoren erklärt werden muss.

Erklärungsansätze für Länderunterschiede : Versorgung

Analog zu den voran vorgestellten Auswertungen zum Gesundheitszustand sind die drei Indikatoren zur medizinischen Versorgung analysiert worden. Da eine vollständige Darstellung zu umfangreich wäre, werden in Tabelle 4 exemplarisch die Ergebnisse für den Indikator ‚häufige Arztbesuche' gezeigt. Hier sind eine Reihe bemerkenswerter regionaler Unterschiede in der Wirkung der individuellen Einflussfaktoren zu erkennen. Auffällig ist etwa, dass das Alter in Deutschland und Osteuropa nur einen geringen Einfluss hat. Auch für den sozialen Status gibt es Abweichungen. Während in Ost- und Westeuropa eine steigende Bildung mit weniger Arztbesuchen einher geht, ist dies in Deutschland nicht der Fall. In Ostdeutschland ist gar die Tendenz zu mehr Besuchen mit steigender Bildung zu erkennen. In diesem Zusammenhang sind die Effekte der Einkommenssituation umso bemerkenswerter. Während in Westeuropa ein hohes Einkommen mit weniger Arztbesuchen assoziiert ist, ist es in Deutschland und Osteuropa genau umgekehrt. Dies könnte ein Effekt unterschiedlicher monetärer Steuerungskonzepte in der ambulanten Versorgung sein. Anzumerken ist, dass alle Zusammenhänge zusätzlich für das Vorliegen einer chronischen Krankheit kontrolliert worden sind. Wie nicht anders zu erwarten, ist dieser Faktor stark mit der Zahl der Arztbesuche assoziiert.

Die hier nicht dargestellten Ergebnisse der Regressionsanalysen zum Indikator ‚Medikamenteneinnahme' ähneln denen in Tabelle 4. Eine Ausnahme macht die Einkommenssituation, die lediglich in Osteuropa mit der Häufigkeit der Medikamenteneinnahme assoziiert war. Interessanterweise sind es dort aber die Besserverdienenden, die trotz besserer Gesundheit signifikant häufiger Medikamente einneh-

Tabelle 4: Häufige Arztbesuche (jährlich 6 Mal und mehr): Zusammenhänge mit persönlichen Merkmalen (multivariate logistische Regressionen nach Ländergruppen: Regressionskoeffizienten [log-odds] und Signifikanzniveau[1])

	E-W	D-W	D-O	E-O
Alter	0,70***	0,34	0,65	0,33
Geschlecht (Ref. männlich)	0,42***	0,58***	0,40*	0,22***
steigende Bildung	-0,43***	-0,03	0,48	-0,43**
gute Einkommenssituation	-0,33***	0,77**	0,13	0,34**
Erwerbsstatus (Ref. erwerbstätig)				
Arbeitslos	0,33***	0,16	-0,20	0,23
krankheitsbedingt erwerbsunfähig	1,24***	2,08**	1,71	1,65***
Berentet	0,59***	0,73***	0,63*	0,87***
nicht berufstätig, andere	0,31***	0,41*	0,06	0,45***
Partnerschaft (Ref. kein Partner)	0,22***	-0,00	-0,05	0,19**
steigende Zahl sozialer Kontakte	0,24**	0,13	0,56	-0,37***
steigende Wohnortgröße	0,02	-0,01	0,50	0,93***
chronische Krankheit	1,36***	1,77***	1,83***	1,18***
R^2	0,13***	0,17***	0,18***	0,13***
Anzahl	24.843	1.754	988	11.981

[1]Signifikanzniveaus: *p<0,05; ** p<0,01; ***p<0,001; Ergebnisse gewichtet für die jeweiligen Design- und Populationsgewichte.

men. Auch beim Indikator ‚ungenügende Wahlmöglichkeiten' sind Besonderheiten festzustellen (nicht dargestellt). Beispielsweise sind es jüngere Menschen und hier insbesondere die Erwerbstätigen, die in allen Ländern unzufriedener mit den Wahlmöglichkeiten sind. Dies legt die Vermutung nahe, dass es für Berufstätige überall in Europa schwierig ist, Angebote mit geeigneten Öffnungszeiten zu finden. Ein weiterer hervorstechender Befund der Analysen war ein starker Zusammenhang zwischen der Wohnortgröße und der Zufriedenheit mit den Wahlmöglichkeiten in Ostdeutschland und Osteuropa. Abbildung 3 fasst dieses Ergebnis in einem einfachen deskriptiven Vergleich von Stadt- und Landbevölkerung zusammen. Der dort sichtbare Unterschied ist statistisch signifikant und kann als Indiz für eine Unterversorgung mit ambulanten Einrichtungen in ländlichen Regionen Ostdeutschlands und Osteuropas gewertet werden.

Inwieweit die regionale Varianz der Versorgungsindikatoren mit individuellen Merkmalen zusammenhängt, ist wiederum in abgestuften Regressionsmodellen geprüft worden, deren Ergebnisse in Tabelle 5 dargestellt sind. Zuvorderst ist festzustellen, dass sich die regionalen Unterschiede als weitgehend unempfindlich gegenüber einer Kontrolle individueller Merkmale erwiesen. Dies gilt auch für die innerdeutschen Unterschiede in der Versorgung, die aber aufgrund der geringeren Fallzahl im Modell II zum Teil nicht mehr signifikant sind. Somit kann das Fazit

Abbildung 3: Anteil der Befragten in städtischen und ländlichen Gegenden, die ungenügende Wahlfreiheit bei der Wahl des Hausarztes angeben (ESS 2004)

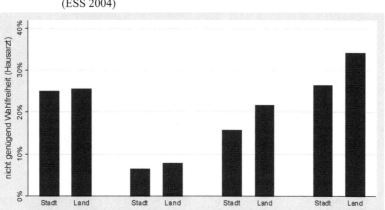

gezogen werden, dass es deutliche regionale Schwankungen bei den Indikatoren der medizinischen Versorgung gibt, diese aber nicht durch die geprüften individuellen Unterschiede erklärt werden.

Erklärungsansätze für Länderunterschiede : krankheitsbezogenes Verhalten und Arzt-Patienten-Beziehung

Mit dem Fazit des vorangegangenen Abschnitts könnte auch die Darstellung der Ergebnisse zu Indikatoren des krankheitsbezogenen Verhaltens enden. Generell waren zwar für alle drei Variablen dieser Gruppe einzelne Zusammenhänge mit individuellen Merkmalen nachweisbar, die Zusammenhänge sind aber, relativ gesehen, eher schwach. Dies äußert sich dann auch in einer schlechten Modellgüte. Die durch die individuellen Merkmale erklärte Varianz[10] ist klein und zeigt, dass die gemessenen Variablen nur wenig Erklärungskraft haben. Tabelle 6 demonstriert diese anhand des Beispiels einer partnerschaftlichen Arzt-Patienten-Beziehung. Bei diesem Indikator sind verglichen mit der Variable ‚Inanspruchnahme' oder ‚Noncompliance' die verhältnismäßig stärksten Assoziationen zu beobachten. So scheint beispielsweise ein hohes Einkommen in allen Regionen einer partnerschaftlichen Arzt-Patienten-Beziehung förderlich zu sein. Dies gilt auch für eine gute soziale Einbindung, die in allen Ländern mit einer partnerschaftlichen Beziehung assoziiert ist. In der Summe ist die Modellgüte aber schwach (R^2 0,01-0,05).

10 In der Epidemiologie und Gesundheitsforschung ist eine geringe Varianzaufklärung allerdings nichts Ungewöhnliches. Sie ist schlicht das Resultat der multifaktoriellen und hochkomplexen Genese der meisten Erkrankungen und krankheitsbezogenen Verhaltensweisen.

Tabelle 5: Medizinische Versorgung im Ländervergleich: logistische Regression mit Ländergruppen als unabhängiger Variable (ohne und mit Kontrolle für individuelle Merkmale; Regressionskoeffizienten [log-odds] und Signifilanzniveau[1])

	E-W	D-W	D-O	E-O
Medikamenteneinnahme				
Modell I	-0,25***	-0,18*	Referenz	-0,52***
Modell II (kontrolliert[2])	-0,31***	-0,14	Referenz	-0,71***
Häufige Arztbesuche (≥6x Jahr)				
Modell I	-0,45***	-0,18*	Referenz	-0,60***
Modell II (kontrolliert[2])	-0,58***	-0,18	Referenz	-0,85***
nicht genügend Wahlmöglichkeiten		-		
Modell I	0,45***	1,04***	Referenz	0,69***
		-		
Modell II (kontrolliert[2])	0,66***	0,94***	Referenz	0,57***

[1]Signifikanzniveaus: *p<0,05; ** p<0,01; ***p<0,001 ; [2]kontrolliert für: Alter, Geschlecht, Bildung, Einkommenssituation, Erwerbsstatus, Partnerschaft, soziale Kontakte, Wohnortgröße, chronische Krankheit ; #Ergebnisse gewichtet für die jeweiligen Design- und Populationsgewichte.

Aus diesem Grund wird hier auch darauf verzichtet, die Wirkung individueller Merkmale auf die Beziehung zwischen regionaler Herkunft und Gesundheitsindikatoren tabellarisch darzustellen, da die statistische Kontrolle für Einflussfaktoren in keinem Fall zu einer Verringerung der regionalen Differenzen führte. Dieses Ergebnis änderte sich auch dann nicht, wenn weitere, bisher nicht berücksichtigte persönliche Merkmale wie die allgemeine Lebenszufriedenheit, Religiosität oder Vertrauen in die Modelle aufgenommen wurden.

Kontextfaktoren

Es ist also festzustellen, dass regionale Differenzen durch die geprüften individuellen Merkmale nur unzureichend erklärt werden. Dies könnte auch daran liegen, dass die Ergebnisse nicht für das Vorliegen medizinischer Risikofaktoren kontrolliert wurden. Da diese Angaben aber nicht zur Verfügung standen, muss dieser Einwand im Raum stehen bleiben.

Darüber hinaus könnte die Varianz der Indikatoren aber auch von kontextuellen Faktoren beeinflusst worden sein. Gemeint sind nationale Rahmenbedingungen wie die gesamtwirtschaftliche Lage, die Sozialstruktur der Gesellschaft oder die Organisation des Gesundheitssystems. Insbesondere dem Aufbau der Gesundheitsversorgung sollte ein Einfluss zukommen. Dieser resultiert nicht nur aus der monetären Steuerungswirkung, die vom Modus der Finanzierung von Leistungen ausgeht, sondern aus vielen weiteren Faktoren, etwa der Ausbildung der Ärzte, dem Mix aus privaten und öffentlichen Leistungsanbietern oder den Medikamentenpreisen. Kon-

Tabelle 6: Partnerschaftliche Arzt-Patienten-Beziehung: Zusammenhänge mit persönlichen Merkmalen (multivariate logistische Regressionen nach Ländergruppen: Regressionskoeffizienten [log-odds] und Signifikanzniveau[1])

	E-W	D-W	D-O	E-O
Alter	0,75***	1,08*	1,26	0,87***
Geschlecht (Ref. männlich)	-0,11***	-0,18	-0,02	0,05
steigende Bildung	0,35***	0,60	0,17	-0,43***
gute Einkommenssituation	0,60***	0,80***	0,58	0,75***
Erwerbsstatus (Ref. erwerbstätig)				
arbeitslos	0,06	0,00	0,31	-0,22*
krankheitsbedingt erwerbsunfähig	0,23*	0,25	-1,15	0,23
Berentet	0,17**	0,52**	0,55*	-0,02
nicht berufstätig, andere	0,26***	0,42**	0,05	0,13
Partnerschaft (Ref. kein Partner)	0,06	-0,03	0,38*	-0,01
steigende Zahl sozialer Kontakte	0,35***	0,76**	0,31	0,18*
steigende Wohnortgröße	-0,13**	0,03	-0,53*	0,25**
chronische Krankheit	-0,05	-0,05	-0,27	0,03
R^2	0,01***	0,03***	0,05***	0,01***
Anzahl	24.105	1.684	951	11.242

[1]Signifikanzniveaus: *p<0,05; ** p<0,01; ***p<0,001; [2]Ergebnisse gewichtet für die jeweiligen Design- und Populationsgewichte.

textuelle Einflüsse auf individuelle Verhaltensweisen oder Lebensumstände können mithilfe länderübergreifender Datensätze wie dem ESS empirisch geprüft werden, da sie es erlauben, Individualdaten mit Kontextfaktoren zu verknüpfen und sowohl ökologische Analysen als auch statistische Mehrebenenanalysen durchzuführen. Um diese Möglichkeiten für die hier behandelte Fragestellung auszuloten, sind mit der Arztdichte pro 1.000 Einwohner und den Pro-Kopf-Ausgaben (Euro) im Gesundheitssystem zwei länderspezifische Makro-Indikatoren erhoben worden.

Für die entsprechenden Analysen sind die Ländergruppen aufgelöst worden, da das Land als Einheit der zweiten Ebene fungiert, auf der die Kontextindikatoren angesiedelt sind. Für den Indikator Arztdichte war es zudem möglich, getrennte Daten für Ost- und Westdeutschland zu erheben, so dass die beiden Stichproben getrennt betrachtet werden können.

Einen Eindruck von den gefundenen Zusammenhängen gibt Abbildung 4. Sie zeigt einfache korrelative Zusammenhänge zwischen der Häufigkeit einer als ungenügend empfundenen Wahlmöglichkeit bei der Hausarztsuche bzw. einer partnerschaftlichen Arzt-Patienten-Beziehung und Makro-Indikatoren. Die Länder erscheinen als Punkt und unterstützend ist die einfache Regressionsgerade eingezeichnet. In beiden Fällen ist eine Korrelation zwischen Makro-Merkmalen und individuellen Angaben zur Versorgung und zur Arzt-Patienten-Beziehung zu erkennen. So geht eine steigende Anzahl von Ärzten mit einer erhöhten Empfindung der Wahlfreiheit einher. Weiterhin ist die Höhe der Gesundheitsausgaben pro Kopf mit einem durchschnittlichen Anstieg einer als partnerschaftlich empfundenen Arzt-Patienten-Beziehung assoziiert.

Um der Gefahr eines ökologischen Fehlschlusses zu begegnen, sind weiterhin hierarchische Regressionsmodelle berechnet worden. Sie erlauben es, den Einfluss von kontextuellen und individuellen Merkmalen auf eine abhängige Variable gleichzeitig zu analysieren und dadurch den Anteil der Erklärung, der den jeweiligen Ebenen zukommt, voneinander zu trennen. So kann etwa geprüft werden, ob ein Land sich hinsichtlich der untersuchten Zielgröße (z. B. durchschnittliche Beurteilung der Arzt-Patienten-Beziehung) von einem anderen nur deshalb unterscheidet, weil die entsprechende Stichprobe im Bezug auf wichtige soziodemographische Merkmale anders zusammengesetzt ist, also z. B. mehr ältere Menschen oder mehr chronisch Erkrankte befragt wurden. Im Wesentlichen bestätigten sich bei diesen Berechnungen aber die in der Abbildung gezeigten Trends. Diese Ergebnisse sollen hier jedoch nicht gesondert dargestellt werden, da sie über die Zielsetzung diese Kapitels, nämlich die des regionalen Vergleichs auf Basis der individuellen Angaben in den ESS-Befragungen, hinausweisen. Zudem ist es nötig, weitere aussagekräftige Kontextindikatoren zu testen und die Modellannahmen weiter zu spezifizieren. Insofern sind diese Ergebnisse als explorativ anzusehen.

Zusammenfassung und Diskussion

Das für die Gesundheitsberichterstattung des Bundes zuständige Robert Koch Institut hat zum 20. Jahrestag des Mauerfalls 2009 einen Bericht zum aktuellen Stand der gesundheitlichen Unterschiede zwischen Ost- und Westdeutschland vorgelegt. Diese umfangreiche Zusammenstellung von empirischen Ergebnissen schließt mit dem Fazit, dass „die markantesten Unterschiede beim Vergleich der neuen Bundesländer mit den alten Bundesländern nicht mehr zu finden" seien (Robert Koch-Institut 2009: 271). Die hier vorgestellte Auswertung des ESS passt in dieses Bild. Sowohl beim Gesundheitszustand der Befragten als auch bei der Inanspruchnahme medizinischer Leistungen liegen die Ergebnisse nahe beieinander. Dies spricht dafür, dass es eine Angleichung der Lebensverhältnisse gegeben hat, die zu ähnlichen gesundheitlichen Risiko- und Chancenprofilen in beiden Teilen Deutschlands geführt hat und dass es gelungen ist, die kurz nach der Wiedervereinigung noch signifikant höhere Sterblichkeit in Ostdeutschland in substantieller Weise zu verringern.

Bei allen Ähnlichkeiten verbleiben aber auch Unterschiede. Der auffälligste Unterschied betrifft die als problematisch empfundenen Wahlmöglichkeiten bei der Suche nach einem Hausarzt in den ländlichen Gebieten Ostdeutschlands. Dies dürfte mit hoher Wahrscheinlichkeit der Ausdruck einer tatsächlich vorhandenen Unterversorgung mit niedergelassenen Ärzten in diesen Gebieten sein. Inzwischen wird diese Problematik auch öffentlich diskutiert und in Zusammenhang mit der finanziellen Benachteiligung der in ländlichen Gegenden tätigen Mediziner durch die bestehenden Honorarsysteme sowie einer hohen Arbeitslast der Landärzte gebracht.

Abbildung 4: Länderbasierte ökologische Korrelation zwischen Makro-Indikatoren der medizinischen Versorgung und den Indikatoren ‚Wahlfreiheit' und ‚partnerschaftliche Arzt-Patienten-Beziehung'

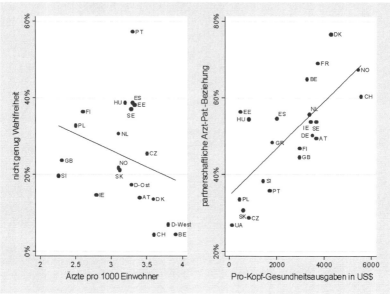

Zwei weitere Unterschiede sind eine höhere Therapietreue bei der Medikamenteneinnahme und eine als deutlich partnerschaftlicher eingestufte Arzt-Patienten-Beziehung in Ostdeutschland. Hier liegt die Vermutung nahe, dass es sich weniger um systemische Effekte als vielmehr um kulturell-historisch begründete Besonderheiten handelt. Da im Osten Deutschlands die Zahl der Ärzte pro Einwohner geringer ist, scheint jedenfalls nicht die Quantität des Zugangs zu medizinischer Versorgung die entscheidende Größe der subjektiv empfundenen Qualität der persönlichen Kontakte und der Bereitschaft zur Therapietreue zu sein. Eine sichere Bewertung der Hintergründe ist aufgrund fehlender wissenschaftlicher Informationen schwierig. Denkbar ist aber, dass im Gesundheitssystem der DDR eine anderen ‚Sozialisation' sowohl der Patienten als auch der Medizinerinnen und Mediziner stattgefunden hat als in Westdeutschland und dass diese Einflüsse nachwirken. Diese Vermutung speist sich auch aus den Erkenntnissen der internationalen Forschung, dass die Form des Gesundheitssystems sowie kulturelle Hintergründe einen Einfluss auf das individuelle gesundheitsbezogene Verhalten und die Arzt-Patienten-Kommunikation haben (Meeuwesen u. a. 2009; Swann u. a. 2010).

Lässt man diese innerdeutschen Besonderheiten beiseite und betrachtet Deutschland im europäischen Vergleich, so zeigen die Ergebnisse, dass Deutschland sich bei den betrachteten Indikatoren von den westeuropäischen Ländern auf der einen und den osteuropäischen Ländern auf der anderen Seite unterscheidet. Dies trifft nicht nur auf die absoluten Unterschiede bei der Häufigkeit der untersuchten Indikatoren der Gesundheit und medizinischen Versorgung zu, sondern auch auf deren Assoziation mit individuellen Einflussfaktoren. Einige der auffälligsten Unterschiede betreffen den Indikator Arztbesuche. Befragte aus Deutschland gingen durchschnittlich weitaus häufiger zum Arzt als Befragte in West- und Osteuropa – ein Befund, der sich mit den Ergebnissen anderer Untersuchungen deckt (Grobe u. a. 2010). Vermutlich geht dieser Unterschied auf Besonderheiten des deutschen Gesundheitssystems mit seinem universellen und nicht durch ein ‚Gate-Keeper'-System gesteuerten Zugang zu fachärztlicher Versorgung sowie mit spezifischen Abrechnungsmodalitäten zurück. In vielen europäischen Gesundheitssystemen wird die ambulante Versorgung durch strikte Hausarztmodelle (sog. ‚Gate-Keeper') gesteuert. Die Versorgungswege unterscheiden sich daher vom deutschen Modell und scheinen zu einer geringeren Zahl von Arztkontakten zu führen (Linden u. a. 2003). Bemerkenswert ist in diesem Zusammenhang, dass zumindest in den westeuropäischen Ländern der allgemeine Gesundheitszustand trotz der selteneren Arztkontakte sogar leicht besser ist als in Deutschland. Allerdings ist in diesen Ländern die Zufriedenheit mit der Wahlfreiheit in der ambulanten Versorgung auch geringer als in Deutschland.

Ohne auf jedes Einzelergebnis eingehen zu können, ist insgesamt festzuhalten, dass in der vorliegen Untersuchung Unterschiede zwischen den vier Regionen nur zu einem geringen Teil durch eine andere soziodemographische Zusammensetzung der Bevölkerung erklärt wurden. Dies trifft insbesondere auf diejenigen Indikatoren zu, welche die medizinische Versorgung und die Arzt-Patienten-Beziehung messen.

Bei der Interpretation dieses Befunds ist aber Vorsicht geboten, da wichtige Determinanten wie gesundheitsrelevante Lebensstile nicht gemessen wurden. Wie beim Beispiel der Arztkontakte könnte es aber durchaus sein, dass der Kontext des jeweiligen Gesundheitssystems eine wichtigere Rolle spielt als individuelle Charakteristika. Dies legen zumindest die explorativen Mehrebenenanalysen nahe, die im letzten Abschnitt des Ergebnisteils vorgestellt wurden. Hier zeigte sich ein Zusammenhang zwischen den individuellen gesundheits- und versorgungsbezogenen Angaben der Befragten und nationalen Kennzahlen zur Organisation und Finanzierung des Gesundheitssystems. Wie erwähnt, ist es nötig, diese Mehrebenenanalysen weiter zu entwickeln, um zu belastbaren Aussagen zu kommen. Nichtsdestotrotz handelt es sich aber um einen vielversprechenden neuen Forschungsansatz, der es erlaubt, empirisch den Wechselwirkungen zwischen übergeordneten Strukturen des Gesundheitssystems und dem individuellem Gesundheitszustand bzw. der medizinischen Versorgung der Bürgerinnen und Bürger nachzugehen.

Nach der Darstellung der Unterschiede soll am Ende noch ein Ergebnis thematisiert werden, das in vergleichbarer Form in allen untersuchten Ländern zu beobachten war. Es handelt sich um die soziale Ungleichheit bei der Verteilung der Gesundheitsmaße innerhalb der Länder. Vor allem eine schlechte Einkommenssituation war durchgängig mit einem gehäuften Auftreten von chronischen Erkrankungen und einer schlechten Gesundheit assoziiert – und dies in allen vier Wellen des ESS. Diese Beobachtung deckt sich mit anderen Auswertung des ESS, die ebenfalls konsistente Muster einer länderübergreifenden sozialen Ungleichheit der Gesundheitschancen berichten (Bambra/Eikemo 2009; Eikemo u. a. 2008; Grosse-Frie u. a. 2010; Olsen/Dahl 2007; von dem Knesebeck u. a. 2006). Zusätzlich konnte in dieser Untersuchung gezeigt werden, dass es auch bei der Inanspruchnahme medizinischer

Leistungen oder der Zufriedenheit mit Wahlmöglichkeiten und der Arzt-Patienten-Beziehung eine soziale Ungleichheit gibt. Angesichts der Gefahr, dass eine Verschärfung der sozialen Gegensätze die seit dem Fall der Mauer in den ehemaligen Ostblockländern erzielten Fortschritte bei der Verbesserung der Bevölkerungsgesundheit bedroht, können diese Resultate als ein Ansporn für weitergehende Forschungen gesehen werden.

Literatur

Bambra, Clare/Eikemo, Terje A. 2009: Welfare state regimes, unemployment and health: a comparative study of the relationship between unemployment and self-reported health in 23 European countries. In: Journal of Epidemiology and Community Health 63, 92-98.

Bartley, Mel 2004: Health inequality: An introduction to theories, concepts and methods. Cambridge: Blackwell Publishing Ltd.

Baska, Tibor/Sovinová, Hana/Nemeth, Agnes/Przewozniak, Krysztof/Warren, Charles W./Kavcová, Elena 2006: Findings from the Global Youth Tobacco Survey (GYTS) in Czech Republic, Hungary, Poland and Slovakia – smoking initiation, prevalence of tobacco use and cessation. In: Sozial- und Präventivmedizin 51, 110-116.

Bobak, Martin/Marmot, Michael 1996: East-West mortality divide and its potential explanations: proposed research agenda. In: British Medical Journal 312, 421-425.

Bobak, Martin/Pikhart, Hynek/Rose, Richard/Hertzman, Clyde/Marmot, Michael 2000: Socioeconomic factors, material inequalities, and perceived control in self-rated health: cross-sectional data from seven post-communist countries. In: Social Science & Medicine 51, 1343-1350.

Bobak, Martin/Murphy, Michael/Rose, Richard/Marmot, Michael 2003: Determinants of adult mortality in Russia: estimates from sibling data. In: Epidemiology 14, 603-611.

Bobak, Martin/Marmot, Michael 2009: Societal transition and health. In: Lancet 373, 360-362.

Cornia, Giovanni.A./Paniccia, Renato 2000: The mortality crisis in transitional economies. Oxford: Oxford University Press.

Dahlgren, Gören/Whitehead, Margaret 2006: European strategies for tackling social inequalities in health: Levelling up Part 2. Copenhagen: World Health Organisation, Regional Office for Europe.

Dragano, Nico/Bobak, Martin/Wege, Natalia/Peasey, Anne/Verde, Pablo E./Kubinova, Ruzena/ Weyers, Simone/Moebus, Susanne/Möhlenkamp, Stefan/Stang, Andreas/Erbel, Raimund/ Jöckel, Karl-Heinz/Siegrist, Johannes/Pikhart, Hynek 2007: Neighbourhood socioeconomic status and cardiovascular risk factors: a multilevel analysis of nine cities in the Czech Republic and Germany. In: BMC Public Health 7, 255.

Eikemo, Terje A./ Bambra, Clare/ Joyce, Kerry/ Dahl, Espen 2008: Welfare state regimes and income-related health inequalities: a comparison of 23 European countries. In: European Journal of Public Health 18, 593-599.

GESIS 2010: Soziale Indikatoren: Schlüsselindikatoren 1950-2005. www.gesis.org/ dienstleistungen/daten/soziale-indikatoren (letzter Zugriff am 01.07.2010).

Grobe, Thomas G./Schwartz, Friedrich W. 2003: Arbeitslosigkeit und Gesundheit. Gesundheitsberichterstattung des Bundes Heft 13. Berlin: Verlag Robert Koch-Institut.

Grobe, Thomas G./Dörning, Hans/Schwartz, Friedrich W. 2010: Barmer GEK Arztreport. Schriftenreihe zur Gesundheitsanalyse. St.Augustin: Asgard-Verlag.

Grosse-Frie, Kirstin/Eikemo, Terje A./von dem Knesebeck, Olaf 2010: Education and self-reported health care seeking behaviour in European welfare regimes: results from the European Social Survey. In: International Journal of Public Health 55, 217-220.

Jackson, Christopher/Best, Nicky/Richardson, Sylvia 2008: Hierarchical related regression for combining aggregate and individual data in studies of socio-economic disease risk factors. In: Journal of the Royal Statistical Society, Series A (Statistics in Society) 171, 159-178.

Kickbusch, Ilona 2009: Das Konzept der Gesundheitsdeterminanten. In: Meyer, Katharina (Hrsg.): Gesundheit in der Schweiz. Bern: Huber Verlag, 19-33.

Leinsalu, Mall/Stirbu, Irina/Vagero, Denny/Kalediene, Ramune/Kovacs, Katalin/Wojtyniak, Bogdan/Wroblewska, Wiktoria/Mackenbach, Johan P./Kunst, Anton E. 2009: Educational inequalities in mortality in four Eastern European countries: divergence in trends during the post-communist transition from 1990 to 2000. In: International Journal of Epidemiology 38, 512-525.

Leon, David A./Saburova, Lyudmila/Tomkins, Susannah/Andreev, Evgueny/Kiryanov, Nikolay/McKee, Martin/Shkolnikov, Vladimir M. 2007: Hazardous alcohol drinking and premature mortality in Russia: a population based case-control study. In: Lancet 369, 2001-2009.

Linden, Michael/Gothe, Holger/Ormel, Johan 2003: Pathways to care and psychological problems of general practice patients in a "gate keeper" and an "open access" health system. In: Social Psychiatry And Psychiatric Epidemiology 38, 690-697.

Mackenbach, Johan P./Stirbu, Irina/Roskam, Albert-Jan R./Schaap, Maartje M./Menvielle, Gwenn/Leinsalu, Mall/Kunst, Anton E. 2008: Socioeconomic inequalities in health in 22 European countries. In: The New England Journal of Medicine 358, 2468-2481.

Marmot, Michael/Wilkinson, Richard G. 2006: Social determinants of health. 2. edition. Oxford: Oxford University Press.

Meeuwesen, Ludwien/van den Brink-Muinen, Atie/Hofstede, Geert 2009: Can dimensions of national culture predict cross-national differences in medical communication? In: Patient Education and Counseling 75, 58-66.

Murphy, Michael/Nicholson, Amanda/Rose, Richard/Marmot, Michael/Bobak, Martin 2006: The widening gap in mortality by educational level in the Russian Federation 1980-2001. In: American Journal of Public Health 96, 1293-1299.

Nicholson, Amanda/Bobak, Martin/Murphy, Michael/Rose, Richard/Marmot, Michael 2005: Alcohol consumption and increased mortality in Russian men and women: a cohort study based on the mortality of relatives. In: Bulletin of the World Health Organization 83, 812-819.

Nguyen, Son N./Frenk, Julio 2002: Health policies in transition economies. In: Detels, Roger/McEwen, James/Beaglehole, Robert/Tanaka, Heizo (Hrsg.): Oxford Textbook of Public Health. Oxford: Oxford University Press, 297-308.

Nolte, Ellen/Shkolnikov, Vladimir/McKee, Martin 2000: Changing mortality patterns in East and West Germany and Poland. II: short-term trends during transition and in the 1990s. In: Journal of Epidemiology and Community Health 54, 899-906.

Nolte, Ellen/ Scholz, Rembrandt/Shkolnikov, Vladimir/McKee, Martin 2002: The contribution of medical care to changing life expectancy in Germany and Poland. In: Social Science & Medicine 55, 1905-1921.

Nolte, Ellen/Britton, Annie/McKee, Martin 2003: Trends in mortality attributable to current alcohol consumption in east and west German. In: Social Science & Medicine 56, 1385-1395.

Olsen, Karen M./Dahl, Sven-Age 2007: Health differences between European countries. In: Social Science & Medicine 64, 1665-1678.

Pikhart, Hynek/Bobak, Martin/Pajak, Andrzej/Malyutina, Sofia/Kubinova, Ruzena/Topor, Roman/Sebakova, Helena/Nikitin, Yuri/Marmot, Michael 2004: Psychosocial factors at work and depression in three countries of Central and Eastern Europe. In: Social Science & Medicine 58, 1475-1482.

Pikhartova, Jitka/Chandola, Tarani/Kubinova, Ruzena/Bobak, Martin/Nicholson, Amenda/Pikhart, Hynek 2009: Neighbourhood socioeconomic indicators and depressive symptoms in the Czech Republic: a population based study. In: International Journal of Public Health 54, 283-293.

Quinlan, Michael/Bohle, Philip 2008: Under pressure, out of control, or home alone? Reviewing research and policy debates on the occupational health and safety effects of outsourcing and home-based work. In: International Journal of Health Services 38, 489-523.

Richter, Matthias/Hurrelmann, Klaus 2009: Gesundheitliche Ungleichheit. Grundlagen, Probleme, Perspektiven. Wiesbaden: VS Verlag für Sozialwissenschaften.

Robert Koch-Institut 2009: 20 Jahre nach dem Fall der Mauer: Wie hat sich die Gesundheit in Deutschland entwickelt? Beiträge zur Gesundheitsberichterstattung des Bundes. Berlin: Robert Koch-Institut.

Siegrist, Johannes/Dragano, Nico 2008: Psychosoziale Belastungen und Erkrankungsrisiken im Erwerbsleben. Befunde aus internationalen Studien zum Anforderungs-Kontroll-Modell und zum Modell beruflicher Gratifikationskrisen. In: Bundesgesundheitsblatt 51, 305-312.

Siegrist, Johannes/Marmot, Michael 2006: Social inequalities in health: New evidence and policy implications. Oxford: Oxford University Press.

Stuckler, David/King, Lawrence/McKee, Martin 2009: Mass privatisation and the post-communist mortality crisis: a cross-national analysis. In: Lancet 373, 399-407.

Swann, Catherine/Carmona, Chris/Ryan, Mary/Raynor, Michael/Barıs, Enis/Dunsdon, Sarah/Huntley, Jane/Kelly, Michael P. 2010: Health systems and health-related behaviour change: a review of primary and secondary evidence. Kopenhagen: WHO Europe.

Velkova, Angelika/Wolleswinkel-van den Bosch, Judith H./Mackenbach, Johan P. 1997: The East-West life expectancy gap: differences in mortality from conditions amenable to medical intervention. In: International Journal of Epidemiology 26, 75-84.

von dem Knesebeck, Olaf/Bauer, Ullrich/Geyer, Siegfried/Mielck, Andreas 2009: Soziale Ungleichheit in der gesundheitlichen Versorgung - Ein Plädoyer für systematische Forschung. In: Gesundheitswesen 71, 59-62.

von dem Knesebeck, Olaf/Verde, Pablo E./Dragano, Nico 2006: Education and health in 22 European countries. In: Social Science & Medicine 63, 1344-1351.

Weidner, Gerdi/ Cain, Virginia S. 2003: The gender gap in heart disease: Lessons from Eastern Europe. In: American Journal of Public Health 93, 768-770.

WHO 2010: World Health Statistics 2010. Geneva: World Health Organisation.

WHO Commission on Social Determinants of Health 2008: Closing the Gap in a Generation: health equity through action on the social determinants of health. Final Report of the Commission on Social Determinants of Health. Geneva: World Health Organization.

Wiesner, Gerd 2001: Der Lebensverlängerungsprozess in Deutschland. Beiträge zur Gesundheitsberichterstattung des Bundes. Berlin: Robert-Koch-Institut.

Worldbank 2010: World development indicators database. http://data.worldbank.org. 01/07/2010.

Einstellungen zur Immigration

Daniel Fuß

Wanderungsprozesse haben Europa in der Vergangenheit nachhaltig geprägt und sie werden Europa auch in der Zukunft verändern (Bommes 2008). Unabhängig von der bestehenden Vielfalt an Migrationsmustern und Migrationsregimes stellt sich in allen europäischen Gesellschaften die Frage nach dem Umgang mit Zuwanderung seitens der einheimischen Bevölkerung: „Despite differences in the status and ethnic composition of the foreign populations, and despite differences in national histories, political systems, and immigration policies, migrant ethnic minorities are viewed as ‚outsiders' and ‚foreigners'" (Semyonov u. a. 2006: 431). Im Mittelpunkt des vorliegenden Beitrags stehen individuelle Einstellungen zur Immigration, wobei der Fokus einerseits auf länder- und regionenspezifische Unterschiede in den jeweiligen Einstellungen und andererseits auf die Prüfung einer Reihe von theoretisch plausiblen Einflussfaktoren hinsichtlich ihrer Relevanz für die Akzeptanz bzw. Ablehnung von Zuwanderung gerichtet ist. Grundlage der empirischen Analysen bilden die Daten des *European Social Survey* (ESS).

Ausgangspunkt der Überlegungen ist die Tatsache, dass Europa aufgrund seines wirtschaftlichen Wohlstands und seiner politischen Stabilität ein vorrangiges Ziel internationaler Migrationsbewegungen ist. Seit Mitte der 1980er Jahre weist die Gesamtheit aller 27 EU-Staaten einen positiven und steigenden Wanderungssaldo auf. Laut Eurostat wurden im Jahr 2007 ca. 2 Millionen mehr Immigranten als Emigranten registriert. Hauptziel sind dabei die westlichen Industrienationen, von denen Deutschland zwischen 1997 bis 2007 die meisten Zuzüge verzeichnete (8,7 Mio.), gefolgt von Großbritannien (5,5 Mio.), Spanien (5,2 Mio.) und Italien (3,2 Mio.). Während dieses Zeitraums hat sich die Zahl der Zuwanderer im ehemaligen Entsendeland Spanien nahezu verzehnfacht, in Italien mehr als verdreifacht. Mit starken Zuwächsen konfrontiert waren zudem Irland (+240 Prozent), Schweden (+200 Prozent), Belgien und Finnland (+180 Prozent), Norwegen und die Schweiz (+170 Prozent) sowie Großbritannien und Österreich (+150 Prozent).[1] Selbst ein Teil der bis zu Beginn der 1990er Jahre noch von Abwanderung betroffenen osteuropäischen Länder zeichnet sich mittlerweile durch einen positiven Wanderungssaldo bei gleichzeitig steigenden Zuzugszahlen aus (z. B. Tschechische Republik +970 Pro-

---

1 In Deutschland ist die Entwicklung der Zuwandererzahlen uneinheitlich und tendenziell sogar rückläufig. Eine Sonderposition nimmt Deutschland auch wegen seines hohen Wanderungsvolumens bei gleichzeitig geringem bzw. negativem Wanderungssaldo (2008: -56.000 Personen) ein.

zent, Slowenien +630 Prozent, Ungarn +140 Prozent). Nur in Polen, Rumänien und Litauen wanderten zwischen 1997 und 2007 mehr Menschen ab als zu. Insgesamt lebten am 1. Januar 2008 mehr als 30 Mio. ausländische Staatsangehörige in den 27 EU-Staaten, was einem Anteil von 6,2 Prozent der Bevölkerung entspricht.[2]

Deutschland rangiert mit einem Ausländeranteil von ca. 8,8 Prozent im oberen europäischen Mittelfeld, wobei der weitaus größte Teil der nicht-deutschen Population in den alten Bundesländern lebt. Grundsätzlich erscheint eine Differenzierung zwischen *Ost- und Westdeutschland* angezeigt, da sich beide Regionen sehr stark hinsichtlich ihrer Erfahrungen mit Immigration unterscheiden: Während die Migrationsgeschichte der ehemaligen Bundesrepublik durch umfangreiche Zuwanderungsströme sowie einen beträchtlichen Anteil an dauerhafter Einwanderung gekennzeichnet ist, fand Zuwanderung in die DDR nur in geringem Umfang und nahezu ausschließlich temporär zu Arbeits- und Ausbildungszwecken statt.[3] Das Ende des Eisernen Vorhangs markiert insofern eine Zäsur, als dass es in der Folgezeit zu einer massiven Abwanderung von Ostdeutschen in den Westen der Republik und zu einer Vervielfachung des Zuzugs von (Spät-)Aussiedlern aus Osteuropa kam. Die gesetzlich geregelte Aufteilung von (Spät-)Aussiedlern und Asylsuchenden auf die einzelnen Bundesländer führte nach der Wiedervereinigung auch in Ostdeutschland zu einer nennenswerten Immigration und einer öffentlich geführten Debatte darüber, wie mit den Fremden umzugehen sei. Allerdings stand diese Debatte unter dem ungünstigen Vorzeichen einer rasanten Transformation und einer Situation der allgemeinen Unsicherheit. Dagegen gehören Zuwanderung und Zuwanderer für die Menschen in Westdeutschland bereits seit geraumer Zeit zum Bestandteil der Alltagserfahrung – sei es über die öffentlich-mediale Wahrnehmung und/oder über persönliche Kontakte.

Beachtliche Unterschiede existieren auch zwischen *Ost- und Westeuropa*: Obgleich die auf Länderebene bestehende Heterogenität im Migrationsgeschehen kaum verallgemeinernde Aussagen zulässt (Bade 2000), so ist für die osteuropäischen Transformationsländer doch zumindest ein tiefgreifender sozialer Wandel seit dem Ende des Kalten Krieges und eine sukzessive Entwicklung von Abgabe- und Transitländern hin zu Aufnahmeländern zu konstatieren. Wanderungssaldo und Ausländeranteil liegen in den meisten Ländern Osteuropas dennoch weit niedriger als in den westeuropäischen Ländern. Für Westeuropa ist vor allem die über Jahrzehnte

---

2 Keine Berücksichtigung in dieser Bestandsstatistik finden diejenigen Ausländer, die zwischenzeitlich die Staatsangehörigkeit eines EU-Staates erworben haben (2001-2007: ca. 4,8 Millionen Personen).

3 Zu den Eckpfeilern der westdeutschen Migrationsgeschichte zählen die millionenfache Aufnahme von Vertriebenen und Flüchtlingen sowie von Übersiedlern und Aussiedlern, die Anwerbung von ausländischen Arbeitskräften und der spätere Nachzug von Familienangehörigen sowie der zwischenzeitliche Zustrom von Bürgerkriegsflüchtlingen aus dem ehemaligen Jugoslawien und von Asylsuchenden: „Durch die Migration der Jahre 1950-1998 gewann Westdeutschland 14 Mio. Einwohner, während der Osten des Landes fast 6 Mio. Einwohner verlor. In keine andere Region Europas sind in der zweiten Hälfte des 20. Jahrhunderts mehr Menschen eingewandert als in das Gebiet der alten Bundesrepublik" (Münz u. a. 1999: 17).

gewachsene enge Verflechtung im Zuge der Arbeitsmigrationen und der europäischen Integration, inklusive der Einführung von Personenfreizügigkeit und dem Abbau interner Grenzen, charakteristisch. Diese Prozesse vollzogen sich keineswegs gleichzeitig und stets in gleicher Form. So entwickelten sich die früheren Herkunftsländer von Arbeitsmigranten im Süden Europas (Italien, Spanien, Griechenland und Portugal) erst ab den 1980er Jahren zu Einwanderungsländern, wohingegen die meisten anderen westeuropäischen Länder aufgrund der Anwerbung von Arbeitsmigranten bzw. der Immigration aus den ehemaligen Kolonialgebieten bereits sehr früh Wanderungsgewinne erzielten. Die Erweiterungsrunden in den Jahren 2004 und 2007 führten schließlich auch einen Großteil der osteuropäischen Länder in die Europäische Union, ohne dass jedoch sämtliche Freizügigkeitsrechte sofort gewährt wurden. Zum Beispiel galt für polnische Bürger noch bis 2011 eine Übergangsregelung, die Migration nach Deutschland im Rahmen der Arbeitnehmerfreizügigkeit beschränkt. Als weitere Unterscheidungskriterien mit Relevanz für die Einstellungen zur Immigration kommen die geringere wirtschaftliche Prosperität in Osteuropa, die geringere Erfahrung mit transnationalen Immigrationsströmen und möglicherweise auch die spezifischen Sozialisationsbedingungen in den vormals sozialistischen Staaten in Betracht.

Daneben knüpft der Beitrag an die Tatsache an, dass immigrations- und integrationsbezogene Themen immer wieder zum Gegenstand kontroverser und emotional aufgeladener Diskussionen in Politik und Öffentlichkeit werden. Die Auseinandersetzungen, die sich im Sommer 2010 an der Veröffentlichung islamkritischer Thesen durch Thilo Sarrazin, einem ehemaligen Finanzsenator und Vorstandsmitglied der Deutschen Bundesbank, entzündeten, sind nur eines von vielen Beispielen für die Intensität derartiger Diskussionen. Ein maßgeblicher Teil der Brisanz resultiert dabei aus dem Spannungsfeld von gesellschaftspolitischen Herausforderungen auf der einen Seite und verbreiteten Vorbehalten innerhalb der Bevölkerung auf der anderen Seite: Unter anderem zählt der demografische Wandel, der sich bereits heute in einem regionalen und sektoralen Arbeitskräftemangel niederschlägt, zu den europaweit wichtigsten Herausforderungen der Zukunft. Entsprechend finden sich auf vielen politischen Agenden sowohl Vorschläge zu einer gezielten Immigration als auch Maßnahmen zur Schaffung geeigneter Rahmenbedingungen für qualifizierte Zuwanderer. Demgegenüber steht jedoch die oftmals ablehnende Haltung großer Bevölkerungsteile, die bis zur kompletten Verweigerung von Immigration reicht: „Denial of entry to a country is one of the most drastic forms of exclusion that results in an absolute impermeability of ingroup territory boundaries" (Green 2009: 42). Die Relevanz solcher Einstellungen beschränkt sich dabei keineswegs auf die Wahlerfolge rechtspopulistischer Parteien oder auf fremdenfeindliche Gewalttaten. Vielmehr spielt die öffentliche Meinung eine entscheidende Rolle für die Eingliederungschancen von Migranten (Esser 1980, Steinbach 2004) und die Durchsetzbarkeit von zuwanderungsbezogenen Maßnahmen:

> „Public attitudes towards immigration and immigrant-related issues are perhaps more important for shaping migration policies than factual information, and latent fears of immigration are often exploited in electoral campaigns" (Card u. a. 2005: 37).

Vor dem Hintergrund dieser Wechselwirkungen und der zunehmenden Bedeutung von Immigration kommt den individuellen Auffassungen von einer ‚angemessenen' Zuwanderung ein nicht zu unterschätzender Stellenwert zu. Aus sozialwissenschaftlicher Perspektive gilt das Interesse sowohl der Ausprägung, Verbreitung und Entwicklung von bestimmten Einstellungen zur Immigration als auch den jeweiligen Ursachen und Einflussfaktoren. Beide Aspekte werden in diesem Beitrag aufgegriffen und einer empirischen Analyse unterzogen. Zunächst erfolgen eine konzeptionelle Verortung des Gegenstands und die Spezifikation eines theoretischen Erklärungsmodells. Im weiteren Verlauf werden die Operationalisierung der Einstellungen zu Immigration vorgestellt und die deskriptiven Befunde der Vergleichsanalysen präsentiert. Komplettiert wird der empirische Teil durch die multivariate Prüfung der postulierten Untersuchungshypothesen. Den Abschluss bildet eine Zusammenfassung und Diskussion der wichtigsten Erkenntnisse.

Alle Analysen basieren auf den repräsentativen Daten des *European Social Survey* (ESS). Diese Studie zeichnet sich durch eine hohe methodische Sorgfalt und ein enormes komparatives Analysepotenzial aus. Mit Abschluss der vierten Welle (2008) liegen Informationen aus mehr als dreißig europäischen Ländern vor, von denen sich einige seit 2002 an allen der bislang vier Querschnittserhebungen beteiligt haben. Inhaltlich bietet das in der ersten Welle implementierte Schwerpunktmodul ‚Migration and Minority' eine Vielzahl an relevanten Instrumenten, die teilweise auch in den späteren Wellen eingesetzt wurden (Card u. a. 2005). Die Daten des ESS erlauben sowohl Trendanalysen zur Entwicklung von immigrationsbezogenen Einstellungen als auch ländervergleichende Analysen. Allerdings fungieren hier nicht die einzelnen Länder als primäre Vergleichseinheiten, sondern sechs Regionen: Die zentrale Unterscheidung bezieht sich auf West- vs. Ostdeutschland (D-W, D-O), eine weitere Unterscheidung wird zwischen den westeuropäischen Kernländern Portugal, Spanien, Griechenland, Frankreich, Österreich, Schweiz, Belgien, Niederlande, Dänemark, Schweden, Norwegen, Finnland, Irland, Großbritannien (E-W*) und den osteuropäischen Kernländern Ungarn, Polen, Tschechische Republik, Slowakei, Slowenien, Estland (E-O*) getroffen. Die beiden verbleibenden Regionen umfassen alle am ESS beteiligten west- bzw. osteuropäischen Länder (E-W, E-O).[4]

---

4 Als Kernländer sind jene Länder definiert, die an mindestens drei der vier Befragungswellen des ESS teilgenommen haben. Die Gesamtregionen E-W und E-O beinhalten die jeweiligen Kernländer plus diejenigen Länder, die an weniger als drei Wellen beteiligt waren. Für Westeuropa sind das Italien, Luxemburg, Zypern und Island, für Osteuropa sind das Bulgarien, Rumänien, Kroatien, Lettland, die Ukraine und Russland. Weitere Informationen hierzu sowie zum ESS im Allgemeinen und den verwendeten Länderkürzeln finden sich im Einleitungsbeitrag dieses Bandes.

Ansätze zur Erklärung immigrationsbezogener Einstellungen

Konzeptionell handelt es sich bei der Ablehnung von Immigration um einen räumlichen und sozialen Abschließungsprozess, der mit den Grenzen von (typischerweise) nationalstaatlich definierten Territorien assoziiert ist und dessen zentrales Merkmal eine subjektive Abwehrhaltung gegenüber der Aufnahme von neuen Mitgliedern in ein bestimmtes Gemeinwesen ist. Negative Einstellungen zur Immigration sind zwar nicht identisch mit Fremdenfeindlichkeit oder Ethnozentrismus, die Übergänge sind aber fließend: „These attitudes can be seen as concrete translations of ethnocentrism (...), a broad concept that contains many more facets like social distance, perception of ethnic threat, and avoidance of out-group contact" (Davidov u. a. 2008: 584).

Den genannten Facetten ist die Prämisse gemein, dass Personen in erster Linie als Angehörige sozial definierter Kategorien bzw. Gruppen wahrgenommen und bewertet werden. Als Unterscheidungskriterium zwischen Eigen- und Fremdgruppe dient die nationale Zugehörigkeit oder die Ethnizität als „gemeinsame Vorstellungen über die Herkunft, soziokulturelle Gemeinsamkeiten und gemeinsame geschichtliche und aktuelle Erfahrungen" (Heckmann 1994: 148). Derartige Klassifikationsprozesse sind notwendig, um die alltagsgesellschaftliche Komplexität zu reduzieren und Orientierung zu ermöglichen. Sie beeinflussen aber auch die Reaktionen auf Personen der Out-Group, inklusive der Möglichkeit einer Diskriminierung oder kollektiven Abschottung: „Die ethnische Grenzziehung auf Grund der Selbst- und Fremdzuschreibung bestimmter Merkmale dient so als Instrument der sozialen Schließung und der Rechtfertigung von Ungleichheit beim Zugang zu symbolischen und materiellen (gesellschaftlichen) Ressourcen" (Steinbach 2004: 24). Ebenso wie Fremdenfeindlichkeit, Ethnozentrismus und soziale Distanz ist die Ablehnung von Immigration als eine spezifische Einstellung zur Fremden aufzufassen, wobei nicht allein in theoretischer Hinsicht ein breiter Überschneidungsbereich zwischen den einzelnen Aspekten existiert. Auch empirisch finden sich enge Zusammenhänge; so korrelieren negative Einstellungen zur Zuwanderung mit der Befürwortung von ethnozentrischen bzw. restriktiven Forderungen an potenzielle Immigranten (Rosar 2004; Card u. a. 2005), mit der Verweigerung von gleichen Rechten für legal im Land lebende Migranten (Gorodzeisky/Semyonov 2009), mit der Wahrnehmung von negativen gesellschaftlichen Folgen durch Zuwanderer (Card u. a. 2005; Hainmueller/Hiscox 2007; Masso 2009; Malchow-Møller u. a. 2009), mit dem Ausmaß an sozialer Distanz (Card u. a. 2005) sowie mit individuellen Präferenzen für kulturelle Homogenität (Hainmueller/Hiscox 2007; Sides/Citrin 2007), für konservative Werthaltungen (Davidov u. a. 2008), für rechtspopulistische Parteien (Rydgren 2008) und für rechtsgerichtete Ideologien (Hainmueller/Hiscox 2007; Sides/Citrin 2007;

Gorodzeisky/Semyonov 2009).[5] Vor diesem Hintergrund ist es naheliegend, die Ursachen für ablehnende Einstellungen zu Immigration unter Rückgriff auf die umfangreiche Forschungstradition zu Intergruppenbeziehungen und Fremdenfeindlichkeit zu untersuchen. Aus der Vielzahl an Erklärungsansätzen lassen sich nach einem Vorschlag von Rippl (2003) zwei grundlegende Mechanismen der Entstehung und Mobilisierung von negativen Einstellungen zu Fremden identifizieren:

Konflikt ist der Schlüsselmechanismus in deprivations- und intergruppentheoretischen Ansätzen. Den Ausgangspunkt bildet eine Knappheit an bestimmten Ressourcen, die dazu führt, dass Migranten von Einheimischen als kollektive Konkurrenz im Wettbewerb um gesellschaftlich relevante Positionen und Privilegien angesehen werden. Deprivationstheorien fokussieren dabei im Wesentlichen auf Auseinandersetzungen um materiell-ökonomische Ressourcen wie Arbeitsplätze, Einkommen und Aufstiegschancen. Diesbezügliche Benachteiligungserfahrungen können sich auf die individuelle Situation (z. B. persönlicher Erwerbsstatus), aber auch auf die gesellschaftlichen Rahmenbedingungen (z. B. nationale Wirtschaftslage) beziehen. Bei den sozialpsychologischen Intergruppentheorien stehen hingegen soziale Vergleichsprozesse im Vordergrund, die insbesondere symbolisch-kulturelle Ressourcen wie Werte, Normen, Identitäten und Status betreffen. In beiden Fällen gelten negative Einstellungen zu Minderheiten als eine Reaktion der Mitglieder der Mehrheit auf tatsächliche oder auch nur wahrgenommene Konflikte um die Erhaltung bzw. Wiedererlangung der von ihnen als eigen definierten Ressourcen.

Kompensation ist der zentrale Mechanismus in anomie- und sozialisationstheoretischen Ansätzen. Die Ablehnung von Fremden wird hier als eine Strategie der Verarbeitung von persönlichen Gefühlen der Verunsicherung, Überforderung und Minderwertigkeit postuliert. Solche Gefühle können ihre Ursache im schnellen sozialen Wandel in modernen Industriestaaten (Anomie) oder in spezifischen Erziehungs- und emotional problematischen Beziehungserfahrungen während der Kindheit (Sozialisation) haben. Im ersten Fall führt die Erosion von traditionellen Sozialmilieus zum Verlust klassischer Wertvorstellungen und Leitbilder auf gesellschaftlicher Ebene. Das damit einhergehende individuelle Desintegrationserleben wird, so die Annahme, mit der Hinwendung zu vermeintlich einfachen Struktur- und Ordnungsschemata nach dem Muster ‚gute Deutsche, schlechte Ausländer' kompensiert. Im zweiten Fall wird angenommen, dass schwierige Sozialisationserfahrungen die Ausprägung von autoritären Dispositionen begünstigen, die sich ihrerseits in einer mangelnden Ausbildung von moralischer Autonomie, einem verstärkten Konventionalismus und einer Verschiebung von Frustration und Aggression auf Schwächere äußern.

---

5   Die genannten Befunde beziehen sich ausschließlich auf die im ESS verwendete Operationalisierung der Einstellungen zu Immigration. Aus vergleichbaren Studien auf der Basis alternativer Messungen sind ähnliche Zusammenhänge bekannt (Alba/Johnson 2000; Coenders/Scheepers 2004).

Beide Mechanismen wirken jedoch nicht direkt auf Einstellungen zur Immigration, sondern vermittelt über die emotionale Komponente des *Gefühls einer Bedrohung* durch Zuwanderer. Rippl (2003: 235) spricht in diesem Zusammenhang von einer katalytischen Wirkung subjektiv empfundener Ängste. Konfliktwahrnehmungen und Kompensationsprozesse sind demnach verantwortlich dafür, dass Einheimische mit Gefühlen der Angst und Bedrohung auf (Im)Migranten reagieren. Derartige Empfindungen stellen wiederum die zentrale Determinante für negative Einstellungen zur Zuwanderung dar. Angelehnt an die ‚Integrated Threat Theory of Prejudice' (Stephan/Stephan 2000) macht es Sinn, zwischen materiell-realistischen und kulturell-symbolischen Bedrohungen zu differenzieren. Erstere beziehen sich auf die Verteilung von politischer und ökonomischer Macht sowie auf das physische bzw. materielle Wohlbefinden, bei letzteren geht es vor allem um moralische Standards, Wertorientierungen und Sitten. Diesen theoretischen Überlegungen folgend ergeben sich vier Hypothesen, die anhand der ESS-Daten empirisch geprüft werden:

a) Die Einstellung zur Immigration ist umso negativer, je intensiver Zuwanderer als Bedrohung – in materieller und/oder in kultureller Hinsicht – wahrgenommen werden (Bedrohungshypothese).

b) Zuwanderer werden umso eher als Bedrohung wahrgenommen und Immigration wird umso mehr abgelehnt, je stärker sich eine Person als ökonomisch benachteiligt empfindet (Deprivationshypothese).

c) Auf Zuwanderer wird umso eher mit Angst und auf Zuwanderung mit Verweigerung reagiert, je ausgeprägter das Gefühl gesellschaftlicher Unsicherheit ist (Anomiehypothese).

d) Gleiches gilt für autoritäre Dispositionen; je stärker diese gegeben sind, desto wahrscheinlicher sind Bedrohungswahrnehmungen und negative Einstellungen zur Immigration (Autoritarismushypothese).

Ergänzt wird das Modell um den in der einschlägigen Literatur vielfach diskutierten Aspekt des *Kontakts zu Immigranten*. Gemäß der Kontakthypothese wirken sich persönliche Beziehungen zu Mitgliedern einer Fremdgruppe unter bestimmten Bedingungen vorurteilsreduzierend aus (Allport 1954; Pettigrew 1998). Günstige Bedingungen liegen dann vor, wenn ein enger persönlicher Kontakt besteht sowie ein ähnlicher Status, gemeinsame Ziele und unterstützende Normen gegeben sind. Entsprechend lautet die fünfte Hypothese:

e) Personen mit positiven Kontakten zu Zuwanderern fühlen sich durch diese weniger bedroht und sind weniger negativ eingestellt (Kontakthypothese).

Die grafische Darstellung der Untersuchungshypothesen in Abbildung 1 veranschaulicht noch einmal das postulierte Mediatormodell, in dem sowohl direkte als auch indirekte Einflüsse von Deprivation, Anomie, Autoritarismus und Kontakt auf die Einstellungen zur Immigration wirken.

Die in jüngerer Vergangenheit in zunehmender Anzahl publizierten Vergleichsstudien verweisen darüber hinaus auf die Relevanz kontextueller Faktoren für die

Abbildung 1: Theoretisches Erklärungsmodell auf Individualebene

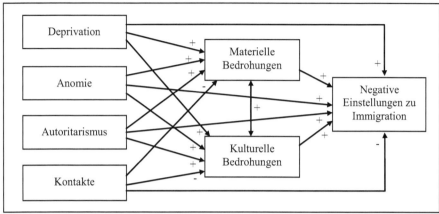

Modifiziert nach Rippl (2003: 236).

Erklärung von negativen Einstellungen gegenüber Migranten (Quillian 1995; Scheepers u. a. 2002; Coenders/Scheepers 2004; Kunovich 2004; Semyonov u. a. 2006, 2008; Sides/Citrin 2007; Hjerm 2007; Schneider 2008). Das Augenmerk ist dabei in aller Regel auf die wirtschaftlichen Rahmenbedingungen und den jeweiligen Anteil der Migranten an der Bevölkerung gerichtet.[6] Beide Merkmale bilden „the two main structural indicators of competitive threat" (Gorodzeisky/Semyonov 2009: 404), da sie auf gesellschaftlicher Ebene das Ausmaß an Wettbewerb und Konkurrenz um relevante Ressourcen indizieren. Zusätzlich zu den über individuelle Konfliktwahrnehmungen und Bedrohungsgefühle vermittelten Effekten gehen insbesondere die Vertreter der ‚Group Threat' – bzw. ‚Group Conflict' – oder ‚Ethnic Competition'-Theorie von einer direkten Wirkung der strukturellen Gegebenheiten auf die individuellen Einstellungen zu Minderheiten aus (Blumer 1958; Blalock 1967; Bobo 1988). Die Annahme lautet hierbei:

f) Je größer der Migrantenanteil und/oder je ungünstiger die ökonomische Situation in einem bestimmten Kontext – hier bezogen auf Länder – ist, desto wahrscheinlicher ist eine Wettbewerbs- und Konfliktsituation zwischen den Gruppen und desto negativer ist das Einstellungsklima seitens der einheimischen Bevölkerung in Bezug auf Zuwanderung.

Für die Entwicklung dieser Rahmenbedingungen lassen sich analoge Zusammenhänge postulieren. Demzufolge sind nicht nur der aktuelle Migrantenanteil oder die aktuelle Arbeitslosenquote etc. von Bedeutung für die Haltung zu Immigration, sondern auch deren jeweilige Veränderung über die Zeit (Olzak 1992; Meulemann u. a. 2009). Als Hypothese formuliert sollte demnach gelten:

6 Auch gesellschaftspolitische Rahmenbedingungen wie unterschiedliche Einreisebestimmungen sind natürlich relevante Kontextfaktoren, können aber an dieser Stelle nicht berücksichtigt werden.

g) Je stärker der Anstieg des Anteils von Migranten an der Bevölkerung ist und/oder sich die wirtschaftliche Situation eines Landes verschlechtert, desto ablehnender ist das Einstellungsklima in Bezug auf Immigration.[7]

Einen weiteren Erklärungsfaktor auf struktureller Ebene schlägt Rosar (2004) vor. Ausgehend von den starken Abschottungstendenzen in Ungarn und Griechenland sieht er eine zentrale Ursache dafür in deren gemeinsamer geografischer Lage in unmittelbarer Nachbarschaft zum ehemaligen Jugoslawien. Die territoriale Nähe zu den Auseinandersetzungen auf den „ethnischen Minenfeldern des Balkans" würde alte Ängste und historisch bedingte Vorbehalte reaktivieren und zu einer „reflexartigen Abwehrhaltung gegenüber den ‚Anderen'" führen (Rosar 2004: 93). Auch diese Annahme wird abschließend einer empirischen Prüfung unterzogen:

h) Die Bevölkerung der Balkan-Anrainerstaaten reagiert im Durchschnitt skeptischer auf Immigration als die Menschen in den anderen europäischen Ländern.

Einstellungen zur Immigration im europäischen Vergleich

Den Kern der Auswertungen bilden sechs Fragen, mit denen in der ersten Welle des ESS das Ausmaß an Ablehnung bzw. Akzeptanz von Immigration erfasst wurde. In der deutschen Fassung lautet die Fragestellung „Wie vielen von ihnen sollte Deutschland erlauben, hier zu leben?", wobei die Befragten separat Auskunft zu sechs Personengruppen geben sollten: a) Zuwanderer derselben Volksgruppe oder ethnischen Gruppe, b) Zuwanderer einer anderen Volksgruppe oder ethnischen Gruppe, c) Zuwanderer aus reicheren Ländern Europas, d) Zuwanderer aus ärmeren Ländern Europas, e) Zuwanderer aus reicheren Ländern außerhalb Europas und f) Zuwanderer aus ärmeren Ländern außerhalb Europas. Die subjektive Einschätzung erfolgte anhand einer vierstufigen Skala mit Antwortoptionen von „vielen erlauben, herzukommen und hier zu leben" (1) über „einigen erlauben" (2) und „ein paar wenigen erlauben" (3) bis hin zu „niemandem erlauben" (4). Hohe Werte indizieren also eine subjektive Ablehnung von Immigration, niedrige Werte signalisieren Akzeptanz. Um ein hinreichend äquivalentes Verständnis des Instruments zu gewährleisten, wurde bei dessen Entwicklung bewusst auf möglicherweise kulturell abweichend konnotierte Begriffe verzichtet. Stattdessen entschied man sich für eine allgemeine Umschreibung des Sachverhalts (im englischsprachigen Original lautet

---

7   Folgt man der Kontakthypothese, so erscheint auch ein gegenteiliger Effekt für den Migrantenanteil plausibel: Eine hohe bzw. steigende Anzahl von Migranten erhöht die Chance auf persönliche interethnische Kontakte, die – unter günstigen Bedingungen und positiver Art – Vorurteile und ablehnende Einstellungen gegenüber Zuwanderung reduzieren (Rippl 2008; Schlüter/Wagner 2008; Schneider 2008). Welche Einflüsse von Umfang und von der Veränderung der Migrantenpopulation ausgehen, ist dann letztlich eine empirisch zu entscheidende Frage.

die Formulierung „to allow people to come and live here"). Explorative und konfirmatorische Faktorenanalysen bestätigen die interkulturelle Validität der Messung, womit eine zentrale Voraussetzung für die Durchführung von interkulturellen Vergleichen erfüllt ist (Billiet/Welkenhuysen-Gybels 2004; Meulemann u. a. 2009).

Die in Tabelle 1 abgebildeten Werte vermitteln zunächst einen Eindruck vom Meinungsbild der Menschen in West- und Ostdeutschland sowie in West- und Osteuropa kurz nach der Jahrtausendwende. Die erste Ergebniszeile listet für die betrachteten Regionen die Mittelwerte und Standardabweichungen auf, die sich aus der Zusammenfassung der sechs Einstellungsitems zu einem Gesamtindex ergeben.[8] Dieser Gesamtindex wird im Folgenden als ein generelles Maß für die Ablehnung von Immigration interpretiert.

Die entsprechenden Mittelwerte streuen alle in einem relativ engen Bereich um den theoretischen Skalenmittelpunkt von 2,50, so dass für keine der betrachteten Regionen eine eindeutige Tendenz hin zu Offenheit oder Abschottung festgestellt werden kann. Es fällt aber auf, dass sich Westdeutsche sowohl im Vergleich zu West- und Osteuropäern als auch im Vergleich zu Ostdeutschen durch eine signifikant aufgeschlossenere Haltung gegenüber Zuwanderung auszeichnen. Der letztgenannte Befund korrespondiert wiederum mit Erkenntnissen aus den Allbus-Daten von 1996, die ebenfalls auf signifikant geringere Vorbehalte bezüglich der politischen Handhabung des Zuzugs von Nicht-EU-Arbeitnehmern, EU-Arbeitnehmern, Asylsuchenden und Aussiedlern in Westdeutschland schließen lassen (Rippl 2003).

In der zweiten und dritten Ergebniszeile von Tabelle 1 sind jeweils die prozentualen Anteile der Befragten angegeben, die sich bei den sechs Zuwanderergruppen entweder durchgängig für eine der beiden oberen Antwortoptionen („restriktive Einstellung') oder durchgängig für eine der beiden unteren Antwortoptionen („liberale Einstellung') entschieden haben. Es zeigt sich, dass in den westeuropäischen ESS-Ländern mehr als jede vierte Person Immigration generell ablehnt, egal ob es sich bei den Zuwanderern um Personen aus reicheren oder ärmeren Ländern, aus europäischen oder nicht-europäischen Ländern oder um Angehörige der eigenen oder einer anderen ethnischen Gruppe handelt. Im Osten Deutschlands und in den osteuropäischen ESS-Ländern liegen die Anteile restriktiv eingestellter Menschen mit über 20 Prozent etwas niedriger. Westdeutschland nimmt erneut eine Sonderstellung ein: Zum einen ist die nahezu vollständige Ablehnung von Immigration hier am wenigsten verbreitet, zum anderen findet sich hier der größte Bevölkerungsanteil mit einer liberalen Einstellung. So sind nahezu 45 Prozent der Westdeutschen der Auffassung, dass es vielen oder zumindest doch einigen Personen aller sechs Zuwanderergruppen erlaubt sein sollte, nach Deutschland zu kommen und da zu leben. Liberal gesinnte Menschen stellen zwar auch in Ostdeutschland und in den

---

8 Für die vierstufige Messung wird damit quasi-metrisches Skalenniveau angenommen. Das Antwortmuster erweist sich auf Regionen- und Länderebene als hochkonsistent; für die Gesamtheit der 21 untersuchten Länder der ersten Befragungswelle beträgt Cronbachs α =0,94.

Tabelle 1: Einstellungen zur Immigration im Regionenvergleich

2002	E-W*	E-W	D-W	D-O	E-O*
Ablehnung von Immigration (Mittelwert, Std.-abw.)	2,48 (0,72)	2,44 (0,73)	2,25 (0,66)	2,46 (0,67)	2,44 (0,69)
Restriktive Einstellung (%)	27,3	25,2	15,1	22,0	21,7
Liberale Einstellung (%)	33,4	35,7	43,6	34,0	33,3
Präferenz Europa (%)	7,6	7,0	7,0	6,4	5,7
Präferenz Wohlstand (%)	9,7	9,9	11,2	12,4	13,5
Präferenz eigene Ethnie (%)	12,2	11,4	16,6	17,9	16,0
Anzahl der Fälle (N)	25.220	28.078	2.127	534	6.515

Skalierung des Index ‚Ablehnung von Immigration' von „liberal" (1) bis „restriktiv" (4); Gewichtung für Design- und Bevölkerungseffekte; Ausschluss aller im Ausland geborenen Befragten; keine separate Darstellung der Werte für E-O (da in Welle 1 identisch mit E-O*: CZ, HU, PL, SI).

beiden europäischen Regionen eine Mehrheit gegenüber restriktiv eingestellten Menschen, ihr Anteil beschränkt sich aber auf kaum mehr als ein Drittel der Bevölkerung. Insgesamt ist eine deutliche Ost-West-Differenz bezüglich der Einstellung zur Immigration deutlich erkennbar, eine entsprechende Ost-West-Differenz auf europäischer Ebene findet sich hingegen nicht.

Der untere Teil von Tabelle 1 gibt Auskunft über die Bevorzugung bestimmter Zuwanderergruppen. Angegeben ist zunächst der prozentuale Anteil derjenigen Befragten, die Immigration aus europäischen Ländern tolerieren und gleichzeitig Immigration aus nicht-europäischen Ländern ablehnen (unabhängig von der Herkunft der Zuwanderer aus einem ärmeren oder reicheren Land). Die Werte weisen für keine der betrachteten Regionen auf eine besondere Präferenz für europäische Immigranten hin. Etwas anders gestaltet sich das Bild, wenn nach dem Wohlstandsniveau der Herkunftsländer differenziert wird (unabhängig von der Lage inner- oder außerhalb Europas). Speziell in Osteuropa, aber auch in Ostdeutschland, gibt es einen nennenswerten Anteil von Einheimischen, die sich ausschließlich gegen eine Immigration von Menschen aus ärmeren Ländern aussprechen. Die stärkste Bevorzugung wird jedoch Zuwanderern der eigenen ethnischen Gruppe zuteil. Gerade mit Blick auf Deutschland ist die hohe Präferenz für diese Zuwanderergruppe bemerkenswert. Dieser Befund ist jedoch vor dem Hintergrund einer sehr starken Prägung des damaligen Migrationsgeschehens durch die Immigration von ethnisch deutschen (Spät-)Aussiedlern zu sehen. Denn allein in den Jahren 1990 bis 2000 kamen mehr als zwei Millionen (Spät-)Aussiedler nach Deutschland, was knapp einem Fünftel der Gesamteinwanderung während dieser Zeit entspricht. Festzuhalten bleibt aber, dass gruppenspezifische Unterscheidungen eine eher untergeordnete Rolle spielen. Von primärer Bedeutung erweist sich in allen Regionen die generelle Haltung im Sinne einer Befürwortung oder Ablehnung von Immigration.

Abbildung 2 zeigt, dass innerhalb der betrachteten ost- und westeuropäischen

Abbildung 2: Einstellungen zur Immigration im Ländervergleich (2002)

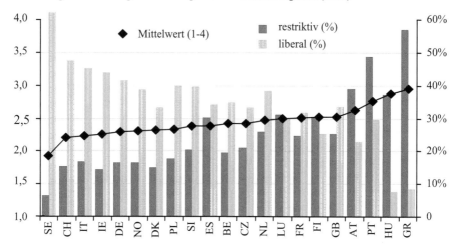

Darstellung der Länderwerte sortiert nach der mittleren Ablehnung von Immigration (Rauten, linke Skalenleiste); ergänzende Darstellung der prozentualen Anteile von restriktiv und liberal eingestellten Befragten (Balken, rechte Skalenleiste); Gewichtung für Designeffekte; Ausschluss aller im Ausland geborenen Befragten.

Regionen zum Teil gravierende Unterschiede zwischen den Ländern bestehen. Die Spannweite des Einstellungsniveaus reicht von einem zuwanderungsfreundlichen Klima in Schweden ($\bar{x}$ =1,93) bis hin zu einer verbreiteten Abschottungstendenz in Griechenland ($\bar{x}$ =2,95). Die mittlere Haltung der Deutschen liegt mit 2,30 signifikant unterhalb des Gesamtmittelwerts aller 21 ESS-Länder ($\bar{x}$ =2,44). Beim Vergleich der Anteile von restriktiv und liberal eingestellten Personen erweist sich Schweden als das einzige Land, in dem weniger als zehn Prozent der Bevölkerung Zuwanderung grundsätzlich ablehnen. In Deutschland trifft dies auf weniger als 20 Prozent der Bevölkerung zu, wohingegen die jeweiligen Anteile in Ungarn, Österreich, Portugal und Griechenland zwischen knapp unter 40 bis weit über 50 Prozent variieren. Die Prozentwerte für die liberal eingestellten Personen verteilen sich weitgehend spiegelbildlich. Insgesamt offenbart sich hinter den recht ausgeglichenen Resultaten auf der Regionenebene eine durchaus beachtliche Heterogenität auf der Länderebene.

Die identische Abfrage von drei der sechs Einstellungsitems in den späteren ESS-Erhebungswellen ermöglicht zudem eine längsschnittliche Betrachtung von Entwicklungstrends auf der Aggregatebene. Analog zum bisherigen Vorgehen wurde hierfür ein Mittelwertindex gebildet, der über alle vier Wellen hinweg die Einstellungen zur Immigration von Personen aus ärmeren Ländern außerhalb Europas, von Personen der eigenen und von Personen anderer ethnischer Gruppen zusammen-

Abbildung 3: Ablehnung von Immigration im Zeitvergleich (2002 bis 2008)

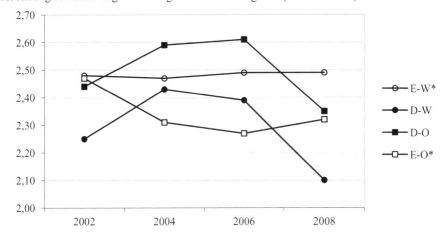

Skalierung des Index ‚Ablehnung von Immigration' von „liberal" (1) bis „restriktiv" (4); eingeschränkte Darstellung des Skalenbereichs; Gewichtung für Design- und Bevölkerungseffekte; Ausschluss aller im Ausland geborenen Befragten.

fasst.[9] Die in Abbildung 3 gezeigten Verlaufskurven verweisen auf eine weitgehend parallele Entwicklung in West- und Ostdeutschland, die sich jedoch auf unterschiedlichen Niveaus vollzog. In beiden Teilen Deutschlands nahm die Ablehnung von Immigration zunächst deutlich zu (2002-2004), ging dann bis 2008 aberauf das niedrigste Niveau zurück. Dieser Rückgang setzte in der westdeutschen Bevölkerung etwas früher ein und führte aufgrund der anfänglich offeneren Haltung zum insgesamt liberalsten Zuwanderungsklima aller betrachteten Regionen. Für die osteuropäischen Kernländer verweist der Graph auf eine komplementäre Entwicklung. Auch hier ist über die gesamte Zeitspanne ein Rückgang zu erkennen, dieser beschränkt sich allerdings auf die Periode zwischen den ersten beiden Befragungswellen. Inwieweit die leichte Zunahme negativer Einstellungen während der letzten Beobachtungsperiode den Beginn eines längerfristigen Abschottungstrends markiert, kann auf Basis der vorliegenden Daten nicht entschieden werden. Keine wesentlichen Veränderungen des Einstellungsniveaus über die Zeit ergeben sich hingegen für das Aggregat der westeuropäischen Kernländer.[10]

9 Dieser Index ist ebenfalls reliabel (Cronbachs α =0,90 [2002], α =0,87 [2004], α =0,87 [2006], α=0,87 [2008]) und hinreichend äquivalent zum Gesamtindex der ersten Welle des ESS mit sechs Items.
10 Zu berücksichtigen ist, dass die Zusammensetzung der ost- und westeuropäischen Kernländer von Messzeitpunkt zu Messzeitpunkt leicht variiert: In der ersten Welle fehlen Estland, die Slowakei und die Ukraine, in der dritten Welle sind Griechenland und die Tschechische Re-

Auch hier geben die dargestellten Trends nur einen Teil der auf Länderebene existierenden Varianz wieder: Sowohl in Westeuropa als auch in Osteuropa finden sich Länder mit stabilem Einstellungsniveau (Griechenland, Finnland, Frankreich, Dänemark, Irland, Schweiz, Portugal, Großbritannien, Niederlande und Slowenien, Ungarn), Länder mit signifikanter Liberalisierungstendenz (Schweden, Norwegen, Belgien, Deutschland, Österreich und Polen, Estland) sowie Länder mit zunehmender Abwehrhaltung (Spanien und Tschechien, Slowakei, Ukraine). Ein einheitlicher europäischer Trend ist damit ebenso wenig auszumachen wie eine Angleichung zwischen West- und Osteuropa. Letzteres gilt auch für West- und Ostdeutschland, deren Entwicklungsverläufe sich zwar sehr stark ähneln, deren signifikanter Ausgangsunterschied jedoch konstant erhalten bleibt.

Ursachen für unterschiedliche Einstellungen zur Immigration

Erklärungen auf Individualebene

Im zweiten Schritt der Analyse wird das eingangs erläuterte Erklärungsmodell auf Individualebene geprüft. Die Operationalisierung der in den Hypothesen a) bis e) genannten Einflussfaktoren basiert zumeist auf multiplen Indikatoren, die zu Mittelwertindizes zusammengefasst wurden. Der vollständige Wortlaut aller verwendeten Items mit den jeweiligen Antwortvorgaben können der Dokumentation auf der Webseite des ESS (www.europeansocialsurvey.de) entnommen werden:

Deprivation als die Empfindung einer ökonomischen Benachteiligung wird über die subjektive Beurteilung des gegenwärtigen Haushaltseinkommens (persönlicher Bezug) und die Zufriedenheit mit der aktuellen Wirtschaftslage des Landes (kollektiver Bezug) abgebildet.[11]

Anomie als persönliches Gefühl der Unsicherheit beschränkt sich auf den spezifischen Aspekt der politischen Orientierungslosigkeit. Der Index setzt sich aus zwei Items – der Einschätzung von Politik als zu kompliziertes Thema und der subjektiv wahrgenommenen Schwierigkeit der Meinungsbildung zu politischen Themen – zusammen (bivariate Korrelation r =0,41).[12]

---

publik nicht enthalten, für die vierte Welle liegen keine Informationen aus Irland und Österreich vor.

11 Die Beurteilung des gegenwärtigen Haushaltseinkommens reicht von „bequem leben" (1) bis „nur sehr schwer zurechtkommen" (4). Dieses Item fehlte bei der Erhebung in Frankreich (E-W*). Hinsichtlich der Zufriedenheit mit der gegenwärtigen Wirtschaftslage des Landes reicht die Abstufung von „äußerst unzufrieden" (0) bis „äußerst zufrieden" (10).

12 Die erste Frage lautet „Wie oft erscheint Ihnen Politik so kompliziert, dass Sie gar nicht richtig verstehen, worum es eigentlich geht?" mit Antwortmöglichkeiten von „nie" (1) bis „häufig" (5). Die zweite Frage lautet „Wie schwer oder leicht fällt es Ihnen, sich über politi-

Autoritarismus beinhaltet nach einem Vorschlag von Scheuregger und Spier (2007) die beiden Dimensionen der autoritären Einstellungen und des generalisierten sozialen Misstrauens. Soziales Misstrauen wird über die subjektive Einschätzung der allgemeinen Vertrauenswürdigkeit, Fairness und Hilfsbereitschaft anderer Menschen operationalisiert. Das Ausmaß an autoritären Einstellungen bestimmt sich anhand von vier Items aus der Werteskala von Schwartz (1994) mit Bezug auf Konventionalismus („es ist wichtig, sich jederzeit korrekt zu verhalten"), Unterwerfung („es ist wichtig, sich immer an die Regeln zu halten"), Aggression („es ist wichtig, dass der Staat persönliche Sicherheit vor allen Bedrohungen gewährleistet") und Traditionalismus („es ist wichtig, sich an überlieferte Sitten und Gebräuche zu halten"). Beide Indizes sind intern hinreichend konsistent (Cronbachs α =0,68 bzw. α =0,77).[13]

Positive soziale Kontakte zu Zuwanderern als vorurteilsreduzierender Kontext sind über die Frage nach dem Vorhandensein von Immigranten im eigenen Freundeskreis abgedeckt. Freundschaftsbeziehungen bieten sich hier besonders an, da sie am ehesten den in der Kontakthypothese formulierten Bedingungen eines positiven sozialen Kontakts entsprechen.[14]

Die *Wahrnehmung einer Bedrohung* durch Immigranten als emotionale Komponente bemisst sich am Grad der Zustimmung zu verschiedenen Behauptungen, die Zuwanderer mit negativen Konsequenzen in Verbindung bringen. Diese Konsequenzen beziehen sich auf materiell-ökonomische und auf kulturell-symbolische Aspekte. Zu ersteren gehören die Verschlechterung der nationalen Wirtschaftslage, die Verknappung von Arbeitsplätzen, die Belastung des Sozialsystems sowie die Senkung der durchschnittlichen Löhne und Gehälter („materiell'). Zu letzteren zählen die Untergrabung des kulturellen Lebens im Land, die Nachteile heterogener Bräuche und Traditionen sowie unterschiedlicher Religionen und ganz allgemein die Gefahr von Spannungen im Land durch Einwanderung („kulturell'). Beide Indizes erreichen akzeptable Reliabilitäten (Cronbachs α =0,73 bzw. α =0,70).[15]

sche Themen eine Meinung zu bilden?" mit Antwortoptionen von „sehr schwer" (1) bis „sehr leicht" (5).

13 Die drei Vertrauensfragen – ob man glaubt, a) den meisten Menschen vertrauen zu können, b) dass die meisten Menschen versuchen würden, sie auszunutzen, und c) dass die meisten Menschen versuchen, hilfsbereit zu sein – sind jeweils mit elfstufigen Antwortskalen von „kein Vertrauen" (0) bis „großes Vertrauen" (10) ausgestattet (vgl. den Beitrag von Zmerli in diesem Band). Das Instrument von Schwartz (1994) zur Erfassung individueller Wertepräferenzen baut auf einer Beschreibung fiktiver Personen mit bestimmten Eigenschaften und der subjektiven Einschätzung der eigenen Ähnlichkeit zu diesen Personen auf, die jeweils zwischen „sehr ähnlich" (1) und „überhaupt nicht ähnlich" (6) variiert werden kann. Dieses Instrument kam in Italien und in Luxemburg (beide E-W) nicht zum Einsatz.

14 Die ursprünglich dreistufige Antwortskalierung auf die Frage nach Freunden, die aus einem anderen Land zugewandert sind, wurde in eine Dichotomie von „Zuwanderer-Freunde vorhanden" (1) versus „keine Zuwanderer als Freunde vorhanden" (0) umkodiert.

15 Die ersten drei Items der materiellen Bedrohungswahrnehmung – Wirtschaft, Arbeitsplätze, Sozialsystem – sowie das erste Item der kulturellen Bedrohungswahrnehmung – Untergrabung – sind jeweils elfstufig abgefragt, mit der Assoziation negativer Konsequenzen auf der

Sämtliche Items wurden vorab so kodiert, dass die Antworten sinngemäß in die gleiche Richtung weisen. Im Einzelnen stehen hohe Werte für eine starke Deprivation in Bezug auf das Haushaltseinkommen und die nationale Wirtschaftslage, eine hohe politische Unsicherheit, ein ausgeprägtes soziales Misstrauen und autoritäre Einstellungen, das Vorhandensein von Zuwanderern im Freundeskreis sowie die Wahrnehmung einer materiellen bzw. kulturellen Bedrohung durch Zuwanderer.

Inwieweit diese Prädiktoren in der Lage sind, die individuellen Einstellungen zur Immigration zu erklären, wird mit Hilfe linearer Regressionsmodelle untersucht. Abhängige Variable ist der sechs Items umfassende Gesamtindex der 'Ablehnung von Immigration', der zwecks Vergleichbarkeit der Koeffizienten ebenfalls auf einen Wertebereich von 0 bis 1 skaliert wurde. Als unabhängige Variablen finden außerdem die Kontrollvariablen Geschlecht, Alter (in Lebensjahren, dividiert durch 100), Bildungsgrad (in Jahren an Bildungseinrichtungen, bis maximal 25 Jahre, dividiert durch 25), Erwerbsstatus (arbeitslos vs. erwerbstätig vs. nicht erwerbstätig), Migrationshintergrund (Mutter oder Vater im Ausland geboren vs. nicht) und Wohnkontext (großstädtisch vs. andere) in den Analysen Berücksichtigung. Berechnet wurden pro Region jeweils zwei Regressionen: In der ersten Modellvariante fehlen beide Bedrohungsaspekte, in der zweiten Modellvariante sind alle Prädiktoren enthalten. Von einer Mediatorwirkung kann dann ausgegangen werden, wenn in der vollständigen Modellspezifikation die stärksten Effekte von den Bedrohungsgefühlen ausgehen und sich gleichzeitig die Effekte der anderen Merkmale im Vergleich zur ersten Modellspezifikation deutlich reduzieren. Die Ergebnisse der Analysen finden sich in Tabelle 1, wobei der besseren Übersichtlichkeit halber auf eine Darstellung der Koeffizienten für die Kontrollvariablen verzichtet wird.

Der Großteil der empirischen Befunde stimmt mit den theoretischen Erwartungen überein: Eine negativ bewertete finanzielle Haushaltssituation verstärkt die Ablehnung von Immigration ebenso wie eine hohe Unzufriedenheit mit der nationalen Wirtschaftslage (Deprivationshypothese). Vom Gefühl politischer Unsicherheit geht zwar ein vergleichsweise geringer Einfluss aus, die begünstigende Wirkung auf eine ablehnende Haltung bestätigt sich aber zumindest für Westeuropa in der Modellspezifikation ohne Bedrohungswahrnehmungen (Anomiehypothese). Auch autoritäre Einstellungen und soziales Misstrauen befördern erwartungsgemäß Vorbehalte gegenüber Zuwanderung (Autoritarismushypothese). Die Existenz von freundschaftlichen Kontakten zu Zuwanderern ist der einzige Faktor, der negativen Einstellungen überall entgegenwirkt (Kontakthypothese). Werden kulturelle und materielle Bedrohungswahrnehmungen in das Modell integriert, so bestätigen sich diese als die mit Abstand erklärungskräftigsten Prädiktoren (Bedrohungshypothese). Zwar sind keineswegs alle Einflüsse über diese Befürchtungen vermittelt, die mehr als doppelt

---

einen Seite (0) und der Assoziation positiver Konsequenzen auf der anderen Seite des Kontinuums (10). Die übrigen Items – Löhne sowie Bräuche, Religion, Spannungen – sind anhand klassischer Likert-Skalen mit Antwortvorgaben von „stimme stark zu" (1) bis „lehne stark ab" (5) gemessen.

Tabelle 2: Determinanten der Einstellungen zur Immigration

2002	E-W*	E-W	D-W	D-O	E-O*
Deprivation: HH-Einkommen	*0,04*** 0,01	*0,07*** 0,04***	*0,09*** 0,07***	*0,07* 0,03	*0,10*** 0,05***
Deprivation: Nat. Wirtschaftslage	*0,09*** 0,05***	*0,06*** 0,01	*0,08*** 0,03	*0,12** 0,06	*-0,03** -0,09***
Anomie: Politische Unsicherheit	*0,04*** 0,00	*0,04*** 0,00	*0,02* -0,03	*0,06* 0,00	*-0,01* -0,04**
Autoritarismus: Soziales Misstrauen	*0,21*** 0,08***	*0,16*** 0,04***	*0,23*** 0,10***	*0,24*** 0,09	*0,15*** 0,07***
Autoritarismus: Autoritäre Einstellung	*0,14*** 0,02*	*0,16*** 0,03**	*0,22*** 0,11***	*0,11* 0,05	*-0,06*** -0,09***
Kontakt: Zuwanderer als Freunde	*-0,08*** -0,03***	*-0,07*** -0,02***	*-0,04*** 0,00	*-0,08*** -0,03	*-0,04*** -0,02*
Bedrohung: Kulturelle Ängste	0,41***	0,40***	0,40***	0,35***	0,28***
Bedrohung: Materielle Ängste	0,35***	0,39***	0,29***	0,34***	0,44***
Korrigiertes R^2	*0,18* 0,39	*0,14* 0,36	*0,23* 0,39	*0,17* 0,35	*0,11* 0,29
Anzahl der Fälle (N)	25.220	28.078	2.127	534	6.515

Signifikanz: * p<0,05; ** p<0,01; *** p<0,001.
Angegeben sind die unstandardisierten Regressionskoeffizienten (kursiv → Modellspezifikation 1 ohne Bedrohungsaspekte, normal → Modellspezifikation 2 mit Bedrohungsaspekten); Gewichtung für Design- und Bevölkerungseffekte; Ausschluss aller im Ausland geborenen Befragten; keine separate Darstellung der Werte für E-O (da in Welle 1 identisch mit E-O*: CZ, HU, PL, SI).

so hohen Varianzaufklärungen und die zum Teil erheblich geringeren Effektstärken einiger Erklärungsfaktoren in der jeweils zweiten Modellspezifikation sprechen jedoch klar für das postulierte Mediatormodell.[16]

16 Bei den Kontrollvariablen ergibt sich ein starker Bildungseffekt, demzufolge höher Gebildete aufgeschlossener gegenüber Immigration eingestellt sind (Hainmueller/Hiscox 2007). Dieser Effekt wird nahezu vollständig über Bedrohungsgefühle vermittelt: Besser gebildete Personen fühlen sich weniger durch Zuwanderer bedroht und sind daher auch weniger restriktiv eingestellt. Darüber hinaus geht in allen Regionen ein höheres Alter mit einer stärkeren Ablehnung einher. Am stärksten ist dieser Zusammenhang in Osteuropa ausgeprägt. In den westeuropäischen Ländern äußern die männlichen Befragten weniger Vorbehalte gegenüber Zuwanderung als die weiblichen Befragten. In den übrigen Regionen zeigen sich keine bedeutsamen Geschlechterdifferenzen. Ein eigener Migrationshintergrund und das Leben in einem großstädtischen Kontext fördern tendenziell die Akzeptanz von Immigration, der Einfluss des Erwerbsstatus erweist sich in den Analysen als marginal.

Auf einige Besonderheiten sei ebenfalls hingewiesen: Anders als vermutet wird Immigration in Osteuropa von denjenigen Befragten kritischer beurteilt, die mit der wirtschaftlichen Situation im Land vergleichsweise zufrieden sind. Gleiches gilt für Personen mit weniger autoritär geprägten Einstellungen, das heißt Konventionalismus, Regelkonformismus und Traditionalismus gehen in den osteuropäischen Ländern mit einer geringeren Ablehnung von Zuwanderung einher. Auch Anomie wirkt zumindest tendenziell in die entgegengesetzte Richtung des postulierten Kompensationseffekts. Auffallend ist zudem, dass nur bei den Menschen in Osteuropa materiell-ökonomische Ängste eine wesentlich bedeutsamere Rolle für die Erklärung von ablehnenden Einstellungen spielen als kulturell-symbolische Ängste. In den übrigen betrachteten Regionen ist dieses Verhältnis umgekehrt, allerdings findet sich nur in Westdeutschland auch ein nennenswerter Unterschied hinsichtlich der Erklärungskraft. Ansonsten dominieren im innerdeutschen Vergleich die Gemeinsamkeiten. Insbesondere der Autoritarismus erweist sich hier als einflussreich: Während in Westdeutschland der stärkste Effekt auf die Ablehnung von Zuwanderung – nach den beiden Bedrohungswahrnehmungen – vom Werteaspekt ausgeht, trifft dies in Ostdeutschland auf den Aspekt des sozialen Misstrauens zu.[17]

Um auch Aussagen über die zeitliche Stabilität der geschilderten Befunde treffen zu können, wurden analoge Berechnungen mit den aktuelleren Daten der vierten ESS-Befragungswelle von 2008 durchgeführt. Ein Vergleich ist allerdings nur eingeschränkt möglich, da sich die Zusammensetzung der Ländergruppen verändert hat und das modifizierte Frageprogramm eine identische Operationalisierung nicht immer zulässt. So basiert die abhängige Variable nunmehr auf der durchschnittlichen Ablehnung von drei Zuwanderergruppen und die beiden Bedrohungsaspekte werden nur noch über jeweils ein Item abgebildet.[18] Gänzlich verzichtet werden muss auf das Merkmal der Freundschaftskontakte zu zugewanderten Personen.

Die meisten Befunde aus der ersten Befragungswelle können mit den neueren Daten repliziert werden. Die in Tabelle 3 abgebildeten Regressionskoeffizienten zeigen, dass materiell-realistische Bedrohungswahrnehmungen im Unterschied zu 2002 nicht mehr nur in Osteuropa, sondern nun auch in Westeuropa eine gewichtigere Rolle spielen als kulturell-symbolische Ängste. Die Koeffizienten signalisieren darüber hinaus eine verstärkte Relevanz autoritärer Einstellungen und anomischer Gefühle (insbesondere in Ostdeutschland). Politische Unsicherheit wirkt im vollständigen Modell nun ebenso wie das generalisierte soziale Misstrauen als signifikanter Einflussfaktor (außer in Ostdeutschland). Der erwähnte Überraschungsbefund

---

17   Die unterschiedlichen Signifikanzen für D-W und D-O sind vor allem den stark voneinander abweichenden Fallzahlen geschuldet, die sich nach der proportionalen Gewichtung der Stichproben ergeben.
18   Die drei Items der Einstellung zur Immigration beziehen sich auf Zuwanderer aus ärmeren Ländern außerhalb Europas sowie der eigenen und anderer ethnischer Gruppen. Die Wahrnehmung einer materiellen Bedrohung ergibt sich aus der Frage, ob Zuwanderer im Allgemeinen gut oder schlecht für die nationale Wirtschaft sind. Das Ausmaß an kulturellen Befürchtungen wird über die Frage erfasst, ob Zuwanderer das kulturelle Leben im Land im Allgemeinen untergraben oder bereichern (vgl. Fußnote 15).

eines negativen Zusammenhangs zwischen autoritären Einstellungen und der Ablehnung von Immigration in den osteuropäischen Kernländern bestätigt sich erneut und gilt jetzt auch für den Aspekt des sozialen Misstrauens im vollständigen Erklärungsmodell. Von den materiellen Deprivationsfaktoren geht hingegen kaum noch ein bedeutsamer Einfluss aus. Zwar verbleibt unter Kontrolle der Bedrohungswahrnehmungen ein signifikant verstärkender Effekt der negativ eingeschätzten finanziellen Situation des Haushalts für die westlichen Regionen sowie ein signifikant vermindernder (!) Effekt der Unzufriedenheit mit der nationalen Wirtschaftssituation für die osteuropäischen Regionen, die Effektstärken sind jedoch durchweg sehr gering. In Osteuropa beschränkt sich die Erklärungskraft der im Modell betrachteten Prädiktoren – abgesehen von den beiden Bedrohungsaspekten – auf maximal vier Prozent der Gesamtvarianz in den individuellen Einstellungen zu Immigration.

Erklärungen auf Kontextebene

Abschließend richtet sich die Aufmerksamkeit auf die in den Hypothesen f) bis h) benannten Kontextfaktoren, die als gesellschaftliche Opportunitätsstrukturen zumindest theoretisch von Bedeutung für das Verhältnis zwischen Mehrheitsbevölkerung und Migrantenpopulation sind. Die Prüfung der Annahmen erfolgt über ein zweistufiges Verfahren auf der Grundlage der ESS-Daten von 2008.

Um die länderspezifischen Mittelwerte bezüglich der Einstellung zu Immigration – kontrolliert für die Einflüsse der individuellen Merkmale – zu ermitteln, wurde das im letzten Abschnitt vorgestellte Regressionsmodell mit allen Prädiktoren separat für jedes einzelne Land berechnet (designgewichtet). Die daraus resultierenden Mittelwerte konstituieren die abhängige Variable für die eigentlich interessierenden Regressionsmodelle auf Länderebene (ungewichtet).[19] Als Prädiktoren gingen dabei folgende Merkmale in die Analyse ein: Die Migrationssituation eines Landes wurde über den prozentualen *Anteil von Ausländern* an der Gesamtbevölkerung sowie über die standardisierte *Zuwanderungsrate* als Anzahl der Immigranten pro 1000 Einwohner erfasst. Die ökonomische Situation eines Landes spiegelt sich in der jeweiligen *Arbeitslosenquote* als dem prozentualen Anteil von beschäftigungslosen Personen im Alter von 15 bis 64 Jahren an der sogenannten aktiven Bevölkerung sowie dem *Bruttoinlandsprodukt* pro Kopf als kaufkraftgewichtetem und auf internationale Dollar standardisiertem Wert wider. Verwendung fand jeweils ein Durchschnittswert aus den Jahren 2006, 2007 und 2008. Zusätzlich zum mittleren Niveau wurde

---

19 Auf die Anwendung von Mehrebenenanalysen wurde bewusst verzichtet, da die Teilnehmerländer am ESS weder eine Zufallsauswahl europäischer Länder darstellen noch die Fallzahl von weniger als 30 Einheiten für robuste Schätzungen ausreichend ist (Sides/Citrin 2007; Meulemann/Billiet 2009).

Tabelle 3: Determinanten der Einstellungen zur Immigration

2008	E-W*	E-W	D-W	D-O	E-O	E-O*
Deprivation:	*0,05****	*0,05****	*0,04*	*-0,02*	*0,07****	*0,05****
HH-Einkommen	0,03***	0,03***	0,04*	-0,05	0,01	0,01
Deprivation:	*0,11****	*0,11****	*0,06**	*0,12**	*0,03****	*0,11****
Nat. Wirtschaftslage	0,00	0,00	-0,02	0,01	-0,09***	-0,03**
Anomie:	*0,07****	*0,07****	*0,11****	*0,14***	*0,10****	*0,07****
Polit. Unsicherheit	0,04***	0,04***	0,05*	0,07	0,06***	0,04***
Autoritarismus:	*0,26****	*0,26****	*0,23****	*0,33****	*0,11****	*0,03**
Soziales Misstrauen	0,11***	0,10***	0,09**	0,14**	0,02*	-0,04***
Autoritarismus:	*0,22****	*0,22****	*0,24****	*0,25****	*-0,03**	*-0,13****
Autorit. Einstellung	0,13***	0,13***	0,12***	0,16***	0,00	-0,08***
Bedrohung: Kulturelle Ängste	0,25***	0,25***	0,32***	0,31***	0,30***	0,26***
Bedrohung: Materielle Ängste	0,39***	0,39***	0,32***	0,33***	0,40***	0,42***
Korrigiertes R^2	*0,18*	*0,18*	*0,18*	*0,26*	*0,03*	*0,05*
	0,41	0,41	0,41	0,48	0,35	0,34
Anzahl der Fälle (N)	21.680	22.784	1.967	515	20.909	11.057

Signifikanz: * p<0,05; ** p<0,01; *** p<0,001.
Angegeben sind die unstandardisierten Regressionskoeffizienten (kursiv → Modellspezifikation 1 ohne Bedrohungsaspekte, normal → Modellspezifikation 2 mit Bedrohungsaspekten); Gewichtung für Design- und Bevölkerungseffekte; Ausschluss aller im Ausland geborenen Befragten.

für alle vier Kontextfaktoren ein Differenzwert gebildet, der die jeweilige Veränderung zwischen den Jahren 2006 und 2008 wiedergibt. Die *'Balkanvariable'* besteht aus einer dichotomen Unterscheidung zwischen den 2008 am ESS beteiligten Balkan-Anrainerstaaten Bulgarien, Kroatien, Griechenland, Ungarn, Rumänien, Slowenien auf der einen Seite und den übrigen 20 Ländern auf der anderen Seite. Als zusätzlicher Prädiktor wurde der *Anteil nicht-europäischer Ausländer* an allen im Land lebenden Ausländern mit aufgenommen.[20] Angesichts der geringen Anzahl von Fällen (maximal 26 Länder) beschränken sich die Regressionsanalysen immer

---

20 In der Literatur finden sich Hinweise darauf, dass besonders saliente Gruppendifferenzen die Konfliktbelastung erhöhen und eine verstärkte Abwehrhaltung gegenüber Zuwanderung befördern (Quillian 1995). Als nicht-europäisch gelten im Folgenden alle Ausländer, die nicht aus den 27 EU-Staaten, aus der Schweiz, Norwegen, Island, Liechtenstein, Kroatien oder Mazedonien stammen. Mit Ausnahme der Angaben zum Bruttoinlandsprodukt (WEO-Datenbank des IWF) entstammen alle Kontextinformationen den Eurostat-Datenbanken. Eine aus analytischer Sicht sicherlich sinnvolle Differenzierung zwischen West- und Ostdeutschland ist auf Grundlage dieser Datenquelle leider nicht möglich.

nur auf ein Merkmal pro Modell. Die standardisierten Koeffizienten und Varianzaufklärungen der einzelnen Modelle können Tabelle 4 entnommen werden.

Die Ergebnisse der Kontextanalyse bestätigen einen tendenziellen Anstieg der kollektiven Abschottungstendenzen mit zunehmendem Ausländeranteil. Eine ähnliche Tendenz ist auch hinsichtlich der dynamischen Komponente eines wachsenden Ausländeranteils festzustellen. Beide Zusammenhänge sind allerdings statistisch nicht hinreichend belastbar. Entgegen der Annahme verweisen die negativen Koeffizienten auf keine verstärkte Ablehnungshaltung in Ländern mit hoher und/oder steigender Immigrationsrate. Relativ klare empirische Unterstützung erfährt die Hypothese eines stärker restriktiv geprägten Klimas in jenen Ländern, die durch eine hohe bzw. steigende Arbeitslosigkeit und/oder durch ein geringes bzw. sinkendes Bruttoinlandsprodukt gekennzeichnet sind.

Hingegen finden sich in den jüngeren ESS-Daten nur wenige Indizien für die Gültigkeit der ‚Balkanhypothese'. Die sechs Länder in unmittelbarer Nachbarschaft zur Balkanregion zeichnen sich zwar durch ein höheres Niveau in der Ablehnung von Immigration ($\bar{x}$ =2,50) im Vergleich zu den anderen ESS-Ländern ($\bar{x}$ =2,42) aus, ein bedeutsamer Erklärungsbeitrag geht von dieser Unterscheidung jedoch nicht aus. Rosar (2004) argumentiert ferner, dass mit dem höheren Anteil an Ausländern in manchen der Balkan-Anrainerstaaten (Italien, Österreich, Slowenien) eine höhere Vertrautheit mit dem Phänomen der Zuwanderung einherginge und diese den negativen Nachbarschaftseffekt zumindest teilweise kompensiere. Die Kontrolle des Ausländeranteils sowie die Berücksichtigung eines entsprechenden Interaktionseffekts ändert allerdings nichts an dem Befund, dass die Menschen in den Anrainerstaaten im Durchschnitt nicht signifikant skeptischer gegenüber Immigration eingestellt sind als in den anderen Ländern. In der ersten Befragungswelle von 2002 fiel der Unterschied im Einstellungsniveau zwischen Balkan-Anrainern ($\bar{x}$ =2,62) und sonstigen Ländern ($\bar{x}$ =2,39) noch deutlich höher aus. Offenbar liegt hier eine Art Periodeneffekt vor, der mittlerweile abgeklungen ist.[21]

Die Herkunft der im Land lebenden Ausländer erweist sich wiederum als ein relevanter Kontextfaktor: Je höher der Anteil der nicht-europäischen Ausländer an allen im jeweiligen Land lebenden Ausländern ist, desto stärker sind im Mittel die Vorbehalte der autochthonen Bevölkerung gegenüber Immigration. Die grafische Darstellung dieses positiven Zusammenhangs in Abbildung 4 veranschaulicht zugleich die enorme Varianz bezüglich der Zusammensetzung der ausländischen

---

21 Einschränkend ist anzumerken, dass sich die Zusammensetzung der Vergleichsgruppen (Länder) und das Instrument (Einstellung zur Immigration) über die Zeit geändert haben. Hält man beides konstant und bezieht nur die an der ersten und der vierten Welle beteiligten Länder sowie nur die drei durchgängig erhobenen Einstellungsitems in die Analyse ein, so zeigt sich zweierlei: Zum einen ergibt sich für die drei verbleibenden Balkan-Anrainer (Griechenland, Ungarn, Slowenien) im Jahr 2008 ein etwas stärkerer Unterschied zugunsten eines negativen Einstellungsniveaus im Vergleich zu den anderen 14 Ländern. Zum anderen nimmt auch hier die Höhe des Unterschieds zwischen erster und vierter Befragungswelle deutlich ab.

Tabelle 4: Kontextdeterminanten der Einstellungen zur Immigration

2008	Koeffizienten	Korrig. R^2	Länder (N)
Ausländeranteil:			
Mittleres Niveau 2006 – 2008	0,38		
Entwicklung von 2006 bis 2008	0,30	0,07	24
Immigrationsrate:			
Mittleres Niveau 2006 – 2008	-0,12		
Entwicklung von 2006 bis 2008	-0,34	0,01	24
Arbeitslosenquote:			
Mittleres Niveau 2006 – 2008	0,29		
Entwicklung von 2006 bis 2008	0,58**	0,22	25
Bruttoinlandsprodukt:			
Mittleres Niveau 2006 – 2008	-0,47+		
Entwicklung von 2006 bis 2008	-0,39	0,09	26
Balkan-Anrainer: BG, HR, GR, HU, RO, SI	0,12	0,00	26
Herkunft: Anteil der nicht-europ. Ausländer	0,58**	0,30	20

Signifikanz: + p<0,10; * p<0,05; ** p<0,01; *** p<0,001.
Berechnung von separaten Modellen auf Länderebene; angegeben sind die standardisierten Regressionskoeffizienten; Gewichtung für Designeffekte bei den länderspezifischen Regressionen auf Individualebene, keine Gewichtung bei den dargestellten Regressionen auf Länderebene.

Populationen in den betrachteten Ländern. Das Spektrum reicht von einem unter dreißig Prozent liegenden Anteil nicht-europäischer Ausländer an allen Ausländern in der Schweiz bis hin zu einem über 90-prozentigen Anteil nicht-europäischer Ausländer in Lettland.[22] Hinsichtlich der Frage nach der gesellschaftlichen Akzeptanz von Zuwanderung signalisieren die vorgestellten Kontextanalysen eine bedeutsamere Rolle der ökonomischen Rahmenbedingungen. Ein wesentlicher Teil der um Individualeffekte bereinigten Unterschiede im länderspezifischen Einstellungsniveau lässt sich auf die Heterogenität in den betrachteten Wirtschaftsindikatoren zurückführen. Entsprechend den Annahmen herrscht in Ländern mit geringerem Wohlstandsniveau (Ukraine, Bulgarien, Rumänien, Polen, Lettland, Kroatien, Ungarn mit einem BIP von unter 20.000 US$ pro Kopf) sowie in Ländern mit gestiegener bzw. stagnierender Arbeitslosigkeit (Spanien, Lettland, Ungarn, Großbritannien, Portugal) ein ungünstigeres Einstellungsklima hinsichtlich weiterer Zuwanderung als in ökonomisch prosperierenden Ländern (Skandinavien, Schweiz,

---

22 Zu beachten ist hierbei, dass die zu Grunde liegende Definition von ‚nicht-europäisch' auch Personen aus Russland sowie den Nachfolgestaaten der Sowjetunion (mit Ausnahme der baltischen Länder) sowie Türken, Albaner, Kosovaren, Serben und Bosnier umfasst.

Abbildung 4: Ablehnungsniveau und Herkunft von Migranten (2008)

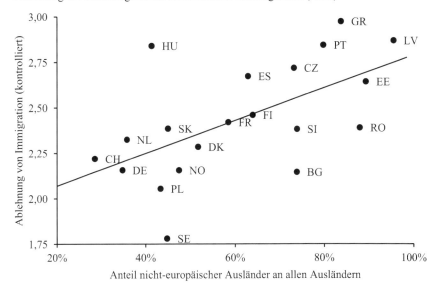

Abgebildet sind die länderspezifischen Anteile der nicht-europäischen Ausländer an allen im Land lebenden Ausländern sowie die um individuelle Einflüsse bereinigten Einstellungsniveaus pro Land; eingeschränkte Darstellung des Skalenbereichs der Einstellungen zur Immigration (1-4); Gewichtung für Designeffekte bei den länderspezifischen Regressionen auf Individualebene.

Deutschland, Niederlande, Belgien).[23] Von den unmittelbar migrationsbezogenen Kontextmerkmalen bestätigt sich einzig die Herkunft der im Land lebenden Ausländer als eine signifikante Einflussgröße. Ob die stärker verbreitete Skepsis gegenüber Immigration in Ländern mit höherem Anteil nicht-europäischer Ausländer sich primär aus der größeren sozialen Distanz und einem daraus resultierenden kulturell-symbolisch geprägten Überfremdungskonflikt speist oder mit ökonomischen Konkurrenzempfindungen zu erklären ist, kann auf der Basis der vorliegenden Daten jedoch nicht beantwortet werden.

Zusätzlich durchgeführte Analysen auf Länderebene zeigen, dass die Ausdifferenzierung von nicht-europäischen Immigranten, definiert als prozentualer Anteil der aus Drittstaaten zugewanderten Personen an allen Immigranten, im

---

23 Die ausgewiesenen Signifikanzen bleiben auch dann erhalten, wenn man die beiden ökonomischen Kontextfaktoren in einem gemeinsamen Modell testet. Verwendet man alternativ das Merkmal des Beschäftigungswachstums, so ergibt sich erwartungsgemäß sowohl für den mittleren Wert der Jahre 2006 bis 2008 (β =-0,31) als auch für die prozentuale Veränderung zwischen 2006 und 2008 (β =-0,46*) ein negativer Zusammenhang. Das heißt, je größer das Beschäftigungswachstum und je stärker dessen Zuwachs ist, desto positiver ist das allgemeine Einstellungsklima in Bezug auf Immigration.

Gegensatz zum eben thematisierten Bestand der im Land lebenden nichteuropäischen Ausländer keinen bedeutsamen Einfluss auf das jeweilige Einstellungsniveau hat (β =-0,10). Auch die ethnische Heterogenität, operationalisiert über den ‚Fractionalization'-Index von Alesina u. a. (2003), erweist sich als wenig erklärungskräftiges Kontextmerkmal (β =0,11). Nur tendenziell bestätigt sich die Vermutung, dass in Ländern mit einer höheren ethnischen Vielfalt die Vorbehalte der autochthonen Bevölkerung gegenüber Zuwanderung größer sind. Dieser Befund gilt auch dann, wenn ersatzweise auf die Angaben der Befragten des ESS 2008 zu ihrer subjektiv eingeschätzten Zugehörigkeit zu einer ethnischen Minderheit zurückgegriffen und daraus ein aggregiertes Maß für den Anteil ethnischer Minderheiten an der jeweiligen Gesamtbevölkerung generiert wird (β =0,11). Die von einigen Autoren vorgeschlagene Spezifikation nicht-linearer Zusammenhänge bezüglich des Ausländeranteils und der Immigrationsrate wurde ebenfalls mit den Daten getestet, die Einführung entsprechender quadrierter Terme erbrachte jedoch keine signifikanten Ergebnisse.

Zusammenfassung und Diskussion

Immigration und die Integration von Zuwanderern markieren gesellschaftliche Problemfelder, die aktuell von Bedeutung sind und die in Zukunft weiter an Bedeutung gewinnen werden. Die damit verbundenen Herausforderungen sind nicht allein auf politischer Ebene zu verorten, sie betreffen auch und vor allem den Umgang der einheimischen Bevölkerung mit Immigration. Der dauerhafte Kontakt zwischen verschiedenen Kulturen setzt stets Anpassungsleistungen von beiden Seiten voraus, zugleich birgt der von internationaler Zuwanderung ausgehende Einfluss auf die sozioökonomische Schichtung und die Sozialorganisation einer Gesellschaft zahlreiche Konfliktpotenziale. Zur innenpolitischen Sensibilität kommt daher nicht selten eine öffentliche Wahrnehmung, die von Unsicherheiten, Ängsten und Bedrohungsszenarien geprägt ist. Vor dem Hintergrund des demografischen Wandels und des internationalen Wettbewerbs um die ‚klügsten Köpfe' erscheinen jedoch gezielte Maßnahmen einer aktiven Immigrationspolitik nahezu unumgänglich. Gesetzesänderungen reichen hierfür nicht aus, von mindestens ebensolcher Relevanz ist die Frage nach der Akzeptanz von Zuwanderung innerhalb der Bevölkerung.

Analysiert man die Einstellungen der Menschen zur Immigration aus einer europäischen Perspektive, so sind die existierenden Unterschiede bezüglich der nationalen und regionalen Migrationsmuster und Migrationserfahrungen in irgendeiner Weise mit zu berücksichtigen. Im vorliegenden Beitrag stand die Situation von Deutschland in Europa im Zentrum der Aufmerksamkeit. Entsprechend wurde neben dem Vergleich von West- und Ostdeutschland auch die jeweilige Einbettung in West- und Osteuropa betrachtet. Schließlich enthalten die zu Grunde liegenden Daten des *European Social Survey* auch eine zeitliche Vergleichsdimension, mit der die Veränderungen bzw. ‚Metamorphosen' – so der Titel des vorliegenden Bandes – innerhalb einer Spanne von sechs Jahren (2002-2008) in den Blick genommen werden konnten.

Aus den deskriptiven Analysen kann zunächst ein überwiegend positives Fazit gezogen werden: In allen betrachteten Regionen ist die Einstellung zur Immigration eher aufgeschlossen bis neutral als negativ. Personen mit einer grundsätzlich toleranten Haltung sind durchweg in der Mehrheit gegenüber Personen, die Zuwanderung komplett ablehnen. Auch eine ausgeprägte Selektivität der Akzeptanz bzw. Ablehnung ist zumindest für den Zeitpunkt der ersten Befragungswelle nicht erkennbar; abgesehen von der höheren Präferenz für Zuwanderer der eigenen ethnischen Gruppe findet sich in keiner betrachteten Region eine übermäßige Bevorzugung von Immigranten, die nur aus reicheren oder nur aus europäischen Ländern kommen. Zudem nehmen negative Einstellungen zur Immigration über den gesamten Beobachtungszeitraum nahezu überall ab. Allerdings gibt es auch einen von Land zu Land stark variierenden Anteil von Menschen, die sich gegen jegliche Form der Zuwanderung aussprechen (2002: Schweden =7 Prozent, Westdeutschland =15 Prozent, Ostdeutschland =22 Prozent, Griechenland =57 Prozent).

Zwei Befunde sind mit Blick auf Deutschland besonders zu betonen: Zum einen bestätigt sich der bereits aus der Literatur bekannte Unterschied zugunsten einer liberaleren Haltung der Menschen in den alten Bundesländern. Diese größere Akzeptanzhaltung innerhalb der westdeutschen Bevölkerung gilt für alle vier Messzeitpunkte. Bemerkenswert ist auch die deutliche Abschwächung von Ressentiments in Ost- und in Westdeutschland, die sich erst in der jüngeren Vergangenheit vollzogen hat und die für den insgesamt rückläufigen Trend verantwortlich ist. Diese Parallelität eines umgekehrt u-förmigen Verlaufs ist zugleich der zweite hervorzuhebende Befund. Er lässt sich als Indiz für ein gesamtdeutsch wirksames Bündel an Ursachen interpretieren; mit Sicherheit bedeutet er jedoch eine nach wie vor bestehende Kluft in den Einstellungen der Menschen. Selbst zwanzig Jahre nach der Wiedervereinigung erweist sich die Differenzierung zwischen West- und Ostdeutschland im Hinblick auf das Ausmaß an Ablehnung von Immigration als relevant. Mit Bezug auf Europa lässt sich Ähnliches konstatieren, da auch hier die zwischen den Regionen und Ländern feststellbare Heterogenität keinerlei Anhaltspunkte für eine ‚Europäisierung' im Sinne einer Angleichung der immigrationsbezogenen Einstellungen liefert.

Was die Erklärung der individuellen Einstellungsunterschiede anbelangt, so erweist sich insbesondere die Rolle der subjektiv wahrgenommenen Konsequenzen von Zuwanderung als bedeutsam. Speziell den Befürchtungen materieller Einbußen kommt zunächst in Osteuropa, später dann auch in Ostdeutschland und in Westeuropa eine Schlüsselfunktion zu. Gleichzeitig wird ein Großteil der Effekte, die von den konflikt-, kompensations- und kontakttheoretisch postulierten Einflussfaktoren ausgehen, über jene immigrationsbezogenen Bedrohungswahrnehmungen vermittelt: Das subjektive Deprivationsempfinden, das Vorhandensein von Zuwanderern im Freundeskreis, das Ausmaß an generellem Vertrauen zu anderen Menschen, die präferierten Werthaltungen und der Bildungsgrad entscheiden maßgeblich darüber mit, welche gesellschaftlichen Folgen mit Zuwanderung assoziiert werden und damit indirekt über die jeweilige Einstellung zur Immigration. Es spricht für die Allgemeingültigkeit des spezifizierten Erklärungsmodells, dass dieses Zusammenhangsmuster für alle betrachteten Regionen in ähnlicher Weise gilt. Abweichend davon finden sich nur für die Gruppe der osteuropäischen ESS-Länder – unter Kontrolle der immigrationsbezogenen Befürchtungen – negative Beziehungen zwischen der Ablehnung von Immigration einerseits und der Unzufriedenheit mit der nationalen Wirtschaftslage sowie den beiden Autoritarismusaspekten andererseits. Über die Ursachen dieser unerwarteten Befunde kann an dieser Stelle nur spekuliert werden: Ein eher methodisches Argument betrifft die unzulängliche Operationalisierung von Autoritarismus auf Basis der im ESS verfügbaren Instrumenten. Inhaltlich ließe sich die eigene Sozialisationskultur in den vormals sozialistischen Ländern anführen, allerdings sollte sich in diesem Falle ein ähnliches Resultat auch für Ostdeutschland einstellen. Weitere Argumente könnten beispielsweise in Richtung einer anderen ethnischen Zusammensetzung der Bevölkerungen in den osteuropäischen Gesellschaften oder einer anderen soziodemografischen Struktur der dahin wandernden Immigranten zu suchen sein.

Auf individueller Ebene zählen die materiellen Bedrohungswahrnehmungen zu den wichtigsten Erklärungsfaktoren und auch auf kontextueller Ebene erweisen sich die ökonomischen Rahmenbedingungen als besonders prädiktiv für das länderspezifische Einstellungsklima. Im Bezugsjahr 2008 findet sich eine signifikant stärkere Ablehnung von Zuwanderung in jenen Ländern, die durch ein niedrigeres Wohlstandsniveau und/oder eine steigende Arbeitslosenquote bzw. ein negatives Beschäftigungswachstum gekennzeichnet sind. Von einem hohen bzw. steigenden Ausländeranteil lässt sich dagegen nicht unmittelbar auf eine verstärkte Abschottungshaltung schließen, ein hohes bzw. steigendes Immigrationsaufkommen wirkt dieser sogar tendenziell entgegen. Der statistisch bedeutsame Effekt des Anteils nicht-europäischer Ausländer an allen im Land lebenden Ausländern kann als Bestätigung der These einer besonderen Relevanz von ethnischen bzw. kulturellen Unterschieden angesehen werden, er lässt sich aber auch direkt in Bezug zur These einer kollektiven Konkurrenz um ökonomisch-materielle Ressourcen setzen: Denn gerade Migranten aus Drittstaaten gelten in der öffentlichen Wahrnehmung als besonders schwierig in den Arbeitsmarkt integrierbar, als Belastung für die sozialen Sicherungssysteme und/oder als billige Konkurrenten auf einem zunehmend prekären Stellenmarkt für gering qualifizierte Tätigkeiten. Insgesamt sind die Ergebnisse der Kontextanalyse jedoch mit großer Vorsicht zu interpretieren, da zum einen der Vergleichbarkeit und Validität der Messungen zum Teil enge Grenzen gesetzt sind und zum anderen die statistische Power bei einer Fallzahl von weniger als dreißig Ländern naturgemäß begrenzt ist. Entsprechend ambivalent ist auch die Befundlage aus den bisherigen Kontextanalysen, die je nach Operationalisierung und Auswertungsverfahren sowohl auf negative als auch auf positive Effekte des Bruttoinlandsprodukts, der Arbeitslosenquote, des Ausländeranteils und der Zuwanderungsrate auf das Niveau der Ablehnung von Immigration schließen lassen (Rosar 2004; Card u. a. 2005; Coenders u. a. 2005; Sides/Citrin 2007; Meulemann u. a. 2009; Gorodzeisky/Semyonov 2009; Masso 2009).

Für die weitere Entwicklung der Einstellungen zur Immigration lassen sich aus den vorgestellten Analysen nur bedingt Schlussfolgerungen ziehen. Das liegt nicht zuletzt an der Tatsache, dass derartige Einstellungen sehr stark von externen Ereignissen abhängig sind und dementsprechend große Schwankungen aufweisen. Es wird vor allem interessant sein zu sehen, ob und inwieweit sich die Akzeptanz von Immigration seitens der einheimischen Bevölkerung in denjenigen Ländern verändert, die im Zuge der globalen Finanzkrise stark unter Druck geraten sind und eine Reihe von harten sozialen Einschnitten vornehmen mussten. Vor dem Hintergrund der hier präsentierten Erkenntnisse erscheint eine Verschlechterung des Meinungsklimas nicht unwahrscheinlich. Empirisch valide Antworten auf derartige Fragen sind aber wiederum nur auf der Grundlage langfristig angelegter Vergleichsstudien wie dem *European Social Survey* möglich, dessen zukünftige Befragungswellen weiteren Aufschluss über die ‚Metamorphosen' in den Einstellungen zur Immigration und deren Ursachen versprechen.

Literatur

Alba, Richard/Johnson, Michelle 2000: Zur Messung aktueller Einstellungsmuster gegenüber Ausländern in Deutschland. In: Alba, Richard/Schmidt, Peter/Wasmer, Martina (Hrsg.): Deutsche und Ausländer: Freunde, Fremde oder Feinde? Wiesbaden: Westdeutscher Verlag, 229-253.

Alesina, Alberto/Devleeschauwer, Arnaud/Easterly, William/Kurlat, Sergio/Wacziarg, Romain 2003: Fractionalization. In: Journal of Economic Growth 8, 155-194.

Allport, Gordon W. 1954: The Nature of Prejudice. Reading, Mass.: Addison-Wesley.

Bade, Klaus J. 2000: Europa in Bewegung: Migration vom späten 18. Jahrhundert bis zur Gegenwart. München: Beck.

Billiet, Jaak/Welkenhuysen-Gybels, Jerry 2004: Assessing cross-national construct equivalence in the ESS: The case of six immigration items. In: van Dijkum, Cor/Blasius, Jörg/van Hilton, Branko (Hrsg.): Recent developments and applications in social research methodology. Barbara Budrich Pub. Proceedings of the 6th International Conference on Social Science Methodology. August 17-20, Amsterdam, 19ff.

Blalock, Hubert M. 1967: Toward a Theory of Minority-Group Relations. New York: Wiley.

Blumer, Herbert 1958: Race prejudice as a sense of group position. In: Pacific Sociological Review 1, 3-7.

Bobo, Lawrence 1988: Group Conflict, Prejudice, and the Paradox of Contemporary Racial Attitudes. In: Katz, Phyllis A./Taylor, Dalmas A. (Hrsg.): Eliminating Racism: Profiles in Controversy. New York: Plenum Press, 85-109.

Bommes, Michael 2008: Migration und die Veränderung der Gesellschaft. In: Aus Politik und Zeitgeschichte 35-36, 20-25.

Card, David/Dustmann, Christian/Preston, Ian 2005: Understanding Attitudes to Immigration: The Migration and Minority module of the first European Social Survey. Centre for Research and Analysis of Migration London: CReAM Discussion Paper 03/05.

Coenders, Marcel/Scheepers, Peer 2004: Associations between Nationalist Attitudes and Exclusionist Reactions in 22 Countries. In: Gijsberts, Merove/Hagendoorn, Louk/Scheepers, Peer (Hrsg.): Nationalism and Exclusion of Migrants: Cross-National Comparisons. Aldershot: Ashgate, 187-207.

Coenders, Marcel/Lubbers, Marcel/Scheepers, Peer 2005: Majorities' Attitudes towards Minorities in Western and Eastern European Societies: Results from the European Social Survey 2002-2003. Report 4. Wien: European Monitoring Centre on Racism and Xenophobia.

Davidov, Eldad/Meulemann, Bart/Billiet, Jaak/Schmidt, Peter 2008: Values and Support for Immigration: A Cross-Country Comparison. In: European Sociological Review 24, 583-599.

Esser, Hartmut 1980: Aspekte der Wanderungssoziologie: Assimilation und Integration von Wanderern, ethnischen Gruppen und Minderheiten. Eine handlungs-theoretische Analyse. Darmstadt, Neuwied: Luchterhand.

Gorodzeisky, Anastasia/Semyonov, Moshe 2009: Terms of Exclusion: Public Views towards Admission and Allocation of Rights to Immigrants in European Countries. In: Ethnic and Racial Studies 32, 401-423.

Green, Eva G. T. 2009: Who can enter? A Multilevel Analysis on Public Support for Immigration Criteria across 20 European Countries. In: Group Processes & Intergroup Relations 12, 41-60.

Hainmueller, Jens/Hiscox, Michael J. 2007: Educated Preferences: Explaining Attitudes toward Immigration in Europe. In: International Organization 61, 399-442.

Heckmann, Friedrich 1994: Ethnische Vielfalt und Akkulturation im Eingliederungsprozess. In: Bade, Klaus J. (Hrsg.): Das Manifest der 60: Deutschland und die Einwanderung. München: Beck, 148-163.

Hjerm, Mikael 2007: Do Numbers Really Count? Group Threat Theory Revisited. In: Journal of Ethnic and Migration Studies 33, 1253-1275.

Kunovich, Robert M. 2004: Social structural position and prejudice: An exploration of cross-national differences in regression slopes. In: Social Science Research 33, 20-44.

Malchow-Møller, Nikolaj/Munch, Jakob Roland/Schroll, Sanne/Skaksen, Jan Rose 2009: Explaining Cross-Country Differences in Attitudes towards Immigration in the EU-15. In: Social Indicators Research 91, 371-390.

Masso, Anu 2009: A Readiness to Accept Immigrants in Europe? Individual and Country-Level Characteristics. In: Journal of Ethnic and Migration Studies 35, 251-270.

Meulemann, Bart/Billiet, Jaak 2009: A Monte Carlo sample size study: How Many Countries Are Needed for Accurate Multilevel SEM? In: Survey Research Methods 3, 45-58.

Meulemann, Bart/Davidov, Eldad/Billiet, Jaak 2009: Changing attitudes toward immigration in Europe, 2002-2007: A dynamic group conflict theory approach. In: Social Science Research 38, 352-365.

Münz, Rainer/Seifert, Wolfgang/Ulrich, Ralf 1999: Zuwanderung nach Deutschland: Strukturen, Wirkungen, Perspektiven. Frankfurt/Main: Campus.

Olzak, Susan 1992: The dynamics of ethnic competition and conflict. Palo Alto, CA: Stanford University Press.

Pettigrew, Thomas F. 1998: Intergroup Contact Theory. In: Annual Review of Psychology 49, 65-85.

Quillian, Lincoln 1995: Prejudice as a Response to Perceived Group Threat: Population Composition and Anti-Immigrant and Racial Prejudice in Europe. In: American Sociological Review 60, 586-611.

Rippl, Susanne 2003: Kompensation oder Konflikt? Zur Erklärung negativer Einstellungen zur Zuwanderung. In: Kölner Zeitschrift für Soziologie und Sozialpsychologie 55, 231-252.

Rippl, Susanne 2008: Zu Gast bei Freunden? Fremdenfeindliche Einstellungen und interethnische Freundschaften im Zeitverlauf. In: Kalter, Frank (Hrsg.): Migration und Integration. Sonderband 48 der Kölner Zeitschrift für Soziologie und Sozialpsychologie. Wiesbaden: VS Verlag für Sozialwissenschaften, 488-512.

Rosar, Ulrich 2004: Ethnozentrismus und Immigration. In: van Deth, Jan W. (Hrsg.): Deutschland in Europa. Ergebnisse des European Social Survey 2002-2003. Wiesbaden: VS Verlag für Sozialwissenschaften, 77-101.

Rydgren, Jens 2008: Immigration sceptics, xenophobes or racists? Racial right-wing voting in six West European countries. In: European Journal of Political Research 47, 737-365.

Sarrazin, Thilo 2010: Deutschland schafft sich ab. Wie wir unser Land aufs Spiel setzen. München: DVA.

Scheepers, Peer/Gijsberts, Merove/Coenders, Marcel 2002: Ethnic Exclusionism in European Countries, Public Opposition to Civil Rights to Legal Migrants as a Response to Perceived Ethnic Threat. In: European Sociological Review 18, 1-18.

Schlüter, Elmar/Wagner, Ulrich 2008: Regional Differences Matter: Examining the Dual Influence of the Regional Size of the Immigrant Population on Derogation of Immigrants in Europe. In: International Journal of Comparative Sociology 49, 153-173.

Schneider, Silke L. 2008: Anti-Immigrant Attitudes in Europe: Outgroup Size and Perceived Ethnic Threat. In: European Sociological Review 24, 53-67.

Scheuregger, Daniel/Spier, Tim 2007: Working-Class Authoritarianism und die Wahl rechtspopulistischer Parteien. Eine empirische Untersuchung für fünf westeuropäische Staaten. In: Kölner Zeitschrift für Soziologie und Sozialpsychologie 59, 59-80.

Schwartz, Shalom H. 1994: Are There Universal Aspects in the Content and Structure of Values? In: Journal of Social Issues 50, 19-45.

Semyonov, Moshe/Raijman, Rebeca/Gorodzeisky, Anastasia 2006: The Rise of Anti-foreigner Sentiment in European Societies 1988-2000. In: American Sociological Review 71, 426-449.

Semyonov, Moshe/Raijman, Rebeca/Gorodzeisky, Anastasia 2008: Foreigners' Impact on European Societies: Public Views and Perceptions in a Cross-National Comparative Perspective. In: International Journal of Comparative Sociology 49, 5-29.

Sides, John/Citrin, Jack 2007: European Opinion About Immigration: The Role of Identities, Interests and Information. In: British Journal of Political Science 37, 477-504.

Steinbach, Anja 2004: Soziale Distanz: Ethnische Grenzziehung und die Eingliederung von Zuwanderern in Deutschland. Wiesbaden: VS Verlag für Sozialwissenschaften.

Stephan, Walter G./Stephan, Cookie W. 2000: An Integrated Threat Theory of Prejudice. In: Oskamp, Stuart (Hrsg.): Reducing Prejudice and Discrimination. Mahwah, NJ: Erlbaum, 23-46.

Wohlfahrtsstaatskulturen in Deutschland und in Europa

Edeltraud Roller

Für die Frage der kulturellen Integration im vereinigten Deutschland sind die Einstellungen der Bürger zum Wohlfahrtsstaat von besonderer Bedeutung. Der Wohlfahrtsstaat stand im Mittelpunkt der Systemkonkurrenz zwischen der Bundesrepublik und der DDR. Die Staatsführung der DDR hat das sozialistische Modell des Wohlfahrtsstaats als soziale Errungenschaft propagiert und Umfragen aus der Zeit vor oder kurz nach der Wiedervereinigung (z. B. Politbarometer, Allensbach) dokumentieren, dass die Ostdeutschen diese Sichtweise mehrheitlich teilten. So zählte 1990 die umfassende soziale Absicherung zu den wenigen Aspekten des sozialistischen Systems der DDR, die die Ostdeutschen geschätzt und deren Verlust sie im Zuge der Wiedervereinigung befürchtet haben (Roller 1997: 124). Zudem präferierten die Ostdeutschen 1990 eher ein sozialistisches Demokratiemodell, das zusätzlich zu minimalen Prinzipien einer Demokratie wie liberale Grundrechte, pluralistischer Parteienwettbewerb, Rechtsstaat auch Prinzipien der sozialen Gerechtigkeit wie soziale Absicherung und geringe Einkommensunterschiede umfasst (Fuchs 1997: 98). Angesichts dieser egalitären und etatistischen Orientierungen, die als „sozialistisches Erbe" interpretiert wurden, und in Anbetracht der Tatsache, dass die Ostdeutschen nach dem Systemwechsel in besonderem Ausmaß von Sozialleistungen abhängig waren, wurde vielfach erwartet, dass die Ostdeutschen dem Sozialstaat der Bundesrepublik, der mit dem Beitritt der fünf neuen Länder zur Bundesrepublik Deutschland im Oktober 1990 auf das Gebiet der ehemaligen DDR transferiert worden ist, auf längere Zeit skeptisch gegenüberstehen. Weiter wurde häufig angenommen, dass es erst im Zuge eines Generationenaustausches, wenn ältere Generationen durch jüngere, im neuen System sozialisierte Generationen ersetzt werden, zu einer zunehmenden Annäherung der wohlfahrtsstaatlichen Einstellungen der Ost- an die Westdeutschen kommt.

Studien für die 1990er Jahre zu den wohlfahrtsstaatlichen Einstellungen der West- und Ostdeutschen (Roller 1997; 2000) zeigen, dass die Ostdeutschen höhere Ansprüche an den Wohlfahrtsstaat hatten als die Westdeutschen und dass sie eher ein sozialistisches Wohlfahrtsstaatsmodell befürworteten, das sich durch eine umfassende Rolle des Staats auszeichnet. Dieser soll nicht nur Einkommen in Risikofällen absichern, sondern auch Arbeitsplätze schaffen, Einkommensunterschiede reduzieren und in die Wirtschaft eingreifen. Die Ostdeutschen sprachen sich zudem stärker gegen Kürzungen von Sozialleistungen und für weitere Erhöhungen aus; außerdem waren sie mit ihrer persönlichen sozialen Absicherung weniger zufrieden als die Westdeutschen.

Auch fünfzehn Jahre nach der deutschen Wiedervereinigung, um das Jahr 2005, existieren diese West-Ost-Unterschiede in den Einstellungen zum Wohlfahrtsstaat. Allerdings lassen sich zwischen 1990 und 2004 bzw. 2006 Annäherungen zwischen den West- und Ostdeutschen beobachten. Diese Annäherungen zeigen sich jedoch nicht bei allen wohlfahrtsstaatlichen Einstellungen, zudem variiert der Grad der Annäherung je nach Einstellung und es gibt sogar eine Einstellung, die Zufriedenheit mit der persönlichen Absicherung, bei der sich nicht die Ost- an die Westdeutschen, sondern die Westdeutschen dem negativeren Urteil der Ostdeutschen annähern (Fuchs/Roller 2006). Zudem gibt es bei den Ansprüchen an den Wohlfahrtsstaat zwischen 1990 und 2006 erste empirische Anzeichen für den prognostizierten Generationenaustausch (Svallfors 2010).

Im Folgenden wird auf der Grundlage der vierten Welle des *European Social Survey* (ESS) aus dem Jahr 2008 eine *aktuelle* Bestandsaufnahme der Einstellungen zum Wohlfahrtsstaat in West- und Ostdeutschland vorgelegt. Da die Einstellungen zum Wohlfahrtsstaat nur in dieser Welle des ESS erhoben worden sind, kann nicht die Entwicklung dieser Einstellungen untersucht werden. Der Vorzug dieser Daten besteht aber darin, dass erstmals eine *umfassende* Bestandsaufnahme der Einstellungen zum Wohlfahrtsstaat erfolgen kann. Neben Einstellungen zu den Ansprüchen an den Wohlfahrtsstaat, die auch im Allbus und dem *International Social Survey Programme* (ISSP) regelmäßig gemessen werden und auf denen die meisten bislang vorliegenden Studien basieren, werden Urteile zu einer breiten Palette unterschiedlicher Folgen des Wohlfahrtsstaats erhoben. Dies umfasst Bewertungen der intendierten Folgen (oder Performanzen) wie Sicherheit und Gleichheit sowie Einschätzungen von nicht-intendierten Nebenfolgen wie die Belastung der Wirtschaft oder abnehmende Solidarität.

Insgesamt werden vier Fragen untersucht: 1. Bei welchen Einstellungen zum Wohlfahrtsstaat gibt es fast zwanzig Jahren nach der Wiedervereinigung immer noch deutliche Unterschiede zwischen West- und Ostdeutschen? 2. In welchem Ausmaß gründen die Einstellungen zum Wohlfahrtsstaat in Wert- oder Interessenorientierungen und unterscheiden sich hier die West- und Ostdeutschen? Damit wird die kontrovers diskutierte Frage aufgegriffen, inwieweit die Einstellungen zum Wohlfahrtsstaat in Ostdeutschland in der Sozialisation im Sozialismus („sozialistisches Erbe") oder in der gegenwärtig vergleichsweise schlechteren ökonomischen Lage und der stärkeren Abhängigkeit von Sozialleistungen gründen. 3. Welche legitimatorische Bedeutung besitzen die Einstellungen zum Wohlfahrtsstaat und unterscheiden sich hier die West- und Ostdeutschen? Da viele Ostdeutsche auch gegenwärtig noch ein sozialistisches Demokratiemodell präferieren, wird davon ausgegangen, dass die Herausbildung positiver Legitimitätsüberzeugungen gegenüber dem demokratischen System des vereinigten Deutschland bei den Ostdeutschen in besonderem Maß von den wohlfahrtsstaatlichen Einstellungen abhängt.

Zusätzlich zu diesen drei Fragen, die sich auf den Vergleich von West- und Ostdeutschen konzentrieren, wird eine vierte Frage untersucht, die eine andere Vergleichsperspektive einnimmt und die die Einstellungen der Westdeutschen mit denen der Westeuropäer und die der Ostdeutschen mit denen der Osteuropäer vergleicht. Die Daten des ESS 2008 liegen neben Deutschland für dreizehn westeuropäische und zwölf osteuropäische Länder vor.¹ Mit dieser zusätzlichen Vergleichsperspektive wird die Frage einer einheitlichen europäischen Wohlfahrtsstaatskultur aufgegriffen, die seit dem Zusammenbruch der sozialistischen Systeme in Mittel- und Osteuropa und vor allem seit der Osterweiterung der Europäischen Union auf der Agenda der vergleichenden politischen Kulturforschung steht (Ferge 2008; Fuchs/Klingemann 2002; Gerhards 2005). In diesem Zusammenhang werden zwei konkurrierende Thesen vertreten. Die erste These besagt, dass die sozialistischen Systeme eine spezifisch osteuropäische Wohlfahrtsstaatskultur kreiert haben. Es sei ein neuer, sogenannter *homo sovieticus* geschaffen worden, der sich durch Egalitarismus und umfassende Verantwortungszuschreibung an den Staat für Wohlfahrt und soziale Sicherheit auszeichne und der wenig wandlungsfähig sei. Die andere These behauptet, dass zwischen West- und Osteuropa keine grundlegende Kluft in den Einstellungen zum Wohlfahrtsstaat existiere und dass die Forderung nach einer staatlichen Garantie der sozialen Sicherheit Teil der modernen europäischen Kultur sei. Ferge (2008), der diese Positionen kontrastiert, hat auf der Grundlage vergleichender Umfragen aus den 1990er Jahren empirische Belege für die von ihm vertretene zweite These ermittelt.

Unter Anwendung dieser zweiten Vergleichsperspektive lautet die 4. Frage: Existiert fast zwanzig Jahre nach dem Fall der Mauer eine einheitliche europäische Wohlfahrtsstaatskultur oder eine spezifisch westeuropäische und eine spezifisch osteuropäische? Eine einheitliche europäische Wohlfahrtsstaatskultur impliziert, dass West- und Osteuropäer sowie West- und Ostdeutsche dieselben wohlfahrtsstaatlichen Einstellungen haben. Wenn die sozialistischen Systeme eine spezifisch osteuropäische Wohlfahrtsstaatskultur geschaffen haben, dann sollten die Westdeutschen mehr Gemeinsamkeiten mit den Westeuropäern und die Ostdeutschen mehr Gemeinsamkeiten mit den Osteuropäern aufweisen. In Anbetracht der Tatsache, dass die Ost- und die Westdeutschen seit fast zwanzig Jahren in einem gemeinsamen Wohlfahrtsstaat leben ist, ist aber auch ein drittes Muster denkbar, und zwar, dass die Ostdeutschen mehr Gemeinsamkeiten mit den Westdeutschen und den Westeuropäern aufweisen. Das heißt, es liegt eine spezifisch westeuropäische und eine spezifisch osteuropäische Wohlfahrtsstaatskultur vor, aber nicht nur die West-, sondern auch die Ostdeutschen sind Teil der westeuropäischen Wohlfahrtsstaatskultur. Welches dieser drei Muster fast zwanzig Jahre nach dem Fall der Mauer auf der europäischen Ebene existiert, wird hier zu untersuchen sein.

Die Analyse ist folgendermaßen aufgebaut. Da sich die Wohlfahrtsstaatskulturen auch auf der Basis objektiver wohlfahrtsstaatlicher Bedingungen herausbilden und darauf bezogen sind, werden zunächst die europäischen Wohlfahrtsstaaten und ihre Entwicklung skizziert. Danach werden das mikroanalytische Einstellungskonzept der Einstellungen zum Wohlfahrtsstaat und seine Messung erläutert. Nacheinander werden die drei Fragen zur Verteilung der Einstellungen, deren Determinanten und

---

1   Die zwölf westeuropäischen Länder sind: Belgien, Dänemark, Finnland, Frankreich, Griechenland, Großbritannien, Niederlande, Norwegen, Portugal, Schweden, Schweiz, Spanien und Zypern. Die dreizehn osteuropäischen Länder sind: Bulgarien, Estland, Kroatien, Lettland, Polen, Rumänien, Russland, Slowenien, Slowakei, Tschechische Republik, Ungarn und Ukraine.

zu ihrer Bedeutung für die Legitimität der Demokratie untersucht. Die vierte Frage zum Vergleich von Westdeutschland mit Westeuropa und von Ostdeutschland mit Osteuropa wird nicht separat in einem eigenständigen Abschnitt, sondern in den jeweiligen empirischen Analyseabschnitten mit untersucht. Die Analyse schließt mit einer Diskussion der empirischen Befunde ab.

Europäische Wohlfahrtsstaaten

Die Analyse der Wohlfahrtsstaatskulturen in West- und Ostdeutschland im Vergleich zu West- und Osteuropa steht im Spannungsfeld von insgesamt drei unterschiedlichen Wohlfahrtsstaaten, den westeuropäischen, den sozialistischen und den postsozialistischen. Bislang existiert kein einheitliches Klassifikationsschema, mit dem diese drei Grundformen der Wohlfahrtsstaaten und weitere Ausdifferenzierungen innerhalb dieser Formen beschrieben werden können. Die westeuropäischen Wohlfahrtsstaaten, einschließlich des Wohlfahrtsstaats der Bundesrepublik und des vereinigten Deutschlands, können mit der Typologie der *Three Worlds of Welfare Capitalism* von Esping-Andersen (1990) beschrieben und klassifiziert werden. Die sozialistischen Wohlfahrtsstaaten können lediglich ganz allgemein in Abgrenzung zu diesen kapitalistischen Wohlfahrtsstaaten charakterisiert werden. Da die vergleichende Forschung zu den postsozialistischen Wohlfahrtsstaaten gegenwärtig noch in den Anfängen steckt, was auch den diskontinuierlichen, heterogenen und noch nicht abgeschlossenen Entwicklungen des Wohlfahrtsstaats in diesen Ländern geschuldet ist, können gegenwärtig lediglich einige allgemeine Merkmale genannt werden. Ausgangspunkt für die weiteren Ausführungen ist eine allgemeine Definition des Wohlfahrtsstaats, der für diejenigen staatlichen Interventionen steht, „die auf die Verwirklichung der Ziele der sozio-ökonomischen Sicherheit und sozio-ökonomischen Gleichheit in Bezug auf die Verteilung wirtschaftlicher Güter und Ressourcen auf der Grundlage von Rechtsansprüchen zielen" (Flora u. a. 1977: 723).

Kapitalistische Wohlfahrtsstaaten, darunter auch *westeuropäische Wohlfahrtsstaaten,* unterscheiden sich nach Esping-Andersen (1990) im Hinblick auf drei Dimensionen: a) dem Grad der De-Kommodifizierung, also dem Ausmaß der sozialpolitischen Enthebung von Marktzwängen, b) der Stratifizierung, das meint den Grad der sozialpolitischen Einebnung von Ungleichheiten, und c) dem *welfare mix,* der sich auf die Rolle des Staates gegenüber anderen Wohlfahrtsproduzenten wie dem Markt und privaten Haushalten bezieht. Auf dieser Grundlage können drei Modelle, und zwar ein liberales (z. B. USA, Großbritannien), ein konservatives (z. B. Deutschland) und ein sozialdemokratisches Wohlfahrtsstaatsregime (z. B. Schweden) identifiziert werden. Der Grad der De-Kommodifizierung nimmt vom liberalen über das konservative zum sozialdemokratischen Modell zu. Umgekehrt nimmt die Stratifizierung vom liberalen über das konservative zum sozialdemokratischen Modell ab. Hinsichtlich des *welfare mix* nimmt die Anzahl der Bereiche, in die der Staat interveniert, sowie die Interventionstiefe vom liberalen über das konservative zum sozialdemokratischen Modell zu. Für diese dritte Dimension gilt, dass sich das liberale Regime durch minimale Absicherung bei Einkommensrisiken auszeichnet, während im konservativen Regime die Absicherung bei Einkommensrisiken umfassender ist. Im Unterschied dazu zeichnet sich der sozialdemokratische Wohlfahrtsstaat vor allem durch die Schaffung von Arbeitsplätzen (über einen großen öffentlichen Sektor), eine umfassendere Familienpolitik (u. a. Kinderbetreuungseinrichtungen) und Maßnahmen zur Angleichung der Einkommen aus.

In Westeuropa gibt es wenige liberale Wohlfahrtsstaatsregime (Großbritannien, Irland), vergleichsweise viele konservative Regime (Belgien, Deutschland, Frankreich, Italien, Niederlande, Österreich, Schweiz) und etwas weniger sozialdemokratische Regime (Dänemark, Finnland, Norwegen, Schweden) (Schmidt 2005: 222). Verschiedene Forscher haben in Westeuropa zusätzlich noch ein viertes mediterranes Regime identifiziert, das vor allem durch geringe staatliche Intervention, rudimentäre Leistungen und der Familie als dominantem Wohlfahrtsproduzenten charakterisiert ist, und das in den südeuropäischen Ländern Griechenland, Portugal und Spanien vorliegt (u. a. Leibfried 1992).

Sozialistische Wohlfahrtsstaaten zeichnen sich im Unterschied zu diesen kapitalistischen Wohlfahrtsstaaten vor allem durch vier Merkmale aus (Orenstein 2008: 82f, vgl. auch Schmidt 2005: 237f; Tomka 2004: 118-126): Sie bauen erstens auf ein ökonomisches System auf, das Vollbeschäftigung garantiert. Zentral für diese Systeme ist die Garantie eines Arbeitsplatzes. In Anbetracht der vergleichsweise hohen Beschäftigungsquote in diesen Ländern waren die Kosten für andere Sozialleistungen, insbesondere Fürsorgemaßnahmen, relativ gering. Zweitens übernimmt der Staat eine Verantwortung für mehr Lebensbereiche als in westlichen Wohlfahrtsstaaten. Es werden beispielsweise Grundnahrungsmittel subventioniert, Wohnungen bereitgestellt sowie kulturelle Aktivitäten, Ferien- und Freizeitaktivitäten unterstützt. Das Niveau der Sozialleistungen und die Qualität der Dienstleistungen waren aber niedriger als im Westen. Drittens fungieren die staatlichen Betriebe nicht nur als Produktionseinheiten, sondern übernehmen verschiedene weitere Sicherungs- und Betreuungsfunktionen beispielsweise im Gesundheitswesen, bei der Kinderbetreuung, bei der Bereitstellung von Ferienhäusern und Wohnungen. Viertens war das Ziel zwar die Schaffung von Gleichheit, die Sozialleistungen wurden aber auch zur Belohnung von Systembefürwortern und damit auch zur gesellschaftlichen Differenzierung eingesetzt.

Die Transformation der sozialistischen in die *postsozialistischen Wohlfahrtsstaaten* setzt an den ersten drei Merkmalen der sozialistischen Wohlfahrtsstaaten an. Die meisten Preissubventionen wurden abgeschafft, die Vollbeschäftigung beendet und die staatseigenen Betriebe wurden in profitorientierte Betriebe transformiert (Orenstein 2008: 83). In der Folge stiegen die Arbeitslosigkeit, die Armut und die Ungleichheit an. In einigen Ländern wurden Maßnahmen zur Bekämpfung dieser negativen Entwicklungen verabschiedet. Dazu gehört u. a. die Einführung von Arbeitslosenversicherungen, die in sozialistischen Wohlfahrtsstaaten obsolet waren. In unterschiedlichen Geschwindigkeiten, teilweise im *trial- and error*-Verfahren und in unterschiedliche Richtungen wurden einzelne wohlfahrtsstaatliche Programme in den postsozialistischen Ländern reformiert. Anfänglich wurde von vielen Beobachtern erwartet, dass sich in den postsozialistischen Wohlfahrtsstaaten liberale

Regime nach Esping-Andersens etablieren. Die Forscher beschreiben den Transformationsprozess zwar als Liberalisierung, sie sind sich jedoch inzwischen einig, dass sich in Mittel- und Osteuropa keine liberalen Wohlfahrtsstaatsregime etabliert haben (u. a. Tomka 2004; Haggard/Kaufmann 2008; Hacker 2009). Uneinigkeit existiert in der Frage, ob sich ein einheitlicher oder uneinheitlicher postsozialistischer Wohlfahrtsstaat entwickelt hat und wie die gegenwärtig existierenden Typen konkret zu beschreiben sind.[2] Dieser Forschungsstand bezieht sich in erster Linie auf die Mitgliedsländer der EU, zu denen die meisten Studien vorgelegt worden sind. Zum Wohlfahrtsstaat der Nachfolgestaaten der UdSSR finden sich in der komparativen Literatur nur vereinzelte, unsystematische Hinweise (vgl. Orenstein 2008).

Einstellungen zum Wohlfahrtsstaat: Konzept und Messung

Einstellungskonzept

Zur empirischen Analyse der Wohlfahrtsstaatskulturen wird ein mikroanalytisches Konzept der Einstellungen zum Wohlfahrtsstaat verwendet, das unterschiedliche Einstellungen zum Wohlfahrtsstaat identifiziert und Determinanten dieser Einstellungen spezifiziert (Roller 1992: 38-54).

Nach diesem Konzept können Einstellungen zum Wohlfahrtsstaat danach unterschieden werden, ob sie sich auf die Ziele des Wohlfahrtsstaats beziehen, auf die eingesetzten Mittel, um diese Ziele zu erreichen, oder auf die Folgen des Wohlfahrtsstaats (Abbildung 1). Alle drei Objektkategorien werden nochmals in zwei Unterkategorien ausdifferenziert. Bei den *Zielen*, die in Anknüpfung an die zitierte Wohlfahrtsstaatsdefinition allgemein mit sozio-ökonomischer Sicherheit und sozio-ökonomischer Gleichheit beschrieben sind, wird zwischen Extensität und Intensität unterschieden. Extensität bezieht sich auf den Umfang oder die Ausdehnung staatlicher Zuständigkeit, Intensität dagegen auf das Ausmaß staatlichen Handelns bei gegebener Zuständigkeit. Mit dieser Unterscheidung werden zwei fundamental unterschiedliche Erwartungen an den Staat konzeptualisiert. Die Erwartung, in welche und in wie viele Bereiche der Staat intervenieren soll (Extensität oder Umfang) sowie die Erwartung, wie stark der Staat in den jeweiligen Bereich intervenieren soll (Intensität oder Ausmaß), wenn die Zuständigkeit beim Staat liegt. Die Ebene der

---

2 Auf der einen Seite wird behauptet, dass eine Vielzahl unterschiedlicher hybrider nationaler Systeme existiert (Hacker 2009; Tomka 2004), die nicht mit den Kategorien von Esping-Andersen zu fassen sind. Auf der anderen Seite werden durchaus Gemeinsamkeiten gesehen, diese werden aber unterschiedlich beschreiben. So wird beispielsweise eine Mischung aus einem konservativen und liberalem Typus (Orenstein: 2008: 91) oder ein nach wie vor umfassender Schutz (Haggard/Kaufmann 2008) konstatiert.

Abbildung 1: Konzeptueller Rahmen: Einstellungen zum Wohlfahrtsstaat

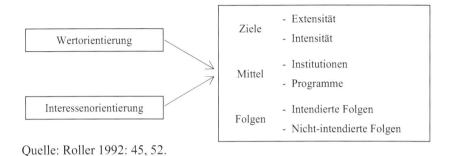

Quelle: Roller 1992: 45, 52.

Mittel umfasst auf Dauer angelegte Institutionen wie die Rentenversicherung und zeitlich befristete Programme wie eine Rentenreform. Bei den *Folgen* wird zwischen intendierten und nicht-intendierten Folgen unterschieden. Intendierte Folgen beziehen sich auf das Ausmaß, in dem die angestrebten Ziele der sozio-ökonomischen Sicherheit und Gleichheit realisiert werden. Nicht-intendierte Folgen oder Nebenfolgen liegen außerhalb der intendierten Ziele; sie können in positive (z. B. Autonomie) und negative Nebenfolgen (z. B. Inaktivität) unterschieden werden. Wie bei allen Einstellungskonzepten wird bei den Einstellungen gegenüber diesen sechs Objekten weiter zwischen globalen (z. B. Zufriedenheit mit der sozialen Sicherheit insgesamt) und (bereichs-) spezifischen Urteilen (z. B. Zufriedenheit mit der Absicherung im Alter) unterschieden.

Als Determinanten dieser Einstellungen werden die Interessen- und die Wertorientierung spezifiziert. Die *Interessenorientierung*, die sich allgemein auf den materiellen Nutzen für Ego bezieht, meint im Zusammenhang mit dem Wohlfahrtsstaat konkret den individuellen Nutzen, der aus staatlichen Interventionen mit dem Ziel der sozio-ökonomischen Sicherheit und Gleichheit gezogen werden kann. Personen mit geringem Einkommen oder solche, die direkt von Sozialleistungen abhängig sind, kann beispielsweise ein solches materielles Interesse am Wohlfahrtsstaat unterstellt werden. Sie werden sich deshalb für umfassendere und stärkere Staatsintervention aussprechen. Die *Wertorientierung* bezieht sich allgemein auf Grundsatzpositionen mit universellem Geltungsanspruch. In Bezug auf den Wohlfahrtsstaat sind dies entweder spezifische Gerechtigkeitsprinzipien (z. B. Chancengleichheit, Leistungsgerechtigkeit, Bedürfnisprinzip, Ergebnisgleichheit) oder politische Ideologien (z. B. Liberalismus, Sozialdemokratie), die auf der Basis dieser unterschiedlichen Gerechtigkeitsprinzipien umfassendere Gesellschaftsentwürfe formulieren. Mit Gerechtigkeitsprinzipien und politischen Ideologien werden wohlfahrtsstaatliche Interventionen legitimiert. Einstellungen zum Wohlfahrtsstaat basieren auf Wertorientierungen, wenn beispielsweise Personen, die das Bedürfnisprinzip präferieren, sich für umfassendere und stärkere Staatsintervention aussprechen.

Indikatoren und dimensionale Struktur

Das im ESS 2008 enthaltene Modul „Welfare Attitudes in a Changing Europe" beschäftigt sich im weitesten Sinn mit Einstellungen zum Wohlfahrtsstaat. Die abgefragten Wahrnehmungen und Evaluation des Wohlfahrtsstaats nehmen auf sehr unterschiedliche Sachverhalte Bezug. Ziel meiner Analyse ist eine umfassende, theoriegeleitete und komparative Bestandsaufnahme der Einstellungen zum Wohlfahrtsstaat in Europa. Deshalb werden aus dem Modul solche Fragen ausgewählt, die erstens eine der im Einstellungskonzept identifizierten Dimensionen messen und dabei zweitens auf allgemeine bzw. systemübergreifende Aspekte europäischer Wohlfahrtsstaaten Bezug nehmen.[3] Diese Fragen werden einer Faktorenanalyse unterzogen, um die Validität der Messung der theoretischen Konstrukte zu überprüfen und um empirische Anhaltspunkte für die Indexkonstruktion zu gewinnen.

Insgesamt können fünfzehn Fragen identifiziert werden, die drei der insgesamt sechs unterschiedenen Einstellungen zum Wohlfahrtsstaat – Einstellungen zur Extensität, zu den intendierten Folgen und nicht-intendierten (negativen) Folgen – zugeordnet werden können. Damit kann zwar nur ein Teil des Einstellungskonzeptes und ein Teil der nationalen Wohlfahrtsstaatskultur untersucht werden. Mit den Einstellungen gegenüber der Extensität ist aber die zentralste Einstellung gegenüber dem Wohlfahrtsstaat vertreten (Roller 1992: 46). Im Einzelnen handelt es sich um die folgenden fünfzehn Fragen:

Extensität (E): Die Befragten sollen für die folgenden ersten sechs Aufgaben beurteilen, ob der Staat dafür verantwortlich sein sollte oder nicht (Skala von 0 bis 10: Der Staat sollte dafür überhaupt nicht ... voll und ganz verantwortlich sein); bei der siebten Aufgabe wird gefragt, ob sie der Aussage zustimmen oder diese ablehnen (Skala von 1 bis 5: stimme stark zu ... lehne stark ab):

- eine ausreichende gesundheitliche Versorgung für Kranke sicherzustellen
- einen angemessenen Lebensstandard im Alter sicherzustellen
- ausreichende Kinderbetreuungsmöglichkeiten für berufstätige Eltern sicherzustellen
- eine bezahlte Freistellung von der Arbeit zu gewähren, für Personen, die sich vorübergehend um kranke Familienmitglieder kümmern müssen
- einen angemessenen Lebensstandard für Arbeitslose sicherzustellen
- einen Arbeitsplatz für jeden sicherzustellen, der arbeiten will

---

3 In dem Modul sind auch Fragen zu systemspezifischen Ausgestaltungen von Wohlfahrtsstaaten enthalten. Bei den intendierten Folgen wird bspw. nach der Einschätzung der Realisierung spezifischer Ziele wie das Angebot bezahlbarer Kinderbetreuungseinrichtungen gefragt. Da nicht alle untersuchten europäischen Wohlfahrtsstaaten für diese spezifische Aufgabe eine Verantwortung übernommen haben, sind die Performanzurteile zwischen den Ländern nicht vergleichbar und können in dieser Analyse nicht berücksichtigt werden. Aus demselben Grund können auch die im Modul enthaltenen Indikatoren zur Ausgestaltung einzelner Institutionen und zu konkreten Reformprogrammen, die sich auf die Dimension der Mittel beziehen, nicht berücksichtigt werden.

- Der Staat sollte Maßnahmen ergreifen, um Einkommensunterschiede zu verringern.

Intendierte Folgen (IF): Die Befragten sollen die Auswirkungen von Sozialleistungen in ihrem Land auf verschiedene Lebensbereiche beurteilen (Skala von 1 bis 5: stimme stark zu ... lehne stark ab):

- verhindern weit verbreitete Armut
- führen zu mehr Gleichheit in der Gesellschaft
- machen es einfacher, Beruf und Familie zu vereinbaren

Nicht-intendierte (negative) Folgen (NiF): Die Befragten sollen die Auswirkungen von Sozialleistungen in ihrem Land auf verschiedene Lebensbereiche beurteilen (Skala von 1 bis 5: stimme stark zu ... lehne stark ab):

- belasten die Volkswirtschaft zu stark
- kosten die Unternehmen zu hohe Steuern und Abgaben
- machen Menschen faul
- tragen dazu bei, dass Menschen weniger dazu bereit sind, sich umeinander zu kümmern
- tragen dazu bei, dass Menschen weniger dazu bereit sind, sich um sich selbst und um ihre Familie zu kümmern

Für alle Analysen werden die Ausprägungen der Variablen auf eine einheitliche und damit vergleichbare Skala von 0 und 1 standardisiert. Der Wert 1 indiziert positive und der Wert 0 negative Urteile über den Wohlfahrtsstaat. Bei den nicht-intendierten negativen Folgen ist zu beachten, dass die Ablehnung dieser negativen Folgen, wie beispielsweise die Ablehnung der Aussage, dass „die Sozialleistungen (im Land) die Volkswirtschaft zu stark belasten" den Wert 1 erhält, weil in dieser Ablehnung eine grundlegende oder gar vorbehaltlose Zustimmung zum Wohlfahrtsstaat zum Ausdruck kommt.

Welche dimensionale Einstellungsstruktur kann erwartet werden? Auf der Grundlage des Einstellungskonzeptes wird zunächst eine Separierung entlang der drei Einstellungen Extensität, intendierte Folgen und nicht-intendierte Folgen prognostiziert. Im Einklang mit dem Konzept, das innerhalb der separierten Einstellungen auch bereichsspezifische Subdimensionen postuliert, ist aber auch denkbar, dass die Bürger innerhalb dieser drei Einstellungen weitere Differenzierungen entlang unterschiedlicher Bereiche vornehmen. Theoretisch erwartbar wäre beispielsweise eine weitere Separierung der Einstellungen zu den nicht-intendierten Folgen in Nebenfolgen für die Wirtschaft und in Nebenfolgen für soziale Beziehungen. Denn von den insgesamt fünf Indikatoren nehmen zwei Bezug auf Nebenfolgen für die Ökonomie (Schaden für die Volkswirtschaft, Schaden für die Unternehmer) und drei auf soziale Nebenfolgen (faule Menschen, mangelnde Solidarität, mangelnde Eigenverantwortung). Theoretisch plausibel und naheliegend wäre durchaus auch eine weitere Differenzierung innerhalb der Einstellungen zur Extensität, also den Aufgaben, für die eine staatliche Verantwortung präferiert wird. Von den insgesamt sieben Aufgaben beziehen sich einige stärker auf das Ziel der Sicherheit (z. B. gesundheitliche Versorgung für Kranke) und einige stärker auf das Ziel der Gleichheit (z. B.

Reduktion von Einkommensunterschieden). Aber auch andere Untergliederungen wie beispielsweise Zielgruppen (universelle vs. gruppenspezifische Leistungen) oder Arten von Leistungen (Dienstleistungen, Transferleistungen) sind denkbar.

Exploratorische Faktorenanalysen (Hauptkomponentenanalyse, oblique Rotation) der fünfzehn Indikatoren erbringen für die vier geographischen Einheiten unterschiedliche Strukturen (Tabelle 1). In West- und Osteuropa werden jeweils drei, in Ostdeutschland vier und in Westdeutschland sogar fünf Faktoren ermittelt.

Trotz der unterschiedlichen Faktorenzahl überwiegen zwischen West- und Ostdeutschland die Gemeinsamkeiten. Die Indikatoren zu den intendierten Folgen bilden jeweils eine Dimension (F3) und die nicht-intendierten Folgen gliedern sich jeweils in eine Dimension ökonomischer (F4) und sozialer Nebenfolgen (F2). Die beiden letztgenannten Faktoren korrelieren in beiden Landesteilen vergleichsweise stark (mit Koeffizienten über 0,30). Nur in Bezug auf die Extensität existieren einige Unterschiede innerhalb von Deutschland. In Ostdeutschland laden alle Extensitäts-Indikatoren auf einer Dimension (F1), allerdings weist der Indikator Reduktion der Einkommensunterschiede, der am deutlichsten auf das Gleichheitsziel des Wohlfahrtsstaats abzielt, eine vergleichsweise geringe Faktorladung auf (0,34) und besitzt eine gleich starke Nebenladung auf dem Faktor der ökonomischen nicht-intendierten Nebenfolgen (F4). Im Unterschied dazu teilen sich in Westdeutschland die Extensitätsindikatoren in zwei Dimensionen auf. Auf dem ersten Faktor (F1) laden die Aufgaben der gesundheitlichen Versorgung für Kranke, Kinderbetreuung und die Betreuung von kranken Familienmitgliedern, auf dem zweiten Faktor (F5) die Reduktion der Einkommensunterschiede und die Schaffung von Arbeitsplätzen. Diese Faktorstruktur kann so interpretiert werden, dass die Westdeutschen bei den Staatsaufgaben zwischen primär sozialen Dienstleistungen (Kranke, Kinder, kranke Familienangehörige) und primär materiell-monetären Leistungen des Wohlfahrtsstaats (Arbeitsplatz, Reduktion der Einkommensunterschiede) separieren. Die beiden Aufgaben der Sicherstellung eines angemessenen Lebensstandards im Alter und für Arbeitslose, die auf beiden Faktoren laden, stehen im Schnittpunkt beider Leistungsarten. Da für diese beiden Aufgaben die Faktorladungen auf dem zweiten Faktor (F5) etwas höher sind als auf dem ersten (F1), beurteilen die Bürger die Leistungen für Alte und Arbeitslose offenbar stärker unter der materiell-monetären Perspektive. Diese beiden Subdimensionen der Extensität korrelieren vergleichsweise stark (F1 x F5 = 0,32).

Für die West- und Ostdeutschen kann festgehalten werden, dass sie zwischen den drei unterschiedenen Einstellungsdimensionen Extensität, intendierte Folgen und nicht-intendierte Folgen unterscheiden. Innerhalb der nicht-intendierten Folgen gibt es eine Ausdifferenzierung in ökonomische und soziale Nebenfolgen, die theoretisch plausibel ist. Auch die Ausdifferenzierung der Staatsaufgaben bei der Extensität in unterschiedliche Arten von Leistungen in Westdeutschland ist theoretisch plausibel.

In West- und Osteuropa ist mit nur drei Faktoren die Einstellungsstruktur einfacher. Die Bürger separieren zwischen Einstellungen zur Extensität, den intendierten und den nicht-intendierten Folgen. Im Unterschied zu Deutschland liegen keine

Tabelle 1: Einstellungen zum Wohlfahrtsstaat – Exploratorische Faktorenanalyse (Hauptkomponentenanalyse, oblique Rotation)[a]

2008	E-W			D-W					D-O				E-O		
	F1	F2	F3	F1	F2	F3	F4	F5	F1	F2	F3	F4	F1	F2	F3
E: Kranke	0,72			0,61					0,77				0,81		
E: Kinderbetreuung	0,72			0,81					0,70				0,77		
E: Krankes Familienmitglied	0,73			0,76					0,70				0,77		
E: Alter	0,80			0,44				0,52	0,75				0,81		
E: Arbeitslose	0,64			0,36				0,49	0,56				0,64		
E: Arbeitsplatz	0,68							0,70	0,68				0,74		
E: Einkommensunterschiede	0,37							0,80	0,34				0,37		
IF: Armutsreduktion			0,78			0,73					0,72				0,83
IF: Gleichheit			0,81			0,76					0,67				0,85
IF: Beruf & Familie			0,71			0,71					0,78				0,76
NiF: Schaden Volkswirtschaft		0,66					0,81					0,84		-0,57	
NiF: Schaden Unternehmer		0,65					0,84					0,77		-0,57	
NiF: Faule Menschen		0,80			0,68					-0,75				-0,88	
NiF: Mangelnde Solidarität		0,80			0,90					-0,92				-0,89	
NiF: Mangelnde Eigenverant.		0,80			0,86					-0,87				-0,89	
Kumul. erkl. Varianz (in %)[b]	25,4	40,8	52,6	21,7	37,2	48,0	54,9	61,7	25,4	40,4	50,6	57,8	27,9	45,9	57,9
N	21.894			1.949					469				14.854		

E = Extensität; IF = Intendierte Folgen; NiF = Nicht-intendierte (negative) Folgen; Gewichte: Design-Gewichte für West- und Osteuropa sowie West- und Ostdeutschland; "Faktorladungen > 0,27; [b]Kumulierte erklärte Varianz (in %) vor Rotation; Korrelation der Faktoren: E-W: F1 x F2 = 0,22; F1 x F3 = 0,07, F2 x F3 = 0,08; D-W: F1 x F2 = 0,09; F1 x F3 = 0,08; F1 x F4 = 0,07; F1 x F5 = 0,32; F2 x F3 = -0,01; F2 x F4 = 0,35; F2 x F5 = 0,07; F3 x F4 = 0,04; F3 x F5 = 0,02, F4 x F5 = 0,08 D-O: F1 x F2 = -0,15, F1 x F3 = -0,03, F1 x F4 = 0,23; F2 x F3 = 0,12; F2 x F4 = -0,31; F3 x F4 = -0,10 E-O: F1 x F2 = -0,21; F1 x F3 = 0,02; F2 x F3 = 0,2.

weiteren Subdifferenzierungen vor. Das Muster ist sehr klar, mit durchgängig hohen Faktorladungen (alle über 0,55; mehrheitlich sogar über 0,70). Davon ist lediglich ein Indikator ausgenommen, und zwar lädt in West- und in Osteuropa die Aufgabe der Reduktion der Einkommensunterschiede auf dem Extensitätsfaktor (F1) etwas schwächer (0,37 in beiden Regionen). Die Aufgabe der Reduktion der Einkommensunterschiede, die am stärksten auf das Ziel der Gleichheit Bezug nimmt, wird also sowohl in West- als auch in Osteuropa etwas anders beurteilt als die restlichen, stärker auf Sicherheit abzielenden Aufgaben. Diese Parallelen in der Einschätzung der Reduktion der Einkommensunterschiede sind in Anbetracht der unterschiedlichen systemischen Traditionen (Kapitalismus vs. Sozialismus) und den unterschiedlichen objektiven Bedingungen (kapitalistische vs. postsozialistische Wohlfahrtsstaaten) in West- und Osteuropa bemerkenswert. Im Hinblick auf die Einstellungsstruktur lassen sich keine Belege für eine spezifisch westeuropäische und eine spezifisch osteuropäische Wohlfahrtsstaatskultur finden.

Auf einer nachgeordneten Ebene existiert jedoch ein Unterschied zwischen West- und Osteuropa, der auch West- und Ostdeutschland voneinander trennt. In Osteuropa und in Ostdeutschland korrelieren Einschätzungen der intendierten Folgen negativ mit Einschätzungen der ökonomischen und sozialen Nebenfolgen. Das heißt, diejenigen, die mit den Performanzen (Armutsreduktion, Gleichheit) des nationalen Wohlfahrtsstaats zufrieden sind, neigen stärker zu negativen Urteilen hinsichtlich seiner ökonomischen und sozialen Nebenfolgen (siehe negative Faktorladungen bei F2 und Vorzeichen der Faktor-Korrelationen E-O: F2 x F3 = 0,22, D-O: F2 x F3 = 0,12; F3 x F4 = -0,10). In Westeuropa und in Westdeutschland ist dagegen der Zusammenhang zwischen beiden Urteilen positiv. Diejenigen, die mit den Performanzen zufrieden sind, konstatieren auch weniger negative Nebenfolgen. Dieser Aspekt der internen Relation zwischen Einstellungen ist für die in diesem Abschnitt interessierende Frage der Differenzierung zwischen verschiedenen Einstellungen sekundär, für das ideologische Denken über den Wohlfahrtsstaat in West- und Osteuropa jedoch sehr aufschlussreich. Westliches ideologisches Denken über den Wohlfahrtsstaat zeichnet sich dadurch aus, dass die Zufriedenheit mit wohlfahrtsstaatlichen Leistungen mit einer Ablehnung negativer Nebenfolgen einhergeht. In den postsozialistischen Ländern schließen sich diese Urteile nicht gegenseitig aus. Diese Form der Inkonsistenz ist, wie die unterschiedliche Stärke der Korrelationskoeffizienten zeigt, bei den Ostdeutschen, die mehr Erfahrungen mit der westlichen wohlfahrtsstaatlichen Ideologie besitzen, geringer ausgeprägt als bei den Osteuropäern.

Zusammenfassend kann festgehalten werden, dass die Bürger in West- und Ostdeutschland sowie in West- und Osteuropa zwischen den drei theoretisch postulierten wohlfahrtsstaatlichen Einstellungen Extensität, intendierte Folgen und nicht-intendierte Folgen separieren. Vor dem Hintergrund dieser allgemeinen Differenzierungsfähigkeit gibt es in West- und Ostdeutschland weitere plausible Subdifferenzierungen der Einstellungen zur Extensität und zu den nicht-intendierten Folgen. Im Fall der nicht-intendierten Folgen gründet die Differenzierung in ökonomische und soziale Nebenfolgen wahrscheinlich auf Kontextfaktoren wie der Wohlfahrtsstaatsdiskussion in Deutschland und im Fall der Extensität gründet die Differenzierung in unterschiedliche Arten von Leistungen möglicherweise in unterschiedlichen Wertorientierungen der West- und Ostdeutschen. Da es sich lediglich um Subdifferenzierungen handelt und die Subdimensionen jeweils deutlich miteinander korrelieren, ist es gerechtfertigt, in den weiteren empirischen Analysen auf diese Subdifferenzierungen zu verzichten und die drei Einstellungen zur Extensität, den intendierten Folgen und den nicht-intendierten Folgen jeweils nur mit einem, alle Einzelindikatoren umfassenden Index zu messen.[4]

Das empirische Ergebnis der Faktorenanalyse besitzt darüber hinaus auch eine theoretische Bedeutung. Zum ersten Mal ist das Einstellungskonzept, das im Kontext der Analyse des deutschen Wohlfahrtsstaats entwickelt wurde (Roller 1992), auf eine Vielzahl westeuropäischer und post-sozialistischer Wohlfahrtsstaaten angewendet worden. Der Tatbestand, dass es sich auch hier bewährt hat, bedeutet, dass es sich um ein verallgemeinerbares Einstellungskonzept handelt.

Einstellungen zum Wohlfahrtsstaat in West- und Ostdeutschland und im europäischen Vergleich

Im Folgenden wird die erste Frage nach den Einstellungsunterschieden zwischen West- und Ostdeutschland untersucht. Daran schließt sich die Analyse der vierten Frage nach dem Einstellungsmuster auf europäischer Ebene an.

Für die aktuelle Bestandsaufnahme der Unterschiede zwischen Ost- und Westdeutschland auf der Basis des ESS 2008 sind in Tabelle 2 die Mittelwerte für die fünfzehn Einzelindikatoren und die drei Mittelwert-Indizes der Extensität, der intendierten Folgen und der nicht-intendierten Folgen zusammengestellt. Wie bereits erläutert, indiziert der Wert 1 positive und der Wert 0 negative Urteile. Bei den Einstellungen zur *Extensität*, die über die Präferenz einer Staatsverantwortung für sieben Aufgaben erhoben wird, liegen in West- und Ostdeutschland die Mittelwerte durchgängig über 0,50. Das heißt, eine Mehrheit der West- und Ostdeutschen präferiert bei allen Aufgaben eine Staatsverantwortung. Die Werte sind in Ostdeutschland durchgängig höher als in Westdeutschland und die West-Ost-Unterschiede sind alle statistisch signifikant. Deutliche West-Ost-Unterschiede, definiert als Differenz von mehr als 0,10 Skalenpunkten, lassen sich jedoch nur bei drei der sieben Aufgaben beobachten: bei der Sicherstellung eines Arbeitsplatzes (0,15), der Reduktion der Einkommensunterschiede (0,13) und der Bereitstellung von Kinderbetreuungsmöglichkeiten (0,11). Dabei handelt es sich allesamt um die *differentia specifica* des sozialistischen im Vergleich zum konservativen Wohlfahrtsstaat.

Welches konkrete Wohlfahrtsstaatsmodell die Ostdeutschen präferieren, kann auf der Grundlage dieser Daten nicht bestimmt werden. Denn diese drei Aufgaben separieren nicht nur den sozialistischen vom konservativen Wohlfahrtsstaat, sondern

---

4 Es werden Mittelwertindizes gebildet. Im Fall der Extensität müssen fünf der sieben Indikatoren gültige Werte aufweisen, im Fall der intendierten Folgen zwei der drei Indikatoren und im Fall der nicht-intendierten Folgen drei der fünf Indikatoren.

Tabelle 2: Einstellungen zum Wohlfahrtsstaat (Mittelwerte, Wertebereich 0-1)

2008	E-W	D-W	D-O	E-O
E – Extensität (Index)	0,74	0,69*	0,79*	0,81
E: Kranke	0,85	0,82*	0,88*	0,90
E: Kinderbetreuung	0,74	0,76*	0,87*	0,80
E: Krankes Familienmitglied	0,75	0,72*	0,77*	0,82
E: Alter	0,83	0,73*	0,82*	0,90
E: Arbeitslose	0,67	0,62*	0,69*	0,72
E: Arbeitsplatz	0,63	0,57*	0,72*	0,78
E: Einkommensunterschiede	0,71	0,63*	0,76*	0,74
IF – Intendierte Folgen (Index)	0,62	0,61*	0,59*	0,48[a]
IF: Armutsreduktion	0,63	0,66*	0,63*	0,50[a]
IF: Gleichheit	0,59	0,56*	0,51*	0,44[a]
IF: Beruf & Familie	0,63	0,62	0,61	0,50[b]
NiF – Nicht-intendierte Folgen (Index)	0,46	0,47*	0,51*	0,59[a]
NiF: Schaden Volkswirtschaft	0,46[a]	0,47*	0,52*	0,58[a]
NiF: Schaden Unternehmer	0,43[a]	0,44	0,46	0,55[b]
NiF: Faule Menschen	0,45	0,47*	0,52*	0,59[a]
NiF: Mangelnde Solidarität	0,48	0,46*	0,51*	0,61[a]
NiF: Mangelnde Eigenverantwortung	0,50	0,50*	0,55*	0,62[a]

* Statistisch signifikante Differenz zwischen West- und Ostdeutschen (p<0,001). Gewichte: Design Gewichte für West- und Osteuropa sowie für Ost- und Westdeutschland; ☐ Differenz zwischen West- und Ostdeutschen ≥ 0,10 Skalenpunkte; [a] Fehlende Werte: zwischen 5 und 9 Prozent; [b] Fehlende Werte: 14 bzw. 15 Prozent.

auch das sozialdemokratische vom konservativen Wohlfahrtsstaatsmodell. Der entscheidende Unterschied zwischen einem sozialdemokratischen und einem sozialistischen Modell liegt in den weiteren Wirtschaftseingriffen (z. B. staatseigene Betriebe, Kontrolle von Löhnen und Gehältern), die mit dem ESS 2008 nicht untersucht werden können. Auf der Basis der hier präsentierten Befunde kann also lediglich gefolgert werden, dass die Ostdeutschen mehrheitlich immer noch ein umfassenderes Wohlfahrtsstaatsmodell präferieren als die Westdeutschen. In diesem Zusammenhang muss allerdings darauf hingewiesen werden, dass sich auch die Westdeutschen mehrheitlich für eine Staatsverantwortung in diesen drei Bereichen aussprechen. Der Unterschied zwischen West- und Ostdeutschen besteht vor allem darin, dass die Gruppe der Befürworter eines solchen umfassenden Wohlfahrtsstaatsmodells im Osten noch größer ist als im Westen. Die insgesamt höheren Erwartungen der Ostdeutschen dokumentieren sich auch in dem Wert für den Extensitäts-Index, der im Westen bei 0,69 und im Osten bei 0,79 liegt und damit das hier verwendeten Kriterium für eine deutliche Differenz (0,10 Skalenpunkten) erfüllt.

Die *intendierten Folgen* des Wohlfahrtsstaats in den drei Bereichen Armutsreduktion, Schaffung von Gleichheit sowie Vereinbarkeit von Beruf und Familie werden, wie die Mittelwerte über 0,50 zeigen, ebenfalls von einer Mehrheit der West- und der Ostdeutschen positiv beurteilt. In diesem Fall weisen die Ostdeutschen durchgängig niedrigere Werte auf, sie sind also weniger zufrieden; die West-Ost-Differenzen sind mit Ausnahme eines Bereichs (Vereinbarkeit von Beruf und Familie) statistisch signifikant. Lediglich bei einem der drei Items, und zwar der Schaffung von Gleichheit, eine *differentia specifica* des sozialistischen im Vergleich zum konservativen Wohlfahrtsstaat, erreicht die West-Ost-Differenz 0,05 Skalenpunkte. Auf der Ebene des Indexes sind die Differenzen dagegen vernachlässigbar, für Westdeutschland wird der Wert 0,61 und für Ostdeutschland 0,59 ermittelt. Für die Einstellungsdimension der intendierten Folgen insgesamt können also praktisch keine West-Ost-Unterschiede konstatiert werden.[5]

Bei den *nicht-intendierten Folgen* fällt zunächst auf, dass die positive Bewertung des Wohlfahrtsstaats – die in diesem Fall in der Negation negativer Folgen besteht – in West- und Ostdeutschland geringer ausfällt als bei den anderen beiden Einstellungen. Die positiven Urteile nehmen im Westen von der Extensität (0,69) über die intendierten Folgen (0,61) zu den nicht-intendierten Folgen (0,47) ab. Dasselbe gilt für den Osten, wo die entsprechenden Zahlen für Extensität bei 0,79, für intendierte Folgen bei 0,59 und für nicht-intendierte Folgen bei 0,51 liegen. Die Zustimmung zu einer umfassenden Rolle des Staates (Extensität) und die Zufriedenheit mit Performanzen impliziert also nicht notwendigerweise eine unkritische Haltung gegenüber möglichen negativen Nebenfolgen.

Was die West-Ost-Differenzen dieser Einstellungen anbelangt, so weisen die Ostdeutschen sowohl bei den ökonomischen (Schaden für Volkswirtschaft und Unternehmen) als auch den sozialen Nebenfolgen (faule Menschen, mangelnde Solidarität und Eigeninitiative) positivere Urteile auf als die Westdeutschen, und die Unterschiede sind mit einer Ausnahme (Kosten für die Unternehmer) auch statistisch signifikant. Allerdings liegt die West-Ost-Differenz bei maximal 0,05 Skalenpunkten; sie ist also sowohl auf der Ebene der einzelnen Items als auch auf der Ebene des Indexes nicht deutlich ausgeprägt.

Fast zwanzig Jahre nach der Wiedervereinigung liegen damit nur bei einer Einstellungsdimension, den Einstellungen zur Extensität des Wohlfahrtsstaats, nach wie vor deutliche Unterschiede zwischen den West- und den Ostdeutschen vor. Innerhalb dieser Dimension sind die Unterschiede vor allem auf die Aufgaben konzentriert, in denen sich der sozialistische Wohlfahrtsstaat vom konservativen Wohlfahrtsstaat des vereinigten Deutschland unterscheidet. Zusätzlich existieren schwächer ausgeprägte Differenzen bei der Einschätzung der Realisierung des Ziels der Gleichheit und bei der Wahrnehmung einiger negativer Nebenfolgen.

---

5   Um mögliche Missverständnisse zu vermeiden, muss an dieser Stelle darauf hingewiesen werden, dass diese Indikatoren allgemeine Performanzeinschätzungen des Wohlfahrtsstaats messen und es nicht um die Beurteilung der persönlichen Absicherung geht, wie sie beispielsweise im Allbus erfragt wird (Fuchs/Roller 2006). Ob es inzwischen auch bei diesem letztgenannten Aspekt keine West-Ost-Unterschiede mehr gibt, ist damit noch offen.

Welches Einstellungsmuster lässt sich auf der europäischen Ebene identifizieren? Gibt es eine einheitliche europäische Wohlfahrtsstaatskultur oder eine spezifisch westeuropäische und eine spezifisch osteuropäische Wohlfahrtsstaatskultur? Und wenn diese beiden Wohlfahrtsstaatskulturen existieren, wie ordnen sich West- und Ostdeutsche in diese beiden Kulturen ein? Weisen die Westdeutschen mehr Gemeinsamkeiten mit den Westeuropäern und die Ostdeutschen mehr Gemeinsamkeiten mit den Osteuropäern auf, oder sind auch die Ostdeutschen Teil der westeuropäischen Wohlfahrtsstaatskultur? Zur Beantwortung dieser Fragen wird zunächst überprüft, ob in West- und Osteuropa unterschiedliche Einstellungen vorliegen und dann werden West- und Ostdeutschland im europäischen Vergleich untersucht. Wenn im Folgenden von West- oder Osteuropa gesprochen und auf entsprechende Werte für diese beiden Regionen verwiesen wird (vgl. Tabelle 2, Abbildungen 2 bis 4), dann handelt es sich dabei jeweils um westeuropäische bzw. osteuropäische Länder *ohne* Deutschland.

In Bezug auf Einstellungen zur *Extensität* gibt es relativ klare Hinweise, die gegen eine separate und für eine einheitliche europäische Wohlfahrtsstaatskultur sprechen (Abbildung 2). Erstens liegen die Mittelwerte aller europäischen Länder über 0,50, d.h. in allen europäischen Ländern spricht sich die Mehrheit der Bürger für eine Staatsverantwortung aus. Die Schweiz weist den niedrigsten Wert mit 0,65 und Lettland den höchsten Wert mit 0,87 auf. Zweitens wird zwar für Westeuropa ein niedrigerer Wert (0,74) ermittelt als für Osteuropa (0,81), außerdem liegt die Mehrzahl der westeuropäischen Länder im unteren Bereich der Verteilung und die Mehrzahl der osteuropäischen Länder im oberen Bereich. Dieses Muster wird aber zweifach durchbrochen. Zur Gruppe der Länder mit hohen Extensitätswerten gehören nicht nur osteuropäische Länder, sondern auch die drei südeuropäischen Länder Portugal (0,81), Spanien (0,82) und Griechenland (0,86), die einen eigenen mediterranen Wohlfahrtsstaat bilden. Und zur Gruppe mit niedrigen Extensitätswerten zählen nicht nur westeuropäische Länder, sondern auch zwei osteuropäische Länder, und zwar die Tschechische Republik (0,71) und die Slowakei (0,71). West- und Ostdeutschland können in Europa klar verortet werden. Die Westdeutschen liegen im unteren Drittel der Verteilung und zählen im europäischen Vergleich zur Gruppe mit den drittniedrigsten Werten nach der Schweiz und den Niederlanden. Die Ostdeutschen liegen am oberen Ende des mittleren Drittels der Verteilung, zehn Länder weisen höhere Werte auf als Ostdeutschland.

Bei der Einstellungsdimension der Extensität lassen sich fast zwanzig Jahre nach dem Fall der Mauer also keine systematischen bzw. durchgängigen Unterschiede zwischen West- und Osteuropa finden. Diese Befunde bestätigen auf einer breiteren und aktuelleren Datenbasis die Ergebnisse aus den 1990er Jahren, die Ferge (2008) zur Frage der einheitlichen europäischen Wohlfahrtsstaatskultur vorgelegt hat.

Bei den Einstellungen zu den intendierten Folgen ist die Variation innerhalb der europäischen Länder deutlich größer (Abbildung 3). So gibt es sechs Länder, deren Wert unter 0,50 liegt. Den niedrigsten Wert weist Ungarn mit 0,38 auf, und der höchste Wert von 0,69 kann für Zypern beobachtet werden. Bei dieser Einstellung

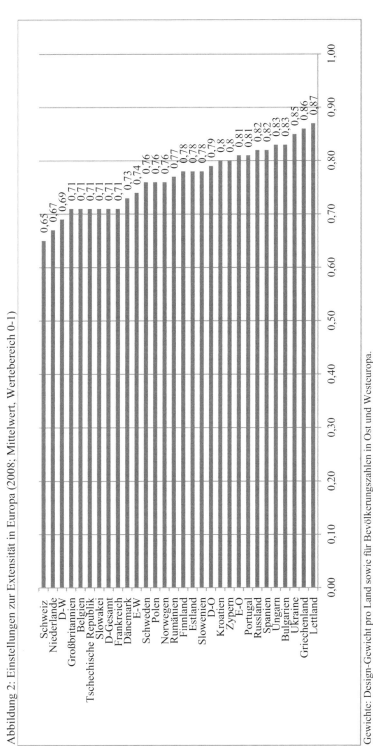

Abbildung 2: Einstellungen zur Extensität in Europa (2008; Mittelwert, Wertebereich 0-1)

Gewichte: Design-Gewicht pro Land sowie für Bevölkerungszahlen in Ost und Westeuropa.

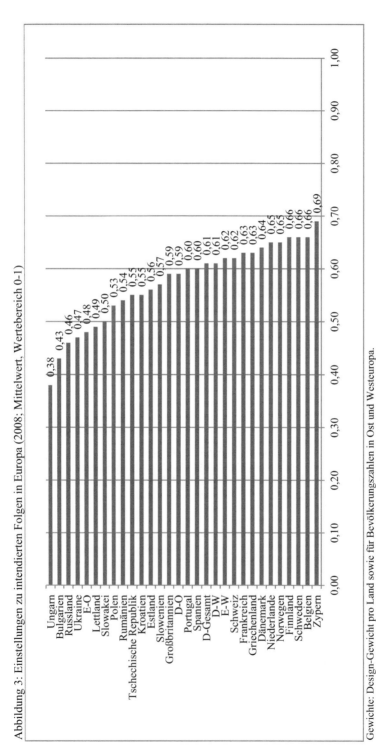

Abbildung 3: Einstellungen zu intendierten Folgen in Europa (2008; Mittelwert, Wertebereich 0-1)

Gewichte: Design-Gewicht pro Land sowie für Bevölkerungszahlen in Ost und Westeuropa.

Abbildung 4: Einstellungen zu nicht-intendierten Folgen in Europa (2008; Mittelwert, Wertebereich 0-1)

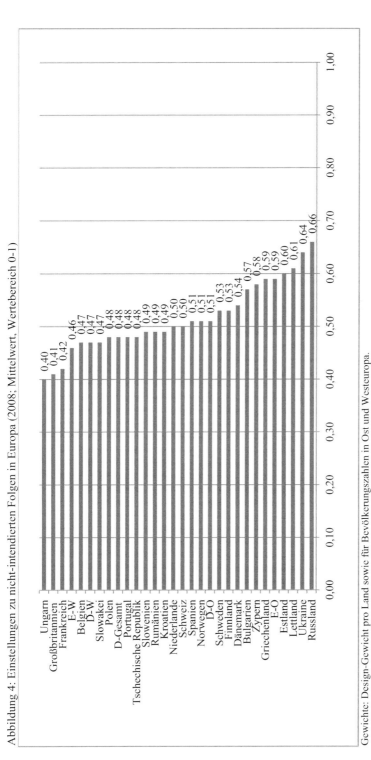

Gewichte: Design-Gewicht pro Land sowie für Bevölkerungszahlen in Ost und Westeuropa.

lassen sich eine spezifisch westeuropäische und eine spezifisch osteuropäische Wohlfahrtsstaatskultur identifizieren. Für Osteuropa werden deutlich niedrigere Werte als für Westeuropa ermittelt (0,48 vs. 0,62), außerdem setzt sich die Gruppe mit den niedrigeren Werten nur aus osteuropäischen und die Gruppe mit den höheren Werten nur aus westeuropäischen Ländern zusammen. Die Osteuropäer haben offenbar einhellig negativ auf die beschriebenen krisenhaften Entwicklungen in ihren Ländern nach der Transformation der sozialistischen Wohlfahrtsstaaten reagiert. Dabei ist bemerkenswert, dass sich diese negative Reaktion auch in den vergleichsweise besser gestellten EU-Mitgliedsländern beobachten lässt. Die schlechtesten Urteile liegen nicht für die beiden Nachfolgestaaten der UdSSR, Russland und Ukraine, sondern für zwei EU-Mitgliedsländer, Ungarn und Bulgarien, vor.

Wie ordnen sich West- und Ostdeutschland in diese beiden europäischen Wohlfahrtsstaatskulturen ein? Beide, Ost- und Westdeutsche, zählen hier eindeutig zur Gruppe der westeuropäischen Länder. Während der Wert für Westdeutschland ungefähr dem Wert für Westeuropa entspricht, liegt der für Ostdeutschland etwas darunter. Nach diesen Daten spiegelt sich der objektive Sachverhalt, dass die Ostdeutschen seit fast zwanzig Jahren in einem etablierten westlichen Wohlfahrtsstaat leben, auch auf der subjektiven Ebene wider. Die Ostdeutschen schätzen durchaus die Leistungen des deutschen Wohlfahrtstaats auf der abgefragten allgemeinen Ebene.

Die Urteile zu den *nicht-intendierten Folgen* fallen auch im europäischen Vergleich niedriger aus als zu den intendierten Folgen. Die Werte von vierzehn Ländern liegen unter 0,50, die Urteile variieren aber weniger stark als bei den intendierten Folgen (Abbildung 4). Ungarn hat mit 0,40 den niedrigsten und Russland mit 0,66 den höchsten Wert. Bei dieser Einstellung lässt sich keine spezifisch westeuropäische und spezifisch osteuropäische Wohlfahrtsstaatskultur ermitteln. Zwar ist der Wert für Osteuropa mit 0,59 deutlich höher als der für Westeuropa mit 0,46. Die west- und osteuropäischen Länder verteilen sich aber unsystematisch. Lediglich innerhalb dieser beiden Gruppen lassen sich für einzelne Ländergruppen einheitliche Muster finden. So weisen alle sozialdemokratischen Wohlfahrtsstaaten, und zwar Norwegen (0,51), Schweden (0,53), Finnland (0,53) und Dänemark (0,54) überdurchschnittlich positive Urteile auf, und die beiden Nachfolgestaaten der UdSSR, die Ukraine (0,64) und Russland (0,66), zeigen die höchsten positiven Werte. Im europäischen Vergleich liegt Westdeutschland im unteren Drittel der Verteilung und Ostdeutschland am oberen Ende des mittleren Drittels.

Obgleich es keine Belege für eine spezifisch osteuropäische und eine spezifisch westeuropäische Wohlfahrtsstaatskultur gibt, kann im Fall der nicht-intendierten Folgen auch nicht von einer einheitlichen europäischen Wohlfahrtsstaatskultur gesprochen werden. Es gibt europäische Länder, die die nicht-intendierten Folgen mehrheitlich negativ bewerten wie beispielsweise Ungarn und Großbritannien und es gibt europäische Länder, die die nicht-intendierten Folgen mehrheitlich positiv bewerten wie beispielsweise Russland und die Ukraine. Im Fall der nicht-intendierten Folgen scheint es deshalb eher angemessen, von einer uneinheitlichen europäischen Wohlfahrtsstaatskultur zu sprechen.

Die empirische Analyse der ersten Frage nach den West-Ost-Unterschieden in den Verteilungen der wohlfahrtsstaatlichen Einstellungen kommt zu einem klaren

Ergebnis: Fast zwanzig Jahre nach der Wiedervereinigung gibt es nur bei der Einstellung zur Extensität noch deutliche Unterschiede zwischen West- und Ostdeutschen. Insgesamt haben die Ostdeutschen höhere Erwartungen an den Wohlfahrtsstaat als die Westdeutschen. Die deutlichen Unterschiede sind vor allem auf diejenigen Aufgaben konzentriert, in denen sich der sozialistische Wohlfahrtsstaat vom konservativen Wohlfahrtsstaat des vereinigten Deutschland unterscheidet.

Die empirische Analyse der vierten Frage, bei der es um die Einordnung Deutschlands in den europäischen Kontext geht, kann für die drei Einstellungen jeweils unterschiedliche Muster ermitteln. Im Fall der Extensität kann von einer einheitlichen europäischen Wohlfahrtsstaatskultur gesprochen werden, alle europäischen Ländern einschließlich West- und Ostdeutschland sprechen sich mehrheitlich für eine Staatsverantwortung im Bereich der sozio-ökonomischen Sicherheit und Gleichheit aus. Bei den intendierten Folgen existiert dagegen eine spezifisch westeuropäische und eine spezifisch osteuropäische Wohlfahrtsstaatskultur mit niedrigeren Werten in Osteuropa und höheren Werten in Westeuropa. West- und Ostdeutschland sind beide Teil der westeuropäischen Kultur. Entgegen einiger andersartiger Erwartungen schätzen die Ostdeutschen im Vergleich zu den anderen Osteuropäern also durchaus die Leistungen des bundesrepublikanischen Wohlfahrtsstaats im Bereich der Armutsbekämpfung, der Herstellung von Gleichheit sowie der Vereinbarkeit von Beruf und Familie. Die Frage ob es sich dabei um eine neuerliche Entwicklung handelt oder ob diese Wertschätzung bereits länger andauert, kann wegen des Fehlens vergleichbarer Daten für frühere Erhebungszeitpunkte leider nicht beantwortet werden. Was schließlich die nicht-intendierten Folgen angeht, so lässt sich auf europäischer Ebene weder eine einheitliche Kultur ausmachen noch lassen sich spezifische west- und osteuropäische Wohlfahrtsstaatskulturen identifizieren.

Determinanten der Einstellungen zum Wohlfahrtsstaat in Deutschland und Europa

Bei der Frage nach den Determinanten der Einstellungen zum Wohlfahrtsstaat geht es weniger um eine Überprüfung der Hypothese, dass Wert- *und* Interessenorientierung zentrale Determinanten sind. Eine Vielzahl komparativer Studien hat die Relevanz beider Orientierungen inzwischen belegen können (u. a. Andreß/Heien 2000; Blekesaune/Quadagno 2003; Dallinger 2008). Es geht vielmehr um die *relative* Bedeutung dieser beiden Determinanten. In dem Maße, in dem die Interessenorientierung dominiert, kann davon ausgegangen werden, dass bei einer Verbesserung der ökonomisch-materiellen Situation sich die Ansprüche an den Wohlfahrtsstaat reduzieren und seine Leistungen positiver beurteilt werden. In dem Maße, in dem die Wertorientierung dominiert, ist davon auszugehen, dass sich die wohlfahrtsstaatlichen Einstellungen nur langfristig ändern. Denn Wertorientierungen werden in der primären Sozialisation erworben und sind relativ stabil. In der Literatur zur politischen Kultur im vereinigten Deutschland ist diese Frage der relativen Bedeutung dieser beiden Orientierungen unter dem Stichwort „Situation vs. Sozialisation" kontrovers diskutiert worden (Fuchs u. a. 1997; Veen 1997; Pollack 1997). Nach der

Situationsthese gründen die vergleichsweise hohen Erwartungen an den Wohlfahrtsstaat der Ostdeutschen nahezu ausschließlich in deren vergleichsweise schlechteren ökonomischen Lage. Die Sozialisationsthese postuliert hingegen, dass diese hohen Ansprüche zusätzlich auch in Wertorientierungen gründen, die in der Sozialisation im sozialistischen System der DDR geprägt worden sind. Im Folgenden werden die Determinanten für West- und Ostdeutschland (Frage 2) und für West- und Osteuropa (Frage 4) untersucht.

Zur Analyse der Determinanten wird ein regressionsanalytisches Modell spezifiziert, das als abhängige Variable jeweils die Indizes für Extensität, intendierte und nicht-intendierte Folgen und als unabhängige Variablen mehrere Indikatoren für Wert- und für Interessenorientierung enthält. Die Wertorientierung wird über die Zustimmung zu zwei konträren Gerechtigkeitsprinzipien, dem Leistungs- und dem Gleichheitsprinzip, gemessen. Der ESS 2008 enthält mit der Links-Rechts-Einstufung zwar noch einen weiteren Indikator für Wertorientierungen bzw. politische Ideologie. Da die Bürger Osteuropas mit dieser ideologischen Dimension wenig vertraut sind und vergleichsweise viele fehlende Werte aufweisen, musste auf die Inklusion dieses Indikators jedoch verzichtet werden. Die Interessenorientierung wird mit insgesamt vier Indikatoren gemessen: einem subjektiven Maß, und zwar der Zufriedenheit mit dem Haushaltseinkommen, und drei objektiven Indikatoren, und zwar der Bildung (in Jahren), der Arbeitslosigkeit und der Empfängerschaft von wohlfahrtsstaatlichen Leistungen. Zusätzlich werden in der Regressionsgleichung noch zwei klassische Kontrollvariablen, das Geschlecht und das Alter, berücksichtigt. Die Werte aller unabhängigen Variablen werden auf 0 und 1 standardisiert (beim Alter werden die Jahre durch 100 dividiert). Der Wert 1 indiziert bei den subjektiven Indikatoren Zustimmung bzw. Zufriedenheit und bei den objektiven Indikatoren entweder hohe Werte (Bildung, Alter) oder das Vorliegen folgender Merkmale: Arbeitslosigkeit, Empfänger wohlfahrtsstaatlicher Leistungen, weibliches Geschlecht.[6]

Die Ergebnisse der OLS-Regressionen für die drei wohlfahrtsstaatlichen Einstellungen sind in Tabelle 3 zusammengestellt. Da es primär um die Erklärungskraft der Wert- in Relation zur Interessenorientierung geht, ist in der Tabelle nicht nur die erklärte Varianz des Gesamtmodells eingetragen, sondern jeweils auch die Erklärungskraft von Teilmodellen, die entweder nur die beiden Indikatoren für Wertorientierungen (Adj. R^2 Werte) oder nur die vier Indikatoren für Interessenorientierungen umfassen (Adj. R^2 Interesse). Die Werte der Regressionskoeffizien-

---

6   Die Frageformulierungen lauten: a) Leistungsprinzip: Große Einkommensunterschiede sind gerechtfertigt, um unterschiedliche Begabungen und Leistungen angemessen zu belohnen; b) Gleichheitsprinzip: Damit eine Gesellschaft gerecht ist, sollten die Unterschiede im Lebensstandard der Menschen gering sein [Skala von 1 = stimme stark zu ... 5 = lehne stark ab]; c) Zufriedenheit mit Haushaltseinkommen: Mit dem gegenwärtigen Haushaltseinkommen kann ich/können wir 1 = bequem leben, 2 = zurechtkommen, 3 = nur schwer zurechtkommen, 4 = nur sehr schwer zurechtkommen; d) Arbeitslosigkeit: Waren Sie jemals mehr als drei Monate arbeitslos oder auf Arbeitssuche? e) Empfänger von wohlfahrtsstaatlichen Leistungen: Was ist die wichtigste Einkommensquelle Ihres Haushaltes? 4 = Renten und Pensionen, 5 = Arbeitslosengeld/-hilfe, 6 = andere Sozialleistungen (vgl. www.europeansocialsurvey.de).

ten b und Beta beziehen sich auf das Gesamtmodell mit allen unab-hängigen Variablen.

Im direkten Vergleich der regressionsanalytischen Ergebnisse fällt zunächst die unterschiedliche Erklärungskraft des Gesamtmodells für die drei wohlfahrtsstaatlichen Einstellungen in allen vier regionalen Einheiten auf. Bei der Extensität liegt der Anteil der erklärten Varianz zwischen dreizehn und achtzehn Prozent, bei den intendierten Folgen variiert er zwischen ein und drei Prozent und bei den nicht-intendierten Folgen zwischen fünf und sechs Prozent. Offensichtlich können die intendierten Folgen mit den theoretisch postulierten Determinanten nur unzureichend erklärt werden; mit Einschränkungen trifft dies ebenfalls auf die nicht-intendierten Folgen zu. Damit stellt sich die grundlegende Frage, ob entweder das forschungsleitende Einstellungskonzept mit Wert- und Interessenorientierung als Determinanten der Einstellungen zum Wohlfahrtsstaat Mängel aufweist oder ob die geringe Erklärungskraft in einer mangelnden Güte der Messung der beiden Einstellungen intendierte und nicht-intendierte Folgen begründet liegt. Es gibt Hinweise, die für die zweite Alternative sprechen. Im ESS werden die Einstellungen zu den intendierten und nicht-intendierten Folgen mit Fragen nach den Auswirkungen von Sozialleistungen im eigenen Land erhoben. Den Befragten wird beispielsweise die folgende Aussage „Sozialleistungen (im Land) verhindern weit verbreitete Armut" vorgelegt und sie werden gefragt, wie sehr sie dieser Aussage zustimmen oder wie sehr sie diese ablehnen. Die Antwortskala reicht von „stimme stark zu" bis „lehne stark ab". Ein Problem des Beurteilungskriteriums „Zustimmung/Ablehnung der Aussage" besteht darin, dass diese Frage stärker als kognitive oder Wissensfrage verstanden wird und weniger als evaluative Frage, wie dies eigentlich konzeptuell anvisiert ist. In dem Maße, in dem diese Indikatoren für intendierte und nicht-intendierte Folgen Kognitionen messen, in dem Maße sinkt die Wahrscheinlichkeit, dass Interessen- und Wertorientierung Determinanten dieser Indikatoren sind. Vor dem Hintergrund des Wissens um diese möglichen Probleme bei der Messung der intendierten und nicht-intendierten Folgen werden im Folgenden die empirischen Befunde analysiert.

Wie im vorangehenden Abschnitt werden zunächst die Ergebnisse für Deutschland und dann für Europa beschrieben und interpretiert. Die in Tabelle 3 dargestellten Befunde zeigen, dass die Einstellungen zur *Extensität* in West- und Ostdeutschland sowohl durch die Wert- als auch die Interessenorientierung erklärt werden können. Die Richtung der Zusammenhänge entspricht den Erwartungen. Mit Ablehnung des Leistungs- und mit Zustimmung zum Gleichheitsprinzip sowie einer schlechten persönlichen ökonomischen Situation nimmt die Befürwortung einer umfassenden Rolle des Staates zu. Die Erklärungskraft der Wertorientierung ist in beiden Landesteilen höher als die der Interessenorientierung (0,09 vs. 0,04; 0,10 vs. 0,06), so dass für Deutschland „Werte- *vor* Interessenorientierung" konstatiert werden kann. Vor dem Hintergrund der unterschiedlichen Systemerfahrungen ist die insgesamt große Übereinstimmung bei beiden Modellen hervorzuheben, die sich auch im identischen Wert für die erklärte Varianz des Models insgesamt (0,13) dokumentiert.

Tabelle 3: Determinanten der Einstellungen zum Wohlfahrtsstaat (OLS-Regression)

2008	E-W	D-W	D-O	E-O	E-W	D-W	D-O	E-O
	b	b	b	b	Beta	Beta	Beta	Beta
Extensität								
Leistungspr.	-0,04***	-0,09***	-0,08***	-0,04***	-0,08	-0,16	-0,14	-0,06
Gleichheitspr.	0,17***	0,13***	0,13***	0,21***	0,32	0,20	0,21	0,32
(Adj. R^2 Werte)	(0,14)	(0,09)	(0,10)	(0,14)				
Zufr. Einkom.	-0,07***	-0,05***	-0,02	-0,09***	-0,13	-0,09	-0,04	-0,15
Bildung	-0,06***	-0,06*	-0,14***	-0,07***	-0,08	-0,05	-0,12	-0,06
Arbeitslos	0,01***	0,02***	0,03*	0,01*	0,04	0,06	0,09	0,02
Leist. Empf.	-0,01	-0,00	0,01	0,00	-0,01	-0,01	0,04	0,01
(Adj. R^2 Inter.)	(0,06)	(0,04)	(0,06)	(0,07)				
Geschlecht	0,01***	0,03	0,02	0,01***	0,03	0,09	0,06	0,02
Alter	-0,01	-0,05*	0,05	0,04***	-0,01	-0,06	0,06	0,05
Konstante	0,79***	0,71***	0,80***	0,80***				
Adj. R^2 Gesamt	0,17	0,13	0,13	0,18				
Intendierte Folgen								
Leistungspr.	0,01*	0,06***	0,04	0,06***	0,02	0,09	0,05	0,08
Gleichheitspr.	0,05***	0,08***	0,03	0,10***	0,07	0,12	0,04	0,11
(Adj. R^2 Werte)	(0,00)	(0,02)	(0,00)	(0,02)				
Zufr. Einkom.	0,04***	0,06***	0,04	0,06***	0,07	0,10	0,06	0,08
Bildung	0,03***	-0,02	0,17*	-0,10***	0,03	-0,02	0,12	-0,06
Arbeitslos	0,01***	-0,02*	-0,03	0,01	0,02	-0,04	-0,07	0,01
Leist. Empf.	0,02***	0,01	0,01	0,01	0,05	0,02	0,02	0,02
(Adj. R^2 Inter.)	(0,01)	(0,02)	(0,02)	(0,01)				
Geschlecht	-0,01***	-0,00	-0,01	0,00	-0,03	-0,01	-0,03	0,01
Alter	0,04***	0,05	0,01	-0,01	0,04	0,05	0,01	-0,01
Konstante	0,63***	0,68***	0,55***	0,62***				
Adj. R^2 Gesamt	0,01	0,03	0,02	0,02				
Nicht-intendierte Folgen								
Leistungspr.	-0,10***	-0,12***	-0,17***	-0,10***	-0,14	-0,17	-0,22	-0,12
Gleichheitspr.	0,08***	0,02	0,05	0,03***	0,11	0,02	0,06	0,03
(Adj. R^2 Werte)	(0,03)	(0,03)	(0,06)	(0,02)				
Zufr. Einkom.	0,00	0,02	0,00	-0,13***	0,00	0,02	0,00	-0,16
Bildung	0,12***	0,23***	0,09	0,09***	0,10	0,19	0,05	0,05
Arbeitslos	0,02***	0,02*	0,01	-0,02***	0,03	0,05	0,02	-0,03
Leist. Empf.	-0,00	0,03***	0,05*	-0,02***	-0,02	0,08	0,11	-0,03
(Adj. R^2 Inter.)	(0,02)	(0,03)	(0,01)	(0,03)				
Geschlecht	-0,01	0,01	0,01	0,01*	-0,02	0,04	0,02	0,02
Alter	-0,08	-0,10***	0,00	0,01	-0,08	-0,10	0,00	0,01
Konstante	0,44***	0,32***	0,38***	0,44***				
Adj. R^2 Gesamt	0,05	0,07	0,06	0,05				

* p<0,05; ** p<0,01; *** p<0,001; E-W=23.718, D-W=2.107, D-O=511, E-O=18.595.
Gewichte: Design-Gewichte für West- und Osteuropa sowie für Ost- und Westdeutschland.

Bei den Einstellungen zu den *intendierten Folgen* mit der bereits bekannten sehr niedrigen Erklärungskraft des Gesamtmodells existieren keine Unterschiede zwischen West- und Ostdeutschland (0,03; 0,02). Auch bei den Einstellungen zu den *nicht-intendierten Folgen,* die insgesamt etwas besser erklärt werden können, gibt es keine West-Ost-Unterschiede bei der Erklärungskraft des Gesamtmodells (0,07; 0,06). Allerdings lassen sich hier Differenzen bei den Teilmodellen beobachten. In Westdeutschland werden die nicht-intendierten Folgen gleichermaßen von Wert- und Interessenorientierungen (jeweils 0,03) bestimmt, in Ostdeutschland erweist sich dagegen die Wertorientierung als erklärungskräftiger (0,06 vs. 0,01).

Zusammenfassend kann für die Determinanten der Einstellungen zum Wohlfahrtsstaat festgehalten werden, dass in West- und Ostdeutschland die Gemeinsamkeiten überwiegen und dass in Ostdeutschland diese Einstellungen weder ausschließlich in der Interessenorientierung noch im Vergleich zur Wertorientierung relativ stärker in der Interessenorientierung gründen. Hinsichtlich der beiden konkurrierenden Hypothesen entsprechen die empirischen Befunde eher der Sozialisations- als der Situationsthese.

Die Erklärungsmuster in West- und Osteuropa zeigen große strukturelle Ähnlichkeiten mit denen in Deutschland. Bei der *Extensität* erweisen sich in West- und Osteuropa die Wert- und die Interessenorientierung als erklärungskräftig, die Richtung der Zusammenhänge entspricht den Erwartungen und auch hier ist der Erklärungsbeitrag der Wertorientierungen höher als der der Interessenorientierung. Es gibt jedoch einen Unterschied zwischen Deutschland und West- bzw. Osteuropa: Die Erklärungskraft des Gesamtmodells ist sowohl in Westeuropa (0,17) als auch in Osteuropa (0,18) deutlich höher als in Deutschland (jeweils 0,13) und dieser Unterschied gründet vor allem in der größeren Erklärungskraft der Wertorientierungen. Darauf werde ich noch zurückkommen. Die Einstellungen zu den *intendierten Folgen* können in West- und Osteuropa ebenfalls nur sehr schwach erklärt werden (0,01; 0,02). Und was die *nicht-intendierten Folgen* angeht, weisen West- und Osteuropa etwas stärkere Gemeinsamkeiten mit West- als mit Ostdeutschland auf, weil Wert- und Interessenorientierung annähernd gleich erklärungskräftig sind (0,03 vs. 0,02; 0,02 vs. 0,03). Danach gründen in Osteuropa die Einstellungen zum Wohlfahrtsstaat weder ausschließlich noch primär in den Interessenorientierungen. Die Situationsthese lässt sich auch für die osteuropäischen Länder nicht bestätigen.

Im Hinblick auf die Determinanten der wohlfahrtsstaatlichen Einstellungen dominieren die Gemeinsamkeiten zwischen den west- und osteuropäischen Staaten, es gibt keine Anzeichen für eine separate westeuropäische und eine separate osteuropäische Wohlfahrtsstaatskultur. Auch West- und Ostdeutschland fügen sich – mit einer Ausnahme – in dieses Bild ein. Die Ausnahme betrifft die bereits angesprochene unterschiedliche Erklärungskraft der Wertorientierungen bei den Einstellungen zur Extensität: Die Erklärungskraft der Wertorientierungen ist in West- und Osteuropa höher (jeweils 0,14) als in West- und Ostdeutschland (0,09; 0,10). Eine genaue Inspektion der Koeffizienten ergibt, dass dieser Unterschied vor allem in dem unterschiedlichen Effekt des Gleichheitsprinzips begründet liegt. Der unstandardisierte Regressionskoeffizient (b) erreicht in West- und Ostdeutschland jeweils den Wert 0,13, in Westeuropa 0,17 und in Osteuropa 0,21.

Bevor dieser Befund interpretiert werden soll, möchte ich zunächst einen möglichen Einwand aufgreifen. Weil das Gleichheitsprinzip mit einer Einstellung zu Einkommensunterschieden gemessen wird („Damit eine Gesellschaft gerecht ist, sollten die Unterschiede im Lebensstandard der Menschen gering sein") und eine der sieben Aufgaben, die in den Extensitätsindex eingeht, ebenfalls die Zustimmung zu einem vergleichbaren Sachverhalt misst („Der Staat sollte Maßnahmen ergreifen, um Einkommensunterschiede zu verringern") könnte argumentiert werden, dass es sich dabei um eine Tautologie handelt. Beide Aussagen beziehen sich in der Tat auf Einkommensunterschiede, allerdings geht es im ersten Fall um die Frage der Legitimität dieser Unterschiede und im zweiten Fall um die Rolle des Staates im Zusammenhang mit der Reduktion dieser Unterschiede. Mit dem ersten Item wird ein spezifisches Gerechtigkeitsprinzip gemessen, und zwar das Gleichheitsprinzip, mit dem das Wohlfahrtsstaatsprinzip legitimiert wird, das mit dem zweiten Item gemessen wird. Beide Prinzipien sind inhaltlich zwar eng aufeinander bezogen, es handelt sich aber um zwei separate Prinzipien. Die Behandlung des Gleichheitsprinzips als Determinante des Wohlfahrtsstaatsprinzips ist theoretisch gerechtfertigt, so dass in diesem Fall nicht von einer Tautologie gesprochen werden kann.

Der empirische Befund, dass der Effekt des Gleichheitsprinzips auf die Extensität in West- und Osteuropa stärker ist als in West- und Ostdeutschland, indiziert Unterschiede im ideologischen Denken. In West- und vor allem in Osteuropa geht die Befürwortung des Gleichheitsprinzips relativ stark mit der Befürwortung einer umfassenderen Staatsverantwortung einer, in West- und Ostdeutschland ist dieser Begründungszusammenhang zwar ebenfalls vorhanden, doch er ist schwächer ausgeprägt.

Einstellungen zum Wohlfahrtsstaat und Unterstützung der Demokratie

Die dritte Frage bezieht sich auf die Folgen der Einstellungen zum Wohlfahrtsstaat für die Unterstützung der Demokratie. Häufig wird davon ausgegangen, dass wohlfahrtsstaatliche Einstellungen eine besondere legitimatorische Bedeutung für die Ostdeutschen besitzen, weil diese ein sozialistisches Demokratiemodell präferieren, das neben liberal-demokratischen Prinzipien zusätzlich Prinzipien der sozialen Gerechtigkeit umfasst. Es gibt empirische Belege dafür, dass auch in den postsozialistischen Ländern ein solches Demokratiemodell präferiert wird (Fuchs/Roller 1998; Dalton u. a. 2007). Deshalb kann davon ausgegangen werden, dass in diesen Ländern wohlfahrtsstaatliche Einstellungen für die Unterstützung der Demokratie ebenfalls von besonderer Relevanz sind.

Zur Analyse dieser Frage wird im Folgenden ein Regressionsmodell mit der Demokratiezufriedenheit im eigenen Land als abhängiger Variablen spezifiziert. Als unabhängige Variablen werden die zentralen, klassischen Determinanten dieser Einstellung aufgenommen, das sind Einstellungen zur Regierung allgemein und Einschätzungen der ökonomischen Performanz (Easton 1975; Fuchs 1997). Zusätzlich werden verschiedene wohlfahrtsstaatliche Einstellungen als Determinanten berücksichtigt. Eine besondere legitimatorische Bedeutung der wohlfahrtsstaatlichen Einstellungen liegt dann vor, wenn erstens unter Berücksichtigung der klassischen Erklärungsfaktoren die wohlfahrtsstaatlichen Einstellungen eine eigenständige Erklärungskraft besitzen und wenn diese Erklärungskraft zweitens höher ist als für die wirtschaftliche Performanz. Was die vierte Frage angeht, so kann von einer einheitlichen europäischen Wohlfahrtsstaatskultur in Bezug auf die legitimatorische Bedeutung des Wohlfahrtsstaats gesprochen werden, wenn die Einstellungen zum Wohlfahrtsstaat in allen Regionen in etwa dieselbe Erklärungskraft für die Demokratiezufriedenheit aufweisen.

Die Demokratiezufriedenheit wird mit der gängigen Frage nach dem Funktionieren der Demokratie im eigenen Land gemessen; die Einstellungen zur Regierung über die Zufriedenheit mit der Regierungsperformanz und die wirtschaftliche Lage über die Zufriedenheit mit der Wirtschaftslage im eigenen Land.[7] Alle unabhängigen Variablen werden auf 0 und 1 standardisiert. Der Wert 1 indiziert „Zufriedenheit" und der Wert 0 „Unzufriedenheit". Wie im vorherigen Regressionsmodell enthält die Ergebnistabelle auch die erklärte Varianz für zwei Teilmodelle, in einem Fall für die wohlfahrtsstaatlichen Einstellungen (Adj. R^2 Wohlfahrtsstaat) und im anderen Fall für die wirtschaftliche Performanz (Adj. R^2 Ökonomie). Die Regressionskoeffizienten b und Beta beziehen sich auf das Gesamtmodell.

Nach den Ergebnissen der Regressionsanalysen sind die Einstellungen zum Wohlfahrtsstaat sowohl in West- als auch in Ostdeutschland für die Demokratiezufriedenheit von Bedeutung (Tabelle 4). In Westdeutschland geht von allen drei Einstellungen ein eigenständiger signifikanter Effekt aus. Je umfassender die gewünschte Rolle des Staates (Extensität), umso geringer die Demokratiezufriedenheit. Umgekehrt wirken sich positive Einschätzungen der intendierten Folgen und die Ablehnung negativer Nebenfolgen positiv auf die Demokratiezufriedenheit aus. In Ostdeutschland geht von zwei wohlfahrtsstaatlichen Einstellungen ein signifikanter Effekt aus, und zwar von der Extensität und den intendierten Folgen. Der Effekt der Einstellungen zur Extensität ist dabei deutlich stärker (b =-0,20 vs. -0,07). Das erste Kriterium der eigenständigen Erklärungskraft wohlfahrtsstaatlicher Einstellungen für die Unterstützung der Demokratie ist damit erfüllt. Das zweite Kriterium für eine besondere legitimatorische Bedeutung der wohlfahrtsstaatlichen Einstellungen ist aber nicht gegeben. Der Anteil der erklärten Varianz ist für die wohlfahrtsstaatlichen Einstellungen nicht höher als für die wirtschaftliche Performanz. Im Gegenteil, die legitimatorische Bedeutung der wirtschaftlichen Performanz ist in West- und in Ostdeutschland deutlich ausgeprägter (0,15 vs. 0,06; 0,29 vs. 0,11).

---

[7] Die Frageformulierungen lauten: a) Und wie zufrieden sind Sie – alles in allem – mit der Art und Weise, wie die Demokratie in Deutschland funktioniert (Demokratiezufriedenheit); b) Wie zufrieden sind Sie mit der Art und Weise, wie die Regierung (in Ihrem Land) ihre Arbeit erledigt? (Zufriedenheit mit der Bundesregierung); Wie zufrieden sind Sie – alles in allem – mit der gegenwärtigen Wirtschaftslage in Ihrem Land? (nationale wirtschaftliche Lage), [Skalen von 1 = äußerst zufrieden bis 10 = äußerst unzufrieden] (vgl. www.european socialsurvey.de).

Tabelle 4: Einfluss der Einstellungen zum Wohlfahrtsstaat auf die Demokratiezufriedenheit (OLS-Regression)

2008	E-W	D-W	D-O	E-O	E-W	D-W	D-O	E-O
	b	b	b	b	Beta	Beta	Beta	Beta
Extensität	0,00	-0,07*	-0,20*	-0,06**	0,00	-0,05	-0,12	-0,04
Intend. Folgen	0,09***	0,13**	0,12*	0,03***	0,07	0,09	0,09	0,02
N-intend. Folgen	0,10***	0,09***	0,03	-0,05***	0,08	0,07	0,02	-0,04
(Adj. R^2 Wohlf.)	(0,05)	(0,06)	(0,11)	(0,04)				
Wirtschaftzuf.	0,02***	0,01***	0,02***	0,04**	0,18	0,13	0,18	0,34
(Adj. R^2 Ökon.)	(0,25)	(0,15)	(0,29)	(0,36)				
Regierungszuf.	0,50***	0,54***	0,55***	0,36**	0,49	0,49	0,51	0,38
Konstante	0,15**	0,22**	0,23***	0,19***				
Adj. R^2 Gesamt	0,41	0,35	0,48	0,45				

* p<0,05; ** p<0,01; *** p<0,001; E-W=23.527, D-W=2.079, D-O=507, E-O=17.539; Gewichte: Design-Gewichte für West- und Osteuropa sowie für Ost- und Westdeutschland.

Trotz dieser Strukturähnlichkeit gibt es zwei deutliche Unterschiede zwischen West- und Ostdeutschland: Zum einen ist die Erklärungskraft wohlfahrtsstaatlicher Einstellungen in Ostdeutschland höher als in Westdeutschland (0,11 vs. 0,06). In Ostdeutschland kommt dabei der Extensität eine vergleichsweise wichtigere Rolle zu. Zweitens ist der Anteil der erklärten Varianz des Gesamtmodells in Ostdeutschland deutlich höher als in Westdeutschland (0,48 vs. 0,35). Dies bedeutet, dass die Demokratiezufriedenheit im Osten in viel stärkerem Maß von Performanzeinschätzungen abhängig ist als im Westen. In der Sprache von Eastons Unterstützungskonzept (1975: 445) wird in Ostdeutschland die Demokratie in geringerem Maß „for its own sake" unterstützt als in Westdeutschland.

In West- und in Osteuropa besitzen die wohlfahrtsstaatlichen Einstellungen ebenfalls eine eigenständige legitimatorische Bedeutung. In Osteuropa sind alle drei wohlfahrtsstaatlichen Einstellungen signifikant bzw. relevant, in Westeuropa lediglich die Einschätzungen der intendierten und nicht-intendierten Folgen. Wie in Deutschland überwiegt aber die Erklärungskraft der wirtschaftlichen Performanz gegenüber der der wohlfahrtsstaatlichen Einstellungen, und zwar sehr deutlich (0,25 vs. 0,05; 0,36 vs. 0,04). Und schließlich hängt in Osteuropa die Unterstützung der Demokratie ebenfalls stärker von Performanzeinschätzungen ab als in Westeuropa, auch wenn der Unterschied in der erklärten Varianz des Gesamtmodells zwischen Ost- und Westeuropa (0,45 vs. 0,41) nicht so hoch ist wie zwischen Ost- und Westdeutschland.

Zusammenfassend kann festgehalten werden, dass die wohlfahrtsstaatlichen Einstellungen in Deutschland und in Europa eine eigenständige legitimatorische Bedeutung besitzen, dass aber weder für Ostdeutschland noch für Osteuropa eine besondere legitimatorische Bedeutung der Einstellungen zum Wohlfahrtsstaat vorliegt. Auch in Bezug auf diesen Aspekt kann das Vorliegen einer einheitlichen europäischen Wohlfahrtsstaatskultur konstatiert werden.

Zusammenfassung und Diskussion

Auf der Basis des ESS 2008 kann erstmals ein breites Spektrum wohlfahrtsstaatlicher Einstellungen in Deutschland und in Europa untersucht werden. Einerseits kann über den Vergleich von West- und Ostdeutschland die Frage analysiert werden, ob fast zwanzig Jahre nach der Wiedervereinigung nach wie vor deutliche Unterschiede in den Wohlfahrtsstaatskulturen zwischen West- und Ostdeutschland vorliegen. Andererseits kann über den Vergleich mit West- und Osteuropa ermittelt werden, inwieweit sich die West-Ost-Unterschiede innerhalb Deutschlands auch auf europäischer Ebene widerspiegeln. Ich fasse im Folgenden die wichtigsten empirischen Befunde der vorangegangen Analyse zusammen.

Zunächst einmal konnte anhand dieser Daten gezeigt werden, dass die früher getroffene theoretische Unterscheidung zwischen verschiedenen Einstellungen zum Wohlfahrtsstaat, und zwar den Einstellungen zur Extensität, den intendierten Folgen und den nicht-intendierten Folgen, empirisch sowohl für westeuropäische als auch osteuropäische Wohlfahrtsstaaten vorliegt. Bei dem Konzept der Einstellungen zum Wohlfahrtsstaat handelt es sich demzufolge um ein allgemeines Konzept, das sich als theoretische Grundlage zur Durchführung komparativer Analysen der Wohlfahrtsstaatskulturen in Deutschland und Europa eignet. Im vorliegenden Beitrag werden die Verteilung, die Determinanten und die Folgen dieser Kulturen analysiert.

Etwa zwanzig Jahre nach der Wiedervereinigung lassen sich signifikante Unterschiede zwischen West- und Ostdeutschland bei der Verteilung einzelner Einstellungen ausmachen. Es gibt nach wie vor deutliche Unterschiede in den Einstellungen zur *Extensität* des Wohlfahrtsstaats. Die Ostdeutschen haben viel weitergehende Erwartungen an den Umfang staatlicher Leistungen als die Westdeutschen. Sie sehen vor allem in denjenigen Aufgabenbereichen eine deutlich größere Staatsverantwortung, in denen sich der sozialistische vom konservativen Wohlfahrtsstaat unterscheidet (*differentia specifica*): Das sind die Sicherstellung eines Arbeitsplatzes, die Reduktion der Einkommensunterschiede und die Bereitstellung von Kinderbetreuungseinrichtungen. Diese Differenz zwischen West- und Ostdeutschland lässt sich auf europäischer Ebene nicht als Differenz zwischen West- und Osteuropa reproduzieren. Das dort vorgefundene Muster kann am ehesten als einheitliche europäische Wohlfahrtsstaatskultur interpretiert werden, die sich dadurch auszeichnet, dass die Bürger aller europäischen Staaten mehrheitlich eine umfassende Staatsverantwortung präferieren.

Auch bei den *intendierten Folgen*, insbesondere der Einschätzung der Realisierung von Gleichheit, bestehen nach wie vor Differenzen zwischen den beiden Teilen Deutschlands. Doch diese Differenzen sind geringer ausgeprägt als im Fall der Extensität. Im Hinblick auf die intendierten Folgen konnte durch den europäischen Vergleich eine Besonderheit der Einstellungen der Ostdeutschen identifiziert werden. Einstellungen zu den intendierten Folgen werden von den Westeuropäern durchgängig positiver beurteilt als von den Osteuropäern, so dass von einer spezifisch westeuropäischen und einer spezifisch osteuropäischen Wohlfahrtsstaatskultur gesprochen werden kann. Die Besonderheit besteht darin, dass nicht nur Westdeutschland, sondern auch Ostdeutschland zur Gruppe der westeuropäischen Länder mit den positiveren Einschätzungen der intendierten Folgen zählen. Entgegen vielfacher Erwartungen haben die Ostdeutschen offenbar auf die neuen objektiven Lebensbedingungen im vereinigten Deutschland reagiert und schätzen in einem bestimmten Rahmen durchaus die Leistungen des deutschen Wohlfahrtsstaats. Bei den *nicht-intendierten Folgen* existieren ebenfalls Differenzen zwischen West- und Ostdeutschland. Doch auch diese sind vergleichsweise moderat ausgeprägt. Der Vergleich mit den west- und osteuropäischen Ländern erbringt kein systematisches Muster.

Während bei den Verteilungen wohlfahrtsstaatlicher Einstellungen also nach wie vor in einigen zentralen Aspekten deutliche Unterschiede zwischen West- und Ostdeutschland vorliegen, existieren bei den Zusammenhängen zwischen diesen Einstellungen mit den Determinanten (Wert- und Interessenorientierung) auf der einen und den Folgen (Unterstützung der Demokratie) auf der anderen Seite praktisch keine Unterschiede. Die Einstellungen zum Wohlfahrtsstaat werden sowohl von Interessen- als auch von Wertorientierungen determiniert. In Ostdeutschland dominiert nicht die Interessen- gegenüber der Wertorientierung, wie dies von den Vertretern der Situationsthese behauptet wird. Und bei den Folgen der Einstellungen zum Wohlfahrtsstaat für die Unterstützung der Demokratie hat sich gezeigt, dass die wohlfahrtsstaatlichen Einstellungen sowohl in West- als auch in Ostdeutschland eine eigenständige legitimatorische Bedeutung besitzen, dass aber in Ostdeutschland nicht von einer besonderen legitimatorischen Bedeutung wohlfahrtsstaatlicher Einstellungen gesprochen werden kann. Wollte man diese Befunde verallgemeinern, so könnte man sie in der Formel zusammenbringen: Die Wohlfahrtsstaatskulturen in West- und Ostdeutschland sind nach wie vor unterschiedlich ausgeprägt, aber die Ursachen und die Folgen dieser Kulturen sind ähnlich.

Im Vergleich zwischen West- und Osteuropa können keine Belege für die These des *homo sovieticus* ermittelt werden, wonach die sozialistischen Systeme eine spezifisch osteuropäische Wohlfahrtsstaatskultur kreiert haben. Die einzig auffindbaren systematischen Unterschiede beziehen sich auf die Einschätzung der intendierten Folgen, die in Osteuropa negativer beurteilt werden als in Westeuropa. Das hat aber weniger damit zu tun, dass die sozialistischen Systeme eine spezifisch osteuropäische Wohlfahrtsstaatskultur geprägt haben als vielmehr mit den unterschiedlichen objektiven Bedingungen in beiden Regionen. Die osteuropäischen Wohlfahrtsstaaten befinden sich nach wie vor in einem Transformationsprozess, es konnten dort noch keine leistungsfähigen Wohlfahrtsstaaten implementiert werden. Auch in Osteuropa funktionieren die Wohlfahrtsstaatskulturen wie in Westeuropa, d.h. es dominiert nicht die Interessenorientierung und die wohlfahrtsstaatlichen Einstellungen besitzen keine besondere legitimatorische Bedeutung.

Wie werden sich die Wohlfahrtsstaatskulturen in Deutschland entwickeln und welche Bedeutung haben diese Ergebnisse für die kulturelle Integration im vereinigten Deutschland? Diese Analyse hat einige Anhaltspunkte dafür gebracht, dass die Wohlfahrtsstaatskultur in Ostdeutschland auch in der Sozialisation im sozialistischen System der DDR gründet und dass deshalb nach wie vor von einem sozialistischen Erbe gesprochen werden kann. Dafür spricht zum einen der empirische Befund, dass die größten Unterschiede zwischen West- und Ostdeutschland bei den Einstellungen zur Extensität vorliegen, und dass diese Unterschiede sich vor allem auf die Aufgaben konzentrieren, in denen sich der sozialistische vom konservativen Wohlfahrtsstaat des vereinigten Deutschland unterscheidet. Zum anderen zeigt die Kausalanalyse, dass diese Einstellungen in stärkerem Maß von Wertorientierungen als von Interessenorientierungen determiniert werden, wobei Wertorientierungen als Indikatoren für die Sozialisation interpretiert werden können. In dem Maße, in dem diese Einstellungen in der Sozialisation gründen, sind sie auch relativ stabil. Ein grundlegender Wandel der Einstellungen, und das heißt eine Annäherung der Wohlfahrtsstaatskulturen in West- und Ostdeutschland, kann sich nur über einen Generationenaustausch vollziehen, in dem nachwachsende Generationen, die im Wohlfahrtsstaat des vereinigten Deutschlands aufwachsen, zunehmend die älteren Generationen ersetzen, die im sozialistischen Wohlfahrtsstaat der DDR aufgewachsen sind. Neuere Analysen auf der Basis des *International Social Survey Programms* haben erste Anhaltspunkte für einen solchen Generationenaustausch zwischen 1990 und 2006 ermitteln können (Svallfors 2010). Allerdings handelt es sich bei einem Generationenaustausch um einen langwierigen Prozess, der in dem Maße verzögert werden kann, in dem es politische Parteien gibt, die diese sozialistische Wohlfahrtsstaatskonzeption in ihrer Programmatik aufgreifen und sie zum Thema der politischen Auseinandersetzung machen.

Solange diese Differenzen in der Wohlfahrtsstaatskultur zwischen West- und Ostdeutschen existieren und die Ostdeutschen mehrheitlich einen anderen, sozialistischen Wohlfahrtsstaat präferieren, stellt dies ein strukturelles Problem für die in Deutschland implementierte liberale Demokratie dar. Die hier vorgelegten Analysen zum Zusammenhang zwischen den Einstellungen zum Wohlfahrtsstaat und der Demokratiezufriedenheit zeigen, dass es in Ostdeutschland vor allem die Einstellungen zur Extensität des Wohlfahrtsstaats sind, die einen vergleichsweise starken Effekt auf die Demokratiezufriedenheit haben. Zudem ist aus Forschungen zur Unterstützung der Demokratie bekannt, dass in Ostdeutschland diese hohen Ansprüche eng mit der Präferenz für eine eher sozialistische Demokratie einhergehen. Die neuesten Daten aus dem Jahr 2009 zeigen, dass für die Mehrheit der Ostdeutschen und eine Minderheit der Westdeutschen nach wie vor soziale Gerechtigkeit zu einer Demokratie gehört (Roller 2010: 600). Solange diese Unterschiede in den Einstellungen zum Wohlfahrtsstaat in Deutschland existieren, steht also nicht nur ein anderer Typus von Wohlfahrtsstaat zur Diskussion, sondern darüber hinaus und grundlegender auch eine andere Demokratie als die, die in Deutschland implementiert ist.

Literatur

Andreß, Hans-Jürgen/Heien, Thorsten 2001: Four Worlds of Welfare State Attitudes? A Comparison of Germany, Norway, and the United States. In: European Sociological Review 17, 337-356.

Blekesaune, Morten/Quadagno, Jill 2003: Public Attitudes toward Welfare State Policies: A Comparative Analysis of 24 Nations. In: European Sociological Review 19, 415-427.

Dallinger, Ursula 2008: Sozialstaatliche Umverteilung und ihre Akzeptanz im internationalen Vergleich: Eine Mehrebenenanalyse. In: Zeitschrift für Soziologie 37, 137-157.

Dalton, Russell J./Shin, Doh C./Jou, Willy 2007: Understanding Democracy: Data from Unlikely Places. In: Journal of Democracy 18, 142-156.

Easton, David 1975: A Re-Assessment of the Concept of Political Support. In: British Journal of Political Science 5, 435-457.

Esping-Andersen, Gøsta 1990: The Three Worlds of Welfare Capitalism. Cambridge: Polity Press.

Ferge, Zsuzsa 2008: Is there a Specific East-Central European Welfare Culture? In: van Oorschot, Wim/Opielka, Michael/Pfau-Effinger, Birgit (Hrsg.): Culture and Welfare State: Values und Social Policy in Comparative Perspective. Cheltenham: Edward Elgar, 141-161.

Flora, Peter/Alber, Jens/Kohl, Jürgen 1977: Zur Entwicklung der westeuropäischen Wohlfahrtsstaaten. In: Politische Vierteljahresschrift 18, 707-772.

Fuchs, Dieter 1997: Welche Demokratie wollen die Deutschen? In: Gabriel, Oscar W. (Hrsg.): Politische Orientierungen und Verhaltensweisen im vereinigten Deutschland. Opladen: Leske + Budrich, 81–113.

Fuchs, Dieter/Klingemann, Hans-Dieter 2002: Eastward Enlargement of the European Union and the Identity of Europe. In: West European Politics 25, 19-54.

Fuchs, Dieter/Roller, Edeltraud 2006: Demokratie und Sozialstaat. In: Statistisches Bundesamt (Hrsg.): Datenreport 2006. Zahlen und Fakten über die Bundesrepublik Deutschland. Bonn: Bundeszentrale für politische Bildung, 237-241.

Fuchs, Dieter/Roller, Edeltraud 1998: Cultural Conditions of the Transition to Liberal Democracy in Central and Eastern Europe. In: Barnes, Samuel H./Simon, János (Hrsg.): The Postcommunist Citizen. Budapest: Erasmus Foundation and Institute for Political Science of the Hungarian Academy of Sciences, 35-77.

Fuchs, Dieter/Roller, Edeltraud/Weßels, Bernhard 1997: Die Akzeptanz der Demokratie des vereinigten Deutschland. Oder: Wann ist ein Unterschied ein Unterschied? In: Aus Politik und Zeitgeschichte B51/97, 3-12.

Gerhards, Jürgen 2005: Kulturelle Unterschiede in der Europäischen Union. Wiesbaden: VS Verlag für Sozialwissenschaften.

Hacker, Björn 2009: Varianz statt Typenbildung – Die Transformation der Wohlfahrtspolitiken in Mittelosteuropa. In: Gawrich, Andrea/Knelangen, Wilhelm/Windwehr, Jana (Hrsg.): Sozialer Staat – soziale Gesellschaft? Stand und Perspektiven deutscher und europäischer Wohlfahrtsstaatlichkeit. Opladen/Farmington Hills: Barbara Budrich, 209-227.

Haggard, Stephen/Kaufman, Robert R. 2008: Development, Democracy, and Welfare States: Latin America, East Asia, and Eastern Europe. Princeton: Princeton University Press.

Leibfried, Stephan 1992: Towards a European Welfare State? On Integrating Poverty Regimes into the European Community. In: Ferge, Zsusza/Kolberg, Jon Eivind (Hrsg.): Social Policy in a Changing Europe, Frankfurt a.M.: Campus, 245-279.

Orenstein, Mitchell A. 2008: Postcommunist Welfare States. In: Journal of Democracy 19, 80-94.

Pollack, Detlef 1997: Das Bedürfnis nach sozialer Anerkennung: Der Wandel der Akzeptanz von Demokratie und Marktwirtschaft in Ostdeutschland. In: Aus Politik und Zeitgeschichte B13/97, 3-14.

Roller, Edeltraud 1992: Einstellungen der Bürger zum Wohlfahrtsstaat der Bundesrepublik Deutschland. Opladen: Westdeutscher Verlag.

Roller, Edeltraud 1997: Sozialpolitische Orientierungen nach der deutschen Vereinigung. In: Gabriel, Oscar W. (Hrsg.): Politische Orientierungen und Verhaltensweisen im vereinigten Deutschland. Opladen: Leske + Budrich, 115-146.

Roller, Edeltraud 2000: Ende des sozialstaatlichen Konsenses? Zum Aufbrechen traditioneller und zur Entstehung neuer Konfliktstrukturen in Deutschland. In: Niedermayer, Oskar/Westle, Bettina (Hrsg.): Demokratie und Partizipation. Opladen: Westdeutscher Verlag, 88-114.

Roller, Edeltraud 2010: Einstellungen zur Demokratie im vereinigten Deutschland: Gibt es Anzeichen für eine abnehmende Differenz? In: Krause, Peter/Ostner, Ilona (Hrsg.): Leben in Ost- und Westdeutschland: Eine sozialwissenschaftliche Bilanz der deutschen Einheit 1990-2010. Frankfurt a.M.: Campus, 597-614.

Schmidt, Manfred G. 2005: Sozialpolitik in Deutschland. Historische Entwicklung und internationaler Vergleich. 3., vollständig überarbeitete und erweiterte Auflage. Wiesbaden: VS Verlag für Sozialwissenschaften.

Svallfors, Stefan 2010: Policy Feedback, Generational Replacement, and Attitudes to State Intervention: Eastern and Western Germany, 1990–2006. In: European Political Science 2, 119-135.

Tomka, Béla 2004: Wohlfahrtsstaatliche Entwicklung in Ostmitteleuropa und das europäische Sozialmodell. In: Kaelble, Hartmut/Schmid, Günther (Hrsg.): Das europäische Sozialmodell: Auf dem Weg zum transnationalen Sozialstaat. WZB-Jahrbuch 2004. Berlin: edition sigma, 107-139.

Veen, Hans-Joachim 1997: Innere Einheit – aber wo liegt sie? Eine Bestandsaufnahme im siebten Jahr nach der Wiedervereinigung Deutschlands. In: Aus Politik und Zeitgeschichte B40-41/97, 19-28.

Demokratische Bürgertugenden

Jan W. van Deth[1]

Viele Betrachtungen gegenwärtiger Demokratien stellen eine Abnahme der Akzeptanz ihrer Grundprinzipien fest. Dabei treten insbesondere Klagen über den Anstieg von sozialem Egoismus, den Rückgang von Solidarität und Gemeinschaftsgefühlen, den öffentlichen Rückzug aus der ‚schmutzigen' Politik und die Abnahme des sozialen und politischen Engagements auf. Zur gleichen Zeit gibt es einen weit verbreiteten Konsens darüber, dass die Wiederbelebung von demokratischen Bürgertugenden diese Defizite von modernen Demokratien ausgleichen kann. Demokratische Bürgertugenden werden meist mit dem Bild einer ‚guten' Bürgerin oder eines ‚guten' Bürgers verknüpft. In derartigen Vorstellungen sind Bürger politisch und sozial engagiert, unterstützen Menschen in Notlagen, befolgen die Gesetze und Verordnungen und bezahlen Steuern. Ohne einen minimalen Grad an Akzeptanz derartiger Grundprinzipien durch ihre Mitglieder ist das Überleben jeder Gesellschaft gefährdet – insbesondere auf Konsens und Ausgleich basierte Demokratien scheinen ohne breite Unterstützung von Bürgertugenden kaum lebensfähig zu sein (vgl. Seubert 2000; Egle 2002; Münkler/Lokk 2005).

In diesem Beitrag steht die Frage nach der Unterstützung demokratischer Bürgertugenden im Vordergrund. Somit ist die Frage nicht, *ob* die Bürgerinnen und Bürger politisch aktiv sind oder tatsächlich Gesetze befolgen und Steuern bezahlen, sondern vielmehr sollen die *normativen Annahmen* über die Merkmale einer ‚guten' Bürgerin oder eines guten Bürgers im demokratischen politischen System untersucht werden. Welche Tugenden charakterisieren eine ‚gute' Bürgerin oder einen ‚guten' Bürger? Wie sind diese Tugenden in Deutschland und in anderen europäischen Demokratien verteilt? Und sind Bürgerinnen und Bürger, die politisch aktiv sind tatsächlich auch die ‚besseren Demokraten'; das heißt, ist die Akzeptanz demokratischer Bürgertugenden unter politisch aktiven Bürgerinnen und Bürgern größer als unter nicht-Aktiven?

Von Aristoteles und Platon bis zu Michael Walzer und Benjamin Barber haben sich politische Philosophen mit dem Verhältnis der Voraussetzungen einer Gesellschaft auf der einen Seite und den Rechten und Pflichten der Bürger auf der anderen Seite beschäftigt (vgl. Pinzani 2000; Forndran 2003). Hinsichtlich den umfangreichen Konzeptualisierungen und Jahrhunderte alten Diskussionen zwischen politischen Philosophen über die unterschiedlichen Bedeutungen von demokratischen

---

[1] Für die sprachliche Überarbeitung dieses Beitrages danke ich Christian Schnaudt und Sarah Odrakiewicz.

Bürgertugenden ist es verwunderlich, dass empirische Untersuchungen zu diesem normativen Aspekt von Demokratie eher selten sind. Außerdem sind die verfügbaren empirischen Belege fast ausschließlich auf etablierte (liberale) Demokratien in Nord-Westeuropa und Nordamerika beschränkt. Mit einer empirischen Untersuchung von demokratischen Bürgertugenden in Deutschland und Europa wird in diesem Beitrag versucht, diese Lücken zu schließen. Die erste Welle des *European Social Survey* (ESS 2002) umfasst mehrere Fragen bezüglich der verschiedenen Aspekte einer ‚guten' Bürgerin oder eines ‚guten' Bürgers, welche für die Untersuchung der Unterstützung demokratischer Bürgertugenden im europäischen Vergleich geeignet sind. Für die Entwicklungen in Deutschland steht zusätzlich die vierte Welle des ESS (2008) zur Verfügung. Da die betreffenden Fragen aus dem ESS 2008 nur in die deutsche Teilstudie aufgenommen wurden, liegt der Schwerpunkt dieses Beitrages auf der Verteilung und Entwicklung demokratischer Bürgertugenden in Deutschland im europäischen Vergleich. Die internationalen Vergleiche beschränken sich notwendigerweise auf die erste Welle des ESS.

Vorstellungen einer ‚guten' Bürgerin oder eines ‚guten' Bürgers

Der Begriff ‚Tugend' bezeichnet die Bereitschaft, ohne Sanktionen etwas Wünschenswertes oder ‚Gutes' zu tun. Obwohl etwas altmodisch, hat der Begriff durchaus einen positiven Beiklang.[2] In Betrachtungen über die Demokratie handelt es sich dabei meistens um die Bereitschaft von Bürgerinnen und Bürgern, politische Entscheidungen auf der Basis eines geteilten Verständnisses des Gemeinwohls mitzugestalten und zu akzeptieren. Vorstellungen einer ‚guten' Bürgerin oder eines ‚guten' Bürgers sind so alt wie die Demokratie selbst und sind bereits in Perikles' berühmter Beerdigungsansprache deutlich vorhanden (Sabine/Thorson 1973: 28). Seitdem dominieren politik-philosophische (normative) Ansätze die Debatte über die Frage, welche Bedingungen eine ‚gute' Bürgerin oder einen ‚guten' Bürger erfüllen sollten.[3] Erst vor wenigen Jahrzehnten erschienen die ersten empirischen Studien in diesem Bereich. Dabei wurden Bürger gefragt, welche Aspekte ihres Erachtens eine ‚gute' Bürgerin oder einen ‚guten' Bürger auszeichneten. Diese Vorstellungen konnten durch offene Fragen in Umfragen, durch Tiefeninterviews oder durch organisierte Gruppendiskussionen erhoben werden. Lane (1962) interviewte 15 Männer aus Eastport (USA) über ihre Meinungen zu demokratischen Einstellungen. Gruppen-

---

2   Siehe für eine ausführliche „Phänomenologie der Tugenden" sowie den Bedeutungswandel des Begriffes ‚Tugend' Bollnow (1958).
3   Die normativen und präskriptiven Merkmale dieser Vorstellungen zeigen sich deutlich in der expliziten Benutzung des Verbes ‚sollen'. Konzeptuell unterscheiden sich Tugenden damit nicht von dem soziologischen Begriff ‚Norm' – allerdings sind zur Durchsetzung von Normen Sanktionen erforderlich und beschränken sich Tugenden im Prinzip auf (internalisierten) Richtlinien oder Empfehlungen. Siehe für weiter führende Diskussionen über die soziologischen Betrachtungen der Rolle von Normen in Handlungstheorien Lindenberg (2008), aber auch Eger/Weise (1990), Majeski (1990) oder Ostrom (2000).

diskussionen wurden dagegen von Pamela Johnston Conover und ihren Mitarbeitern (1990; 1991; 1993; 2004) in einem umfangreichen Vergleich zwischen den Meinungen von britischen und amerikanischen Bürgern durchgeführt mit dem Ziel, empirische Informationen über die Art und Weise, wie Bürger über ihre Rechte und Pflichten denken, zu erhalten. Im Gegensatz zu standardisierten Umfragen animieren Tiefeninterviews und Gruppendiskussionen die Teilnehmer dazu, sich auf ihr eigenes Vokabular und ihre eigenen Argumentationsstränge zu konzentrieren.

Die Resultate der Studien von Conover und ihren Kollegen enthalten sehr aufschlussreiche Informationen darüber, wie Menschen über ihre Rechte und Pflichte als Bürgerin oder Bürger denken. Ein weit geteiltes ‚liberales' Verständnis charakterisiert dabei die Art und Weise, wie Menschen ihre Pflichten oder Aufgaben als Bürgerin oder Bürger einschätzen. Die zentralen Merkmale für das ‚liberale' Verständnis von Kernaufgaben umfassen:

> „… fundamental duties necessary for the preservation of civil life (e.g., obedience to the law, respect for the rights of others) and the political system (e.g., paying taxes, serving on juries, and, occasionally, voting). But people differ sharply over other forms of citizen behavior. Most argue that other types of citizen behavior (e.g., public services, aid to the needy, political participation beyond voting) are not so much responsibilities of citizenship as they are virtuous behaviors that individuals might or might not choose to do" (Conover u. a. 1993: 163; vgl. Conover u. a. 1990: 18; Conover u. a. 1991: 818).

Die Unstimmigkeiten, die sich in der Diskussion über diese letztgenannten „virtuous behaviors" zeigen, basieren auf unterschiedlichen Ansätzen über die Beziehung zwischen Individuen und der Gemeinschaft. In Bezug auf die Frage, was die Bürgerinnen und Bürger „might do to be better citizens" antworteten Briten und Amerikaner, dass sie: „… are more likely to think about civic engagement than about electoral participation or democratic deliberation". Häufig geäußerte Vorstellungen sind dabei: „taking care of the environment, helping the elderly and the ill, participating in community organizations, taking a general interest in the community, giving to charity, and (in Britain) caring for animals" (Conover u. a. 2004: 1060).

Durch diese Gruppendiskussionen wird das Konzept einer ‚guten' Bürgerin oder eines ‚guten' Bürgers deutlich: Sie oder er versteht ihre oder seine Rechte hauptsächlich als Bürgerrechte (USA) oder „social rights" (Großbritannien) und erachtet hingegen politische Rechte nicht als ebenso wichtig oder relevant. Zweitens versteht eine ‚gute' Bürgerin oder ein ‚guter' Bürger ihre oder seine Pflichten hauptsächlich als Pflichten und Aufgaben, welche notwendig sind um das bürgerliche Leben zu bewahren. Eine ‚gute' Bürgerin oder ein ‚guter' Bürger schätzt natürlich soziales Engagement und aktive Teilhabe in Gemeinschaftsangelegenheiten, aber es besteht kein Konsens über die Gründe oder Motive für diese Aktivitäten. Dieses Konzept von Bürgertum ist sowohl bemerkenswert eingegrenzt als auch überraschend durchdacht: Die Dominanz von ‚liberalen' Ansätzen von Bürgertugenden bedeutet zwar eine Interpretation von Rechten und Pflichten als *individuelle* Rechte und Pflichten, dennoch verhindert diese Fokussierung die Anerkennung von sozialen Belangen und kollektiven Aktivitäten in den Vereinigten Staaten und in Großbritannien nicht.

Obwohl Conover und ihre Kollegen ihre Daten auffallend sorgfältig gesammelt und analysiert haben und die sehr originellen Ergebnisse eine ungewöhnliche Perspektive auf die Vorstellungen von Bürgern über demokratische Bürgertugenden bieten, sind die problematischen Aspekte der Studien offensichtlich. Die starke Betonung ‚liberaler' Ansätze von Bürgertugenden und die Mischung von ‚liberalen' und ‚kommunitaristischen' Argumenten sind kaum überraschend bei britischen und amerikanischen Befragten. Vielmehr sind für Schlussfolgerungen über die Verteilungen von demokratischen Bürgertugenden repräsentative Stichproben der Bevölkerungen verschiedener Länder notwendig. In anderen Worten: Wir müssen über die Ergebnisse der Fokusgruppen und lokalen Interviews hinaus versuchen, durch vergleichende Studien einen vermutlich gegebenen angelsächsischen Bias in den Vorstellungen von demokratischen Bürgertugenden vermeiden.

Unterstützung demokratischer Bürgertugenden

Studien über demokratische Bürgertugenden mit repräsentativen Stichproben bieten die Möglichkeit, die Akzeptanz bestimmter Bürgertugenden in der Bevölkerung zu untersuchen. Theiss-Morse (1993) hat mit explorativen Methoden und Längsschnitt-Studien kaum Belege dafür gefunden, dass eine ‚gute' Bürgerin oder ein ‚guter' Bürger über das Wählen hinaus politisch aktiv sein sollte. Tyler (1990) präsentierte überzeugende Belege für die These, dass Menschen eher auf Verfahrensgerechtigkeits-Vorstellungen (*procedural justice*) als auf *outcomes* vertrauen, wenn sie dafür entscheidende Gesetze befolgen.

Bedeutende Beispiele aus internationalen Studien, welche Vergleiche der Unterstützung demokratischer Bürgertugenden in verschiedenen Ländern zulassen, sind das *Citizenship, Involvement, Democracy* Projekt (CID) und die erste Welle des ESS. Die in CID und ESS verwendeten Fragen nach den Vorstellungen einer ‚guten' Bürgerin oder eines ‚guten' Bürgers basieren auf einer umfangreichen Fragebatterie, welche ursprünglich für eine schwedische Bürgertum-Studie entwickelt wurde und vier Dimensionen unterscheidet: Solidarität, Partizipation, Gesetzestreue und Autonomie (Petersson u. a. 1998: 129-30). Denters u. a. (2007: 92-5) analysierten die verkürzte CID-Version dieser Fragen und konnten sowohl die erwartete Dimensionalität bekräftigen als auch die außergewöhnlich hohen Unterstützungsniveaus der zentralen Aspekte einer ‚guten' Bürgerin oder eines ‚guten' Bürgers in vielen Ländern nachweisen.[4]

Obwohl sich die exakte Anzahl von Items im Vergleich zu der schwedischen Bürgertum- und zu der CID-Studie wesentlich verringert hat, kann der ESS für empirische Untersuchungen der Akzeptanz der Vorstellungen einer ‚guten' Bürgerin oder eines ‚guten' Bürgers über viele Länder hinweg verwendet werden. Die ESS-Frage lenkt die Aufmerksamkeit direkt auf die persönliche Meinung der Befragten über ihre Vorstellungen einer ‚guten' Bürgerin oder eines ‚guten' Bürgers:

4 Dalton (2008) findet in den Vereinigten Staaten eine etwas abweichende Struktur auf der Basis einer mit typisch amerikanischen Normen erweiterten Liste (zum Beispiel „serve on a jury" und „serve in the militray when the country is at war").

Was macht einen guten Bürger aus? Was meinen Sie: Wie wichtig ist es, ...
... Menschen zu unterstützen, denen es schlechter geht als einem selbst?
... an Wahlen teilzunehmen?
... immer die Gesetze und Verordnungen zu befolgen?
... sich unabhängig von anderen eine eigene Meinung zu bilden?
... in Vereinen, Verbänden oder Organisationen aktiv zu sein?
... politisch aktiv zu sein?

Die Befragten äußerten ihre Meinung für jedes Item auf einer 11-Punkt-Skala mit einem Ranking von „äußerst unwichtig" (0) bis „äußerst wichtig" (10).

Roßteutscher (2004) berichtete in ihrer Analyse dieser ESS-Daten 2002 von einem in europäischen Demokratien sehr hohen Unterstützungsniveau für die Befolgung von Gesetzen, Unterstützung von Menschen und Bildung einer eigenen Meinung. In jedem Land erachten 70-90 Prozent der Bevölkerung diese drei Aspekte als „sehr wichtiges" Merkmal einer ‚guten' Bürgerin oder eines ‚guten' Bürgers.[5] Ein hohes Unterstützungsniveau kann ebenso für die Teilnahme an Wahlen gezeigt werden. Viel geringer ist hingegen die Unterstützung für aktives Engagment in Organisationen und insbesondere für politische Aktivitäten (Roßteutscher 2004: 183-9).

In Deutschland wurden die sechs Items in der ersten und vierten Welle des ESS (2002 und 2008) aufgenommen. Die Unterstützung für Bürgertugenden – in Abbildung 1 angegeben als der Anteil der Befragten mit einem Skalenwert von 8, 9 oder 10 – ist für jede der ersten vier demokratischen Bürgertugenden hoch. Autonomie erfuhr sogar von deutlich mehr als 80 Prozent der Befragten klare Unterstützung. Außerdem finden auch die drei Tugenden Gesetzestreue, Wahlen und Solidarität breite Zustimmung: Mehr als die Hälfte bis zweidrittel aller Befragten stufen diese Bürgertugenden als sehr wichtig ein. Auf der anderen Seite sehen wir, dass die Tocquevilleanische Idee, dass Engagement in freiwilligen Organisationen ein wichtiger Aspekt einer ‚guten' Bürgerin oder eines ‚guten' Bürgers ist, lediglich von weniger als 20 Prozent (2002) bis 27 Prozent (2008) der Befragten in Deutschland unterstützt wird. Erstaunlich ist ebenfalls die nur sehr geringe Unterstützung der Vorstellung, dass eine ‚gute' Bürgerin oder ein ‚guter' Bürger politisch aktiv sein sollte. Lediglich gut zehn Prozent der Befragten sind der Meinung, dass eine ‚gute' Bürgerin oder ein ‚guter' Bürger – generell gesprochen – politisch aktiv sein sollte.

Abbildung 1 zeigt weiterhin, dass die Unterstützung der verschiedenen Bürgertugenden in Deutschland in der Periode 2002-2008 zugenommen hat. Von einer oft behaupteten Abnahme der Akzeptanz demokratischer Grundprinzipien ist hier deshalb nicht das Geringste zu finden. Insbesondere die stark gewachsene Unterstützung für das Engagement in Vereinen, Verbänden oder Organisationen als Merkmal einer ‚guten' Bürgerin oder eines ‚guten' Bürgers ist bemerkenswert. Die Betonung

---

5 Roßteutscher bezeichnet in ihren Analysen einen Skalenwert von 7 oder höher als „eindeutige Zustimmung" (2004, 183). Im Hinblick auf die sehr schiefen Verteilungen der Werte wird hier stattdessen einen Skalenwert von 8 oder höher als deutliche Akzeptanz gewertet.

Abbildung 1: Demokratische Bürgertugenden in Deutschland (2002 und 2008) (Prozentzahlen der Befragten mit den Werten 8, 9 oder 10)

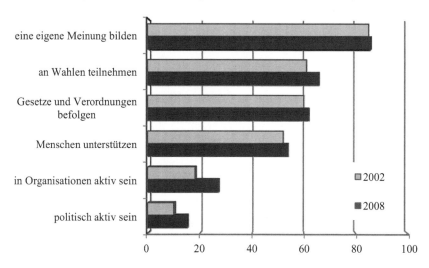

der Wichtigkeit von sozialen Aktivitäten und freiwilligem Engagement in der Öffentlichkeit in den letzten Jahren ist offensichtlich bei der Bevölkerung angekommen. Allerdings sind nach einem relativ starken Anstieg dieser Unterstützung auch 2008 noch immer nur wenige Befragte der Meinung, dass das aktive Engagement in Vereinen, Verbänden oder Organisationen ein wichtiger Aspekt demokratischer Bürgertugenden ist. Auch die Vorstellung, dass eine ‚gute' Bürgerin oder ein ‚guter' Bürger politisch aktiv sein sollte, findet zwar wachsende aber noch immer sehr geringe Unterstützung. Somit ist eine ‚gute' Bürgerin oder ein ‚guter' Bürger insbesondere eine Person, die zunächst ihre eigene Meinung bildet. Wichtig sind außerdem die Beteiligung an Wahlen, die Befolgung von Gesetzen sowie die Solidarität mit Schwächeren. Dagegen werden soziales und politisches Engagement im Allgemeinen – trotz der gewachsenen Unterstützung in den letzten Jahren – *nicht* als wichtige demokratische Bürgertugenden in Deutschland betrachtet.

Dass Politik ein überraschend unwichtiger Aspekt in der Vorstellung einer ‚guten' Bürgerin oder eines ‚guten' Bürgers ist, zeigen Dekker und de Hart (2002) in einer ähnlichen Weise für niederländische Befragte. Ebenso spiegelt sich die besondere Position von politischen Aktivitäten als eine eher unwichtige Bürgertugend in einer Studie über soziale Aktivisten in den USA wider (Verba u. a. 1995). Betrachtet man die Gründe, welche diese sozial Engagierten für ihre politische Inaktivität angeben, so ist die am häufigsten genannte Antwort „I don't have enough time", gefolgt von „I should take care of myself and my family before I worry about the community or nation" und „The important things in my life have nothing to do with politics" (Verba u. a. 1995: 129).

Hingegen nennen diejenigen Befragten, die politisch aktiv sind, als wichtigsten Grund für ihr Engagement, „the desire to do their duty as a member of the community, to make the community or nation a better place to life, or to do their share" (Verba u. a. 1995: 117). Offenbar begründen soziale Aktivisten ihre politische Aktivität mit einem Verweis auf Bürgertugenden, wohingegen politisch inaktive Bürger ihre politische Passivität mit der Betonung der Unwichtigkeit von Politik im Vergleich zu anderen Bereichen des Lebens erklären. Manche Bürgerinnen und Bürger in Deutschland sehen politische Aktivitäten nicht als einen bedeutenden Bereich ihrer Beteiligung in öffentlichen und sozialen Angelegenheiten.[6]

Die Unterstützung demokratischer Bürgertugenden in West- und Osteuropa zeigt ähnliche Differenzen wie in Deutschland. Tabelle 1 präsentiert die Ergebnisse der ersten Welle des ESS getrennt für alle west- und osteuropäischen Länder in dieser Welle (E-W bzw. E-O sowie West- und Ostdeutschland). Zum Vergleich mit anderen Ergebnissen in diesem Band ist außerdem die Unterstützung für die beiden Kernländersets aufgenommen (E-W* bzw. E-O*). Das allgemeine Bild von klaren Differenzen in der Unterstützung verschiedener Bürgertugenden finden wir in beiden Erhebungswellen und sowohl in West- als auch in Ostdeutschland deutlich wieder. Allerdings sind auch die Unterschiede zwischen beiden Teilen Deutschlands auffallend. Während im Westen die Beteiligung an Wahlen von vielen Befragten als ein sehr wichtiges Merkmal einer ‚guten' Bürgerin oder eines ‚guten' Bürgers betrachtet wird, unterstützen insbesondere 2008 erheblich weniger ostdeutsche Befragte diese Norm. Hinsichtlich Solidarität ist das Bild genau umgekehrt: Menschen zu helfen, denen es schlechter geht als einem selbst, wird von viel mehr ost- als westdeutschen Befragten als sehr wichtig eingestuft (beide Wellen). Diese Differenzen spiegeln die noch immer vorhandenen Unterschiede im Demokratieverständnis wider (vgl. Neu 2009: 12), wobei repräsentativ-demokratische (liberale) Bürgertugenden in Westdeutschland betont werden und in Ostdeutschland mehr Wert auf gesellschaftlich-solidarische Tugenden gelegt wird. Bezeichnend ist, dass diese Unterschiede auch fast zwanzig Jahre nach der Wiedervereinigung (noch?) nicht verschwunden sind.

Ein näherer Blick auf die Ergebnisse der europäischen Staaten zeigt die substanziellen Unterschiede in der Unterstützung für die jeweiligen Aspekte auf. Die Unterstützung für Bürgertugenden ist generell sehr hoch (die Mittelwerte und Mediane in der zweiten Hälfte der beiden Teile von Tabelle 1 liegen eindeutig im positiven Bereich der Skalen). Allerdings erscheint die Akzeptanz in Osteuropa etwas höher zu sein als in Westeuropa, obwohl die Differenzen gering sind und sich nur teilweise in den Gesamtmittelwerten widerspiegeln. Bemerkenswert dabei ist, dass nicht – wie in Ostdeutschland – Solidarität, sondern die Befolgung von Gesetzen und die Beteiligung an Vereinsaktivitäten sowie das politische Engagement in Osteuropa stärker unterstützt werden als in Westeuropa.

---

6 Für eine ausführliche Diskussion über die relative Bedeutung von Politik im Vergleich zu anderen Lebensbereichen siehe van Deth (2000).

Tabelle 1: Demokratische Bürgertugenden in Europa (2002) und Deutschland (2002 und 2008); (Prozentzahlen der Befragten mit den Werten 8, 9 oder 10)

2002	E-W*	E-W	D-W	D-O	E-O	E-O*
eigene Meinung	69,1	76,3	83,7	87,8	68,7	68,7
Wahlen	61,3	64,2	63,7	57,5	59,6	59,6
Gesetze befolgen	66,8	68,6	57,5	64,9	84,3	84,3
Menschen unterstützen	51,4	57,4	49,1	57,8	48,3	48,3
Vereine	23,6	26,6	17,8	17,3	22,5	22,5
politisch aktiv	7,8	11,1	9,5	10,6	17,5	17,5
Mittelwert (insgesamt)	6,67	6,93	6,72	6,66	6,88	6,88
Standardabweichung	1,44	1,43	1,34	1,40	1,67	1,67
Median	6,67	7,00	6,83	6,67	7,00	7,00

2008	E-W*	E-W	D-W	D-O	E-O	E-O*
eigene Meinung	-	-	85,8	84,9	-	-
Wahlen	-	-	70,5	58,5	-	-
Gesetze befolgen	-	-	61,1	64,4	-	-
Menschen unterstützen	-	-	51,2	59,9	-	-
Vereine	-	-	27,1	26,4	-	-
politisch aktiv	-	-	13,4	16,6	-	-
Mittelwert (insgesamt)	-	-	7,07	6,93	-	-
Standardabweichung	-	-	1,31	1,59	-	-
Median	-	-	7,20	7,00	-	-

Gewichtungen: E-W*, E-W, E-O und E-O*: Ländergruppen und Design; D-W und D-O: Design.

Die Erwartung, dass neue Demokratien ein relativ geringes Niveau an Unterstützung für die verschiedenen Aspekte demokratischer Bürgertugenden zeigen würden – weil die Bürgerinnen und Bürger weniger Erfahrungen mit demokratischer Entscheidungsfindung haben und deswegen immer noch zögern, ihre Unterstützung zu zeigen – wird mit diesen Ergebnissen nicht bestätigt. Somit deuten die Differenzen zwischen den deutschen und europäischen Ergebnissen (Abbildung 1 und Tabelle 1) eher auf spezifische Bedingungen in Deutschland als auf einen Unterschied zwischen neuen und alten Demokratien im Allgemeinen hin. Anscheinend ist die Beanspruchung von demokratischen Bürgertugenden für Menschen, die relativ wenig Erfahrung mit Demokratie haben, nicht wesentlich anders als in gut etablierten Demokratien, wo diese Normen eher als selbstverständlich angesehen werden.

Die Ergebnisse in Abbildung 1 und Tabelle 1 bestätigen das Bild eines eingeschränkten Verständnisses von Bürgertugenden wie auch Conover und ihre Kollegen (1990; 1991; 1993; 2004) es für die Fokusgruppen in UK und USA zeigen. Für die Mehrheit der Befragten in Deutschland und in Europa ist die Stimmabgabe bei einer Wahl ein wichtiges Merkmal einer ‚guten' Bürgerin oder eines ‚guten' Bürgers – weitere politische oder soziale Aktivitäten sind hingegen kaum notwendig. In anderen Worten: Eine ‚gute' Bürgerin oder ein ‚guter' Bürger ist eine Person, welche die Wahlurne besucht; nicht aber eine Person, die sich in politischen und sozialen Angelegenheiten außerhalb von Wahlen engagiert (Roßteutscher 2004: 187; van Deth 2009).

Darüber hinaus deuten diese Ergebnisse nicht darauf hin, dass Engagement in freiwilligen Vereinigungen als Substitution eines geringen politischen Engagements gewertet werden kann. Menschen sind offensichtlich nicht dazu bereit, viel Wert auf soziale und politische Partizipation als Kernaspekt der Vorstellung einer ‚guten' Bürgerin oder eines ‚guten' Bürgers zu legen (vgl. Theiss-Morse/Hibbing 2005: 242-5; Dalton 2008: 82). Die ideale Bürgerin oder der ideale Bürger in Deutschland und Europa ist offenbar „... not the enlightened political participant cognizant of the common good but the effective one" (Gross 1997: 233). Das ist ein außergewöhnlich schmales Konzept von einer ‚guten' Bürgerin oder eines ‚guten' Bürgers, welches weit entfernt ist von den normativen Ansätzen, die politische Theoretiker von Perikles bis Benjamin Barber präsentiert haben.

Die Struktur demokratischer Bürgertugenden in Europa

Die ähnlichen Verteilungen der Unterstützung demokratischer Bürgertugenden in Deutschland und Europa ergeben ein klares und konsistentes Bild (siehe Tabelle 1). Das bedeutet allerdings nicht, dass die Bürgerinnen und Bürger die einzelnen Tugenden auf systematische Weise mittragen und somit die Demokratie unterstützen – klar ist nur, dass die Unterstützung der verschiedenen Tugenden auf der Aggregatebene große Unterschiede zeigt. In ihrer Analyse der Daten der ersten Welle des ESS untersucht Roßteutscher mögliche Antwortmuster. Dabei unterscheidet sie zwei „Staatsbürgermodelle", welche sich ihres Erachtens auch empirisch bestätigen lassen:

> „Die Unterscheidung in ein repräsentatives und ein partizipatorisches Staatsbürgermodell wird auch durch dimensionale Analysen (Hauptkomponentenanalyse mit Varimax-Rotation) bestätigt. In fast allen Ländern, in Westeuropa, sowie in West- und Ostdeutschland finden sich zwei getrennte Dimensionen: eine für soziale und politische Partizipation und davon separiert eine zweite Dimension, welche die restlichen vier Tugenden umfasst. Eine der wenigen Ausnahmen ist das Ergebnis für Osteuropa insgesamt, wo sich zur partizipatorischen Dimension die Tugend der Solidarität gesellt" (Roßteutscher 2004: 187).

Eine genauere Prüfung bestätigt wichtige Teile dieser Interpretation, zeigt allerdings auch erhebliche Komplikationen. Aus Tabelle 2 sind die Ergebnisse der Hauptkom-

Tabelle 2: Struktur demokratischer Bürgertugenden in Europa (2002) und Deutschland (2002 und 2008); (sechs Items, Hauptkomponentenanalyse, Varimax, Listweise Entfernung fehlender Werte, Faktorladungen > 0,40)

2002	E-W		D-W		D-O		E-O	
	1.	2.	1.	2.	1.	2.	1.	2.
eigene Meinung	0,71		0,72		0,68			0,72
Wahlen	0,68		0,70		0,58			0,64
Gesetze befolgen	0,77		0,68		0,68			0,85
Menschen unterstützen	0,47		0,49		0,62		0,45	0,46
Vereine		0,83		0,85		0,84	0,89	
politisch aktiv		0,85		0,85		0,88	0,90	
Erklärt. Varianz (%)	30	27	29	26	28	28	33	32
KMO	0,71		0,67		0,65		0,73	

2008	E-W		D-W		D-O		E-O	
	1.	2.	1.	2.	1.	2.	1.	2.
eigene Meinung	-	-	0,71		0,73		-	-
Wahlen	-	-	0,63		0,41	0,60	-	-
Gesetze befolgen	-	-	0,74		0,79		-	-
Menschen unterstützen	-	-	0,63		0,64		-	-
Vereine	-	-		0,85		0,86	-	-
politisch aktiv	-	-		0,89		0,90	-	-
Erklärt. Varianz (%)	-	-	31	28	33	29	-	-
KMO	-		0,69		0,68		-	

Gewichtungen: E-W und E-O: Ländergruppen und Design; D-W und D-O: Design.

ponentenanalysen für beide Teile Deutschlands sowie für die west- und osteuropäischen Länder zu entnehmen. Die von Roßteutscher präsentierten Strukturen sind einfach zu erkennen und die von ihr erwähnte „Ausnahme" bezüglich der Positionierung von solidarischen Tugenden auf der „partizipatorischen" Dimension betrifft tatsächlich „Osteuropa insgesamt". Allerdings sind die Probleme mit diesem Item nicht auf eine zweideutige Positionierung auf den beiden Dimensionen beschränkt, sondern erstrecken sich zudem auf die niedrigen Ladungen in West- und Osteuropa. Schließlich überraschen die Ergebnisse für die Unterstützung der Wahlnorm in Ostdeutschland 2008. Obwohl sich dieses Item 2002 eindeutig auf der ersten Dimension positionierte, gehört es 2008 eher zu der „partizipatorischen" Dimension. Offensichtlich ist eine Zweiteilung der sechs Tugenden empirisch nicht unproblematisch.

Die Komplikationen mit der Zuweisung der Items auf zwei Dimensionen gehen deutlich aus getrennten Hauptkomponentenanalysen der sechs Items für unterschiedliche Länder hervor. Gibt es in jedem Land tatsächlich zwei Dimensionen, welche sich in „repräsentativ-demokratisch" (Autonomie, Gesetzestreue, Wahlnorm und Solidarität) einerseits und „partizipatorisch" (soziales und politisches Engagement) andererseits trennen lassen? Diese Zweiteilung liegt den Antworten der Befragten (Gesamt-)Deutschlands sowie in sieben weiteren Ländern ganz klar zu Grunde. In manchen Ländern jedoch finden wir andere Strukturen. In drei westeuropäischen Ländern (die Schweiz, Finnland und Portugal) bilden die sechs Items eine einzelne Dimension und die Bürgerinnen und Bürger unterscheiden ihre Unterstützung für demokratische Tugenden offensichtlich nicht gemäß der von Roßteutscher vorgeschlagenen Aufteilung. Außerdem gibt es nicht nur in Osteuropa Komplikationen mit den Positionierungen der Tugenden der Solidarität und der Wahlnorm, welche sich nicht eindeutig auf der „partizipatorischen" oder der „repräsentativ-demokratischen" Dimension einordnen lassen, sondern sich auf beiden Dimensionen positionieren. Schließlich finden wir in verschiedenen Ländern (Italien, Spanien, Großbritannien, Schweden und Luxembourg) zwar eine Zweiteilung der Items, aber diese entspricht nicht der 4+2-Lösung der „partizipatorischen" und „repräsentativ-demokratischen" Dimensionen.

Die unterschiedlichen Ergebnisse der Hauptkomponentenanalysen für die einzelnen Länder sowie für Osteuropa insgesamt deuten insbesondere auf die problematischen Positionierungen der Items Solidarität und Wahlbeteiligung hin. Mehrere Versuche, dieses Problem zu beheben (Vorgabe von ein- und zweidimensionalen Strukturen, schiefwinklige Rotationen, Verkürzung oder Dichotomisierung der Skalen, Einbeziehung fehlender Werte) führten nicht zu ähnlichen Ergebnissen in den verschiedenen Ländern. Letztendlich wurde die Wahlnorm aus der Liste der demokratischen Bürgertugenden entfernt. Mit nur wenigen, geringen Abweichungen in einzelnen Ländern (Großbritannien, Portugal, Luxembourg) ergibt sich auf diese Weise eine klare Zweiteilung der fünf übrigen Bürgertugenden, welche etwas mehr als 60 Prozent der Varianz abdeckt. Die endgültigen Ergebnisse dieser Analysen sind in Tabelle 3 für West- und Osteuropa sowie für beide Teile Deutschlands zusammengefasst. Allerdings ist auch in dieser Lösung die Positionierung des Items Solidarität in Osteuropa nicht eindeutig.

Demokratische Bürgertugenden in Deutschland und Europa sind also empirisch in drei wichtige Varianten zu unterteilen. Erstens gibt es Tugenden, welche Aktivitäten in Vereinen und Verbänden sowie politische Aktivitäten (ohne Wahlbeteiligung) betonen. Für diese erste Dimension wird hier die Bezeichnung *Engagement* genutzt. Zweitens gibt es eine Gruppe von drei Tugenden (Autonomie, Gesetzestreue und Solidarität) welche man zusammen als *bürgerliche Normen* bezeichnen kann. Und schließlich umfassen Bürgertugenden auch die *Wahlnorm*, also die Aussage, dass eine ‚gute' Bürgerin oder einen ‚guten' Bürger sich an Wahlen beteiligen soll. Diese Dreiteilung bestätigt die in der Literatur mehrmals betonte Trennung von sozialem und politischem Engagement einerseits und Wahlbeteiligung andererseits. Für jede der drei Varianten wird das Unterstützungsniveau mit dem Mittelwert der ursprüng-

Tabelle 3: Struktur demokratischer Bürgertugenden in Europa und Deutschland (fünf Items, Hauptkomponentenanalyse, Varimax, Faktorladungen > 0,40)

2002	E-W		D-W		D-O		E-O	
	1.	2.	1.	2.	1.	2.	1.	2.
Vereine	0,83		0,85		0,86		0,90	
politisch aktiv	0,86		0,86		0,88		0,91	
eigene Meinung		0,75		0,74		0,70		0,77
Gesetze befolgen		0,76		0,70		0,67		0,85
Menschen unterstützen		0,57		0,59		0,69	0,45	0,50
Erklärte Varianz (%)	31	30	31	28	32	31	38	32
KMO	0,67		0,61		0,59		0,67	

2008	E-W		D-W		D-O		E-O	
	1.	2.	1.	2.	1.	2.	1.	2.
Vereine	-	-	0,90		0,87		-	-
politisch aktiv	-	-	0,90		0,90		-	-
eigene Meinung	-	-		0,74		0,69	-	-
Gesetze befolgen	-	-		0,78		0,76	-	-
Menschen unterstützen	-	-		0,68		0,70	-	-
Erklärte Varianz (%)	-	-	34	33	32	31	-	-
KMO	-		0,61		0,62		-	

Gewichtungen: E-W und E-O: Ländergruppen und Design; D-W und D-O: Design.

lichen Werte für die betreffenden Items ausgedrückt. Abbildung 2 zeigt die Ergebnisse für die beiden Teile Deutschlands sowie für West- und Osteuropa. Die Vorstellung, dass eine ‚gute' Bürgerin oder ein ‚guter' Bürger sozial und politisch aktiv sein sollte, findet nur wenig Unterstützung: Die Mittelwerte für *Engagement* liegen sogar alle auf der ‚unwichtigen Seite' der Skala (sind also geringer als 5,5).[7] Trotz eines Anstiegs in der Periode 2002-2008 findet diese Tugend insbesondere in Ostdeutschland wenig Unterstützung. Viel höhere Unterstützung finden wir für die beiden anderen Varianten demokratischer Tugenden, wobei *bürgerliche Normen* fast überall sehr hohe Mittelwerte erreichen (fast 8,0!). Im Westen wird die *Wahlnorm*

---

7   Roßteutscher bemerkt, dass „…ein erklecklicher Anteil der Bürger europäischer Gesellschaften aus der Perspektive eines normativen Tugenddiskurses *defizitär*" ist (2005, 188; Kursiv im Original). Da jedoch ein absoluter Vergleichsmaßstab fehlt, sind die Interpretationen hier auf Vergleiche der relativen Unterstützungsniveaus beschränkt.

Abbildung 2: Engagement, Wahlnorm und Bürgerliche Normen in Europa (2002) und Deutschland (2002 und 2008); Mittelwerte

a) Ergebnisse für 2002

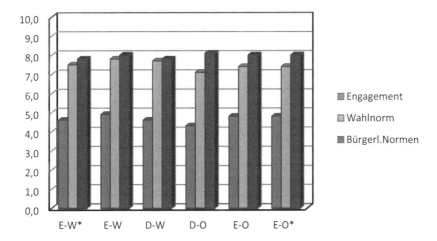

b) Ergebnisse für 2008

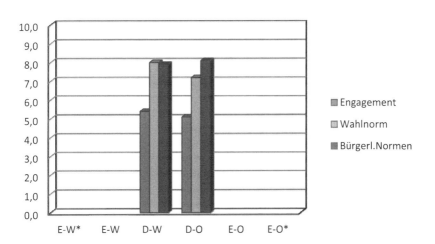

fast genau so deutlich unterstützt – und erreicht in Westdeutschland 2008 sogar einen höheren Mittelwert als bürgerliche Tugenden –, in Osteuropa und in Ostdeutschland ist die Unterstützung allerdings etwas geringer. Somit werden die Tugenden *Engagement* und *bürgerliche Normen* im Westen und Osten auf ähnliche Weise abgelehnt bzw. unterstützt. Unterschiede treten eindeutig hinsichtlich der *Wahlnorm* auf, welche im Westen mehr Unterstützung findet als im Osten.

Die breite Unterstützung von *bürgerlichen Normen* kommt nicht nur in der Betrachtung der Mittelwerte sondern auch in den sehr geringen Anteilen der Befragten, die diese Tugenden als unwichtig bezeichnen, zum Ausdruck. In allen sechs in Abbildung 2 unterschiedenen Gebieten hat fast keiner der Befragten (0,2 bis 0,9 Prozent) bei allen drei Items einen Wert von 3 oder weniger angegeben. Deutlich weniger Unterstützung erfährt die *Wahlnorm*. In Westeuropa und Westdeutschland wählen 10 bzw. 8 Prozent einen Wert von 3 oder weniger; in Osteuropa und Ostdeutschland liegt die Unterstützung der Wahlnorm zwischen 9 und 13 Prozent. Über die geringe Bedeutung von *Engagement* besteht weitgehend Konsens: Nicht weniger als 18 Prozent der Befragten in Westeuropa wählen bei beiden Items einen Wert von 3 oder weniger; in Osteuropa sind es mit 23 Prozent noch deutlich mehr Bürgerinnen und Bürger die Engagement nicht für eine wichtige demokratische Tugend halten. Auch mit dieser Betrachtung der ablehnenden Antworten der Befragten kommen Ähnlichkeiten und Differenzen in den Vorstellungen einer ‚guten' Bürgerin oder eines ‚guten' Bürgers zwischen Westen und Osten deutlich zum Ausdruck: *Bürgerliche Normen* werden überall breit unterstützt und auch *Wahlbeteiligung* wird durchaus als wichtig erachtet. Dagegen wird *Engagement* in ganz Europa von großen Teilen der Befragten als wichtiger Aspekt demokratischer Tugenden abgelehnt.

Determinanten demokratischer Bürgertugenden

Die Unterstützung demokratischer Tugenden wird von einer Vielzahl von Faktoren beeinflusst. Für seine Untersuchung der „soziale(n) Norm der Wahlbeteiligung" fasst Goerres (2010) die Forschungsergebnisse in vier „Theorieperspektiven" zusammen, welche im Allgemeinen auch für die Erklärung von Tugenden relevant sind: Soziale Integration, Vertrauen in andere Individuen, Systemunterstützung und Beobachtung. Da die beiden ersten Sichtweisen eng miteinander verbunden sind, werden die Einflussfaktoren hier auf etwas andere Weise in drei Blöcken gruppiert: Soziale Integration, Beobachtung/Erfahrung und politische Haltungen. Außerdem hängen normative Orientierungen mit einigen soziodemographischen Merkmalen der Bürgerinnen und Bürger zusammen. Die Berücksichtigung dieser Merkmale dient nicht nur der Kontrolle des Einflusses theoretisch vielleicht interessanterer Determinanten. Faktoren wie Alter, Geschlecht und Bildung haben auch eine eigenständige Bedeutung für die Erklärung der Akzeptanz bürgerlicher Tugenden.[8] Die auf Konfliktvermeidung und -reduzierung fokussierten bürgerlichen Tugenden werden ältere Leute und Frauen wahrscheinlich eher unterstützen als Jüngere und Männer, die sich in Konflikten tendenziell etwas selbstsicherer aufstellen. Außerdem werden bürgerliche Normen und Werte insbesondere im Bildungssystem vermittelt: Je länger man in Schulen, Instituten oder Universitäten verweilt, desto eher wird man derartige Orientierungen als selbstverständlich betrachten. Ein erster Block Determinanten bürgerlicher Tugenden umfasst deswegen Alter, Geschlecht und Bildungsdauer der Befragten.

Die normativen Orientierungen einer Person werden ferner von ihrer sozialen Integration beeinflusst. In vielen sozialen Kontakten werden derartige Orientierungen eingesetzt, ständig auf ihre Tauglichkeit überprüft und internalisiert (vgl. Opp 2001: 240f. und 2004: 254). Anhänger neo-Tocquevilleanischer Sozialkapitalansätze betonen immer wieder, dass soziale Netzwerke und Kontakte einen positiven Einfluss auf soziale Normen und Werte haben (Putnam 1993 und 2000). Dabei entwickelt sich soziales Vertrauen auf der Basis von wiederholten Kontakten, welche besonders in Vereinen, Verbänden, Freizeitorganisationen usw. vorhanden sind. Anschließend entsteht auch Vertrauen in öffentliche Einrichtungen (politisches Vertrauen). Obwohl der genaue Zusammenhang zwischen diesen drei Aspekten von Sozialkapital – Netzwerke, Vertrauen, Normen und Werte – nicht unumstritten ist (vgl. Stolle/Hooghe 2003), bilden soziale Partizipation, soziales Vertrauen und politisches Vertrauen ein zweites Set von plausiblen Determinanten der Akzeptanz bürgerlicher Tugenden: Je dichter das soziale Netzwerk, je höher das soziale und politische Vertrauen, desto stärker die Unterstützung von bürgerlichen Tugenden.[9]

Neben soziodemographischen Faktoren und sozialer Integration können auch Erfahrungen mit gesellschaftlichen und politischen Entwicklungen Einfluss auf die Akzeptanz bürgerlicher Tugenden haben (vgl. Goerres 2010). Diese Erfahrungen kumulieren allmählich in die Zufriedenheit der Bürgerinnen und Bürger mit verschiedenen Aspekten ihres Lebens. Wer relativ zufrieden ist, wird wahrscheinlich eher Aussagen unterstützen, die soziale Konflikte vermeiden, als Personen, die unzufrieden sind, da Zufriedenheit immer auch Zufriedenheit mit dem Status Quo be-

---

8   Goerres' Mitteilung, er sei am Einfluss von „Kontrollgrößen [...] theoretisch nicht erstrangig interessiert" (2010: 284) ist zuzustimmen, hat aber in der Praxis multivariater Analysen keine Konsequenzen.
9   Für soziale Beteiligung wird ein additiver Index von Aktivitäten (Mitglied, Ehrenamt, aktive Beteiligung oder Geldspenden) in zwölf Organisationen (Sport, Kultur, Gewerkschaft, Beruf, Konsum, Humanitär, Umwelt, Religion, Partei, Bildung, Sozial und sonstige) verwendet. Dabei wird ein Punkt für jeden Verein vergeben, indem man auf mindestens einer der vier genannten Weisen aktiv ist. Das Maximum für diesen Index wird bei Beteiligung in fünf oder mehr Vereinen festgelegt. Soziales Vertrauen wird an Hand des Mittelwerts von drei Items (man kann den meisten Menschen vertrauen; die meisten Menschen versuchen, andere auszunutzen; die Menschen versuchen meistens, hilfsbereit zu sein) gemessen. Auf ähnliche Weise wird für politisches Vertrauen der Mittelwert von sechs Items genutzt (wie sehr vertrauen Sie persönlich: Bundestag, Justiz, Polizei, Politikern, Europäischem Parlament, Vereinten Nationen).

deutet. Eine erste Frage nach der Zufriedenheit der Befragten betrifft ihre Zufriedenheit mit dem Leben im Allgemeinen. Da demokratische Bürgertugenden speziell politische Themen betreffen, ist fernerhin zu erwarten, dass die Zufriedenheit mit der Arbeit der Regierung und mit dem Funktionieren des demokratischen Systems die Akzeptanz von Bürgertugenden positiv beeinflusst. Das dritte Set von Determinanten umfasst also drei Fragen nach der Zufriedenheit der Befragten.[10]

Drei letzte Faktoren vervollständigen die Liste der möglichen Determinanten bürgerlicher Tugenden. Bürgerinnen und Bürger mit einem hohen Niveau politischen Selbstvertrauens („internal political efficacy") und deutlichem Interesse an Politik werden wahrscheinlich eher bürgerliche Tugenden akzeptieren als Personen, welche sich viel weniger zutrauen oder sich nicht für Politik interessieren. Politisches Selbstvertrauen und politisches Interesse verdrängen Zynismus und erzeugen somit auch mehr Offenheit gegenüber der Betonung von Tugenden. Auf ähnliche Weise verstärkt auch Religiosität die Akzeptanz normativer Aussagen: Befragte, die sich selbst als religiös bezeichnen, werden eher mit der Bedeutung von Normen und Werten vertraut sein als andere und ihre Relevanz dementsprechend höher einschätzen (vgl. Dobellaere/Jagodzinski 1995).[11]

Zur empirischen Überprüfung des Einflusses der zwölf Determinanten auf die Akzeptanz bürgerlicher Tugenden werden Regressionsanalysen mit den drei Varianten dieser Tugenden – *Engagement, Wahlnorm, bürgerliche Normen* – als abhängige Variablen durchgeführt. Tabelle 4 zeigt die Ergebnisse dieser Berechnungen. Obwohl die Resultate die Erwartungen im Großen und Ganzen bestätigen, ist zunächst klar, dass insbesondere vier Determinanten in allen Gebietsteilen und auf alle drei Tugenden substantiellen Einfluss haben: soziale Partizipation, politisches Vertrauen, politisches Interesse und Religiosität. Dagegen spielen soziodemographische Faktoren, Zufriedenheit, aber auch soziales Vertrauen und politisches Selbstvertrauen deutlich geringere Rollen als erwartet. Somit werden demokratische Bürgertugenden einerseits von politischen Faktoren (je höher das politische Vertrauen und je stärker das politische Interesse, desto größer die Akzeptanz von Tugenden) beeinflusst. Diese Zusammenhänge unterstreichen den politischen Charakter von demokratischen Tugenden. Anderseits sind auch eindeutig nichtpolitische Faktoren relevant (je mehr soziale Kontakte und je stärker die Religiosität, desto größer die Akzeptanz von Tugenden). Offensichtlich werden bürgerliche Tu-

---

10 Zufriedenheit wird mit den auf die drei folgenden Fragen angegebenen Skalenwerten gemessen: Wie zufrieden sind Sie - alles in allem - mit Ihrem gegenwärtigen Leben?; Wie zufrieden sind Sie mit der Art und Weise, wie der Bundesregierung ihre Arbeit erledigt?; Wie zufrieden sind Sie - alles in allem - mit der Art und Weise, wie die Demokratie in Deutschland funktioniert?

11 Politisches Selbstvertrauen wird mit dem Mittelwert von zwei Items (Politik zu kompliziert; in einer Gruppe, die sich mit politischen Themen beschäftigt, eine aktive Rolle übernehmen) gemessen. Subjektives politisches Interesse stellt den angegebenen Skalenwert auf die Frage: „wie sehr interessieren Sie sich für Politik?" Für Religiosität wird der ngegebene Skalenwert auf die Frage: „für wie religiös würden Sie sich selber halten?" verwendet.

Tabelle 4: Determinanten demokratischer Bürgertugenden; (lineare Regressionen; standardisierte Koeffizienten; alle Variablen 0-1)

2002	E-W			D-W		
	Engagement	Wahlnorm	bürgerl. Normen	Engagement	Wahlnorm	bürgerl. Norm
Soziodemographie:						
- Alter	0,01	-0,01	-0,01*	0,01	0,02	0,06**
- Geschlecht (M=1)	-0,04***	-0,05***	-0,06***	0,02	-0,11***	-0,10
- Bildung (Jahre)	-0,06***	-0,03***	-0,07***	0,03	0,01	-0,02
Soziale Integration:						
- soziale Partizipation	0,11***	0,07***	0,07***	0,29***	0,06**	0,03
- soziales Vertrauen	-0,01	0,00	-0,03***	0,00	-0,03	-0,01
- politisches Vertrauen	0,15***	0,12***	0,09***	0,07**	0,12***	0,09***
Zufriedenheit:						
- Leben	0,01	-0,02*	0,08***	0,00	0,13***	0,09***
- Regierung	-0,01	0,02*	-0,03***	0,01	-0,09***	-0,05*
- Demokratie	0,01	0,05***	0,06***	0,02	0,08***	0,01
Politische Orientierungen:						
- pol. Selbstvertrauen	0,03***	-0,01	0,05***	0,03	0,01	0,07***
- politisches Interesse	-0,21***	-0,26***	-0,10***	-0,16***	-0,26***	-0,18***
Religiosität	0,15***	0,09***	0,11***	0,10***	0,02	0,07***
Erklärte Varianz (%)	13	13	8	18	16	8

Fortsetzung Tabelle 4: Determinanten demokratischer Bürgertugenden

2002	D-O			E-O		
	Engagement	Wahlnorm	bürgerl. Normen	Engagement	Wahlnorm	bürgerl. Norm
Soziodemographie:						
- Alter	0,02	0,05	0,01	-0,02	-0,01	0,00
- Geschlecht (M=1)	-0,03	-0,08	-0,03	0,01	-0,07***	-0,03*
- Bildung (Jahre)	-0,01	-0,09	-0,10	-0,08***	-0,01	0,00
Soziale Integration:						
- soziale Partizipation	0,32***	0,08	-0,03	0,13***	0,10***	0,06***
- soziales Vertrauen	0,01	-0,04	0,09	-0,04	-0,04**	0,00
- politisches Vertrauen	0,12	0,20*	0,15	0,12***	0,13***	0,09
Zufriedenheit:						
- Leben	0,00	0,05	-0,01	0,02	0,01	0,01
- Regierung	-0,01	-0,03	-0,11	0,07***	0,08***	0,01
- Demokratie	-0,03	0,07	0,01	-0,08***	-0,05**	-0,06**
Politische Orientierungen:						
- pol. Selbstvertrauen	0,06	-0,04	0,03	-0,01	0,05***	0,05***
- politisches Interesse	-0,23***	-0,26***	-0,15*	-0,12***	-0,24***	-0,17***
Religiosität	0,01	0,02	0,13*	0,22***	0,15***	0,18***
Erklärte Varianz (%)	18	12	4	9	13	8

Fortsetzung Tabelle 4: Determinanten demokratischer Bürgertugenden

2008	D-W			D-O		
	Engagement	Wahlnorm	bürgerl. Normen	Engagement	Wahlnorm	bürgerl. Norm
Soziodemographie:						
- Alter	-0,03*	-0,02	-0,01	0,00	-0,01	-0,03
- Geschlecht (M=1)	0,02	-0,05***	-0,09***	0,05	-0,01	-0,02
- Bildung (Jahre)	0,03*	0,04**	0,06***	0,12**	0,09*	-0,02
Soziale Integration:						
- soziale Partizipation	-0,06***	-0,07***	-0,04**	-0,08**	-0,08	-0,03
- soziales Vertrauen	0,05***	0,03*	0,00	0,09*	0,05	0,06
- politisches Vertrauen	0,02	0,04*	0,02	0,10*	0,10*	0,09
Zufriedenheit:						
- Leben	0,04**	0,04**	0,07***	0,04	0,04	0,03
- Regierung	0,10***	0,08***	0,04**	-0,03	0,04	-0,04
- Demokratie	-0,03	0,05***	0,02	-0,06	-0,03	-0,10
Politische Orientierungen:						
- pol. Selbstvertrauen	0,03*	0,03*	0,05***	0,07	0,03	0,08
- politisches Interesse	-0,15***	-0,17***	-0,05**	-0,15***	-0,20***	-0,14**
Religiosität	0,09***	0,04**	0,09***	0,11*	0,07	0,04
Erklärte Varianz (%)	6	7	4	8	8	3

Fehlende Werte ersetzt durch Mittelwerte; Gewichtung: E-W und E-O: Ländergruppe und Design; D-W und D-O: Design.
Signifikanz: *** = p<0,000; ** = p<0,001; * =p<0,05.

genden auch als allgemeine normative Orientierungen verstanden und deswegen auch von nicht-politischen Faktoren beeinflusst. Dabei erscheinen neo-Tocquevilleanische Interpretationen auch hier eher weniger plausibel zu sein, da soziales Vertrauen für die Akzeptanz bürgerlicher Tugenden keine Rolle spielt.

Eine zweite Weise, um die Ergebnisse in Tabelle 4 zusammenzufassen, ergibt sich aus der Betrachtung der verschiedenen Tugenden.[12] Soziale Partizipation beeinflusst insbesondere die Unterstützung von *Engagement*. Dieses Resultat zeigt zwar, dass Verhalten und normative Orientierungen wie erwartet zusammen hängen. Dieser Zusammenhang ist aber eher eine Bestätigung der Konsistenz des Antwortverhaltens der Befragten als ein überraschender empirischer Befund (wer sich engagiert, hält Engagement für wichtig). Auf ähnliche Weise beeinflusst politisches Interesse insbesondere die Akzeptanz der *Wahlnorm*. Die wichtigsten Determinanten von *bürgerlichen Normen* sind etwas breiter gestreut und ein klares Muster ist hier nicht erkennbar. Sowohl politisches Interesse als auch Religiosität beeinflussen die Unterstützung dieser Tugenden relativ stark. Trotzdem sind die Erklärungen für die Unterstützung *bürgerlicher Normen* weniger geeignet als für die beiden anderen Tugenden (deutlich geringere Varianzaufklärung). Auch dieser Unterschied unterstreicht den allgemeineren Charakter *bürgerlicher Normen* und die daraus folgenden Schwierigkeiten, klare Determinanten zu benennen. Insgesamt deuten die Ergebnisse auf durchaus konsistentes Antwortverhalten der Befragten hin: Soziale Partizipation ist eine wichtige Determinante von *Engagement*, politisches Interesse von *Wahlnorm* und mehrere Faktoren beeinflussen *bürgerliche Normen*.

Drittens zeigen die Ergebnisse in Tabelle 4 Gemeinsamkeiten und Differenzen zwischen den beiden Teilen Deutschlands und Europas. Politisches Interesse, politisches Vertrauen, soziale Partizipation und Religiosität sind in allen vier unterschiedlichen Einheiten wichtige Determinanten bürgerlicher Tugenden. Differenzen zwischen Ost- und Westeuropa sind relativ gering, zeigen sich allerdings in der etwas größeren Bedeutung von Religiosität in Osteuropa. Zufriedenheit mit dem Leben und der Demokratie sowie Unzufriedenheit mit der Regierung beeinflussen offensichtlich die Unterstützung der *Wahlnorm* in Westdeutschland. Dieses Ergebnis ist auch 2008 evident; die Zufriedenheit mit der Regierung ist dann jedoch positiv mit der Unterstützung der drei Tugenden verbunden. In Ostdeutschland sind die Effekte weniger ausgeprägt, wobei hier insbesondere die sehr geringe Erklärungskraft der Determinanten *bürgerlicher Normen* in beiden Erhebungen auffällt.[13] Die Unterschiede zwischen den vier Gebietsteilen in Tabelle 4 sind allerdings gering und betreffen die absolute Stärke der Koeffizienten und ihre relative Bedeutung, nicht aber ihre Richtung. Die Determinanten demokratischer Tugenden zeigen somit im Westen und Osten deutlich ähnliche Muster.

---

12 Die nicht-standardisierten Koeffizienten zeigen das gleiche Muster wie die standardisierten Koeffizienten in Tabelle 4 und unterstützen somit die hier präsentierten Schlussfolgerungen.
13 Selbstverständlich ist es mit den geringen Fallzahlen in West- und Ostdeutschland schwieriger signifikante Effekten zu finden als in West- und Osteuropa. Auch deswegen werden die Ergebnisse für die beiden Teile Deutschlands hier zurückhaltend interpretiert.

Sind Aktivisten die besseren Demokraten?

Wie in der Einführung dieses Beitrages betont, sind demokratische Tugenden wichtig für die Persistenz demokratischer Systeme. Die Unterstützung dieser Orientierungen bildet ein Art von ‚Reservoir' positiver Einstellungen, welche mögliche Konflikte entschärfen können und ohne Kosten für Sanktionen auskommen.[14] Münkler und Loll sprechen dabei zutreffend von „sozio-moralischen Ressourcen als Voraussetzung für Demokratie und Freiheit" (2005: 39). Wie wir soeben beim Zusammenhang von Akzeptanz der Tugend *Engagement* und tatsächlicher Beteiligung in Vereinen und Verbänden gesehen haben, können Tugenden allerdings auch Handeln fördern und lenken. Insbesondere für diejenigen, die sich an politischen Auseinandersetzungen beteiligen, ist die Wichtigkeit demokratischer Tugenden deutlich. Wenn ihre Aktionen auf einer Verwirklichung derartiger Tugenden basieren, ist es zu erwarten, dass unter Partizipierenden die Unterstützung demokratischer Tugenden stärker ist als unter Bürgerinnen und Bürger, die sich nicht an Politik beteiligen.[15] Mit anderen Worten: Sind die politisch Aktiven die besseren Demokraten?

Das Repertoire politischer Beteiligungsmöglichkeiten ist in den letzten Jahrzehnten kontinuierlich gestiegen (vgl. Brady 1998 oder van Deth 2010; 2011). Nach den ursprünglich stark auf Wahlen und Parteien ausgerichteten Aktivitäten der 1950er Jahren, folgte eine Erweiterung mit Kontaktmöglichkeiten öffentlicher Einrichtungen und Autoritäten. Diese ‚konventionellen' Formen wurden Ende der 1960er Jahren durch ‚neue' oder ‚unkonventionelle' Beteiligungsformen, wie Demonstrationen, Boykotte und Bürgerinitiativen, ergänzt. Die letzten beiden Jahrzehnte des zwanzigsten Jahrhundert sind von dem Aufstieg sogenannter ‚Neuer Sozialer Bewegungen' sowie der Erweiterung des Begriffes ‚politische Partizipation' auf Aktivitäten in Vereinen und Verbänden gekennzeichnet. Neuerdings setzen wachsende Zahlen von Bürgerinnen und Bürger ihre Macht als Konsument für politische Zwecke ein. Mit Begriffen wie ‚political consumerism', ‚ethical shopping' oder ‚ethical consumer practices' (vgl. Harrison u. a. 2005: 3) werden Aktionen, wie der Kauf bestimmter Produkte – meistens Produkte, welche ökologisch orientierten Bedingungen entsprechen oder wovon die ‚Nachhaltigkeit' gewährleistet ist – oder die Verweigerung, bestimmte Produkten zu kaufen, angedeutet. Insbesondere politisch-Aktive, welche diese letzten Beteiligungsmöglichkeiten wählen, legen offensichtlich großen Wert auf normative/moralische Überlegungen (Micheletti 2003). Auch Opp (2001: 241f. und 2004: 267) betont, dass unter Teilnehmern an Protest-Aktionen eine relativ große Unterstützung von Normen plausibel ist. Im Allgemeinen könnte man mit der Erweiterung des Partizipationsrepertoires also eine stärkere

---

14 Siehe auch die Verwendung des Begriffes „support" bei David Easton (1965: 157).
15 Ob wiederum Partizipation einen positiven Einfluss auf die Unterstützung von Bürgertugenden hat, ist weiterhin ein kontroverses Thema. Manche Autoren argumentieren, dass Partizipation nicht für die Entwicklung von solchen demokratischen Tugenden, wie etwa Solidarität, notwendig ist (vgl. Segall 2005). Andere verfechten einen komplizierteren Ansatz (zum Beispiel Theiss-Morse 1993; Mansbridge 1999; Verba u. a. 1995: 500) oder betonnen den wohlwollenden Einfluss von „Deliberation" (Fishkin/Luskin 2005).

Betonung von Normen und Werte erwarten (Inglehart 1977; 1997). Die besseren Demokraten sind also diejenigen, die neue Partizipationsmöglichkeiten nutzen?

Der ESS umfasst eine Frage nach politischer Beteiligung, welche insgesamt zwölf Partizipationsformen umfasst:

> Es gibt verschiedene Möglichkeiten, mit denen man versuchen kann, etwas in Deutschland zu verbessern oder zu verhindern, dass sich etwas verschlechtert. Haben sie im Verlauf der letzten 12 Monate irgendetwas davon unternommen?

Die angebotenen Aktivitäten sind in der ersten Spalte von Tabelle 5 kurz angedeutet. Dabei handelt es sich um eine breite Palette von Partizipationsmöglichkeiten, reichend von Beteiligung an den letzten Wahlen hinzu Produktboykotten und illegalen Demonstrationen. Tabelle 5 präsentiert ferner die Unterstützung für die drei demokratischen Tugenden (Mittelwerte) unter denjenigen, die sich an einer bestimmten Partizipationsform beteiligt haben und denjenigen Personen, die das nicht getan haben. Nur für Wahlen sehen wir, dass in allen vier Gebietsteilen die Differenzen konsistent und deutlich sind: In ganz Europa unterstützen die Wählerinnen und Wähler alle drei demokratischen Tugenden stärker als diejenigen, die am Wahltag zu Hause geblieben sind. Die weiteren Befunde deuten auf Unterschiede zwischen Westen und Osten hin. In Westeuropa sind die Ergebnisse einfach zusammenzufassen, da für fast alle Formen politischer Beteiligung die Aktivisten eine signifikant höhere Unterstützung demokratischer Tugenden als nicht-Aktive zeigen. Nur unter Teilnehmern an legalen Demonstrationen ist dieser Unterschied statistisch nicht signifikant. Weiterhin ist es nicht überraschend zu sehen, dass Teilnehmer an illegalen Demonstrationen die Tugenden *Wahlnorm* und *bürgerliche Normen* eher weniger unterstützen als Bürgerinnen und Bürgern, die sich an die Gesetze halten. Die geringen, aber signifikanten Differenzen in der Akzeptanz der *bürgerlichen Normen* in Westeuropa erreichen in West- und Ostdeutschland die Grenze der statistischen Signifikanz nicht mehr. Auch Unterstützung für die *Wahlnorm* unterscheidet in Ostdeutschland Aktivisten und nicht-Aktive überhaupt nicht von einander. Dass diese ostdeutschen Befunde offensichtlich mit Umständen in Osteuropa zusammenhängen – und nicht mit der geringen Fallzahl in Ostdeutschland – ist dem letzten Teil von Tabelle 5 zu entnehmen. Politische Beteiligung ist in Osteuropa kaum relevant für die Akzeptanz demokratischer Tugenden: Für *bürgerliche Normen* überhaupt nicht und für die *Wahlnorm* und das *Engagement* nur, wenn es sich um Parteiaktivitäten oder Geldspenden handelt.

Sind Aktivisten die besseren Demokraten? Es ist verlockend, die Frage für Westeuropa positiv zu beantworten und den Osteuropäern eine stärkere Betonung instrumenteller Ziele im politischen Bereich zuzuschreiben. Die Unterschiede deuten allerdings eher auf ein unterschiedliches Verständnis neuer Formen politischer Partizipation in Osteuropa hin, welche Dalton für die Entwicklungen in den USA signalisierte:

> "As social modernization has reshaped the norms of citizenship and the political skills and resources of the public, this alters the calculus of political participation. Duty-based citizenship has a restrictive definition of participation – it dissuades people from participating in direct, challenging activities. Therefore, the weakening of duty-based norms can broaden the reper-

toire of political action by lessening the negativity associated with non-electoral participation" (2008: 92).

Aus dieser Perspektive sind mangelnde Differenzen in der Unterstützung demokratischer Tugenden zwischen Aktivisten und nicht-Aktiven positiv zu bewerten, da sie eine Erweiterung des Partizipationsrepertoire ermöglichen: Nicht nur normative ‚Zwänge' bestimmen politische Beteiligung, sondern die Bürgerinnen und Bürger entscheiden selbst, welche Gründe oder Anreize dafür relevant sind. Aus dieser Sicht bilden die ermöglichten Erweiterungen der Partizipationsmöglichkeiten – und das dazugehörende erweiterte Mobilisierungspotential unter der Bevölkerung – eine Verstärkung der Demokratie. Die Relevanz dieser Argumentation scheint eher auf die etablierten Demokratien in Westeuropa mit ihrer relativ weitverbreiteten Beteiligung an nicht-elektoralen Partizipationsformen zuzutreffen als auf die osteuropäischen Demokratien neueren Datums. Überraschenderweise hängen Tugenden jedoch viel deutlicher in West- als in Osteuropa mit politischen Aktivitäten zusammen. Offensichtlich spielen normative Orientierungen in Westeuropa noch immer eine Rolle, obwohl man es sich genau hier leisten könnte, die „calculus of participation" auf instrumentellen Motiven und Anreizen basieren zu lassen. In Osteuropa, wo für die heranwachsenden Demokratien normative Orientierungen eigentlich eine viel wichtigere Rolle spielen sollten, sind derartige Orientierungen kaum relevant für politische Beteiligung. Inwieweit ‚erweiterte Demokratien' auf Dauer auch ohne klare Unterstützung demokratischer Tugenden überlebensfähig sind, ist derzeit schwierig einzuschätzen. Paradoxerweise sind demokratische Tugenden eher dort relevant, wo sie am wenigsten erforderlich sind.

Schluss

Empirische Informationen über die Verteilung von Unterstützung demokratischer Bürgertugenden zeigen, dass viele Bürgerinnen und Bürger Gesetzestreue, Autonomie und Solidarität unterstützen. Deutlich weniger Akzeptanz findet sich jedoch für die partizipatorischen Bürgertugenden. Obwohl viele Befragte die Bedeutung des Wahlganges hervorheben, erkennen relativ wenige die Bedeutung von Engagement in freiwilligen Vereinigungen oder politischen Aktivitäten außerhalb von Wahlen an.

In den heutigen Demokratien gibt es weitgehend Konsens über das Bild einer ‚guten' Bürgerin oder eines ‚guten' Bürgers. Analysen des ESS zeigen außerdem, dass demokratische Bürgertugenden in drei Varianten unterschieden werden können: Engagement in Vereinen und Verbänden (einschließlich politische Organisation), Wahlbeteiligung und bürgerliche Normen wie Gesetzestreue, Autonomie und Solidarität. Die Akzeptanz dieser Tugenden hängt einerseits mit politischen Faktoren zusammen (je höher das politischen Vertrauen und je stärker das politische Interesse, desto größer die Akzeptanz von Tugenden). Andererseits bestimmen auch eindeutig nicht-politische Faktoren die Unterstützung dieser demokratischen Tugenden

Tabelle 5: Unterstützung demokratischer Bürgertugenden: Aktive und nicht-Aktive

2002		E-W			D-W		
		Engagement	Wahlnorm	bürgerl. Normen	Engagement	Wahlnorm	bürgerl. Normen
Wahlen	Ja	0,48	0,81	0,79	0,48	0,82	0,79
	Nein	0,39	0,57	0,75	0,38	0,50	0,73
Kontakt Politiker	Ja	0,51	0,81	0,79	0,56	**0,82**	**0,79**
	Nein	0,45	0,74	0,77	0,45	**0,76**	**0,78**
Aktiv in Partei	Ja	0,60	0,84	0,81	0,66	0,90	**0,82**
	Nein	0,45	0,75	0,78	0,45	0,76	**0,78**
Aktiv in Organisation	Ja	0,54	0,81	0,79	0,56	0,82	**0,80**
	Nein	0,44	0,74	0,78	0,44	0,75	**0,78**
Badge/ Sticker tragen	Ja	0,54	0,81	0,79	0,56	0,87	**0,82**
	Nein	0,45	0,74	0,78	0,46	0,76	**0,78**
Unterschriften sammeln	Ja	0,48	0,79	0,78	0,52	0,82	**0,79**
	Nein	0,45	0,73	0,77	0,44	0,74	**0,78**
Geldspende	Ja	0,57	0,83	0,80	0,57	0,84	**0,80**
	Nein	0,45	0,74	0,78	0,45	0,76	**0,78**
Boykott	Ja	0,48	0,82	0,79	0,51	0,81	**0,80**
	Nein	0,45	0,73	0,77	0,44	0,75	**0,78**
Buykott	Ja	0,49	0,81	0,79	0,50	0,81	0,80
	Nein	0,45	0,73	0,77	0,44	0,74	0,77
Demonstration (legal)	Ja	0,53	0,80	**0,79**	0,53	**0,80**	**0,80**
	Nein	0,45	0,74	**0,78**	0,45	**0,76**	**0,78**
Demonstration (illegal)	Ja	0,50	**0,73**	0,74	**0,54**	**0,72**	**0,71**
	Nein	0,46	**0,75**	0,78	**0,46**	**0,77**	**0,78**

Mittelwerte; alle Variablen 0-1; F-Tests: nicht-signifikante Unterschiede (p<0,000) unterstrichen.

(je mehr soziale Kontakte und je stärker die Religiosität, desto größer die Akzeptanz von Tugenden). Offensichtlich werden demokratische Tugenden auch als allgemeine normative Orientierungen verstanden und deswegen auch von nicht-politischen Faktoren beeinflusst. Im Großen und Ganzen weisen die Befunde bezüglich der Determinanten demokratischer Tugenden in Osten und Westen ähnliche Muster auf. Das ist nicht der Fall, wenn wir die Unterstützung dieser Tugenden unter Partizipierenden und nicht-Partizipierenden vergleichen. Demokratische Tugenden spielen unter Aktivisten in Westeuropa eine größere Rolle als in Osteuropa. Mit anderen Worten: Dort, wo normative Orientierungen für die Stabilität einer Demokratie am wenigsten erforderlich sind, ist ihre Akzeptanz am deutlichsten vorhanden.

Fortsetzung Tabelle 5: Unterstützung demokratischer Bürgertugenden: Aktive und nicht-Aktive

		D-O			E-O		
		Engagement	Wahlnorm	bürgerl. Normen	Engagement	Wahlnorm	bürgerl. Normen
Wahlen	Ja	0,45	0,78	0,82	0,49	0,80	0,81
	Nein	0,33	0,43	0,78	0,46	0,63	0,79
Kontakt Politiker	Ja	0,55	0,74	0,82	0,48	0,79	0,81
	Nein	0,41	0,71	0,81	0,48	0,74	0,80
Aktiv in Partei	Ja	0,67	0,79	0,85	0,56	0,85	0,81
	Nein	0,42	0,71	0,81	0,48	0,74	0,80
Aktiv in Organisation	Ja	0,55	0,77	0,82	0,52	0,78	0,81
	Nein	0,40	0,70	0,81	0,48	0,74	0,80
Badge/ Sticker tragen	Ja	0,54	0,83	0,81	0,52	0,82	0,81
	Nein	0,42	0,71	0,81	0,48	0,75	0,80
Unterschriften sammeln	Ja	0,46	0,74	0,81	0,48	0,76	0,79
	Nein	0,41	0,70	0,81	0,48	0,75	0,80
Geldspende	Ja	0,52	0,81	0,83	0,53	0,80	0,82
	Nein	0,42	0,70	0,81	0,48	0,74	0,80
Boykott	Ja	0,44	0,72	0,80	0,43	0,77	0,80
	Nein	0,42	0,71	0,81	0,48	0,75	0,80
Buykott	Ja	0,46	0,75	0,82	0,47	0,77	0,82
	Nein	0,41	0,69	0,80	0,48	0,74	0,80
Demonstration (legal)	Ja	0,50	0,75	0,80	0,50	0,77	0,78
	Nein	0,42	0,71	0,81	0,48	0,75	0,80
Demonstration (illegal)	Ja	0,44	0,58	0,71	0,39	0,69	0,73
	Nein	0,43	0,72	0,81	0,48	0,75	0,80

Mittelwerte; alle Variablen 0-1; F-Tests: nicht-signifikante Unterschiede (p<0,000) unterstrichen.

Empirische Informationen über demokratische Bürgertugenden sind weder auf einer Linie mit negativen Vorstellungen einer rapiden Abnahme von öffentlichen Tugenden, noch einer enthusiastischen Vorstellung von Bürgern, welche sich nach Möglichkeiten umschauen, um in „thick democracy" zu partizipieren, zuzuordnen. Entgegen den üblichen Interpretationen haben Bürger einen deutlich realistischeren Blick auf die Rolle demokratischer Tugenden für das Funktionieren der Demokratie. Sie nehmen ihre Rechte und Pflichten als Bürger ernst, aber sie sind eher abgeneigt, außerhalb von Wahlen an öffentlichen oder politischen Aktivitäten teilzunehmen. Diese Erkenntnis sollte jedoch nicht verwendet werden, um Bürger als „useless characters" (Perikles) oder das aktuelle politische System als „thin democracies" (Barber 1984) zu verurteilen. Diese Resultate unterstreichen, dass die Bodenständigkeit der meisten Bürger gegenüber der Politik deutlich höher ist, als viele Beobachter glauben.

Literatur

Barber, Benjamin R. 1984: Strong Democracy: Participatory Politics for a New Age. Berkeley: University of California Press.

Brady, Henry E. 1998: Political Participation. In: Robinson, John P./Shaver, Philip R./Wrightsman, Lawrence S. (Hrsg.): Measures of Political Attitudes. San Diego: Academic Press, 737-801.

Bollnow, Otto F. 1958: Wesen und Wandel der Tugenden. Frankfurt: Ullstein.

Conover, P. Johnston/Crewe, Ivor M./Searing, Donald D. 1990: Conceptions of Citizenship Among British and American Publics: An Exploratory Analysis. Colchester: University of Essex: Essex Papers in Politics and Government, 73.

Conover, P. Johnston/Crewe, Ivor M./Searing, Donald D. 1991: The nature of citizenship in the United States and Great Britain: Empirical comments on theoretical themes. In: Journal of Politics 53, 800-832.

Conover, P. Johnston/Crewe, Ivor M./Searing, Donald D. 2004: Elusive ideal of equal citizenship: political theory and political psychology in the United States and Great Britain. In: Journal of Politics 66, 1036-1068.

Conover, P. Johnston/Leonard, Stephen T./Searing, Donald D. 1993: Duty is a four-letter word: Democratic citizenship in the liberal polity. In: Marcus, George E./Hanson, Russell L. (Hrsg.): Reconsidering the Democratic Public. Pennsylvania: Pennsylvania State University Press, 147-171.

Dalton, Russell J. 2008: Citizenship Norms and the Expansion of Political Participation. In: Political Studies 56, 76-98.

Dekker, Paul/Hart, Joep de 2002: Burgers over burgerschap. In: Hortulanus, Roelof P./Machielse, J.E.M. (Hrsg.): Modern Burgerschap. Het Sociaal Debat Deel 6. Den Haag: Elsevier, 21-35.

Denters, Bas/Gabriel, Oscar/Torcal, Mariano 2007: Norms of Good Citizenship. In: van Deth, Jan W./Montero, José Rámon/Westholm, Anders (Hrsg.): Citizenship and Involvement in Europe: A comparative analysis. London: Routledge, 88-108.

Dobbelaere, Karel/Jagodzinski, Wolfgang 1995: Religious Cognitions and Beliefs. In: van Deth, Jan W./Scarbrough, Elinor (Hrsg.): The Impact of Values. Oxford: Oxford University Press, 197-217.

Easton, David 1965: A Systems Analysis of Political Life. Chicago: University of Chicago Press.

Eger, Thomas/Weise, Peter 1990: Normen als gesellschaftliche Ordner. In: Jahrbuch Ökonomie und Gesellschaft: Individuelles Verhalten und kollektive Phänomene. Frankfurt: Campus, 65-111.

Egle, Christoph. 2002: Über die Notwendigkeit und Bestimmung liberaler Bürgertugenden. In: Politische Vierteljahresschrift 43, 397-419.

Fishkin, James S./Luskin, Robert C. 2005: Deliberation and „Better Citizens". http://cdd.stanford.edu/research/papers/2002/bettercitizens.pdf. (letzter Zugriff: 12. 05. 2005)

Forndran, Erhard 2003: Staatsaufgaben und Bürgertugenden in Demokratien. In: Lohmann, Georg (Hrsg.): Demokratische Zivilgesellschaft und Bürgertugenden in Ost und West. Frankfurt: Europäischer Verlag der Wissenschaften, 31-72.

Goerres, Achim 2010: Die soziale Norm der Wahlbeteiligung: Eine international vergleichende Analyse für Europa. In: Politische Vierteljahresschrift 51, 275-296.

Gross, Michael L. 1997: Ethics and Activism: The Theory and Practice of Political Morality. Cambridge: Cambridge University Press.

Harrison, Rob/Newholm, Terry/Shaw, Deirdre (Hrsg.) 2005: The Ethical Consumer. London: Sage.

Inglehart, Ronald 1977: The Silent Revolution: Changing Values and Political Styles Among Western Publics. Princeton: Princeton University Press.

Inglehart, Ronald 1997: Modernization and Postmodernization: Cultural and Political Change in 43 Societies. Princeton: Princeton University Press.

Lane, Robert E. 1962: Political Ideology: Why the American Common Man Believes What He Does. New York: Free Press.

Lindenberg, Siegwart. 2008: Social norms: What happens when they become more abstract? In: Diekmann, Andreas/Eichner, Klaus/Schmidt, Peter/Voss, Thomas (Hrsg.): Rational Choice: Theoretische Analysen und empirische Resultate. Wiesbaden: VS Verlag für Sozialwissenschaften, 63-81.

Majeski, Stephen J. 1990: An alternative approach to the generation and maintenance of norms. In: Cook, Karen S./Levi, Margaret (Hrsg.): The Limits of Rationality. Chicago: University of Chicago Press, 273-281.

Mansbridge, Jane 1999: On the idea that participation makes better citizens. In: Elkin, Stephen L./Soltan, Karol E. (Hrsg.): Citizen Competence and Democratic Institutions. Pennsylvania: Pennsylvania State University Press, 291-325.

Micheletti, Michele 2003: Political Virtue and Shopping: Individuals, Consumerism and Collective Action. New York: Palgrave Macmillan.

Münkler, Herfried/Loll, Anna 2005: Sozio-moralische Ressourcen als Voraussetzung für Demokratie und Freiheit sowie als Aufgabe politischer Bildung. In: Himmelmann, Gerhard/Lange, Dirk (Hrsg.): Demokratiekompetenz: Beiträge aus Politikwissenschaft, Pädagogik und politischer Bildung. Wiesbaden: VS Verlag für Sozialwissenschaften, 39-49.

Neu, Viola 2009: Demokratieverständnis in Deutschland: Auswertung einer repräsentativen Umfrage. Sankt August: Konrad-Adenauer Stiftung.

Opp, Karl-Dieter 2001: Social networks and the emergence of protest norms. In: Hechter, Michael/Opp, Karl-Dieter (Hrsg.): Social Norms. New York: Russell Sage, 234-273.

Opp, Karl-Dieter 2004: Warum meinen Leute, sie sollten sich politisch engagieren? Einige Hypothesen über die Entstehung von Normen politischen Engagements und ihre empirische Überprüfung. In: Diekmann, Andreas/Voss, Thomas (Hrsg.): Rational-Choice-Theorie in den Sozialwissenschaften: Anwendungen und Probleme. München: Oldenbourg, 247-270.

Ostrom, Elinor 2000: Collective action and the evolution of social norms. In: The Journal of Economic Perspectives 14, 137-158.

Petersson, Olof/Hermansson, Jörgen/Micheletti, Michele/Teorell, Jan/Westholm, Anders 1998: Demokrati och Medborgarskap: Demokratiradets Rapport 1998. Stockholm: SNS Förlag.

Pinzani, Alessandro 2000: Bürgertugenden und Demokratie. In: Beckmann, Klaus/Mohrs, Thomas/Werding, Martin (Hrsg.): Individuum versus Kollektiv: Der Kommunitarismus als 'Zauberformel'. Frankfurt a.M.: P. Lang, 97-129.

Putnam, Robert D. 1993: Making Democracy Work: Civic Traditions in Modern Italy. Princeton: Princeton University Press.

Putnam, Robert D. 2000: Bowling Alone: The Collapse and Revival of American Community. New York: Simon & Schuster.

Roßteutscher, Sigrid 2004: Die Rückkehr der Tugend? In: van Deth, Jan W. (Hrsg.): Deutschland in Europa: Ergebnisse des European Social Survey 2002-2003. Wiesbaden: VS-Verlag, 175-200.

Sabine, George H./Thorson, Thomas L. 1973: A History of Political Theory. 4th ed. Hinsdale, Ill.: Dryden Press.

Seubert, Sandra 2000: Bürgermut und Bürgertugend: Verantwortung und Verpflichtung in der modernen Demokratie. In: Zeitschrift für Politikwissenschaft 10, 1015-1032.

Stolle, Dietlind/Hooghe, Marc 2003: Conclusions: The sources of social capital reconsidered. In: Hooghe, Marc/Stolle, Dietlind (Hrsg.): Generating Social Capital: Civil Society and Institutions in Comparative Perspective. New York: Palgrave, 231-248.

Segall, Shlomi 2005: Political participation as an engine of social solidarity: A skeptical view. In: Political Studies 53, 362-378.

Theiss-Morse, Elizabeth 1993: Conceptualizations of good citizenship and political participation. In: Political Behavior 15,355-380.

Theiss-Morse, Elizabeth/Hibbing, John R. 2005: Citizenship and civic engagement. In: American Review of Political Science 8, 227-249.

Tyler, Tom R. 1990: Why People Obey the Law. New Haven: Yale University Press.

van Deth, Jan W. 2000: Interesting but irrelevant: Social capital and the saliency of politics in Western Europe. In: European Journal of Political Research 37, 115-147.

van Deth, Jan W. 2009: The 'good european citizen': congruence and consequences of different points of view. In: European Political Science 8, 175-189.

van Deth, Jan W. 2010: Is creative participation good for democracy? In: Micheletti, Michele/McFarland, Andrew S. (Hrsg.): Creative Participation: Responsibility-Taking in the Political World. Boulder: Paradigm, 146-170.

van Deth, Jan W. 2011: New modes of participation and norms of citizenship. In: van Deth, Jan W./Maloney, William (Hrsg.): Professionalization and Individualized Collective Action: Analyzing New 'Participatory' Dimensions in Civil Society. London: Routledge (im Erscheinen).

Verba, Sidney/Schlozman, Kay Lehman/Brady, Henry E. 1995: Voice and Equality: Civic Voluntarism in American Politics. Cambridge, Mass.: Harvard University Press.

Persönliches und soziales Wohlbefinden

Stefan Weick

Glück und Zufriedenheit – das Eingebundensein in die Gesellschaft sowie das Gefühl ein erfülltes Leben zu führen – gelten als Merkmale des subjektiven Wohlbefindens, die zwar von der Persönlichkeit, aber auch sehr wesentlich von den sozialstrukturellen, kulturellen, politischen und wirtschaftlichen Voraussetzungen in einem Land abhängen. Das subjektive Wohlbefinden und damit die Bewertung des eigenen Lebens ist zwar kein Abbild der objektiven Situation und wird auch von sozialen Vergleichen und Präferenzen beeinflusst, dennoch steht sie in Europa mit dem Lebensstandard in einem deutlichen Zusammenhang (Watson u. a. 2010).

Empirische Analysen zum subjektiven Wohlbefinden auf Basis der allgemeinen Lebenszufriedenheit identifizieren für Deutschland im europäischen Ländervergleich eine mittlere Position im Länderranking (Noll/Weick 2010). Auffallend sind die unterschiedlichen subjektiven Bewertungen in West- und Ostdeutschland. Ostdeutsche äußern sich unzufriedener über ihr Leben als Westdeutsche, d. h. die subjektive Einschätzung der eigenen Lage fällt in den neuen Bundesländern immer noch deutlich ungünstiger aus als in den alten Bundesländern. Noch gravierender sind allerdings die Wohlbefindensdefizite in den postsozialistischen, osteuropäischen Ländern. Unzufriedenheit ist in den ärmsten europäischen Ländern besonders stark ausgeprägt. Mit der EU-Osterweiterung wurde das vorherige Nord-Südgefälle beim subjektiven Wohlbefinden durch ein West-Ostgefälle überlagert.[1]

Die neuen Bundesländer in Deutschland können im Zeitverlauf durch ein anhaltendes Wohlbefindensdefizit charakterisiert werden. Nach dem überraschenden Absinken der durchschnittlichen Lebenszufriedenheit in Ostdeutschland nach der deutschen Wiedervereinigung und einer anschließenden Zunahme bis zum Ende der 1990er Jahre, ist seitdem ein etwa gleichbleibendes Zufriedenheitsdefizit gegenüber Westdeutschland zu verzeichnen (Noll/Weick 2010; Christoph/Noll 2003). Nach dem Beitritt der neuen Länder zum Bundesgebiet zeigte sich rasch, dass die teilweise hohen Erwartungen der ostdeutschen Bevölkerung an den Wiedervereinigungsprozess nicht erfüllt werden konnten. Im Gegenteil, es mussten vielfach schmerzliche Erfahrungen wie Arbeitsplatzverluste hingenommen werden, was mit erheblichen Zufriedenheitseinbußen gegenüber der Situation kurz vor der Wiedervereinigung im Jahr 1990 einherging. Trotz deutlicher Verbesserungen der materiellen Situation seit dem Beginn der 1990er Jahre, die mit immensen Transferleistungen

---

1 Siehe auch den Beitrag von Oscar W. Gabriel in diesem Band.

aus den alten Bundesländern einhergehen, zeigen Ostdeutsche lang anhaltende Zufriedenheitsdefizite. Geringe Zufriedenheit tritt auf der nationalen Ebene meist zusammen mit weniger homogenen individuellen Zufriedenheitsangaben auf.[2] Vor allem bei den osteuropäischen Ländern hat sich gezeigt, dass das sehr niedrigere Wohlbefindensniveau mit einem hohen Ausmaß an Heterogenität der Zufriedenheitsangaben einhergeht, während in den reicheren westeuropäischen Ländern die entsprechende Streuung geringer ist (Delhey 2004; Clark u. a. 2004). Ein geringes Wohlbefindensniveau geht offensichtlich auch mit einem hohen Maß an Ungleichheit beim Wohlbefinden einher. Dieser Zusammenhang tritt insbesondere bei Befunden auf, die auf Zufriedenheitsbewertungen beruhen. Auf der Basis von Maßen, die im Vergleich dazu weniger kognitiv bewertende und stärker affektive Komponenten des subjektiven Wohlbefindens betonen wie „happiness" und emotionales Wohlbefinden, fallen die Länderunterschiede allerdings geringer aus und auch bei der Rangfolge der Länder können sich Verschiebungen ergeben (Watson u. a. 2010).

Die Konzentration auf die Zufriedenheit, insbesondere die Verwendung des Einzelindikators der allgemeinen Lebenszufriedenheit zur Beschreibung des subjektiven Wohlbefindens, wird häufig kritisch betrachtet[3] und ist vielfach dem eingeschränkten Raum für Fragen in größeren Umfragen geschuldet (Diener u. a. 2009).[4] Als wichtige Erweiterung zur Analyse des subjektiven Wohlbefindens im internationalen Kontext wird die Nutzung von aggregierten Indices vorgeschlagen, um eine bessere empirische Fundierung von Analyseergebnissen zu erzielen (Diener 2000; Helliwell 2002). Neben der Vermeidung von Messfehlern durch die Verwendung einer größeren Anzahl von Items, könnte die Verwendung eines aggregierten Indexes auch die Untersuchung spezifischer Komponenten des subjektiven Wohlbefindens ermöglichen, was auch die Möglichkeit zur Untersuchung deutscher Charakteristiken erweitert.

Seit einigen Jahren hat der Forschungsbereich subjektives Wohlbefinden ein breites Interesse in der Wissenschaft, den Medien, aber auch im politischen Beratungs- und Entscheidungsprozess gefunden (Noll/Weick 2010). Die Untersuchung subjektiven Wohlbefindens ist als Informationsbasis für die Politik in jüngster Zeit vor

---

2 So äußern sich die Dänen nicht nur am zufriedensten mit ihrem Leben (69 Prozent sehr zufrieden; 28 Prozent zufrieden auf einer Skala von 1 ‚ganz und gar unzufrieden' bis 4 ‚sehr zufrieden') von 28 europäischen Ländern, auch die Streuung ist bei ihnen am geringsten ausgeprägt (Standardabweichung: 0,55). Die Bulgaren haben dagegen nicht nur den geringsten Anteil an Zufriedenen (5 Prozent sehr zufrieden; 32 Prozent zufrieden'), sie weisen auch die größte Streuung der Zufriedenheitsangaben auf (Standardabweichung: 0,88) (Delhey 2004: 32, 48).

3 Globale Messungen der Lebenszufriedenheit können durch momentane Stimmungen, situative Faktoren, Reihenfolge der Fragen in der Befragung oder soziale Erwünschtheit verzerrt werden (Diener 2000: 35).

4 Der Beitrag von Oscar W. Gabriel in diesem Band erörtert die Thematik Zufriedenheit – allerdings nicht durch die Verwendung eines Einzelindikators. Vielmehr wird mittels mehrerer Items die Zufriedenheit mit den individuellen und kollektiven Lebensbedingungen untersucht. Diese Analyse berücksichtigt sowohl die Querschnitts- als auch die längsschnittliche Perspektive (2002-2008).

allem durch den Abschlussbericht der sogenannten ‚Stiglitz-Kommision' in den Blickpunkt der Öffentlichkeit gekommen. „Measures of both objective and subjective well-being provide key information about people's quality of life. Statistical offices should incorporate questions to capture people's life evaluations, hedonic experiences and priorities in their own survey" (Stiglitz u. a. 2009: 16). Bereits in den frühen 1970er Jahren hat die sozialpsychologisch orientierte amerikanische quality of life-Forschung die Perspektive des subjektiven Wohlbefindens als Maßstab zur Untersuchung der gesellschaftlichen Entwicklung maßgeblich geprägt (Noll 1999). Neben der Beobachtung der Sozialstruktur wurde die Aufmerksamkeit auf die subjektive Wahrnehmung der objektiven Lebensbedingungen gelenkt. Dies schlug sich in entsprechenden Erhebungsprogrammen nieder, die den Fokus auf subjektiven Indikatoren wie Zufriedenheit, Glück oder Einsamkeit hatten. Die Untersuchung des subjektiven Wohlbefindens hat sich mittlerweile in verschiedenen Disziplinen etabliert. Die Definition von subjektivem Wohlbefinden variiert allerdings zwischen verschiedenen akademischen Feldern und Forschern (Fischer 2009). Gerade bei großen nationalen, vor allem aber bei internationalen Umfragen stehen zur Erfassung des subjektiven Wohlbefindens meist nur wenige Fragen zur Verfügung. Im Vordergrund steht dabei in der Regel die allgemeine Lebenszufriedenheit als summarisches, eher kognitives Maß des subjektiven Wohlbefindens, das vor allem in der Soziologie, aber auch in den Wirtschaftswissenschaften genutzt wird. In der Psychologie ist es dagegen verbreitet, subjektives Wohlbefinden weiter zu fassen und mit multiplen Items zu messen. Bei den zugrunde liegenden Datenbasen handelt es sich aber in der Regel um Studien mit geringen Befragtenzahlen, deren Fokus eher auf Individuen liegt als auf ganzen Gesellschaften oder sozialen Gruppen (Diener u. a. 2009: 68ff.). Die systematische Erfassung von Wohlbefinden in einem großen internationalen Befragungsprojekt stellt damit eine Herausforderung in diesem Forschungsfeld dar. Dem Fragenmodul zum subjektiven Wohlbefinden im ESS 2006 liegt ein mehrdimensionales, eher psychologisches Konzept von subjektivem Wohlbefinden zugrunde, das auf der Basis von mehr als fünfzig Items unterschiedliche Ansätze zur Messung von Wohlbefinden verbindet (Huppert u. a. 2009) und Reliabilitätsprobleme von Ein-Item-Indikatoren und die starke Abhängigkeit von Anspruchsniveaus bei Zufriedenheitsurteilen vermeiden soll. Ziel ist es, insbesondere einen systematischen Ansatz zur Entwicklung von Wohlbefindensmaßen für nationale und internationale Studien bereitzustellen. In diesem Beitrag wird auf der Basis der Operationalisierung eines „composite well-being-index", wie er mit dem Ziel einer nationalen Gesamtrechnung entwickelt wurde, das subjektive Wohlbefinden für Deutschland im europäischen Kontext analysiert.

Dabei wird zunächst das Niveau des subjektiven Wohlbefindens für alte und neue Bundesländer vergleichend mit den übrigen europäischen Ländern betrachtet. Ein besonderer Vorteil eines aggregierten Index ist auch darin zu sehen, dass Wohlbefindenskomponenten auf der Länderebene quantifiziert und entsprechende Zusammenhänge untersucht werden können. Wie erwähnt, betrifft eine zentrale Frage die Wohlbefindensdifferenz der Ostdeutschen gegenüber den Westdeutschen. Ein Erklärungsansatz bezieht sich auf hohe Aspirationsniveaus bezüglich materieller Lebensbedingungen, die faktisch nicht erreicht werden und vor allem kognitive

Zufriedenheitsbewertungen betreffen (Delhey 2004). Die subjektive Bewertung des eigenen Lebens hängt zwar von den faktischen Lebensbedingungen ab, aber zudem nicht unwesentlich von Präferenzen und sozialen Vergleichen. Erwartungen der Ostdeutschen sind am höheren Lebensstandard in den alten Bundesländern ausgerichtet. Diesbezügliche Aspirationen stimmen deshalb häufig nicht mit den realen Lebensbedingungen überein, was zu Wohlbefindenseinbußen führt. Zu berücksichtigen ist dabei, dass Ostdeutschland zwar noch nicht das westdeutsche Wohlstandsniveau erreicht hat, aber erheblich wohlhabender ist als die osteuropäischen Staaten. Vor diesem Hintergrund stellt sich auch die Frage, inwieweit sich kognitiv bewertende Aspekte des Wohlbefindens, die stärker von sozialen Vergleichen geprägt sind, von mehr affektiven oder emotionalen Aspekten unterscheiden und in wieweit sich alte und neue Bundesländer hinsichtlich verschiedener Prädiktoren des subjektiven Wohlbefindens auch bei den Komponenten unterscheiden. Die differenzierte Betrachtung der Komponenten ist auch für die Einordnung im europäischen Kontext von Bedeutung. Ein geringes Zufriedenheitsniveau in den wirtschaftlich ärmeren postsozialistischen Staaten lässt sich unter anderem dadurch erklären, dass weniger privilegierte Bevölkerungsgruppen viel stärker von materiellen Deprivationen betroffen sind als in den reicheren westeuropäischen Ländern, die durch wohlfahrtsstaatliche Absicherung vor besonders tiefgreifenden Konsequenzen von Ungleichheiten bewahrt sind (Watson u. a. 2010). Neben grundlegenden Bedürfnissen können auch soziale Vergleiche eine wesentliche Rolle für das Zufriedenheitsniveau spielen. Die Erfahrung von Deprivationen anderer im sozialen Umfeld, z. B. bei hoher Arbeitslosigkeit, kann sich auch mildernd auf die negative Bewertung der persönlichen Situation auswirken, da die eigene Lage, zumindest im Vergleich zu anderen betrachtet, in diesem Fall weniger ungünstig erscheint. Der Mechanismus des sozialen Vergleichs könnte somit in den osteuropäischen Ländern starken Einbußen des subjektiven Wohlbefindens von Personen mit materiellen Deprivationen entgegenwirken. Bisherige Ergebnisse lassen dazu kein eindeutiges Bild erkennen. Während die vergleichsweise schlechte materielle Absicherung im Alter in osteuropäischen Ländern mit zum Teil erheblichen Wohlbefindensdefiziten einhergeht, geht die Erfahrung von Arbeitslosigkeit mit einem weniger deutlichen Verlust beim subjektiven Wohlbefinden einher (Anderson u. a. 2009). Die Einbeziehung von Wohlbefindensaspekten in die Analyse, die weniger durch soziale Vergleiche geprägt sind als die Lebenszufriedenheit, lassen vor diesem Hintergrund weitere Rückschlüsse auf die psychischen Konsequenzen unterschiedlicher Lebenslagen erwarten.

Auch institutionelle und politische Rahmenbedingungen in einem Land haben sich als bedeutsam für das subjektive Wohlbefinden erwiesen. Offenheit, Transparenz und Berechenbarkeit von Institutionen tragen zu Vertrauen und Wohlbefinden in der Bevölkerung bei (Watson u. a. 2010). Die Wahrnehmung der Bevölkerung spielt dabei eine wichtige Rolle. Insbesondere das Vertrauen in demokratische Einrichtungen hat sich als relevanter Faktor für die Lebenszufriedenheit gezeigt, der einen wesentlichen Beitrag zur Erklärung der ostdeutschen Zufriedenheitsdifferenz leistet (Noll/Weick 2010; Delhey/Böhnke 1999) und hängt auch nicht unwesentlich mit Defiziten im subjektiven Wohlbefinden in den postsozialistischen Ländern zusammen (Watson u. a. 2010). Auf der anderen Seite wird die hohe Akzeptanz des

Wohlfahrtsstaates in der Bevölkerung als eine wichtige Voraussetzung für das hohe subjektive Wohlbefinden in den skandinavischen Ländern betrachtet (Biswas-Diener/Diener 2009; Helliwell 2002). Eine zentrale Voraussetzung des subjektiven Wohlbefindens, die sich kaum zwischen den verschiedenen europäischen Ländern unterscheidet, ist der Gesundheitszustand (Anderson u. a. 2009; Watson u. a. 2010), aber auch sozialen Kontakten kommt diesbezüglich eine besonders bedeutsame Rolle zu (Böhnke 2005; Noll/Weick 2010). Weiterhin äußern sich europäische Katholiken mit ihrem Leben zufriedener als Protestanten und Konfessionslose (Clark/Lelkes 2009).

In diesem Beitrag wird ein neuer Ansatz zur Beschreibung und Analyse des subjektiven Wohlbefindens herangezogen, der auf einem dazu entwickelten Fragemodul des *European Social Survey* (ESS) von 2006 beruht (Huppert u. a. 2009). Auf der Grundlage dieses Instrumentes wurde ein mehrdimensionales Gesamtrechnungssystem zum subjektiven Wohlbefinden entwickelt, das als Pendant zur wirtschaftlichen Gesamtrechnung gesehen wird (Michaelson u. a. 2009). Im Zentrum dieses Ansatzes steht ein „composite index" des Wohlbefindens, der aus verschiedenen Komponenten kumuliert wird. Mit Hilfe dieses Indexes werden im Folgenden das subjektive Wohlbefinden in Deutschland sowie insbesondere Ähnlichkeiten und Unterschiede zwischen Bürgern aus West- und Ostdeutschland im europäischen Kontext analysiert.

Das Konzept des persönlichen Wohlbefindens

Persönliches Wohlbefinden im Kontext der Lebensqualitätsforschung

Die Lebensqualitätsforschung hat die Untersuchung von materiellen Lebenslagen im Zusammenhang mit Indikatoren zum subjektiven Wohlbefinden und deren Wandel zum Thema. Das übergreifende Maß der Lebenszufriedenheit wird als Ergebnis eines kognitiven Bewertungsprozesses angesehen, bei dem die objektive Lage in verschiedenen Lebensbereichen mit internen Ansprüchen verglichen wird (Veenhoven 2001; Diener 2000; Noll 1999). Unterschiedliche Anspruchsniveaus können dann bei identischen Lebensbedingungen zu verschiedenen Zufriedenheitsurteilen führen. Menschen passen zudem ihre Ansprüche mit der Zeit an die faktische Lage an. Das subjektive Wohlbefinden in einem Land spiegelt demnach nicht einfach die objektive Lage wider, sondern hängt auch von Präferenzen und Aspirationen ab. Ein weiterer Faktor, der sich bei der Zufriedenheitsmessung niederschlägt, sind neben kognitiv abwägenden Bestandteilen auch affektive Komponenten, die von der emotionalen Situation einer Person abhängen. Zudem beeinflussen auch kurzfristige Stimmungsschwankungen die Angaben zum subjektiven Wohlbefinden (Diener 2000).

Die Bedeutung der Lebensbedingungen für das subjektive Wohlbefinden wird vor diesem Hintergrund auch als nachrangig erachtet. Eine andauernde Diskussion in diesem Kontext geht häufig nur um geringe Differenzen im Wohlbefinden, die trotz zum Teil erheblicher Unterschiede in den objektiven Lebensbedingungen zwischen sozialen Gruppen zu identifizieren sind. So wurden zum Beispiel auch mit dem ESS positive Effekte einer höheren Bildung auf die Lebenszufriedenheit nachgewiesen (Noll/Weick 2010; Neller 2004). Zieht man die erheblichen Unterschiede bezüglich der Lebensbedingungen und insbesondere auch der Arbeitsmarktrisiken in Betracht, erscheinen die Unterschiede eher gering. Dies wird durch interne Anpassungsprozesse an objektive Lebensbedingungen erklärt. Insbesondere bei sehr stabilen objektiven Merkmalen, wie der Geschlechtszugehörigkeit, die in der Regel über ein ganzes Leben unverändert bleibt, ist dieses Phänomen zu beobachten (Inglehart 1989). So haben Frauen zwar in der Regel in den meisten europäischen Ländern eine ungünstigere ökonomische Position als Männer und müssen auch in anderen Feldern Nachteile in Kauf nehmen, dennoch erweisen sie sich nicht oder nur ganz wenig unzufriedener als Männer. Dies wird dadurch erklärt, dass das Geschlecht ein unveränderliches Merkmal ist und Frauen ihre Ansprüche und Erwartungen über lange Zeiträume an die objektiven Lebensbedingungen anpassen können. Mehr Zufriedenheitsunterschiede zwischen sozialen Gruppen und in der Folge auch eine höhere statistische Erklärungskraft sind bei weniger stabilen Merkmalen wie der Einkommensposition zu erwarten.

Einen zentralen Stellenwert zur Erklärung von subjektivem Wohlbefinden hat in den letzten Jahren die *set point theory* erlangt (Cummins 2003; Diener 2000; Heady 2010; Helliwell 2002). Der Ansatz betont die Rolle der Anspruchsniveauanpassung und basiert wesentlich auf Annahmen der Persönlichkeitspsychologie. Demnach haben Menschen ein stabiles Wohlbefindensniveau, das auf genetischen Faktoren und früher Sozialisation beruht. Dieses Basisniveau ist nur äußerst schwer zu verändern. Zwar beeinflussen Veränderungen des materiellen Niveaus das momentane subjektive Wohlbefinden, allerdings geht die *set point theory* nur von einem vorübergehenden Einfluss aus. Positiv bewertete Veränderungen gehen demzufolge mit einer zeitweiligen Erhöhung des subjektiven Wohlbefindens einher, negativ bewertete mit einem Absinken.

Allerdings wird zumindest die Allgemeingültigkeit der *set point theory* in Frage gestellt. So sprechen bereits die sehr niedrigen Niveaus der Lebenszufriedenheit in den postsozialistischen Ländern nicht für eine universell wirkende Adaption auch an äußerst ungünstige Lebensbedingungen. Die weit verbreiteten erheblichen Wohlbefindensdefizite lassen sich kaum durch nur temporäre Zufriedenheitseinbußen erklären. So wird zunehmend davon ausgegangen, dass der Anspruchsniveauanpassung Grenzen gesetzt sind (Diener 2000; Clark u. a. 2006). Zwar tendieren Menschen auch nach erheblichen Verbesserungen oder Verschlechterungen ihrer Lebenslage dazu, wieder zu ihrem ursprünglichen Wohlbefindensniveau zurückzukehren, allerdings nicht unter allen Bedingungen oder auch nicht vollständig. Easterlin (2003) stellt in einer zusammenfassenden Bewertung auf der Basis empirischer Ergebnisse zu dieser Problematik fest, dass Anspruchsniveauanpassungen vor allem bei den materiellen Lebensbedingungen zum Tragen kommen und in viel geringerem Umfang im Bereich von Familie oder Gesundheit.[5] Dies bedeutet einerseits, dass man zwischen den beobachteten Bereichen differenzieren muss und vor allem bei Veränderungen der ökonomischen Situation und weniger bei anderen Merkmalen, z. B. die Gesundheit betreffend, starke Anpassungseffekte zu erwarten sind. So gehen Hilfe- und Pflegebedürftigkeit in Deutschland mit einer dauerhaften Zufriedenheitseinbuße einher (Weick 2006).

Die *set point theory* basiert insbesondere auf der Beobachtung einer eher geringen Variation der mittleren Lebenszufriedenheit zwischen westlichen Industrieländern sowie zwischen sozialen Gruppen innerhalb dieser Länder. Obwohl es sich bei der zentralen Annahme der Anspruchsniveauanpassung um einen dynamischen Prozess handelt, wurden auch zentrale Schlussfolgerungen zu Niveau und Verteilung des subjektiven Wohlbefindens in der Querschnittsbeobachtung angestellt. Im homöostatischen Modell des subjektiven Wohlbefindens wird die Annahme formuliert, dass Wohlbefindensniveaus von Ländern innerhalb enger Grenzen liegen, die deutlich oberhalb eines neutralen Skalenwertes liegen (Cummins 2003)[6]. Auch gruppenbezogene Unterschiede sollten in der Querschnittsbeobachtung durch Anspruchsniveauanpassungen eher gering ausfallen. Die Beobachtung einer sehr niedrigen mittleren Lebenszufriedenheit, zum Teil sogar unterhalb der Skalenmitte, in den postsozialistischen Ländern (Noll/Weick 2010) kann man allerdings nur schwer mit dem Modell der Selbstregulierung in Einklang bringen. Die umfassende Fähigkeit zur Anpassung an die objektiven Lebensbedingungen wird auch in Frage gestellt. An ein extrem niedriges Niveau des Lebensstandards, wie es in Ländern mit unzureichender sozialer Sicherung auftritt, können sich Menschen auch nach längerer Zeit nicht anpassen (Veenhoven 2001). Befunde zum europäischen Vergleich stützen diese Annahme von Grenzen der Anspruchsniveauanpassung: Defizite im Wohlbefinden fallen bei ungünstiger sozialer Positionierung in den westeuropäischen Ländern auch deshalb eher gering aus, weil die wohlfahrtsstaatliche Absicherung ein allzu tiefes Absinken des Lebensstandards verhindert und eine Anpassung an die ungünstige, aber nicht extrem schlechte materielle Situation dadurch ermöglicht wird, während in den osteuropäischen Ländern weniger privilegierte Bevölkerungsgruppen viel stärker von materiellen Deprivationen betroffen sind (Watson u. a. 2010).

Ergebnisse zum subjektiven Wohlbefinden wurden überwiegend auf der Basis von Lebenszufriedenheitsmessungen ermittelt. Während auf der einen Seite angenommen wird, dass Menschen in der Lage sind, entsprechend eigener Präferenzen verschiedene Aspekte des Lebens intern aufzusummieren und ein globales Zufriedenheitsurteil zu bilden, werden diesbezüglich auch erhebliche Einschränkungen gesehen (Michaelson u. a. 2009: 56). Insbesondere werden Verzerrungen in

---

5   Siehe auch den Beitrag von Oscar W. Gabriel in diesem Band.
6   Das mittlere Wohlbefindensniveau wird für westliche Industrieländer bei 75 Prozent (+- 2,5 Prozent), für nicht-westliche Länder bei 70 Prozent (+- 5 Prozent) des Skalenmaximums identifiziert (Cummins 2003).

Richtung einer starken Betonung von Merkmalen des sozialen Status genannt. Gerade in Bezug auf die Zufriedenheitsdifferenz der Ostdeutschen gegenüber den Westdeutschen, die auch nach Kontrolle objektiver Lebensbedingungen erhalten bleibt (Noll/Weick 2010) wäre eine Validierung der Ergebnisse zu Niveau und Prädiktoren des subjektiven Wohlbefindens mit anderen Messinstrumenten, die diese Betonung des sozialen Status nicht aufweisen und auch spezifische Komponenten des Wohlbefindens berücksichtigen, von Bedeutung. Dasselbe gilt für das West-Ostgefälle in Europa. Dies hilft bei der Beurteilung, welche Mechanismen, z. B. eine Deprivationslage wie Arbeitslosigkeit, das Wohlbefinden beeinträchtigen. Sind neben kognitiven, sozial vergleichenden Bewertungen auch emotionale Facetten beteiligt und kommt dem Gefühl von sozialer Exklusion auch eine Rolle zu?

In diesem Beitrag wird nun auf eine direktere Messung von Wohlbefinden zurückgegriffen, um unter Einbeziehung von einzelnen Wohlbefindenskomponenten ein möglichst breites Verständnis von subjektivem Wohlbefinden zu erhalten. Untersuchungen auf der Basis des Konzeptes der Lebenszufriedenheit haben bisher eine breite Palette von reliablen Forschungsresultaten erbracht (Huppert u. a. 2005). Ziel dieses Beitrages ist es, unter Verwendung des Instrumentariums des ESS 2006, weitere Dimensionen in die Untersuchung des subjektiven Wohlbefindens – unter besonderer Berücksichtigung der deutschen Bedingungen im europäischen Kontext – in die Diskussion einzubringen.

Definition und Messung von subjektivem Wohlbefinden

Subjektives Wohlbefinden wird im Folgenden über einzelne Komponenten, die in verschiedenen Stufen kumuliert werden, erfasst. Befragungspersonen nehmen also nicht selbst eine summarische Bewertung verschiedener Aspekte des Wohlbefindens vor, wie dies bei der Erfassung der Lebenszufriedenheit mit einem Item der Fall ist. Es werden dagegen einzelne Komponenten des Wohlbefindens, die sich in der bisherigen Forschung als substanziell erwiesen haben, separat mit jeweils mehreren Messitems erhoben und im Nachhinein aggregiert (Huppert u. a. 2005). Das verwendete Konzept des subjektiven Wohlbefindens (Abbildung 1) beruht auf einer persönlichen und einer sozialen Dimension, die auf der Hauptebene zu einem Index kumuliert werden. Der Qualität sozialer Kontakte kommt damit als Hauptkomponente ein hoher Stellenwert beim Gesamtindex zu, der seine Grundlage vor allem in Forschungsergebnissen hat, die die besondere Bedeutung von menschlichen Interaktionen für das subjektive Wohlbefinden herausstellen, was in Europa verstärkt für die westeuropäischen Demokratien gilt (Watson u. a. 2010).

Die Hauptkomponente des persönlichen Wohlbefindens basiert auf zwei unterschiedlichen theoretischen Konzepten: dem *hedonic approach*, der auf affektiven und kognitiv bewertenden Elementen beruht, und dem *eudaimonic approach*, bei

Abbildung 1: Komponenten des Indexes des subjektiven Wohlbefindens[7]

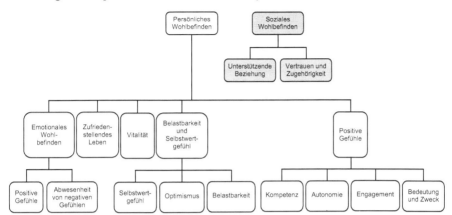

dem es um das menschliche Funktionieren, also um das Realisieren des eigenen Leistungsvermögens geht. Wohlbefinden wird als dynamische Interaktion zwischen den verschieden Wohlbefindenskomponenten betrachtet, die sich am Leben der Menschen, ihren Beziehungen, Aktivitäten und psychischen Ressourcen orientiert und es ermöglicht, das individuelle Potential auszuschöpfen, produktiv und kreativ zu arbeiten und starke, nachhaltige Beziehungen aufzubauen (Michaelson u. a. 2009: 18ff.). Die zweite Hauptkomponente des sozialen Wohlbefindens ist dadurch gekennzeichnet, wie die Bürger ihre sozialen Beziehungen wahrnehmen. Grundlegend für das Konzept des aggregierten Indexes ist die Ansicht, dass subjektives Wohlbefinden als äußerst facettenreiches theoretisches Konstrukt auch bei der Messung und Analyse eines differenzierten Messinstruments bedarf.

Das subjektive Wohlbefinden wird als eine Aggregation aus den Hautkomponenten von *persönlichem* und *sozialem Wohlbefinden* betrachtet. Das persönliche Wohlbefinden besteht aus fünf Komponenten, die wiederum teilweise in Untergruppen aufgeteilt werden können (vgl. Abbildung 1). Das *emotionale Wohlbefinden* drückt das allgemeine Empfinden von positiven und negativen Gefühlen aus und setzt sich zusammen aus positiven Gefühlen sowie der Abwesenheit negativer Gefühle, die jeweils über Fragen nach der Häufigkeit des Auftretens gemessen werden. Die kognitive Bewertung der eigenen Lebensbedingungen vor dem Hintergrund von Aspirationsniveaus und Präferenzen wird über die Komponente *zufriedenstellendes Leben* erfasst. Die Komponente *Vitalität* zielt darauf ab, ob Personen Energie haben, sich ausgeschlafen und gesund fühlen und körperlich aktiv sein können. *Psychische Ressourcen* stellen ein Maß für die individuelle Belastbarkeit dar. Es beinhaltet die Subkomponenten Selbstwertgefühl, Optimismus und Belastbarkeit. Die *positive Funktion* stellt eine Kategorie dar, die auf die Realisierung des individuellen Potentials abzielt. Sie umfasst die vier Subkomponenten Autonomie, Kompetenz, Engagement

---

[7] Übersicht entsprechend Michaelson u. a. (2009: 21).

sowie Bedeutung und Zweck. Letzteres zielt auf das Gefühl, dass das was man tut, in seinem Leben auch wertvoll, erstrebenswert und von anderen wertgeschätzt ist.

Die zweite Hauptkomponente des *sozialen Wohlbefindens* basiert auf zwei Komponenten:(1) *Unterstützende Beziehungen*, die Grad und Qualität der Interaktionen mit Familie, Freunden und Anderen erfassen; (2) Vertrauen und Zugehörigkeit, d. h. ob man glaubt fair und respektvoll behandelt zu werden.

Konzept und Berechnungsweise für diesen Beitrag wurden entsprechend der Vorgehensweise der Gesamtrechnung des subjektiven Wohlbefindens von Michaelson u. a. (2009) gewählt.[8] Im Rahmen der Operationalisierung wurden zunächst alle Skalen so codiert, dass sie aufsteigend von „schlecht" nach „gut" laufen. Frageformulierungen und Skalenbreite sowie die Richtung von Skalen wurden für die Befragungssituation bewusst variiert, um diesbezügliche methodische Einflüsse zu minimieren. Die vierzig Einzelindikatoren wurden dann mittels Z-Transformationen standardisiert. In die Berechnung sind 24 europäische Länder einbezogen[9]. Durch dieses Design sind die Z-Werte relativ zum arithmetischen Mittel „0" der 24 Länder zum Befragungszeitraum 2006 (design- und bevölkerungsgewichtet). Positive Werte liegen oberhalb des europäischen Mittels, negative unterhalb. Der Wert „1" steht für eine Standardabweichung über die 24 Länder. Die Z-Werte der einzelnen Items werden dann zu Subkomponenten oder je nach Bereich direkt zu Komponenten aggregiert. Dies geschieht durch Bildung des arithmetischen Mittels.[10] Diese Operationalisierung soll zum einen als Referenz für zukünftige Entwicklungen dienen und zum anderen den Vergleich zwischen Ländern sowie sozialen Gruppen ermöglichen.

Im Fokus der Analyse in diesem Beitrag steht die besondere Situation Deutschlands hinsichtlich des subjektiven Wohlbefindens, gemessen mit dem ‚compositeindex' und seinen Komponenten. Bei der Konstruktion des Indexes wurden Komponenten gewählt, von denen bekannt war, dass sie wesentlich zum übergreifenden subjektiven Wohlbefinden und damit auch zur Lebenszufriedenheit beitragen (Michaelson u. a. 2009). Faktoren, die sich bei der Erklärung der Lebenszufriedenheit als wichtig gezeigt haben, dürften deshalb auch hinsichtlich des Gesamtindexes erklärungskräftig sein. Dies wäre zur Validierung von Ergebnissen, die auf einem Ein-Item-Indikator beruhen, durchaus von Bedeutung. Der besondere Vorteil des Indexes besteht auch darin, dass alle Komponenten in die Analyse einbezogen wer-

---

8 Der Index zum Wohlbefinden bei der Arbeit, der nur einen Teil der Befragten abdeckt und auch nicht in den Gesamtindex eingeht, wird hier nicht berücksichtigt.
9 Ich danke Herrn Saamah Abdallah für die Bereitstellung der SPSS-Syntax. Gegenüber der Vorgehensweise für die National Accounts wurden auch Lettland und Rumänien zur Ermittlung der Z-Werte einbezogen. Die Transformation für Russland wurde auf Basis der ermittelten arithmetischen Mittel und der Standardabweichungen für 24 Länder durchgeführt. Die Variable *Fühle mich den Menschen in meiner Wohngegend verbunden* wurde wegen des hohen Anteils an fehlenden Werten (82%) aus den Berechnungen ausgeschlossen. Eine Darstellung der 40 Variablen, die in die Indexberechnung eingehen, findet sich in Michaelson u. a. (2009: 62ff).
10 Fälle mit fehlenden Werten wurden aus den Berechnungen ausgeschlossen (listwise; 20 Prozent).

den können. Dazu gibt es bisher für Europa eher ergänzende Analysen zur Lebenszufriedenheit, die auch andere Aspekte des subjektiven Wohlbefindens einbeziehen. So sind subjektive Indikatoren, die stärker auf die affektive Komponente des Wohlbefindens abzielen, eher sensitiv bei Unterschieden die persönliche Dinge wie Gesundheit und Familie betreffen, während die Lebenszufriedenheit stärker sensitiv auf Merkmale der sozialen Position sowie Länderunterschiede reagiert (Watson u. a. 2010).

Aspirationsniveaus sind mittlerweile nahezu weltweit an den reichen Industrieländern ausgerichtet (Diener 2000). Die Erwartungen der Ostdeutschen orientieren sich am westdeutschen Lebensstandard. Aufgrund der besonderen Bedeutung des sozialen Vergleichs für die eher kognitiv bewertende Zufriedenheitskomponente sind hier die größten Differenzen zwischen den beiden Landesteilen zu erwarten. Da die ostdeutsche Bevölkerung durch das System der sozialen Sicherung nicht in größeren Teilen besonders tiefe Einschnitte beim Lebensstandard hinnehmen muss, sollten dagegen das soziale Wohlbefinden und die weiteren Komponenten des persönlichen Wohlbefindens ähnlicher zum westdeutschen Niveau sein. Eine Erwartung in diesem Kontext ist, dass Merkmale der objektiven Lebensbedingungen für das persönliche Wohlbefinden der Ostdeutschen eine höhere Erklärungskraft haben als für Westdeutsche. Dies ist insbesondere für die Zufriedenheitskomponente zu erwarten, da sich wahrgenommene Deprivation hier besonders deutlich widerspiegeln.

Bei Osteuropäern spielen materielle Erwartungen, die an den reicheren westeuropäischen Ländern ausgerichtet sind, zwar auch eine Rolle für die kognitive Bewertung der eigenen Situation, zusätzlich müssen aber tiefere faktische materielle Deprivationslagen hingenommen werden, zum Beispiel im Alter aufgrund unzureichender sozialer Sicherungssysteme (Delhey 2004), die sich neben dem stärker sozial vergleichenden Aspekt der Zufriedenheit auch bei anderen Komponenten des Wohlbefindens niederschlagen dürften. Dies betrifft auch die Erklärungskraft von objektiven Lebensbedingungen, die sich stärker differenzierend auf die Lebenslage auswirken als in westeuropäischen Ländern, wo die sozialen Sicherungssysteme den tiefen Abstieg in der Regel vermeiden. Es gibt allerdings auch Beobachtungen, die entsprechende Zusammenhänge in den post-sozialistischen Ländern auch abschwächen könnten. So ist bei Arbeitslosigkeit in den zwölf neuen Mitgliedsländern der Europäischen Union eine geringere Zufriedenheitsdifferenz zu finden als in den alten Mitgliedsländern (Anderson u. a. 2009: 17). Insgesamt hat sich für wohlhabendere Länder gezeigt, dass sozialen Kontakten ein stärkeres Gewicht für die Lebenszufriedenheit als für ärmere Länder zukommt. Objektive Lebenslagen verlieren dabei gleichzeitig an Erklärungskraft für das Wohlbefinden (Böhnke 2005). Für die westeuropäischen Länder ist deshalb, ähnlich wie für Westdeutschland, für die objektiven Lebensbedingungen eine geringere Erklärungskraft für das subjektive Wohlbefinden zu erwarten als für Ostdeutschland und die osteuropäischen Länder.

Das persönliche Wohlbefinden im Vergleich

Persönliches Wohlbefinden im europäischen Vergleich

Zunächst wird der Frage nachgegangen, wie bei einem innerdeutschen Vergleich Deutschland hinsichtlich des Wohlbefindensindex im internationalen Vergleich aufgestellt ist. Gerade bei Länder-Rangfolgen ist zu erwarten, dass aggregierte Maße des Wohlbefindens robuster gegenüber Verzerrungen durch kulturelle Einflüsse sind als Ein-Indikator-Maße wie die allgemeine Lebenszufriedenheit (Fischer 2009: 31). Eine hierarchische Ordnung der Gesamtindexwerte der betrachteten Länder findet sich in Abbildung 2. Dänemark nimmt, wie bei anderen vergleichenden Untersuchungen zum subjektiven Wohlbefinden auch, eine Spitzenstellung ein, noch vor den anderen skandinavischen Ländern und der Schweiz (Noll/Weick 2010; Biswas-Diener/Diener 2009). Gesamtdeutschland befindet sich in einer mittleren Position, was sich nicht nur in der Rangfolge der Länder, sondern auch in einem Indexwert, der knapp über Null liegt, ausdrückt. Nur Frankreich und Portugal liegen aus der Gruppe der westeuropäischen Länder darunter. Die besondere Situation Deutschlands wird noch deutlicher, wenn man die Bürger aus den alten und neuen Bundesländern differenziert betrachtet. Ostdeutschland platziert sich dabei schlechter als Westdeutschland, nur vor neun osteuropäischen Ländern. Die materiell ärmeren postsozialistischen Länder sind bezüglich des Wohlbefindens weit hinten in der Rangfolge und befinden sich zudem, wie auch Ostdeutschland, unterhalb der Nulllinie. Deutschland nimmt somit nicht nur geografisch, sondern auch hinsichtlich des aggregierten subjektiven Wohlbefindens eine Zwischenstellung zu den west- und osteuropäischen Ländern ein.[11] Nach den Annahmen der *set point theory* dürften die Differenzen im Wohlbefinden zwischen den Ländern nur gering ausfallen. Die Theorie liefert vor allem eine Erklärung für geringe Unterschiede zwischen sozialen Gruppen und Ländern. Die ausgeprägten Unterschiede zwischen den Ländern, die zudem nicht unabhängig vom Lebensstandard sind, stützen die Annahme der *set point theory* nicht, dass sich Menschen mit der Zeit an ihre Lebensbedingungen anpassen. Insbesondere die starken negativen Abweichungen der ärmsten osteuropäischen Staaten weisen deutlich darauf hin, dass dieser Anpassungsprozess Grenzen hat und Personen nicht nur temporär auf Verbesserungen oder Verschlechterungen ihrer Lebenslage reagieren.

---

11 Oscar W. Gabriel kommt in seinem Beitrag in diesem Band zu ähnlichen Befunden.

Abbildung 2: Index des subjektiven Wohlbefindens nach Ländern, 2006

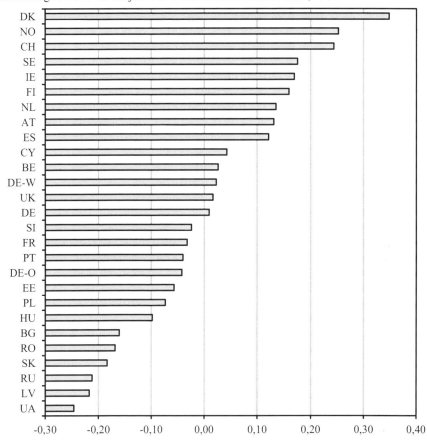

Gewichtungen: Design.

Materielle Lebensbedingungen und Bewertungen zum subjektiven Wohlbefinden in West- und Ostdeutschland

Wie bereits der internationale Vergleich gezeigt hat, liegen die Bürger der neuen Bundesländer auch beim Index des Wohlbefindens unter dem Niveau der alten Bundesländer.[12] Vor dem Hintergrund des Einflusses von Anspruchsniveaus stellt sich die Frage, ob mit dem Instrumentarium des persönlichen Wohlbefindens spezifische Deprivationskomponenten für die neuen Bundesländer identifiziert werden können,

---

12 Oscar W. Gabriel kommt auf Basis seiner Analysen zu ähnlichen Ergebnissen.

die nicht oder weniger auf materielle Erwartungen zurückgeführt werden können. Der deskriptive Vergleich der Index-Komponenten (Abbildung 3), zeigt, dass Westdeutsche beim persönlichen Wohlbefinden mit Ausnahme des emotionalen Wohlbefindens positive Werte aufweisen, d. h. über dem gesamteuropäischen Mittel liegen. Am günstigsten erweist sich der Wert für psychische Ressourcen. Die Komponente, bestehend aus den Subkomponenten Selbstwertgefühl, Optimismus und Belastbarkeit, ist demzufolge bei den Westdeutschen durchaus ausgeprägt. Unter der Nulllinie liegt allerdings das soziale Wohlbefinden, besonders deutlich ist dies bei unterstützenden Beziehungen.

Welche Struktur zeigt sich nun für Ostdeutsche? Negativ ausgeprägt sind vor allem die Werte für emotionales Wohlbefinden und Zufriedenheit. Während das Zufriedenheitsdefizit stärker den Erwartungen entspricht, da hier Diskrepanzen zwischen Aspirationslevel und faktischen materiellen Lebensbedingungen zum Tragen kommen, zeigt die vergleichsweise hohe Dominanz negativer Gefühle, dass bei den Ostdeutschen nicht nur die kognitiv abwägende Zufriedenheitskomponente, sondern auch der emotionale Bereich von Defiziten betroffen ist. Psychische Ressourcen, die Selbstwertgefühl, Optimismus und Belastbarkeit betreffen, liegen allerdings auch bei Ostdeutschen über dem europäischen Durchschnitt. Dagegen liegt das soziale Wohlbefinden im negativen Bereich.

Der europäische Vergleich zeigt, dass sich Westdeutschland beim persönlichen Wohlbefinden, außer beim emotionalen Wohlbefinden, etwas günstiger stellt als die westeuropäischen Länder im ESS.[13] Allerdings ist das soziale Wohlbefinden in der westeuropäischen Ländergruppe deutlich höher. Als äußerst niedrig erweist sich das subjektive Wohlbefinden in den postsozialistischen Ländern.

Die osteuropäischen Länder im ESS liegen bei allen Komponenten des persönlichen und sozialen Wohlbefindens im negativen Bereich, insbesondere beim emotionalen Wohlbefinden und der eher kognitiv bewertenden Zufriedenheit – und zwar ungünstiger als Ostdeutschland.[14] Die Werte fallen für die Gruppe der Kernländer[15] etwas günstiger aus, da vor allem das starke negative Gewicht Russlands nicht zum Tragen kommt. Anders als in Ostdeutschland sind die psychischen Ressourcen sowie die positive Funktion in osteuropäischen Ländern auch im negativen Bereich. Die Bürger der neuen Bundesländer weisen damit nicht durchgängig die typischen Defizite beim subjektiven Wohlbefinden auf wie die postsozialistischen europäischen Länder.

Die großen Wohlbefindensdifferenzen zwischen den Ländern bzw. Ländergruppen stützen die zentrale Annahme der *set point theory* nicht, dass Abweichungen von einem individuellen Basisniveau des subjektiven Wohlbefindens nur temporär

---

13 Was die Zufriedenheit angeht, stellt sich die Situation nach Oscar W. Gabriels Analysen in seinem Beitrag in diesem Band geringfügig anders dar.
14 Dieses Ergebnis deckt sich mit den Analysen in Oscar W. Gabriels Beitrag in diesem Band.
15 Siehe das Einführungskapitel dieses Bandes für die Zusammensetzungen der verschiedenen Ländergruppen.

Abbildung 3: Komponenten des Wohlbefindens

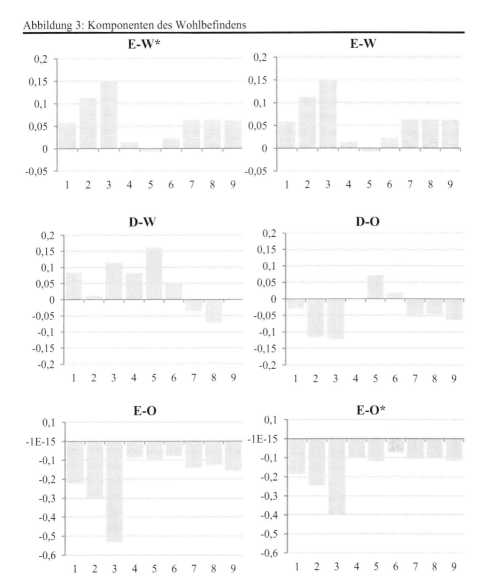

1. Persönliches Wohlbefinden; 2. Emotionales Wohlbefinden; 3. Zufriedenheit; 4. Vitalität; 5. Psych. Ressourcen; 6. Positive Funktion; 7. Soziales Wohlbefinden; 8. Unterstützende Beziehungen; 9. Vertrauen/Zugehörigkeit.
Gewichtungen: E-W und E-O: Ländergruppen und Design; D-W und D-O: Design.

bei positiv oder negativ bewerteten Ereignissen auftreten und dann wieder eine Anpassung an das Ausgangsniveau stattfindet. Demzufolge dürften auch die Länderunterschiede nicht so hoch ausfallen, wie dies unter Einbezug osteuropäischer Länder zu beobachten ist. Zudem sind unterschiedliche Komponenten des Wohlbefindens betroffen, insbesondere auch solche, die weniger sensibel für soziale Vergleichsprozesse sind. Erhebliche Rückstände beim materiellen Wohlstand, wie sie auch in osteuropäischen Ländern vorzufinden sind, wirken sich offensichtlich stärker und nachhaltiger auf das subjektive Wohlbefinden aus als dies auf Basis der *set point theory* zu erwarten wäre. Die Wohlbefindenskonstellation der Ostdeutschen ist trotzdem ein deutlicher Hinweis auf die Bedeutung von Aspirationsniveaus und sozialen Vergleichen für das persönliche Wohlbefinden. Obwohl das materielle Niveau in den neuen Bundesländern erheblich höher ist als in anderen postsozialistischen Ländern, ist das subjektive Wohlbefinden dennoch durch erhebliche Defizite gekennzeichnet. Viele Erwartungen der Ostdeutschen an die objektiven Lebensbedingungen sind offensichtlich noch unerfüllt, was sich anhand der besonders niedrigen Werte der Zufriedenheitskomponente erkennen lässt. Wenn auch in geringerem Umfang, weisen dennoch alle Komponenten des persönlichen Wohlbefindens eine negative Abweichung zu den Werten der Westdeutschen auf und weisen darauf hin, dass nicht nur kurzfristige Verschlechterungen zu Wohlbefindensdefiziten führen. Der Fähigkeit zur Adaption an die faktischen Lebensumstände sind offensichtlich Grenzen gesetzt, auch wenn extreme Deprivationslagen wie in den ärmsten europäischen Ländern vermieden werden können. Insgesamt zeigt sich, dass eine Beschränkung auf die Komponenten von Zufriedenheit und emotionalem Wohlbefinden zu einem stark akzentuierten Bild eines Wohlbefindensdefizits führt.

Komponenten des persönlichen Wohlbefindens für ausgewählte soziale Gruppen

Das Konzept des aggregierten Wohlbefindens soll neben der Analyse von Länderaggregaten vor allem auch gruppenbezogen differenzierte Untersuchungen ermöglichen. Ein besonderer Vorteil wird darin gesehen, dass alle relevanten Wohlbefindenskomponenten vergleichend betrachtet werden können, und damit auch eine genauere Bestimmung von Wohlbefindensdefiziten möglich ist (Michaelson u. a. 2009). Unterschiede im subjektiven Wohlbefinden auf Länderebene können aus mehr oder weniger großen Differenzen zwischen sozialen Gruppen resultieren (Biswas-Diener/Diener 2009). Wenn unterprivilegierte Bevölkerungsgruppen ein sehr niedriges Wohlbefinden zeigen, kann dies auf der nationalen Ebene zu einem niedrigen Wohlbefindensniveau führen. Eine hohe gesellschaftspolitische Relevanz nicht nur in Deutschland kann man dem steigenden Anteil älterer Menschen und dem Problem der Arbeitslosigkeit zuordnen, die auch das subjektive Wohlbefinden wesentlich tangieren (Noll/Weick 2010).

Altersunterschieden kommt in vielfältiger Hinsicht Bedeutung bezüglich des subjektiven Wohlbefindens zu. Einerseits kommt einer detailreichen Darstellung des subjektiven Wohlbefindens im Zusammenhang mit der Alterung der Gesellschaft eine wachsende Bedeutung zu, anderseits sind unterschiedliche Altersgruppen gerade in Ostdeutschland auch in verschiedenem Maße von spezifischen Sozialisationen und der Transformationserfahrung betroffen. Besonders deutliche Veränderungen haben bei der älteren ostdeutschen Bevölkerung stattgefunden. So konnten Ostdeutsche im Rentenalter ihre Einkommensposition mit der Übernahme des westdeutschen Rentensystems ganz erheblich verbessern. Während die Mehrheit der Älteren 1991 noch unterhalb einer gesamtdeutschen Armutsschwelle lag, traf dies auf Ältere Ostdeutsche im Jahr 2008 nur noch viel seltener zu (Noll/Weick 2010). Aber auch die ältere Bevölkerung in Westdeutschland ist durch ein immer noch günstiges materielles Niveau gekennzeichnet. Die Bewertung der materiellen Situation von älteren dürfte deshalb in Deutschland günstig ausfallen. Während in den westeuropäischen Ländern auch von einer weitgehend funktionierenden Alterssicherung auszugehen ist, ist für die osteuropäischen Länder verstärkt mit prekären Deprivationslagen im Alter zu rechnen, die mit entsprechenden Wohlbefindenseinbußen einhergehen (Delhey 2004).

Das Alter geht auch mit negativen Auswirkungen von Krankheit und Gebrechen oder dem Wegfall sozialer Kontakte aus dem Arbeitsleben einher. Dies dürfte sich insbesondere bei der Vitalitätskomponente sowie beim sozialen Wohlbefinden zeigen. Persönliches und soziales Wohlbefinden älterer Menschen ab 65 Jahren sind etwas geringer ausgeprägt als über alle Altersgruppen hinweg. Dieses Bild zeigt sich für West- und Ostdeutsche (Abbildung 4). Nicht so einheitlich stellen sich allerdings die Komponenten dar. Auffallend, aber durchaus erwartungsgemäß, sind die hohen Werte bezüglich eines zufriedenen Lebens bei Personen über 60 Jahren. Hier kann man annehmen, dass das Ergebnis von sozialen Vergleichen zum Tragen kommt. Die derzeit günstige materielle Situation älterer Menschen dürfte im Vergleich zu anderen Personengruppen, aber auch im Rückblick auf den eigenen Lebensverlauf zu einer insgesamt günstigen Zufriedenheitsbewertung führen. Andere Aspekte sind weit weniger von kognitiven Vergleichsprozessen beeinflusst. Werte für das emotionale Wohlbefinden und auch die Vitalität liegen bei älteren Bürgern unter dem Bevölkerungsdurchschnitt, was wohl in erster Linie auf gesundheitliche Einschränkungen zurückzuführen ist. Trotz der relativ hohen Zufriedenheit, lassen sich demnach auch deutliche Wohlbefindensdefizite bei älteren Bürgern bei einzelnen Komponenten identifizieren. Psychische Ressourcen und vor allem eine positive psychische Funktion sind jedoch auch bei älteren Menschen noch positiv ausgeprägt. Dies kann so interpretiert werden, dass auch ältere Menschen ihre Potentiale realisieren können. Die Komponentenstruktur jüngerer Menschen unterscheidet sich vor allem durch höhere Vitalität, geringere Zufriedenheit, aber auch ein geringeres Maß an positiver psychischer Funktion (nicht grafisch dargestellt).

Wie sind diese Befunde im internationalen Vergleich einzuordnen? Auffallend niedrig ist das geringe subjektive Wohlbefinden der Älteren in den osteuropäischen Staaten. Selbst die Zufriedenheitskomponente, die in vielen internationalen Untersuchungen durch einen u-förmigen Verlauf über das Lebensalter gekennzeichnet ist (Blanchflower/Oswald 2007), weist in den osteuropäischen Ländergruppen bei älteren Menschen besonders niedrige Werte auf. Dies deutet darauf hin, dass auch soziale Vergleiche eher negativ ausfallen. Dagegen stellt sich das persönliche Wohlbefin-

Abbildung 4: Komponenten des Wohlbefindens von Personen ab 65 Jahren

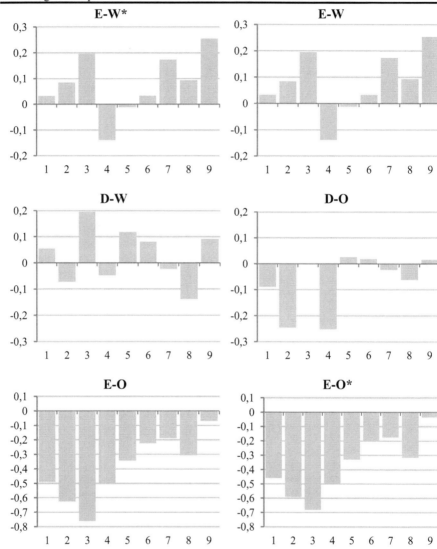

1. Persönliches Wohlbefinden; 2. Emotionales Wohlbefinden; 3. Zufriedenheit; 4. Vitalität; 5. Psych. Ressourcen; 6. Positive Funktion; 7. Soziales Wohlbefinden; 8. Unterstützende Beziehungen; 9. Vertrauen/Zugehörigkeit.
Gewichtungen: E-W und E-O: Ländergruppen und Design; D-W und D-O: Design.

den junger Menschen unter 40 Jahren in den postsozialistischen Ländern deutlich positiver dar als in der älteren Bevölkerung (nicht grafisch dargestellt). Persönliches und soziales Wohlbefinden liegt bei jüngeren Personen in den osteuropäischen Ländersets etwa im internationalen Durchschnitt, nahe der Nulllinie, allerdings bei negativer Zufriedenheitskomponente. Offensichtlich unterscheiden sich ältere und jüngere Geburtsjahrgänge hinsichtlich des subjektiven Wohlbefindens viel deutlicher voneinander als in Deutschland oder den westeuropäischen Ländern. Dies ist vor dem Hintergrund der schwerwiegenderen Deprivationslagen älterer Menschen in den osteuropäischen Staaten nicht unerwartet.

Als ein wesentlicher Faktor des subjektiven Wohlbefindens hat sich die Möglichkeit zur Beteiligung am Erwerbsleben erwiesen. Arbeitslosigkeit hat gerade in Deutschland einen besonders starken negativen Effekt auf die Lebenszufriedenheit (Noll/Weick 2010; Neller 2004). In diesem Kontext werden das hohe Niveau und die vergleichsweise lange Dauer von Arbeitslosigkeit in Deutschland als Einflussfaktoren genannt. Hinzu kommen, bedingt durch die so genannten Hartz-Reformen, zum Teil ungünstigere Regelungen bei Arbeitslosigkeit. Während ein langanhaltender Zustand von Arbeitslosigkeit nach der *set point theory* verstärkt zur Adaption der Ansprüche an ungünstigere materielle Situation führen sollte, müssten dagegen wahrgenommene Verschlechterungen Arbeitsloser in der relativen Position in der Bevölkerung in der Folge sozialer Vergleichsprozesse zu einer ungünstigeren Bewertung der eigenen Situation führen. Auf Basis der *set point theory, die von einer genetischen Wohlbefindensdisposition ausgeht,* ist demzufolge für Arbeitslose in Deutschland ein deutlich geringeres Niveau des subjektiven Wohlbefindens zu erwarten als auf Basis der Annahmen sozialer Vergleichsprozesse.

Betrachtet man den Gesamtindex des persönlichen Wohlbefindens bei Arbeitslosen, so erscheint die Beeinträchtigung für West- und Ostdeutsche weniger gravierend als es Ergebnisse auf Basis der Lebenszufriedenheit erwarten lassen. Allerdings weist auch hier die Zufriedenheitskomponente – vor allem bei Ostdeutschen – äußerst niedrige Werte auf (Abbildung 5). Dies ist ein deutliches Indiz für die hohe Bedeutung des sozialen Vergleichs bei Arbeitslosigkeit. Zudem ist aber auch das emotionale Wohlbefinden deutlich reduziert, wenn auch nicht im gleichen Ausmaß wie der Zufriedenheitsaspekt. Mit Arbeitslosigkeit gehen noch weitere Deprivationen einher. Auffallend ist das niedrige Niveau der positiven Funktion. Persönliche Autonomie, Kompetenz und Engagement, die zu dieser Komponente kumuliert werden, sind demzufolge bei Arbeitslosen in Deutschland nur unterdurchschnittlich ausgeprägt. Gerade dieses Defizit dürfte sich negativ für eine Eingliederung in den Arbeitsmarkt und eine Teilhabe in der Gesellschaft auswirken. Der Vergleich mit den europäischen Ländergruppen zeigt ein hohes Maß an Übereinstimmung. Bei Arbeitslosen in den west- und osteuropäischen Ländergruppen fallen alle Wohlbefindenskomponenten, vor allem aber die Zufriedenheitskomponente, ungünstiger aus als in der Gesamtbevölkerung. In den westeuropäischen Ländersets unterscheiden sich die aggregierten Indexwerte des persönlichen und sozialen Wohlbefindens von Arbeitslosen nur wenig von den Westdeutschen. Allerdings fällt der Wert der Zufriedenheitskomponente weniger negativ aus als bei Westdeutschen.

Abbildung 5: Komponenten des Wohlbefindens von Arbeitslosen

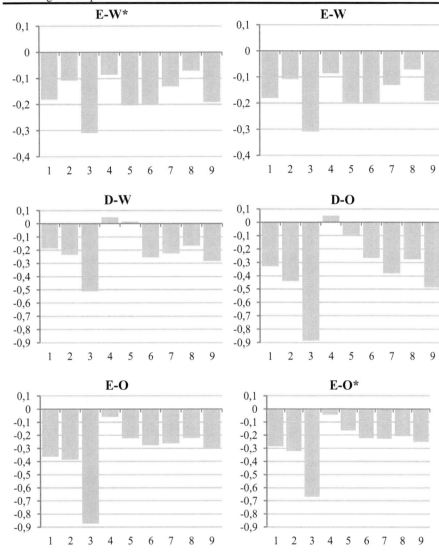

1. Persönliches Wohlbefinden; 2. Emotionales Wohlbefinden; 3. Zufriedenheit; 4. Vitalität; 5. Psych. Ressourcen; 6. Positive Funktion; 7. Soziales Wohlbefinden; 8. Unterstützende Beziehungen; 9. Vertrauen/Zugehörigkeit.
Gewichtungen: E-W und E-O: Ländergruppen und Design; D-W und D-O: Design

Arbeitslose aus den osteuropäischen Ländersets weisen ein sehr ähnliches Wohlbefindensprofil auf wie Ostdeutsche, mit einer besonders starken negativen Abweichung im Zufriedenheitsbereich. Dies ist ein deutlicher Hinweis, dass der soziale Vergleich von Arbeitslosen in allen europäischen Ländern ungünstig ausfällt. Bemerkenswert ist allerdings, dass besonders der Indexwert des persönlichen Wohlbefindens bei älteren Menschen in den osteuropäischen Ländersets niedriger ausfällt als bei Arbeitslosen. Nicht alle Dimensionen des Wohlbefindens sind gleichermaßen von Defiziten betroffen. Arbeitslosigkeit geht zwar mit einem niedrigen Niveau bei den verschiedenen Komponenten des Wohlbefindens einher, besonders stark ist die Deprivation allerdings in West- und Ostdeutschland, aber auch in Osteuropa bei der Zufriedenheitsdimension. Hier erweisen sich soziale Vergleiche als besonders bedeutsam für das subjektive Wohlbefinden, während in den westeuropäischen Ländern auch Arbeitslose ihre Anspruchsniveaus stärker an ihre faktischen Lebensumstände anpassen und der soziale Vergleich eine geringere Rolle für das subjektive Wohlbefinden einnimmt. Arbeitslose in den westeuropäischen Ländersets weisen deshalb geringere Wohlbefindensdefizite auf als in Osteuropa und Deutschland.

Determinanten des persönlichen Wohlbefindens

Auswahl von Prädiktoren

Die deskriptive Betrachtung des subjektiven Wohlbefindens und seiner Komponenten hat deutliche Unterschiede zwischen West- und Ostdeutschland, aber auch zwischen den west- und osteuropäischen Ländersets aufgezeigt. Zudem lassen sich markante Wohlbefindensprofile der älteren Bevölkerung und Arbeitslosen identifizieren, die darauf hinweisen, dass vor allem in Deutschland sozialen Vergleichsprozessen ein besonderer Stellenwert für das Wohlbefinden zukommt. Objektive Lebensbedingungen – mit mehreren Indikatoren gemessen – haben meist nur eine äußerst begrenzte statistische Erklärungskraft für das subjektive Wohlbefinden (Veenhoven 2001). Während in den westeuropäischen Ländern auch in ungünstigen sozialen Positionen durch wohlfahrtsstaatliche Absicherungen ein Absinken in sehr tiefe Deprivationslagen überwiegend vermieden wird, ist für die osteuropäischen Länder von einer deutlich geringeren Absicherung auszugehen, was vermehrt zu tiefgreifenderen materiellen Deprivationslagen führt (Delhey 2004). Vor diesem Hintergrund wird erwartet, dass in den westeuropäischen Ländersets durch Adaption an die objektive Situation die Erklärungskraft objektiver Lebensbedingungen hinsichtlich des subjektiven Wohlbefindens eher gering ist. Eine stärkere Betonung des sozialen Vergleichs in Deutschland, vor allem in Ostdeutschland, sollte hier zu größeren Wohlbefindensdifferenzen zwischen sozialen Gruppen führen. Eine deutsche Besonderheit dürfte vor allem das starke Gewicht objektiver Merkmale hinsichtlich der Zufriedenheitskomponente ausmachen, die wesentlich von subjektiven Standards abhängt. Für die ärmeren osteuropäischen Länder sollten sich Unterschiede in den objektiven Lebensbedingungen besonders deutlich im Wohlbefinden insgesamt widerspiegeln (Watson u. a. 2010). Zudem ist für diese Ländergruppe zu erwarten, dass die objektiven Lebensbedingungen bei den verschiedenen Wohlbefindenskomponenten und nicht nur bei der Zufriedenheitsdimension eine hohe Erklärungskraft aufweisen. Als objektive Indikatoren werden Alter, partnerschaftliche Lebensformen, Bildung, Erwerbsstatus und die Konfessionszugehörigkeit verwendet, die sozialstrukturelle Faktoren erfassen und keine subjektiven Wertungen enthalten. Dem meist u-förmigen Altersverlauf des subjektiven Wohlbefindens wird Rechnung getragen, indem die Altersvariable mit einem linearen und einem quadratischen Term modelliert wird (Blanchflower/Oswald 2007). Hinsichtlich der Lebensformen zeigen vor allem Verheiratete ein hohes Zufriedenheitsniveau, während Geschiedene und getrennt Lebende sich deutlich unzufriedener äußern (Noll/Weick 2010). Die Bildung stellt ein zentrales Merkmal für die Positionierung im sozialen Gefüge einer Gesellschaft und die damit verbundenen Lebenschancen dar und steht dadurch im Zusammenhang mit dem subjektiven Wohlbefinden. Der Erwerbsstatus strukturiert in vielfältiger Weise das Leben[16]. Wie bereits gezeigt, hat vor allem Arbeitslosigkeit nicht nur in Deutschland besonders negative Auswirkungen auf das subjektive Wohlbefinden. Auch die Konfessionszugehörigkeit konnte als strukturierendes Merkmal des subjektiven Wohlbefindens in Europa identifiziert werden (Clark/ Lelkes 2009). Die Effekte der einzelnen Merkmale der objektiven Lebensbedingungen stehen in dieser Untersuchung allerdings nicht im Vordergrund. Es wird eine Perspektive eingenommen, bei der insbesondere der gemeinsame statistische Erklärungsbeitrag aller untersuchten Merkmale objektiver Indikatoren betrachtet wird.

Der Schwerpunkt des Analyseinteresses liegt zwar bei den sozialstrukturellen Unterschieden hinsichtlich des Wohlbefindens, dennoch werden weitere Faktoren, die einen engen Zusammenhang mit dem subjektiven Wohlbefinden aufweisen, in die Betrachtung einbezogen. Diese beinhalten, anders als die objektiven (sozialstrukturellen) Merkmale, subjektive Einschätzungen der befragten Personen. Vor allem ein guter Gesundheitszustand stellt eine zentrale Voraussetzung des Wohlbefindens dar. Dies hat sich im europäischen Vergleich auf Basis der subjektiven Einschätzung des eigenen Gesundheitszustandes bestätigt, wobei auf Basis der vorliegenden Ergebnisse keine wesentlichen Unterschiede im Bezug auf alte und neue Bundesländer sowie den west- und osteuropäischen Staaten zu erwarten sind (Anderson u. a. 2009). Der Umfang sozialer Kontakte und deren wahrgenommene Qualität tragen wesentlich zum Wohlbefinden der Europäer bei (Böhnke 2005). Im europäischen Ländervergleich wird diesbezüglich von einer Bedürfnishierarchie ausgegangen: In den reicheren westeuropäischen Ländern, mit weitgehender materieller Grundsicherung, müss-

---

16 So hat die Integration in den Arbeitsmarkt nicht nur Auswirkungen auf die materielle Situation einer Person und eines Haushaltes, sondern auch auf soziale Kontakte im Erwerbsleben. Auch die Konfessionszugehörigkeit hat über den Kirchgang und andere Beteiligungsformen Auswirkungen auf die Möglichkeit zu Kontakten. Hinsichtlich der unterschiedlichen partnerschaftlichen Lebensformen ist zudem von einer starken Strukturierung enger sozialer Kontakte auszugehen.

ten demzufolge unterstützenden sozialen Kontakten ein größeres Gewicht für das Wohlbefinden zukommen als in den ärmeren osteuropäischen Ländern (Watson u. a. 2010). Auch die Bewertung politischer Rahmenbedingungen soll in der empirischen Analyse berücksichtigt werden. So hängt ein geringes Institutionenvertrauen wesentlich mit Zufriedenheitsdefiziten in Ostdeutschland (Delhey/Böhnke 1999; Neller 2004) und den osteuropäischen Ländern (Watson u. a. 2010) zusammen. Eine Besonderheit der deutschen Situation dürfte auch darin liegen, dass unter Berücksichtigung des Institutionenvertrauens sogar die Zufriedenheitsdifferenz der Ostdeutschen erklärt werden kann (Noll/Weick 2010). Vor diesem Hintergrund wird auch für Ostdeutschland eine besonders hohe Varianzaufklärung durch diese Merkmale erwartet.[17]

Alle unabhängigen Variablen wurden entweder als Dummy-Variablen codiert oder auf einen Wertebereich von 0 bis 1 standardisiert.[18] Abhängige Variablen bilden auf unterschiedlichen Ebenen die aggregierten Z-standardisierten Items[19] zum Index des subjektiven Wohlbefindens und seiner Komponenten.

Neben dem übergreifenden Gesamtindex des subjektiven Wohlbefindens werden die einzelnen Wohlbefindenskomponenten als abhängige Variablen vergleichend untersucht. Im Vordergrund steht der Erklärungsbeitrag der aufgeführten Prädikatorengruppen. Ergänzend dazu werden die Effekte der einzelnen unabhängigen Variablen auf den Gesamtindex des subjektiven Wohlbefindens im Regressionsmodell dargestellt.

---

17 Die Merkmale zum Einfluss politischer Rahmenbedingungen wurden entsprechend einer Operationalisierung von Neller (2004) konstruiert. Dazu wurde für das Vertrauen in parteienstaatliche Institutionen (Parlament und Politiker) sowie für das Vertrauen in regulative Institutionen (Polizei und Justiz) jeweils ein additiver Index gebildet.
18 Alter in Jahren (0-100); Alter in Jahren quadriert (0-10000); *Ledig/Andere, kein Partner (Referenz) (0);* Verheiratet mit Partner zusammenlebend (0/1); Unverheiratet mit Partner zusammenlebend (0/1); Geschieden/getrennt, kein Partner (0/1); Verwitwet, kein Partner (0/1); *Grundschule/Sekundarschule I (Referenz) (0);* Sekundarstufe II (0/1); Postsekundäre Bildung (0/1); Hochschulbildung (0/1); *Bezahlte Erwerbstätigkeit (Referenz) (0);* In Ausbildung (0/1); Arbeitslos (0/1); Im Ruhestand (0/1); Hausarbeit (0/1); Anderes (0/1); *Konfession: keine Konfessionszugehörigkeit (Referenz) (0);* Konfession: katholisch (0/1); Konfession: protestantisch (0/1); Konfession: andere (0/1); Subjektiver gesundheitlicher Status (1-5); Treffen mit Freunden (1-7); Vertrauter Ansprechpartner (0/1); Angst vor Verbrechen (1-4); Index: Vertrauen in parteienstaatliche Institutionen (Parlament, Politiker) (0-10); Index: Vertrauen in regulative Institutionen (Polizei, Justiz) (0-10); Referenzkategorien kursiv; nichtstandardisierte Skala in Klammern. Basis für Bildungsvariablen ist die ISCED-Klassifikation: Sekundarstufe I: Abschlüsse bis zur Mittleren Reife. Sekundarstufe II: Abschluss Berufsfachschule, Fachoberschule, gymnasiale Oberstufe. Postsekundäre Bildung: Zugang zur Hochschulbildung, z. B. Fachoberschulen, Abendkollegs.
19 Null entspricht dem arithmetischen Mittel der 24 einbezogenen Länder im ESS 2006 (Metrik ist die jeweilige Standardabweichung).

Erklärungsbeitrag von Prädiktoren des persönlichen Wohlbefindens

Anhand des Anteils der erklärten Varianz in mehreren OLS-Regressionen wird zunächst untersucht, wie sich die statistische Erklärungskraft der verwendeten unabhängigen Variablen verändert, wenn sukzessive weitere Variablen oder Variablengruppen in die Regression aufgenommen werden (Tabelle 1). Neben dem Index des subjektiven Wohlbefindens werden auch soziales und persönliches Wohlbefinden sowie deren Komponenten in die Analyse einbezogen. Die Analysen werden für West- und Ostdeutschland sowie vergleichend dazu für die verschiedenen Ländersets in der dritten Welle des ESS durchgeführt. Zunächst werden nur sozialstrukturelle, objektive Indikatoren berücksichtigt. Damit kann einerseits deren Erklärungsbeitrag zum subjektiven Wohlbefinden im Kontext bekannter Ergebnisse eingeordnet werden, andererseits werden für die weiteren Regressionsschritte sozialstrukturelle Unterschiede zwischen den Untersuchungsregionen kontrolliert. Die Selbsteinschätzung des Gesundheitszustandes wird vor dem Umfang sozialer Kontakte und dem Sicherheitsgefühl in die Regression eingebracht, da sich ein schlechter Gesundheitszustand auch auf die Fähigkeit, sich mit Anderen zu treffen, erheblich auswirken kann und die gesundheitliche Situation einer Person somit kontrolliert ist. Institutionelles Vertrauen hat sich als Faktor erwiesen, der die Zufriedenheitsdifferenz der Ostdeutschen, die auch nach der Kontrolle sozialstruktureller Merkmale sowie Gesundheit und sozialer Kontakte noch zu beobachten ist, erklären kann (Noll/ Weick 2010; Neller 2004). Dieser Vorgehensweise wird in dieser Untersuchung insoweit gefolgt, dass die Einschätzung politischer Rahmenbedingungen zuletzt in die Regressionen eingeführt wird und somit der zusätzliche Erklärungsbeitrag sichtbar wird.

Indikatoren zu den objektiven Lebensbedingungen leisten im Bereich des subjektiven Wohlbefindens meist nur einen eher geringen Erklärungsbeitrag. Variablen, die die Position eines Individuums in der Gesellschaft definieren, erklären meist nicht mehr als etwa 10 Prozent der Varianz des subjektiven Wohlbefindens (Veenhoven 2001: 24). Wie stellt sich nun die Erklärungskraft beim Konstrukt des persönlichen Wohlbefindens dar?

Im ersten Schritt werden objektive Indikatoren in die Regression aufgenommen. Dabei handelt es sich um das Alter (linear und quadriert), partnerschaftliche Lebensformen, Bildungsabschluss, Erwerbsstatus und Konfessionszugehörigkeit. Die Erklärungskraft dieser Variablen liegt auch hinsichtlich des Gesamtindexes des subjektiven Wohlbefindens bei einem Anteil erklärter Varianz von 11 Prozent bei Westdeutschen und 10 Prozent bei Ostdeutschen. Für die beiden deutschen Landesteile ändert sich die Erklärungskraft nicht, wenn man das persönliche Wohlbefinden in Betracht zieht, während sich beim sozialen Wohlbefinden die Erklärungskraft als geringer erweist. Dies ist vor allem auf das geringere relative Gewicht des Erwerbsstatus und der Bildung auf das soziale Wohlbefinden gegenüber dem persönlichen Wohlbefinden zurückzuführen. Die Differenzen zu den verschiedenen Ländersets sind eher gering. Nur beim persönlichen Wohlbefinden sind die entsprechenden R^2-Werte mit 0,13 bzw. 0,15 für die osteuropäischen Ländersets doch deutlich über den deutschen und westeuropäischen Werten und entsprechen damit den erwarteten

Unterschieden. Vor allem für die osteuropäischen Ländersets war auch eine höhere statistische Erklärungskraft zu erwarten, da in ärmeren Ländern objektive Faktoren meist eine höhere Erklärungskraft bezüglich des subjektiven Wohlbefindens haben als in reicheren (Veenhoven 2001). Das basiert auf der Annahme, dass ungünstigere soziale Positionen in den osteuropäischen Ländern mit erheblich stärkeren materiellen Deprivationen und in der Folge Wohlbefindensdefiziten einhergehen (Delhey 2004). Dem höheren Erklärungsbeitrag beim persönlichen Wohlbefinden steht allerdings ein besonders geringer Erklärungsbeitrag des sozialen Wohlbefindens entgegen, so dass die Länderunterschiede beim Gesamtindex nur gering ausfallen.

Bezüglich der Komponenten fällt auf, dass sowohl für Ost- als auch für Westdeutsche die objektiven Merkmale vor allem hinsichtlich der Zufriedenheit die höchste Erklärungskraft aufweisen. Mit einem R^2-Wert von 0,18 für Ostdeutsche liegt dieser Wert sogar höher als für die osteuropäischen Ländergruppen. Das Ergebnis stützt die Annahme, dass die Anspruchsniveaus der Ostdeutschen vergleichsweise hoch sind, was bei ungünstigerer sozialer Position verstärkt Zufriedenheitseinbußen mit sich bringt. Dies hat sich bereits bei der bivariaten Betrachtung im Falle von Arbeitslosigkeit abgezeichnet. Vor allem eine ausschließliche Betrachtung von Zufriedenheitsangaben stellt somit soziale Vergleichsprozesse stark in den Vordergrund. Die Erwartung, dass sozialstrukturelle Unterschiede in den osteuropäischen Ländern stärker zur Varianzaufklärung beitragen als in den reicheren Ländern, bestätigt sich für die Hauptkomponente des persönlichen Wohlbefindens. Das ist darauf zurückzuführen, dass die Varianzaufklärung durch sozialstrukturelle Merkmale bei mehreren Komponenten des persönlichen Wohlbefindens in den osteuropäischen Ländern höher ist als in den anderen Regionen. Betroffen sind insbesondere die Komponenten des emotionalen Wohlbefindens und der Vitalität, aber nicht die Zufriedenheitskomponente. Letzteres weist darauf hin, dass die Anspruchsniveaus in einem Umfeld mit häufig anzutreffender materieller Deprivation sinken und eine eigene, ungünstige Situation als weniger schlecht wahrgenommen wird. Der Vergleich der Wohlbefindenskomponenten kann solche Wirkmechanismen sichtbar machen.

Im nächsten Schritt wird der Gesundheitszustand als weitere unabhängige Variable in die Regressionsanalysen aufgenommen. Eine wesentliche Erhöhung der statistischen Erklärungskraft bringt nicht nur beim Gesamtindex, sondern auch bei den Komponenten die zusätzliche Berücksichtigung der Bewertung des eigenen Gesundheitszustandes mit sich. Für Westdeutsche ist der zusätzliche Erklärungsbeitrag besonders hoch. Interessant erscheint, dass der Gesundheitszustand bei allen Komponenten des persönlichen Wohlbefindens den Anteil erklärter Varianz deutlich erhöht. Der R^2-Wert für das persönliche Wohlbefinden in Westdeutschland erhöht sich von 0,11 auf 0,33 und für Ostdeutschland etwas weniger von 0,10 auf 0,28. Die west- und osteuropäischen Ländersets unterscheiden sich bezüglich der Varianzaufklärung nur wenig von Ostdeutschland. Die umfassende Bedeutung der Gesundheit für die verschiedenen Aspekte des Wohlbefindens macht die erstaunlich hohe Erklärungskraft für den Gesamtindex plausibel.

Tabelle 1: Index des subjektiven Wohlbefindens und seiner Komponenten; Anteil der erklärten Varianz (korrigiertes R^2) bei sukzessiver Erweiterung der unabhängigen Variablen (lineare Regressionen)

	E-W*	E-W	D-W	D-O	E-O	E-O*
Index des Wohlbefindens						
Objektive Indikatoren	0,09	0,09	0,11	0,10	0,10	0,12
+ Gesundheitszustand	0,21	0,21	0,27	0,22	0,22	0,22
+ Soziale Kontakte und Sicherheitsgefühl	0,33	0,33	0,39	0,36	0,33	0,35
+ politische Rahmenbedingungen	0,37	0,37	0,41	0,43	0,36	0,38
Persönliches Wohlbefinden						
Objektive Indikatoren	0,09	0,09	0,11	0,10	0,13	0,15
+ Gesundheitszustand	0,27	0,27	0,33	0,28	0,29	0,29
+ Soziale Kontakte und Sicherheitsgefühl	0,30	0,30	0,38	0,33	0,33	0,34
+ politische Rahmenbedingungen	0,33	0,33	0,39	0,38	0,35	0,36
Soziales Wohlbefinden						
Objektive Indikatoren	0,06	0,06	0,08	0,06	0,04	0,06
+ Gesundheitszustand	0,09	0,09	0,13	0,11	0,09	0,10
+ Soziale Kontakte und Sicherheitsgefühl	0,29	0,30	0,31	0,31	0,27	0,28
+ politische Rahmenbedingungen	0,33	0,33	0,33	0,38	0,30	0,31
Emotionales Wohlbefinden						
Objektive Indikatoren	0,07	0,07	0,09	0,09	0,11	0,12
+ Gesundheitszustand	0,15	0,15	0,23	0,19	0,20	0,20
+ Soziale Kontakte und Sicherheitsgefühl	0,18	0,18	0,26	0,23	0,23	0,25
+ politische Rahmenbedingungen	0,19	0,19	0,26	0,26	0,24	0,25
Zufriedenes Leben						
Objektive Indikatoren	0,11	0,11	0,14	0,18	0,13	0,15
+ Gesundheitszustand	0,21	0,21	0,25	0,25	0,22	0,24
+ Soziale Kontakte und Sicherheitsgefühl	0,23	0,23	0,28	0,28	0,24	0,28
+ politische Rahmenbedingungen	0,27	0,27	0,30	0,35	0,30	0,32

Fortsetzung Tabelle 1: Index des subjektiven Wohlbefindens

	E-W*	E-W	D-W	D-O	E-O	E-O*
Vitalität						
Objektive Indikatoren	0,07	0,07	0,06	0,09	0,13	0,14
+ Gesundheitszustand	0,35	0,35	0,41	0,41	0,35	0,34
+ Soziale Kontakte und Sicherheitsgefühl	0,36	0,36	0,42	0,43	0,36	0,36
+ politische Rahmenbedingungen	0,37	0,37	0,43	0,43	0,36	0,36
Ressourcen						
Objektive Indikatoren	0,03	0,03	0,05	0,04	0,06	0,05
+ Gesundheitszustand	0,10	0,10	0,14	0,14	0,13	0,12
+ Soziale Kontakte und Sicherheitsgefühl	0,13	0,13	0,19	0,18	0,15	0,15
+ politische Rahmenbedingungen	0,13	0,13	0,19	0,19	0,15	0,15
Positive Funktion						
Objektive Indikatoren	0,06	0,06	0,08	0,09	0,07	0,08
+ Gesundheitszustand	0,13	0,13	0,17	0,15	0,12	0,12
+ Soziale Kontakte und Sicherheitsgefühl	0,16	0,16	0,21	0,19	0,14	0,15
+ politische Rahmenbedingungen	0,19	0,18	0,22	0,23	0,15	0,16
Unterstützung						
Objektive Indikatoren	0,03	0,03	0,07	0,05	0,08	0,09
+ Gesundheitszustand	0,05	0,05	0,09	0,08	0,12	0,12
+ Soziale Kontakte und Sicherheitsgefühl	0,42	0,43	0,42	0,45	0,46	0,46
+ politische Rahmenbedingungen	0,43	0,43	0,43	0,47	0,46	0,46
Vertrauen/Zugehörigkeit						
Objektive Indikatoren	0,07	0,07	0,07	0,06	0,03	0,04
+ Gesundheitszustand	0,10	0,10	0,12	0,09	0,05	0,06
+ Soziale Kontakte und Sicherheitsgefühl	0,15	0,15	0,16	0,16	0,09	0,10
+ politische Rahmenbedingungen	0,21	0,21	0,21	0,25	0,14	0,14

Gewichtungen: E-W und E-O: Ländergruppen und Design; D-W und D-O: Design.

Durch die weitere Einbeziehung sozialer Kontakte und die Bewertung der öffentlichen Sicherheit verbessert sich die Erklärungskraft der Regressionsmodelle nochmals merklich. Für Westdeutschland erhöht sich der Anteil der erklärten Varianz bezüglich des Gesamtindexes um 12 Prozent auf 39 Prozent und für Ostdeutschland sogar um 14 Prozent auf 36 Prozent. In den europäischen Ländergruppen erhöht sich der R^2-Wert ebenfalls in einer Größenordnung zwischen 11 und 13 Prozent. Vor allem die statistische Erklärungskraft bezüglich des sozialen Wohlbefindens verbessert sich besonders deutlich.

Die Erweiterung der Regressionsmodelle um Wahrnehmung politischer Rahmenbedingungen (Vertrauen in parteienstaatliche Institutionen; Vertrauen in regulative Institutionen) kann die statistische Erklärungskraft des Gesamtindexes weiter verbessern. Insbesondere für Ostdeutschland steigt der Anteil der erklärten Varianz von 36 Prozent auf 43 Prozent nochmals erheblich an.[20] Als Voraussetzungen für ein hohes subjektives Wohlbefinden auf der Länderebene werden u. a. materieller Wohlstand, aber auch positive Einstellungen zur Demokratie identifiziert (Biswas-Diener/Diener 2009: 243). Im Hinblick auf die allgemeine Lebenszufriedenheit konnten für Deutschland signifikante Effekte des Vertrauens in parteienstaatliche und auch in regulative Institutionen identifiziert werden (Neller 2004). Eine differenzierte Betrachtung des subjektiven Wohlbefindens zeigt, dass vor allem bei der Komponente Vertrauen/Zugehörigkeit aus dem Bereich des sozialen Wohlbefindens die Zunahme des Anteils der erklärten Varianz am größten ist. Das Gefühl, bei den Mitmenschen akzeptiert zu sein und gerecht behandelt zu werden, steht offensichtlich in engem Zusammenhang mit der Wahrnehmung von Staat und Parteien. Das heißt auch, dass das soziale Wohlbefinden bezüglich der Komponente, die das engere Umfeld von Familie und Freunden betrifft (unterstützende Beziehungen), zwar weniger von der Wahrnehmung von Institutionen des demokratischen Staates betroffen ist, dagegen der Wohlbefindensaspekt fair behandelt zu werden, das Gefühl von Respekt und Vertrauen im weiteren sozialen Umfeld (Vertrauen/Zugehörigkeit) weit mehr. Bei der Hauptkomponente des persönlichen Wohlbefindens ist überwiegend nur eine geringe Verbesserung der Erklärungskraft durch die Erweiterung des Regressionsmodells zu beobachten.

Es zeigen sich allerdings Besonderheiten bei Ostdeutschen. Die zusätzliche Berücksichtigung von Vertrauen in Staat und Parteien in den Regressionsmodellen verbessert auch beim Index des persönlichen Wohlbefindens die statistische Erklärungskraft nochmals deutlich (8 Prozent). Der Zuwachs an Varianzaufklärung ist sowohl in Westdeutschland als auch den west- und osteuropäischen Ländersets geringer (2 Prozent – 4 Prozent). Für Bürger aus den neuen Bundesländern fällt zudem auf, dass nicht nur bei der Zufriedenheitskomponente, sondern auch beim emotionalen Wohlbefinden und der positiven Funktion eine deutliche Steigerung des Erklä-

---

20 Der Anteil erklärter Varianz ist damit erwartungsgemäß deutlich höher als bei Verwendung des Single-Item-Indikators der Lebenszufriedenheit als abhängige Variable bei identischen unabhängigen Variablen (E-O*: 0,20; E-O: 0,20; D-W: 0,22; D-O: 0,26; E-O: 0,24; E-O*: 0,27).

rungsbeitrages durch die Erweiterung der unabhängigen Variablen erzielt werden kann. Damit sind auch Komponenten betroffen, die weit weniger abhängig von der Bewertung der materiellen Situation sind als die Zufriedenheit. Die teilweise geringe Akzeptanz der demokratischen Institutionen hat demzufolge für die Bürger der neuen Bundesländer eine umfassende Bedeutung für das subjektive Wohlbefinden.

Effekte auf das subjektive Wohlbefinden im Regressionsmodell

Zur Untersuchung von Effekten der einzelnen Einflussfaktoren werden Regressionsmodelle gewählt, die alle unabhängigen Variablen enthalten. Abhängige Variable ist der aggregierte Index des subjektiven Wohlbefindens (Tabelle 2).

Sowohl für Ost- als auch für Westdeutsche liegen keine signifikanten Alterseffekte vor. Nur für das osteuropäische Länderset findet sich das erwartete Muster eines signifikant negativen, linearen und eines positiven quadratischen Terms wieder, was zunächst ein Absinken mit einem anschließenden Wiederanstieg des subjektiven Wohlbefindens über das Lebensalter anzeigt. Bezüglich des Altersverlaufs beim subjektiven Wohlbefinden sind die Ergebnisse in der bisherigen Forschung nicht eindeutig. Überwiegend wird ein u-förmiges Muster über den Lebensverlauf identifiziert (Blanchflower/Oswald 2007). Zu bedenken ist bei den hier vorgestellten Ergebnissen, dass vor allem der Gesundheitszustand, aber auch das Sicherheitsgefühl, stark altersabhängig ist und die Alterseffekte abschwächt.

Bereits die Untersuchung der statistischen Erklärungskraft der verschiedenen unabhängigen Variablen (Tabelle 1) hat insgesamt für die Indikatoren zu den objektiven Lebensbedingungen keine stärkeren Effekte auf den Wohlbefindensindex erwarten lassen. Untersuchungen auf Basis der Lebenszufriedenheit haben bisher für Deutschland besonders starke Arbeitslosigkeitseffekte identifizieren können (Neller 2004; Noll/Weick 2010). Dies ist beim aggregierten Index des subjektiven Wohlbefindens in etwas abgeschwächter Form zu beobachten. Entsprechend sind beim Index des Wohlbefindens für Arbeitslose in Deutschland (West: -0,19; Ost -0,26) höhere Effektstärken als in den untersuchten Ländersets zu beobachten.[21] Bereits die bivariate Betrachtung hat gezeigt, dass zwar alle Wohlbefindenskomponenten bei Arbeitslosen unterdurchschnittliche Werte aufweisen, dass dies aber bei der Zufriedenheit mit Abstand am stärksten ausgeprägt ist, was für starke Anspruchsniveaueffekte spricht. Der soziale Vergleich mit wohlhabenderen Bevölkerungsgruppen, der hier für die eigene Lage ungünstig ausfällt, dürfte eine wichtige Quelle für Wohlbefindensdefizite von arbeitslosen Deutschen sein. Eine Erklärung für die kleineren Effekte in den osteuropäischen Ländersets dürfte ebenfalls im Bereich des sozialen Vergleichs angesiedelt sein. Zwar ist davon auszugehen, dass Arbeitslosig-

---

21 Die entsprechenden Koeffizienten mit der Zufriedenheitskomponente als abhängige Variable bei identischen unabhängigen Variablen betragen -0,50 für Westdeutschland und -0,63 für Ostdeutschland (E-W*: -0,31 E-W: -0,32; E-O: -0,37 E-O*: -0,31).

Tabelle 2: Determinanten des subjektiven Wohlbefindens; (aggregierter Index) (lineare Regressionen; standardisierte Koeffizienten; alle unabhängigen Variablen 0-1)

	E-W*	E-W	D-W	D-O	E-O	E-O*
Alter	-0,05	-0,11	0,55	0,51	-0,31*	-0,09
Alter quadriert	0,45***	0,51***	-0,11	-0,15	0,54***	0,34
Ledig/Andere, kein Partner (Referenz)						
Verheiratet mit Partner zusammenlebend	0,09***	0,09***	0,13***	0,10*	0,12***	0,11***
Unverheiratet mit Partner zusammenlebend	0,04***	0,04***	0,05	0,11*	0,04*	0,06*
Geschieden/getrennt, kein Partner	-0,07***	-0,06***	-0,07	0,08	-0,08***	-0,08***
Verwitwet, kein Partner	-0,03*	-0,04**	-0,07	-0,05	-0,03	-0,03
Grundschule/ Sekundarschule I (Referenz)[1]						
Sekundarstufe II	0,05***	0,05***	0,10**	0,10*	0,04***	0,03*
Postsekundäre Bildung	0,02*	0,02*	0,11**	0,04	0,07***	0,08***
Hochschulbildung	0,03***	0,03***	0,16***	0,10	0,12***	0,14***
Bezahlte Erwerbstätigkeit (Referenz)						
In Ausbildung	-0,01	-0,01	0,10*	0,01	0,05**	0,08***
Arbeitslos	-0,13***	-0,13***	-0,19***	-0,26***	-0,16***	-0,13***
Im Ruhestand	0,02	0,02*	0,03	0,07	0,01	0,02
Hausarbeit	-0,01	-0,01	-0,03	-0,06	-0,04**	-0,02
Anderes	-0,10***	-0,09***	0,00	-0,23***	-0,06**	-0,09**
Konfession: keine (Referenz)						
Konfession: katholisch	0,02***	0,02***	0,03	-0,10*	0,02	0,01
Konfession: protestantisch	0,03***	0,03***	0,08***	-0,05	0,04*	0,06**
Konfession: andere	-0,03**	-0,04***	0,06	0,09	0,02	-0,01
Subjektiver gesundheitlicher Status	0,63***	0,63***	0,71***	0,65***	0,67***	0,64***
Treffen mit Freunden	0,42***	0,41***	0,51***	0,33***	0,34***	0,38***
Vertrauter Ansprechpartner	0,30***	0,30***	0,37***	0,43***	0,30***	0,32***
Angst vor Verbrechen	-0,20***	-0,20***	-0,13***	-0,31***	-0,22***	-0,25***
Vertrauen in parteienstaatliche Institutionen	0,12***	0,11***	0,15**	0,35***	0,08***	0,05
Vertrauen in regulative Institutionen	0,34***	0,34***	0,21***	0,33***	0,30***	0,31***
Konstante	-1,29***	-1,26***	-1,74***	-1,56***	-1,18***	-1,23***
N	20.777	21.455	1.535	891	10.489	6.669
Korrigiertes R^2	0,37	0,37	0,41	0,43	0,36	0,38

Anmerkungen: 1) Basis: ISCED-Klassifikation. Sekundarstufe I: Abschlüsse bis zu Mittleren Reife. Sekundarstufe II: Abschluss Berufsfachschule, Fachoberschule, gymnasiale Oberstufe. Postsekundäre Bildung: Zugang zur Hochschulbildung, z. B. Fachoberschulen, Abendkollegs.
Gewichtungen: E-W und E-O: Ländergruppen und Design; D-W und D-O: Design.
Signifikanz: * $p < 0{,}05$, ** $p < 0{,}01$, *** $p < 0{,}001$.

keit in den postsozialistischen Ländern mit schwerwiegenderen materiellen Deprivationen einhergeht als in Deutschland, allerdings könnte die Kenntnis von vielen Personen im sozialen Umfeld in ähnlicher Deprivationslage, die Ansprüche senken und die eigene Situation als weniger schlecht erachtet werden (Anderson u. a. 2009).

Die Einschätzung des eigenen Gesundheitszustandes trägt nicht nur viel zur Varianzaufklärung bei, sie hat auch den stärksten Effekt aller berücksichtigten unabhängigen Variablen. Die Koeffizienten betragen 0,71 für Westdeutsche und 0,65 für Ostdeutsche. Dabei sind nur geringe Unterschiede zu den Ländersets zu beobachten. Der Gesundheitszustand erweist sich somit als zentraler und über die Länder stabiler Prädiktor für das subjektive Wohlbefinden. Starke Effekte weisen auch die Indikatoren für das Sozialkapital (Treffen mit Freunden und vertrauter Ansprechpartner) auf. Die Annahme, dass sich Prioritäten in den reicheren Ländern Westeuropas stärker in Richtung einer zunehmenden Bedeutung von sozialen Kontakten verschieben (Watson u. a. 2010), bestätigt sich insofern, dass das Treffen mit Freunden in den westeuropäischen Ländersets und vor allem in Westdeutschland höhere Effektstärken aufweist als in Ostdeutschland und den osteuropäischen Ländersets.

Vertrauen in demokratische Institutionen trägt vor allem in Ostdeutschland zur Varianzaufklärung beim subjektiven Wohlbefinden bei. Diesem Befund entsprechen auch die starken diesbezüglichen Effekte für die neuen Bundesländer. Als auffallend hoch erweist sich dabei der Koeffizient des Vertrauens in parteienstaatliche Institutionen (Parlament und Politiker) für Bürger der neuen Bundesländer mit 0,35. Das Vertrauen in regulative Institutionen (Justiz, Polizei) hat auch in Westdeutschland mit 0,21 einen deutlichen Effekt auf das subjektive Wohlbefinden, obwohl auch in diesem Fall der Koeffizient kleiner ist als derjenige für Ostdeutsche (0,33). Bei den west- und osteuropäischen Ländersets liegt die Effektstärke des Vertrauens in die regulativen Institutionen auf das subjektive Wohlbefinden ähnlich hoch wie für Ostdeutsche (0,30 - 0,34). Die Ergebnisse unterstreichen insgesamt die Annahme, dass nicht nur eher persönliche Lebensumstände, sondern auch Vertrauen in die Demokratie eine wichtige Determinante für das subjektive Wohlbefinden darstellt.

Anhand Regressionsanalysen konnte einerseits gezeigt werden, dass bekannte Einflussfaktoren auf das subjektive Wohlbefinden bei der Verwendung des aggregierten Indexes einen Erklärungsbeitrag leisten, der im Gesamtmodell deutlich höher ist als bei der Verwendung der Lebenszufriedenheit auf Basis einer einzelnen Frage. Da der Index auf vierzig Fragen zu verschiedenen Wohlbefindenskomponenten beruht, ist davon auszugehen, dass Befragte wichtige Aspekte nicht vergessen und weniger Messfehler auftreten als bei Nutzung eines Einzelitems (Michaelson u. a. 2009; Diener 2000). Für die Analysen wurde neben dem aggregierten Gesamtindex mit seinen Hauptkomponenten von persönlichem und sozialem Wohlbefinden auch auf die Komponenten unterhalb dieser Ebene zurückgegriffen. Länderunterschiede hinsichtlich der untersuchten Prädiktoren des subjektiven Wohlbefindens treten je nach Komponente unterschiedlich deutlich hervor. Besonderheiten von Ost- und Westdeutschland sowie ost- und westeuropäischen Ländersets können zum Teil auf Unterschiede beim sozialen Vergleich und dem Lebensstandard zurückgeführt werden.

Schluss

Betrachtet man die Position Deutschlands im Ländervergleich bezüglich des ‚composite index' des subjektiven Wohlbefindens, so nimmt es eine mittlere Stellung mit klarem Abstand zu den Ländern an der Spitze ein. Westdeutsche stellen sich dabei etwas besser als Ostdeutsche, die aber immer noch vor den Bürgern in den postsozialistischen Ländern rangieren.[22] Wohlbefindensdifferenzen zwischen West- und Ostdeutschland, aber auch zwischen den west- und osteuropäischen Ländersets sind am stärksten bei der Zufriedenheitskomponente ausgeprägt. Für andere Komponenten und auch den aggregierten Wohlbefindensindex fallen die entsprechenden Differenzen geringer aus, was sich nicht zuletzt auf den starken Einfluss sozialer Vergleichsprozesse bei der Zufriedenheitsbewertung zurückführen lässt. Spezifische Konstellationen findet man auch bei Betrachtung einzelner Gruppen. Personen im Rentenalter aus den neuen Bundesländern, die durch die Wiedervereinigung und die Übernahme des westdeutschen Rentensystems materiell besonders profitiert haben, sind zwar nicht unzufrieden, zeigen aber bei der Komponente des emotionalen Wohlbefindens deutliche Defizite. Ungünstiger ist die subjektive Situation älterer Menschen in den postsozialistischen Ländern, bei denen auch die emotionale Befindlichkeit stark beeinträchtigt ist. Zu einem erheblichen Teil spiegeln sich hier die schlechten objektiven Lebensbedingungen vieler älterer Osteuropäer wider.

Auf Basis des aggregierten Wohlbefindensindexes erscheinen die subjektiven Defizite von Arbeitslosen zunächst weniger gravierend als es anhand der Zufriedenheitskomponente indiziert wird. Dennoch geht Arbeitslosigkeit mit Defiziten in allen Wohlbefindenskomponenten einher. Das unterstreicht die Annahme, dass Arbeitslose weitreichende psychische Einbußen beim Wohlbefinden hinnehmen müssen, die nicht nur auf hohe unerfüllte materielle Erwartungen zurückzuführen sind. Die stärksten Wohlbefindenseinbußen bei Arbeitslosigkeit finden sich nicht in den ärmeren osteuropäischen Ländern, wie das vor dem Hintergrund tiefer Deprivationslagen in dieser Situation für die Länder dieser Region zu erwarten wäre (Delhey 2004), sondern in Deutschland, insbesondere in Ostdeutschland. Obwohl der Zustand der Arbeitslosigkeit gerade in Deutschland eher lange andauert, stützen die starken Effekte die Annahme, dass das langfristige Basisniveau des Wohlbefindens bei Arbeitslosigkeit absinkt (Lucas u. a. 2004).

Das insgesamt niedrige Wohlbefindensniveau in den postsozialistischen Ländern spricht ebenfalls nicht für eine schnelle und umfassende Adaption an die faktischen, vergleichsweise ungünstigen materiellen Bedingungen. Anspruchsniveauanpassungen, wie sie in der *set point theory* eine zentrale Rolle spielen, dürften demzufolge Grenzen gesetzt sein. Ein sehr niedriger materieller Lebensstandard und ein geringes Wohlbefinden gehen offensichtlich längerfristig Hand in Hand. Die Gewöhnung an die politischen Veränderungen in Ostdeutschland und den osteuropäischen Ländern

---

22 Diese Befunde decken sich mit den Ergebnissen von Oscar W. Gabriel über die Zufriedenheit in diesem Band.

erweist sich ebenfalls als langwierig: Ein immer noch vorhandenes geringes Institutionenvertrauen beeinträchtigt das subjektive Wohlbefinden nicht unerheblich. Nicht nur die weitere Angleichung der Lebensbedingungen in den alten und neuen Bundesländern sowie den west- und osteuropäischen Ländern stellt eine Herausforderung für die weitere Entwicklung dar, auch die Überwindung von Vorbehalten gegenüber den Institutionen eines demokratischen Staates ist vor diesem Hintergrund auch auf lange Sicht von Bedeutung.

Die Messung der Lebenszufriedenheit mittels einer einzigen Frage ist leichter in große Umfrageprogramme zu integrieren als die große Zahl von Items, die für die Konstruktion des aggregierten Wohlbefindensindexes benötigt werden. Dies bringt sicherlich Begrenzungen für die Möglichkeit einer breiten Einbindung entsprechender Fragenbatterien in nationale und internationale Befragungen mit sich. Gerade hinsichtlich der weiteren Entwicklung im Westen und Osten Deutschlands und Europas wäre auch zukünftig eine differenzierte Beobachtung der Wohlbefindenskomponenten von Bedeutung, um Stabilitäten und Veränderungen des Wohlbefindens vor dem Hintergrund von Änderungen im Lebensstandard und von Anspruchsniveaus beurteilen zu können.

Literatur

Anderson, Robert/Mikulić, Branislav/Vermeylen, Greet/Lyly-Yrjänäinen, Maija/Zigante, Valentina 2009: Second European Quality of Life Survey – Overview. European Foundation for the Improvement of Living and Working Conditions. Luxembourg: Office for Official Publications of the European Communities.

Biswas-Diener, Robert V./Diener, Ed 2009: The Danish Effect: Beginning to Explain High Well-Being in Denmark. In: Social Indicators Research 97, 143-156.

Blanchflower, David G./Oswald, Andrew J. 2007: Is Well-Being U-Shaped over the Life Cycle? IZA Discussion Paper No. 3075.

Böhnke, Petra 2005: First European Quality of Life Survey: Life Satisfaction, Happiness and Sense of Belonging. European Foundation for the Improvement of Living and Working Conditions. Luxembourg: Office for Official Publications of the European Communities.

Christoph, Bernhard/Noll, Heinz-Herbert 2003: Subjective Well-Being in the European Union during the 1990ies. In: Social Indicators Research 64, 521-546.

Clark, Andrew/Diener, Ed./Geogellis, Y./Richard, Lucas E. 2006: Lags and Leads in Life Satisfaction. A Test of the Baseline Hypothesis. IZA Discussion Paper No. 2526.

Clark, Andrew/Etilé, Fabrice/Postel-Vinay, Fabien/Sénik, Claudia/Van-Der-Straeten, Karine 2004: Heterogeneity in Reported Well-Being: Evidence from twelve European countries. HAL Working Papers hal-00242916_v1.

Clark, Andrew/Lelkes, Orsolya 2009: Let Us Pray: Religious Interactions in Life Satisfaction. PSE Working Papers No. 2009-01.

Cummins, Robert A. 2003: Normative Life Satisfaction: Measurement Issues and A Homeostatic Model. In: Social Indicators Research 64, 225-256.

Delhey, Jan 2004: Life Satisfaction in an Enlarged Europe. European Foundation for the Improvement of Living and Working Conditions. Luxembourg: Office for Official Publications of the European Communities.

Delhey, Jan/Böhnke, Petra 1999: Über die materielle zur inneren Einheit? Wohlstandslagen und subjektives Wohlbefinden in Ost- und Westdeutschland. WZB FS III 99-412.

Diener, Ed 2000: Subjective Well-Being. The Science of Happiness and a Proposal for a National Index. In: American Psychologist 55, 34-43.

Diener, Ed/Lucas, Richard E./Schimmack, Ulrich/Helliwell, John F. 2009: Well-Being for Public Policy. Oxford/New York: Oxford University Press.

Easterlin, Richard A. 2003: Building a Better Theory of Well-Being. In: IZA Discussion Paper No. 742.

Fischer, Justina 2009: Subjective Well-Being as Welfare Measure: Concepts and Methodology. In: Munich Personal RePEc Archive (MPRA) Paper No. 16619.

Headey, Bruce 2010: The Set-Point Theory Of Well-Being Has Serious Flaws: On the Eve of a Scientific Revolution? In: Social Indicators Research 97, 7-21.

Helliwell, John F. 2002: How´s Life? Combining Individual and National Variables to Explain Subjective Well-Being. NBER Working Paper Series No. 9065.

Huppert, Felicia A./Clark, Andrew/Frey, Bruno/Marks, Nic/Siegrist, Johannes 2005: Personal and Social Well-Being: Creating Indicators for a Flourishing Europe. Proposal, Question Module Design, ESS Round 3.

Huppert, Felicia A./Marks, Nic/Clark, Andrew/Siegrist, Johannes/Stutzer, Alois/Vittersø, Joar/Wahrendorf, Morten 2009: Measuring Well-Being Across Europe: Description of the ESS Well-Being Module and Prelimery Findings. In: Social Indicators Research 91, 301-315.

Inglehart, Ronald 1989: Kultureller Umbruch. Wertewandel in der westlichen Welt. Frankfurt/New York: Campus Verlag.

Lucas, Richard E./Clark, Andrew E./Georgellis, Yannis/Diener, Ed 2004: Unemployment Alters the Set Point for Life Satisfaction. In: Psychological Science 15, 8-13.

Michaelson, Juliet/Abdallah, Saamah/Steuer, Nicola/Thompson, Sam/Marks, Nic/Aked, Jody/Cordon, Corrina/Potts, Ruth 2009: National Accounts of Well-Being: Bringing Real Wealth onto the Balance Sheet. London: New Economics Foundation.

Neller, Katja 2004: Politik und Lebenszufriedenheit. In: van Deth, Jan W. (Hrsg.): Deutschland in Europa. Wiesbaden: VS Verlag für Sozialwissenschaften, 27-53.

Noll, Heinz-Herbert 1999: Die Perspektive der Sozialberichterstattung. In: Flora, Peter/Noll, Heinz-Herbert (Hrsg.): Sozialberichterstattung und Sozialbeobachtung. Individuelle Wohlfahrt und wohlfahrtsstaatliche Institutionen im Spiegel empirischer Analysen. Frankfurt/New York: Campus Verlag, 13–28.

Noll, Heinz-Herbert/Weick, Stefan 2010: Subjective Well-Being in Germany: Evolutions, Determinants and Policy Implications. In: Bent, Greve: Social Policy and Happiness in Europe. Cheltenham/Northampton: Edward Elgar Publishing.

Noll, Heinz-Herbert/Weick, Stefan 2009: Große Disparitäten im Auskommen mit dem Einkommen. Vergleichende Analysen zum materiellen Lebensstandard in der Europäischen Union. In: Informationsdienst Soziale Indikatoren 42, 6–10.

Stiglitz, Joseph E./Sen, Amartya/Fitoussi, Jean-Paul 2009: Report by the Commission on the Measurement of Economic Performance and Social Progress. http://www.stiglitz-sen-fitoussi.fr/documents/rapport_anglais.pdf (letzter Zugriff am 16.03.2011).

Veenhoven, Ruut 2001: What we Know about Happiness. Paper presented at the dialogue on 'Gross National Happiness'. Woudschoten, Zeist, The Netherlands, January 14-15.

Watson, Dorothy/Pichler, Florian/Wallace, Claire 2010: Second European Quality of Life Survey: Subjective Well-Being in Europe. European Foundation for the Improvement of Living and Working Conditions. Luxembourg: Office for Official Publications of the European Communities.

Weick, Stefan 2006: Starke Einbußen des subjektiven Wohlbefindens bei Hilfe- oder Pflegebedürftigkeit. In: Informationsdienst Soziale Indikatoren 35, 12-15.

Anhang

Der European Social Survey (ESS) 2002, 2004, 2006 und 2008

Silke I. Keil und Jan W. van Deth

Ziele des ESS

Das generelle Ziel des *European Social Survey* (ESS) ist die Entwicklung, inhaltliche Konzeptualisierung und Durchführung einer in Bezug auf die verwendeten Erhebungsinstrumente in der aktuellen Forschung verankerten und methodisch nach den höchsten Qualitätsstandards organisierten Studie zum Einstellungs-, Verhaltens- und Wertewandel in verschiedenen Ländern Europas. Im Mittelpunkt stehen repräsentative Bevölkerungsbefragungen, die seit 2002 im Zweijahresrhythmus wiederholt werden. Um eine optimale Vergleichbarkeit der Erhebungsresultate zu erreichen, wurden alle Teilschritte des Projektes, von der Stichprobenziehung über die Übersetzung des englischen Ausgangsfragebogens in die Sprachen der Teilnehmerländer bis zur konkreten Durchführung der Erhebungen im Feld, soweit möglich standardisiert, von einer zentralen Steuerungsinstanz gegengeprüft und – einschließlich der auftretenden Abweichungen – umfassend dokumentiert. Die erhobenen Daten sind für alle Interessierte über eine Projekthomepage frei zugänglich.

Dokumentation und Daten

Die transparente Dokumentation aller Daten, Fragebögen und Studienmaterien ist ein zentrales Anliegen und auch Qualitätsmerkmal des ESS. Entsprechend sind alle die Studien betreffenden Unterlagen über eine internationale wie auch nationale Homepage jederzeit frei verfügbar.

Die Daten für alle beteiligten Länder sowie sämtliche übrigen Studienmaterialien können auf der zentralen Projekthomepage heruntergeladen werden:
- *http://ess.nsd.uib.no/*

Die Fragebögen sowie sämtliche übrigen Studienmaterialien sind unter dem folgenden Link zu beziehen:
- *http://ess.nsd.uib.no/index.jsp?year=2007&country=&module=questionaires*

Einen Kurzüberblick über die verfügbaren Länder und ihre Feldzeiten sowie Abweichungen vom vorgegebenen Fragebogen können hier heruntergeladen werden:
- *http://ess.nsd.uib.no/index.jsp?year=2007&country=&module=fworksummary*

Eine ausführliche Dokumentation der Studie ist zu finden unter:
- *http://ess.nsd.uib.no/index.jsp?year=2007&country=&module=documentation*

Nicht nur die internationale Gruppe stellt die wesentlichen Informationen auf englischer Sprache bereit. Auch in deutscher Sprache finden alle Interessierte die zentralen Unterlagen, sowie Fragebögen und Studienmaterialien der verschiedenen deutschen Teilstudien auf der deutschen Homepage unter:
- *www.europeansocialsurvey.de*

Vergleich West-/Ostdeutschland und West-/Osteuropa

Da für den Vergleich von Westdeutschland mit den westeuropäischen Ländern bzw. von Ostdeutschland mit den osteuropäischen Ländern in der ESS-Studie die Identifikation der Ost- und Westdeutschen über ihren Wohnort *vor* 1990 adäquater als die Trennung nach dem jetzigen Wohnort ist, wurde für die separaten Analysen von Ost- und Westdeutschland eine neue Variable verwendet (SPLOW: Wohnort vor 1990).

Folgende Variablen wurden für den Vergleich Ost-/Westeuropas sowie Ost-/Westdeutschlands verwendet:
- WESTEUR: Gruppe der westeuropäischen Länder (ohne Deutschland)
- OSTEUR: Gruppe der osteuropäischen Länder (ohne Deutschland)
- WESTE_C: Kernländerset der westeuropäischen Länder – Länder, die in drei der vier ESS-Wellen teilgenommen haben (ohne Deutschland)
- OSTE_C: Kernländerset der osteuropäischen Länder - Länder, die in drei der vier ESS-Wellen teilgenommen haben (ohne Deutschland).

Gewichtung im Rahmen der Analysen für den Band „Deutschlands Metamorphosen"

Für die Gewichtung der Daten stehen im internationalen Datensatz zwei Variablen zur Verfügung, welche Anpassungen für Stichprobeneffekte bzw. Kompositionseffekte erlauben.

Stichprobeneffekte

Das sogenannte Designgewicht (DWEIGHT) korrigiert die Daten im Hinblick auf relativ geringe Unterschiede bei den Auswahlwahrscheinlichkeiten für die Stichprobenziehung. DWEIGHT bezieht sich auf jede Stichprobe, also auf jedes der einzelnen ESS-Teilnehmerländer (inkl. Gesamtdeutschland) in jeder Welle. Diese Gewichtung korrigiert z.B. für Unterschiede in Bezug auf Alter, Geschlecht und Bildung zwischen den Stichproben und bekannte Merkmale der Bevölkerung. Durch die Verwendung von DWEIGHT entsprechen die Ergebnisse besser den bekannten Populationsmerkmalen als wenn die Gewichte nicht berücksichtigt werden würden.

Für Analysen der beiden Teile Deutschlands ist neben einer Korrektur für Stichprobeneffekte auch eine Korrektur für die disproportionalen Stichprobenansätze in beiden Landesteilen erforderlich. Somit korrigiert DWEIGHT für Gesamtdeutschland sowohl für Stichprobeneffekte in Bezug auf die Verteilungen nach Bundesländern und Gemeindegrößenklassen (BIK) als auch für das Oversampling in Ostdeutschland. Ein Ausgleich für die disproportionalen Stichprobenansätze in beiden Landesteilen ist für getrennte Analysen von Ost- und Westdeutschland nicht notwendig, daher korrigiert OWWEIGHT lediglich im Hinblick auf Bundesland und BIK.

Kompositionseffekte

Jede Stichprobe des ESS hat einen Umfang von etwa 1.000 bis 3.000 Befragte. Damit die großen Unterschiede der Bevölkerungszahlen berücksichtigt werden können, passt das Population Size-Gewicht (PWEIGHT) die Daten je Runde im Hinblick auf ihre proportionale Bevölkerungsgröße an. Für gepoolte Analysen pro Welle wird PWEIGHT eingesetzt (also hat jedes Land in jeder Welle einen spezifischen Wert für diese Variable). Dabei muss allerdings berücksichtigt werden, dass es sich auch pro Welle um unterschiedliche Ländergruppen handeln kann. In diesem Band wird zwischen Ländersets (alle Ländern in einer Welle in Ost- und Westeuropa) und Kernländersets (alle Länder in mindestens drei der vier Wellen in Ost- und Westeuropa) unterschieden. PWEIGHT stellt eine Gewichtung für gepoolte Analysen auf der Grundlage aller Länder bereit.

Um Kompositionseffekten Rechnung zu tragen, wird für jedes relevante Länderset je Runde ein eigenes Populationsgewicht berechnet, welches die Länder des jeweiligen Ländersets entsprechend ihrer Bevölkerungsgröße zueinander ins Verhältnis setzt. Dazu werden für die einzelnen Länder die Anteile an der Gesamtbevölkerung des betreffenden Ländersets berechnet und die Stichprobengrößen der Länder entsprechend diesem Verhältnis gewichtet. Nach der Gewichtung entspricht das Verhältnis der Stichproben der Länder dem Verhältnis der Bevölkerungsgrößen der Länder im jeweiligen Länderset.

Dieses Verfahren wird auf alle vier Runden und alle vier Ländersets angewendet (westeuropäisches Länderset, osteuropäisches Länderset, westeuropäisches Kernländerset, osteuropäisches Kernländerset), was insgesamt in 16 Gewichten resultiert:

- WWESTE_n: westeuropäisches Länderset der Runden
- WWESTE_Cn: westeuropäisches Kernländerset der Runden
- WOSTE_n: osteuropäisches Länderset der Runden
- WOSTE_Cn: osteuropäisches Kernländerset der Runden

Die neuen Gewichte sind jeweils mit dem Designgewicht zu kombinieren, um Samplingeffekte auszugleichen.

Im vorliegenden Sammelband wurden von allen Autorinnen und Autoren einheitlich folgende Gewichtungsvariablen verwendet:

1. Gewichtung für Gesamtdeutschland sowie die west- und osteuropäischen Länder: DWEIGHT.
2. Gewichtung für separate Analysen von Ost- und Westdeutschland: OWWEIGHT.
3. Gewichtungen für die separaten Analysen von Ost- und Westeuropa:
Deskriptive Statistik: DWEIGHT*[WWESTE_n etc.].
Mulitvariate Analysen: DWEIGHT.

Die Autorinnen und Autoren

Kai Arzheimer ist Professor für Methoden der Empirischen Politikforschung an der Johannes Gutenberg-Universität Mainz und Visiting Fellow am Department of Government der University of Essex. Seine Hauptinteressen liegen im Bereich der Wahl-, Einstellungs-, Rechtsextremismus- und Methodenforschung.
Email: arzheimer@politik.uni-mainz.de

Nico Dragano ist Leiter der Arbeitsgruppe für Arbeits- und Sozialepidemiologie am Institut für Medizinische Informatik, Biometrie und Epidemiologie am Universitätsklinikum Essen. Seine Hauptforschungsgebiete umfassen Themen der medizinischen Soziologie, der Arbeitsepidemiologie, der sozialen Ungleichheit von Gesundheit und Public Health. Er leitet verschiedene empirische Studien zur Erforschung arbeitsbedingter Erkrankungen sowie zur Beschreibung und Erklärung sozialer Einflüsse auf die Gesundheit in modernen Gesellschaften. Ein jüngerer Buchbeitrag ist: Dragano, Nico/Lampert, Thomas/Siegrist, Johannes 2010: Wie baut sich soziale und gesundheitliche Ungleichheit im Lebenslauf auf? In: Sachverständigenkommission 13. Kinder- und Jugendbericht (Hrsg.): Materialien zum 13. Kinder- und Jugendbericht. Mehr Chancen für gesundes Aufwachsen. München: Verlag Deutsches Jugendinstitut, 11-50.
Email: nico.dragano@uk-essen.de

Daniel Fuß ist wissenschaftlicher Mitarbeiter am Lehrstuhl für Allgemeine Soziologie I an der Technischen Universität Chemnitz. Als Mitglied des Projektteams betreut er den Nutzerservice des deutschen Familien- und Beziehungspanels (pairfam). Seine Forschungsinteressen erstrecken sich im Wesentlichen auf Themen der Migrations- und Familiensoziologie sowie auf Methoden der interkulturell vergleichenden Sozialforschung.
Email: Daniel.Fuss@phil.tu-chemnitz.de

Oscar W. Gabriel ist Professor für Politikwissenschaft an der Universität Stuttgart und assoziierter Forscher am IEP de Bordeaux. Seine Forschungsgebiete umfassen die Bereiche Politische Einstellungen und Politisches Verhalten und Methoden der Vergleichenden Politikwissenschaft. Er war und ist an zahlreichen nationalen und internationalen Forschungsprojekten beteiligt. Gegenwärtig leitet er mit anderen Wissenschaftlern ein Projekt über das Thema Bürger und Politische Repräsentation in Deutschland und Frankreich. Er gehört dem deutschen Koordinationsteam für den European Social Survey an.
Email: Oscar.Gabriel@sowi.uni-stuttgart.de

Lore Hayek hat an der Universität Innsbruck das Diplomstudium Politikwissenschaft und an der London School of Economics das Masterstudium „Social Research Methods" absolviert. Seit November 2009 ist sie als Predoc Researcher im Rahmen der Österreichischen Nationalen Wahlstudie (AUTNES) an der Universität Innsbruck tätig. Zu ihren Forschungsschwerpunkten zählen Wahlkampfforschung, Parteienforschung und Wahlverhalten.
Email: lore.hayek@uibk.ac.at

Silke I. Keil ist wissenschaftliche Mitarbeiterin am Institut für Sozialwissenschaften der Universität Stuttgart. Ihr Forschungsgebiet bezieht sich auf die vergleichende politische Kulturforschung, insbesondere die Bereiche Partizipation, Sozialkapital und Ungleichheit sowie Wahlforschung. Sie war Geschäftsführerin der deutschen Teilstudie des European Social Survey. Jüngere Publikation: Participation in France and Germany. Essex: ecpr press 2011 (herausgegeben gemeinsam mit Oscar W. Gabriel und Eric Kerrouche).
Email: Silke.Keil@sowi.uni-stuttgart.de

Heiner Meulemann ist Professor für Soziologie an der Universität zu Köln. Seine Arbeitsgebiete umfassen allgemeine Soziologie, empirische Sozialforschung, Bildungssoziologie und sozialer Wandel im internationalen Vergleich. Er ist Mitglied des deutschen Koordinationsteams für den European Social Survey. Seine jüngsten wichtigsten Veröffentlichungen sind: Social Capital in Europe: Similarity of Countries and Diversity of People. Leiden: Brill 2008; Enforced Secularization – Spontaneous Revival? Religous Belief, Unbelief, Uncertainty and Indifference in East and West European Countries 1991-1998. In: European Sociological Review 20, 2004, Issue 1, 47-61; Soziologie von Anfang an. Eine Einführung in Themen, Ergebnisse und Literatur. Wiesbaden: Westdeutscher Verlag, 2. Auflage 2006.
Email: Meulemann@wiso.uni-koeln.de

Edeltraud Roller ist Professorin für Politikwissenschaft an der Johannes Gutenberg-Universität Mainz. Ihre Forschungsgebiete sind Wohlfahrtsstaatskulturen, Demokratische Konsolidierung, Performanz von Demokratien. Wichtige Veröffentlichungen sind u. a.: The Performance of Democracies. Political Institutions and Public Policy. Oxford: Oxford University Press 2005; Lexikon Politik. 100 Grundbegriffe. Stuttgart: Philipp Reclam jun. 2009 (herausgegeben mit Dieter Fuchs); Einstellungen zur Demokratie im vereinigten Deutschland. Gibt es Anzeichen für eine abnehmende Differenz? In: Krause, Peter/Ostner, Olona (Hrsg.): Leben in Ost- und Westdeutschland. Eine sozialwissenschaftliche Bilanz der deutschen Einheit 1990-2010. Frankfurt a. M.: Campus 2010, 597-614.
Email: Roller@politik.uni-mainz.de

Angelika Scheuer ist wissenschaftliche Mitarbeiterin und Leiterin des European Social Survey bei GESIS – Leibniz-Institut für Sozialwissenschaften. Sie studierte an der Universität Mannheim und promovierte mit einem Stipendium des TMR-Programms „Representation in Europe" an der Universität von Amsterdam zum Thema „How Europeans see Europe. Structure and Dynamics of European Legitimacy Beliefs". Ihre Forschungsthemen umfassen inhaltliche und methodische Aspekte der vergleichenden europäischen Einstellungsforschung.
Email: angelika.scheuer@gesis.org

Herman Schmitt ist Professor für Politikwissenschaft, Inhaber eines Lehrstuhls für Wahlpolitik an der Universität Manchester und Research Fellow am Mannheimer Zentrum für Europäische Sozialforschung an der Universität Mannheim. Er wurde an der Universität Duisburg promoviert und an der Freien Universität Berlin habilitiert. Er war Gastprofessor an der University of Michigan (1996/7), Sciences Po in Paris (2001/2), der Australian National University (2003), dem IAS in Wien (2005), und der Universidad Autónoma de Madrid (2008). Seine Arbeitsfelder sind die vergleichende Wahl- und Demokratieforschung mit einem Schwerpunkt auf dem politischen System der Europäischen Union.
Email: Hermann.Schmitt@mzes.uni-mannheim.de

Jens Tenscher ist Politik- und Kommunikationswissenschaftler. Zurzeit arbeitet er als Senior Postdoc Researcher im Rahmen der Österreichischen Nationalen Wahlstudie (AUTNES) an der Leopold-Franzens-Universität Innsbruck. Seine Hauptforschungsgebiete umfassen die politische Kommunikations-, Wahlkampf- und politische Kulturforschung. Seit 2006 ist er einer von zwei Sprechern des Arbeitskreises „Politik und Kommunikation" der Deutschen Vereinigung für Politische Wissenschaft. Jüngere Buchpublikationen sind: Politische Kommunikation in internationalen Beziehungen. Berlin: Lit, 2. Auflage 2010 (herausgegeben mit Henrike Viehrig); 100 Tage Schonfrist. Bundespolitik und Landtagswahlen im Schatten der Großen Koalition. Wiesbaden: VS 2008 (herausgegeben mit Helge Batt) und Politikherstellung und Politikdarstellung. Beiträge zur politischen Kommunikation. Köln: von Halem 2008 (herausgegeben mit Ulrich Sarcinelli).
Email: Jens.Tenscher@uibk.ac.at

Jan W. van Deth ist Professor für Politische Wissenschaft und International Vergleichende Sozialforschung an der Universität Mannheim. Seine Hauptforschungsgebiete umfassen Politische Kultur, Sozialen Wandel und komparative Forschungsmethoden. Er war u. a. Direktor des Mannheimer Zentrum für Europäische Sozialforschung (MZES) und Sprecher des internationalen Netzwerk Citizenship, Involvement, Democracy (CID). Derzeit ist er korrespondierendes Mitglied der Königlichen Niederländischen Akademie der Künste und Wissenschaften und Sprecher des deutschen Koordinationsteams für den European Social Survey.
Email: jvdeth@uni-mannheim.de

Stefan Weick ist wissenschaftlicher Angestellter am GESIS – Leibnitz Institut für Sozialwissenschaften in Mannheim. Er studierte Soziologie und Psychologie an der Universität Mannheim und promovierte an der Universität Gießen. Seine Schwerpunkte in der Forschung sind sozioökonomische Ungleichheit, Armut, subjektives Wohlbefinden und Sozialindikatorenforschung. Er hatte Lehrtätigkeiten im Fach Soziologie an den Universitäten Mannheim, Heidelberg, Gießen und Marburg.
Email: Stefan.Weick@gesig.org

Sonja Zmerli ist als wissenschaftliche Mitarbeiterin am Institut für Politikwissenschaft der TU Darmstadt sowie am Institut für Gesellschafts- und Politikanalyse der Goethe-Universität Frankfurt am Main beschäftigt. Ihre Themenschwerpunkte umfassen in vergleichender Perspektive Sozialkapital, politisches Vertrauen, politische und soziale Partizipation, soziale Ungleichheit und wohlfahrtsstaatliche Regime. Ihre jüngsten Veröffentlichungen erschienen in European Political Science Review, Amercian Behavioral Scientist und Public Opinion Quarterly.
Email: Zmerli@pg.tu-darmstadt.de